# LES SATIRES

## DE

# JUVÉNAL

TRADUITES EN VERS

PAR

Paul DUCOS

ACCOMPAGNÉES DU TEXTE LATIN

ET DE

## REMARQUES

*Extraites de la traduction de M. de Silvecane*
(Édition de 1690)

PARIS

LIBRAIRIE ACADÉMIQUE DIDIER

PERRIN ET Cⁱᵉ, LIBRAIRES-ÉDITEURS

35, QUAI DES AUGUSTINS, 35

1887

# LES SATIRES

## DE

# JUVÉNAL

Bordeaux. — Imp. G. Gounouilhou, rue Guiraude, 11.

# LES SATIRES

## DE

# JUVÉNAL

TRADUITES EN VERS

PAR

## Paul DUCOS

ACCOMPAGNÉES DU TEXTE LATIN

ET DE

## REMARQUES

Extraites de la traduction de M. de Silvecane

(Édition de 1690)

PARIS

LIBRAIRIE ACADÉMIQUE DIDIER

PERRIN ET Cⁱᵉ, LIBRAIRES-ÉDITEURS

35, QUAI DES AUGUSTINS, 35

1887

# AVERTISSEMENT

On ne saurait, à notre avis, publier une traduction des *Satires de Juvénal*, sans l'accompagner de Notes, lesquelles, dans bien des passages, sont indispensables à l'intelligence du texte.

Comme il n'est pas entré dans notre pensée d'entreprendre un travail de cette importance, tout de recherches et d'érudition, nous avons dû nous résoudre à faire un emprunt. Nous ne pouvions songer, pour nous tirer d'embarras, à puiser dans les commentaires de Dusaulx, en opérant une sélection parmi les nombreux matériaux qu'ils contiennent; ce travail a déjà été fait de la façon la plus heureuse par M. Félix Lemaistre.

Les Remarques publiées en 1690 par M. de Silvecane, dans la traduction en vers qu'il a donnée de Juvénal, nous ont paru offrir un réel intérêt; elles sont peu connues, et, tout en nous en servant pour compléter notre ouvrage, nous avons cru faire œuvre utile en les réimprimant.

Nous les avons reproduites diplomatiquement, sans rien modifier au style ou à l'orthographe.

Pour le texte latin, nous avons suivi celui de Dusaulx, revu par Pierrot et Félix Lemaistre (¹).

Nous avons renoncé à traduire la seizième satire, qui n'est qu'un fragment, que la plupart des commentateurs s'accordent à considérer comme apocryphe.

P. D.

---

(¹) Bibliothèque latine-française de Garnier frères.

# SATIRES
# DE JUVÉNAL

## SATIRE PREMIÈRE

### POURQUOI JUVÉNAL ÉCRIT DES SATIRES.

Toujours subir des vers, sans rendre la pareille !
Quand Codrus, si souvent, assourdit mon oreille
Avec sa *Théséide* où s'éraille sa voix !
J'aurai donc, sans revanche, enduré mille fois
Le drame, l'élégie, et, sans revanche encore,
Essuyé tout un jour le *Télèphe* incolore,
Et cet *Oreste* énorme, incomplet, dont les vers
Remplissent d'un volume et marges et revers !

## SATIRA PRIMA

### CUR SATIRAS SCRIBAT.

Semper ego auditor tantum ? nunquamne reponam
Vexatus toties rauci Theseide Codri ?
Impune ergo mihi recitaverit ille togatas,
Hic elegos ? Impune diem consumpserit ingens
Telephus, aut summi plena jam margine libri
Scriptus, et in tergo, necdum finitus, Orestes ?

Nul ne connaît pourtant mieux sa propre demeure,
Que moi, ces lieux communs qu'on ressasse à toute heure :
« Le bois sacré de Mars et le noir souterrain,
» Voisin des rocs d'Éole, où fut jeté Vulcain ;
» Les caprices des vents, les tortures cruelles
» Que fait subir Éaque aux ombres criminelles ;
» La toison d'or conquise et les ornes géants
» Que brandit Monychus entre ses bras puissants. »
Ces lectures, sans fin chaque jour rebattues,
Remplissent les jardins, ébranlent les statues
Du palais de Fronton. On gémit, mais en vain ;
Il faut, petit ou grand, subir chaque écrivain.

Comme eux, plus d'une fois, j'esquivai la férule ;
Je conjurai Sylla, Cicéron ridicule,
D'abdiquer le pouvoir et de dormir heureux.
Écrivons nous aussi ; pourquoi, trop scrupuleux,
Faire grâce au papier que noircirait un autre ?

— Vous vous connaissez peu ; quelle audace est la vôtre !

Nota magis nulli domus est sua quam mihi lucus
Martis et Æoliis vicinum rupibus antrum
Vulcani. Quod agant venti, quas torqueat umbras
Æacus, unde alius furtivæ devehat aurum          10
Pelliculæ, quantas jaculetur Monychus ornos,
Frontonis platani convulsaque marmora clamant
Semper, et assiduo ruptæ lectore columnæ.
Exspectes eadem a summo minimoque poeta.

Et nos ergo manum ferulæ subduximus, et nos     15
Consilium dedimus Sullæ, privatus ut altum
Dormiret. Stulta est clementia, quum tot ubique
Vatibus occurras, perituræ parcere chartæ.

Entrer dans la carrière, où, jouteur valeureux,
Lucilius lança ses coursiers vigoureux !
— J'ai mes raisons sans doute et de quoi me défendre,
Si pourtant vous avez le loisir de m'entendre :


Quand je vois prendre femme un eunuque impudent,
Ministre de plaisirs que son sort lui défend ;
Mævia, les seins nus, amazone effrontée,
Agiter son épieu, dans sa course emportée,
Et d'un coup assuré percer un sanglier ;
Quand s'offre à mes regards un pied-plat, un barbier,
De son or mal acquis étalant l'insolence
Et des patriciens défiant l'opulence,
Lui, qui, je m'en souviens, sous ses rasoirs tranchants,
Faisait crier, jadis, ma barbe de trente ans ;
Quand je vois un faquin, sorti de la canaille,
Dans Canope, autrefois, n'ayant ni sou ni maille,
Se draper fièrement dans la pourpre de Tyr,
De ses bagues d'été ne pouvoir, sans pâtir,

Cur tamen hoc potius libeat decurrere campo,
Per quem magnus equos Auruncæ flexit alumnus,          20
Si vacat, et placidi rationem admittitis, edam.


Quum tener uxorem ducat spado ; Mævia Tuscum
Figat aprum, et nuda teneat venabula mamma ;
Patricios omnes opibus quum provocet unus,
Quo tondente gravis juveni mihi barba sonabat ;        25
Quum pars Niliacæ plebis, quum verna Canopi
Crispinus, Tyrias humero revocante lacernas,
Ventilet æstivum digitis sudantibus aurum,
Nec sufferre queat majoris pondera gemmæ
Difficile est satiram non scribere. Nam quis iniquæ    30
Tam patiens urbis, tam ferreus, ut teneat se,

Supporter le fardeau; puis-je donc interdire
A mon bras indigné le fouet de la satire?
Oui, dans Rome, au milieu des vices d'aujourd'hui,
Quel mortel assez froid, assez maître de lui,
Pourrait, sans qu'aussitôt la colère l'émeuve,
Voir l'avocat Mathon dans sa litière neuve
Qu'il remplit, à lui seul, de sa rotondité;
Voir venir après lui, fort de sa lâcheté,
Cet homme, délateur d'un patron qu'il caresse,
Toujours prêt à ravir aux gens de la noblesse
Ce qui leur reste encor et qu'on n'a pu voler,
Cet homme auprès duquel Massa se sent trembler,
Que Carus adoucit par une riche offrande,
Et dans les bras duquel, tant sa crainte était grande,
Latinus a laissé sa femme se jeter.
Eh quoi! ne pas sentir sa colère monter!
Quand pour avoir calmé le prurit d'une vieille,
Un coquin vous enlève un legs, prix de sa veille.
Chaque membre a son prix comme il a sa longueur;
Une once d'or ou douze... affaire de vigueur!
Que chacun soit payé de ces honteux services,
Mais qu'il pâlisse autant, épuisé par ses vices,
Que celui dont le pied sent le froid d'un serpent,

Causidici nova quum veniat lectica Mathonis
Plena ipso? post hunc magni delator amici,
Et cito rapturus de nobilitate comesa
Quod superest, quem Massa timet, quem munere palpat      35
Carus, et a trepido Thymele submissa Latino?
Quum te submoveant, qui testamenta merentur
Noctibus, in cœlum quos evehit optima summi
Nunc via processus, vetulæ vesica beatæ?
Unciolam Proculeius habet, sed Gillo deuncem,           40
Partes quisque suas, ad mensuram inguinis hæres.
Accipiat sane mercedem sanguinis, et sic

Ou qu'un rhéteur qui vient à Lyon, tout tremblant,
Parler devant l'*autel,* ainsi qu'une victime.

Se peut-il qu'en un style assez âpre j'exprime
La rage que je sens fermenter en mon cœur,
Quand je vois de mes yeux un impudent tuteur
Enrichi des trésors volés à son pupille
Que la faim prostitue, entraîner par la ville
Un cortège assidu de lâches complaisants
Qui, pour lui faire honneur, écartent les passants;
Cet autre, Marius, riant de la sentence
Qui, flétrissant son nom, lui laissa l'opulence
(Qu'importe l'infamie à qui garde l'argent!);
Aujourd'hui, dans l'exil, il vit tranquillement,
Boit dès la huitième heure et jouit, sans conteste,
Des loisirs que lui fait la colère céleste.
Et toi qu'il gouverna, pays infortuné,
Au mépris de tes droits désormais ruiné,
Tu pleures sur les coups du destin qui t'abuse!

O poëte inspiré que vit naître Vénuse,
Horace, laisse-moi rallumer ton flambeau,
Pour montrer, à mon tour, le sinistre tableau

Palleat, ut nudis pressit qui calcibus anguem,
Aut Lugdunensem rhetor dicturus ad aram.

Quid referam quanta siccum jecur ardeat ira,                45
Quum populum gregibus comitum premat hic spoliator
Pupilli prostantis? et hic damnatus inani
Judicio (quid enim salvis infamia nummis?),
Exsul ab octava Marius bibit, et fruitur Dis
Iratis; at tu, victrix provincia, ploras.                50

Hæc ego non credam Venusina digna lucerna?

De ce vice toujours croissant qui nous obsède!
Irai-je célébrer Hercule ou Diomède,
Parler du labyrinthe aux mugissants échos,
De Dédale, ou d'Icare englouti par les flots,
Lorsque, pour hériter, un homme vil, infâme,
Dans les bras d'un galant quand sa femme se pâme,
Sait avec à-propos regarder le plafond
Ou, le nez dans les plats, feindre un sommeil profond;
Lorsqu'un autre consume et follement gaspille,
A nourrir des chevaux, le bien de sa famille,
Lorsque, privé du cens laissé par ses aïeux,
Il fait voler d'un char les rapides essieux
Sur tous nos grands chemins et pense, de la sorte,
Arriver à l'honneur d'être chef de cohorte?
Car les rênes en mains, nouvel Automédon,
On l'a vu promener, comme autrefois Néron,
Un homme, sa maîtresse, et leurs amours fétides.

Qui donc ne remplirait ses tablettes avides,
Même en plein carrefour, au sein de la cité,
Lorsque, par six valets pompeusement porté,
Un faussaire éhonté trône avec insolence

Hæc ego non agitem? Sed quid magis Heracleas,
Aut Diomedeas, aut mugitum labyrinthi,
Et mare percussum puero, fabrumque volantem?
Quum leno accipiat mœchi bona, si capiendi            55
Jus nullum uxori, doctus spectare lacunar,
Doctus et ad calicem vigilanti stertere naso;
Quum fas esse putet curam sperare cohortis,
Qui bona donavit præsepibus, et caret omni
Majorum censu, dum pervolat axe citato            60
Flaminiam; puer Automedon nam lora tenebat,
Ipse lacernatæ quum se jactaret amicæ.

Nonne libet medio ceras implere capaces
Quadrivio, quum jam sexta cervice feratur,

Dans sa litière ouverte, affiche l'opulence
Et les honneurs qu'il doit à des sceaux contrefaits
Et des actes tronqués, prend des airs satisfaits
Et d'un hautain Mécène affecte les allures?
Voici venir encor, en dépit des murmures,
Cette patricienne offrant à son époux
Une coupe perfide, où sa main, au vin doux
De Calène, a mêlé le venin d'un reptile;
Sachant l'art des poisons, et même plus habile
Que la sombre Locuste, elle enseigne à ses sœurs,
Ignorantes encor de toutes ces noirceurs,
A livrer au bûcher, pour étouffer leurs crimes,
Les corps décomposés de leurs tristes victimes.

Au siècle où nous vivons, voulez-vous vous poser
Et faire un personnage? Il vous suffit d'oser
Quelque lâche forfait, quelque action barbare
Dignes de la prison ou des rocs de Gyare.
On prône la vertu, mais elle se morfond!
Les crimes, aujourd'hui, seuls vous procureront
Ces jardins, ces palais, ces tables précieuses,
Ces plats en vieil argent, ces coupes merveilleuses

Hinc atque inde patens, ac nuda pæne cathedra,          65
Et multum referens de Mæcenate supino,
Signator falso, qui se lautum atque beatum
Exiguis tabulis et gemma fecerat uda?
Occurrit matrona potens, quæ molle calenum
Porrectura viro miscet sitiente rubetam,                70
Instituitque rudes melior Locusta propinquas
Per famam et populum nigros efferre maritos.

Aude aliquid brevibus Gyaris et carcere dignum,
Si vis esse aliquis : probitas laudatur et alget.
Criminibus debent hortos, prætoria, mensas,             75
Argentum vetus, et stantem extra pocula caprum.

Chefs-d'œuvre d'un sculpteur dont l'habile ciseau
A fait dans le métal se jouer un chevreau.

Les pères corrompant leurs brus intéressées,
Les épouses portant la honte aux gynécées,
Ces jeunes gens souillés, vous laissent-ils dormir?
Oh! l'indignation, qu'au cœur on sent frémir,
A défaut de génie inspire le poète;
Elle enfante des vers, quelconques, à sa tête;
Cluvenius et moi faisons ainsi les vers.

Du jour où, dans l'esquif qui sauva l'univers,
Deucalion, flottant sur les eaux soulevées,
Peut aborder des monts les cimes élevées,
Où l'oracle divin est par lui consulté,
Où l'aride rocher, perdant sa dureté,
S'anime, en s'échauffant du souffle de la vie,
Où Pyrrha, par Thémis fidèlement servie,
Fait éclore et présente aux hommes nouveau-nés
Des filles au corps nu dont ils sont fascinés,
De ce jour, les désirs, la crainte, la colère,
Les plaisirs, les amours, l'intrigue, l'adultère,
Qui tourmentent sans fin la pauvre humanité,
Seront de mes écrits le sujet adopté.

Quem patitur dormire nurus corruptor avaræ,
Quem sponsæ turpes, et prætextatus adulter?
Si natura negat, facit indignatio versum,
Qualemcumque potest, quales ego vel Cluvienus.   80

Ex quo Deucalion, nimbis tollentibus æquor,
Navigio montem ascendit, sortesque poposcit,
Paulatimque anima caluerunt mollia saxa,
Et maribus nudas ostendit Pyrrha puellas
Quidquid agunt homines, votum, timor, ira, voluptas,  85
Gaudia, discursus, nostri est farrago libelli.

Quel temps fut donc jamais plus noyé dans le vice?
Vit-on jusqu'à ce jour plus sordide avarice?
Quand fut-on plus troublé de la fièvre des jeux?
La bourse est impuissante à nourrir les enjeux;
Il faut des coffres-forts! Des combats redoutables
Se livrent chaque jour tout autour de ces tables,
Où l'esclave, sans trêve, en fidèle écuyer,
Passe au maître engagé l'arme pour guerroyer.
Celui qui, traversant des fortunes diversés,
Dans les hasards du jeu perd cent mille sesterces
Est-il simplement fou, lorsque, transi de froid,
Son esclave mi-nu grelotte sous son toit?

Vit-on jamais autant de maisons de plaisance
Étaler leur richesse et leur magnificence?
Lequel de nos aïeux vit, seul à son repas,
Sur sa table sept fois se succéder les plats?
Aujourd'hui, sur le seuil des riches vestibules,
Les clients vont chercher de minimes sportules;
Encor prend-on le soin d'examiner vos traits
De crainte que, caché sous des noms contrefaits,
Vous ne preniez la part à d'autres destinée;
Celle qui vous revient ne vous sera donnée,
Que si vous êtes bien et dûment reconnu.

Et quando uberior vitiorum copia? quando
Major avaritiæ patuit sinus? alea quando
Hos animos? neque enim loculis comitantibus itur
Ad casum tabulæ, posita sed luditur arca.                    90
Prælia quanta illic dispensatore videbis
Armigero! simplexne furor sestertia centum
Perdere, et horrenti tunicam non reddere servo?

Quis totidem erexit villas? quis fercula septem
Secreto cœnavit avus? Nunc sportula primo                    95
Limine parva sedet, turbæ rapienda togatæ.

Sur un ordre du maître, au signal convenu,
Un crieur fait l'appel et nous voyons, en masse,
Les nobles descendants de la Troyenne race
Assiéger avec nous les portes du palais.
— « Que l'on donne au préteur, dit le maître aux valets;
» Puis viendront les tribuns. » — « Cet affranchi, ce semble,
» Doit passer le premier. » — « Faut-il donc que je tremble,
» Riposte celui-ci, de défendre mon rang?
» Oui, j'étais le premier; je suis issu du sang
» De ce peuple qui vit sur les bords de l'Euphrate;
» A quoi bon le nier? quand chacun le constate
» En voyant que, suivant l'usage du pays,
» Mon oreille est percée et me voue au mépris.
» Oui, mais, bon an mal an, je gagne aux *Cinq-Boutiques*
» Cinq cent mille talents! La pourpre des tuniques
» De tous nos sénateurs peut-elle procurer
» Un sort plus enviable? alors qu'on voit errer
» Dans les champs Laurentins, Corvinus, sans ressource,
» Conduisant des troupeaux pour refaire sa bourse!
» Licinius, Pallas, sont moins riches que moi;
» Les tribuns attendront! »


Ille tamen faciem prius inspicit, et trepidat ne
Suppositus venias, ac falso nomine poscas :
Agnitus accipies. Jubet a præcone vocari
Ipsos Trojugenas : nam vexant limen et ipsi          100
Nobiscum : Da prætori, da deinde tribuno.
Sed libertinus prior est. Prior, inquit, ego adsum :
Cur timeam? dubitemve locum defendere, quamvis
Natus ad Euphratem, molles quod in aure fenestræ
Arguerint, licet ipse negem? sed quinque tabernæ     105
Quadringenta parant : quid confert purpura majus
Optandum, si Laurenti custodit in agro
Conductas Corvinus oves? Ego possideo plus
Pallante et Licinis : exspectent ergo tribuni.

                    L'argent seul fait la loi ;
Que celui qui naguère entra dans cette ville,
Les pieds marqués de blanc comme une chose vile,
Ne cède point le pas aux gens de qualité !
On vénère partout ta sainte majesté,
Argent, dieu qu'on invoque et qui n'as pas encore
Des temples, des autels, où le public t'adore,
Comme en ont la Vertu, la Bonne-Foi, la Paix,
Comme en a la Concorde, au sein des murs épais
De son vieux sanctuaire abritant, chaque année,
La cigogne bavarde à son nid ramenée.

Quand les gens au pouvoir, à chaque bout de l'an,
Avec un soin jaloux, arrêtent le bilan
De ce qu'à leur avoir ajoute la sportule
Et comptent leurs profits que le temps accumule,
Que feront les clients qui n'ont pour se nourrir,
Se chauffer, s'habiller, que ce gain à s'offrir ?
Les litières en foule accourent à l'aumône,
Et l'on y voit souvent venir une matrone,
Languissante, débile, ou tout près d'accoucher,

Vincant divitiæ ; sacro nec cedat honori,                       110
Nuper in hanc urbem pedibus qui venerat albis :
Quandoquidem inter nos sanctissima divitiarum
Majestas ; etsi, funesta pecunia, templo
Nondum habitas, nullas nummorum ereximus aras,
Ut colitur Pax atque Fides, Victoria, Virtus,                    115
Quæque salutato crepitat Concordia nido.

Sed quum summus honor finito computet anno
Sportula quid referat, quantum rationibus addat ;
Quid facient comites, quibus hinc toga, calceus hinc est,
Et panis fumusque domi ? Densissima centum                      120
Quadrantes lectica petit, sequiturque maritum
Languida vel prægnans, et circumducitur uxor.

Que son époux y traîne. Un autre, sans broncher,
D'une litière vide et soigneusement close
Se faisant escorter (mais aujourd'hui la chose
Est éventée), ardent, sollicite la part
De son épouse absente, et, mentant avec art :
« C'est ma Galla, dit-il, pressez-vous davantage ;
» Que tardez-vous ? Galla, montrez votre visage.
» Elle repose... chut !,.. ne la réveillez pas. »

Quel bel emploi du temps ! Suivons-les pas à pas :
La sportule avant tout, le forum, la statue
D'Apollon, des clameurs du barreau rebattue ;
Puis, un tour au milieu des marbres triomphaux,
Parmi lesquels on voit, sur un des piédestaux,
Je ne sais quel bandit d'Égypte ou d'Arabie
Qui voulut, dans un jour d'insolente lubie,
Étaler son visage et vanter ses hauts faits,
Mais à ses pieds... l'on vaque à des besoins secrets !
On reconduit enfin le maître à sa demeure ;
Fatigués et lassés d'un espoir qui les leurre,
Même les vieux clients renoncent au repas
Si longtemps convoité, qu'on ne leur offre pas.
O retours d'ici-bas ! Trompé dans son attente,
Chacun, pour apaiser l'appétit qui le hante,
Devra se contenter, pour son modeste pot,

Hic petit absenti, nota jam callidus arte,
Ostendens vacuam et clausam pro conjuge sellam.
Galla mea est, inquit : citius dimitte : moraris ?          125
Profer, Galla, caput. Noli vexare, quiescit.

Ipse dies pulchro distinguitur ordine rerum.
Sportula, deinde Forum jurisque peritus Apollo,
Atque triomphales, inter quas ausus habere
Nescio quis titulos Ægyptius atque Arabarches ;          130

De légumes flétris et d'un pauvre fagot.
Pendant ce temps, le roi de ces sujets avides,
S'étend nonchalamment au milieu de lits vides
Et dévore, tout seul, ce que mers et forêts
Donnent de plus exquis pour composer les mets.
De cent tables qu'il a, belles et spacieuses,
Par leur antiquité doublement précieuses,
Une seule engloutit un patrimoine entier!
— Tant mieux! Du parasite on tuera le métier!
— D'accord, mais pour cela faudra-t-il qu'on subisse
Tout ce luxe doublé d'une basse avarice?
Quelle gloutonnerie imaginerait-on
Plus digne de mépris, que celle d'un patron
Qui, seul, pour son repas exige qu'on lui serve
Un sanglier entier, pièce que l'on réserve
Aux convives nombreux groupés en un festin?
Pourtant le châtiment, par un juste destin,
Suit de près les excès de son intempérance,
Lorsque, rassasié, l'estomac en souffrance,
Quittant ses vêtements, il doit, bon gré mal gré,
Aller porter au bain un paon mal digéré.
De semblables abus nous connaissons les suites,
Car voilà la raison de tant de morts subites
Et de tant de vieillards qui meurent intestats.
Une histoire récente amuse nos repas :


    Cujus ad effigiem non tantum meiere fas est.
    Vestibulis abeunt veteres lassique clientes,
    Votaque deponunt, quanquam longissima, cœnæ.
    Spes hominum! caules miseris atque ignis emendus.
    Optima silvarum interea pelagique vorabit       135
    Rex horum, vacuisque toris tantum ipse jacebit :
    Nam de tot pulchris et latis orbibus et tam
    Antiquis, una comedunt patrimonia mensa.
    Nullus jam parasitus erit! sed quis feret istas
    Luxuriæ sordes? Quanta est gula, quæ sibi totos    140

On raconte, au milieu des ris de l'assistance,
Que des amis, frustrés dans leur longue espérance,
Furieux, au bûcher se sont vus obligés
De suivre le défunt comme des affligés.


Nous sommes corrompus autant qu'on pouvait l'être;
Nos neveux singeront notre siècle, leur maître;
Le surpasser? Jamais! — Donc à notre courroux
Lâchons la bride; mais, peut-être direz-vous:
« Votre génie a-t-il la taille, l'envergure
» D'un sujet et si grave et si grand? La Nature
» Vous a-t-elle donné des anciens la vigueur?
» Pourrez-vous exprimer ce que sent votre cœur
» Et de tout dire enfin vous sentez-vous l'audace? »
— Eh quoi! Lucilius devenait-il de glace
Songeant que Mucius pouvait s'offenser? Non.
— « Nommez Tigellinus... quels cris, rien qu'à son nom!
» Quelle ardeur de sévir! L'injure est suffisante,
» Pour qu'on fasse de vous une torche vivante,
» Comme des malheureux qui, liés aux poteaux,


Ponit apros, animal propter convivia natum!
Pœna tamen præsens, quum tu deponis amictus
Turgidus, et crudum pavonem in balnea portas.
Hinc subitæ mortes, atque intestata senectus.
It nova, nec tristis, per cunctas fabula cœnas:          145
Ducitur iratis plaudendum funus amicis.


Nil erit ulterius, quod nostris moribus addat
Posteritas; eadem cupient facientque minores.
Omne in præcipiti vitium stetit: utere velis;
Totos pande sinus. Dicas hic forsitan: Unde              150
Ingenium par materiæ? unde illa priorum

» Sont transformés, le soir, en sinistres flambeaux,
» Et dont les corps brûlés, qu'à l'entour on promène,
» Tracent un noir sillon dans le sol de l'arène. »
— Quoi ! ce vil scélérat qui servit des poisons
A trois oncles, pourra, sur de fines toisons
Mollement étendu, rire de ma colère,
M'accabler du regard du haut de sa litière ?
— « Si vous le rencontrez, vous ferez prudemment
» De vous mettre le doigt sur la lèvre ; autrement
» Ces seuls mots : « le voilà, » provoqueront sa rage.
» Vous pouvez sans péril célébrer le courage
» D'Énée ou de Turnus, raconter le trépas
» Du valeureux Achille, ou bien celui d'Hylas
» Que son urne entraîna dans une onde trompeuse
» Et dont on pleura tant la fin mystérieuse.
» Lorsque Lucilius, frémissant de fureur,
» Prend le style en sa main comme un glaive vengeur,
» Celui-là dont le crime agite et trouble l'âme,
» Toujours tremble et frémit ; faible comme une femme,
» La sueur du remords se répand dans son sein.


Scribendi quodcumque animo flagrante libetet
Simplicitas? Cujus non audeo dicere nomen?
Quid refert dictis ignoscat Mucius, an non?
Pone Tigellinum... tæda lucebit in illa,                    155
Qua stantes ardent qui fixo gutture fumant,
Et latum media sulcum diducet arena.
Qui dedit ergo tribus patruis aconita, vehetur
Pensilibus plumis, atque illinc despiciet nos?
Quum veniet contra, digito compesce labellum;                    160
Accusator erit, qui verbum dixerit : hic est.
Securus licet Æneam Rutulumque ferocem
Committas : nulli gravis est percussus Achilles,
Aut multum quæsitus Hylas urnamque secutus.
Ense velut stricto quoties Lucilius ardens                    165

» De là, colère et pleurs ! Pèse bien ton dessein
» Avant que du combat résonne la trompette,
» Car, dès qu'on te verra le casque sur la tête,
» Il ne sera plus temps de reculer. » — Hé bien !
Je veux faire l'essai de ce qu'un citoyen
Peut dire contre ceux dont les cendres pourrissent
Aux bords de cours fameux que des tombes hérissent.


Infremuit, rubet auditor cui frigida mens est
Criminibus; tacita sudant præcordia culpa :
Inde iræ, et lacrymæ. Tecum prius ergo voluta
Hæc animo ante tubas : galeatum sero duelli
Pœnitet. — Experiar quid concedatur in illos          170
Quorum Flaminia tegitur cinis atque Latina.

# REMARQUES

SUR

## LA PREMIÈRE SATYRE

L m'a toûjours paru qu'on est bien aise de voir le portrait d'un Auteur avant que d'en examiner les ouvrages : cette raison m'oblige de dire un mot de la naissance et du caractère de Juvénal, et cela même peut non seulement servir à la satisfaction du Lecteur, mais encore faciliter l'intelligence de divers passages qui se trouvent dans ses Satyres.

Decius Junius Juvenal estoit natif d'Aquin ville d'Italie, bien que quelques-uns ayent voulu qu'il fut Gaulois, ce qui n'a aucune vraysemblance ; il estoit suivant la commune opinion fils ou éleve d'un riche Affranchi, dont le nom n'a point esté connu, contre le sentiment de quelques Auteurs, qui ont cru que ces trois noms marquoient une plus illustre naissance, à cause qu'on pretend qu'il estoit deffendu chez les Romains aux gens de basse extraction d'en avoir autant. Il eust pour Precepteur Fabius Quintilianus excellent Orateur de son temps, de qui nous avons cet Ouvrage achevé des institutions de Rhetorique, il vint à Rome fort jeune, du temps de l'Empereur Claude Neron, et y passa la moitié de sa vie à faire des déclamations, et à enseigner l'art de l'Eloquence, enfin estant parvenu environ à l'âge de quarante ans, et indigné des mœurs débordées des Romains, il commença à composer ses Satyres pour les censurer par un stile tres-libre et tres-severe. Et comme il voulut s'en prendre à Pâris, l'un des Comediens de Domitien, qui avoit plus de credit sur l'esprit de l'Empereur que tous les gens de qualité et de merite qui l'approchoient, le vers qu'il recita, et qui est dans la septième Satyre

> *Quod non dant proceres, dabit histrio.*
> Ce qu'on n'a pas des grands, on l'attent du bouffon.

piqua si fort Pâris, qui se l'appliqua avec quelque raison, qu'il persuada à ce foible Prince d'éloigner Juvenal, quoy que déjà fort vieux, avec quelque titre d'honneur neanmoins, pour éviter le blâme qu'il pourroit recevoir d'exiler un homme sans reproche, et qui avoit l'approbation universelle ; et dans cette veuë il luy fit donner le commandement d'une Cohorte Pretoriene, avec laquelle il l'envoya dans la ville d'Asse, située à l'extremité de l'Egypte et de la Lybie, voulant vanger, disent nos Auteurs, un trait de raillerie par un genre de peine de la mesme nature. D'où estant enfin revenu après la mort de Domitien, il composa sa quatriéme Satyre, ainsi que l'on peut conjecturer par son commencement et par sa fin, et acheva les autres ; en sorte que la plus probable opinion veut qu'il vécut encore sous les Empereurs Nerva, Trajan, et qu'il ne mourut qu'environ la douziéme année de l'Empire d'Adrien dans un âge plus que octogénaire ; ce qui se confirme par le témoignage du sçavant Juste Lipse, qui prouve par de bonnes raisons, que dans la seconde année de l'Empire de ce Prince, il composa son excellente Satyre treiziéme pour la consolation de son amy Calvin.

De cette narration que j'ay tirée de plusieurs graves Auteurs, il en résulte deux choses.

La premiere, que ses Satyres n'ont pas esté composées dans l'ordre qu'elles ont esté mises, puisque la septiéme doit avoir précedé la quatriéme ; s'il est vray, comme tous les Interpretes en conviennent que lors que Juvenal a composé la septiéme, Domitien estoit vivant, ainsi que son exil et tout ce que nous en avons dit le verifient, et que dans la quatriéme il en parle comme d'un homme mort.

Et la seconde, que ceux-là se sont trompez, qui ont crû qu'il avoit esté envoyé en exil en Egypte à l'âge de quatre-vingt ans par Domitien, et qu'il y estoit mort accablé de langueur et d'ennuy.

Dans cette Satyre le Poëte traitte deux choses. La premiere, pourquoi il veut faire des vers ; et la seconde quelles raisons l'ont induit à les composer en Satyres. Il en donne trois pour justifier sa poësie. La premiere, qu'il est las d'entendre réciter tant d'ennuyeux Poëmes, et qu'il est temps qu'il se fasse écouter de mesme.

La seconde que les doctes et les ignorans s'en meslent, suivant ce qu'Horace en avoit dit :

*Scribimus indocti, doctique poëmata passim.*

Et la troisiéme, qu'après s'estre long temps exercé à la Grammaire et à l'Art Oratoire, il veut se délasser à faire des vers.

Et à l'égard de la Satyre qu'il entreprend, il la justifie par les désordres et les vices de son temps, dont il veut faire la peinture, afin d'en donner quelque horreur.

Les Poëtes Epiques commencent leurs Poëmes par l'invocation des Dieux et des Muses ; mais les Satyriques, comme Juvenal, Perse et Horace par quelques termes d'exclamation qui marquent leur étonnement et leur indignation.

V. 1. *Semper ego auditor tantum.* Faut-il que j'écoute toûjours les autres, et qu'ils ne m'entendent point à leur tour. Ciceron appelle cette figure Reticence, lors qu'on se taist de ce qu'on devroit dire : Celsus luy donne le nom d'Obticence, et Fabius d'Interruption.

Suetone et Pline nous confirment qu'il s'étoit élevé à Rome au temps que Juvenal écrivit ses Satyres une foule si grande de Poëtes, qu'il y avoit des mois entiers dont chaque jour avoit son Poëme assigné, au grand ennui des parens et des amis qui y estoient invitez.

V. 2. *Theseide Codri.* Codrus estoit un Poëte fort pauvre et fort obscur, comme il resulte de la troisiéme Satyre, qui avoit composé une longue et ennuyeuse Tragedie de Thesée, fils d'Ægée Roy d'Athenes, et d'Æthre fille de Pithée Roi des Troezeniens, imitateur des vertus d'Hercule, lequel descendit aux Enfers avec Pirithous pour y enlever Proserpine : mais ils y furent arrestez et n'en purent plus sortir. Virgile.

> *Sedet æternumque sedebit*
> *Infelix Theseus.*

(Voyez Plutarque dans sa vie. Et Ovide, liv. 7 des *Métamorphoses*.)

V. 3. *Ille togatas.* Il entend parler des Comedies dont il y avoit de deux sortes : les unes estoient appellées *togatæ*, autrement, Latines, parce que les Acteurs estoient vestus à la Romaine. Les autres, *palliatæ*, c'est-à-dire Grecques, à cause du manteau dont se servoient les Grecs. Des Latines il y en avoit de quatre especes; les premieres se nommoient *Prætextatæ*, de la robe longue appellée *Prætexta*, que portoient les gens les plus qualifiez dans les Actions publiques : les secondes, *Tabernariæ*, où l'on introduisoit les personnes d'un bas état, ainsi dénommées, à cause qu'anciennement ils ne paroissoient pas sur les theatres, et ne parloient qu'au travers de quelques planches; les troisiémes estoient *Attellanæ*, du nom de la ville d'Attella, située entre Capouë et Naples, où les Osciens qui l'habitoient avoient les premiers inventé les jeux et les railleries qui s'entremesloient dans les Entre-actes des Comedies, à l'imitation des Satyres Grecques. Il n'est pas hors de propos de dire en passant, que divers Auteurs ont pensé que ces peuples estoient nommez Osciens, à cause de la puanteur de leur haleine; et que de-là est venu qu'on a appellé les paroles messeantes, *obscœna verba*, *quasi oscena* : les quatriémes, *Planipedæ*, qui signifie en Grec, bouffons, selon Diomede, où les Acteurs ne se servoient *nec cothurnis nec foccis*, qui estoient des especes de brodequins dont les premiers se portoient aux tragedies et les autres aux comedies, et ne parloient pas dans des lieux élevez de l'orchestre, mais ils y estoient nuds pieds, et ne representoient que des farces.

V. 5. *Ingens Telephus.* C'estoit une longue Tragedie de Telephe fils d'Hercule et d'Augez, lequel ayant esté caché par sa mère dans un buisson, y fut nourri par une biche, et depuis élevé dans le pays de Mysie situé dans l'Asie Mineure près de l'Helespont, d'où ayant voulu repousser les Grecs dans la guerre de Troye; il fut blessé à la cuisse par Achille, et depuis par le conseil de l'Oracle guery des mesmes mains et de la roüille du mesme fer, ou par l'application de quelques herbes dont Achille avoit appris la vertu du Centaure Chiron. Ovide.

> *Telephus æterna consumptus tabe perisset,*
> *Si non quæ nocuit dextra tulisset opem.*

> Telephe par sa playe enfin seroit peri,
> Si la main qui la fit ne l'en avoit gueri.

V. 6. *Nec dum finitus Orestes.* Grande exaggeration qui marque la longueur extresme de la Tragedie d'Oreste, qui vengea la mort de son père Agamemnon égorgé au retour de l'expedition de Troye, sur Clytemnestre sa mere, et Ægiste son adultere, qui l'avoient fait mourir, duquel matricide il eut une si grande horreur qu'il en perdit l'esprit, et se creut incessamment poursuivi par sa mere tenant en main des flambeaux ardens et des serpens, qui l'empescherent mesme de sortir du temple d'Apollon, où il estoit entré par l'avis de son ami Pylade pour en estre délivré. Virgile.

> *Armatam facibus matrem, et serpentibus atris*
> *Quam fugit, ultricesque sedent in limine diræ.*

> Lors qu'il veut fuir sa mere, il la trouve enflâmée
> Sur la porte du temple, et de serpens armée.

V. 7. *Lucus Martis.* C'est l'histoire de l'origine de Rome, car on prétend que Rea Prestresse du bois de Marsy ayant été enfermée par Amulius son oncle, y devint enceinte du fait du Dieu Mars, et qu'elle y enfanta Romulus et Remus les fondateurs de Rome.

V. 8. *Et Æoliis vicinum rupibus antrum Vulcani.* Il entend parler du mont Ætna qui par le dégorgement de ses flammes a donné lieu aux Poëtes d'y placer la forge du Dieu Vulcain, et qui est proche des sept Isles d'Æole; sçavoir, Liparis, Termesse, Hiere, Strongyle, Didymes ou les Jumelles, Eryeuse ou Phenyeuse, et la moindre de toutes Evonyme.

V. 9. *Quas torqueat umbras Æacus.* C'est de ce qui se passe dans les Enfers, dont Æacus fils de Jupiter et d'Ægine ou d'Europe a esté étably Juge à cause de sa grande équité pendant sa vie.

V. 10. *Furtivæ devehat aurum pelliculæ.* Il parle de l'histoire des Argonautes, lors que Jason introduit par Medée dans le Temple de Mars, enleva la toison d'or qui y avoit esté appenduë par Phryxus et Helle sa sœur, qui l'avoient receuë d'Atamas leur pere; ce que Jason executa par l'ordre de l'Oracle, aprês avoir endormi le dragon et tué les gardes que Æta Roy de Colchos y avoit établi, et l'emporta par mer en Argos. Strabon nous apprend que dans la Colchide il y a du sablon d'or dans les torrens, que les habitans ramassent avec des peaux de bestes, et que c'est ce qui a donné lieu à cette fable.

V. 11. *Quantas jaculetur Monychus ornos.* C'est le nom d'un Centaure que les Poëtes ont feint estre moitié homme et moitié cheval, parce que les peuples de Thessalie qui ont les premiers monté à cheval, ne faisant voir que la moitié de leur corps, ne parurent que des demi-hommes. *Ornos.* On estime que c'est un fresne : et par la grandeur de cet arbre il veut marquer la force de ce Centaure.

V. 12. *Frontonis platani.* Jules Fronton noble Romain, grand protecteur des gens de lettres et des Poëtes, leur prestoit volontiers sa magnifique maison pour y réciter leurs Ouvrages. *Platanus* est ce que nous appellons le plane dont les Romains se servoient curieusement à cause de l'étenduë de son ombrage : il représente ici les jardins de Fronton.

V. 14. *Expectes eadem à summo minimoque Poëta.* Il se plaint de ce que les bons et les mauvais Poëtes y estoient également receus. C'est la seconde raison dont il se sert pour écrire en vers, et qui a rapport à ce que dit Horace.

*Scribimus indocti, doctique poemata passim.*

Ignorans ou sçavans nous composons des vers.

V. 15. *Et nos ergo manum ferulæ subduximus.* Il tire sa conclusion, et dit qu'ayant quitté la classe, et n'étant plus sujet à la ferule, il peut s'appliquer aux vers.

V. 16. *Consilium dedimus Syllæ.* C'est-à-dire par ses déclamations Il a censuré la cruauté de Sylla, qui a surpassé par sa barbarie, par son infidelité, et par ses proscriptions, les Tyrans les plus inhumains : Sylla vivoit du temps de Jules Cæsar, depuis lequel jusques à Juvenal on avoit veu regner douze Empereurs.

V. 19. *Cur tamen hoc potius libeat decurrere campo.* Maintenant il veut apprendre les raisons qu'il a eu de faire des Satyres, et fait un grand dénombrement de tous les vices des Romains.

*Campo.* Il se sert de ce nom par allegorie des actions du corps à celles de l'âme.

V. 20. *Magnus Aruncæ alumnus.* C'est le grand Lucile issu de la ville d'Auronce bastie anciennement près de Benevent par Auson fils d'Ulysse et de Calypsus dans la region des Rutiles. Quelques-uns le font naistre à Suesse, et tous conviennent qu'il est le premier Auteur de la Satyre Latine.

V. 22. *Cum tener uxorem ducat spado.* Sa première raison est fondée sur l'insatiable impudicité des femmes qui épousoient publiquement les eunuques, pour satisfaire à leur lubricité sans estre exposées à la peine des grossesses.

V. 23. *Mœvia Thuscum figat aprum.* La seconde est leur impudence. Mœvia est prise en cet endroit pour toutes sortes de femmes impudiques qui paroissoient à demi-nuës dans l'arene pour le combat des bestes que Domitien avoit permis aux femmes aussi bien qu'aux hommes.

V. 26. *Cum pars Niliacæ plebis, verna Canopi, Crispinus.* Il ne peut souffrir que Crispin né esclave de la populace de Canope Ville d'Egypte, abandonnée à toutes sortes d'impudicitez, et celebre seulement par le Temple de Serapis, au rapport de Strabon liv. 17, soit parvenu par ses delations et ses flatteries auprès de Domitien, à d'immenses richesses, et à la dignité de Senateur.

V. 27. *Tyrias Lacernas.* Cela signifie une veste de pourpre, à cause qu'à Tyr ville des Phœniciens l'on en pesche plus grande quantité et de la plus belle. C'estoit autrefois une Isle très-celebre, laquelle fut depuis jointe au continant par les ordres d'Alexandre le Grand. Ce n'est plus qu'un petit bourg qu'on appelle Sur.

*Lacerna* estoit une espece de veste que l'on portoit sur la toge ou sur la tunique pour se garantir des injures du temps; cela pouvoit assez ressembler à un sur-tout, on la nommoit aussi *Penula* et *Abolla.*

V. 32. *Causidici lectica Mathonis.* Mathon estoit un pauvre Avocat qui devint fort gros et fort riche en s'érigeant en delateur auprès de Domitien qui donnoit creance et protection à ces sortes de gens.

V. 33. *Magni delator amici.* L'on doute quel estoit ce delateur qui n'épargnoit pas ses meilleurs amis, les uns ont crû que c'estoit Heliodore Philosophe Stoïcien qui défera Licinius Silanus son disciple. Les autres veulent que ce soit le Philosophe Egnace maistre de Bareas Soranus, qu'il fit mourir, par sa delation auprès de Neron, et qui reçut le même châtiment sous Vespasien à la poursuite de Musonius Ruffus ou Demetrius l'Avocat, ou Caius Cassius qui en firent mourir plusieurs par les mêmes voyes.

V. 35. *Quem Massa timet.* Massa estoit le fou de Domitien, Carus et Latinus deux comediens dont le dernier prostitua sa femme Thymelé à cet Heliodore insigne delateur, pour eviter qu'il ne le fit mourir par ses rapports comme il fit Massa et Carus. On croit qu'elle fut ainsi nommée du grec θυμέλη, qui signifie le lieu le plus élevé du theatre, ou l'orchestre, à cause qu'elle y tenoit toûjours le premier rang.

V. 39. *Nunc via processus vetulæ vesica beatæ.* Le plus seur moyen de faire fortune est de se faire aimer d'une veuve vieille et riche.

V. 44. *Aut Lugdunensem Rhetor dicturus ad aram*. Caligula institua ainsi que Suetone nous apprend, des concours d'éloquence à Lion ville des plus fameuses du Royaume de France, et dans l'Athenée qu'on nomme aujourd'hui Esnay près du confluant du Rhosne et de la Saône avec cette loy que les vaincus estoient obligéz de composer quelques pieces d'eloquence à la loüange des victorieux, ou de leur donner quelques prix, et qu'en cas que leurs discours ne fussent pas approuvez, ils seroient obligéz de les effacer avec la langue, si ce n'est qu'ils aimassent mieux estre fustigez et plongez dans le fleuve, ce qui donnoit un juste effroi à tous ceux qui se presentoient dans cette academie ausquels Juvenal fait allusion par une aplication qui paroist fort outrée.

V. 48. *Quid enim salvis infamia nummis*. C'est une belle Sentence qui nous apprend qu'on s'expose aux actions les plus infames pour acquerir du bien.

V. 49. *Exul ab octava Marius bibit*. Marius Priscus Espagnol fut condamné à restituer soixante-dix mille écus au profit du tresor public pour les vols qu'il avoit faits en Afrique, et à un bannissement perpetuel par le jugement qu'en rendit le Preteur Cornutus Tertullus, mais comme il luy restoit encor beaucoup de biens, il passoit une vie fort douce dans son exil. Juvenal rapporte cet exemple, pour marquer l'iniquité de son temps, dans lequel un homme convaincu de tant de voleries ne laissoit pas d'en joüir, et il pousse son invective sur l'application qu'on faisoit au fisque d'une restitution qui devoit estre faite à la Province qui avoit esté volée.

V. 49. *Damnatus inani judicio et fruitur diis iratis*. Cette expression est admirable, et nous n'avons rien dans notre langue d'assez énergique, pour dire que ce Marius au mépris des loix qui l'ont condamné, et des dieux ennemis de ses crimes, joüit en repos des grands biens qui luy restent, quoy qu'il les ait acquis par de mechantes voyes.

V. 51. *Venusina lucerna*. Il veut imiter dans ses Satyres, le Poëte Horace, marqué par le mot Venusina, à cause qu'il estoit de Venusium Ville du Royaume de Naples, et il employe sa lanterne pour signifier son étude.

V. 52. *Quid magis Heracleus*. Pourquoy, dit-il, écriray-je plûtost des Fables que des Satyres, pour lesquelles je trouve tant de matieres, il entend parler des travaux d'Hercules sous le nom d'Heracleas qu'il tire du grec Ἡράκλεος qui signifie gloire de Junon, parce qu'étant né de Jupiter et d'Alcmene femme d'Amphitrion Prince de Thebes, et s'estant par là attiré la haine de Junon qui inspira à Eurystée fils de Stenele, Roy de Micene, d'exposer Hercule au combat de plusieurs monstres, afin de le faire perir ; il en sortit toûjours victorieux, et la cruauté de cette deesse fut le sujet de toute sa gloire. Voyez Hyginus Diodore, et Plutarque dans Thesée.

V. 53. *Aut Diomedeas*. Diomede Roy d'Ætolie fils de Thydée et de Deiphyle trahi par Ægiale sa femme, et par Stenele son ami, à qui Venus avoit inspiré de l'amour pour se vanger de la blessure qu'elle avoit receuë de Diomede, en voulant secourir Ænée son fils contre luy, fut enfin contraint de se retirer en Italie, où il bastit les villes d'Arpos et de Benevent; ses compagnons furent noyez et changez en oiseaux, et luy rendu immortel par la puissance de Pallas. Ce fut luy qui enleva le Palladium des Troyens. Voyez Ovide liv. 13 et 14 des Metamor.

*Aut mugitum labyrinthi*. Les Poëtes ont fait une fable du monstre Minotaure moitié homme et moitié taureau, né de l'infame accouplement avec un taureau de Pasiphaé femme de Minos Roy de Crete, lequel le fit renfermer dans un labirinthe, où les Atheniens estoient obligez par la peine qu'il leur avoit imposée pour avoir tué son fils Androgée, de lui donner tous les ans sept de leurs enfans pour estre devorez. Mais enfin Thesée fils d'Ægée Roy d'Athenes, sur lequel le sort estoit tombé dans la quatrième année, vainquit et tua le Minotaure par le secours d'Ariadne fille de Minos; sur quoy le sçavant Servius a creu que le secretaire de Minos s'appelloit Taurus, et qu'ayant eu connoissance de Pasiphaé en l'absence de son mari, elle accoucha de deux enfans qui ressembloient l'un à Minos, et l'autre à Taurus dont on a pris sujet d'inventer cette fable sous un mot composé de ces deux noms.

V. 54. *Et mare percussum puero*. C'est la mer d'Icare fils de Dedale, qui n'ayant sçeu se servir des aisles que son pere avoit inventées, fut précipité dans cette mer qui porte son nom. Ovide.

*Icarus Icarias nomine fecit aquas.*

*Fabrumque volantem* signifie son pere Dedale. La verité est que Dedale et Icare furent les inventeurs des voiles, des mats, et des antennes des navires; et que c'est ce qui a donné lieu à feindre qu'ils sçavoient l'art de voler.

V. 56. *Si capiendi jus nullum uxori*. Domitien fit une loy, par laquelle il osta aux femmes le droit d'heriter de leurs adulteres. Juvenal insulte les maris qui vouloient profiter de cette prostitution, et joüir eux-mesmes du droit dont leurs femmes estoient privées.

V. 60. *Dum pervolat axe citato Flaminiam*. Turnebe applique ce passage à Cornelius Fuscus : les autres à Tigillinus qui furent du nombre des favoris de Neron, et qui ayant passé leur jeunesse à faire le métier de cocher pour plaire à ce Prince et dévoré tout leur bien dans la débauche, eurent l'impudence d'aspirer sur leurs vieux jours aux suprêmes dignitez : ce qui justifie l'opinion de Turnebe, est qu'il parle dans ce passage d'un homme qui avoit dissipé tout le bien que ses ayeux lui avoient laissé; ce qui ne se peut pas appliquer à Tigillin dont la naissance estoit obscure.

Cette route qu'on appelloit *flaminia*, avoit pris son nom de Caius Flaminius Collegue de Lepidus, lequel après avoir vaincu les Liguriens dont Gennes est la Capitale, fit ouvrir cette voye pour aller de Rome à la ville d'Ariminium.

V. 62. *Lacernatæ amicæ*. Ce mot est assez difficile à expliquer. *Lacerna*, comme nous l'avons dit cy-dessus, estoit une espece de veste ou de surtout, inventée : premierement, pour l'usage des soldats, et dont les gens de qualité se servirent depuis dans les temps de pluyes et aux spectacles, mais qu'ils estimoient indécent de porter ailleurs. Et en effet, il paroist dans la troisiéme Philippique, qu'Antoine en avoit fait des reproches à Ciceron qui s'en defend fort. Ces sortes d'habits estoient pour l'ordinaire d'une étofe blanche. Martial nous le confirme en ces termes.

*Spectabat modo solus inter omnes*
*Nigris munus Horatius lacernis,*
*Cum plebs et minor ordo maximusque*
*Sancto cum duce candidus federet.*

Horace seul vouloit s'en faire accroire,
Entouré d'un sur-tout dont l'étoffe estoit noire,
Lors que le peuple, et ceux des premiers rangs
    N'en avoient que de blancs.

Ainsi il est difficile d'appliquer cet habit à une femme. Turnebe toutefois n'en fait pas mystere, mais d'autres qui pensent plus malignement, estiment qu'il le faut entendre de Sporus dont Neron abusoit, ou de semblables hommes perdus, qui par d'infames moyens que la pudeur de nôtre Langue empéche de nommer vouloient se faire femmes.

V. 64. *Iam sexta cervice feratur*. Ordinairement une littiere estoit portée par six esclaves, et pour lors on la nommoit Hexaphoros, et quand il y en avoit huit octaphoros. Martial.

*Laxior hexaphoris tua sit lectica licebit.*

V. 68. *Et gemma fecerat uda*. C'est-à-dire, d'un cachet que l'on imprime sur la cire, après l'avoir mouillé de sa salive.

V. 69. *Molle Calenum porrectura miscet Rubetum*. Il parle des femmes qui mesloient le poison dans la boisson de leurs maris, cela estoit commun de son temps.

*Calenum* estoit un excellent vin qu'on recueilloit dans Calez Ville de la Campanie et par Rubetum, il faut entendre toutes sortes de poisons, car à la lettre il signifie le crapeau dont le venin est mortel, qui tire son nom de Rubus, qui est le buisson où il se tient ordinairement plûtost que la grenoüille comme l'a voulu Pline, qui n'a rien de venimeux, quoy qu'il nous en veuille faire à croire.

V. 73. *Brevibus Gyaris.* C'estoient de petites Isles affreuses où l'on releguoit les plus criminels, afin que leur peine en fut plus grande. Suetone nous apprend que l'Empereur Titus y condamnoit tous les delateurs.

V. 75. *Criminibus debent prætoria.* Les scelerats doivent leurs magnifiques maisons des champs à leurs crimes, c'est ce qu'il veut dire par *Prætoria, quasi Prætoris digna.* Martial.

> *Ad lapidem torquatus habet prætoria quartum.*
>
> Torquatus a sa vigne à quatre jets de pierre.

V. 76. *Argentum vetus.* On faisoit grand cas des vases d'argent travaillez artistement par des anciens et habiles ouvriers qui estoient fort recherchez, parce que selon le témoignage de Pline, les modernes n'estoient plus si experts, en sorte que les plus vieilles cizelures quoy que les figures en fussent presque effacées estoient beaucoup plus estimées.

*Et stantem extra pocula caprum.* Dans le dehors des vases où l'on beuvoit, on avoit accoûtumé d'y mettre en relief la figure dorée d'un bouc ou d'une chevre, parce que ces animaux sont fort pernicieux à la vigne. Martial.

> *Stat caper in phiala Thebana vellere Phryxi cultu.*
>
> Le Boucq qu'on grave au vase à la toison dorée
> Que des mains des Thebains Phryxus avoit tirée.

Ce qui est signifié par Phryxus qui portât la toison d'or qu'il avoit reçûë d'Athamas son pere Roy de Thebes au Roy de Colchos ainsi qu'il a esté dit cy-devant.

V. 78. *Prætextatus adulter.* La robbe qu'on appelloit *prætexta* estoit destinée aux enfans des Nobles, jusqu'à l'âge de 14 ans complets par la Loy de Tarquinius Priscus qui en triomphant des Sabins en voulut honorer son fils âgé de quatorze ans pour avoir tué de sa main l'un des ennemis, bien que Tullius Hostillus troisième Roy des Romains l'eut ordonné auparavant pour les seuls Magistrats. Juvenal paroist justement indigné de ce que à cet âge les enfans connoissoient déja le crime d'adultere.

V. 80. *Quales ego vel Cluvienus.* C'estoit un mediocre Poëte satyrique de son temps auquel il veut bien se joindre pour écrire contre tant de désordres, quand même il devroit faire d'aussi mechans vers que luy.

V. 81. *Ex quo Deucalion.* Il veut reprendre le sujet de ses Satyres de tout ce qui s'est passé depuis le deluge, ce qui fait connoistre qu'il ne s'est pas seulement pris aux mœurs de son temps.

Ovide veut que Deucalion et Pyrrha sa femme fussent les seuls qui echaperent du deluge, et qu'estant arrivez sur le sommet du Mont Parnasse, obeïssant à l'oracle de Themis, ils repeuplerent le monde en jettant derriere leurs dos des pierres qui furent incontinent animées : La vérité est selon Justin que du temps d'Amphitrion Roy de Thebes, il y eut un si grand deluge en Grece, qu'il n'y restast que ceux qui purent se sauver sur les plus hautes montagnes, ou en Thessalie auprès de Deucalion qui y regnoit, et voila ce qui a donné lieu à la fable.

V. 94. *Quis fercula septem secreto cœnavit avus.* Par la frugalité des anciens il censure le luxe des tables des Romains, qui estant tout seuls ne laissoient pas de se faire de sept sortes de mets; c'est-à-dire de plusieurs.

V. 95. *Nunc sportula primo limine. Sportula*, à proprement parler, signifie un petit panier, mais parce que les plus riches à Rome donnoient ordinairement à ceux qui leur faisoient escorte, ou quelque argent, ou quelque chose à manger, qu'ils emportoient dans leurs corbeillons : ce petit salaire fut nommé *sportula*, prenant le contenant pour le contenu, c'est ce que les Grecs appellent ἄμπωσι ἐν σπυρίδι; et il alloit à cent petits quadrans, qui estoient une espece de menuë monnoye valant la quatriéme partie de l'asse, c'est-à-dire un denier, selon Budée, ainsi que nostre Poëte nous l'apprend plus bas. *Densissima centum quadrantes lectica petit.* Une littiere remplie demande cent quadrans. Et Martial.

> *Sportula nos junxit quadrantibus arida, centum.*
>
> Pour mieux marquer nostre misere,
> Cent quadrans font nostre salaire.

Et en un autre endroit le mesme Martial : *Centum miselli valete quadrantes;* d'où vient que les aumosnes qu'on donnoit aux pauvres, et les étreines, soit aux nopces ou ailleurs, furent aussi nommées du nom de *Sportula*.

Au lieu de ce salaire les Romains avoient autrefois accoûtumé de faire manger à leurs tables leurs suivans, et de leur faire bonne chere à souppé, qui estoit le seul repas qu'ils prenoient à la fin de la journée; et c'est ce qu'on appelloit *recta cœna*, c'est-à-dire *splendida*, un bon soupé : mais comme ils devinrent plus glorieux, et qu'ils n'en voulurent pas souffrir l'incommodité, ou qu'ils crurent d'en estre quittes à meilleur compte, ils obeïrent volontiers à la Loy que fit Neron, par laquelle il leur ordonna de changer ces repas en ces petits regales. On dit que Domitien voulut rétablir ces soupez;

mais il paroist par cette Satyre que sa Loy ne fut pas long-temps observée, puis qu'il exaggere cette avarice, et qu'il censure les Preteurs, les Tribuns et les autres gens de qualité, qui estoient assez lâches pour venir eux mêmes à la porte des gens riches avec les pauvres suivans, pour y recevoir par leurs mains, ou par celles de leurs valets cette gratification. Il appelle ses suivans, *turba togata*, gens portans la toge, parce que cette sorte de veste estoit destinée pour le peuple.

V. 100. *Iubet à præcone vocari ipsos Trojugenas.* La coûtume estoit de faire appeler par un crieur tous ceux qui la devoient recevoir, chacun dans son rang, de crainte de méprise.

*Trojugenas.* Il donne ce nom aux Romains les plus qualifiez qui se faisoient descendre des Troyens, et qui s'y trouvoient, afin de leur en faire plus de honte.

*Molles quod in aure fenestræ arguerint.* Les esclaves qui venoient à Rome de la Capadoce, Mesopotamie, et autres pays arrosez par l'Euphrate, avoient tous les oreilles percées : de sorte qu'estant affranchis et parvenus à de grandes richesses, ils portoient toûjours les marques de leur esclavage, et il les fait parler ainsi par dérision, et pour mieux exaggerer l'impudence avec laquelle ils vouloient avoir la préseance sur les plus nobles de Rome. *Molles fenestræ in aure,* ce sont les trous des oreilles percées.

V. 108. *Conductas Corvinus oves.* Corvinus estoit d'une ancienne famille, qui avoit pris ce nom de Valerius Corvinus, lequel dans un combat singulier qu'il eut contre un Gaulois de taille gigantesque, tua son ennemi par le secours d'un corbeau, qui s'estant mis sur le casque de Valerius, insulta le Gaulois de son bec et de ses ongles, et le mit hors de défence, d'où il merita le surnom de Corvinus : cependant celui dont parle nôtre Poëte avec toute sa noblesse estoit si pauvre, qu'il estoit obligé pour gagner sa vie de garder les troupeaux de son maistre dans les champs Laurentins qui estoient prés de Lavinium ville de la Campanie, bastie autrefois par Ænée, qui luy donna ce nom à l'honneur de sa femme Lavinia.

V. 109. *Plus Pallante et Licinis.* Pallas estoit Arcadien, fils d'un affranchi, surintendant et favori de l'Empereur Claude aussi bien que Narcisse, que ce prince éleva par decret du Senat aux premieres dignitez, et qui acquirent par toutes sortes de voyes tant de richesses que Claude se plaignant un jour de la modicité de ses finances, donna lieu à quelqu'un de luy dire, que s'il les vouloit rendre plus abondantes, il n'avoit qu'à s'associer avec ses deux affranchis. On a crû que Neron l'avoit fait mourir de poison dans sa vieillesse, pour s'acquerir tous ses biens.

*Licinis.* On remarque qu'il y en a eu plusieurs de ce nom, et tous fort riches : le premier fut pris aux guerres d'Alemagne encore enfant, et depuis affranchi par Jules Cesar, et employé à la fourniture des vivres de son armée, ainsi que du temps d'Auguste, lequel l'envoya en Gaule, où il s'enrichit par mille voleries, dont voulant eviter l'envie et le bruit, il fit bastir un Temple sous le nom de Jules Cesar ; il mourut extremement riche sous l'Empereur Tibere. Pline, livre 33, chapit. 10, en nomme deux autres : sçavoir Licinius Stolones Crassus, et Publius Licinius surnommé le riche.

V. 110. *Vincant divitiæ.* Il faut que tout cede à l'argent : il fait parler ainsi cet affranchi, afin d'en mieux marquer l'impudence.

V. 111. *Pedibus qui venerat albis.* L'on avoit accoûtumé de marquer les pieds des esclaves étrangers qu'on exposoit en vente avec de la craye ou du plastre.

V. 113. *Funesta pecunia.* Il appelle ainsi les richesses, soit à cause des crimes par lesquels souvent on les acquiert, soit par les dangers où elles exposent ceux qui en veulent avoir, et la peine qu'on a de les conserver ; ce qui luy fait dire ailleurs :

> *Sed plures nimia congesta pecunia cura*
> *Strangulat.*

> Le désir violent d'avoir quelque richesse
> Accable bien souvent celui qui s'en empresse.

V. 114. *Templo nondum habitas.* Il nous veut apprendre qu'encore qu'on ne luy ait point dédié de Temple, on ne laisse point de l'adorer.

V. 115. *Et colitur pax, etc.* Le temple de la Paix fut consacré par Vespasien proche du marché, au dire de Suetone. Celui de la Foy par Numa Pompilius, selon Tite-Live. Celui de la Vertu prés de la porte Capene. Celui de la Victoire dans le Palais. Et celuy de la Concorde au marché par ordre du Senat.

V. 116. *Crepitat concordia nido.* C'est à cause que les cicognes avoient plusieurs nids sur le couvert de ce temple ; et à ce sujet nous apprenons que la Concorde estoit honorée sous la figure de la Cicogne, à cause de sa fidelle pieté envers ses parens qu'elle n'abandonne jamais, mesme dans leur vieillesse.

V. 128. *Iurisque peritus Apollo.* Il fait un dénombrement de l'oisiveté des Romains, qui commençoient dès le matin à saluër leurs Patrons dans l'espérance de recevoir cette gratification dont nous venons de parler ; ils se promenoient en suite au marché, et puis ils se rendoient au Palais, où Apollon avait une statuë d'yvoire ; et par cette raison il luy donne le nom de sçavant en droit, parce qu'estant toûjours present aux Audiances, il sembloit qu'il deust s'y rendre fort habile. C'est à ce propos qu'Horace dit Satyre 9.

> *Sic me servavit Apollo.*

C'est ainsi que j'échapai par le secours d'Apollon en parlant de

cet importun dont il avoit esté délivré par sa partie, qui l'avoit tiré
en jugement fort à propos pour Horace.

V. 129. *Atque triumphales*. C'estoient les statuës des grands
Hommes que l'on alloit visiter dans les sales de ce mesme Palais;
et cela s'appelloit, *ire ad rostra*. Ce nom leur fut donné à cause des
proües des vaisseaux des Antiates, peuples maritimes d'Italie, qui
habitoient Antium capitale des Volsques, qui y estoient appendues :
et c'est en cet endroit que l'on harenguoit souvent le peuple.
Quintilien nous apprend que dans cette sale, Auguste fit l'Oraison
funebre de son ayeule : *Pro rostris laudavit aviam Augustus*.

V. 130. *Nescio quis titulos Ægyptius atque Arabarches*. Il se
plaint de ce qu'on voit parmi tant de gens illustres la statuë de
Crispin Ægyptien ou Arabe, qui de simple affranchi estoit parvenu
à de grandes richesses par de mechantes voyes, et veut que tout le
monde le traite avec mépris.

V. 137. *De tot pulchris et latis orbibus et antiquis*. Ce passage est
plus facile à entendre qu'à expliquer : quelques Commentateurs l'ont
interprété des tables rondes faites du bois de Citre, qui croissoit
dans le Mont Atlas en Mauritanie, dont la feuille sembloit à celle
du Laurier, neanmoins meslée d'épines : cet arbre paroissoit estre
une espece de citronnier, qui portoit de mesme des fruits de couleur
dorée pendant toute l'année, et qui estoit si estimé par les Romains,
à cause de son odeur et de sa vertu contre les tignes, qu'ils en
faisoient bien souvent les bois de leurs lits, et l'achetoient aux prix
de l'or ; ce qui donnoit sujet à leurs femmes de leur faire reproche
de ce luxe, lors qu'ils vouloient leur en faire de celui de leurs
joyaux. Perse.

> *Non quidquid denique lectis.*
> *Scribitur in citreis.*

> Ny ce que l'on écrit sur les tables de citre.

Mais sauf le respect que je dois à ces graves Auteurs, j'aime mieux
suivre l'opinion de ceux qui estiment que ces mots se donnent à
entendre des plats d'argent et pretieux par leurs ciselures antiques ;
d'autant plus que dans la suite du mesme vers il est parlé de la table,
et qu'ainsi je crois que le Poëte a voulu dire, que ces Romains
prodigues qu'il censure, parmi tant de riches plats dont leur table
estoit servie, devoroient tout leur patrimoine.

*Quanta est gula quæ sibi totos ponit apros*. Il marque le luxe de
leurs tables, sur lesquelles pour eux seuls on servoit des sangliers
entiers. Ils se faisoient un point d'honneur d'y faire faire paroistre
de ces grosses bestes toutes entieres. Pline nous assure que ce fut
Servius Tullus qui fut le premier à faire porter sur sa table un
sanglier.

V. 143. *Et crudum pavonem in balnea portas*. Le paon estoit un manger delicieux chez les Romains. Macrobe et Varron pretendent que ce fut Hortensius lors qu'il estoit Augure, qui dans le festin des Pontifes fut le premier qui fit servir des paons dont la viande, quoy que fort bonne, a esté reconnuë tres-indigeste ; et mesme Saint Augustin nous apprend dans son livre de la Cité de Dieu, liv. 21, ch. 4, que sa chair estoit incorruptible après sa mort. En voici les termes : *Quis enim nisi Deus creator omnium dedit carni pavonis mortui ne putresceret ?* Qui est-ce sinon Dieu createur de toutes choses qui a donné à la chair du paon mort la vertu de ne se point corrompre ?

V. 149. *Omne in præcipiti vitium stetit*. Tous les vices, dit-il, sont parvenus dans leurs derniers excès : c'est une metaphore tirée du haut d'un precipice, au de-là duquel on ne plus aller sans se perdre.

V. 151. *Unde illa priorum scribendi simplicitas*. Autrefois du temps de Lucile le Satyrique, on pouvoit librement parler de tout le monde, et l'on ne se mettoit guere en peine des plaintes que Mutius en faisoit, lors que Lucile luy reprochoit ouvertement ses vices : mais aujourd'hui si l'on fait la peinture de Tigillin le plus scelerat des hommes, mais favori de l'Empereur, on s'expose à estre bruslé tout vif...

V. 155. *Tæda lucebis in illa qua stantes ardent qui fixo gutture fumant*. Neron ayant fait mettre le feu dans Rome, pour s'en disculper en accusa les Chrestiens, ausquels voulant faire porter la peine qu'il meritoit luy-mesme, il les faisoit attacher à un poteau la tête levée, couvrir de poix-resine, de papier et de toile cirée, et brusler tout vifs pendant la nuit, afin que la lueur en fust plus eclatante et plus agreable aux Romains, après les avoir fait traisner dans l'arene ; et c'est de cette cruauté que nostre Poëte veut parler par allusion. Voyez Tacite liv. 15 et Lipse, Juvenal Sat. 8, appelle ce supplice : *Tunica punire molesta*.

V. 158. *Qui dedit ergo tribus patruis aconita*. Le Poëte parle par indignation de Tigillin, lequel au dire de Probus, empoisonna trois de ses oncles, et par de faux testamens s'empara de leur heritage : que cet homme, dit-il, joüisse librement de ses crimes, puis qu'il n'est pas permis d'en parler. Ce passage sembleroit ne pouvoir s'appliquer à Tigillin, parce qu'il estoit mort sous le regne d'Othon ; mais cette raison ne doit pas faire de peine, parce que nostre Poëte par la censure des crimes passez, veut apprendre à vivre aux gens de son temps ; et que d'ailleurs il nous a fait connoistre que la matiere de ses Satyres se prendroit depuis le déluge. *Aconitum*, est le suc d'une herbe tres-venimeuse, employée dans ce passage pour toute sorte de poison.

V. 160. *Cum veniet contra digito compesce labellum.* C'est un
avis du Poëte : si tu trouves, dit-il, en ton chemin un semblable
scelerat garde-toy bien d'en mal parler, ny de dire seulement,
le voilà, autrement tu seras sur le champ deferé à l'Empereur.

V. 162. *Securus licet Æneam, Rutilumque ferocem.* Il rappelle
ici le combat que Virgile décrit entre Ænée et Turnus general des
Rutiles, et veut nous apprendre qu'on peut hardiment écrire contre
les morts, mais qu'il est dangereux de s'en prendre aux vivans qui
ne peuvent souffrir qu'on leur reproche leurs crimes, ainsi qu'a fait
autrefois Lucile le plus habile et le plus hardi des Satyriques.

V. 164. *Aut multum quæsitus Hylas.* Cet Hylas estoit un jeune
homme fort beau que Hercule aimoit, et qu'il mena chez les Argonautes ; mais pendant le voyage l'ayant un jour mis à terre pour
puiser de l'eau dans le fleuve Ascanius : il y tomba avec sa cruche,
et en fut retiré par les Nimphes de ce lieu qui l'ayant enlevé, le
cacherent si bien qu'Hercule ne le put plus trouver.

V. 166. *Cui frigida mens est criminibus, tacita sudant præcordia
culpa.* C'est une expression admirable, et digne de nostre Poëte qui
veut marquer l'état où se trouve un homme qui entend en sa
presence censurer tous ses crimes, et il est mal aisé de la rendre en
François avec tant d'énergie.

> Tel qui voit d'un sang froid qu'on touche à son ulcere,
> Secretement en suë, et rougit de colere.

V. 169. *Galeatum sero duelli pœnitet.* Belle Sentence de Juvenal
qui veut dire, qu'il faut serieusement penser à ce que l'on doit écrire
avant que de l'entreprendre, à l'exemple de celuy qui s'arme pour
aller au combat assigné, à qui il n'est plus permis de se repentir.
Horace l'a dit autrefois d'une autre maniere.

> *Nescit vox missa reverti.*

> On ne rapelle plus une voix échapée.

V. 171. *Quorum Flaminia tegitur cinis atque Latina.* Ces deux
chemins estoient tout remplis de tombeaux des gens les plus qualifiez
de Rome ; et nostre Poëte voulant suivre de si bons conseils, dit
qu'il veut faire essai de Satyres sur les morts, bien que depuis il
n'ait pas épargné les vivans, ainsi qu'il parut par l'exil qu'il en
souffrit.

------

# SATIRE DEUXIÈME

## LES HYPOCRITES

Du pôle je voudrais affronter les rigueurs,
Franchir la Sarmatie, en voyant ces censeurs,
Singes de Curius, se vautrant dans l'orgie,
Accuser de ce siècle et les mœurs et la vie.
Quel monde d'ignorants ! Chacun veut à foison
De plâtres de Chrysippe honorer sa maison ;
De fait, celui-là seul conquiert tous les suffrages,
Qui peut se procurer, à prix d'or, les images
Du savant Aristote ou bien de Pittacus
Et met en faction, de tous ses papyrus
Gardien incorruptible, un buste de Cléanthe.

N'en croyez ni leurs cris ni leur mine pédante.
Quel quartier n'est hanté d'austères polissons ?
— En Socrate posant, tu donnes des leçons,

## SATIRA SECUNDA

### HYPOCRITÆ

Ultra Sauromatas fugere hinc libet et glacialem
Oceanum, quoties aliquid de moribus audent
Qui Curios simulant, et Bacchanalia vivunt.
Indocti primum, quanquam plena omnia gypso
Chrysippi invenias : nam perfectissimus horum est,      5
Si quis Aristotelem similem vel Pittacon emit,
Et jubet archetypos pluteum servare Cleanthas.

Fronti nulla fides. Quis enim non vicus abundat
Tristibus obscenis ? Castigas turpia, quum sis
Inter Socraticos notissima fossa cinædos.      10

"

Illustre débauché, qui méritas la gloire
De ravir à tes pairs le prix de la victoire !
Pourtant ces bras velus, ce poil de sanglier,
Tout cet air de vigueur et ces muscles d'acier
Semblent promettre un cœur d'une trempe virile;
Mais le médecin rit, quand, d'une main habile,
Il coupe tes tumeurs et tes honteux abcès.
Ces gens sont réservés, se taisent à l'excès,
Et, pour se composer une austère figure,
Ras comme les sourcils portent leur chevelure.
Pour moi, j'aime bien mieux la naïve impudeur
De Peribonius : « C'est, dit-il, le malheur
» Qui m'en veut, » quand il voit ses traits et son allure
Révéler au public le mal qui le torture.
Je me prends de pitié pour la sincérité
De tous ces malheureux, et leur perversité
Qui tient de la fureur, fait que je leur pardonne;
Mais à tous les mépris, sans grâce, j'abandonne
Tous ces fourbes censeurs, comme Hercule toujours
Contre la Volupté faisant de beaux discours,
Exaltant la Vertu, mais vivant dans le vice.
« A tes prudes discours faut-il que je pâlisse ?
» Dit Varillus l'ignoble au vil Sextus; eh ! quoi,

Hispada membra quidem et duræ per brachia setæ
Promittunt atrocem animum; sed podice levi
Cæduntur tumidæ, medico ridente, mariscæ.
Rarus sermo illis, et magna libido tacendi,
Atque supercilio brevior coma. Verius ergo                        15
Et magis ingenue Peribonius : hunc ego fatis
Imputo, qui vultu morbum incessuque fatetur.
Horum simplicitas miserabilis ; his furor ipse
Dat veniam : sed pejores qui talia verbis
Herculis invadunt, et de virtute locuti                           20
Clunem agitant. Ego te ceventem, Sexte, verebor ?
Infamis Varillus ait : quo deterior te ?

» Je te vois remuer les fesses comme moi;
» Fais-je pis? » Que celui dont la jambe est bien faite
Se moque du boiteux, que l'homme blanc maltraite
Le noir Éthiopien, je le veux; mais voit-on
Les Gracques critiquer l'esprit de faction?
Qui donc ne confondrait et le ciel et la terre,
S'il voyait Clodius gourmander l'adultère,
Verrès, le vol, Milon, le meurtre, Sergius
Refuser, indigné, d'absoudre Cethegus?
Les triumvirs blâmer les lois d'exil? Naguère,
Un Empereur, voulant réprimer l'adultère,
Réveilla, je le sais, de si terribles lois,
Que Mars et que Vénus en tremblèrent, je crois!
Tout cela dans le temps que sa nièce féconde
Se faisait avorter tous les ans (chose immonde!),
Rejetant de son sein des fœtus, dont les traits
D'un oncle incestueux rappelaient les portraits.
N'est-ce pas à bon droit que les plus impudiques,
De tous ces faux Scaurus dédaignent les critiques,
Et, gourmandés par eux, les mordent à leur tour?

Un de ces détracteurs s'écriait, certain jour,
Devant Lauronia : « Tu dors, et l'adultère,

 

        Loripedem rectus derideat, Æthiopem albus.
        Quis tulerit Gracchos de seditione querentes?
        Quis cœlum terris non misceat et mare cœlo,          25
        Si fur displiceat Verri, homicida Miloni,
        Clodius accuset mœchos, Catilina Cethegum?
        In tabulam Sullæ si dicant discipuli tres?
        Qualis erat nuper tragico pollutus adulter
        Concubitu, qui tunc leges revocabat amaras          30
        Omnibus, atque ipsis Veneri Martique timendas,
        Quum tot abortivis fecundam Julia vulvam
        Solveret, et patruo similes effunderet offas.
        Nonne igitur jure ac merito vitia ultima fictos

» *Loi Julia,* se rit de toi, sans nul mystère. »
Mais elle, souriant : « Siècle heureux entre tous,
» De pouvoir opposer un homme tel que vous
» A nos mœurs! La pudeur dans nos murs va renaître;
» Caton, tombé du ciel, enfin va reparaître!
» Dites-moi cependant où vous faites l'achat
» De ce parfum subtil qui flatte l'odorat,
» Et qu'exhale en tout temps votre barbe sauvage;
» Du marchand, sans rougir, montrez-moi l'étalage.

» Vous réveillez les lois? Évoquez, dès ce jour,
» La *Loi Scantinia.* De tout impur amour,
» Hommes, songez d'abord à purger votre vie
» Cent fois plus que la nôtre à la honte asservie.
» Plus coupables que nous, vous êtes protégés
» Par le nombre; en phalange étroitement rangés,
» Vos boucliers vous font un mur impénétrable.
» Entre gens dissolus, ô concorde admirable!
» Notre sexe n'a point pareils égarements;
» Voyons-nous Tædia, dédaignant ses amants,
» Marquer pour Cluvia de hideuses tendresses,

Contemnunt Scauros, et castigata remordent?          35
Non tulit ex illis torvum Lauronia quemdam
Clamantem toties : Ubi nunc, lex Julia  dormis?
Ad quem subridens : Felicia tempora, quæ te
Moribus opponunt! habeat jam Roma pudorem!
Tertius e cœlo cecidit Cato. Sed tamen unde          40
Hæc emis, hirsuto spirant opobalsama collo
Quæ tibi? ne pudeat dominum monstrare tabernæ.

Quod si vexantur leges ac jura, citari
Ante omnes debet Scantinia. Respice primum
Et scrutare viros: faciunt hi plura; sed illos        45
Defendit numerus, junctæque umbone phalanges.
Magna inter molles concordia: non erit ullum

» La langue de Flora prodiguer ses caresses
» A Catulla? — Jamais. — Mais pour les jeunes gens
» Hispo brûle d'amour et consume ses ans
» Dans les doubles assauts qu'il subit et qu'il livre.
» Nous voit-on de vos lois étudier le livre?
» Allons-nous au forum? et par des cris perçants
» Loin de vos tribunaux chassons-nous les passants?
» Combien peu, parmi nous, à la lutte sont faites
» Et mordent dans le pain excitant des athlètes!
» Vous, vous filez la laine, et vos doigts énervés
» Emplissent les paniers de travaux achevés;
» Moins agile, Arachné, moins vive, Pénélope,
» Dévidaient leurs fuseaux; ainsi, dans son échoppe,
» File la courtisane. Oserait-on nier
» Qu'Hister d'un affranchi fit son seul héritier,
» Qu'il combla de présents son épouse docile?
» D'actes si généreux on connaît le mobile :
» L'épouse s'enrichit, quand un pacte immoral
» Permet l'accès d'un tiers dans le lit conjugal.
» Prends époux, jeune fille, et garde le silence;
» De superbes bijoux paieront ta complaisance.


    Exemplum in nostro tam detestabile sexu.
    Tædia non lambit Cluviam, nec Flora Catullam :
    Hispo subit juvenes, et morbo pallet utroque.        50
    Numquid nos agimus causas? civilia jura
    Novimus? aut ullo strepitu fora vestra movemus?
    Luctantur paucæ; comedunt coliphia paucæ.
    Vos lanam trahitis, calathisque peracta refertis
    Vellera? vos tenui prægnantem stamine fusum        55
    Penelope melius, levius torquetis Arachne;
    Horrida quale facit residens in codice pellex.
    Notum est cur solo tabulas impleverit Hister
    Liberto, dederit vivus cur multa puellæ.
    Dives erit, magno quæ dormit tertia lecto.        60
    Tu nube, atque tace : donant arcana cylindros.

» Et nous toutes, en masse, on ose nous flétrir !
» Mais on a toujours vu l'innocence souffrir.
» Du corbeau, l'on se tait; de la colombe, on glose. »

Elle avait parlé d'or. A ce discours morose,
Nos faux stoïciens s'enfuirent, éperdus,
N'osant plus dire mot, honteux et confondus.
Les autres, Creticus, que vont-ils se permettre,
Quand le peuple ébahi te voit ainsi paraître,
Vêtu de gaze, et, fier, blâmant les Procula :
— D'adultère j'accuse et convaincs Labulla,
Déclares-tu. — D'accord; même, si tu l'exiges,
Flétrissons Pollita; celles que tu fustiges
N'oseraient, au grand jour, porter ce vêtement.
— Mais, en juillet, dis-tu, le soleil est ardent.
— Hé bien! Plaide tout nu; c'est fou, mais moins obscène.
J'aurais voulu te voir, à l'époque lointaine
Où nos anciens Romains, blessés mais triomphants,
Rapportaient la victoire en nos murs, où des flancs
De nos monts, descendait, oubliant la charrue,
Des rudes laboureurs la race disparue,
J'aurais voulu te voir, sous un tel vêtement,
Venir parler de lois, de justice... Eh! vraiment,

De nobis post hæc tristis sententia fertur :
Dat veniam corvis, vexat censura columbas.

Fugerunt trepidi vera ac manifesta canentem
Stoicidæ. Qui enim falsi Lauronia? sed quid          65
Non facient alii, quum tu multitia sumas,
Cretice, et hanc vestem populo mirante perores
In Proculas et Pollitas? Est mœcha Labulla :
Damnetur, si vis, etiam Carfinia; talem
Non sumet damnata togam. Sed Julius ardet;          70
Æstuo. Nudus agas : minus est infamia turpis.
En habitum, quo te leges ac jura ferentem,
Vulneribus crudis populus modo victor, et illud

Ne laisserais-tu pas éclater ta surprise,
Si tu voyais un juge avec pareille mise?
Crois-tu qu'à des témoins elle convienne mieux?
Et c'est toi, Creticus, austère, rigoureux,
De notre liberté professant la défense,
Qui portes des tissus d'une telle indécence!
Tu t'es laissé gagner par la corruption,
Et d'autres cèderont à la contagion;
Un seul grain peut gâter la grappe la plus saine,
Et parmi les troupeaux qui paissent dans la plaine,
Un porc galeux suffit pour tout empoisonner.

Je te le dis : bientôt, l'on te verra donner
Un plus honteux spectacle. Il faut quelques préludes
Avant d'en arriver aux grandes turpitudes.
Nous te verrons enfin, à ton tour, t'enrôler
Dans cette confrérie, où viennent s'assembler,
Dans le plus grand secret, ces prêtres, dont les têtes
Sont ceintes avec art de larges bandelettes,
Qui portent à leur cou de ruisselants colliers,
Et qui, suivant chez eux des rites singuliers,
Offrent en holocauste à la « Bonne Déesse »
Le ventre d'une truie ou le vin de l'ivresse.

Montanum positis audiret vulgus aratris!
Quid non proclames, in corpore judicis ista          75
Si videas? quæro, an deceant multitia testem?
Acer et indomitus, libertatisque magister,
Cretice, pelluces! Dedit hanc contagio labem,
Et dabit in plures, sicut grex totus in agris
Unius scabie cadit et porrigine porci,               80
Uvaque conspecta livorem ducit ab uva.

Fœdius hoc aliquid quandoque audebis amictu :
Nemo repente fuit turpissimus. Accipient te
Paulatim, qui longa domi redimicula sumunt
Frontibus, et toto posuere monilia collo,            85
Atque Bonam teneræ placant abdomine porcæ

Aux femmes, de l'autel l'accès n'est point permis;
A fréquenter ces lieux l'homme seul est admis:
« Profanes, loin d'ici! Votre flûte légère
» Ne peut de ses accents troubler ce sanctuaire! »
C'est ainsi qu'à l'abri des regards indiscrets,
Dans Athènes tenant leurs comices secrets,
Les Baptes, nuitamment, cachés dans leurs repaires,
Aux reflets des flambeaux célébraient leurs mystères,
Et lassaient Cotytto par leur lubricité.
L'un d'entre eux, maniant avec dextérité
Une aiguille noircie au contact des lumières,
Allonge ses sourcils, colore ses paupières
En clignotant des yeux; un autre boit encor
Dans un priape en verre et sous un filet d'or
Retient, en flots pressés, sa longue chevelure;
Il porte, pour donner du charme à sa tournure,
Un vêtement vert d'eau, bleu d'azur ou broché,
Tandis que son esclave, aussi franc débauché,
Jure par la Junon de son maître; un troisième
Consulte son miroir, qui peut-être est le même
Dont se servait Othon, plus fier de ce trésor
Que Turnus ne l'était des dépouilles d'Actor,

Et magno cratere Deam : sed more sinistro
Exagitata procul non intrat femina limen.
Solis ara deæ maribus patet. Ite, profanæ,
Clamatur; nullo gemit hic tibicina cornu.          90
Talia secreta coluerunt orgia tæda,
Cecropiam soliti Baptæ lassare Cotytto.
Ille supercilium madida fuligine tactum
Obliqua producit acu, pingitque trementes
Attollens oculos: vitreo bibit ille Priapo,          95
Reticulumque comis auratum ingentibus implet,
Cœrulea indutus scutulata, aut galbina rasa,
Et per Junonem domini jurante ministro.
Ille tenet speculum, pathici gestamen Othonis,
ACTORIS AURUNCI SPOLIUM; quo se ille videbat          100

Ce miroir dans lequel on le vit se complaire
Et contempler souvent sa tournure guerrière
Avant que de donner le signal du combat.
C'est un fait mémorable et qu'on peut, sans débat,
Avec un noble orgueil inscrire dans nos fastes,
Que, pendant les horreurs de nos guerres néfastes,
Un miroir soit entré, comme objet principal,
Dans l'attirail guerrier d'un fameux général.
N'est-ce point un honneur, pour un grand capitaine,
D'assassiner Galba, tout en prenant la peine
De parfumer sa peau ? C'est d'un vrai citoyen
Que d'avoir su trouver l'héroïque moyen
De livrer un combat, avec l'espoir d'un trône,
Aux champs de Bébriac, et, comme une matrone,
De songer à frotter sa figure de pain.
Vit-on souci pareil, lorsque, la flèche en main,
Sémiramis courait à travers l'Assyrie ?
Quand, après Actium, Cléopâtre amoindrie
S'éloignait de la Grèce et, triste sur son bord,
Mais forte en sa douleur, pleurait les coups du sort ?


Les propos sans pudeur, les repas sans décence


    Armatum, quum jam tolli vexilla juberet.
    Res memoranda novis annalibus atque recenti
    Historia, speculum civilis sarcina belli !
    Nimirum summi ducis est occidere Galbam,
    Et curare cutem ; summi constantia civis,                105
    Bebriaci in campo spolium affectare palati.
    Et pressum in faciem digitis extendere panem :
    Quid nec in Assyrio pharetrata Semiramis orbe,
    Mœsta nec Actiaca fecit Cleopatra carina.


    Hic nullus verbis pudor, aut reverentia mensæ :          110
    Hic turpis Cybeles, et fracta voce loquendi
    Libertas, et crine senex fanaticus albo

De ces réunions, rappellent la licence
Des fêtes de Cybèle; on n'entend que des voix
Aux sons rauques, tenant des entretiens grivois;
Un prêtre à cheveux blancs, pontife pitoyable,
Que son large gosier a rendu mémorable
Et digne de passer maître en voracité,
Préside gravement à la solennité.
Que ne livrent-ils donc au couteau qui mutile,
Comme les Phrygiens, un organe inutile!

Naguère, de Gracchus, certain joueur de cor
Ou peut-être un trompette (on ne le sait encor),
Reçoit en dot deux fois deux cent mille sesterces;
Le contrat est signé; en formules diverses,
Les amis font leurs vœux pour les nouveaux époux.
Un banquet somptueux les a réunis tous.
Sur le sein du mari, la nouvelle épousée
Repose tendrement, avec amour baisée.
O magistrats de Rome, à qui donc recourir?
Nous faut-il un censeur qui vienne les flétrir?
L'aruspice doit-il effacer cette tache?
Voir vêler une femme, agneler une vache,
Serait-ce plus hideux? Lamentable tableau!
Devions-nous donc subir un si cruel fléau!

Sacrorum antistes, rarum ac memorabile magni
Gutturis exemplum, conducendusque magister.
Quid tamen exspectant, Phrygio quos tempus erat jam   115
More supervacuam cultris abscindere carnem?

Quadringenta dedit Gracchus sestertia dotem
Cornicini, sive hic recto cantaverat ære.
Signatæ tabulæ; dictum feliciter; ingens
Cœna sedet; gremio jacuit nova nupta mariti,   120
O proceres! censore opus est an aruspice nobis?
Scilicet horreres majoraque monstra putares,
Si mulier vitulum, vel si bos ederet agnum?
Segmenta, et longos habitus, et flammea sumit,

C'est ce même Gracchus, qui, jadis, dans les fêtes,
Était au rang de ceux qui portent sur leurs têtes
Les ancilles sacrés, c'est lui, qui, maintenant,
Prend l'habit nuptial et le voile traînant!
Des vieux pâtres latins la chasteté connue,
O Mars, dieu protecteur, qu'est-elle devenue?
Sur quelle herbe ont marché, dis-le-moi, tes enfants?
Vois ce richard, si fier de ses nobles parents,
Il se fait, en public, épouser par un homme!
Tu le vois de tes yeux, dieu défenseur de Rome,
Et tu n'agites pas ton casque de fureur!
Et tu ne frappes pas le sol d'un fer vengeur!
Et tu n'invoques pas les foudres de ton père!
Va, fuis loin de ce champ, théâtre légendaire
De si rudes travaux, qui n'a plus ton amour!
— Certain devoir, demain, m'appelle, au petit jour,
Au Quirinal. — Lequel? — Je ne veux point m'en taire :
Un de mes bons amis prend homme, en grand mystère.
On se cache encore, oui; mais bientôt, sous nos yeux,
Sans gêne on formera ces exécrables nœuds
Dont les actes publics transmettront la mémoire.
Mais la nouvelle épouse (ô trop amer déboire!)
Ne peut avoir d'enfants qui fixent son époux!

Arcano qui sacra ferens nutantia loro                            125
Sudavit clypeis ancilibus. O pater Urbis!
Unde nefas tantum Latiis pastoribus? unde
Hæc tetigit, Gradive, tuos urtica nepotes?
Traditur ecce viro clarus genere atque opibus vir!
Nec galeam quassas! nec terram cuspide pulsas!                   130
Nec quereris patri! Vade ergo, et cede severi
Jugeribus campi, quem negligis. Officium cras
Primo sole mihi peragendum in valle Quirini.
Quæ causa officii? quid quæris? nubit amicus,
Nec multos adhibet. Liceat modo vivere, fient,                   135
Fient ista palam, cupient et in acta referri.
Interea tormentum ingens nubentibus hæret,

Quel supplice pour elle! et quel juste courroux!
Rien n'y fait : ni Lydé, dans son art peu novice,
Ni l'agile Luperque, à la main si propice.

Mais un autre Gracchus surpassa cependant
De pareilles horreurs, lorsque, armé du trident
Et portant la tunique ainsi qu'un retiaire,
Dans l'arène il s'enfuit devant son adversaire;
Lui, d'un plus noble sang que Capitolinus,
Marcellus, Paul-Émile et tous les Fabius,
Et tous les spectateurs qu'on voyait au théâtre
Siéger au premier rang devant l'amphithéâtre,
Sans excepter celui qui payait tous ces jeux.

Ces Mânes, ce Pluton, des morts maître odieux,
Ce vieux nocher, ce Styx, aux eaux tristes et sombres,
Qui passent chaque jour tant de livides ombres,
Ce sont contes de vieille auxquels nul ne croit plus,
Sauf les jeunes enfants, des bains publics exclus.
Mais tenons-les pour vrais : que penseront Camille,

> Quod nequeunt parere, et partu retinere maritos.
> Sed melius, quod nil animis in corpora juris
> Natura indulget : steriles moriuntur, et illis               140
> Turgida non prodest condita pyxide Lyde,
> Nec prodest agili palmas præbere Luperco.
>
> Vicit et hoc monstrum tunicati fuscina Gracchi,
> Lustravitque fuga mediam gladiator arenam,
> Et Capitolinis generosior, et Marcellis,                     145
> Et Catuli Paulique minoribus, et Fabiis, et
> Omnibus ad podium spectantibus : his licet ipsum
> Admoveas, cujus tunc munere retia misit.
>
> Esse aliquos manes, et subterranea regna,
> Et contum, et Stygio ranas in gurgite nigras,                150
> Atque una transire vadum tot millia cymba,
> Nec pueri credunt, nisi qui nondum ære lavantur.
> Sed tu vera puta. Curius quid sentit et ambo
> Scipiadæ, quid Fabricius, manesque Camilli,

Des deux grands Scipions l'immortelle famille,
Les héros que Crémère et Canne ont vu périr,
Si l'ombre d'un Gracchus à leurs yeux vient s'offrir?
« Vite! s'écrieront-ils, devant nous qu'on étale
» Des rameaux de laurier trempés dans l'eau lustrale;
» Du feu, du soufre enfin, pour nous purifier! »
Voilà ce qu'est ce peuple, hélas! jadis si fier.
Nos armes ont franchi les bords de l'Hibernie,
Subjugué les Bretons; notre immense génie
A triomphé partout. Mais, font-ils, ces vaincus,
Ce qu'osent leurs vainqueurs désormais sans vertus?
Pourtant, un Zalatès, enfant de l'Arménie,
Surpassant nos mignons en fait d'ignominie,
A livré sa jeunesse aux ardeurs d'un tribun.
Admirables effets de la vie en commun!
On forme vite ici les hommes! Dans la ville,
Qu'un otage, un enfant, pour quelque temps s'exile,
C'est à qui flétrira le jeune adolescent!
Et jetant de côté son grossier vêtement,
Ses javelots, son fouet, le mors de ses cavales,
Dans Artaxate il court importer nos scandales.

Quid Cremeræ legio et Cannis consumpta juventus,          155
Tot bellorum animæ, quoties hinc talis ad illos
Umbra venit? cuperent lustrari, si qua darentur
Sulfura cum tædis, et si foret humida laurus.
Illuc heu! miseri traducimur. Arma quidem ultra
Littora Jubernæ promovimus, et modo captas          160
Orcadas, ac minima contentos nocte Britannos.
Sed quæ nunc populi fiunt victoris in urbe,
Non faciunt illi, quos vicimus: et tamen unus
Armenius Zalates cunctis narratur ephebis
Mollior ardenti sese indulsisse tribuno.          165
Aspice quid faciant commercia: venerat obeses:
Hic fiunt homines: nam si mora longior Urbem
Indulsit pueris, non unquam deerit amator;
Mittentur braccæ, cultelli, frena, flagellum:
Sic prætextatos referunt Artaxata mores.          170

# REMARQUES



## LA SECONDE SATYRE

Ette Satyre est écrite contre certains Philosophes ignorans et censeurs, qui couvrent les mesmes vices qu'ils veulent reprendre aux autres par une grande apparence de vertu.

V. 1. *Ultra Sauromatas.* Ce sont les Sarmathes ou les Scythes qui habitent la partie supérieure de l'Asie auprès du Palu Mœotide, que l'on fait descendre des Amasones qui n'ont point d'autre maison que leur camp, et vivent de sang de cheval meslé avec le lait, *et lac concretum cum sanguine potat equino* : par ce pays et par la mer glaciale, le Poëte entend d'une maniere pleine d'exaggeration, qu'il aimeroit mieux aller au bout du monde que d'habiter parmi ces hypocrites.

V. 3. *Qui Curios simulant et Bacchanalia vivunt.* Curius Dentatus estoit un Romain d'une grande vertu et d'un grand courage, il triompha des Samnites, des Sabins et des Lucains, et chassa Pyrrhus Roy des Epiroles de l'Italie, en partageant les terres conquises au peuple, il en donna à chacun trois arpens et en garda autant pour luy, disant qu'il n'y auroit personne qui ne put vivre avec une pareille étenduë de terre : on dit de luy que les Samnites luy ayant envoyé des Ambassadeurs pour luy offrir une somme considérable, ils le trouverent qui faisoit cuire ses raves, et qui leur dit que n'ayant peu le vaincre par les armes, ils ne le vaincroient pas par l'argent, et qu'il aimoit mieux commander à des gens riches, que de l'estre luy-mesme.

Les Bacchanales estoient des festes introduites par les Grecs d'une débauche horrible qui se celebroient de nuit à l'honneur de Bacchus, où les hommes et les femmes faisoient des excès parmi le vin et la crapule, qui ne se doivent pas nommer. Tite-Live : *Bacchanalia, sacrum græcum et quidem nocturnum scelerum omnium maximum seminarium,* les Bacchanales sont des festes grecques et nocturnes et le seminaire de tous les plus infames crimes.

Elles estoient celebrées de trois en trois ans dans la pluspart des villes de Grece et furent interdites à Rome par le Consul, que nos historiens ne nomment point.

V. 5. *Omnia gypso Chrysippi invenies.* Les gens qui vouloient faire parade de leur sçavoir avoient accoûtumé d'embellir leurs cabinets des statuës des plus anciens et des plus habiles Philosophes, ces ignorans, dit-il, veulent passer pour sçavans par cet artifice.

Chrysippe estoit natif de Solos ville de Cilice ou de Tarse, fils d'un certain Apollonius, son premier mestier fut d'estre cocher, puis il s'appliqua à l'étude sous le Philosophe Cleanthe successeur de Zenon, à l'âge de quatre-vingt ans il acheva un traité de Logique qu'il avoit commencé quarante ans auparavant, et il excella si fort en cette science, et surpassa de si loin ses maitres, que l'on disoit communement que si les Dieux vouloient se servir de la Logique, ils n'en choisiroient point d'autre que celle de Chrysippe. Diogene Laerce asseure qu'il laissa trois cens onze traitez de Logique : on dit qu'assistant à un sacrifice, il y but tant de vin pur qu'il en mourut cinq jours après, les autres disent que ce fut à force de rire de voir manger un asne des figues dans un plat.

V. 6. *Si quis Aristotelem vel Pitacon.* Aristote estoit né à Stragire ville de Macédoine, disciple de Platon, Chef de la Secte des Peripateticiens, qui furent ainsi nommez, parce qu'ils estudioient et disputoient en se promenant dans le Lycée d'Athenes, il se rendit si habille qu'il meritât l'éloge de tous les historiens, et d'estre le Precepteur d'Alexandre le Grand.

Pitacus estoit de Mitilene et l'un des sept sages de Grece, il commanda l'armée de sa nation contre les Atheniens, et défit Phrynon dans un combat singulier, en se servant d'un filet dont il l'enveloppa.

V. 7. *Pluteum servare Cleanthas.* Ils veulent que la vive image de Cleanthe soit la gardienne de leur Bibliotheque.

Cleanthe comme il a esté dit estoit un grand Philosophe Stoicien fort sage, mais si pauvre, qu'il estoit contraint pour avoir moyen de vivre et d'estudier, d'aller arroser de nuit les jardins d'où il fut appelé Phreantles ἀ φρέαρ et ἀντλάω, c'est-à-dire puiseur de puits, et l'on dit que n'ayant pas de quoy acheter du parchemin, il écrivoit les leçons de Zenon sur des os de bœuf.

V. 10. *Inter Socraticos notissima fossa Cinædos.* Tu contrefais le Socrate et l'homme de bien, tu censures le vice, et cependant tu t'exposes à des excès qu'on n'ose pas nommer.

V. 14. *Magna libido tacendi.* Il emploie le mot de cupidité fort élegamment pour marquer une grande affectation au silence, afin d'en paroistre plus sages et plus moderez.

V. 16. *Verius ergo Peribonius.* Il se sert de ce nom pour signifier un homme débauché qui ne s'en cache point. Horace le dit autrement :

> *Metiri se quemque suo modulo ac pede verum est.*
> Que chacun se mesure à son propre penchant.

V. 18. *His furor ipse dat veniam.* La fureur de leur tempérament qui les entraine leur peut servir d'excuse.

V. 23. *Loripedem rectus derideat Æthiopem albus.*

> L'homme droit du boiteux peut railler la figure,
> Et le blanc sur le Maure a le droit de censure.

Il faut estre sans défaut pour accuser ceux des autres, c'est une belle Sentence de nostre Poëte.

V. 24. *Quis tulerit Gracchos de seditione querentes.* Les deux frères Gracchus Tiberius et Caius, issus de la famille des Scipions par leur Mere Cornelia femme d'une insigne vertu, furent dans leur jeunesse d'un naturel admirable et d'une rare éloquence, mais trop desireux de l'applaudissement populaire; pour lequel ayant quitté le parti de la noblesse, et voulu introduire pendant qu'ils estoient Tribuns du peuple, la loy Agraria dont ils furent les Autheurs, ainsi que Tite-live nous l'apprend, par laquelle l'on ordonnoit que les terres fussent partagées au peuple, exciterent une si grande sedition, que le Senat les ayant condamnez à mort, Scipion Nasica tua Tiberius haranguant dans le Capitole, et fit jetter son corps dans le Tibre, et Caius deux ans après le fut par le Consul Opimius dans le mesme Capitole dont il s'estoit saisi, quelques-uns disent que s'estant échappé il se tua luy-mesmes, ou se fit tuer par Euphere son esclave sur le pont de bois du mesme fleuve.

V. 26. *Si fur displiceat Verri.* Caius Verrés pendant le Consulat de Cneius Pompeius et Marcus Crassus fut Questeur en Sicile, et y exerça tant de voleries qu'il fut accusé de concussion à son retour, et condamné à la poursuite de Ciceron, de qui nous avons encor de si belles Oraisons contre luy.

*Homicida Miloni.* Milon tua Publius Clodius Tribun du peuple qui estoit sur le point d'exciter une grande sedition contre la Republique, et néanmoins nonobstant le plaidoyer de Ciceron, son zele ayant esté condamné il fut exilé à Marseille.

V. 27. *Clodius accuset mœchos.* Il feroit beau voir Clodius accuser les adulteres, et en faire renouveller la loy, luy qui fut trouvé de nuit habillé en femme dans le Temple de la bonne Deesse pour y corrompre Calpurnia, ou comme quelques-uns veulent Pompeia femme de Caius Cæsar pour lors Grand Pontife, dont il estoit éperduëment amoureux, qui débaucha Julia fille de son frère Domitien, et commit inceste avec trois de ses sœurs, c'est ce mesme Clodius que Milon tua pour faire plaisir à Ciceron dont il estoit ennemi.

*Catilina Cethegum.* Ils furent tous deux les chefs de cette grande conjuration que Ciceron pour lors Consul dissipa par sa prudence et par sa fermeté.

V. 28. *In tabulam Syllæ si dicant Discipuli tres.* Sylla fut le

premier qui publia les tables de proscription contre quatre mil
personnes des plus considerables des Romains, et qui fut suivi par
le Triumvirat d'Auguste, Lepide et Antoine.

V. 29. *Qualis erat tragico pollutus concubitu.* Il veut parler de
Domitien lequel faisoit publier la loy Julia contre les adulteres,
et condamner Cornelia Maximilia Vestale absente et innocente, de
l'inceste dont il la faisoit punir, dans le temps que luy-mesme
corrompoit Julia fille de son frère Titius, et qu'il la fit mourir pour
l'avoir fait avorter.

Il use du terme de tragique pour mieux signifier l'horreur de
cette action.

V. 30. *Leges amaras Veneri Martique timendas.* Il appelle ces loix
contre les Adulteres ameres à cause de la peine qu'elles imposoient
et les fait mesme craindre à Venus et à Mars dont l'adultere est si
celebré par les Poëtes. Ovide :

> *Mulciberis capti, Marsque Venusque dolis.*
>
> Vulcain surprit par ses adresses
> Mars et Venus dans leurs caresses.

V. 34. *Jure fictos contemnunt scauros.* Les plus perdus, dit-il,
n'ont-ils pas raison de mépriser ces hypocrites. M. Æmilius Scaurus
au rapport de Saluste estoit un homme d'une noble naissance,
ardent, factieux, avide de richesse et de dignitez; mais fort habile
à sçavoir cacher de grands vices qu'il couvroit sous l'apparence de
ses vertus, en sorte qu'il fut deux fois Censeur, et trois fois President
du Senat.

*Et castigata remordent.* Ils leur reprochent les mesmes crimes
qu'ils censurent aux autres, ce verbe est énergique.

V. 36. *Non tulit ex illis torvam quendam Laronia.* Laronie qui
estoit une veuve fort riche au dire de Martial, ne put pas souffrir un
de ces hipocrites et severes Censeurs qui s'écrioit: où es-tu loy Julia?

V. 44. *Citari ante omnes debet Scantinia.* Avant que de condamner
les femmes, dit Laronia, il faudroit renouveller la loy Scantinie, tous
les Interpretes conviennent qu'elle estoit établie contre les amateurs
infames des jeunes gens, contre lesquels principalement nostre Poëte
fait rouler toute sa Satyre, mais ils ne conviennent pas de l'etimologie, quelques-uns estiment qu'elle fut ordonnée par un certain
Scatinie d'Aricie ville d'Italie, et qu'il la faut nommer Scatina : ils
appuyent ce sentiment de celui de Ciceron, qui dit dans sa troisième
Philippique : *Hinc Voconiæ, hinc Scatiniæ leges,* et d'Ausone qui
parlant d'un effeminé dit :

> *Scatiniam metuens non metuit Titiam.*
>
> S'il a craint la loy Scatinie,
> Il n'a pas craint la loy Titie.

Les autres pretendent qu'elle a pris son nom de Caius Scatinius,
lequel ayant voulu faire violence au fils de Marcellus cet illustre
Romain, dont Tite-Live fait l'éloge, fut condamné à la poursuite
du pere, et qu'à cette occasion elle fut publiée avec la peine de mort
contre les infracteurs, ou celle de dix mil petits sesterces, qui en
valoient dix gros, dont vous verrez la valeur dans la Sat. 3, quoi
qu'on leur oppose, pour appuyer la premiere opinion que les loix
ont accoûtumé de prendre leur nom de ceux qui les font, et non
des criminels qui ont donné lieu à les établir.

V. 46. *Junctæque umbone Phalanges.* Les débauchez, dit-il, qui
se defendent par leur nombre, ressemblent à un bataillon de gens
de pied qui se tiennent fermes les uns aux autres, qui opposent par
tout le milieu de leur bouclier, et qu'on appelle Phalanx Mace-
donica, parce que les Macedoniens selon le témoignage de Tite-Live,
furent les premiers qui l'inventerent. Quint-Curce le dit ainsi:
*Macedones Phalangem vocant. Stabile agmen, cum vir viro arma
armis conserta sunt.*

V. 49. *Media non lambit Cluviam.* Toutes ces femmes qu'il
nomme estoient des débauchées, et Laronia qu'il fait toûjours
parler, reproche aux hommes que les plus perduës d'entr'elles ne
commettoient pas de semblables crimes.

V. 53. *Comedunt Colliphia paucæ.* Les Athletes ou Lutteurs
mangeoient du pain sans levain avec du fromage nouveau qu'ils
appelloient Colliphia des deux mots grecs κῶλον ἶφι qui signifie force
de membres ou de κίλλις, c'est-à-dire pain cuit sous la cendre, ou
de κωλήπια qui signifie les parties des animaux qui ont le moins de
suc et de graisse dont on nourrissoit les Athletes, ils y adjoûtoient
de la chair de taureau, par laquelle ils croyoient augmenter leur
force. Plaute : *Collipheo mihi ne incocta detis.* On dit qu'avant
Pythagore on donnoit des figues aux Athletes.

V. 57. *Horrida quale facit residens in codice Pellex.* Pellex est
une fille entretenuë en adultere par un homme marié, et lors qu'elle
estoit surprise en flagrant délit, la femme estoit en pouvoir de la
condamner à filer perpetuellement assise sur un banc de chesne fort
raboteux, exprimé par *Codex horridus.* Properce :

> *Codicis immundi vincula sentit anus.*

> Une vieille à la fin pour toute destinée,
> A s'asseoir sur un tronc se trouve condamnée.

V. 61. *Donant arcana Cylindros.* Il a parlé des débauches d'un
homme marié, et ensuite il dit qu'une femme s'en doit taire si elle
est prudente, et que le secret obligera son mari à luy donner force
bijoux exprimez par Cylindrus qui estoit une espece de pierre

pretieuse taillée en long que les femmes portoient en pendans d'oreilles.

V. 63. *Dat veniam corvis, vexat censura columbas.* Aprés cela, dit Laronia, que pouvez-vous dire contre nous si ce n'est,

> Qu'on pardonne au corbeau, et que sur la colombe
> Toute la censure retombe.

V. 66. *Cum tu multitia sumas cretice.* Que feront les autres si toy qui es un Juge critique ou qui parois assis sur un Tribunal comme un Juge de Crete, n'as pas honte de t'habiller d'une robe deliée et de plusieurs couleurs.

Tous les interpretes conviennent que *multitia* signifie une robe de toile de soye fort deliée, fort claire et de differente couleur, ainsi desnommée, soit *à mollitie*, à cause qu'un pareil habit tient de la mollesse, ou plus naturellement *à multo* par la diversité de ses couleurs. Flavius Vospicus dans la vie d'Aurelian écrivant à l'Intendant des finances en fait mention. *Dabis ad editionem Circensium tunicas multitias viriles decem.* Tu donneras pour les jeux Circenses dix vestes d'hommes de toille de soye.

Le mot de *cretice* fait plus de peine à expliquer, quelques-uns l'ont pris par allusion à *cretice* qui veut dire critique, les autres par une application plus juste d'Æacus, Minos et Rhadamanthe, qui ont exercé severement la justice dans l'Isle de Crete, il se peut faire que ce soit un nom propre, ainsi qu'on le peut juger par quelques passages de Martial.

V. 68. *Perores in proculas et pollineas.* Tu t'écries cependant avec cet habit de mollesse contre ces deux femmes abandonnées.

*Est mœcha fabula.* Cette femme il est vrai est impudique, et Catllala aussi ; mais aussi toutes perdues qu'elles soient, elles n'oseroient porter l'habit dont tu te couvres.

V. 71. *Minus est insania turpis.* L'insanie est moins odieuse que la mollesse ; c'est une sentence digne d'un Chrestien.

V. 73. *Vulneribus crudis populus modo victor.* Ce reproche est en termes severes et forts : comment est ce que le peuple Romain tout victorieux couvert de cruelles playes, et accoûtumé à l'agriculture pourroit souffrir une pareille mollesse en la personne d'un Juge.

V. 79.
> *Sicut grex totus in agris*
> *Unius scabie cadit, et porrigine porci,*
> *Uvaque conspecta livorem ducit ab uva.*

> Un mouton comme un seul pourceau,
> Quand il est infecté peut gaster un troupeau
> Et le grain de raisin qui tombe en pourriture
> De la grappe corrompt toute la nourriture.

C'est encore une belle sentence de nostre Poëte, qui veut faire connoistre par cette allusion combien le commerce des méchans est dangereux.

V. 86. *Bonam placant abdomine porcæ, et magna cratere Deam.* Dans ces cinq ou six vers suivans, le Poëte reproche à certains hommes effeminez de son temps, qu'ils imitoient honteusement les manieres des femmes dans les festes qu'elles celebroient de la bonne Deesse.

Leur coûtume estoit de s'assembler de nuit dans la maison du grand Pontife tous les ans une fois pour y celebrer une feste à l'honneur de cette bonne Deesse pour le salut du peuple Romain, sans qu'il fut permis aux hommes d'y entrer, avec cette rigueur que leur peinture mesme y estoit voilée; et là elles y sacrifioient une truye fort grasse et un grand vaisseau plein de vin qu'on appeloit *vinum mellarium,* sans que les Interpretes nous en disent aucune raison; et il la faut tirer de la signification du mot, et croire ou que ce vin fut meslé avec le miel, ou fut aussi doux que le miel.

L'on ne convient pas non plus quelle estoit cette bonne Deesse : la plus commune opinion est que c'estoit Maïa fille de Faunus, qui estoit fils de Picus Roy des Latins, dont sont issus les Faunes des Poëtes, ou la terre, qui est la mère commune des hommes : d'autres ont crû que c'estoit Proserpine pour avoir mangé la première le froment que sa fille Ceres avoit enseigné à semer aux hommes; ou la Deesse des richesses par le moyen desquelles tout secours leur est donné. Il censure avec raison ces gens qui prenoient les parures des femmes, pour celebrer de semblables festes entre eux, faisoient les mesmes sacrifices, et ne souffroient pas mesmes qu'aucune femme y entrast.

V. 90. *Nulla gemit tibicina cornu.* Ils introduisoient dans leur festes des chanteuses, des joüeuses de flute ou de trompe et quand ils les celebroient de nuit, ils y ajoustoient grand nombre de torches.

V. 91. *Talia secreta coluerunt orgya tæda, etc.* Il compare ces hommes effeminez aux Baptes; c'estoient des Atheniens appliquez aux débauches les plus infames, qui avoient établi de pareilles festes nocturnes à l'honneur du Dieu Cupidon, ainsi que les Bacchanales à l'honneur de Bacchus, dans lesquelles ils dansoient jusques à se lasser, et commettoient toutes les infamies les plus abominables : *secreta tæda,* marque que c'estoit de nuit et aux flambeaux, et comme ils y faisoient presider la Deesse Cotyta ou Cotys qui avoit esté une grande danseuse dans Athenes; ils les appelloient Cotytia : Eupolis en fit une Comedie qui piqua si fort les Baptes qu'ils le noyerent dans la mer. On prétend que cette Cotys estoit la Deesse de l'impudence, et que ces Baptes furent ainsi nommez du mot grec βαπτω; qui signifie laver, à cause de l'eau chaude dans laquelle on les trempoit lorsqu'ils estoient inscripts dans cette infame société. Horace dans son Epode 18 :

*Inultus ut tu riseris Cotytia.*

> Tu ne t'en riras pas avec impunité,
> Le railleur de Cotys en fut précipité.

Il faut observer que le Poëte veut dire que ces hommes impudiques, qui imitent dans leur mollesse les femmes qui exerçoient le culte de la bonne Deesse avec toute sorte de licence, les chassoient de leurs assemblées, comme les femmes chassoient les hommes ; c'est par cette raison que Apollonius a crû que l'étymologie du mot orgie vient du Grec, ἀπὸ τοῦ εἴργω, *ab arcendo*, de ce qu'on les éloignoit des lieux sacrez : d'autres la tirent ἀπὸ τῆς ὀργῆς, de la fureur Bachique, ou ἀπὸ τῶν ὀρῶν, des montagnes où elles se celebroient.

V. 95. *Vitreo bibit ille Priapo.* Cela s'explique par ce qu'en dit Pline, livre 33, en ces termes : *In poculis libidines cælare juvit, et per obscœnitates bibere.* Leur impudicité alloit si avant, que dans les vases où ils beuvoient, ils y faisoient graver des objets infames.

V. 97. *Cærulea indutus scutulata aut Galbana rasa.* Il dépeint les habits de ces hommes effeminez semblables à ceux des femmes. *Scutulata vestis* estoit une veste de couleur changeante figurée en rondeau, semblable aux toiles d'aragnées : Galbana estoit blanche, unie, et fort claire, dont les femmes seulement avoient coûtume d'user ; d'où vient que Martial appelle un homme habillé de ces sortes d'étoffes *Galbanatus* et *mores Galbinos*, les mœurs molles et effeminées.

V. 98. *Et per Junonem Domini jurante magistro.* Les Stoïciens, à ce que nous apprend Politianus, estoient persuadez que chacun de nous avoit un Dieu pour son gardien, non pas de ces Dieux suprêmes, mais de ceux qu'Ovide appelle des Dieux populaires : Seneque dans ses Epistres nous le confirme, quand il écrit à Lucilius *Unicuique nostrum pedagogum dari Deum.* Que chacun de nous a un Dieu pour pédagogue.

Et ils leur donnoient le nom de genie pour les hommes, et celuy de Junon pour les femmes ; en sorte que les hommes juroient toûjours par le genie, et les femmes par Junon. Quartille dans Petrone disoit : *Junonem meam iratam habeam, si unquam meminerim virginem fuisse :* Que Junon soit en colere contre moy, si je me souviens d'avoir jamais esté vierge.

On remarque pourtant que Socrate chez Platon a juré par Junon. Nôtre Poëte dans ce passage nous apprend que ces débauchez dont il parle se déguisoient si fort en femmes, que leurs esclaves mesmes pour leur plaire ne juroient que par Junon.

V. 99. *Speculum Pathici gestamen Othonis.* Il se mocque de l'Empereur Othon, qui estoit si effeminé et si amoureux de sa beauté qu'il portoit toûjours un miroir mesme dans l'armée, et se frottoit le visage de mille drogues comme les femmes.

V. 100. *Actoris Arunci spolium.* C'est la moitié d'un vers de Virgile, quand il parle du combat où Turnus ayant avantage sur Arunce, se saisit de ses armes comme d'une dépoüille glorieuse. Nostre Poëte qui veut railler Othon de son miroir, le compare à cette mesme dépoüille, et se sert de cet hémistiche par une ironie ingenieuse.

V. 106. *Bebriaci in campo.* C'estoit un village entre Cremone et Verone où Vitellius donna le combat à Othon, et le mit si fort en déroute que de desespoir il se tua luy-mesme. Tacite nous apprend que le jour de cette bataille il arriva sur une colline près de la ville de Reggio bastie par Lepide un oiseau inconnu jusqu'alors, mais qui s'est beaucoup depuis multiplié, d'une forme extraordinaire, gros comme un pigeon et d'assez bon goust qui ne s'envola point quelque bruit que l'on fist auprês, jusqu'à ce qu'Othon fust mort; et que depuis on a toûjours donné le nom de Bebriaques à ces oiseaux.

V. 108. *In Assyrio pharetrata Semiramis orbe.* C'étoit une femme hardie, belle et fort impudique, elle regna sur les Assyriens par artifice, ayant demandé à son mari Ninus de la laisser gouverner souverainement pendant un jour dont elle se prévalut pour le faire mourir, et depuis elle continua de regner sous l'habit de son fils, qui la fit enfin mourir, parce qu'elle eut l'impudence de vouloir même coucher avec luy.

V. 109. *Mæsta Cleopatra.* Elle estoit Reine d'Egypte, premierement amante de Jules Cæsar, dont elle eut Cesarion, et après sa mort de Marc Antoine, à qui elle fit perdre la fortune et la vie, après quoy elle se fit mourir elle-mesme par la morsure des serpens.

V. 110. *Aut reverentia mensæ.* Il marque l'honneur que ces Payens rendoient à la table, laquelle estoit sacrée parmi eux. Voici un beau passage à ce sujet de Synesius epist. 57. τράπεζαμεν ἱερόν τι χρῆμα ἃ ἧς ὁ θεός τιμᾶται φιλιός τε καὶ ξένιος, c'est-à-dire, la table est quelque chose de sacré par où Dieu conciliateur de l'amitié et de l'hospitalité est honoré.

V. 111. *Hic turpis Cybeles.* Il dit que ces libertins commettent les mesmes infamies que les Prestres de Cybele mere des Dieux qu'on appelloit Archigalli, qui se chastroient eux-mêmes, et mesloient des chansons si impudiques parmi plusieurs actions infames, principalement le jour destiné à laver la figure de cette Deesse dans le ruisseau Almon qui estoit près de la porte Capenne, qu'elles faisoient horreur aux plus débauchez, au rapport mesme de saint Augustin, qui leur reproche cette turpitude, livre 2. de la Cité de Dieu chap. 3. C'estoit la Dæesse des Phrygiens, et on luy donnoit aussi les noms de Vesta, *Terra*, et Ops.

V. 115. *Phrygio more*. Strabon rapporte que les Phrygiens ou Troyens habitans prés du mont Ida, honoroient d'un culte singulier cette Dæesse, et celebroient les mesmes infamies, et les mesmes imputations.

V. 117. *Quadraginta dedit Gracchus sestertia*. Le Poëte marque l'infamie de son siecle, où les hommes se marioient ensemble publiquement, et avec toutes les solemnitez ordinaires. Suetone assure que Neron épousa Doryphorus son affranchi, et que Sporus épousa Neron.

La famille des Gracchus estoit l'une des plus nobles et des plus puissantes de Rome, comme l'on peut juger par ce que nous en avons dit cy-devant.

V. 121. *Censore opus est, an aruspice*. Le censeur estoit un Magistrat que l'on élisoit de cinq en cinq ans, destiné pour la discipline publique, et pour la direction des mœurs et d'une si grande autorité, qu'il pouvoit chasser du Senat, degrader de Chevalerie, noter d'infamie, et faire des impositions, lorsqu'il le jugeoit à propos.

Ces Haruspices estoient establis pour expier par des sacrifices la malignité des prodiges ou des monstres. En est-il de plus horrible que ceux dont il parle?

V. 124. *Segmenta*. On le prend pour des robes fort longues, ou des garnitures dorées qu'on mettoit au bas. Servius l'explique de toute sorte d'ornemens de femmes.

*Et flammea sumit*. C'estoit une espece de voile rouge ou jaune, dont on couvroit la teste des nouvelles mariées.

V. 125. *Arcano loro*. Quelques Interpretes disent que le Poëte se sert de ce mot, parce que la couroye dont ils estoient attachez, estoit cachée; et d'autres croyent que c'est parce qu'il n'estoit pas permis qu'à eux de les porter.

V. 126. *Qui sudavit clypeis ancilibus*. On dit que du temps de Numa Pompilius il tomba du ciel un petit bouclier d'airain qu'on nomma Ancile, parce qu'ils estoit taillé de tous costez, *quasi ancisum, vel recisum :* et qu'il fut accompagné d'une voix, qui dit que le siège de l'Empire seroit au lieu où ce bouclier auroit esté conservé; ce qui obligea le Roy d'en faire faire onze semblables par le Forgeron Mamurra, afin qu'on ne le put point distinguer, qui estoient conservés dans le Temple de Mars, ou ce même Roy establit douze Prestres, qui les portoient pendus à leur col, chantant et dansant par toute la Ville, d'où ils furent appelez Saliens, *à saltando*. Ce Gracchus dont il parle, avoit esté sans doute du nombre de ces Prestres.

V. 128. *O Pater urbis gradive, undè hæc tetigit tuos urtica nepotes.* On donne ce nom au Dieu Mars pere de Romulus fondateur de Rome, *à gradiendo,* disent quelques-uns, parce que l'on marche avec ordre à la guerre, ou du mot κραδαίνω, qui signifie darder, les autres veulent qu'il soit tiré du langage Thracien, qui marque un homme belliqueux, quoi qu'il en soit Servius nous apprend que lors qu'il est en fureur, on le nomme *Gradivus,* et que sous ce nom il a un Temple dans la voye Appienne, et que quand il est tranquille, on le nomme *Quirinus,* de la javeline qu'il porte appellée *Curis* en langage Sabin ; aussi bien que Romulus, comme il est dit cy-après, a l'honneur duquel on luy en avoit consacré un autre dans l'enclos de Rome.

*Urtica,* est prise en cet endroit par metaphore pour l'aiguillon de la convoitise.

V. 131. *Severi jugeribus campi.* Le champ de Mars estoit destiné pour les assemblées du peuple qu'on appelloit *Comitia,* pour créer les Magistrats, et pour faire faire l'exercice aux soldats, dont les violences y estoient punies rigoureusement, et c'est la raison pour laquelle il l'appelle severe.

V. 134. *In valle Quirini.* Il entend ou du Temple ou du Portique de Romulus, où les Romains s'assembloient souvent pour s'y entretenir privement; on luy donne le nom de Quirinus, soit à cause de la javeline qu'il portoit, que les Sabins nommoient *Curis,* ou comme quelques-uns veulent d'une Ville chez les Sabins qui avoit le même nom de *Curis,* et comme Romulus receut ces peuples dans son alliance et dans sa ville, il donna le nom de Quirites aux Romains, lesquels après sa mort l'honnoroient comme un Dieu, sous le nom de Quirinus. Ovide dans ses fastes :

> *Sive quod hasta curis Priscis est dicta Sabinis,*
> *Seu quia Romanis vinxerat ille cures.*

Soit que la javeline ait esté nommée Curis chez les anciens Sabins, ou par l'alliance que Romulus fit de ces peuples qu'on appelloit Cures, avec les Romains.

V. 141. *Turgida non prodest condita Pixide Lyde.* L'on explique différemment ce vers, les uns veulent que Lyde fut une grosse femme, qui promettoit de donner de la fecondité aux stériles, par ses secrets et ses medicamens. Les autres l'entendent d'une arraignée, à cause que selon le témoignage de Pline, estant enfermée dans une boëte, elle engendre trois cent vers, et que l'on s'estoit imaginé qu'une femme qui en pouvoit porter une sur elle devenoit feconde; or selon ce sens le Poëte se sert du nom de Lyde pour une arraignée, à cause qu'Aracné qui estoit de Lydie fut changée en arraignée, pour avoir voulu disputer à Pallas l'honneur de mieux filer.

V. 142. *Palmas præbere luperco*. Les Romains en mémoire de la louve qui avoit esté trouvée sous le figuier Ruminal donnant sa mammelle à Romulus et Remus, y dresserent un Temple qu'ils appellerent Lupercal. Ovide :

> *Venit ad expositos, mirum! lupa fœta gemellas*
> *Illa loco nomen fecit, locus ipse Lupercal.*
>
> La louve vint nourrir sous ce figuier fatal
> Les jumeaux, et ce lieu fut nommé Lupercal.

Ce figuier s'appelloit autrefois Ruminal, à cause qu'on nommoit la mammelle *Rumen*, depuis on l'appella le figuier de Romule. Ovide encor dans ses fastes :

> *Romula nunc ficus, Rumina ficus erat.*
>
> Le figuier Ruminal est maintenant Romule.

On avoit establi dans ce temps des Prêtres Luperceaux, lesquels soit aux jeux qu'on avoit instituez, soit dans leurs Offices estoient tout nuds, non seulement dans le Temple, mais dans toutes les ruës de Rome où ils alloient courant et sautant aussi bien que les hommes et les femmes qui vouloient celebrer les mesmes jeux : et pour se mettre en credit, ils avoient fait croire que toutes les femmes, qu'ils frappoient avec une courroye de peau de bouc qu'ils portoient, devenoient fecondes. Ovide :

> *Excipe fecundæ patienter verbera dextræ,*
> *Jam socer optatum nomen habebit avi.*
>
> Quelques coups d'une main et feconde et legere,
> Pourront donner le nom d'ayeul à ton beau-pere.

Ils furent aussi appellez Crepi, au rapport de Festus, *à crepitu pellicularum*, du bruit des courroys.

V. 143. *Tunicati fuscina Gracchi*. Il y avoit de deux sortes de Gladiateurs, les uns s'appelloient retiaires, et ayant un trident à la main, que le Poëte exprime par le mot *Fuscina*. Ils cachoient sous leur bouclier un filet ou rets, afin de pouvoir embarrasser leurs adversaires qu'on nommoit Mirmilons, or rien n'estoit si odieux ny si infame aux nobles que de s'ériger en gladiateurs, comme avoit fait Gracchus qui s'estoit fait Retiaire, il l'appelle *Tunicati Gracchi*, parce qu'il avoit quitté sa robbe ordinaire pour prendre la tunique d'un gladiateur qui n'avoit point de manches.

V. 145. *Et Capitolini generosior, et Marcellis, et Catuli Paulique minoribus, et Fabiis.* Marcus Manlius fut appellé Capitolin, et donna ce nom à toute sa famille, pour avoir deffendu le Capitolle assiegé par les Gaulois, qui furent découverts de nuit par le cry des oyes, quoy que depuis ayant esté soupçonné de vouloir se rendre le maistre de l'Empire, il fut precipité du mont Tarpejen.

Dans la famille des Marcelles il y eust deux grands hommes, Marcus et Marcellus, qui tua dans un combat singulier le General des Gaulois, emporta Syracuse, fut cinq fois Consul, et perit enfin par les pieges que luy tendit Annibal. L'autre Marcellus fut celui qui le premier vainquit le même Annibal.

La famille des Catulles commença par Quintus Catulus Luctatius qui finit la premiere guere Punique, après avoir deffait six cent navires des Carthaginois entre la Sicile et l'Affrique, bien qu'il n'en eut que trois cent.

Il y eut un autre Catulle du temps de Sylla et de Marius, qui triompha des Cimbres, pendant que Marius triomphoit des Teutons, et qui restablit et consacra le Capitole qui avoit esté brulé quatre cent quinze ans après avoir esté construit par le Consul Horatius Pulvillus.

Les Pauls receurent leur noblesse de Paul Æmile, qui fut ainsi nommé du mot Grec ὁμιλία, parce qu'il parloit avec aggréement : on dit qu'il avoit esté disciple de Pythagore. Il fut à la guerre de Cannes, où il aima mieux mourir de ses blessures, que de fuir. Son fils n'acquit pas moins de gloire dans la guerre de Macedoine, où il vainquit le Roy Persa, et le mena en triomphe à Rome avec sa femme et ses enfans, le fils de celuy-cy fut adopté par Scipion fils de l'Africain, et mit en ruine la ville de Carthage.

La famille des Fabiens fut encore tres-illustre, on en compta jusques à trois cent et six qui combattirent sous la conduite du Consul Fabius contre les Veïentins, contre lesquels ils eurent souvent de grands avantages ; mais enfin ayant donné dans une embuscade prés du fleuve Allia, ils furent tous tuez en un seul jour, à la réserve d'un seul qui estoit demeuré à cause de son bas âge, duquel sortit depuis le grand Fabius, qui fut fait Dictateur dans la guerre qu'il eut contre Annibal duquel on a dit :

*Cunctando restituit rem.*

Et qui en effet par une grande prudence et une patience invincible restablit les affaires de la Republique, qui avoient été laissées dans un grand desordre.

V. 147. *Ad podium spectantibus.* Podium estoit un lieu eslevé le plus proche de l'arene et des Gladiateurs, où les Preteurs, Consuls, et gens de qualité estoient assis, pour y voir de plus prés les jeux et les combats.

V. 148. *His licet ipsum admoveas*. Quelques-uns joignent ce vers aux suivans : *Esse aliquos manes,* et croyent que le Poëte a voulu qu'on avertit Neron ou Domitien qu'il y a des enfers, afin qu'ils pensent à se corriger de leurs crimes, et en ce cas il faudroit dire *admoneas,* mais la plus commune opinion est qu'il a entendu parler du Preteur qui donnoit ces jeux gladiatoires, où Gracchus avoit fait le Retiaire, et qui estoit sans doute quelque homme du premier rang, puis qu'il l'appelle avec tant de gens illustres.

*Qui nondum ære lavantur*. Ceux qui s'alloient laver dans les bains publics, donnoient un certain droit qui n'estoit que d'un quadrant, à la réserve des enfans impuberes, qui ne payoient rien. Horace :

> *Dum te quadrante lavatum,*
>> *Rex ibis,*

V. 153. *Curius quid sentit*. Nous avons déja parlé cy-devant de cet homme si moderé.

V. 154. *Scipiadæ*. Des Scipions l'un rendit Carthage tributaire, l'autre la ruina : deux autres freres Scipions Cneius et Publius tuerent Hannon et Asdrubal freres d'Annibal, dans la guerre d'Espagne, où enfin ils perirent par une surprise.

Fabricius Licinius surpassa en honneur et en authorité tous les grands hommes de son temps ; il vécut dans une extrême pauvreté, et refusa de demeurer associé à l'Empire de Pyrrhus auprès duquel il avoit esté envoyé par le Senat lors de la guerre Tarentine pour le rachapt des prisonniers.

*Manesque Camilli*. Furius Camillus fut si fort estimé parmi les Romains, qu'on le nomma un second Romule, il vainquit les Vejentins, et prit leur ville dans l'Hetrurie à force de mines, après l'avoir assiegée pendant dix ans, mais Apuleius Saturnius Tribun du peuple, luy ayant imputé à crime d'en avoir triomphé avec des chevaux blancs, l'envoya en exil à Ardée, à dix-huit mil de Rome, où il demeura paisiblement, jusqu'à ce qu'ayant esté esleu Dictateur mesme en son absence, il vint à Rome où il défit les Gaulois Senonois, qui avoient bruslé la Ville et assiegé le Capitolle et ensuite retint le peuple, qui voyant la désolation de leur Ville, vouloit se retirer dans celle des Vejentins, dont le sejour estoit tres-agreable.

V. 155. *Cannis consumpta juventus*. Cannes est une petite Ville de la Poüille proche de la mer Adriatique, où Annibal deffit les deux armées des Romains conduites par les Consuls Varron et Paul Æmile qui y fut tué avec quarante mil Romains, dont le carnage fut si animé, qu'Annibal fut contraint d'ordonner à ses soldats de cesser de tuer. *O Miles parce ferro*. Ce fut la quatriéme et la plus grande victoire d'Annibal. Voyez Tite-Live.

V. 160. *Et modo captas Orcadas.* Les Orcades sont des Isles Septentrionales de l'Occean au de-là de la grande Bretagne et de l'Hybernie, elles estoient autrefois au nombre de trente, et furent soumises aux Romains par l'Empereur Claude.

V. 161. *Minima contentos nocte Britannos.* Dans l'Hybernie dépendante de la grande Bretagne, au solstice il n'y a presque point de nuit, et en celui de l'hyver, fort peu de jours.

V. 164. *Armenius Galates.* Les Romains avoient accoustumé de prendre des ostages des Nations esloignées qu'ils avoient soumises. Tacite nous apprend que les Armeniens en avoient donné et c'estoit ce Zelates, qui de fort sage et fort vertueux qu'il estoit, s'estoit corrompu parmi les Romains.

V. 169. *Mittentur Braccæ.* C'estoit une espece d'habit d'une estoffe grossiere et de diverses couleurs, dont les Gaulois se servoient contre les rigueurs de l'hyver, d'où ils furent appellez *Bracchati : Et Gallia Bracchata,* dans la Province Narbonnoise, diverses autres Nations s'en servirent. Pomponius Mela nous apprend que les Sarmates et les peuples de Mysie s'en couvroient, le Poëte veut dire que les Estrangers dês qu'ils sont à Rome, quittent leurs habits et leurs mœurs, pour prendre celles des Romains avec lesquels ils se corrompent.

V. 170. *Prætextatos mores.* Signifie les mœurs des nobles Romains, dont la robe qu'on appelloit *prætexta,* estoit l'habit ordinaire.

Artaxata est une Ville de la haute Armenie proche du fleuve Araxe, qui fut razée par Corbulon sous l'Empereur Neron, dans la guerre que les Romains eurent contre leur Roy Tiridate, parce qu'on ne la pouvoit pas conserver sans une grosse garnison.

# SATIRE TROISIÈME

## LES EMBARRAS DE ROME.

Un vieil ami me quitte, et mon âme attristée
L'approuve d'aller vivre à Cumes désertée,
Donnant à la Sibylle un citoyen nouveau ;
Baïa n'est qu'à deux pas et le golfe est si beau !
A Suburre, aussi bien, je préfère Prochyte :
Est-il affreux désert pour lequel on ne quitte
Rome, sans cesse en proie aux ravages du feu,
Ses maisons s'écroulant, ses dangers en tout lieu
Et ces vers qu'au mois d'août récite maint poète ?

Tandis que, fort à l'aise, une seule charrette
Reçoit de mon ami le bagage amassé,
Nous prenons les devants, et, le cœur oppressé,
Aux arceaux vénérés de l'humide Capène

## SATIRA TERTIA

### URBIS INCOMMODA

Quamvis digressu veteris confusus amici,
Laudo tamen vacuis quod sedem figere Cumis
Destinet, atque unum civem donare Sibyllæ.
Janua Baiarum est, et gratum littus amœni
Secessus. Ego vel Prochytam præpono Suburæ.     5
Nam quid tam miserum, tam solum vidimus, ut non
Deterius credas horrere incendia, lapsus
Tectorum assiduos, ac mille pericula sævæ
Urbis, et Augusto recitantes mense poetas ?

Sed dum tota domus rheda componitur una,     10
Substitit ad veteres arcus, madidamque Capenam ;

Nous arrêtons nos pas. C'est là que, la nuit pleine,
Numa de sa maîtresse écoutait les avis.
Maintenant, hélas! bois, source, sacrés parvis,
Aux Juifs tout est loué, mendiants à besace
Et dormant sur du foin; chaque arbre, chaque place
Doit payer un tribut à l'Empire romain;
Les Muses ont cédé, la forêt tend la main.
Bientôt, nous arrivons au vallon d'Égérie,
A ces grottes, de l'art œuvre bien trop fleurie;
Que la Divinité de ces lieux fortunés
Se ferait mieux sentir aux mortels prosternés,
Si le gazon encor d'une verte bordure
Environnait ses eaux, si, forçant la nature,
Le marbre de l'étang n'avait fait un bassin.

Alors Umbritius, poursuivant son dessein :
Puisque, hélas! la vertu n'a plus sa place à Rome
Ni le travail son prix, que la chétive somme
Qui fait tout mon avoir, s'amoindrit chaque jour,
A Cumes, désormais, je fixe mon séjour.
Dédale y reposa ses ailes en détresse;

Hic, ubi nocturnæ Numa constituebat amicæ :
Nunc sacri fontis nemus et delubra locantur
Judæis, quorum cophinus fœnumque supellex :
Omnis enim populo mercedem pendere jussa est          15
Arbor, et ejectis mendicat silva Camenis.
In vallem Egeriæ descendimus, et speluncas
Dissimiles veris. Quanto præstantius esset
Numen aquæ, viridi si margine clauderet undas
Herba, nec ingenuum violarent marmora tofum!          20

Hic tunc Umbritius : Quando artibus, inquit, honestis
Nullus in Urbe locus, nulla emolumenta laborum,
Res hodie minor est here quam fuit, atque eadem cras
Deteret exiguis aliquid, proponimus illuc
Ire, fatigatas ubi Dædalus exuit alas,               25

Je l'imite, tandis qu'au seuil de la vieillesse,
Je me tiens encor droit, que mes poils grisonnants
Laissent à Lachésis de quoi filer longtemps,
Que mes pieds d'un bâton ne réclament point l'aide.

Je pars; adieu, patrie! A Rome, où tout m'obsède,
Je laisse Arturius, Catulus, intrigants
Habiles à confondre en leurs discours ronflants
Le vice et la vertu; gens à tout entreprendre:
Conduites d'eaux, maisons, esclaves à revendre,
Pompes funèbres même, égouts à déboucher.
Jadis on les voyait dans leurs cuivres cracher,
Hôtes fort assidus de nos fêtes publiques
Que leur cor égayait. Aujourd'hui, magnifiques,
Pour les plaisirs du peuple ils célèbrent des jeux
Et sur un signe font tuer des malheureux.
Les vidanges, après, par eux prises à ferme,
Vont accroître leur or!... Et pourquoi pas? Quel terme
Assigner, je vous prie, à l'illustre impudeur
De ces gens, qu'en un jour de belle et bonne humeur
La Fortune éleva de si bas jusqu'au faîte?

Dum nova canities, dum prima et recta senectus,
Dum superest Lachesi quod torqueat, et pedibus me
Porto meis, nullo dextram subeunte bacillo.

Cedamus patria : vivant Artorius istic
Et Catulus : maneant qui nigra in candida vertunt,                30
Queis facile est ædem conducere, flumina, portus,
Siccandam eluviem, portandum ad busta cadaver,
Et præbere caput domina venale sub hasta.
Quondam hi cornicines, et municipalis arenæ
Perpetui comites, notæque per oppida buccæ,                       35
Munera nunc edunt, et verso pollice vulgi
Quemlibet occidunt populariter : inde reversi
Conducunt foricas. Et cur non omnia, quum sint
Quales ex humili magna ad fastigia rerum
Extollit, quoties voluit Fortuna jocari?                          40

A Rome, moi, rester et m'en faire une fête !...
Je ne sais pas mentir. Vient-on à publier
Un sot et méchant livre, il faut le mendier,
Le prôner... Je ne puis. Des planètes j'ignore
Les mouvements ; comment à ce fils qui m'implore
D'un père bien portant promettre le trépas ?
La raine a des venins que je ne connais pas.
Quant à porter, docile, à la femme adultère
Les billets, les cadeaux d'un amant... point d'affaire !
On volera sans moi. C'est ainsi que sans bien
Et sans patron, je vis, avorton, propre à rien.

Tout ami, maintenant, est d'abord le complice
Dont l'âme bourrelée endure le supplice
D'un secret qu'on veut dire et qu'il faudrait cacher,
Mais qu'on lui peut aussi tôt ou tard arracher.
Vous a-t-on confié des faits que rien n'entache ?
Nul devoir envers vous, nul secours, nulle attache.
Verrès sera l'ami de qui peut l'accuser.
Mais vous proposât-on, pour vous apprivoiser,
Tout l'or qu'à l'Océan a charrié le Tage.
De ces intimités refusez le partage,

> Quid Romæ faciam ? mentiri nescio : librum,
> Si malus est, nequeo laudare et poscere ; motus
> Astrorum ignoro ; funus promittere patris
> Nec volo, nec possum ; ranarum viscera numquam
> Inspexi. Ferre ad nuptam, quæ mittit adulter,          45
> Quæ mandat, norint alii : me nemo ministro
> Fur erit. Atque ideo nulli comes exeo, tanquam
> Mancus et exstincta corpus non utile dextra.
>
> Quis nunc diligitur, nisi conscius, et cui fervens
> Æstuat occultis animus semperque tacendis ?          50
> Nil tibi se debere putat, nil conferet unquam,
> Participem qui te secreti fecit honesti.
> Carus erit Verri, qui Verrem tempore, quo vult,
> Accusare potest. Tanti tibi non sit opaci
> Omnis arena Tagi, quodque in mare volvitur aurum,     55

Repoussez un secret du sommeil ennemi,
Par qui vous serez craint d'un trop puissant ami.

Quelle est pour nos richards la plus aimable engeance,
Engeance que je fuis? Excusez ma licence,
Je vais vous la nommer... Je ne puis y tenir :
Rome se faire Grecque, et cela sans rougir !
Faible part, néanmoins, de la boue Achéenne
Que celle qui corrompt la jeunesse romaine !
Le mal vient de plus loin. Bien des jours écoulés,
L'Oronte roule au Tibre, avec ses flots troublés,
Son langage barbare et ses mœurs impudiques,
Ses artistes, sa lyre aux sept cordes obliques,
Ses femmes que l'on voit attendant les chalands
Aux environs du Cirque. Accourez tous, passants,
Que charment les couleurs de leur mitre étrangère.

Le voilà, Romulus, ton paysan sévère
Couvert du manteau court des coureurs de dîners;
Des vainqueurs de l'arène il porte les colliers
A son cou vigoureux frotté de cire et d'huile.
Voyez-vous tous ces Grecs venir dans notre ville

Ut somno careas, ponendaque præmia sumas
Tristis, et a magno semper timearis amico.

Quæ nunc divitibus gens acceptissima nostris
Et quos præcipue fugiam, properabo fateri,
Nec pudor obstabit. Non possum ferre, Quirites,          60
Græcam urbem : quamvis quota portio fæcis Achææ?
Jampridem Syrus in Tiberim defluxit Orontes,
Et linguam, et mores, et cum tibicine chordas
Obliquas, nec non gentilia tympana secum
Vexit, et ad Circum jussas prostare puellas.             65
Ite, quibus grata est picta lupa barbara mitra.

Rusticus ille tuus sumit trechedipna, Quirine,
Et ceromatico fert niceteria collo.

Les uns de Sycione et les autres d'Andros,
De Tralles, d'Amydon, d'Alabande ou Samos?
Ils s'abattent en masse aux flancs des Esquilies
Ou sur le Viminal; leurs bandes avilies
Des maisons de nos grands vont faire leur butin.
Leur génie est ardent, leur audace sans frein,
Leur langage plus prompt, leur débit plus rapide
Que celui d'Isæus. Et cette race avide,
Savez-vous ce qu'elle est? Savez-vous quels talents
Apportent parmi nous ces hommes insolents?
En tous les arts divers ils se montrent nos maîtres;
Ils sont grammairiens, augures, géomètres,
Acrobates, rhéteurs, peintres, baigneurs, sorciers,
Médecins; ils sont bons à faire tous métiers.
Dis au Grec affamé: « Monte au ciel. » — Il y monte.
En résumé celui dont la fable raconte
Qu'il traversa les airs en volant, n'était point
Thrace, Sarmate ou Maure (insistons sur ce point),
Il avait vu le jour dans la ville d'Athènes.

Et ces gens, dont la pourpre est l'objet de mes haines,
Je ne les fuirais pas? Je les verrais signer

Hic alta Sicyone, ast hic Amydone relicta,
Hic Andro, ille Samo, hic Trallibus aut Alabandis, 70
Esquilias dictumque petunt a vimine collem,
Viscera magnarum domuum dominique futuri.
Ingenium velox, audacia perdita, sermo
Promptus, et Isæo torrentior. Ede, quid illum
Esse putes? quemvis hominem secum attulit ad nos; 75
Grammaticus, rhetor, geometres, pictor, aliptes,
Augur, schœnobates, medicus, magus : omnia novit :
Græculus esuriens in cœlum, jusseris, ibit.
Ad summam, non Maurus erat, nec Sarmata, nec Thrax,
Qui sumpsit pennas, mediis sed natus Athenis. 80

Horum ego non fugiam conchylia? me prior ille

Avant moi? Je devrais enfin me résigner
A voir l'un de ces gueux, dont le vent qui nous porte
La figue et le pruneau, vient encombrer ma porte,
Assis dans un festin à la place d'honneur?
Eh! quoi, n'est-ce donc rien d'avoir eu ce bonheur
Que l'air de l'Aventin ait enflé ma poitrine,
Que je me sois nourri de l'olive sabine
Dès la plus tendre enfance? En habiles flatteurs,
Ils ne ménagent pas les éloges menteurs;
Un ignorant devient un parleur magnifique,
D'un patron contrefait ils vantent le physique,
Cet être languissant emmanché d'un long col,
C'est Hercule, pour eux, qui souleva du sol
Antée entre ses bras; un son de voix plus grêle
Que l'aigre cri du coq becquetant sa femelle,
Suffit pour les plonger dans le ravissement.

Nous pouvons, tout comme eux, tourner un compliment,
D'accord! mais les Grecs seuls ont le don de convaincre.
Nul acteur, dans cet art, n'a jamais pu les vaincre,
Même quand il remplit le rôle de Thaïs,
Celui d'une matrone, ou celui de Doris

Signabit? fultusque toro meliore recumbet
Advectus Romam, quo pruna et coctona vento?
Usque adeo nihil est, quod nostra infantia cœlum
Hausit Aventini bacca nutrita Sabina?                    85
Quid, quod adulanti gens prudentissima laudat
Sermonem indocti, faciem deformis amici,
Et longum invalidi collum cervicibus æquat
Herculis, Antæum procul a tellure tenentis?
Miratur vocem angustam, qua deterius nec                 90
Ille sonat, quo mordetur gallina marito.

Hæc eadem licet et nobis laudare; sed illis
Creditur. An melior, quum Thaida sustinet, aut quum
Uxorem comœdus agit, vel Dorida nullo

Se montrant toute nue, et que du personnage
Il imite si bien le port et le langage,
Qu'il semble de la femme avoir les attributs.
Tous nos comédiens ne sont que des rebuts :
Demetrius, Hœmus à la voix douce et tendre,
Stratocle, Antiochus, ne doivent pas s'attendre
A briller auprès d'eux. C'est un peuple d'acteurs :
Vous riez? il se tord; s'il aperçoit des pleurs
Dans l'œil de son patron, de pleurer il s'empresse,
Sans que pour ce motif il ait de la tristesse;
Demandez, en automne, à faire un peu de feu,
Il endosse aussitôt l'endromide, et pour peu
Que vous disiez : « J'ai chaud, » il dit qu'il est en nage.

Ils sont plus forts que nous; ils ont cet avantage
De pouvoir, jour et nuit, à leur gré, composer
Les traits de leur visage, envoyer un baiser,
Ou flatter le patron s'il rote avec tapage,
S'il pisse sans effort, si, quand il se soulage,
On entend d'un bruit sec sonner le bassin d'or.
Rien pour eux n'est sacré; que te dirai-je encor?

Cultam palliolo? mulier nempe ipsa videtur,                95
Non persona loqui : vacua et plana omnia dicas
Infra ventriculum, et tenui distantia rima,
Nec tamen Antiochus, nec erit mirabilis illic
Aut Stratocles, aut cum molli Demetrius Hæmo :
Natio comœda est. Rides? majore cachinno                  100
Concutitur : flet, si lacrymas conspexit amici,
Nec dolet : igniculum brumæ si tempore poscas,
Accipit endromidem : si dixeris : Æstuo, sudat.

Non sumus ergo pares : melior qui semper et omni
Nocte dieque potest alienum sumere vultum,                105
A facie jactare manus, laudare paratus
Si bene ructavit, si rectum minxit amicus,
Si trulla inverso crepitum dedit aurea fundo.

Leurs lubriques ardeurs menacent tout le monde.
La mère en son foyer, la vierge pudibonde,
L'époux imberbe encor, le fils encore intact,
Ne peuvent échapper à leur brutal contact ;
Ils souilleraient l'aïeule en dépit de son âge !
Ils veulent pénétrer les secrets du ménage
Et dominer ainsi les gens par la terreur.
Je t'ai parlé des Grecs, de ce peuple hâbleur ;
Entrons dans le Gymnase où s'épand leur sagesse ;
Vois ce Stoïcien : son austère vieillesse
A livré Soranus, un disciple, un ami !
Pourquoi te récrier, du mensonge ennemi ?
Il est né sur les bords où s'abattit Pégase.
Ce sont là les leçons qu'on reçoit au Gymnase !

Point de place pour nous Romains dans un endroit,
Dès qu'un de ces coquins y règne, quel qu'il soit :
Erimarchus ou bien Diphile ou Protogène.
Partager les bienfaits d'un protecteur les gêne,
Car les Grecs sont jaloux ; ils veulent tout pour eux.
S'ils peuvent distiller en discours venimeux

Præterea sanctum nihil est, et ab inguine tutum,
Non matrona laris, non filia virgo, neque ipse          110
Sponsus levis adhuc, non filius ante pudicus.
Horum si nihil est, aviam resupinat amici.
Scire volunt secreta domus, atque inde timeri.
Et quoniam cœpit Græcorum mentio, transi
Gymnasia, atque audi facinus majoris abollæ.          115
Stoicus occidit Baream, delator amicum,
Discipulumque senex, ripa nutritus in illa,
Ad quam Gorgonei delapsa est penna caballi.

Non est Romano cuiquam locus hic, ubi regnat
Protogenes aliquis, vel Diphilus, aut Erimarchus ;          120
Qui, gentis vitio, nunquam partitur amicum ;
Solus habet. Nam, quum facilem stillavit in aurem

Ce poison qu'en naissant leur ciel leur inocule,
En verser une goutte à l'oreille crédule
D'un trop faible patron, c'en est fait! De son seuil
Nous sommes éloignés; il faut faire son deuil
Des droits que nous valaient de longs et bons offices!
Nulle part, plus qu'ici, victime des caprices,
Un client n'est l'objet de semblables mépris;
Pauvres gens, de cela ne soyez pas surpris :
Beau service en effet et bien digne d'éloge,
Que celui d'accourir, revêtu de la toge,
Avant le jour naissant, alors que le préteur,
A ce même moment, dépêche son licteur
Pour aller saluer, à peine réveillées,
Albine, Modia, constamment surveillées,
De crainte qu'un collègue, en prenant les devants,
N'arrive à leur ravir ces veuves sans enfants.

Le fils des sénateurs se tient à la portière
De l'esclave enrichi qu'on promène en litière;
Lui, donne à Catiène ou bien à Calvina,
Pour se pâmer deux fois, autant d'argent qu'en a,
Lorsqu'il touche sa solde, un tribun militaire.
Mais vous, si quelque fille a le don de vous plaire,

Exiguum de naturæ patriæque veneno,
Limine submoveor; perierunt tempora longi
Servitii : nusquam minor est jactura clientis.          125
Quod porro officium, ne nobis blandiar, aut quod
Pauperis hic meritum, si curet nocte togatus
Currere, quum prætor lictorem impellat, et ire
Præcipitem jubeat, dudum vigilantibus orbis,
Ne prior Albinam et Modiam collega salutet?          130

Divitis hic servi claudit latus ingenuorum
Filius : alter enim, quantum in legione tribuni
Accipiunt, donat Calvinæ vel Catienæ,
Ut semel atque iterum super illam palpitet : at tu,

Par ses brillants atours si vous êtes tenté,
Vous hésitez, confus de votre pauvreté,
Et, fût-ce Chioné, vous n'osez, pour se vendre,
De son siège élevé l'inviter à descendre.

Introduis un témoin, aussi juste, aussi droit
Que celui qui reçut Cybèle sous son toit,
Fais paraître Numa, fais paraître cet homme
Qui d'un temple embrasé sauva jadis, dans Rome,
L'image de Minerve; on s'informe aussitôt
Du bien qu'il peut avoir: toujours le dernier mot
Sera pour demander si ses mœurs sont honnêtes :
D'esclaves, dira-t-on, combien a-t-il de têtes?
Combien possède-t-il d'arpents? Combien de plats
Et quels mets recherchés lui sert-on aux repas?
Plus il possède d'or enfermé dans sa caisse,
Plus sa voix a de poids; mais, pour vous, on vous laisse
Des dieux de Samothrace invoquer les autels,
Jurer par tous nos dieux; vos serments solennels
Ne sont point écoutés. Le juge se figure
Que, se riant des dieux, le pauvre se parjure,
Qu'il méprise la foudre et que même le Ciel
Dédaigne de punir cet infime mortel.

Quum tibi vestiti facies scorti placet, hæres,      135
Et dubitas alta Chionem deducere sella.

Da testem Romæ tam sanctum, quam fuit hospes
Numinis Idæi : procedat vel Numa, vel qui
Servavit trepidam flagranti ex æde Minervam;
Protinus ad censum : de moribus ultima fiet      140
Quæstio : quot pascit servos? quot possidet agri
Jugera? quam multa magnaque paropside cœnat?
Quantum quisque sua nummorum servat in arca,
Tantum habet et fidei. Jures licet et Samothracum,
Et nostrorum aras, contemnere fulmina pauper      145
Creditur, atque Deos, Dis ignoscentibus ipsis.

De combien de brocards et de quelles risées
Le pauvre n'a-t-il pas les oreilles blessées,
Quand sa lacerne est sale ou qu'elle est en lambeaux,
Que sa toge est tachée, ou que, mis en morceaux,
Son soulier bâille ou bien fait voir les cicatrices
D'un trou mal recousu dont, en mille caprices,
Un fil grossier retient le bord récalcitrant.
O triste Pauvreté! De tes maux, le plus grand,
C'est que par toi l'honneur est souvent ridicule!
— « Hors du théâtre! vous qu'un trop mince pécule
» Éloigne des gradins fixés aux chevaliers;
» Rougissez d'être ici, vous disent les huissiers,
» Ces bancs sont réservés aux fils de proxénètes
» Nés dans les lupanars; seul, au sein de ces fêtes,
» L'héritier respecté d'un crieur opulent
» A le droit de venir applaudir le talent,
» Avec les raffinés, fils d'un maître d'escrime
» Ou bien d'un pinnirape! » Ainsi ce monde prime,
Depuis qu'en estimant le nombre de leurs biens
Le vaniteux Othon classa les citoyens.

Seras-tu, comme gendre, agréé par un père

Quid, quod materiam præbet causasque jocorum
Omnibus hic idem, si fœda et scissa lacerna,
Si toga sordidula est, et rupta calceus alter
Pelle patet; vel si, consuto vulnere, crassum          150
Atque recens linum ostendit non una cicatrix?
Nil habet infelix paupertas durius in se,
Quam quod ridiculos homines facit. Exeat, inquit,
Si pudor est, et de pulvino surgat equestri,
Cujus res legi non sufficit, et sedeant hic            155
Lenonum pueri quocumque in fornice nati.
Hic plaudat nitidi præconis filius inter
Pinnirapi cultos juvenes, juvenesque lanistæ.
Sic libitum vano, qui nos distinxit, Othoni.

Quis gener hic placuit censu minor, atque puellæ        160

Si ta dot est moins forte ou ton bien moins prospère
Que celui de sa fille ? A-t-on vu quelque part
Du legs d'un testateur un pauvre avoir sa part ?
Fut-il jamais admis au conseil des édiles ?
Nos pères opprimés, serrés en longues files,
Auraient dû s'éloigner de ce triste séjour !
Le mérite indigent partout ne se fait jour
Qu'à grand'peine : en ces lieux la lutte nous accable.
Tout y coûte si cher ! un taudis misérable,
Le brouet des valets, même un repas léger.
Dans des vases de terre on rougit de manger ;
Il n'en rougissait pas, lui, ce Romain sévère,
Qui sut se contenter d'une cape grossière
Et d'un repas frugal, quand, fuyant la grandeur,
Il revint chez le Marse en simple laboureur.

Dans toute l'Italie, il faut le reconnaître,
Les morts seuls sont vêtus de la toge. Peut-être
Pour rehausser l'éclat et la solennité
Des fêtes, dresse-t-on avec naïveté
Sur le riant gazon un théâtre champêtre,
Ces rustiques tréteaux parfois voient-ils renaître

    Sarcinulis impar? quis pauper scribitur hæres?
    Quando in consilio est ædilibus? agmine facto
    Debuerant olim tenues migrasse Quirites.
    Haud facile emergunt, quorum virtutibus obstat
    Res angusta domi : sed Romæ durior illis      165
    Conatus. Magno hospitium miserabile, magno
    Servorum ventres, et frugi cœnula magno.
    Fictilibus cœnare pudet; quod turpe negabit
    Translatus subito ad Marsos, mensamque Sabellam,
    Contentusque illic veneto duroque cucullo     170

    Pars magna Italiæ est, si verum admittimus, in qua
    Nemo togam sumit, nisi mortuus. Ipsa dierum
    Festorum herboso colitur si quando theatro

Quelque exode connu, souvenir du vieux temps,
Où des masques pâlis les rictus grimaçants
Font frissonner l'enfant dans les bras de sa mère.
Là, chacun est vêtu de la même manière;
Entre les spectateurs point de rivalité;
Une tunique blanche, emblème respecté,
Suffit pour signaler au public les édiles.
A Rome, des habits les splendeurs inutiles
Dépassent nos moyens. On ne vise aujourd'hui
Qu'au superflu; parfois dans le coffre d'autrui
On puise à pleines mains. Le vice qui nous mine,
C'est que nous voulons tous vivre en payant de mine,
Ambitieux et fiers dans notre dénûment.
Pourquoi ne pas le dire ? A Rome tout se vend :
De l'or! pour saluer Cossus quand il s'éveille,
De l'or! pour obtenir la faveur sans pareille
Que Véjenton vous jette un regard dédaigneux.
Quand il a fait couper la barbe et les cheveux
D'un esclave chéri, le maître, en sa demeure
Entasse des cadeaux, que, lui, revend sur l'heure.
Mais écoutez ce trait et puis demandez-vous
S'il ne doit pas de tous enflammer le courroux :

Majestas, tandemque redit ad pulpita notum
Exodium, quum personæ pallentis hiatum     175
In gremio matris formidat rusticus infans :
Æquales habitus illic, similesque videbis
Orchestram et populum : clari velamen honoris,
Sufficiunt tunicæ summis ædilibus albæ.
Hic ultra vires habitus nitor : hic aliquid plus     180
Quam satis est ; interdum aliena sumitur arca.
Commune id vitium est ; hic vivimus ambitiosa
Paupertate omnes. Quid te moror? Omnia Romæ
Cum pretio. Quid das, ut Cossum aliquando salutes?
Ut te respiciat clauso Veiento labello?     185
Ille metit barbam, crinem hic deponit amati ;
Plena domus libis venalibus. Accipe, et istud

Nous payons un tribut et devons nous soumettre
A l'honneur d'enrichir tous les mignons d'un maître.


Qui redoute aujourd'hui, qui redouta jamais
Dans Préneste, si fraîche avec ses bois épais,
Sous les berceaux ombreux encadrant Volsinies,
Chez les bons habitants de l'agreste Gabies
Ou sur les verts coteaux qui dominent Tibur,
De se voir écrasé par la chute d'un mur ?
A Rome, où nous vivons, les maisons, dans nos rues,
Par de faibles étais se trouvent soutenues ;
Le régisseur, ainsi, pare à l'effondrement
Et quand une lézarde est close habilement :
Dormez, vous dira-t-il, dans une paix complète
Alors qu'un accident menace votre tête.
Sans alarmes, je veux aller vivre en un lieu
Où l'on n'ait pas sans cesse à redouter le feu.
Ucalégon criant : « Au secours ! » déménage
Quelques menus objets, mais du troisième étage
Déjà sort la fumée... et tu ne le sais pas !


Fermentum tibi habe : præstare tributa clientes
Cogimur, et cultis augere peculia servis.

Quis timet aut timuit gelida Præneste ruinam,            190
Aut positis nemorosa inter juga Volsiniis, aut
Simplicibus Gabiis, aut proni Tiburis arce ?
Nos Urbem colimus tenui tibicine fultam
Magna parte sui : nam sic labentibus obstat
Villicus, et veteris rimæ quum texit hiatum,             195
Securos pendente jubet dormire ruina.
Vivendum est illic, ubi nulla incendia, nulli
Nocte metus. Jam poscit aquam, jam frivola transfert
Ucalegon, tabulata tibi jam tertia fumant :
Tu nescis. Nam si gradibus trepidatur ab imis,           200
Ultimus adebit, quem tegula sola tuetur
A pluvia, molles ubi reddunt ova columbæ.

Donc, si les escaliers s'effondrent par le bas,
Le pauvre malheureux logé sous la toiture,
Où pondent les pigeons d'amoureuse nature,
Aura pour tout profit de rôtir le dernier.

Le poète Codrus n'avait pour mobilier
Qu'un seul lit, trop petit pour sa femme Procule,
Six tasses, ornement d'un buffet minuscule,
Sous le marbre duquel un centaure couché
Reposait à côté d'un pot mal ébauché,
Un coffret vermoulu, frêle dépositaire
De quelques livres grecs dormant dans la poussière,
Poèmes immortels que des rats ignorants,
Sans le moindre respect, rongeaient à belles dents.
Codrus n'avait donc rien (qui dira le contraire?),
Et cependant ce « rien » il n'a pu le soustraire
Au feu dévastateur. Pour comble de douleur,
Ayant faim, étant nu, personne à son malheur
Ne songe à compatir; c'est en vain qu'il demande
D'un asile et de pain la misérable offrande.
Mais si d'Asturius le palais a pris feu,
Nos matrones alors gémissent en tout lieu,
Nos grands prennent le deuil et, pour la circonstance,

Lectus erat Codro Procula minor, urceoli sex,
Ornamentum abaci, necnon et parvulus infra
Cantharus, et recubans sub eodem marmore Chiron :     205
Jamque vetus Græcos servabat cista libellos,
Et divina opici rodebant carmina mures,
Nil habuit Codrus. Quis enim negat? et tamen illud
Perdidit infelix totum nihil. Ultimus autem
Ærumnæ cumulus, quod nudum et frusta rogantem     210
Nemo cibo, nemo hospitio tectoque juvabit.
Si magna Asturii cecidit domus, horrida mater;
Pullati proceres; differt vadimonia prætor.
Tunc gemimus casus urbis; tunc odibus ignem.
Ardet adhuc, et jam occurrit qui marmora donet,     215

Le préteur atterré suspend son audience.
De notre ville alors on pleure les malheurs,
Du sinistre fléau l'on maudit les horreurs ;
Le palais brûle encor que déjà l'on s'élance :
L'un veut offrir le marbre et couvrir la dépense,
L'autre veut, à ses frais, orner les piédestaux
De sujets nus taillés dans des blocs sans défauts,
Celui-ci veut remplir la demeure refaite
De chefs-d'œuvre signés Eupranor, Polyclète,
Ornements enlevés aux dieux Phœcasiens.
C'est à qui donnera des ouvrages anciens,
De superbes casiers, le buste de Minerve,
Et des boisseaux d'argent. Un désastre réserve
A Persicus des biens plus précieux, plus grands
Que ceux qu'il a perdus, des Romains sans enfants,
Lui, le plus fortuné ; si bien que l'on demeure
Convaincu que lui-même a brûlé sa demeure.


Si vous pouvez aux jeux du Cirque dire adieu,
Si vous vous décidez à fuir en quelque lieu,
Allez à Frésinone, à Sore, à Fabratère ;
Là, vous achèterez une maison entière
Aux prix qu'on loue ici, pour un an seulement,

  Conferat impensas : hic nuda et candida signa ;
  Hic aliquid præclarum Euphranoris et Polycleti,
  Phæcasianorum vetera ornamenta Deorum ;
  Hic libros dabit et forulos, mediamque Minervam ;
  Hic modium argenti : meliora et plura reponit     220
  Persicus orborum lautissimus, ut merito jam
  Suspectus, tanquam ipse suas incenderit ædes.

  Si potes avelli Circensibus, optima Soræ,
  Aut Fabratoriæ domus, aut Frusinone paratur,
  Quanti nunc tenebras unum conducis in annum.     225
  Hortulus hic, puteusque brevis, nec reste movendus,
  In tenues plantas facili diffunditur haustu.

Quelque réduit obscur; vous aurez l'agrément
D'avoir un jardinet, un puits à fleur de terre
Où vous pourrez puiser sans corde de l'eau claire,
Et sans peine arroser vos légumes naissants.
Vivez là, de la bêche et du travail des champs
Sincèrement épris, et vous ferez produire
Par vos soins, au jardin, des fruits, de quoi suffire
A la table de cent Pythagoriciens.
N'est-ce point un bonheur que d'avoir les moyens
D'être maître chez soi, d'être propriétaire,
N'importe en quel endroit ignoré de la terre,
Ne serait-ce après tout que d'un trou de lézard?

Les malades ici meurent pour la plupart
Du manque de sommeil; le mal qui les torture
Leur vient d'une indigeste et lourde nourriture
Qui brûle l'estomac. Trouve-t-on un réduit
Où l'on puisse dormir tranquillement la nuit?
Le sommeil coûte cher! et voilà l'origine
De ce mal incessant qui nous use et nous mine.
Les chars s'embarrassant dans les étroits quartiers
Au tournant des chemins, les cris des charretiers
Réveilleraient Drusus, réveilleraient, que dis-je?
Même des veaux marins. Qu'une affaire l'oblige

> Vive bidentis amans, et culti villicus horti,
> Unde epulum possis centum dare Pythagoreis.
> Est aliquid, quocumque loco, quocumque recessu,  230
> Unius sese dominum fecisse lacertæ.
>
> Plurimus hìc æger moritur vigilando : sed illum
> Langorem peperit cibus imperfectus, et hærens
> Ardenti stomacho : nam quæ meritoria somnum
> Admittunt? magnis opibus dormitur in Urbe.  235
> Inde caput morbi. Rhedarum transitus arcto
> Vicorum in flexu, et stantis convicia mandræ
> Eripient somnum Druso vitulisque marinis.

A sortir de chez lui, de grands Liburniens
Portent notre Crésus, fendant des citoyens
Le flot, qui devant lui sur deux rangs se dispose;
Chemin faisant, il lit, il écrit, ou repose,
Car ses rideaux fermés appellent le sommeil.
Pourtant il nous devance avec cet appareil;
Le flot qui nous précède encombre notre route
Et celui qui nous suit nous presse, nous déroute.
L'un me heurte du coude, un autre d'un poteau;
Celui-ci sur ma tête envoie un soliveau
Et cet autre une amphore, et d'une boue épaisse
Je suis jusqu'aux genoux crotté. Dans cette presse,
Quelque soldat pesant parfois me fait crier,
Lorsqu'en mon pied pénètre un clou de son soulier.

Quelle immense cohue où fume la sportule !
Cent convives au moins gorgent le vestibule;
De toute leur cuisine ils se font escorter
Et Corbulon lui-même aurait peine à porter
Tous ces vastes chaudrons et tous ces ustensiles
Que soutient sur sa tête, amoncelés en piles,
Un malheureux esclave; il lui faut cependant
Soutenir, sans plier, cet attirail pesant
Et courir, du réchaud pour raviver la braise.

Si vocat officium, turba cedente, vehetur
Dives, et ingenti curret super ora Liburno,                    240
Atque obiter leget aut scribet, vel dormiet intus :
Namque facit somnum clausa lectica fenestra.
Ante tamen veniet : nobis properantibus obstat
Unda prior; magno populus premit agmine lumbos
Qui sequitur; ferit hic cubito, ferit assere duro             245
Alter; at hic tignum capiti incutit, ille metretam.
Pinguia crura luto ; planta mox undique magna
Calcor, et in digito clavus mihi militis hæret.

Nonne vides quanto celebretur sportula fumo ?

Mais aussi, les accrocs peuvent tout à leur aise
Consteller sans pitié mon pauvre vêtement.
Là, c'est un char qui porte un long ais oscillant,
Plus loin sur un haquet un pin entier s'avance,
Au-dessus des passants très haut il se balance,
Menaçant d'un péril le flot des citoyens.
Si l'essieu soutenant les blocs Liguriens
Venait à se briser, si la foule amassée
Sous ce mont chancelant se trouvait écrasée,
De tant de corps broyés quels sinistres lambeaux !
Tous ces membres épars et réduits en morceaux
Les reconnaîtrait-on ? Le corps du pauvre, infime,
Sans traces suit dans l'air le souffle qui l'anime.
Cependant, au logis, sans se douter de rien,
On attend le retour du pauvre plébéien ;
Les plats sont nettoyés, sous le souffle docile
La flamme se ranime, on polit le strigile ;
Le linge, les parfums, le bain sont préparés,
Les valets dans ces soins s'empressent, affairés ;
Lui... s'est assis tremblant sur la rive éternelle !
Mais qu'il ne compte pas monter dans la nacelle

 Centum convivæ ; sequitur sua quemque culina.    250
 Corbulo vix ferret tot vasa ingentia, tot res
 Impositas capiti, quot recto vertice portat
 Servulus infelix, et cursu ventilat ignem :
 Scinduntur tunicæ sartæ. Modo longa coruscat
 Sarraco veniente abies, atque altera pinum    255
 Plaustra vehunt ; nutant altæ, populoque minantur.
 Nam si procubuit qui saxa Ligustica portat
 Axis, et eversum fudit super agmina montem,
 Quid superest de corporibus ? quis membra, quis ossa
 Invenit ? obtritum vulgi perit omne cadaver,    260
 More animæ. Domus interea secura patellas
 Jam lavat, et bucca foculum excitat, et sonat unctis
 Striglibus, et pleno componit lintea gutto.
 Hæc inter pueros varie properantur : at ille
 Jam sedet in ripa, tetrumque novitius horret    265

Où l'horrible nocher, sur le fleuve bourbeux,
Transporte les mortels, car il n'a pas comme eux
L'obole entre les dents pour payer son passage.

Vois que d'autres dangers une nuit nous présage !
Mesure la hauteur des toits de nos maisons
D'où pleuvent sur la tête et tuiles et tessons ;
Que de fois voyons-nous, des fenêtres lancées,
Tomber sur le pavé des amphores cassées,
Produisant dans la pierre un éclat alarmant.
Quiconque irait souper sans faire un testament,
Serait avec raison taxé d'insouciance,
Serait même par tous accusé de démence.
Une fenêtre ouverte, où rien encor ne dort,
Devient pour le passant une chance de mort,
Trop heureux (et peut-on se montrer moins sévère ?)
Si le pot ne suit pas ce que l'on jette à terre.

Un ivrogne en fureur vous barre les chemins ;
Il n'a pu de personne encor casser les reins,
Pour lui, c'est un tourment ! Sa nuit est désolée

> Porthmea ; nec sperat cœnosi gurgitis alnum
> Infelix, nec habet, quem porrigat, ore trientem.
>
> Respice nunc alia ac diversa pericula noctis :
> Quod spatium tectis sublimibus, unde cerebrum
> Testa ferit, quoties rimosa et curta fenestris          270
> Vasa cadunt ; quanto percussum pondere signent
> Et lædant silicem. Possis ignavus haberi,
> Et subiti casus improvidus, ad cœnam si
> Intestatus eas : adeo tot fata, quot illa
> Nocte patent vigiles, te prætereunte, fenestræ !        275
> Ergo optes, votumque feras miserabile tecum,
> Ut sint contentæ patulas defundere pelves.
>
> Ebrius ac petulans, qui nullum forte cecidit,
> Dat pœnas, noctem patitur lugentis amicum

Comme celle du fils illustre de Pélée,
Sur son ami perdu pleurant et sanglotant.
Sur le ventre et le dos tour à tour il s'étend.
Dormir? Il ne le peut. Le sommeil est rebelle
Jusqu'à ce qu'il ait eu quelque bonne querelle;
Mais bien que du jeune âge il ait l'emportement.
Bien qu'il soit travaillé par le vin, cependant
Il détale sans bruit quand passe un personnage
De la pourpre vêtu, qu'un solide entourage
Accompagne, et qui fait éclairer son chemin
Par de nombreux flambeaux et des lampes d'airain.
Moi, qui pour guide n'ai, dans ma marche hésitante,
Que la lune ou qu'un bout de chandelle fumante.
A laquelle je rends la mèche chichement,
Je ne lui fais pas peur. Voici d'ailleurs comment
S'engage le combat, si tant est qu'on appelle
Combat, une inégale et stupide querelle
Où l'un donne les coups et l'autre les reçoit.
Devant moi, brusquement, il se plante tout droit,
Me criant : « Halte-là ! » Il faut bien se soumettre;
Que pourrais-je, aussi bien, faire contre ce traître,
Contre ce forcené plus solide que moi ?
— « D'où viens-tu, me dit-il, voyons, explique-toi.

Pelidæ, cubat in faciem, mox deinde supinus.                    280
Ergo non aliter poterit dormire ? Quibusdam
Somnum rixa facit : sed, quamvis improbus annis,
Atque mero fervens, cavet hunc quem coccina læna
Vitari jubet, et comitum longissimus ordo,
Multum præterea flammarum, et ænea lampas.                     285
Me, quem luna solet deducere, vel breve lumen
Candelæ, cujus dispenso et tempero filum,
Contemnit. Miseræ cognosce prooemia rixæ,
Si rixa est, ubi tu pulsas, ego vapulo tantum.
Stat contra, starique jubet : parere necesse est.              290
Nam quid agas, quum te furiosus cogat, et idem
Fortior ? Unde venis ? exclamat : cujus aceto,

» Où donc t'es-tu bourré de piquette et de fèves?
» Et ce mouton bouilli, ces poireaux dont tu crèves,
» Quel est le savetier qui te les fit manger?
» Réponds-moi... Parle! ou bien de ton je vais changer,
» Et gare aux coups de pied! Allons donc, dis-moi vite
» Quel logis ou plutôt quel bouge infect t'abrite. »
Réponds ou ne dis mot, tu ne peux échapper,
Le butor aussitôt commence par frapper.
En justice, après ça, l'impudent m'actionne.
Voilà les libertés, ô pauvre, qu'on te donne!
Rossé, meurtri de coups, il me faut l'implorer
Pour qu'avec quelques dents il me laisse rentrer.

D'autres dangers encor la ville nous menace;
Dès que chacun chez soi, le soir, se cadenasse,
Dès que les boutiquiers ont tiré leurs verrous,
Que tout se tait, la ville appartient aux filous,
Qui pour vous dépouiller se présentent en nombre.
Parfois un détrousseur bondit du sein de l'ombre
Et, le poignard en main, commence son trafic.
Pendant ce temps le guet veille au repos public
Dans les Marais-Pontins et le bois Gallinaire;
Mais les voleurs, quittant ce dangereux repaire,

Cujus conche tumes? quis tecum sectile porrum
Sutor, et elixi vervecis labra comedit?
Nil mihi respondes? aut dic, aut accipe calcem.          295
Ede ubi consistas? in qua te quæro proseucha?
Dicere si tentes aliquid, tacitusve recedas,
Tantumdem est, feriunt pariter: vadimonia deinde
Irati faciunt. Libertas pauperis hæc est:
Pulsatus rogat, et pugnis concisus adorat,               300
Ut liceat paucis cum dentibus inde reverti.

Nec tamen hæc tantum metuas: nam qui spoliet te
Non deerit, clausis domibus, postquam omnis ubique
Fixa catenatæ siluit compago tabernæ.

S'abattent dans nos murs comme sur un butin.
Cependant aujourd'hui, dans un labeur sans fin,
L'enclume, les fourneaux leur préparent des chaînes;
Il nous faut tant de fer pour les prisons romaines,
Que personne bientôt ne pourra se pourvoir
De bêche, ni de soc, ni d'un simple sarcloir.
Bienheureux nos aïeux, bienheureux l'âge antique,
Où l'on vit sous les Rois et sous la République
Rome se contenter d'une seule prison!

Je pourrais ajouter plus d'une autre raison
Qui m'engage à quitter cette ville cruelle.
Mais le hennissement de mes mules m'appelle
Et déjà le soleil s'abaisse; il faut partir!
J'entends du muletier la gaule retentir,
Il me presse; adieu donc! Au sein de cette ville,
Garde le souvenir de l'ami qui s'exile,
Et si, dans Aquinum, ô mon cher Juvénal,
Tu viens, pour te refaire, aspirer l'air natal,
A Cumes préviens-moi, pour que je m'achemine

Interdum et ferro subitus grassator agit rem,                    305
Armato quoties tutæ custode tenentur
Et Pomptina palus, et Gallinaria pinus :
Sic inde huc omnes, tanquam ad vivaria, currunt.
Qua fornace graves, qua non incude catenæ?
Maximus in vinclis ferri modus, ut timeas ne                     310
Vomer deficiat, ne marræ et sarcula desint.
Felices proavorum atavos, felicia dicas
Sæcula, quæ quondam sub regibus atque tribunis
Viderunt uno contentam carcere Romam !

His alias poteram et plures subnectere causas :                  315
Sed jumenta vocant, et sol inclinat; eundum est :
Nam mihi commota jamdudum mulio virga
Adnuit. Ergo vale nostri memor; et, quoties te
Roma tuo refici properantem reddet Aquino,

Près de votre Diane et de Cérès Helvine;
Là, dans tous ces vallons où règne la fraîcheur,
Si tu veux bien de moi pour collaborateur,
Nous pourrons, de concert faisant vibrer nos lyres,
Contre les mœurs du temps composer des satires.


Me quoque ad Helvinam Cererem vestramque Dianam     520
Convelle a Cumis : satirarum ego, ni pudet illas,
Adjutor gelidos veniam caligatus in agros.

# REMARQUES



## LA TROISIÈME SATYRE

Uvenal ayant intention de reprendre dans cette Satyre les desordres et les embarras de la ville de Rome, introduit son ami Umbrice qui en abandonne le sejour, et à qui il en fait faire une affreuse peinture. Pline, l. 10, c. 4, asseure que cet Umbrice estoit l'un des plus experts Haruspices de ce temps-là.

V. 1. *Vacuis Cumis*. Cumes est une ancienne ville de la Campanie, située dans un lieu fort agreable ; quelques-uns estiment qu'elle fut ainsi nommée par Hippocles Cumæus qui vint avec Megastine de la Cholcide, autrement Negrepont, pour la bastir; d'autres du mot grec κύειν, qui signifie être enceinte, parce qu'estant arrivez en ce port pour y establir une colonie, la premiere personne qu'ils y rencontrerent fut une femme enceinte, dont ils prirent une bonne augure, ou de κύματα, qui signifie les flots dont ses murailles sont battuës.

*Vacuis*. Soit parce qu'elle est plus déserte que Rome, ou qu'on y ait plus de loisir. Ciceron : *Hunc præelegimus diem cum te sciremus esse vacuum*. Nous avons choisi ce jour, comme celui où nous vous avons cru le moins occupé.

V. 3. *Sibillæ*. Virgile et Solin nous assurent que l'une des dix Sybilles y demeuroit, et qu'elle y fut appellée Cumée, c'estoient des filles Vierges qui avoient le don de prophetie, et furent ainsi nommées des deux mots grecs, σιὸς βουλή, qui signifient conseils de Dieu : σιὸς, est un mot Æolique pour θεός.

V. 4. *Ianua Bajarum*. La ville de Bayes estoit un lieu delicieux où les Romains alloient souvent passer l'Esté, soit pour se guerir de plusieurs maladies, par les eaux chaudes et mineralles dont elle abondoit soit pour s'y divertir. Horace :

> *Nullus in orbe locus Baiis prælucet amœnis.*

> Bayes de tous les lieux est le plus agreable.

Cependant comme la licence y devint trop grande, Senéque l'appelle le sejour de tous les vices, et le deffend à Lucille; elle a esté ainsi nommée de Baius, compagnon d'Ulisse, qui y fut enterré.

*Prochitam præpono Suburræ.* Prochita est une isle deserte et proche de Bayes, qui fut faite par un tremblement de terre, lequel fit fondre une montagne dans l'Isle Inarime ainsi nommée du verbe Grec, προχύειν, qui signifie répandre; les Poëtes ont feint que le geant Typhon y fut détruit par Jupiter. Virgile :

> *Tum sonita Prochyta alta tremit durumque cubile*
> *Inarime, Iovis imperiis imposta Typhæo.*

> La Prochyte en trembla, quand de Typhon le crime
> Fut par l'ordre des Dieux esteint dans Inarime.

*Suburra*, estoit une des ruës de Rome des plus frequentées et des plus agreables, où la pluspart des Courtisanes habitoient. Horace :

> *Latrant Suburranæ canes.*
> L'on entend aboyer de Suburra les chiennes.

Varron croit qu'elle a esté ainsi nommée parce qu'elle fut bastie dans un lieu soûterrain de l'ancienne Rome, ou parce qu'il n'y avoit qu'une muraille de terre; mais Festus estime qu'elle s'appelloit originairement Succurra, à *succurrendo*, qui signifie secourir, parce que Tullus Hostilius qui fit enclorre le mont Esquilin dans Rome, y tenoit ordinairement un corps de garde, pour s'opposer aux insultes continuelles des Gabiens, il appuye son sentiment par le nom de succurraine qu'on donna à la Tribu de ce quartier de Rome.

V. 9. *Augusto recitantes mense Poetas.* Parmi les grandes incommoditez de Rome, il y compte une foule de méchans Poëtes qui arrestoient les gens pour entendre leurs poëmes, dans le temps mesme de la Canicule, auquel la pluspart des bons citoyens abandonnoient la ville à cause de l'extrême chaleur.

*Veteres arcus madidamque Capenam.* C'étoit un ancien aqueduc de brique qui portoit l'eau dans Rome par la porte Capene.

V. 12. *Nocturnæ Numa constituebat amicæ.* Numa Pompilius second Roy des Romains, pour leur imprimer plus de respect pour ses loix et de crainte pour les Dieux, se retiroit souvent de nuit dans un bois (tout seul) qui estoit auprés de la porte Capene, où il y avoit une belle fontaine, et leur faisoit croire qu'il y voyoit la Deesse Ægerie comme sa femme, qui luy donnoit les conseils qu'il devoit suivre pour l'administration de la Republique, et pour le culte des Dieux. Ovide dans ces Fastes nous le confirme :

> *Ægeria est quæ præbet aquas Dea grata camœnas,*
> *Illa Numæ conjux, consiliumque fuit.*

Ægerie estoit une Deesse bienfaisante, qui distribuoit à Rome l'eau des Muses, et qui estoit la femme et le conseil de Numa.

V. 13. *Nunc sacri fontis Nemus et delubra locantur Judæis.* Ce mesme Roy ayant encor persuadé aux Romains que les Muses assistoient à ces conférences nocturnes, leur dedia ce bois qui estoit du temps de Juvenal la demeure des miserables Juifs, à qui les Romains dont il censure l'avarice, le loüoient à prix d'argent.

Les Interpretes ne conviennent point de la propre signification du mot *delubrum*, Varron et Macrobe veulent que ce soit le lieu où l'on avoit eslevé la statuë de quelque Dieu ; les autres le lavoir qui estoit devant l'autel, *à diluendo*, qui signifie laver, parce qu'il y avoit toûjours près des Autels des Payens, de l'eau pour y laver les mains du Sacrificateur.

Festus dit que c'estoit un baston écorcé que les Payens adoroient comme un Dieu. Asconius Pædianus, sçavant Grammairien qui vivoit du temps de Neron est de ce sentiment ; et enfin Cornelius Fronto a creu que c'estoit un Temple dedié à plusieurs divinitez, où les gens qui avoient couru quelque peril, venoient apprendre les choses qu'ils avoient voüées à quelques-uns des Dieux. Ce qu'il y a de constant est que *Delubrum* est souvent employé dans les Autheurs pour toutes sortes de Temples.

A ce propos j'ay cru qu'il estoit bon de rapporter ce que le mesme et sçavant Fronto, Precepteur de Marc Antonin, et à qui ce Prince pour honorer son merite, fit ordonner une statuë par le Senat, noûs apprend de la différence qu'il y a entre *Delubrum, Fanum, Templum, Sacellum*, et *Lucus*, dont les noms sont souvent employez par nos maistres. Je viens d'expliquer ce qu'il dit à l'égard de *Delubrum*. *Fanum* est le lieu dedié aux Faunes, qui estoient les Dieux des Latins, qui leur apprenoient en songes ce qu'ils vouloient sçavoir de l'Oracle. Probus le Grammairien dit qu'il a esté ainsi appellé de Faunus, qui fut le premier inventeur de l'Oracle.

*Templum* estoit un Temple consacré à une seule divinité, comme à Jupiter, à Mars, à Apollon et autres.

*Sacellum.* Une Chappelle pour le mesme culte.

*Lucus*, est pris pour un lieu couvert d'arbres qui a esté frappé du foudre, mais il est employé par tous les Autheurs indifferemment pour un bois consacré.

V. 20. *Nec ingenuum violarent marmora tophum.* L'expression des deux vers qui precedent est admirable, pour marquer que le gason a esté quelquefois preferé au marbre, et les ouvrages de la nature à ceux de l'art.

V. 25. *Dedalus exuit alas.* Il entend parler de Cumes où la fable veut que Dedale fuyant Minos trouva le lieu si beau qu'il vint s'y reposer, après avoir volé de l'Isle de Crete en Italie, et qu'il y dedia un temple à Apollon. Virgile, livre 6 de l'Æneïde, l'exprime par *Arx calcidica*, à cause que Cumes fut bastie par les Calcidiens, comme il a esté dit cy-dessus.

*Dedalus ut fama est, etc.*
*Calcidiaque levis tandem superastitit arce.*

Dedale à ce qu'on dit, fuyant le Roy Minos,
Vint à Cumes volant, prendre quelque repos.

V. 27. *Dum superest Lachesi quod torqueat.* Les Poëtes ont feint qu'il y avoit trois Deesses qu'ils appellent Parques qui disposoient de nos jours; que Cloto les filoit, Lachesis en ramassoit le fil, et que Atrapos le coupoit.

*Vivant Arturius istic et Catulus.* C'étoient des gens d'une basse naissance, qui par de méchantes voyes s'estoient élevez à une grande fortune.

*Qui nigra in candida vertunt.* Les anciens avoient accoutumé de marquer ce qui estoit bon par une pierre blanche, et le mauvais par une noire. Perse:

*Illa prius creta, mox hæc carbone notasti.*

Les premiers par la craye avoient esté blanchis,
Tu veux par le charbon que ceux-cy soient noircis.

Le Poëte s'en sert par allusion contre ceux qui vouloient faire passer les vices pour des vertus. Ovide :

*Candida de nigris, et de candentibus atra.*
Du noir ils font le blanc, et du plus blanc le noir.

*Et præbere caput domina venale sub hasta.* On explique ce passage differemment. Turnebe, liv. 10, chap. 27, veut que ce soit de ceux qui s'exposoient eux-mêmes à l'encant pour payer leurs dettes.

Les autres l'entendent des gens qui estoient si avides de biens, qu'ils se vendoient eux-mêmes pour en avoir. C'est de ceux-là que Plaute dans sa *Mostellaria*, entend parler quand il dit, *ubi isti qui trium nummorum causa subeunt sub hasta*, où sont ceux qui se soumettent à estre vendus à l'encant pour avoir trois escus. Mais la plus probable opinion, et qui se vérifie mesme par le sujet que le Poëte traitte dans ce passage, est qu'il veut parler de ceux qui pouvoient achepter l'Office de Préfet aux ventes publiques, par le moyen duquel ils avoient droit de faire vendre les esclaves au prix qu'ils vouloient. *Hasta* est le nom de l'encant, parce qu'on avoit accoustumé de planter une javeline au lieu où il se faisoit, et il y adjouste le nom de *Domina*, soit parce que le Préfet s'en rendoit le maistre, ou que tout ce qui estoit en vente y estoit soumis souverainement.

*Municipalis harenæ.* Il entend parler des theatres qui estoient dressez pour les jeux publics dans les petites Villes.

V. 34. *Municipes* autrefois estoient le nom des Villes qui s'estoient acquises les droits des Citoyens Romains, jouïssant de leurs honneurs, de leurs privileges, mesme de leur Magistrature, sans toutefois estre soumises à d'autres loix qu'à celles de leur pays, mais depuis ce nom de *Municipes* s'est étendu aux citoyens de chaque Cité.

V. 36. *Verso pollice vulgi quemlibet occidunt populariter.* Dans les combats des Gladiateurs, lorsque le peuple avoit envie qu'on tuast celuy qui estoit vaincu, il montroit le poulce renversé pour signal, et lors qu'il le vouloit sauver, il le renfermoit dans la main. Voyez Turnebe liv. 11, chap. 6. Pline liv. 28, chap. 11, et Politian, chap. 42, Miscell. Le Poëte parle ici de ces gens, qui de simples Gladiateurs s'estant eslevez a une assez grande fortune pour donner eux-mêmes les jeux, avoient la cruauté de faire mourir dans l'arene ceux qu'il leur plaisoit par ce mesme signal du peuple. Tacite, liv. 4 de ses An., nous apprend qu'il faloit avoir quatre cent mille petits sesterces, pour avoir la faculté de donner le prix aux jeux gladiatoires. Le Poëte Prudence parlant des Vestales qui assistoient à ces jeux :

> *Delicias ait esse suas, pectusque jacentis,*
> *Virgo modesta jubet converso pollice rumpi.*

Quoique cette Vestale soit fort modeste, elle ne laisse pas de se faire un plaisir de voir égorger le vaincu par le signal du pouce renversé.

V. 60. *Non possum ferre Græcam urbem.* Il pretend que les Romains avoient fait leur Ville grecque, en s'infectant des vices des Grecs.

*Fæcis Acheæ.* C'est la lie du peuple de Grece.

V. 62. *Syrus in Tyberim defluxit Orontes.* Il employe le fleuve Oronte qui est dans la Syrie et le Tybre qui coule à Rome, pour signifier que les Nations estrangeres se sont meslées avec la Romaine.

V. 64. *Cum tibicine chordas obliquas.* Les Syriens estoient des grands Musiciens, et apporterent la harpe à Rome, qui est un instrument oblique, *Gentilia tympana :* Ce sont les timbales de Syrie.

V. 66. *In quibus grata est picta lupa barbara mitra.* Il appelle les Courtisanes de Syrie Louves à cause de leur lubricité, et barbares, parce qu'elles estoient étrangeres.

*Picta mitra* doit estre entendu des ornemens de teste de diverses couleurs que les Syriennes portoient.

V. 67. *Rusticus ille tuus sumit trechedipna, Quirine.* C'est un mot Grec tiré de τρεχέδειπνα, qui signifie, ainsi que Cœlius nous l'apprend, les gens qui venoient trop tard ou hastivement au soupé chez leurs amis, des deux mots Grecs τρέχω *curro*, et de δεῖπνον *cæna :* ce qui a donné occasion à Juvenal d'appeller de ce mesme nom, les robes dont les cliens se revestoient à l'exemple des Grecs, pour aller souper chez leurs Patrons : c'est le sentiment de quelques Interpretes, et non celui de Turnebe, liv. 3, ch. 17, qui dit que ce n'est pas le cas de parler de ces robes, et que le Poëte a voulu dire ; ô Romule, ton peuple tiré du labourage se plaist si fort aux jeux et aux exercices des Grecs, qu'il y court comme il feroit aux repas : et qu'il employe ce nom de *trechedipna* par pure plaisanterie ; ce qu'il prouve par le vers suivant, qui ne convient nullement à la premiere explication. *Et ceromatico fert niceteria collo.* Les prix que l'on gagnoit dans les jeux estoient appellez *niceteria*, du nom Grec νικάω, qui signifie vaincre, et νικητήριον, *victoriæ præmium*, le prix de la victoire, qui consistoit dans les jeux gladiatoires en une espece de veste flottante, qu'on attachoit au col des victorieux. *Ceroma* estoit une composition d'huile de cire et de terre, dont les Athletes se frotoient avant que de lutter : toutes ces coûtumes estoient Grecques.

*Hic alta Sicyone.* C'est une Isle dans la mer Ægée fort éminente, et opposée à l'Epidaure ville dans le Peleponese, celebre par le Temple d'Esculape.

V. 69. *Amidon* est une ville de la Pæonie en Macedoine, qui envoya du secours aux Troyens, ainsi que le dit Homere.

*Andro*, est la premiere des Isles Ciclades qui sont au nombre de cinquante-trois, et qui sont situées en forme de cercle.

V. 70. *Samo* est le nom des trois Isles, dont la premiere qui porte ce nom est proche et dépendante de l'Ionie, qui est une des Provinces des plus delicieuses de l'Asie mineure : cette Isle estoit dévoüée à Junon, parce qu'elle y estoit née, et y avoit épousé Jupiter : Varron écrit qu'elle y avoit un Temple celebre, et une statuë en habit d'épousée : c'étoit aussi le lieu de la naissance de Pythagore et de la Sybille Samia.

V. 70. *Trallibus.* Trallca estoit autrefois une ville celebre de l'Asie, située entre les fleuves Mœandre et Caystre, suivant l'autorité de Strabon.

*Alabandis.* Alabanda est une ville de l'Asie mineure dans la Carie, si fort entourée de deux grandes montagnes, qu'elle ressemble, au dire d'Apollonius Molon, à une Corbeille renversée : elle a produit trois celebres Orateurs, sçavoir ce mesme Apollonius, Menecles et Hierocles.

V. 71. *Exquilias.* C'est le mont Esquilin à Rome. Il fut ainsi nommé *ab excubiis*, à cause que Tullus Hostilius Roy des Romains l'ayant enfermé dans la ville y faisoit sa demeure, et que ses Gardes y estoient logez. Ovide liv. 1 des Fastes verifie ce sentiment par ces deux vers :

*Adde quod excubias, ubi Rex Romanus agebat*
*Qui nunc Exquilias nomine collis habet.*

*Collem à Vimine.* Le mont Viminal, l'un des sept de Rome, a tiré son nom, au dire de Festus, d'une forest d'osier qui y estoit venuë, d'où vient qu'on appella Jupiter Viminal, à cause du Temple qu'on luy avoit consacré sur cette colline.

V. 74. *Isæo torrentior.* Il y a eu deux Isæes, tous deux fort celebres et fort eloquens : l'un à Rome, et l'autre à Athenes, qui fut le Precepteur de Demosthene. Pline second en parle avec éloge.

V. 76. *Aliptes,* estoient ceux qui avoient soin de preparer les Athletes au combat, soit par des onctions, ou par tout ce qui pouvoit augmenter leur force et leur addresse, du verbe Grec ἀλείφειν, qui signifie oindre.

V. 77. *Schœnobates* veut dire un danseur de corde, de deux mots Grecs σχοῖνος, corde et βαίνω, je monte et je marche. On l'appelle en Latin *Funambulus.* Apulée l'a nommée *Funerepus* à *fune* et *repo.* Térence :

> *Populus in funambulo animum occuparat.*

Le peuple estoit attentif à voir un danseur de corde.

V. 81. *Conchylia murex et ostrum* signifient la même chose : ce sont des coquillages de mer, de l'expression desquels on tiroit une espece de couleur de pourpre ou cramoisi, avec cette difference qu'elle approchoit du vert de mer. Le Poëte l'employe dans ce passage pour des habits de pourpre, dont les Grecs qui avoient fait fortune à Rome étoient vestus.

V. 83. *Quo pruna et coctona vento.* Tous les Interpretes conviennent que c'estoient des prunes de Damas, et des figues de Syrie d'un goût exquis qui ne se trouvoient que dans ce climat, et que l'on exprime chez quelques Auteurs par *Cottana* ou *Coctana.* Martial :

> *Hæc tibi quæ torta venerunt condita meta,*
> *Si majora forent coctana ficus erat.*

*Torta meta,* est un petit vase où l'on enfermoit ces sortes de figues, lesquelles Martial désigne par *Condita Coctana.*

V. 85. *Hausit Aventini bacca nutrita Sabina.* L'Aventin est une des colines de Rome, ainsi nommée, ou d'Aventin Roy d'Albe qui y fut enterré, ou *ab adventu hominum,* du concours des Latins qui avoient sur cette coline leur Temple commun. Dans ce passage le Poëte veut parler de Rome, et prend la partie pour le tout.

*Baccha Sabina,* est pris ici pour toutes sortes de fruits qui croissent à Rome, parce que les Romains et les Sabins ne faisoient qu'un mesme peuple : d'où vient que les Romains furent aussi appellez *Quirites* de *Curis* ville de Sabins, comme nous l'avons déjà dit dans les Remarques de la seconde Satyre.

V. 93. *Cum Thaida sustinet.* Thais estoit une noble Courtisane d'Alexandrie, et dont on introduisoit le personnage dans les Comedies, ainsi qu'a fait Mœnandre Poëte Grec, et Terence parmi les Latins.

V. 94. *Vel Dorida nullo cultum palliolo.* Doris Deesse marine, fille de l'Occean ou de Neptune et de Thetis, fut mariée à son frere Nerée autre Dieu maritime, duquel elle engendra cette grande foule de Nymphes que l'on appelle Nereides. Il la dépeint sans habit, parce que les Nymphes n'en avoient point.

V. 99. *Antiochus, Stratocles,* Demetrius, Hæmus, dont il parle estoient d'excellens Comediens de son temps, au dire mesme de Quintilien.

V. 103. *Accipit Endromidem.* C'estoit une espece de robe de chambre d'une étoffe fort grossiere, dont les Gaulois avoient introduit l'usage, et dont on se servoit dans les lieux d'exercice pour ne se point morfondre. Martial :

> *Peregrinam mittimus Endromida.*

V. 106. *A facie jactare manus.* On disoit aussi *manu venerari.* Les flatteurs avoient accoûtumé de porter leurs mains au visage de leurs amis pour les caresser, ayant sans doute pris cet usage des anciens Grecs, lesquels au rapport de Pline, les portoient au menton de ceux à qui ils demandoient quelques graces. Voyez Turnebe, liv. 1, chap. 16.

V. 108. *Si trulla inverso crepitum dedit aurea fundo.* Les Interpretes se sont joüez dans l'examen de ces vers. Mais pour ne se point étendre inutilement, et ne rien dire contre la bienseance : la plus commune, et sans doute la meilleure opinion est, qu'il le faut entendre du bruit que pouvoient faire quelques libertins avec les levres ou le gosier, après avoir bû jusques à renverser le vase où ils beuvoient, lequel souvent estoit doré; ce qui est ici exprimé par *trulla aurea.* Plaute dans son amphitrion s'en sert de mesme :

> *Omnesque trullas hauriam.*

J'épuiserai tous les vases à boire. Voyez Turnebe, liv. 10, ch. 27.

V. 111. *Sponsus lævis,* c'est-à-dire un homme marié qui n'a point encor de barbe.

V. 115. *Audi facinus majoris abollæ.* Cela veut dire, Parlons des crimes des gens les plus qualifiez.

V. 116. *Abolla* est une robe dont il y avoit de deux especes, comme nous l'apprend le docte Servius : les unes qu'on appelloit mineures servoient aux soldats, et les plus precieuses aux Philosophes : c'est des dernieres dont il parle, qu'il appelle majeures, parce qu'elles estoient plus grandes, et ressembloient à un manteau.

V. 116. *Stoicus occidit Baream.* Tous les Interpretes conviennent qu'il entend parler de Publius Egnatius, qui portoit l'habit et la mine d'un Stoïcien, ainsi que l'écrit Tacite, liv. 16 de ses Annales, lequel se laissa corrompre par argent pour porter devant Neron un faux témoignage contre Bareas Soranus son disciple.

V. 118. *Ad quam Gorgonei delapsa est penna caballi.* Les Poëtes disent que le cheval Pegase estoit né aislé du sang et de la cervelle de Meduse, après que Persée fils de Jupiter et de Danaë l'eut tuée. Le Poëte donne à ce cheval l'épithete de *Gorgoneus*, parce qu'elle estoit l'une des trois Gorgones avec Sthenio et Euriale ses sœurs, filles de Porcys Roy de Corsique et de Sardaigne, qu'ils feignent estre fils de Neptune et de la Nymphe Trose : elles sont ainsi appellées ou à cause de leur velocité que les Grecs expriment par le nom, γοργότης, ou parce que l'on dit qu'elles habitoient les Isles Gorgones dans l'Occean Ethiopique : d'autres veulent que Neptune amoureux de Meduse qui estoit d'une insigne beauté par ses traits et par ses cheveux, en eut connoissance dans le Temple de Minerve, et qu'elle en accoucha du cheval Pegase.

Or le Poëte veut dire que cet Egnace estoit de Tarse ville de Cilicie, arrosée du fleuve Cidnus, et patrie de saint Paul, laquelle fut ainsi nommée du mot Grec ταρσός qui signifie la plante du pied, à cause que le cheval Pegase monté par Bellerophon y tomba : il y en a qui veulent qu'il fust de Bœotie près du mont Helicon, où le cheval Pegase frappant de son pied (si la fable en est creuë), fit sortir la fontaine qu'on nomme *Caballine* en Latin, et en Grec *Hippocrene.*

V. 120. *Protogenes, Diphilus aut Erimanthus,* sont des noms empruntez pour signifier la nation Grecque.

V. 127. *Nocte togatus. Toga* estoit la robe que les cliens prenoient pour aller faire leur cour à leurs Patrons, et meriter la sportule, c'est-à-dire certain regale que nous avons expliqué; et il la faloit prendre de bon matin, parce que les premiers venus estoient preferez. Martial nous l'apprend :

> *Mane vel à media nocte togatus ero.*
>
> J'aurai ma robe mise à la pointe du jour,
> Ou mesme dès minuit pour mieux faire ma cour.

V. 128. *Cum Prætor lictorem impellat.* Anciennement tous les Magistrats qui commandoient aux armées, et tous les Generaux estoient Preteurs et rendoient la justice; d'où vint la cohorte Pretorienne, qui s'appelloit ainsi, parce qu'elle estoit destinée pour la garde de l'Empereur ou du General d'armée; mais dès le temps que Lucius Sextius fut choisi le premier parmi le peuple pour estre Consul, Furius Camillus fut aussi le premier et l'unique Preteur éleu par le Senat, pour rendre la Justice dans Rome; et depuis comme son empire s'étendit, et qu'un Preteur ne pouvoit pas suffire, on en crea autant qu'il y avoit de Provinces conquises. Son autorité estoit si grande qu'il pouvoit faire des loix, et les abroger; d'où vint le droit Pretorien, *jus Prætorium*.

Il y avoit six Huissiers destinez pour luy, et douze pour les Consuls, qui portoient un faisceau de verges liées avec une hache pour la correction ou pour le supplice, et qui marchoient devant eux. Tite-Live : *Missique lictores ad sumendum supplicium, nudatos virgis cædunt, securique feriunt*. Les Huissiers mandez pour le chastiment des criminels, ou les frappent de verges tout nuds, ou les punissent par la hache.

Plutarque nous apprend qu'ils furent instituez par Romulus, et nommez selon l'opinion de Festus, *Lictores* à *ligando*, qui signifie lier, soit à cause de leurs faisceaux liez, ou qu'ils lioient ceux qui estoient condamnez.

Le Poëte dans ce passage censure l'avarice des Preteurs, qui envoyoient leurs Huissiers pour recevoir la sportule au prejudice des pauvres cliens, à qui elle estoit destinée; ce que les enfans de famille pratiquoient aussi, se mêlant parmi les valets pour y avoir part, afin d'en pouvoir mieux soûtenir leur débauche.

V. 132. *Alter enim quantum in legione Tribuni.* Lubin croit que ce vers et les quatre suivans ont esté mal entendus par les Interpretes, et qu'il les faut appliquer à deux sortes de gens; les uns fort prodigues, et qui donnoient à des femmes débauchées du plus haut rang autant de biens qu'un Tribun avoit d'appointemens dans l'armée; les autres qui vivoient frugalement, et qui estant satisfaits de la simple bourgeoisie évitoient mesme de donner la main à une noble Courtisane pour sortir de sa litiere.

V. 137. *Hospes numinis Idæi.* Il entend parler de Scipion Nasica, qui fut choisi par le Senat pour loger chez luy la statuë de Cybele mere des Dieux, qui fut apportée du mont Ida en Phrygie, jusqu'à ce qu'on luy eust construit un Temple que le mesme Scipion voüa, que Metellus commença, et qu'Auguste acheva : c'est ce qu'Ovide nous apprend :

> *Nasica excepit, templi non extitit autor*
> *Augustus nunc est, ante Metellus erat.*

Ces prestres estoient appellez par les Grecs, *Curetes* ou *Corybantes*.

V. 138. *Numa Pompilius.* Il fut estimé si sage et si pieux qu'après la mort de Romulus, le peuple Romain l'envoya querir à *Curis* ville des Sabins, et l'éleut le second de leurs Rois : ce fut luy qui establit toute leur Religion, qui fit bastir le Temple de Vesta, et institua les Vierges Vestales, dont nous parlerons plus amplement dans la quatriéme Satyre, les trois Colleges des Prestres Flamines; sçavoir ceux qu'on appelloit *Diales* pour le culte de Jupiter, *Martiales* pour celuy de Mars, et *Quirinales* pour celuy de Romulus, ainsi nommez, *quasi filamines,* parce que ne leur estant pas permis de paroistre jamais la tête nuë, ils se la relioient avec du fil seulement dans les grandes chaleurs: il institua aussi les douze Prestres Saliens pour porter les boucliers sacrez qu'ils appelloient *anciles* dont nous avons parlé dans la seconde Satyre, et enfin le grand Pontife.

V. 139. *Servavit trepidam flagranti ex æde Minervam.* Cela s'entend de Lucius Metellus qui hazarda aux dépens de ses yeux qu'il perdit, d'enlever luy-mesme du Temple enflammé de Vesta, le *Palladium,* c'est-à-dire la statuë de Pallas, en laquelle la destinée de la ville de Troye avoit esté attachée, ainsi que l'avoit predit l'oracle d'Apollon, et qui ayant esté enlevée de Troye par l'adresse d'Ulisse et de Diomede du Temple de Minerve, où l'on racontoit qu'elle estoit tombée du ciel dans le temps qu'on le bastissoit, avoit esté apportée de Grece à Rome, et placée dans le Temple de Vesta, ce qui fit meriter à Metellus un tribut que le peuple Romain luy fit d'un char entretenu pour le conduire au Senat lors qu'il y vouloit aller, chose qui ne s'est jamais faite pour autre que pour luy. Observez que sa Satyre n'épargne pas mesme les Dieux, puis qu'il l'appelle *trepidam Minervam.,* comme si les Divinitez pouvoient trembler.

V. 154. *De pulvino surgat equestri, cujus rex legi non sufficit.* Cela se doit expliquer des quatorze degrez matelassez, qui estoient de pierre ou de bois dans les amphiteatres, et destinez premierement aux Senateurs, et depuis par la loy de Lucius Roscius Otho, Tribun du peuple, aux Chevaliers Romains, dans le rang desquels toutefois il avoit ordonné qu'on ne pouvoit point pretendre, qu'on n'eust vallant du moins quatre cens gros sesterces, qui vaudroient de nostre monnoye dix-sept mille cinq cens livres, à raison de quarante-trois livres quinze sols la piece.

Sur quoy il faut remarquer qu'il y avoit deux sortes de sesterces: l'un qu'on nommoit *sestertius,* et souvent *nummus. Sestertius* estoit une petite monnoye d'argent valant la quatriéme partie d'un denier Romain, et de nostre monnoye dix deniers tournois et demi, il fut ainsi nommé, *quasi semi tertius,* parce qu'il valloit deux asses et demi, les Romains ayant accoûtumé de mettre dans leurs noms le demi avant le nombre entier; anciennement il estoit designé dans les écrits par deux LL qui signifioient deux livres ou deux asses nommez *dupondium,* et par un S. qui marquoit le *semissis* le demi, et depuis on les nota par tout par un H. S.

L'autre sesterce, qu'on nommoit en Latin *sestertium* dans le genre neutre, valoit mille de ces petits sesterces revenans, comme il a esté dit, à quarante-trois livres quinze sols, suivant la supputation de Budée. Voilà la difference qu'on en doit faire dans les Auteurs.

V. 158. *Pinnirapi cultos juvenes*. L'on a dejà remarqué ailleurs, qu'il y avoit deux sortes de gladiateurs : l'un s'appelloit Retiaire, et l'autre Mirmillon : celui-cy avoit sur son casque la figure d'un poisson, et le Retiaire qui cachoit un filet sous son bouclier, tachoit de le jetter sur ce casque, afin de l'envelopper, et crioit, lors que son adversaire fuyoit, je ne te cherche pas Gaulois; (c'est le nom qu'il luy donnoit, parce qu'il estoit armé à la Gauloise,) mais ton poisson : c'est de là que les Retiaires ont esté appellez, *Pinnirapi*, des deux mots *pinna*, le sommet du casque, et *rapio*, prendre. *Lanistæ* estoient ceux qui élevoient des seminaires de gladiateurs, à qui ils enseignoient l'art et l'adresse de leurs combats, en faisoient trafic, et les vendoient à ceux qui en donnoient les jeux au public, qu'Auguste fit appeller, *munerarii*, au sentiment de Quintilien, à cause du régale qu'ils en faisoient au peuple. Suetone en parlant des Lanistes. *Hi familias habent ad gladiaturam exercendam quas instituere, et mox paratas vendere solebant munerariis*. Ils ont esté ainsi nommez *à lanio*, déchirer, parce qu'ils en apprenoient l'art aux gladiateurs.

V. 159. *Vano Othoni*. Il donne cette épithete à Roscius Otho, à cause qu'il avoit fait la loy qui donnoit la preseance sur les pauvres Chevaliers à des gens obscurs qui s'estoient enrichis.

V. 164. *Haud facile emergunt, quorum virtutibus obstat res angusta domi*. C'est une belle sentence qui nous apprend combien il est difficile de faire valoir la vertu quand on est pauvre : elle est de tous les siecles.

V. 165. *Sed Romæ durior illis conatus*. Il fait connoistre qu'à Rome un homme de mediocre revenu a plus de peine à s'élever qu'en aucun autre endroit, à cause que la dépense y estoit grande, et que le luxe y avoit esté porté dans son temps jusqu'aux derniers excés.

V. 169. *Translatus subito ad Marsos mensamque Sabellam*. Il fait allusion à Curius Dentatus, lequel estant appellé de la charruë pour estre Dictateur et triomphant des Marses et des Sabelles, appellez autrement Samnites, ne changea jamais sa maniere frugale de vivre ny sa vaisselle de terre. Pline dit que les Marses qui ont pris leur origine de Marsus fils de Circé insigne Magicienne, guerissoient par leur seule salive la morsure des serpens.

*Contentusque Veneto duroque cucullo. Cucullum* estoit une veste d'étoffe grossiere de couleur semblable à l'eau de la mer, dont les pescheurs Venetes (d'où sont venus les Venitiens) avoient l'usage, qui couvroient aussi leur teste pour se garantir du froid et du

mauvais temps, l'on pourroit l'appeller en bon François un capot. Nostre Poëte donne l'exemple de ce grand homme, lequel estant vestu grossierement, et faisant ses repas d'une excessive frugalité dans des plats de terre, répondit aux Legats des Samnites, qui luy vindrent offrir des presens qu'il refusa : *Malo in fictilibus meis esse et aurum habentibus imperare.* L'estat de frugalité où je vis, me fait plaisir pendant que je commande à des peuples riches.

V. 174. *Redit ad pulpita notum exodium.* A la fin des Comedies ou des Tragedies, l'on introduisoit quelques Acteurs Comiques qui ayant un masque hideux paroissoient dans le lieu élevé de l'orchestre et par des gestes boufons et des vers burlesques réjoüissoient les spectateurs et calmoient les mouvemens de tristesse que les fables représentées avoient pu leur causer; et c'est ce qu'on appelloit du nom *exodium,* c'est-à-dire *exitum;* et ces Acteurs *exodiarii.* Nous avons déja dit sur la premiere Satyre que ces sortes de jeux s'estoient introduits par les Comedies qu'on appelloit *Attellanes.* Voyez Turnebe livre 10, ch. 27.

V. 179. *Sufficiunt tunicæ summis ædilibus albæ.* Il a esté remarqué sur la premiere Satyre, que tous ceux qui assistoient aux spectacles publics vouloient avoir des tuniques ou des manteaux d'une couleur blanche, qui estoit une couleur d'honneur et de distinction; et nostre Poëte qui en veut censurer le luxe fait dire à Umbrice, que dans les autres villes, cette couleur estoit reservée aux seuls Ediles, qui estoient les Prefets et les Intendans de la Police et des jeux.

V. 182. *Hic vivimus ambitiosa paupertate omnes.* C'est une Antithese fort élegante qui joint l'ambition avec la pauvreté.

V. 183. *Omnia Romæ cum pretio.* Ce passage nous apprend qu'il n'est pas nouveau qu'on donne aux portiers et aux valets pour approcher des maistres.

V. 187. *Plena domus libis venalibus. Libum* estoit un gasteau fait avec le miel, le fromage, la farine de froment, et quelques œufs que l'on offroit aux Dieux, et il estoit ainsi appellé *à libero patre* qui est Bacchus. Ovide :

> *Liba Deo fiunt succis quia dulcibus ille*
> *Gaudet, et à Baccho mella reperta ferunt.*

> Nous offrons des gasteaux au bon pere Bacchus,
> Comme inventeur du miel, ainsi que du doux jus.

Et depuis on les offroit en presens, et aux maistres, aux jours de leur naissance, et aux valets aux jours de festes où ils estoient mieux vestus, ou mesme lorsqu'on couppoit la barbe et les cheveux pour la premiere fois aux enfans des patrons et aux jeunes gens qu'ils aimoient, parce que c'estoit le jour où ils entroient dans la virilité, qui étoit parmi eux solemnel et distingué; et souvent mesmes ils les devoüoient à Apollon au Temple qu'il avoit à Delphes, à Æsculape, aux Dieux des fleuves de leur patrie, ou à d'autres Divinitez. Suetone nous le confirme dans la vie de Neron : *Barbam primam posuit conditam in auream Pixidem, et pretiosissimis margaritis adornatam Capitolio consecravit* : Il enferma sa premiere barbe dans une boëte d'or ornée de plusieurs pierres pretieuses, et la dévoüa au Capitole ; et Martial :

> *Hoc tibi, Phœbe, vovet toto à vertice crines,*
> *Encolpus.*

> Phebus reçoit d'Encolpe en vœu tous ses cheveux.

Il donne l'épithete *venalibus* à ces sortes de presens, parce que souvent ceux qui les recevoient les vendoient par avarice : quelques-uns lisent *genialibus*, à cause qu'on les donnoit aussi au jour natal.

V. 188. *Et istud fermentum tibi habe.* Ecoute encore ce sujet de colere. *Fermentum* signifie le levain, qui fait enfler la paste, les Poëtes comme celui-cy l'employent avec force par translation pour signifier l'enflure de la colere. Plaute dans la Comedie du Marchand : *Nam mea uxor propter illum tota in fermento jacet.* Car ma femme à cause de luy est toute enflée de colere.

V. 190. *Gelida Præneste.* C'est une ville située à quelques mille de Rome, qu'on appelle vulgairement Palestrine, qui a pris son nom, comme le veut Festus, de sa situation, estant sur une montagne qui surpasse en hauteur toutes les autres. Virgile a crû qu'elle avoit esté bastie par Cœculus fils de Vulcain. Il y avoit un Temple dedié à la Fortune que Sylla fit paver de petites incrustations de differentes couleurs que l'on appelloit *Lithostrota*, de deux mots Grecs : λίθος, pierre, et στρώννυμι, couverture.

V. 191. *Volsiniis*, est une ville d'Hetrurie bastie sur une colline couverte d'arbres, où Pline nous apprend que les premieres meules à moudre ont esté trouvées.

V. 192. *Simplicibus Gabiis.* Gabie est une ville des Volsques, située à soixante et dix mille de Rome, qui fut bastie par Galactus et Pius freres Siciliens, et reduite sous l'obeïssance des Romains par l'artifice et la trahison de Tarquin le superbe et de son fils ; et c'est pour cela que le Poëte donne à ses habitans le nom de Simples.

*Proni Tyburis.* Tybur autrement Trivoli est à quinze mille de Rome, et située sur le penchant d'une montagne : elle fut bastie, si nous en croyons Virgile par Tyburtus, Catillus et Coras trois freres Grecs :

> *Tiburtus,*
> *Catillusque, acerque Coras, Argiva juventus.*

V. 199. *Tabulata tertia fumant.* Il en parle ainsi, parce que les Grecs riches loüoient à ceux qui avoient moins de bien les lieux les plus élevez de leurs maisons, qu'on appelloit *cœnacula*, ce qui luy a fait dire dans sa Satyre 10 :

> *Rarus venit in cœnacula miles.*

V. 203. *Lectus erat Codro Procula minor.* Le lit de Codrus estoit si petit, qu'à peine il pouvoit contenir sa femme Procula.

V. 204. *Ornamentum abaci.* C'est le buffet où l'on met la vaisselle et les verres. Turnebe, livre 27. chap. 15.

*Parvulus infra cantharus.* Une gondole à ansses propre à boire, dont on dit que Bacchus se servoit comme Hercule du *Scyphus*, ainsi que Macrobe nous l'apprend. Virgile :

> *Et gravis attrita pendebat cantharus ansa.*
>
> La gondole pendoit à l'ansse fort usée.

V. 205. *Et recubans sub eodem marmore Chiron.* Tous les Interpretes conviennent qu'il faut entendre ce passage, ou de quelque statuë du Centaure Chiron fils de Saturne et de Philyra, ou du livre qu'il avoit composé de la vertu des simples, dont il avoit une si parfaite connoissance, qu'il servit de Médecin au voyage que firent les Argonautes; ce qui luy fit meriter d'estre le Precepteur d'Achilles. Le Poëte donne à Codrus une table de marbre par pure ironie, le dépeignant d'ailleurs fort pauvre.

V. 207. *Opici mures.* Il appelle les rats ignorans ; divers Auteurs se servent de ce terme aussi bien que nostre Poëte, pour signifier des gens ignorans. En effet, dans la sixième Satyre, parlant d'une femme ignorante, il l'appelle *opica* :

> *Atque opicæ castigat amicæ*
> *Verba.*

Cette Epithete a esté prise des peuples de la Campanie, qu'on nommoit Opiques ou Osciens, qui ont passé pour des gens fort grossiers. Le Poëte Titinius leur fait le mesme honneur. *Osce et Volsce fabulantur nam Latine nesciunt.* Ils parlent en Osciens et en Volsques, parce qu'ils ne sçavent pas le Latin. Et le dire de Caton est agreable sur ce sujet, quand il parle des Grecs : *Nos Spurios dicunt et opicorum cognomento dedecorant.* Ils nous appellent bastards, et nous honorent du surnom d'Opiques.

V. 212. *Horrida mater.* Cela s'entend des Dames Romaines qui en quittent leur parure, ou de Rome mesme qui est la mere commune, et qui en est toute consternée.

V. 213. *Pullati proceres.* C'est-à-dire que les hommes de la premiere qualité en prennent le deüil. *Pullum* signifie noir. Suetone dans la vie d'Auguste : *Sanxitque ne quis pullatorum media cavea sederet.* Il deffendit aux gens qui porteroient le deüil, de prendre place dans l'amphiteatre avec les Chevaliers Romains, dans les sieges qui leur estoient destinez, et à qui l'on avoit donné le nom de *cavea*, parce qu'estant couverts d'un grand voile ce lieu sembloit estre vouté.

V. 213. *Differt vadimonia Prætor.* *Vadimonium* est employé differemment par les Auteurs; quelquefois pour la soumission que faisoit le demandeur de payer certaine somme à la partie, en cas qu'il succombast dans son action. Ciceron dans son Oraison *pro Quintio*, nous apprend que la peine des temeraires plaideurs parmi les Grecs, estoit la dixiéme partie de la chose demandée dans les causes privées, et de la cinquiéme dans les publiques. On l'applique aussi bien souvent pour l'assignation donnée à comparoir en Justice, ou pour la Jurisdiction, ou pour l'Audience du Juge, ou pour le temps auquel il doit rendre droit aux parties; mais en general cela veut dire, que le Preteur en interrompt le cours de la Justice.

V. 216. *Hic nuda et candida signa.* Quelques belles statuës de marbre entieres et sans difformité.

V. 217. *Euphranoris et Polycleti.* Ils estoient tous deux d'Athenes : le premier fut un excellent Peintre, et l'autre un tres-habile Sculpteur.

*Phæcasianorum Deorum.* Cela s'entend des Dieux que les Prestres Phæcasiens servoient. *Phæcasium*, au dire d'Hesychius, estoit une chaussure blanche, mais rustique, dont ces Prestres qui estoient dans Athenes et dans Alexandrie se servoient, qui furent nommez *Phæcasi* par leur chaussure. Appian, livre 5, en parle ainsi : *Calcea-menta candida, qualia Atheniensium saeerdotes et Alexandrinorum, quas Phæcasios vocant deferre consueverunt.* C'est une chaussure blanche que les Prestres d'Athenes et d'Alexandrie ont accoûtumé de porter. Il y en a qui lisent *Asianorum*, et qui entendent parler des pretieuses statuës des Dieux de l'Asie, qui avoient esté transportées à Rome : mais la premiere opinion est plus commune.

V. 219. *Mediamque Minervam.* Un buste de Minerve, comme la patrone des sciences et des biblioteques, elle peut aussi estre prise en ce passage pour toutes sortes de divinitez.

V. 220. *Modium argenti.* Estoit une mesure de quarante-quatre livres selon le sentiment de Lubin.

V. 221. *Persius orborum lautissimus.* C'est le nom d'un homme sans enfans extrêmement Riche.

V. 223. *Si potes avelli Circensibus.* Le peuple Romain avoit en ce temps-là un attachement extraordinaire aux jeux Circenses : d'où vient qu'en la Satyre dixiéme il dit :

> *Atque duas tantum res anxius optat*
> *Panem et Circenses.*

Il ne se met plus en peine que d'avoir du pain et les jeux Circenses.

Ces jeux estoient ainsi appellez à cause qu'ils estoient exercez dans le grand Cirque de Rome, designé ainsi que nous l'apprend Tite-Live dans son premier livre, par Tarquin le vieil, il fut surnommé Grand, soit à cause de son étenduë beaucoup plus grande que celle de tous les autres, ayant de longueur trois stades, qui font trois cens soixante quinze pas, et une stade de largeur, avec des édifices tout au tour qui contenoient huit arpens, et deux cent soixante mil hommes assis, ou à cause qu'ils furent instituez à l'honneur de Cybele mere des Dieux, qu'ils appelloient grande, qui donna sujet de les appeller encore *Megalenses*, du mot grec μεγαλης, grand, ou comme dit Asconius Pedianus, parce qu'il en cousta deux cent mille écus dans les premieres representations; ou enfin parce qu'ayant esté consacrez à l'honneur du conseil des Dieux, comme le veulent quelques-uns, ou de leurs grands Dieux Penates, les Sabines y furent invitées et enlevées; ils furent aussi appellez *Plebeii*, à cause qu'estant celebrez au commencement du Printemps, les peuples y accouroient de toutes parts. Tacite dans son sixiéme livre nous apprend qu'on les celebra aussi du temps de Neron à l'honneur de Cerès, et qu'ils estoient exercez par plusieurs quadrilles de Chevaliers, qui representent nos carrosels; quelques Auteurs en nomment quatre distinguées par differentes couleurs, sçavoir la blanche, la bleuë, la verte et la rouge. Sydonius Apollinaris en parle ainsi :

> *Albus et venetus, virens, rubensque*
> *Vestra insignia.*

Gellius aprês Varron assure que dans ces jeux il y avoit sept courses solemnelles.

V. 223. *Optima Soræ*. Sora Fabrateria, et Frusino estoient des petites villes situées dans la Campanie.

V. 228. *Vive bidentis amans*. *Bidens* qui signifie un sarcloir de jardinier est pris dans ces vers pour toute l'agriculture.

V. 229. *Centum dare Pythagoreis*. Les Pythagoriciens à l'exemple de leur maistre ne vivoient que de legumes et d'herbages, afin de ne se point distraire de l'estude par l'apprest de leurs mets, et que leur esprit en fut plus libre.

V. 231. *Unius se se Dominum fecisse Lacertæ*. Il entend se rendre maistre d'un petit jardin, ou a peine un lezard pourroit courir, et il prend par Metonymie le lezard pour le jardin, et le contenu pour le contenant, la licence est un peu forte.

V. 234. *Quæ meritoria somnum admittunt*. Les boutiques des gens mecaniques, mesme les Auberges ou les appartemens qu'on louë, sont ainsi appellées, *à merendo*, parce que le verbe *mereri* signifie faire quelque chose pour le gain, *inde meretrices*.

V. 237. *Et stantis convitia Mandræ*. Les imprecations d'un muletier, lorsque par quelque embarras la troupe de ces mulets s'arreste. *Mandra* proprement signifie un estable à bœufs ou à chevaux, mais il est pris aussi pour une troupe de ces animaux.

V. 238. *Eripient somnum Druso vitulisque marinis*. Drusus estoit sans doute l'homme le plus endormi de son temps, comme le sont les veaux marins qu'on appelle *Phocæ*. Virgile :

> *Sternunt se somno deserto in littore Phocæ.*

> Les vaux marains couchez dans un désert rivage,
> Ne se reveillent point par le bruit de l'orage.

V. 240. *Ingenti currit super ora Liburno*. Les gens riches se servoient ordinairement d'esclaves de Liburnie qui est située dans le fonds du Golphe Adriatique entre l'Istrie et la Dalmatie, pour porter leur littiere, et l'élever au dessus de la teste des gens, parce qu'ils estoient fort grands.

V. 246. *Ille metretam*. C'estoit une mesure, laquelle suivant la supputation de Budée contenoit soixante septiers de vin, quelques-uns n'en veulent que dix.

V. 251. *Corbulo vix ferret*. Corneille Tacite liv. 13, fait mention de ce *Corbulo* du temps de Neron dans la guerre d'Armenie, et nous apprend que c'estoit un homme distingué par les forces du corps et de l'esprit, par son experience et par sa sagesse.

V. 255. *Sarraco veniente*. *Sarracum* est une espece de charrette extremement forte, destinée à porter de gros fardeaux de bois et de pierre. Sidonius : *Nulla sarraca, nullaque esseda subvehendis oneribus attrahebantur*. Ny charrettes ny charts ne pouvoient traisner ces fardeaux.

V. 257. *Saxa Ligustica*. C'est-à-dire des marbres tirez de la partie des Alpes, qui entrent dans la Ligurie : nous dirions aujourd'hui des marbres de Gennes.

V. 262. *Sonat unctis strigilibus*. *Strigil* estoit un instrument d'or, d'argent, ou de fer, dont on se servoit dans les bains pour racler le corps et nettoyer la sueur. Perse :

> *Puer, et strigiles Crispini ad balnea defer.*

> Laquais, apporte aux bains l'étrille de Crispin.

Ces deux Auteurs s'en servent au mesme sens, avec cette difference que Juvenal en fait la premiere syllabe longue, et que Perse la fait breve. Mais cela se rencontre souvent parmi les Auteurs. En voici un exemple, Perse dit :

> *Pecuaria rudere credas.*

Et Ovide :

> *Ut rudit à scabra turpis à sella mola.*

Où l'un fait la premiere syllabe de *rudo* longue, et l'autre la fait breve.

V. 265. *Novitius horret Porthmea*. *Porthmea* est tiré du mot Grec πόρτμιον, qui signifie, à proprement parler, ce qu'on appelle *Naulum*, en Latin, et en François le droit qu'on paye au passage d'une riviere : mais dans ce vers, c'est l'accusatif du mot *Porthmeus*, qui signifie ici Caron ; de mesme qu'*Orphea* vient d'*Orpheus* prononcé à la Grecque.

V. 267. *Nec habet quem porrigat ore trientem*. Cette fable est venuë des Grecs, qui ont cru que les ames après la mort passoient un fleuve qu'ils appelloient Styx ; que Caron en estoit établi le nautonnier, et qu'il falloit luy donner pour son droit un trient, qui estoit une petite monnoye vallant la troisiéme partie d'un asse : d'autres l'ont appellée obole, qu'ils mettoient dans la bouche du mort. Apulée dans son sixiéme livre en parle plaisamment : *Apud inferos Charon est exspetans portorium, et inter mortuos avaritia vivit*. Charon dans ses enfers exige son droit de passage et vit avarement parmi les morts.

V. 279. *Noctem patitur lugentis amicum Peleidæ*. C'est un enjoüement de notre Poëte, qui s'est servi d'une comparaison un peu forte pour ce sujet. Homere dans son dernier livre de l'Iliade, raconte qu'Achilles fils de Pelée et de Tethis ayant appris la mort de Patrocle son intime ami, avec lequel il avoit esté élevé par le Centaure Chiron, et qui avoit esté tué par Hector, en perdit le repos et le sommeil. Cette histoire n'a guere de rapport avec l'ennui de l'yvrogne qui se leve de nuit pour aller insulter les gens.

V. 282. *Improbus annis*. C'est-à-dire petulant et inconsideré par sa jeunesse.

V. 293. *Cujus conche tumes*. Quelques Interpretes l'expliquent de la febve mangée avec son écorce : d'autres estiment avec Apitius que *conchis* signifie un gasteau de febves, qu'on appelloit *fabatia*, qui se faisoit avec la graisse fonduë, l'huile, la coriandre verte, le cumin et le vin cuit. Martial raillant un homme qui souppoit mal :

> *Et bene si cœnas conchis inuncta tibi est.*
>
> Et ton meilleur repas est d'un gasteau de febves.

V. 294. *Et elixi vervecis labra comedit*. Qui a mangé avec toy la teste bouillie d'un mouton, anciennement *in apophoretis*, c'est-à-dire aux jours destinez pour les étreines on envoyoit aux pauvres gens une teste de mouton ; ce qu'on donnoit aussi aux repas pour emporter estoit appellé de ce nom, du mot Grec ἀποφερεῖν qui signifie emporter.

V. 296. *In qua te quæro proseucha*. *Proseucha* vient du mot

Grec προσευχή, qui signifie priere, et notre Poëte le prend ici pour le lieu où les mendians avoient accoûtumé de demander l'aumosne : c'est un mot qui luy est singulier, et qu'on ne trouve point dans aucun autre Auteur.

V. 298. *Vadimonia deinde irati faciunt*. Tout en colere après vous avoir insulté ils vous font un procès, c'est-à-dire en proverbe François, que les battus payent l'amende.

V. 304. *Compago tabernæ*. Ce sont des entablemens de boutique des artisans.

V. 307. *Et Pontina palus*. Le Palu Pontine estoit dans le pays des Volsques à vingt neuf mille de Rome : Jules Cæsar avoit dessein de le faire dessecher, à ce que dit Suetone, mais le Consul Cornelius Cethegus l'executa.

*Et Gallinaria pinus*. Il faut entendre la forest Gallinaire située dans le Golphe de Cumes, fort étenduë et fort couverte d'arbres, et principalement de pins, ainsi nommée, à cause des poules sauvages ou gelinottes dont elle abonde, comme ces deux endroits servoient de retraites aux voleurs des grands chemins, on y envoyoit souvent des gardes.

V. 319. *Te reddet Aquino*. Aquin estoit la patrie de Juvenal, comme nous l'avons dit au commencement de la premiere Satyre.

V. 320. *Me quoque ad Helvinam Cererem vestramque Dianam*. Umbrice veut dire qu'il quittera Cumes aussi-tost qu'il apprendra que Juvenal sera dans Aquin, où Cerès et Diane avoient des Temples et estoient adorées : on luy donna le nom d'Helvina à cause d'une fontaine qui estoit proche d'Aquin, et qui portoit ce nom *ab eluendo*, parce qu'elle estoit propre à nettoyer les corps.

V. 322. *Gelidos veniam caligatus in agros*. *Caliga* estoit une espece de bottines garnies de clous jusques à mi-jambes, dont les gens de guerre se servoient ; et c'est de-là que l'empereur Caligula prit son nom, à cause, dit-on, qu'il imitoit les soldats par sa chaussure, pour se les concilier ; les Grecs et les Turcs en ont encore l'usage. Il y a un passage à ce propos dans le trente-huitiéme livre de Justin qu'il ne faut pas oublier : en parlant du luxe d'Antiochus, il dit qu'il le portast si loin, qu'il voulut que sa milice eust des bottines garnies de clous d'or, et ajoûte ce beau mot : *Ut proculcarent materiam, cujus amore populi ferro dimicant*, afin qu'ils foulassent aux pieds cette pretieuse matiere pour laquelle les peuples font la guerre. Le Poëte se sert de ce terme militaire par metaphore pour signifier que Umbrice viendra préparé à soûtenir ses Satyres.

*Per gelidos agros*. Il nous apprend que le climat d'Aquin est le plus froid de toute la Campanie.

# SATIRE QUATRIÈME

## LE TURBOT

Encore Crispinus! Oui, je veux dans mes vers
Poursuivre sans relâche un être aussi pervers,
Un monstre, sans vertu qui rachète ses vices,
Vigoureux au plaisir, nul en tous bons offices.
Peu lui chaut d'une veuve; il lui faut le ragoût
D'un adultère amour pour réveiller son goût.
Qu'importe qu'à courir sous ses vastes portiques
Il lasse ses chevaux! Ces palais magnifiques,
Ce parc près du Forum, ces grands arbres, ces champs,
A quoi bon?... Le bonheur s'éloigne des méchants,
Surtout du corrupteur dont l'infâme caresse
Déflora, sans frémir, une sainte prêtresse,
Vestale au front paré du bandeau virginal,
Que, vivante, on descend dans le caveau fatal.


## SATIRA QUARTA

### RHOMBUS.

Ecce iterum Crispinus, et est mihi sæpe vocandus
Ad partes; monstrum nulla virtute redemptum
A vitiis; æger solaque libidine fortis:
Delicias viduæ tantum aspernatur adulter.
Quid refert igitur quantis jumenta fatiget           5
Porticibus? quanta nemorum vectetur in umbra?
Jugera quot vicina Foro, quas emerit ædes?
Nemo malus felix, minime corruptor, et idem
Incestus, cum quo nuper vittata jacebat
Sanguine adhuc vivo terram subitura sacerdos        10

Parlons, pour le moment, d'un fait moins condamnable;
Si quelqu'autre, pourtant, s'en fût rendu coupable,
Il eût de la censure encouru la rigueur.
Mais ce qui ferait honte à des hommes de cœur,
A Titius, Seius..., Crispinus s'en honore.
Que faire cependant si l'homme que j'abhorre
Est plus hideux encor que son hideux méfait?
Que croyez-vous qu'il a donné d'un surmulet?...
Six mille écus d'or! Mais, le surmulet, en somme,
Pesait son prix, dit-on; il est bien vrai que l'homme
Embellit volontiers ce qu'il trouve très beau.
Passe encor, s'il avait, en en faisant cadeau,
D'un vieillard sans enfants exploité la faiblesse
Ou conquis les faveurs d'une riche maîtresse
Close dans sa litière aux verres transparents!
Mais non! ces soucis-là lui sont indifférents;
Pour lui seul il achète! On voit (la chose est claire)
Qu'Apicius, lui-même, était un pauvre hère
Type d'économie et de sobriété.
Et c'est toi, Crispinus, toi qui nous fus jeté
Vêtu de papyrus par l'Égypte ta mère,
C'est toi qui peux t'offrir une pêche aussi chère!

 

Sed nunc de factis levioribus : et tamen alter
Si fecisset idem, caderet sub judice morum.
Nam quod turpe bonis, Titio Seioque, decebat
Crispinum. Quid agas, quum dira et fœdior omni
Crimine persona est? Mullum sex millibus emit,    15
Æquantem sane paribus sestertia libris,
Ut perhibent qui de magnis majora loquuntur.
Consilium laudo artificis, si munere tanto
Præcipuam in tabulis ceram senis abstulit orbi.
Est ratio ulterior, magnæ si misit amicæ,    20
Quæ vehitur clauso latis specularibus antro.
Nil tale exspectes; emit sibi. Multa videmus
Quæ miser et frugi non fecit Apicius. Hoc tu
Succinctus patria quondam, Crispine, papyro!

On eût, à plus bas prix, acheté le pêcheur,
A moins de frais aussi l'on se rend acquéreur
De terrains en province, et l'Apulie en offre
Qu'on pourrait posséder en vidant moins son coffre.

Qu'on juge des festins qu'engloutit l'Empereur,
Lorsqu'on voit son bouffon, dans la pourpre et l'honneur,
Payer si cher un mets que l'on ne voit paraître
Que comme un mince plat sur la table du maître!
Aujourd'hui, le voilà prince des chevaliers,
Lui qu'on voyait jadis, dans les plus bas quartiers,
Vendant des maquereaux à toute notre clique.

Calliope, au secours! mais pas de chant épique!
Occupons-nous d'un fait véritable et précis.
Vierges de Piérus, inspirez mes récits!
Que votre bienveillance en mes vers se révèle;
Vierges! sachez-moi gré qu'ainsi je vous appelle.

Du dernier Flavien, l'univers déchiré
Subissait, expirant, le pouvoir exécré,
Par ce chauve Néron Rome était asservie,

Hoc pretium squamæ! Potuit fortasse minoris          25
Piscator quam piscis emi. Provincia tanti
Vendit agros, et majores Apulia vendit.

Quales tunc epulas ipsum glutisse putemus
Endoperatorem, quum tot sestertia, partem
Exiguam, et modicæ sumptam de margine cœnæ,         30
Purpureus magni ructarit scurra palati,
Jam princeps equitum, magna qui voce solebat
Vendere municipes pacta mercede siluros?

Incipe, Calliope; licet hic considere : non est
Cantandum; res vera agitur. Narrate, puellæ         35
Pierides; prosit mihi vos dixisse puellas.

Lorsqu'en face d'un temple où Vénus est servie,
Près d'Ancône, où le Grec autrefois s'implanta,
La mer Adriatique, un beau matin, jeta
Dans les rets d'un pêcheur un turbot magnifique
Emplissant à lui seul le filet ; je m'explique :
Il égalait en poids ceux que les flots gelés
Du Marais Méotis retiennent exilés,
Qui, lorsque du soleil les chaleurs printanières
Rompent du Pont-Euxin engourdi les barrières,
Émigrent pesamment, d'oisiveté lassés
Et par un long séjour sous la glace engraissés.

Cependant le pêcheur destine, dans sa joie,
Au souverain Pontife une aussi belle proie.
La vendre, en faire achat... quelle témérité !
Quand par les délateurs ce rivage est hanté
Et que les inspecteurs qui surveillent la plage
Saisiraient le turbot en criant au pillage,
Affirmant qu'aux dépens du fisc entretenu,
Des viviers de César ce poisson est venu
Et qu'il doit retourner à son propriétaire.

Quum jam semianimum laceraret Flavius orbem
Ultimus, et calvo serviret Roma Neroni,
Indicit Adriaci spatium admirabile rhombi
Ante domum Veneris, quam Dorica sustinet Ancon,          40
Implevitque sinus : neque enim minor hæserat illi,
Quos operit glacies Mæotica, ruptaque tandem
Solibus effundit torpentis ad ostia Ponti
Desidia tardos, et longo frigore pingues.

Destinat hoc monstrum cymbæ linique magister           45
Pontifici summo. Quis enim proponere talem,
Aut emere auderet ? quum plena et littora multo
Delatore forent ; dispersi protinus algæ
Inquisitores agerent cum remige nudo ;
Non dubitaturi fugitivum dicere piscem.               50

D'après Palfurius et son fameux confrère
Le docte Armillatus, tout ce que dans son sein
La mer contient de beau, de rare, est un butin
Appartenant au fisc, quel que soit le parage.
Que faire pour ne point tout perdre? En faire hommage.
L'automne meurtrier a fait place aux frimas,
Et l'hiver, ramenant la bise et le verglas,
La fièvre quarte aux vœux des fiévreux va se rendre.
Pêcheur, grâce à ce froid, ton poisson peut attendre;
Tu te hâtes pourtant, comme si tu craignais
Du souffle du midi les funestes effets.

Devant Albe, où Vesta garde le feu de Troie,
Le peuple accourt en foule, admirant cette proie;
On lui livre passage, et, pleines de respect,
Les portes du palais s'ouvrent à son aspect.
On admet du poisson la magnifique offrande.
Dehors, les sénateurs attendent qu'on les mande.
Vers le nouvel Atride on s'avance : « Reçois,
» Dit alors le pêcheur, ce don digne des rois
» Et trop beau pour entrer dans une humble chaumière;
» Consacre à ton génie un jour aussi prospère!

Depastumque diu vivaria Cæsaris, inde
Elapsum, veterem ad dominum debere reverti.
Si quid Palfurio, si credimus Armillato,
Quidquid conspicuum pulchrumque est æquore toto,
Res fisci est, ubicumque natat. Donabitur ergo,  55
Ne pereat. Jam letifero cedente pruinis
Autumno, jam quartanam sperantibus ægris,
Stridebat deformis hiems, prædamque recentem
Servabat; tamen hic properat, velut urgeat Auster.

Utque lacus suberant, ubi, quanquam diruta, servat  60
Ignem Trojanum, et Vestam colit Alba minorem,
Obstitit intranti miratrix turba parumper :
Ut cessit, facili patuerunt cardine valvæ.

» Purge ton estomac de tout poids superflu
» Et mange ce turbot à toi seul dévolu
» Depuis des siècles, car lui-même il s'est fait prendre. »
A de tels compliments peut-on donc se méprendre!
Sa crête se dressait pourtant de vanité.
Il n'est si bas flatteur qui ne soit écouté
Par ceux à qui des dieux nous donnons la puissance.


Mais, où trouver un plat de telle contenance?
Pour donner leur avis sur ce grave sujet,
Les grands sont convoqués, ces grands qui sont l'objet
Des haines de César; blêmes, leur teint dénote
Les dangers dont menace une amitié si haute.
« Il est assis, venez! » A cet appel lancé
Par le Liburnien, le premier, empressé,
Rajustant son manteau qu'il a pris à la hâte,
Arrive Pegasus, promu de fraîche date,
A la stupeur de tous, fermier de la cité
(Car préfet ou fermier, en ce temps tourmenté,
N'est-ce point même chose?); il est le plus honnête
Des sénateurs, des lois le plus sage interprète,
Bien qu'il ait cru pouvoir, au sein de tant d'horreurs,

Exclusi exspectant admissa obsonia patres.
Itur ad Atridem. Tum Picens : Accipe, dixit,                    65
Privatis majora focis; genialis agatur
Iste dies; propera stomachum laxare saginis,
Et tua servatum consume in sæcula rhombum.
Ipse capi voluit. Quid apertius? et tamen illi
Surgebant cristæ. Nihil est, quod credere de se                    70
Non possit, quum laudatur Dîs æqua potestas.

Sed deerat pisci patinæ mensura. Vocantur
Ergo in concilium proceres, quos oderat ille,
In quorum facie miseræ magnæque sedebat
Pallor amicitiæ. Primus, clamante Liburno :                    75
*Currite, jam sedit*, rapta properabat abolla

Du bras de la Justice arrêter les rigueurs;
Puis arrive Crispus, un vieillard débonnaire
Dont la paisible humeur, l'aimable caractère
Ont, comme ses discours, un charme pénétrant;
Son conseil eût été du secours le plus grand
Pour celui qui commande à l'univers en maître,
Si l'on eût pu blâmer, sous le joug de cet être,
Fléau du genre humain, la basse cruauté,
Donner un sage avis qui ne fût écarté.
Mais que dire au tyran à qui tout fait ombrage?
Qu'on parle devant lui du beau temps, de l'orage,
Des brouillards du printemps, de pluie ou de frimas,
Un seul mot d'un ami peut causer le trépas.
Aussi notre Crispus montra-t-il la prudence
De ne pas au torrent créer de résistance,
Car il n'était pas homme à parler sans détours,
A se montrer sévère au mépris de ses jours;
Il vit, ainsi, longtemps les hivers apparaître
Et la saison d'été quatre-vingts fois renaître.
Du même âge que lui, marchant à ses côtés,
Un sénateur arrive à pas précipités;

Pegasus, attonitæ positus modo villicus urbi,
Anne aliud tunc præfecti? quorum optimus, atque
Interpres legum sanctissimus, omnia quanquam
Temporibus diris tractanda putabat inermi　　　　　80
Justitia. Venit et Crispi jucunda senectus,
Cujus erant mores, qualis facundia, mite
Ingenium. Maria ac terras populosque regenti
Quis comes utilior, si clade et peste sub illa
Sævitiam damnare, et honestum afferre liceret　　　85
Consilium? Sed quid violentius aure tyranni,
Cum quo de pluviis, aut æstibus, aut nimboso
Vere locuturi fatum pendebat amici?
Ille igitur nunquam direxit brachia contra
Torrentem; nec civis erat, qui libera posset　　　　90
Verba animi proferre, et vitam impendere vero.

C'était Acilius, que la même sagesse
Fit vivre, à cette cour, tranquille en sa vieillesse.
Un jeune homme le suit, triste jouet du sort
Qui prématurément le destine à la mort,
Car le maître déjà médite son supplice.
Mais c'est merveille, hélas! à Rome, qu'on vieillisse,
Quand on porte un grand nom. Pour moi j'aimerais mieux
Etre le dernier fils des géants odieux.
Malheureux! C'est en vain que pour sauver sa tête,
Albe le vit tout nu dans l'arène, en athlète,
Percer de son épieu des lions africains.
On pénètre aujourd'hui de nos patriciens
Les projets tortueux. Brutus, crois-tu qu'on puisse
Se prendre, de nos jours, à ton vieil artifice?
Vraiment, nos rois barbus y mordaient de bon gré !

Puis venait Rubrius, rien moins que rassuré
Bien qu'il fût plébéien et d'obscure naissance;
Mais il est, dès longtemps, accusé d'une offense
De celles que l'on doit cacher, plus effronté
D'ailleurs, qu'un débauché blâmant l'obscénité.

Sic multas hiemes atque octogesima vidit
Solstitia. His armis illa quoque tutus in aula,
Proximus ejusdem properabat Acilius ævi,
Cum juvene indigno quem mors tam sæva maneret,          95
Et domini gladiis jam designata : sed olim
Prodigio par est cum nobilitate senectus ;
Unde fit ut malim fraterculus esse Gigantum.
Profuit ergo nihil misero, quod cominus ursos
Figebat Numidas Albana nudus arena                      100
Venator. Quis enim jam non intelligat artes
Patricias? quis priscum illud miretur acumen,
Brute, tuum? Facile est barbato imponere regi.

Nec melior vultu, quamvis ignobilis, ibat
Rubrius, offensæ veteris reus atque tacendæ,            104

Puis un ventre s'avance attardé par sa graisse,
C'est le gros Montanus; puis, Crispinus s'empresse,
Dès l'aurore inondant de parfums tout son corps,
Bien plus qu'il n'en faudrait pour embaumer deux morts
Plus cruel, Pompeius après lui s'aventure,
Lui, qui par un seul mot, par un simple murmure,
A fait couper la gorge à tant de malheureux.
Puis arrive Fuscus, esprit aventureux;
Fuscus, qui se formait au grand art des batailles
Dans sa villa de marbre, et porta ses entrailles
En pâture aux vautours de Germanie. Enfin
Catulle vient avec Véjenton l'aigrefin,
Catulle, délateur, qui, privé de la vue,
Brûle pour une enfant que jamais il n'a vue:
C'est, même pour ce temps, un être monstrueux,
Digne de s'installer, mendiant odieux,
Sur les ponts; de lancer, d'une main avilie,
Des baisers vers les chars descendant d'Aricie.
Nul d'un pareil turbot ne fut plus étonné,
Il vantait sa grosseur, vers la gauche tourné...,
Or, le fameux poisson se trouvait à sa droite.
Ainsi, plus d'une fois sa verve maladroite


Et tamen improbior satiram scribente cinædo.
Montani quoque venter adest abdomine tardus,
Et matutino sudans Crispinus amomo,
Quantum vix redolent duo funera. Sævior illo
Pompeius tenui jugulos aperire susurro,   110
Et, qui vulturibus servabat viscera Dacis,
Fuscus, marmorea meditatus prælia villa,
Et cum mortifero prudens Veiento Catullo,
Qui nunquam visæ flagrabat amore puellæ,
Grande et conspicuum nostro quoque tempore monstrum, 115
Cæcus adulator, dirusque a ponte satelles,
Dignus aricinos qui mendicaret ad axes,
Blandaque devexæ jactaret basia rhedæ.
Nemo magis rhombum stupuit : nam plurima dixit

S'escrima, dans le cirque, à vanter les hauts faits
Du grand Cilicien et ces ressorts secrets
Élevant des enfants à la hauteur du voile.

Au tour de Véjenton : le voilà qui dévoile,
Comme un prêtre du dard de Bellone heurté,
Son transport prophétique : « O César redouté,
» Chante-t-il, un destin glorieux se prépare ;
» Quel présage pour toi d'un triomphe bien rare !
» Avant longtemps un roi sera ton prisonnier ;
» Du trône des Bretons et de son char guerrier
» Arviragus sera renversé, je le gage.
» Ce poisson monstrueux vient d'un lointain parage.
» Vois, son dos se hérisse ! » Et, sans autre façon,
Il eût pu compléter l'histoire du poisson
En indiquant son âge et son lieu de naissance.

— Quel est, dit l'Empereur, l'avis de l'assistance ?
Faut-il le dépecer ? — « Ce serait un affront,
» Observe Montanus ; qu'un plat assez profond
» Qui puisse contenir la pièce tout entière,
» Dans ses parois formant une enceinte légère,

In lævum conversus ; at illi dextra jacebat          120
Bellua. Sic pugnas Cilicis laudabat, et ictus,
Et pegma, et pueros inde ad velaria raptos.
Non cedit Veiento, sed ut fanaticus œstro
Percussus, Bellona, tuo divinat ; et : Ingens
Omen habes, inquit, magni clarique triumphi.         125
Regem aliquem capies, aut de temone Britanno
Excidet Arviragus : peregrina est bellua : cernis
Erectas in terga sudes ? Hoc defuit unum
Fabricio, patriam ut rhombi memoraret et annos.

Quidnam igitur censes ? condicitur ? Absit ab illo   130
Dedecus hoc, Montanus ait : testa alta paretur,
Quæ tenui muro spatiosum colligat orbem.

» Exprès soit fabriqué. Il faut, pour ce labeur,
» Que l'on trouve, à l'instant, le génie et l'ardeur
» D'un nouveau Prométhée. Au tour! et de l'argile!
» Qu'à dater de ce jour, d'une cohorte habile
» De potiers, en tous lieux ton camp soit escorté. »
Digne de son auteur, l'avis fut adopté.
Montanus connaissait depuis longues années
Les excès des Césars et leurs mœurs effrénées;
Il savait de Néron les nocturnes ébats,
Le secret d'avoir faim même après les repas,
Quand l'ardeur du Falerne a brûlé les entrailles;
Nul autre, de nos jours, n'eut, en fait de ripailles,
Un goût plus éclairé, plus sûr. Incontinent
Il savait distinguer les huîtres provenant
Des plages de Circé, des bas-fonds de Rutupe
Ou des rocs de Lucrin; sans être jamais dupe,
Il voyait d'un coup d'œil d'où venait un oursin.


Chacun se lève, car le conseil a pris fin.
Le palais d'Albe voit, sur un ordre du maître,
Tous ces grands de l'État sortir et disparaître;


Debetur magnus patinæ subitusque Prometheus.
Argillam atque rotam citius properate : sed ex hoc
Tempore jam, Cæsar, figuli tua castra sequantur.          135
Vicit digna viro sententia. Noverat ille
Luxuriam imperii veterem, noctesque Neronis
Jam medias, aliamque famem, quum pulmo Falerno
Arderet. Nulli major fuit usus edendi
Tempestate mea. Circeis nata forent, an               140
Lucrinum ad saxum, Rutupinove edita fundo,
Ostrea callebat primo deprendere morsu,
Et semel aspecti littus dicebat echini.


Surgitur, et misso proceres exire jubentur
Concilio, quos Albanam dux magnus in arcem            145
Traxerat attonitos et festinare coactos,

Ces grands qui vers César s'étaient précipités
Dès le premier signal, troublés, épouvantés
Comme s'il s'agissait de Cattes ou Sicambres
Dont le nom seul les fait trembler de tous leurs membres,
Comme si des courriers, sur les ailes du vent,
Du couchant, du midi, du nord et du levant,
Apportaient au palais de sinistres messages !
Plût aux dieux que César à ces enfantillages,
A ces jeux sans dangers, eût employé ce temps
De sinistre mémoire, où ses ordres sanglants
Enlevaient au pays ses gloires les plus pures,
Sans qu'un vengeur surgît pour laver ces souillures !
S'il périt à son tour, ce fut quand sa fureur
Devint pour le bas peuple un sujet de terreur,
Lui, dont la main s'était impunément rougie
Du sang des Lamia, dans sa féroce orgie.

Tanquam de Cattis aliquid torvisque Sicambris
Dicturus, tanquam diversis partibus orbis
Anxia præcipiti venisset epistola penna.
Atque utinam his potius nugis tota illa dedisset          150
Tempora sævitiæ, claras quibus abstulit Urbi
Illustresque animas impune et vindice nullo !
Sed periit, postquam cerdonibus esse timendus
Cœperat : hoc nocuit Lamiarum cæde madenti.

# REMARQUES



## LA QUATRIÈME SATYRE

E Poëte dans cette Satyre fait une vive peinture des vices de Crispin l'un des favoris de Domitien, et en même temps il raille en des termes piquans ceux de cet Empereur, lequel estoit déja mort lors qu'il l'a composé, ainsi qu'il résulte des derniers vers de cette mesme Satyre.

V. 1. *Ecce iterum Crispinus adest.* Il en veut fort à ce Crispin Egyptien, et qui de servile condition estoit parvenu à la dignité de Chevalier par de mechantes voyes auprés de Domitien, ainsi que nous l'avons déja dit dans la premiere Satyre, sur ces mots, *Cum pars Niliacæ plebis.*

Ce commencement est brusque et pathetique pour preparer le lecteur à la peinture monstrueuse qu'il veut faire de Crispin.

V. 4. *Nemo malus fœlix.* Cette Sentence est belle et briéve : Seneque l'avoit ainsi pensé dans son livre de la Providence, où la raison qu'il en donne est, que les contraires ne se mêlent point, ainsi que Perse l'a dit depuis :

*Hæc miscere nefas.*

Il n'est jamais permis de faire ce mélange.

V. 9. *Incestus.* Il l'accuse d'inceste parce qu'il avoit corrompu une Vierge vestale, ce mot vient de *cestus* qui signifie la ceinture d'une épousée, qu'on nommoit la ceinture de Venus, laquelle devoit estre détachée par le mari la premiere nuit de ses nopces, d'où est venu le mot d'inceste lorsque la conjonction des parties n'est pas legitime et n'a pas eu cette solemnité, mais parce qu'il y a d'autres termes qui peuvent denoter ce desordre, l'on a appliqué celui cy au corrupteur des parentes ou des personnes voüées à la Religion.

V. 10. *Vittata jacebat sanguine adhuc vivo terram subitura Sacerdos. Vittata Sacerdos* est une Vierge Vestale qu'il appelle Prestresse, à cause qu'elles furent instituées par Numa Pompilius

pour estre les gardiennes du feu sacré qui ne devoit jamais s'éteindre
Ovide au quatriéme livre des Tristes :

*Quæ Castos perpetua servant*
*Virginitate focos.*

Elles doivent garder leur pudeur et les feux
Que Numa consacra pour l'honneur de nos Dieux

Il l'appelle *vittata*, parce qu'elles avoient la teste liée d'un ruban.
Ce Roy pour les obliger à garder leur virginité, ordonna qu'en cas
qu'elles fussent convaincuës de l'avoir violée, elles seroient enterrées
vives dans une grotte souterraine qu'on avoit fait exprês à la porte
Colline dans le mont Quirinal, qui fut depuis appellée Porte salaire,
à cause qu'on passoit par là pour porter le sel aux Sabins, on
dressoit dans cette grotte un lit, on y allumoit une lampe, on y
descendoit du pain, de l'eau et du lait comme les premieres choses
qui conservent la vie, et après l'avoir portée sur un cercueil par les
places publiques avec beaucoup de silence et d'horreur, et que le
Pontife avoit fait quelques prieres secretes, on l'y faisoit descendre
et la porte en estoit murée ; et à l'égard du corrupteur il devoit estre
battu de verges avec beaucoup de rigueur, *in comitio*, c'est-à-dire
dans le lieu où l'on assembloit le Peuple. Domitien fit executer
cette loy contre Cornelie Maximille Vestale qui fut condamnée
sans estre ouïe, et peut estre fort innocente, et contre Celer Chevalier Romain, complice de ce crime supposé, et c'est ce qui excite
l'indignation de nostre Poëte contre ce mesme Empereur qui fait
punir un crime peut estre imaginaire, et en dissimule un réel à
l'égard de Crispin.

V. 12. *Caderet sub Judice morum.* Domitien s'estoit établi le
Censeur des mœurs afin de punir ou de pardonner à ceux qu'il luy
plaisoit, ayant paru tres-severe contre la licence du theatre, et
contre les incestes étrangers, pendant qu'il couvroit ceux de ses
parens, de ses amis et les siens propres avec sa niéce.

V. 15. *Mullum sex millibus emit æquantem paribus sestertia
libris. Mullus* est un barbeau de mer ou rouget si rare et si excellent,
qu'au rapport de Pline, Asinius Celer homme Consulaire en avoit
acheté un du poids de deux livres au prix de six mille petits sesterces,
sur quoy Martial s'écrie :

*Nolomihi ponas rhombum mullumque bilibrem.*

Ne me sers ni rouget ni turbot de deux livres.

Nostre Poëte pretend que Crispin cet homme de neant avoit eu
l'impudence de donner six sesterces d'un semblable poisson qui
pesoit six livres, il faut l'entendre des grands sesterces dont chacun
valoit mille des petits ; c'est-à-dire de nostre monnoye deux cent

soixante-deux livres dix sols les six, afin de concilier le sens du Poëte avec cette remarque, nous avons déja parlé des Sesterces dans la troisiéme Satyre sur ces mots de *palvino surgat equestri*, et de la difference qu'il y a entre les grands et les petits.

V. 19. *Præcipuam in tabulis ceram*. C'est-à-dire, le principal legat dans un testament, anciennement et avant l'usage du papier, on se servoit des tablettes de bois cirées pour écrire toutes sortes d'actes et de contrats, et il est commun parmi les Autheurs de prendre le mot de *cera* pour la tablette ou pour l'acte mesme, nostre Poëte dans sa premiere Satyre :

> *Nonne libet medio ceras implere capaces quadrivio.*

> Ne peut-on pas remplir des livres tous les jours
> De ce qu'on voit dans tous les carrefours.

Plaute dans son Pseudolus, Scene premiere, acte premier :

> *Istoc nomine dum scribo explevi ceras quatuor.*

> Sur ce sujet j'ay remply quatre pages.

Appellons encore Suetone qui fait mieux à notre sujet : *Quintum Pedium ex quadrante hæredem instituit, reliquos in ima cera.* Pedius fut institué héritier pour un quart, et tous les autres ne furent nommez que dans les derniers legs, d'où vient que l'on trouve souvent chez les Anciens *in prima secunda, ima et extrema cera*, et que l'on dit encore aujourd'huy *tabulæ testamenti et tabulæ dotis.*

V. 21. *Quæ vehitur clauso latis specularibus antro.* Les Romains avoient en usage une pierre qu'ils appelloient *lapis specularis*, laquelle estant couppée en piéces déliées et transparentes, servoit aux chassis et garantissoit du mauvais temps, et ils s'en servoient comme nous faisons de nos vitres. Martial liv. 8 :

> *Hibernis objecta notis specularia puros,*
> *Admittunt soles et sine fæce diem.*

> Contre les vents d'hiver la vitre est en usage,
> Qui fait voir le soleil et le jour sans orage.

V. 21. *Antrum clausum* est pris pour une littiere fermée comme un cabinet.

V. 23. *Quæ miser et frugi non fecit Apicius*. Apicius auprés de Crispin ne serait qu'un homme de peu et fort ménager. Apicius a esté dans son temps si fort apliqué au plaisir de son goust et au luxe de sa table, qu'il composât des livres de la maniere de le servir, comme aussi des ragousts et des apprests de toutes les viandes. Seneque écrivant à sa mere Elbie en fait une grande raillerie, et dit entr'autres choses que ce malheureux ayant dévoré en bons mets et en festins un millier de gros sesterces, estant pressé de dettes, et prevoyant par le compte qu'il en fit, qu'aprés les avoir payées il ne luy resteroit pour vivre que cent sesterces, avec lesquelles il craignoit de mourir de faim, aima mieux finir sa vie de meilleure heure par le poison qu'il prit.

V. 24. *Suecinctus patria Papyro.* Papyrus est un arbuscule qui croist dans les marais d'Egypte où Crispin estoit né, dont la racine est tortueuse et à trois angles, il s'étendoit quelquefois jusques à dix coudées, et finissoit en pointe, duquel arbuscule couppé avec une éguille en pieces déliées, on faisoit des cartes pour écrire, et ce nom est demeuré au papier dont nous nous servons; on l'employoit aussi à faire des voiles pour les navires, et quelques vestes pour les gens du bas état. Nostre Poëte qui en veut à Crispin luy reproche son état et son habit miserable lors qu'il vint d'Egypte à Rome.

V. 25. *Hoc pretio squame.* Faut-il que tu ayes achepté un poisson à ce prix-là?

V. 29. *Induperatorem.* Il se sert de ce mot pour *Imperatorem,* par la figure qu'on nomme Epentheze, qui permet d'ajoûter une lettre ou une syllabe au milieu du mot, et par derision contre l'Empereur Domitien.

V. 30. *Et modicæ sumptam de margine cœnæ.* Il veut exaggerer le luxe de ce Prince en nous disant que celui de Crispin, quoy que fort immoderé, ne faisoit que la moindre partie de la table de Domitien.

V. 31. *Purpureus scurra.* Il donne le nom de railleur empourpré à Crispin, à cause de la pourpre de son habit.

V. 33. *Vendere municipes fracta de merce siluros.* Il veut que Crispin ait esté dans son pays un revendeur de poisson, et qu'il y ait ferré la mule, si nous voulons parler en proverbe. *Silurus* est un grand poisson d'Egypte qui se prend dans la mer et dans le Nil, de fort bon goust, et ressemblant de la hure et de la queuë au Dauphin. Paul Joue dans son Traitté des poissons Romains croit que ce fut ce que nous appellons aujourd'hui esturgeon. Il luy donne l'epithete de *Municipes,* pour nous apprendre que le poisson et Crispin estoient de mesme pays, *fracta de merce,* il le dit encor dans la septiéme Satyre au mesme sens : *Et qui dispensat frangit sibi.* Et le despensier soustrait à son profit quelque chose sur le prix.

V. 35. *Narrate puellæ Pierides.* Il invoque les Muses par une grande derision, comme s'il devoit raconter quelque chose de grand. On les appelle ainsi du mont *Pierius* en Thessalie qui leur estoit consacré; ou, comme d'autres veulent, où elles estoient nées. A ce propos Strabon dans son dixiéme livre nous apprend que *Pieria, Olympus, pimpla,* et *Libetrum,* estoient des montagnes de Thessalie possedées par les Macedoniens et toutes consacrées aux muses.

V. 37. *Semianimum laceraret Flavius orbem ultimus.* Domitien fils de Vespasien et Frere de Titus fut le dernier Empereur de la race des Flaviens, pendant le regne duquel tout l'Univers fut accablé par sa tyrannie.

V. 38. *Et Calvo serviret Roma Neroni.* Suetone nous asseure qu'il estoit si chauve qu'il s'offensoit dês qu'on prononçoit ce nom, il l'appelle Neron, parce qu'il l'imitoit par ses mœurs et par sa cruauté. Turnebe liv. 12, ch. 8, et Ausone en parlant de luy :

> *Quem dixit Calvum sua Roma Neronem.*

V. 40. *Ante domum veneris, quam Dorica sustinet Ancon.* Ancone est une ville d'Italie des plus celebres de la Marche qu'on appelle de son nom et en latin *Picenum*, elle fut bâtie selon Strabon par les Syracusains qui tiroient leur origine des Doriens peuple Grec, lors qu'ils fuyoient la persécution de Denis le Tyran, elle est sur le Golphe de la mer Adriatique, dans cette ville Venus y avoit un Temple où est aujourd'hui l'Eglise de saint Cyriaque qui en est la Cathedrale. Après les Gots qui la prirent, elle fut soûmise aux Lombards qui y avoient un Marquis pour Gouverneur; d'où est venu le nom de la Marche d'Ancone : elle appartient au Saint Siege depuis l'année 1532.

V. 42. *Quos operit glacies Mæotica.* L'on pretend que dans le Palus Mæotide l'on pesche du poisson d'une excessive grandeur, lors que le soleil a fondu les glaces qui le couvrent une bonne partie de l'année. C'est un grand Golphe ou mer de la Sarmatie, entre l'Europe et l'Asie, qui a six cent mille de circuit; et neanmoins elle n'est considerée que comme un marais, à cause qu'elle a si peu d'eau en quelques endroits qu'à peine un batteau y peut passer. Elle a les petits Tartares, dits de Crimée au couchant : la Sarmatie Europenne ou Moscovie au Septentrion, et la Sarmatie d'Asie où se trouve la Circassie au midi et au levant; et c'est là où est l'embouchure du Tanaïs.

V. 46. *Pontifici summo.* Il veut parler de Domitien à qui il donne ce nom par ironie, à cause qu'ayant fait assembler tous les Pontifes dans un Village prês d'Albe, il voulut y presider comme souverain Pontife, pour y condamner la Vestale Cornelia Maximilla, accusée d'adultere, absente, et sans l'oüir, ainsi que nous l'avons déja dit. Sur quoy il faut remarquer que les seuls Pontifes avoient droit de chastier les Vestales.

V. 48. *Algæ inquisitores.* L'algue est une herbe qui croist dans la mer, et qu'elle rejette sur ses bords. Il marque par là qu'il y avoit des inspecteurs des moindres choses qui sortoient de la mer, pour en donner avis à l'Empereur dont on prétendoit que la mer fust le réservoir, *vivaria Cæsaris.*

V. 53. *Si credimus Palphurio et Armillato.* Palphurius, Sura, et Armillatus estoient deux hommes Consulaires et tres sçavans, lesquels à la fin pour se faire riches, s'érigerent en cruels delateurs auprés de Domitien. Probus nous apprend que ce Palphurius avoit lutté en presence de Neron contre une fille Lacedemonienne; que sous Vespasien ayant esté chassé du Senat il se mit dans la Secte des Stoiciens, d'où il fut rappellé par Domitien son fils, pour estre l'un de ses confidens.

V. 57. *Jam qua tanam sperantibus ægris.* Le verbe *sperare,* esperer, est mis ici par catacrese ou usurpation pour *timere* craindre. Virgile s'en est servi de mesme :

*Hunc ego si potui tantum sperare dolorem.*

Aurois-je jamais dû craindre cette douleur?

V. 60. *Utque lacus suberant.* Quand le pescheur et ceux qui l'accompagnoient eurent passé le lac d'Albe : car cette ville dans laquelle Domitien tenoit sa Cour est située entre une montagne fort élevée et un lac d'une grande étenduë.

V. 61. *Quanquam diruta servat ignem Trojanum, et Vestam colit Alba minorem.* Albe fut bastie, comme nous l'apprend Denis d'Halicarnasse, par Ascanius fils d'Ænée environ l'an deux mille neuf cens deux de la creation du monde. Il y porta le feu sacré, et ses Dieux Penates qu'il avoit sauvé de l'incendie de Troye, parmi lesquels estoit Vesta fille de Saturne et d'Opé, qu'ils croyoient estre la Deesse du feu. Virgile au deuxiéme livre de l'Æneide :

*Vestamque potentem*
*Æternumque adytis effert penetralibus ignem.*

Des lieux sacrez il emporta
Le feu perpetuel et la chaste Vesta.

Elle subsista dans son lustre quatre cent quatre-ving trois ans, jusques à ce que Tullus Hostilius troisiéme Roy des Romains se voulant vanger de la trahison de Metius Suffetius Roy d'Albe qui l'avoit abandonné dans la guerre contre les Fidenates, au prejudice de son alliance, fit détruire Albe, et transporta ses Dieux Penates et ses habitans à Rome qui en fut beaucoup augmentée; et neanmoins ce mesme Roy voulut qu'on en épargnast le Temple des Dieux, où il fit rapporter une partie du feu sacré, à cause d'une grande gresle qui tomba à Rome, par laquelle il creut que les Dieux luy donnoient cet avis; en sorte qu'il y estoit toûjours conservé, mais non pas avec tant de solemnité qu'on faisoit à Rome, ou le College des

Vestales estoit établi : et c'est par cette raison que le Poëte l'appelle *Vestam minorem*, Vesta la mineure.

Nous avons déja dit quelque chose des Vestales, à quoy il faut ajouster que le feu qu'elles gardoient devoit estre toujoûrs couvert de cendres ; que Numa n'en institua d'abord que quatre, qui devoient estre choisies par les Rois ; mais qu'à cause qu'elles se trouverent trop chargées de leur ministere, elles furent augmentées jusqu'à six : d'où vient que Suetone dit qu'Auguste déposa son Testament entre les mains de six vierges Vestales, lesquelles devoient estre trente années entieres dans cet exercice en y gardant leur virginité : sçavoir dix ans pour apprendre, dix pour pratiquer, et dix pour enseigner. Pline nous apprend qu'il y avoit à Rome un arbuste fort ancien de ceux qu'on appelle *Lotos* frequent en Affrique, où l'on appendoit les cheveux des Vestales ; ce qui le fit nommer l'arbre Capillaire, suivant le sentiment de Festus.

V. 64. *Expectant admissa obsonia*. *Obsonium* se prend ordinairement pour toute sorte de viande et d'apprest à manger. Horace livre premier, Satyre deux :

> *Omnia conductis coemens obsonia nummis.*
>
> Achetant à credit toutes sortes de mets.

Et Plaute : *Affer obsonium tribus, quod sit satis.* Apporte de la viande qui puisse suffire à trois personnes.

V. 65. *Itur ad atreidem*. Atrée fils de Pelops qui a donné le nom au Peloponese, et d'Hippodamie, fut pere d'Agamemnon, lequel luy succeda au Royaume d'Argos et de Mycene, et commanda l'armée des Grecs au siege de Troye, et de Menelaus à qui Paris enleva Helene sa femme, qui causa cette grande guerre. Cet Atrée eut Thyeste pour frere, auquel il fit manger son propre fils dans un festin pour se vanger de l'inceste qu'il avoit commis avec sa femme, dont les Poëtes ont feint que le soleil eut tant d'horreur qu'il en interrompit sa course. Oreste petit fils d'Atrée tua Clytemnestre sa mere pour vanger Agamemnon son pere qu'elle avoit fait assassiner par Ægyste son adultere. Juvenal donne le surnom d'Atride à Domitien par la ressemblance qu'il avoit par ses cruautez à tous les Atrides, comme il a déja nommé ailleurs un second Neron par la mesme raison.

*Tunc Picens*. Il entend parler du pescheur qui estoit sans doute du païs de Picene, ou Marche d'Ancone.

V. 66. *Privatis majora focis*. Il dit que ce poisson monstrueux qu'il presente à l'Empereur ne doit pas entrer dans une maison privée.

V. 70. *Et tamen illi surgebant cristæ*. Domitien estoit épanoüi de joye par la loüange qu'on luy donnoit. Cela est dit par une me aphore tirée du coq ou du paon, à qui on voit lever la creste, ou la queuë quand ils se réjoüissent.

V. 71. *Nihil est quod credere de se non possit cum laudatur Diis æqua potestas.* C'est une belle sentence dont il se sert pour se railler de l'orgueil des Empereurs, qui ont voulu s'égaler aux Dieux.

*Clamante Liburno.* Un huissier de Liburnie fait assembler tous les Senateurs par l'ordre de Domitien, pour consulter de quelle maniere on feroit cuire ce poisson, il en pousse une fine raillerie dans toute cette Satyre, nous avons déja dit que les Romains se servoient le plus souvent des valets et des Officiers de Liburnie à cause de leur grande taille.

V. 77. *Pegasus attonitæ positus modo villicus urbi.* Pegase estoit un grand Jurisconsulte d'Albe qui avoit esté Prefet, Intendant de Justice en plusieurs Provinces et même depuis à Rome, à qui il donne l'épitete d'etonnée, à cause que les Romains se trouvoient opprimez et abbatus par la tyrannie de cet Empereur, et c'est par irrision qu'il donne à Pegase le nom de Metayer au lieu de Prefet ou d'Intendant, comme si Rome n'estoit plus qu'un village.

V. 81. *Venit et Crispi jucunda senectus.* Vibius Crispus dont Tacite fait mention, estoit de Plaïsance, il avoit esté deux fois Consul, fort habille, de bonnes mœurs, fort riche et il s'estoit toûjours si bien conduit dans les cours difficiles, qu'il estoit parvenu fort paisiblement dans ce temps-là jusqu'à l'âge de 80 ans; c'est luy qui dit un jour, à quelqu'un qui luy demandoit avec qui estoit l'Empereur, qu'il n'y avoit pas mesme une mouche, parce que Domitien au commencement de son regne s'enfermoit pour les picquer avec un poinçon.

V. 94. *Proximus ejusdem Acylius ævi.* Acilius Glabrio, au rapport de Pline, estoit un Senateur qui égaloit Crispus en âge, en prudence et en fidélité : Son fils Domitien estoit aussi Senateur et digne d'un tel pere; cependant ce cruel Empereur le fit mourir sans sujet, et retint le pere pour luy faire sentir plus vivement la douleur de sa perte.

V. 97. *Sed olim prodigio par est in nobilitate senectus.* Par cette belle sentence il rappelle tous les temps des Nerons, des Domitiens, et des autres Empereurs Tyrans et cruels pendant le regne desquels c'estoit un prodige de voir vieillir un homme de naissance.

V. 99. *Cominus ursas figebat Numidas.* Il ne servit de rien à ce jeune Domitius de s'exposer en homme peu sensé dans l'arene, pour y combattre contre des ours de Numidie. L'on remarque que dans la Lybie ou Numidie il n'y eut jamais d'ours : mais il donne ce nom aux lions affreux de ces pays-là, qu'on amenoit dans les arenes d'Albe, où Domitien les faisoit combattre. Pour entendre ce passage et les trois vers suivans, il faut se souvenir que de crainte de devenir odieux à ces cruels Empereurs, les gens les plus sages cachoient leur habileté, et affectoient de paroistre simples et insensez devant eux, comme avoit fait auparavant Decius Junius Brutus devant Tarquin le superbe, lequel ne se défiant point de luy, le laissa vivre paisiblement jusques au temps que ce mesme Brutus le chassa de Rome et de l'Empire, aussi bien que ses enfans pour avoir violé Lucrece ; détruisit la Royauté, et fut le premier Consul.

V. 103. *Barbato imponere Regi.* Il veut parler du temps des premiers Rois qui vivoient negligemment, et qui avoient peu de politesse et de cet esprit fin qu'ils ont eu depuis. Il se sert de cette épithete, parce qu'en ce temps-là ils ne se faisoient point raser la barbe, et qu'il n'y avoit point encore de barbier à Rome, où les premiers furent envoyez de Sicile.

V. 105. *Rubrius offensæ veteris reus.* Les Interpretes sont fort empeschez à dire, qu'elle estoit cette vieille offense de Rubrius. Probus croit qu'il avoit corrompu Tibia dans sa jeunesse : d'autres, que c'estoit la femme mesme de Domitien : Et quelques-uns, qu'il avoit parlé pour Flavius Gabinius contre Cæcinna. Mais toutes ces conjectures sont fort incertaines. L'on ne sçait point aussi s'il entend parler d'un Rubrius Gallus, dont Tacite se ressouvient ; et d'un autre Rubrius qui se trouva complice de la conjuration de Pison : ou enfin d'un Rubrius qui vivoit du temps de Domitien, auquel il y a plus d'apparence d'appliquer ce passage.

V. 106. *Improbior Satyram scribente Cynædo.* Cela ne se peut appliquer qu'à Neron, lequel estant plongé dans toutes sortes d'infamies ne laissa pas d'écrire une Satyre contre Quintien, au rapport de Tacite liv. 15, et le Poëte veut dire que ce Rubrius, dont il parle estoit encore plus scelera'.

V. 107. *Montani quoque venter.* Curtius Montanus dont Tacite fait mention, estoit un homme d'un grand embonpoint.

V. 108. *Et matutino sudans Crispinus amomo.* C'est ce mesme Crispin avec lequel il a commencé cette Satyre dont il exagere le luxe, et le fait paroistre tout embaumé dês le matin de ses parfums ordinaires. *Amomum* est un arbrisseau qui croit en Syrie d'un bois tortu comme celui de la vigne qui produit un raisin qui est en usage en ce pays-là, de la fleur duquel qui est blanche l'on compose de tous le parfum le plus excellent, il y en a trois sortes, sçavoir *armeniacum* qui est le precoce, *medicum* le medecinal, et *ponticum* le maritime. Pline, liv. 13, ch. 1.

V. 109. *Quantum vix redolent duo funera.* Anciennement on embaumoit tous les corps morts des gens riches.

V. 110. *Pompeius tenui jugulos aperire susurro.* Pompeius Ruffus estoit un de ces méchans delateurs, ainsi que Pline le confirme dans son Epistre à Cornelius Minutianus, lequel ayant l'oreille de Domitien luy dénonçoit en secret tous ceux qu'il vouloit faire périr.

V. 111. *Et qui vulturibus servabat viscera dacis fuscus*; Cornelius Fuscus ayant esté fait Colonel de la cohorte pretorienne, et envoyé contre les Daces par Domitien, fut tué dans le combat et mangé par les oiseaux de proye.

V. 112. *Marmorea meditatus prælia villa*. N'ayant jamais appris à combattre que dans sa magnifique maison des champs où il demeuroit plongé dans le luxe et dans l'oisiveté.

V. 113. *Et cum mortifero prudens Vejento Catullo*. Voicy deux autres Conseillers, sçavoir, Fabricius Vejento qui estoit de grande naissance, fort fier et fort prudent, qui eut pour femme Hippia cette abandonnée qui se sauva en Egypte avec Servius le gladiateur, ainsi qu'il est dit dans la sixiéme Satyre, et Catulle Messalin, lequel tout aveugle qu'il estoit, ne laissoit pas d'estre fort amoureux d'une fille qu'il n'avoit jamais veuë, et d'ailleurs tres-mechant et tres-insigne delateur.

V. 116. *Dirusque a ponte satelles*. Il prétend que Domitien avoit pris ce Catulle sur le pont où les pauvres aveugles et les estropiez ont accoûtumé de demander l'aumône, pour luy donner place dans son Conseil, ou plûtôt le Poëte veut dire par dérision, qu'estant aveugle, une place sur ce pont avec les mendians luy estoit plus propre que celle qu'il occupoit.

V. 117. *Dignus Aricinos qui mendicaret ad axes*. Il y avoit une descente de colline à la porte d'Aricie où grand nombre de mendians se tenoient, les Juifs et les Chrestiens en faisoient une bonne partie à cause d'un bois consacré à Diane qu'on appelloit *Arthemisium ab Arthemide* qui est Diane, à laquelle on a donné ce nom pour avoir enseigné la premiere les vertus de l'armoise, qui est une herbe tres-propre aux maux des femmes : dans lequel bois il y avoit ordinairement un grand concours de peuple, de chars et de charettes, ce passage confirme ce que j'ay dit dans la fin du precedent.

V. 118. *Blandaque devexæ jactaret basia rhedæ*. Il veut parler des mandians qui baisoient leurs mains, et les tendoient à ceux qui passoient dans ces chars pour en avoir l'aumône.

V. 121. *Sic pugnas Cilicis laudabat*. Il se moque toûjours de ce Catulle qui loüoit le poisson qu'il ne voyoit pas, comme il faisoit aussi le gladiateur Cilix dans l'arene.

V. 122. *Et pægma et pueros inde velaria raptos*. *Pægma* estoit une machine de bois qui se levoit en un instant par des ressorts cachez, et portoit les enfans jusques sur les voiles qui couvroient les theatres, soit pour les aller accommoder, ou pour donner quelque plaisir aux spectateurs, l'on s'en servoit aussi dans la pompe des triomphes afin de se garantir de la pluye et du soleil : Seneque en fait mention écrivant sur les arts liberaux à Lucille : Josephe de mesme au triomphe de Vespasien et de Tite et Martial, liv. 12.

*Et crescunt media pegmata celsa via.*

Par des ressorts cachez d'une vaste étenduë,
La machine s'éleve au milieu d'une ruë.

Festus veut que *Pegmata* signifient aussi les trophées d'airain ou de marbre que l'on appendoit dans les portiques et dans les salles des grands Seigneurs, pour representer les actions notables des personnes illustres mieux que par la peinture, le mot vient du grec πήγνομι, attacher ensemble, et qui convient à cette machine, ou plusieurs pieces de bois estoient conjointes avec beaucoup d'art. Voyez Lipse ch. 22, au traité des amphiteatres.

V. 124. *Œstro percussus Bellona suo divinat.* Bellonne estoit la Deesse des armes et sœur de Mars, à laquelle les Prestres destinez pour son culte offroient des sacrifices de leur propre sang, et pour lors échauffez et inspirez par cette Deesse, ils expliquoient les choses presentes et predisoient les futures. Festus aprês *Alexander ab Alexandro*, dit qu'il y avoit une colomne devant son Temple, sur laquelle le Fecial, dont il y avoit un College à Rome institué par Numa Pompilius, jettoit une javeline lorsqu'il declaroit la guerre, sur quoy il faut entendre que ceux qui composoient ce College avoient seuls le droit d'annoncer la paix ou la guerre, que l'on ne pouvoit point entreprendre sans en faire la déclaration et en dire les raisons.

Juvenal fait allusion à la fureur de ces Prestres, par laquelle ils predisoient les choses à venir et pour l'exprimer, il employe le mot *œstrum* qui est en grec ce que les Latins appellent *asilum et tabanum* c'est-à-dire, des taons ou mouches piquantes qui mettent en furie les bœufs et les vaches, il se sert de ce mot qui donne plus de force à la raillerie qu'il fait des predictions que Vejento alloit faire sur ce poisson pour flater Domitien.

V. 127. *De temone Britanno excidet Arviragus.* Arvirague estoit Roy de la grande Bretagne fort rebelle aux Romains, le Poëte fait predire à Vejento que comme ce poisson estoit estranger et avoit esté pris pour tomber entre les mains de l'Empereur, les Dieux luy avoient voulu faire entendre qu'il vaincroit quelque Prince étranger.

V. 137. *Noverat ille luxuriam Imperii veterem.* Montan estoit un vieux courtisan qui connoissoit le luxe de toutes les Cours où il avoit passé.

V. 138. *Noctesque Neronis medias.* Et principalement celuy de Neron qui portoit sa crapule depuis le midi jusqu'à minuit.

V. 140. *Circeis nata forent an lucrinum ad saxum, Rutupinove edita fundo ostrea.* Les meilleures huitres se pêchoient ou dans la

mer qui est auprés de la montagne Circée prés de Gayette, ou dans
le lac Lucrain dans la Campanie auprés de Baïes, ou dans la mer
Britannique et dans le Promontoire Rutupin.

V. 147. *Tanquam de Geticis aliquid, torvisque Sicambris dicturus.*
Il raille de cette assemblée qui avoit esté faite comme s'il eut esté
question de quelque irruption de Getes ou Scytes auprés du pont
Euxin, ou des Sicambres peuples d'Allemagne prés des anciens
Menapiens, et aujourd'huy du pays de Juliers et de Cleves.

V. 153. *Sed periit.* L'on connoit par là que Domitien estoit mort
lorsque Juvenal composa cette Satyre.

*Postquam Cerdonibus esse timendus cœperat. Cerdones* sont mis
ici pour toutes sortes d'artisans.

V. 154. *Hoc nocuit Lamiarum Cœde madenti. Ælius Lamias*
Senateur Romain tiroit sa noblesse de Lamo Roy des Lestrigons,
dont le siege principal estoit dans la ville de Formie proche de
Gayette, que l'on estime estre aujourd'huy celle de Nole. Horace,
liv. 3, ode 17.

> *Æli vetusto nobilis ab Lamo.*
> *Quando et priores hinc Lamias ferunt,*
> *Denominatos.*
>
> Æli du vieux Lamus tres-digne rejetton,
> Dont la race a tiré des Lamias le nom.

Ce Lamias fut immolé, comme le rapporte Suetone, sur de simples
et legers soupçons à la cruauté de Domitien, il est employé pour
tous les gens de naissance qu'il avoit fait mourir, on compte
entr'autres Cereales, Salvidienus, Acilius, Glabrio, Domitius le fils,
Lamias, Salvius, Coccianus, Metius, Pomposianus, Sallustius, Lucanus, Junius, Rusticus, Elvidius, Flavius, Sabinus et 600 autres,
et Juvenal veut dire que tant qu'il ne s'en est pris qu'aux nobles, il
a exercé sa tyrannie impunement, et sans qu'aucun d'eux ait eu la
hardiesse de s'en vanger, mais qu'au moment qu'il a voulu s'attaquer
au peuple, il en a reçù le châtiment qu'il meritoit. Suetone nous
apprend que ce Prince inhumain fut tué dans son cabinet par
Clodianus Cornicularius Maxinus, affranchi de Parthenius l'un de
ses valets de chambre, Saturius Chef de ces mesmes valets, Stephanus
Intendant de Domicilia Flavia, qui estoient soutenus par plusieurs
autres conspirateurs, il en reçut sept coups dont il mourut sur le
champ le 18 Septembre, l'an 96 de l'Ere chrestienne, l'an 45 de son
âge, aprés avoir regné quinze ans et six jours. On dit qu'Appollonius
Tyaneus insigne Magicien qu'il avoit aimé et puis chassé, estant à
Ephese où il haranguoit le peuple, dans ce même moment recula
deux ou trois pas, et s'écria frappe le Tyran, frappe le Tyran, et que
l'on sçeut que c'étoit à la mesme heure qu'on tuoit Domitien.

# SATIRE CINQUIÈME



## LES PARASITES.

Ton métier, Trébius, ne te fait-il point honte,
Et penses-tu toujours qu'il faille que l'on compte
Comme souverain bien, de vivre chez autrui ?
Peux-tu te résigner, paisible et sans ennui,
A subir ces affronts, ces fréquentes injures
Dont Sarmente et Galba, ces deux âmes impures,
A la table d'Auguste auraient certes gémi !
Tu me le jurerais... je dirais : « Non, ami. »

Aussi bien, l'estomac aisément se contente
S'il ne peut pas calmer l'appétit qui le hante,
Mendiant, ne peux-tu, sur les quais te poster,
D'une natte en lambeaux ne peux-tu t'abriter ?
Un souper, à tes yeux, vaut-il tant d'avanies ?
Et n'est-ce donc qu'au prix de ces ignominies

## SATIRA QUINTA

### PARISITI.

Si te propositi nondum pudet, atque eadem est mens,
Ut bona summa putes aliena vivere quadra;
Si potes illa pati, quæ nec Sarmentus iniquas
Cæsaris ad mensas, nec vilis Galba tulisset,
Quamvis jurato metuam tibi credere testi.

Ventre nihil novi frugalius : hoc tamen ipsum
Defecisse puta, quod inani sufficit alvo;
Nulla crepido vacat ? nusquam pons ? et tegetis pars
Dimidia brevior ? tantine injuria cœnæ ?

Que ton ventre affamé parvienne à se nourrir?
Mais plus honnêtement tu pourrais t'assouvir,
A manger, grelottant, le pain qu'aux chiens on jette.

Et d'abord, Trébius, mets-toi bien dans la tête,
Qu'un patron, t'invitant, croit être généreux
Et payer largement tes soins officieux.
De l'amitié des grands qu'est-ce donc qu'on retire?
Quelques maigres repas; ton maître, à les inscrire,
A les faire valoir, s'empresse cependant.
Après deux mois d'oubli, s'il invite un client
Pour qu'un troisième lit ne soit pas sans convive:
« Soupe avec moi, » dit-il; le bonheur qui t'arrive
Doit combler tes désirs. Qu'exiges-tu de plus?
Et c'est là le motif qui fait que Trébius
S'éveillant chaque nuit, sans nouer sa sandale,
Vole chez son patron; dieux puissants, quel scandale,
Des clients empressés si la procession
Avait déjà fini sa révolution!
Quand pâlissent au ciel les astres; qu'en silence
Le Bouvier paresseux vers l'horizon s'avance
Guidant nonchalamment son chariot glacé.

Tam jejuna fames? quum possis honestius illic          10
Et tremere, et sordes farris mordere canini?

Primo fige loco, quod tu discumbere jussus
Mercedem solidam veterum capis officiorum.
Fructus amicitiæ magnæ cibus: imputat hunc rex,
Et, quamvis rarum, tamen imputat. Ergo duos post     15
Si libuit menses neglectum adhibere clientem,
Tertia ne vacuo cessaret culcita lecto:
Una simus, ait. Votorum summa: quid ultra
Quæris? Habet Trebius propter quod rumpere somnum
Debeat, et ligulas dimittere, sollicitus ne           20
Tota salutatrix jam turba peregerit orbem,
Sideribus dubiis, aut illo tempore, quo se
Frigida circumagunt pigri sarraca Bootæ.

Quel repas, cependant! un vin vous est versé
Dont, pour se dégraisser, ne voudraient pas les laines,
Un vin dont les vapeurs épaisses et malsaines
Font de chaque convive un Curète insensé.
On s'insulte d'abord, puis, te sentant blessé,
Tu fais voler ta coupe en réponse aux injures;
Et la nappe rougit du sang de tes blessures.
Que de combats ardents n'avez-vous pas livrés
A cette légion d'affranchis enivrés,
En armant votre bras de cruches de Sagonte!
Quant à votre patron, on lui sert, pour son compte,
Un antique flacon, survivant généreux
Du temps où nos consuls portaient de longs cheveux.
Il n'en donnerait pas un verre seulement
Pour guérir l'estomac délabré d'un client;
Il boit, le lendemain, du vin qu'Albe ou Setines
Produisirent jadis sur leurs chaudes collines,
Un nectar, dont les ans sur son antique pot
Ont détruit, sous un noir et moisissant dépôt,
Et la date et le nom que portait l'étiquette,
De ce vin que buvaient, en couronnant leur tête,
Autrefois, Thraséas ainsi qu'Helvidius,
Quand des grands citoyens Brutus et Cassius

Qualis cœna tamen ! Vinum quod succida nolit
Lana pati : de conviva Corybanta videbis.                25
Jurgia proludunt ; sed mox et pocula torques
Saucius, et rubra deterges vulnera mappa :
Inter vos quoties libertorumque cohortem
Pugna Saguntina fervet commissa lagena?
Ipse capillato diffusum consule potat,                   30
Calcatamque tenet bellis socialibus uvam,
Cardiaco nunquam cyathum missurus amico.
Cras bibet Albanis aliquid de montibus, aut de
Setinis, cujus patriam titulumque senectus
Delevit multa veteris fuligine testæ ;                   35
Quale coronati Thrasea Helvidiusque bibebant

Aux jours de leur naissance ils fêtaient la mémoire.
Virron tient dans sa main, chaque fois qu'il veut boire,
Une coupe profonde où le beryl vert d'eau
S'incruste artistement dans l'ambre le plus beau.
Vous? Point de coupe d'or!... qu'un jour l'on vous en donne,
Un valet aussitôt près de votre personne
Se poste en surveillant, comptant les diamants
Et de vos doigts crochus guettant les mouvements.
Excusez cet affront; la coupe est décorée
D'un jaspe, pierre rare et partant désirée!
Car Virron pour sa coupe a dépouillé ses doigts,
(C'est le goût d'aujourd'hui), bijoux dont autrefois
Du jaloux Hyarbas, amoureux d'une reine,
Le rival, de son glaive avait orné la gaine.
Quant à vous, vous n'avez, clients aux gosiers secs,
Pour calmer votre soif qu'un vase à quatre becs
Que vous videz à fond, une tasse enfumée
Du nom d'un savetier de Bénévent nommée,
Bonne à troquer, au plus, contre du bois soufré.


Si brûlé par le vin, d'aliments trop bourré
L'estomac du patron après souper fermente,
On verse dans sa coupe une eau cuite et calmante,


Brutorum et Cassi natalibus. Ipse capaces
Heliadum crustas, et inæquales beryllo
Virro tenet phialas : tibi non committitur aurum;
Vel, si quando datur, custos affixus ibidem,          40
Qui numeret gemmas, unguesque observet acutos.
Da veniam; præclara illic laudatur iaspis.
Nam Virro, ut multi, gemmas ad pocula transfert.
A digitis, quas in vaginæ fronte solebat
Ponere zelotypo juvenis prælatus Hiarbæ.             45
Tu Beneventani sutoris nomen habentem
Siccabis calicem nasorum quatuor, ac jam
Quassatum, et rupto poscentem sulfura vitro.

Plus froide que la neige amoncelée en bloc
Sur les monts de Gétie. A l'instant, dans son broc
Je regrettais qu'on mît d'autre vin que le vôtre,
Mais l'eau que vous buvez elle-même est tout autre;
Vous n'êtes, qui plus est, servi que par la main
Ou d'un coureur Gétule ou d'un maigre Africain,
Que vous ne voudriez trouver, sans aucun doute,
Au milieu des tombeaux qui bordent votre route,
Quand la nuit de son voile obscurcit les chemins.
Mais Virron, votre maître, est servi par les mains
D'un échanson, la fleur des esclaves d'Asie,
Un serviteur de prix, une tête choisie,
Que n'eussent jamais pu payer de leurs deniers
Ancus, ou bien Tullus, monarque aux goûts guerriers,
Eussent-ils employé, pour acheter cet homme,
L'antique mobilier des premiers rois de Rome.
Pour toi, quand tu veux boire, il te faut recourir
A ton noir Ganymède... Est-ce qu'il peut servir
Un pauvre, ce mignon que si cher on estime?
Il est jeune, il est beau; sa morgue est légitime.
Répond-il à ta voix quand tu veux obtenir

Si stomachus domini fervet vinoque ciboque,
Frigidior Geticis petitur decocta pruinis.       50
Non eadem vobis poni modo vina querebar;
Vos aliam potatis aquam : tibi pocula cursor
Gætulus dabit, aut nigri manus ossea Mauri,
Et cui per mediam nolis occurrere noctem,
Clivosæ veheris dum per monumenta Latinæ.      55
Flos Asiæ ante ipsum, pretio majore paratus
Quam fuit et Tulli census pugnacis, et Anci;
Et, ne te teneam, Romanorum omnia regnum
Frivola. Quod quum ita sit, tu Gætulum Ganymedem
Respice, quum sities : nescit tot millibus emptus      60
Pauperibus miscere puer; sed forma, sed ætas
Digna supercilio. Quando ad te pervenit ille?
Quando vocatus ades calidæ gelidæque minister?

Ou l'eau froide ou l'eau chaude? Il s'en garde; obéir
Au vieux client, serait un indigne service.
Quoi! te voilà couché, contre toute justice,
Tandis qu'il est debout! Les maisons de nos grands
Ont toujours regorgé d'esclaves insolents.
Vois de quel air grognon cet autre te présente
Un morceau de ce pain que sa main mécontente
A peine a daigné rompre?.. Eh! que dis-je? du pain?
Une pâte moisie et dure qui soudain
Vous déchausse les dents sans qu'on y fasse brèche.
Le patron a le sien, pâte légère et fraîche
D'un blanc de neige aux yeux, fine fleur de froment.
Surveillez bien vos doigts et dans cet aliment
Respectez le patron: si vous avez l'audace
De vouloir y porter une main trop rapace,
Un valet aussitôt arrête votre bras:
« Audacieux fripon! ne peux-tu prendre au tas
» Qui te fut destiné? Ne peux-tu reconnaître,
» A la couleur, ton pain de celui de ton maître? »
Est-ce pour essuyer un affront si blessant
Que j'ai laissé souvent ma femme au jour naissant?

Quippe indignatur veteri parere clienti,
Quodque aliquid poscas, et quod se stante recumbas.         65
Maxima quæque domus servis est plena superbis.
Ecce alius quanto porrexit murmure panem
Vix fractam, solidæ jam mucida frusta farinæ,
Quæ genuinum agitent, non admittentia morsum!
Sed tener et niveus, mollique siligine factus,             70
Servatur domino. Dextram cohibere memento;
Salva sit artoptæ reverentia. Finge tamen te
Improbulum; superest illic qui ponere cogat.
Vis tu consuetis, audax conviva, canistris
Impleri, panisque tui novisse colorem?                     75
Scilicet hoc fuerat, propter quod, sæpe relicta
Conjuge, per montem adversum gelidasque cucurri

Que j'ai gravi, glacé, le mont des Esquilies,
Quand, la grêle fouettant mes guenilles salies,
J'étais par la bourrasque inondé jusqu'aux os?

Vois ce squille flanqué d'asperges et si gros
Que d'un immense plat il couvre la surface;
C'est pour le maître seul! On les met face à face.
Il semble de ses dards narguer les autres mets,
Quand il entre, porté sur les bras des valets.
Mais à toi l'on ne sert dans ta chétive assiette,
Qu'un crabe rembourré d'un œuf dur; on te traite
Comme on traite les morts. A lui, pour son poisson,
De l'huile de Vénafre; à toi, pauvre garçon,
Un chou flétri sentant la lampe! Le convive
A pour lui, dans son bol, l'huile qui nous arrive
Sur les bateaux pointus des marchands africains;
C'est cette huile qui fait abandonner les bains
Quand Bocchoris s'y lave, et dont l'odeur impure,
Chez les noirs, des serpents éloigne la morsure.
Que l'on ait épuisé les rivages voisins,
Que le pêcheur lançant sans trêve ses engins,
Ne laisse plus (si grande est la gloutonnerie)

Esquilias, fremeret sæva quum grandine vernus
Jupiter, et multo stillaret penula nimbo!

Aspice quam longo distendat pectore lancem,　　　　80
Quæ fertur domino, squilla; et quibus undique septa
Asparagis, qua despiciat convivia cauda,
Quum venit excelsi manibus sublata ministri.
Sed tibi dimidio constrictus cammarus ovo
Ponitur, exigua feralis cœna patella.　　　　85
Ipse Venafrano piscem perfundit; at hic qui
Pallidus affertur misero tibi caulis, olebit
Laternam : illud enim vestris datur alveolis, quod
Canna Micipsarum prora subvexit acuta;
Propter quod Romæ cum Bocchare nemo lavatur,　　　　90

Grandir un seul poisson dans la mer d'Étrurie,
Il n'importe! Le maître aura pour son menu
Un superbe poisson, un surmulet, venu
Des côtes de la Corse ou des rocs de Sicile.
A fournir nos marchés la province est docile;
C'est elle qui produit ces morceaux succulents,
Dont l'intrigant Lénas, coureur de testaments,
Pour la vieille Aurélie, à grands frais, fait l'emplette
Et qu'Aurélie a soin de revendre en cachette.

Une énorme lamproie est servie à Virron,
Du gouffre de Sicile hôte rare, au patron
Réservé; car sitôt que l'Auster plus placide,
Assis dans sa prison, sèche son aile humide,
Le pêcheur, de Charybde affrontant les dangers,
Va jeter les filets au sein de ces rochers.
Vous, ce qui vous attend, c'est une longue anguille
Semblable à la couleuvre et de même famille
Ou bien, à son défaut, quelque ignoble poisson
Par la glace meurtri, livide nourrisson
Du Tibre aux flots impurs, qui, pour sa nourriture,
Remonte fréquemment les égouts de Suburre.

Quod tutos etiam facit a serpentibus atris.
Mullus erit domino, quem misit Corsica, vel quem
Tauromenitanæ rupes, quando omne peractum est
Et jam defecit nostrum mare, dum gula sævit,
Retibus assiduis penitus scrutante macello               95
Proxima, nec patitur Tyrrhenum crescere piscem.
Instruit ergo focum provincia; sumitur illinc
Quod captator emat Lenas, Aurelia vendat.

Virroni muræna datur, quæ maxima venit
Gurgite de Siculo: nam dum se continet Auster,          100
Dum sedet, et siccat madidas in carcere pennas,
Contemnunt mediam temeraria lina Charybdim.
Vos anguilla manet longæ cognota colubræ,

Si tu daignes, Virron, m'écouter un moment,
Je te dirai deux mots, mais deux mots seulement:
« Personne ne prétend que tu sois charitable
» Comme Sénèque, ou bien comme Pison l'affable,
» Comme Cotta l'étaient pour leurs moindres clients.
» Le plaisir de donner valait, dans l'ancien temps,
» Plus qu'aujourd'hui faisceaux et titres de noblesse.
» Que te demande-t-on? Un peu de politesse
» Avec tes commensaux; crois-moi, suis cet avis
» Puis... sois riche pour toi, pauvre pour tes amis. »

D'une oie énorme ensuite au maître on sert le foie,
Puis, un chapon encor plus énorme que l'oie.
Puis vient un sanglier au sauvage fumet
Qui du blond Méléagre eût honoré le trait.
Les truffes, au printemps, paraîtront sur sa table,
Si la foudre d'automne, aux gourmets favorable,
A fait mûrir à point ce produit savoureux.
— Garde tes blés, Lybie, et dételle tes bœufs,
La truffe est le seul fruit qu'on demande à ta terre.
Pour ne rien oublier de ce qui m'exaspère,
Vois les bonds mesurés de ce maître d'hôtel,
Vois l'écuyer tranchant, son couteau solennel,

  Aut glacie aspersus maculis Tiberinus, et ipse
  Vernula riparum, pinguis torrente cloaca,     105
  Et solitus mediæ cryptam penetrare Suburæ.

  Ipsi pauca velim, facilem si præbeat aurem.
  Nemo petit modicis quæ mittebantur amicis
  A Seneca, quæ Piso bonus, quæ Cotta solebat
  Largiri : namque et titulis et fascibus olim     110
  Major habebatur donandi gloria : solum
  Poscimus, ut cœnes civiliter. Hoc face, et esto,
  Esto, ut nunc multi, dives tibi, pauper amicis.

  Anseris ante ipsum magni jecur, anseribus par
  Altilis, et flavi dignus ferro Meleagri      115

Son zèle à pratiquer les leçons de son maître !
Quelle honte, en effet, s'il osait se permettre
De découper un lièvre à l'égal d'un poulet !

Surtout pas un seul mot ! ou bien quelque valet
Te traîne par les pieds jusques au vestibule,
Comme un nouveau Cacus châtié par Hercule.
Quelle audace ! Parler quand on n'a pas trois noms !
Est-ce que jamais ton maître, en ses libations,
Daigne boire à la coupe où ta lèvre se pose ?
Crier au patron : « Bois ! » Lequel d'entre vous l'ose ?
Si dans vos vêtements perce la pauvreté,
Gardez-vous de parler en toute liberté.
Mais qu'un dieu, qu'un mortel, ému de tes traverses
Et meilleur que les dieux, te comble de sesterces,
Comme ton nom alors du néant sortira !
De quelles amitiés Virron te comblera !
« — Qu'on serve Trébius ! Trébius, ô mon frère,
» Mange de ce ragoût, je t'en fais la prière. »
O sesterces, c'est vous à qui l'on fait honneur ;
Les vrais frères, c'est vous. Pour que tu sois seigneur
Et maître du patron, il ne faut pas qu'on voie
Folâtrer dans ta cour, tendre objet de ta joie,

Fumat aper. Post huic radentur tubera, si ver
Tunc erit, et facient optata tonitrua cœnas
Majores. Tibi habe frumentum, Alledius inquit,
O Libye ; disjunge boves, dum tubera mittas.
Structorem interea, ne qua indignatio desit,                 120
Saltantem spectes, et chironomonta volanti
Cultello, donec peragat dictata magistri
Omnia ; nec minimo sane discrimine refert,
Quo gestu lepores, et quo gallina secetur !

Duceris planta, velut ictus ab Hercule Cacus,                125
Et ponere foris, si quid tentaveris unquam
Hiscere, tanquam habeas tria nomina. Quando propinat

Quelque petit Enée, ou, plus douce à ton cœur,
Une petite fille. En ayant ta faveur,
Veux-tu qu'un ami soit à tes désirs docile?
L'important est d'avoir une femme stérile.
Avant tout, cependant, sois riche, et tu pourras
Recevoir à la fois trois enfants dans tes bras
De Mycalé ta femme, et Virron, sans colère,
Aux cris de la nichée aura l'air de se plaire.
L'un des enfants est-il admis à son dîner?
Pour l'égayer un peu, vite il fera donner
Une casaque verte au jeune parasite,
Des noisettes et l'as que sa main sollicite.


Aux vulgaires clients les champignons douteux,
Au patron des bolets..., vous entendez? de ceux
Que mangeait Claudius avant que sur sa table
Sa femme en servît un, tristement mémorable,
Qui le mit pour toujours hors d'état d'en goûter.
Pour lui, pour ses pareils, il se fait apporter


Virro tibi, sumitque tuis contacta labellis
Pocula? quis vestrum temerarius usque adeo, quis
Perditus, ut dicat regi : Bibe? Plurima sunt quæ     130
Non audent homines pertusa dicere læna.
Quadringenta tibi si quis Deus, aut similis Dîs
Et melior fatis donaret homuncio, quantus
Ex nihilo fieres! quantus Virronis amicus!
Da Trebio, pone ad Trebium; vis, FRATER, ab istis     135
Ilibus? O nummi, vobis hunc præstat honorem!
Vos estis FRATRES. Dominus tamen, et domini rex
Si vis tu fieri, NULLUS TIBI PARVULUS AULA
LUSERIT ÆNEAS, nec filia dulcior illo.
Jucundum et carum sterilis facit uxor amicum.     140
Sed tua nunc Mycale pariat licet, et pueros tres
In gremium patris fundat simul, ipse loquaci
Gaudebit nido : viridem thoraca jubebit
Afferri, minimasque nuces, assemque rogatum,
Ad mensam quoties parasitus venerit infans.     145

Des fruits, dont votre nez seulement se régale,
Des fruits tels qu'un automne éternel en étale
Chez les Phéaciens, si beaux, que tu croirais
Qu'aux filles d'Hesperus Virron les a soustraits.
D'une pomme gâtée on te fera l'aumône,
Une pomme semblable à celle que mâchonne
Le soldat, qui, portant et casque et bouclier,
Et sous le fouet qui cingle ayant peur de crier,
Apprend du javelot le pénible exercice,
Sous l'œil terrifiant d'un chef de la milice.

Ne crois pas que Virron veuille économiser,
Non, mais c'est du dépit qu'il entend te causer ;
Est-il comédien, est-il mime plus drôle
Qu'un affamé déçu qui pleure et se désole ?
Sois bien sûr de ceci, si tu ne le sais pas,
C'est qu'on a tout exprès ordonné le repas
Pour qu'il puisse te voir grincer des dents, le traître !
Tu te crois homme libre et commensal du maître,

Vilibus ancipites fungi ponentur amicis,
Boletus domino ; sed qualem Claudius edit.
Ante illum uxoris, post quem nil amplius edit.
Virro sibi et reliquis Virronibus illa jubebit
Poma dari, quorum solo pascaris odore ;                    150
Qualia perpetuus Phæacum autumnus habebat.
Credere quæ possis subrepta sororibus Afris :
Tu scabie frueris mali, quod in aggere rodit,
Qui tegitur palma et galea, metuensque flagelli
Discit ab irsuto jaculum torquere capella.                    155

Forsitan impensæ Virronem parcere credas :
Hoc agit, ut doleas. Nam quæ comœdia ! mimus
Quis melior plorante gula ? Ergo omnia fiunt,
Si nescis, ut per lacrymas effundere bilem
Cogaris, pressoque diu stridere molari,                    160
Tu tibi liber homo, et regis conviva videris :
Captum te nidore suæ putat ille culinæ ;

Mais sa cuisine seule a pour toi des appas.
C'est ainsi qu'il te juge; il ne se trompe pas.
Quel homme souffre ainsi que deux fois on l'offusque,
S'il porta, tout enfant, la bulle d'or étrusque,
Ou le collier de cuir du pauvre libre et fier?
L'espoir d'un bon souper avant tout vous est cher.
« Restes de sanglier ou débris de volaille,
» Lièvre à demi-mangé, pour nous quelle ripaille! »
Et tous vous attendez, déconcertés, sans bruit,
Avec votre pain dur, ce repas qui vous fuit.
Le maître agit fort bien, vous traitant de la sorte.
Digne est de cet affront celui qui le supporte;
Va! la tête rasée, un jour, à ses soufflets
On te verra t'offrir, et supporter les fouets
Sans crainte et sans murmure. Il n'est que toi, pour être
Digne d'un tel repas et digne d'un tel maître.

Nec male conjectat. Quis enim tam nudus, ut illum
Bis ferat, Etruscum puero si contigit aurum,
Vel nodus tantum, et signum de paupere loro?          165
Spes bene cœnandi vos decipit : ecce dabit jam
Semesum leporem, atque aliquid de clunibus apri ;
Ad nos jam veniet minor altilis. Inde parato
Intactoque omnes, et stricto pane tacetis.
Ille sapit, qui te sic utitur. Omnia ferre          170
Si potes, et debes : pulsandum vertice raso
Præbebis quandoque caput, nec dura timebis
Flagra pati, his epulis et tali dignus amico.

# REMARQUES



## LA CINQUIÈME SATYRE

Ette Satyre est écrite contre les Parasites : il en fait voir la malheureuse condition en la personne de Trebius. En mesme temps il exaggere l'avarice des gens riches qui le traitent mal, et en font leur jouët.

V. 2. *Aliena vivere quadra.* Cela s'appelle vivre à la table d'autrui. *Quadra* est proprement une assiete où l'on sert les viandes : il se prend ici pour la table. Erasme en a fait un proverbe : *propria quadra vivere*; ne vivre qu'à sa table. *Quadra* signifie aussi un morceau de pain ou de gasteau. Martial livre dix-neuviéme :

*Cum mittis turdumve mihi quadramque Placentæ.*

Au morceau d'un gasteau quand tu joins une grive.

V. 3. *Quæ nec Sarmentus, nec vilis Galba.* Sarmentus estoit un Chevalier Romain qui s'étoit érigé en plaisant, et avoit gagné les bonnes graces d'Auguste. Horace en a parlé burlesquement dans la Satyre cinquiéme de son premier livre. Apitius Galba estoit un autre homme du mesme caractere auprés de Tybere, dont Martial se souvient en plusieurs endroits. Quelques-lisent Gabba.

V. 4. *Iniquas ad mensas.* Il appelle ces tables iniques, à cause des opprobres et des affronts que ces Parasites estoient obligez de souffrir.

V. 6. *Ventre nihil novi frugalius.* Seneque l'exprime en ces termes : *Naturam paucis esse contentam;* la nature se contente de peu.

V. 8. *Nulla crepido vacat. Crepido* proprement signifie l'abord d'une riviere où l'eau se rompant fait du bruit; mais par translation on l'applique à l'extrémité d'un lieu élevé où les mendians ont accoutumé de se tenir. Seneque : *Quis crederet jacentem super crepidinem Marium aut fuisse, aut futurum Consulem?* Qui croiroit que Marius eust esté parmi les mendians, ou que ce mesme Marius si miserable deust estre Consul.

V. 12. *Primo fige loco.* Attends-toy premierement à recevoir par quelques méchans repas la récompense de tes assiduitez et de tes services.

*Tertia de vacuo cessaret culcitra lecto.* Les anciens mangeoient couchez sur des matelats ou lits de plume, et dans leur table qui estoit faite comme une espece de sigma grec ou de demi-lune : les places estoient comptées pour ceux qu'ils y invitoient. Pour l'ordinaire il n'y avoit que trois lits où sept personnes seulement pouvoient estre couchées ; d'où vient qu'on leur a donné le nom de *triclinium* ou *culcitra triclinaris.* Et Martial nous le confirme, quand il donne à sa table le nom de sigma :

> *Septem sigma capit, sex sumus, adde luppum.*

> Ma table contient sept amis.
> Lupus y peut venir, nous sommes déjà six.

*Tertia culcitra* estoit la derniere et la moins honorable.

V. 22. *Sideribus dubiis.* Entre nuit et jour : l'expression est agreable pour signifier le crepuscule du matin, autrement à la pointe du jour ; ou entre jour et nuit.

V. 23. *Frigida circumagunt pigri sarraca Bootæ.* Il exprime la nuit par le chariot de Bootes, parce que la constellation des Bootes ou Artophillax qui est placé auprés des sept étoiles de la grande ourse, ne paroist qu'en ce temps-là : il l'appelle froide, à cause qu'elle est Septentrionale, et paresseuse, parce qu'elle ne roule qu'au tour du pole. Les Poëtes ont feint, au rapport d'Higinus, que Bootes estoit fils de Jupiter et de Calisto, fille de Lycaon Roy d'Arcadie, dont la grossesse ayant esté découverte par Diane qui la chassa du bain où elles estoient : elle fut contrainte de se cacher dans une forest et d'y accoucher d'un fils qui fut nommé Arcade, qui donna le nom à l'Arcadie ; que depuis Junon l'ayant par jalousie transformée en ourse, qui est appellée *Arctos* en Grec, Jupiter la plaça dans le ciel avec son fils pour luy tenir compagnie, lequel fut nommé deslors en Grec Bootes, et en Latin *Bulbucus,* comme le conducteur du chariot et de l'ourse. Ovide au 2. des Tristes l'appelle dans ce sens, *Cursos Erymantidos cursæ,* conducteur de l'ourse d'Arcadie, à cause qu'*Erimanthus* en est une montagne ; et c'est du nom *arctos* qu'on appelle le Pole Arctique, où elle a son cours.

V. 25. *De conviva Corybanta videbis.* De convié, dit-il, tu deviens Corybante.

Les Corybantes estoient les Ministres de Cybele, lesquels agitez ou par le vin, ou par le demon faisoient un bruit horrible dans leurs sacrifices, pendant lesquels ils branloient et rouloient la teste avec fureur. Ils habiterent premierement le mont Ida en Phrygie, puis ils vindrent dans une montagne de l'Isle de Crete, à qui ils donnerent aussi le mesme nom d'Ida, où ils prirent le soin d'élever Jupiter, faisant un bruit continuel par leurs voix et par leurs tambours, de crainte que Saturne et Titan son frère qui avoient resolu d'éteindre toute la lignée mâle de Saturne, n'entendissent les cris de cet enfant.

V. 29. *Pugna Saguntina fervet commissa lagena*. Ils se battent à coups de pots faits de la terre de Sagunte, dont on se servoit à Rome. Sagunte est une ville d'Espagne, par le siege de laquelle Annibal rompit la paix qu'il avoit faite avec les Romains, et commença la seconde guerre Punique : elle fut si pressée par la famine, que les habitants pour ne point tomber entre les mains de l'ennemi, firent un grand feu dans leur Place, et s'y jetterent eux-mesmes avec tout ce qu'ils avoient de precieux; d'où vint qu'on disoit en Proverbe : *Saguntina fames*, une faim enragée.

V. 30. *Ipse capillato diffusum Consule potat*. Cet *ipse* est le maistre du repas, lequel faisant donner le mauvais vin à ces Parasites en beuvoit du plus excellent, dont il désigne la vieillesse par le temps auquel les Consuls laissoient croistre negligemment leur barbe et leurs cheveux, ils avoient accoûtumé de le garder dans des fustes sur lesquelles ils écrivoient le lieu de leur cru, et le nom du Consul au temps duquel il avoit esté fait, et le plus vieux estoit le meilleur. Ovide :

> *Hoc apud intonsos nomen habebat avos.*
>
> C'est le nom qu'il portoit du temps que nos ayeux
> Laissoient croistre à leur gré leur barbe et leurs cheveux.

Ce vin s'appeloit encore *vinum opimianum*, au rapport de Pline livre 14, chap. 4, qui nous dit, que du temps que Lucilius Opimius estoit Consul, et que Caius Gracchus fut tué pour avoir voulu publier les Loix Agraires, il y eut une si grande abondance de vin, et le soleil y fust si favorable qu'on le gardast ensuite pendant deux cens ans; en sorte qu'il estoit réduit comme en miel un peu rude : et c'est de ce vin dont on beuvoit encore au temps de Juvenal, et qu'on appelloit *Opimianum*, du nom du Consul Opimius. Turnebe liv. 1, chap. 1.

V. 31. *Calcatamque tenet bellis socialibus uvam*. Il marque encor la vieillesse de ce mesme vin, au temps de la guerre sociale, qui fut une des plus cruelles que les Romains ayent souffert. Tite-Live l'impute au faux zele de Marcus Livius Drusus Tribun du peuple, lequel ayant voulu prendre le parti du Senat contre les Chevaliers Romains, appela à son secours divers peuples d'Italie sous l'espérance de leur donner le droit de Cytoyens Romains ; par l'appui desquels il fit publier une Loy qui attribua au Senat, aussi bien qu'à l'Ordre des Chevaliers également le droit d'executer les Loix Agraires et Fromentaires, c'est-à-dire de partager au peuple les terres conquises ; mais n'ayant pu faire joüir ces Villes auxiliaires du privilege qu'il leur avoit promis, elles prirent les armes contre Rome, dont le Senat irrité, en fit porter la peine à Drusus par la mort qu'il en souffrit dans sa maison, sans qu'on ait sçeu par quelle main ; et cette rupture causa de grandes desolations dans toute l'Italie.

V. 32. *Amico Cardiaco.* C'est-à-dire, un ami travaillé du mal de cœur, pour lequel le meilleur remède, selon Pline, est le bon vin.

V. 33. *Cras bibet Albanis aliquid de montibus.* Le changement de vin a toûjours esté agreable au goust, le vin qui croissoit dans les collines d'Albane auprès de Rome estoit doux et piquant.

V. 34. *Aut de Setenis.* Auguste preferoit le vin de la coline de Sette dans la Campanie à tous les autres, au rapport de Pline liv. 14, chap. 6. Martial en fait l'éloge :

> *Pendula Pontinos quæ spectat Setia campos*
> *Exigua vetulos misit ab urbe cados.*
>
> Le petit mont de Sette auprès des champs Pontins
> Du vin vieux de son cru régale les Romains.

V. 35. *Cujus patriam titulumque senectus delevit.* Dont les longues années ont effacé le nom du cru, aussi bien que la datte. Cela verifie ce que nous en avons déja dit cy-dessus.

V. 36. *Quale coronati Thrasea Helvidiusque, bibebant Brutorum et Cassi natalibus.* L'histoire de Petus Trasea de Pavie, et d'Helvidius son gendre du temps de Neron, est amplement racontée par Tacite dans la vie de cet Empereur. Il nous suffit de dire que c'étoient deux hommes si grands zelateurs de la liberté publique, qu'ils celebroient dans la joye des festins toutes les années le jour de la naissance de Decius Junius Brutus premier Consul de Rome, qui en chassa Tarquin, et de Marcus Brutus et Cassius qui l'avoient voulu procurer aux Romains par la mort de Jules Cæsar ; ce qui obligea Neron de faire mourir Thrasea à la suscitation de Capito Cossutianus l'un de ses Confidens, qui l'accusa du crime de leze-Majesté, pour avoir censuré le matricide de ce Prince ; et d'envoyer en exil Helvidius. Or nostre Poëte prend occasion de parler de ces deux hommes pour donner une idée de la cruauté de Domitien, lequel fit mourir Junius Rusticus, au rapport de Suetone, pour les avoir loüez. Il leur donne des couronnes, parce que les Romains, à l'exemple des Ioniens, peuples d'Asie, en portoient dans leurs repas et dans leurs exercices solemnels. Elles furent d'abord de lierre, à cause que sa froideur tempere les vapeurs du vin ; depuis ils en prirent de celeri, de myrthe, et de roses; et cette couronne estoit un symbole de liberté posé sur la teste, comme estant le siege principal de l'ame raisonnable.

V. 38. *Heliadum crustas. Crustæ* estoient les ornemens de differente matiere que l'on adjoûtoit aux vases qui servoient à boire. Il met ici l'ornement pour signifier un vase precieux. Le mot d'*Heliadum* fait entendre que ceux dont il parle estoient d'ambre, suivant la fable, qui veut que les Heliades, qui sont Phaeteuse et Lampetie filles du Soleil et de Climene, pleurerent si fort la mort de Phaëton leur frere près du Po, qu'elles furent changées en aulnes ou peupliers, des pleurs desquelles ils ont cru que l'ambre se formoit. Ovide, livre onziéme des Metamorphoses.

L'on a esté long-temps en peine de sçavoir où l'ambre naissoit : les uns croyoient que c'etoit une production des peupliers le long du Po : les autres qu'il venoit des Isles de la mer Adriatique, qu'on nommoit à cause de cela, Electrides, *ab electro*, qui signifie ambre. Mais il est notoire aujourd'hui qu'on le prend dans une Isle de la mer Germanique, que les Allemands appellent en leur Langue Sudaw, des rochers de laquelle il tombe en goutes liquides, qui se petrifient par la mer et par la froideur de l'air; d'où estant jetté sur les bords, il est recueilli avec soin par les habitants des villages voisins, qui les portent aux Ministres de leur Prince, à qui il est deu, et qui en tirent de bons revenus.

Pline nous apprend que l'or où l'on mesloit une cinquiéme partie d'argent estoit appellé *electrum*, dont on faisoit des vases à boire fort pretieux. Quelques Interpretes veulent que ce soit de cet ambre dont le Poëte a entendu parler dans ce passage.

V. 38. *Et inæquales Beryllos. Berylli* sont des pierres pretieuses, verdastres et transparentes que l'on apporte des Indes : il y en a de neuf especes, selon Pline livre 37, chap. 5, mais les meilleures sont celles qui approchent en couleur au vert de mer, il les nomme inégales, parce qu'elles estoient taillées à six angles, sans quoy la couleur s'en éteignoit.

V. 42. *Præclara illi laudatur Iaspis.* C'est encore une autre pierre pretieuse, dont il y a plusieurs especes de differente couleur; sçavoir de pourpre, de rose, et d'émeraude, dont on faisoit avec beaucoup de luxe l'ornement des mesmes vases.

V. 45. *Quas in vaginæ fronte solebat ponere ζelotypo juvenis prælatus Hiarbæ.* Il entend parler d'Enée qui fut si fort aimé par Didon qu'elle le preferast à Hierba Roy de Lybie, qui en conceut avec raison beaucoup de jalousie, duquel Ænée il fait voir la moderation par la coustume qu'il avoit de ne porter jamais de l'or et des pierreries qu'à la garde de son épée; et c'est l'exemple dont il se sert pour condamner le luxe de son temps.

V. 46. *Tu Beneventani sutoris nomen habentem siccabis calicem nasorum quatuor*. Tous les Interpretes l'entendent de Vatinius né dans la ville de Benevent en Italie, située sur le confluent du Sabato ou du Calore, et l'une des dix-huit Colonies qui envoyerent du secours à Rome contre Annibal. Disons en passant que Pline et Tite-Live nous apprennent qu'elle fut bastie par Diomede et nommée *Maleventum*; et depuis par la colonie des Romains *Beneventum*. Cet homme ayant esté élevé dans une boutique de Cordonnier, devint un monstre dans la Cour de Neron : il avoit le corps tout difforme; et s'estoit erigé en bouffon : il y fut d'abord souffert pour railler et faire outrage à tout le monde, afin d'en divertir l'Empereur; mais depuis il se rendit si considerable auprés de ce Prince par ses calomnies contre les gens les plus riches, qu'il surpassa tous les plus méchans de son temps en malice, en faveur et en richesses. Mais pour en revenir à la pensée de Juvenal, c'estoit encore un fort vilain yvrogne qui ne beuvoit que dans un vase de verre à quatre gros becs faits en forme de nez, qui donna lieu depuis de nommer du nom de Vatinien tous les vases à boire dont la figure estoit bisarre. Turnebe livre 9, chap. 24. Martial livre 14, Epigramme 96 :

> *Vilia sutoris calices monumenta Vatini*
> *Accipe.*

> Prens ces vases hydeux renommez dans l'histoire
> Et dont Vatinien s'estoit servi pour boire.

V. 48. *Quassatum et rupto poscentem sulphura vitro*. Le Poëte dit que le verre ou Trebius boira dans le repas de ce riche, sera à demi cassé, et ne vaudra plus que pour échanger contre des allumettes; c'est une ancienne coustume dont Martial s'est aussi souvenu :

> *Qui pallentia sulphurata fractis*
> *Permutat vitreis.*

V. 50. *Frigidior Geticis petitur decocta pruinis*. Cela veut dire qu'on servira au maistre de l'eau plus fraische que les neiges de Scythie. Sur ce mot *decocta*, Pline livre 31, chap. 3, et Suetone dans la vie de Neron chap. 48, nous apprennent que Neron avoit inventé de faire bouillir l'eau qu'il beuvoit pour la jetter dans un vaisseau entouré de neige, afin de la mieux rafraischir et plus promptement.

V. 53. *Cursor Getulus*. C'est un valet de pied de Getulie en Afrique, qui estoient d'excellens pietons.

V. 55. *Clivosæ veheris dum per monumenta latinæ*. La voye Latine estoit pentive et pleine de sepulchres, comme l'on a remarqué dans la premiere Satyre.

V. 56. *Flos Asiæ*. Le plus beau valet d'Asie d'où sans doute il en venoit des mieux faits.

V. 57. *Tulli census*. Les biens de Tullus Hostilius troisiéme Roy des Romains.

V. 57. *Pugnacis et Anci*. Ancus fut le quatriéme. Il estoit neveu de Numa Pompilius par sa fille, grand imitateur de ses vertus, et si vaillant qu'on luy donnoit le surnom de Martial.

V. 59. *Getulum Ganymedem*. Il donne à ce valet Getulien qui servoit à boire le nom de Ganymede par derision. Ganymede fut un fort bel enfant fils de Troos Roy de Troye et Callithoes, lequel estant fort aimé de Jupiter, les Poëtes ont feint que ce Dieu se transforma en aigle pour le transporter au Ciel, où il le fit son eschanson en la place d'Hebe, à qui ce ministere avoit esté deferé auparavant; ce qui fit un des sujets de la haine de Junon contre les Troyens, ainsi que Virgile raconte au premier de l'Æneide :

*Et rapti Ganymedis honores.*

Higinus dit que ce Ganymede n'est autre que le signe d'Aquarius ou verseur d'eau.

V. 61. *Sed forma sed ætas digna supercilio*. La superbe ou la fierté, dit Pline, naist dans le cœur, et paroist sur le front.

V. 63. *Calidæ gelidæque minister*. Cela nous apprend que les Romains à l'exemple des Grecs, au dire d'Athenée livre 2, se servoient par delice de l'eau chaude principalement en hyver : sur quoy Pline remarque qu'il n'y a point d'animal que l'homme qui en ait l'usage, et infere de-là que cette boisson n'est pas naturelle.

V. 72. *Mollique siligine tactus*. *Siligo* est une espece de froment fort blanc et fort délicat moins nourrissant que l'autre, mais plus agreable au goust et à la veuë. Pline, livre 18, dit qu'il excelloit en Italie, que le Dauphiné et l'Auvergne en France en produisoient le meilleur, et qui ne degeneroient point, comme il faisoit deux années aprés dans les autres Provinces. Seneque dans ses Epistres sur le sujet d'abstinence en fait mention en ces termes : *Malum panem inquis expecta, bonus fiet, etiam illum tenerum tibi et siliginum fames reddet*. Tu dis que le pain est mauvais, donne-toy patience, il deviendra bon, la faim te le rendra plus tendre et plus blanc.

V. 72. *Salva sit Artoptæ reverentiæ*. *Artopta* vient du mot Grec ἀρτόπτης, qui signifie le panetier ou le distributeur du pain, comme l'on dit ἀινόπτης, le sommelier, ou celui qui a la garde du vin.

V. 73 *Finge te improbulum*. Ce n'est pas estre effronté à mon sens, comme plusieurs Interpretes le veulent : mais plûtost dis que tu as pris ce pain blanc par meprise et inconsiderement. Cette pensée a plus de rapport à celle du Poëte.

V. 74. *Consuetis canistris*. Il prend ici le panier pour le pain, et le contenant pour le contenu.

V. 77. *Gelidasque esquilias*. L'on ne doit pas entendre par-là que le mont Esquilin, quoy que fort élevé soit plus froid que les autres, puis que c'estoit l'habitation des anciens Rois et de plusieurs gens riches ; mais c'est que l'homme dont il parle le passoit en temps d'hiver ; et cela a rapport à ce qui suit.

V. 78. *Fremeret sæva cum grandine vernus Jupiter*. L'air et le Ciel sont souvent signifiez chez les Poëtes par Jupiter.

V. 79. *Et multo stillaret Pænula nimbo. Pænula* estoit une grande casaque ou un sur-tout d'étoffe grossiere que les Romains portoient pour se garentir du froid ou de la pluie, soit dans la ville, ou aux champs.

*Alius*. Spartianus veut qu'Adrien estant fait Tribun du peuple, ait esté le premier parmi les Magistrats qui en ait porté. Cela est confirmé par Lampridius qui nous apprend qu'il fallut une Loy d'Alexandre Severe pour les permettre aux Senateurs : mais ils conviennent que les Empereurs ne s'en sont jamais servis pour ne point déroger à cette gravité à laquelle leur caractere les oblige.

V. 81. *Quæ fertur domino squilla*. Les Interpretes sont embarrassez à nous expliquer ce que c'est que *squilla*. Les uns disent que c'estoit un poisson delicat : les autres que c'estoit une espece de coquillage. Ciceron au livre de la Nature des Dieux en parle ainsi : *Pinna sic enim græce dicetur, duabus grandibus patula conchis cum parva squilla quasi societate coit comparandi cibi. Pinna* ainsi appellé par les Grecs, s'ouvre par deux grandes coquilles, et semble avoir fait société avec la petite esquille pour chercher ensemble de quoy se nourrir : c'est par cette raison que *squilla* est aussi appellée pinnothere ou pinnophilace. Mais enfin aucun des Interpretes ne la sçait nommer, et les plus sinceres avoüent que c'est un poisson qui leur est inconnu.

Tout cela ne s'accorde point avec nostre Poëte, qui nous figure ce *squilla* comme un grand poisson, qui s'étendoit mesme au delà du bassin. Tout ce que j'en ay pu découvrir après quelque recherche chez nos Auteurs, a esté qu'il y en a de deux especes ; l'une grande, que l'on nomme *Urga et Crange*, l'autre *Gilba*, qui est la plus petite ; et toutes en Grec κυρὰι ; qu'elles ont beaucoup de pieds et la teste fort grosse. Voilà tout ce que j'en sçay : je laisse aux plus sçavans Naturalistes d'en découvrir le nom, la figure et les proprietez. Horace entend parler des esquilles de la petite espece dans sa Satyre 8 :

*Affertur squillas inter muræna natantes.*

On sert une lamproye entre plusieurs esquilles.

V. 82. *Qua despiciat convivia cauda*. Il falloit sans doute, ou que la queuë de ce poisson fust fort grande, ou que le Poëte nous ait voulu faire entendre que le plus friand morceau estoit à la queuë.

V. 84. *Sed tibi dimidio constrictus Cammarus ovo.* Tu n'auras, dit-il, pour toy qu'un cancre, ou qu'une écrevice de mer, dont les œufs qui en sont le plus friand morceau ne seront qu'à moitié, parce qu'ils auront esté peschez en mauvaise lune. Quelques-uns l'expliquent de l'apprest fait avec des œufs qu'on y aura mesme épargnez.

V. 85. *Ponitur exigua feralis cœna patella.* Il compare le petit plat dont Trebius sera servi à celui que l'on donnoit aux morts pour appaiser les manes. Lipse, livre 7, et Tacite nous apprennent qu'on avoit en usage parmi les Romains de porter aux tombeaux du lait, du miel, de l'eau, du vin, des olives et beaucoup de fleurs. Apulée dit agreablement : *Vivit homo, cœnam feralem à tumulo ad mensam referte.* L'homme que vous croyez mort est vivant, tirez du tombeau son repas mortuaire pour le porter sur sa table.

V. 86. *Ipse Venafrano piscem perfundit. Venafrum* estoit une ville de la Campanie où la meilleure huile se recueilloit. Pline en fait l'éloge. Voici Martial et Horace :

> *Hoc tibi Campani sudavit bacca venafri.*
> *Pressa Venafrano quod bacca refundit olivo.*

> L'huile qu'en son pressoir Venafre fait couler.

V. 89. *Quod Canna Micipsarum prora subvexit acuta.* Micipsa fils de Massinisse regna en Numidie, qui est aujourd'hui le Royaume de Tunis en Afrique, à qui le Poëte donne le nom de ce Roy, et entend parler d'une huile fort mechante, qu'on apportoit par mer de ce pays-là à Rome dans des canes qui y croissent, et qui au rapport de Strabon sont assez grosses pour en faire de petites fustes.

V. 90. *Cum bocchore nemo lavatur.* Cette huile est si puante que personne ne veut aller au bain avec un Africain qui en aura esté froté. Il employe ici le nom de *bocchore* pour toutes sortes d'Africains qu'il tire de Bocchor, qui estoit Roy d'Egypte et de Lybie, au temps que Massinisse l'estoit de Numidie, ainsi que l'écrit Tite-Live liv. 29.

V. 91. *Tutos facit à serpentibus atris.* Il faut que cette huile eust une grande puanteur pour faire fuir les serpens.

V. 92. *Mullus quem misit Corsica.* Nous avons déjà parlé dans la Satyre quatriéme de ce barbeau de mer ou rouget, dont les meilleurs venoient de l'Isle de Corse qui est dans la mer Ligustique, et s'étend dans la Thyrrhene ou de Toscane : elle a cent cinquante mille de longueur, 50,000. en largeur et 322,000. de circuit : le pays est montueux, et en beaucoup d'endroits inaccessible : les habitans ont toûjours esté en reputation d'estre fort mechans, et Athenée croit qu'ils y vivent long-temps, parce qu'ils mangent beaucoup de miel dont le pays est abondant ; mais comme il y a quantité de ces arbres qu'on nomme en Latin, *Taxus*, et en François, If, qui ressemblent fort au Sapin, et dont le masle porte une graine, ou menu fruit venimeux, principalement dans cette Isle, en Espagne, et dans l'Arcadie : il faut éviter de manger du miel dont les ruches en sont voisines. Cette Isle estoit autrefois appellée Cirnus d'un Roy de ce nom, qui y a regné.

Virgile dans ses Bucoliques :

*Sic tua Cirneas fugiant examina taxos.*

Que les Ifs de Cirnus soient loin de tes Abeilles.

V. 93. *Vel quem Taurominitanæ rupes. Taurominium* est une ville de Sicile assez prés de Messine, où l'on peschoit encore de ces excellens poissons. Le Poëte marque par l'éloignement de ces lieux le luxe des Romains qui envoyoient si loin pour en avoir des plus rares.

V. 95. *Scrutante Macello. Macellum* est le marché où l'on vend le poisson, ainsi nommé de Macellus grand voleur, lequel ayant esté condamné à mort, les Censeurs Æmilius et Fabius firent raser sa maison, et en destinerent la place pour servir de marché. Le Poëte l'employe pour le pescheur qui vend son poisson au marché.

V. 97. *Instruit focum Provincia.* Les autres Provinces fournissent à nos cuisines, parce que nous ne trouvons pas assez de mets dans la nostre pour satisfaire à nostre luxe.

V. 98. *Quod captator emat Lenas, Aurelia vendat.* Lenas estoit quelque homme avare et adroit qui taschoit par de semblables presens d'avoir quelque part dans le Testament de cette veuve riche et sans enfans, laquelle estoit si ménagere, qu'elle faisoit vendre ces gros poissons qu'on luy donnoit. *Captator* est un chercheur d'heritages.

V. 99. *Virroni muræna datur.* La lamproye estoit un poisson rare et delicieux parmi les Romains, que l'on ne peschoit que dans la mer perilleuse de Sicile, c'est-à-dire dans les gouffres tournoyans de Scylla et de Caribde qui sont auprès de Messine, d'où est venu le Proverbe :

*Incidit in Scyllam credens vitare Caribdim.*

Scylla vous engloutit en évitant Caribde.

V. 104. *Aut glacie aspersus maculis Tiberinus.* Il faut ici concilier Juvenal avec les autres Auteurs qui conviennent tous qu'il veut parler du loup qu'on prend dans le Tibre, et que nostre Poëte met ici dans le dernier mépris ; cependant Varron, Columelle et Pline le comptent dans le rang des poissons les plus delicieux. Voici comme en parle Varron : Rien n'est meilleur pour le goust que le froment qui croist dans la Campanie, le vin de Falerne, l'huile de Cassine, la figue de Tusculane, le miel de Tarente, et le loup du Tybre; mais il faut observer que ces Auteurs parlent du loup qui est sans tache, et pris avant qu'il ait roulé dans les cloaques de Rome, et que nostre Poëte ne fait mention que de ceux qui ayant passé l'hiver dans le Tybre y estoient devenus tous marquetez et engraissez dans les lieux souterrains, qu'il exprime par *Crypta*, où toutes les immondices et la boüe de Rome qui s'y rendoient, leur donnoient un méchant goust.

V. 109. *A Seneca.* Année Seneque de Cordouë estoit de tous les Philosophes Stoiciens le plus sage et le plus éclairé. Il fut relegué dans l'Isle de Corse par l'Empereur Claude pour estre soupçonné de complicité de l'adultere de Julie, ou Livie fille de Germanicus, comme quelques-uns l'ont crû; mais après trois années il en fut rappellé par Agripine fille de ce mesme Germanicus, pour estre Precepteur de Neron son fils qu'elle avoit eu de Domitius son premier mari; toutefois ayant esté deferé comme complice de la conjuration Pisonienne qui s'éleva contre Neron, il luy envoya par un Tribun l'arrest de sa mort qu'il souffrit constamment s'estant fait couper les veines et l'ayant mesme hastée par le poison.

V. 109. *Quæ Piso bonus.* Il y a plusieurs Pisons; mais il entend parler ici de Caius Piso de la famille de Calpurnie l'une des plus nobles de Rome, grand ami de Seneque, auteur de la Conjuration qui porte son nom, dont nous venons de parler, et dont Tacite livre 15. fait l'éloge, le faisant éloquent pour le service de ses compatriotes, liberal envers ses amis, jusques-là que de l'etat Plebeien il en élevoit toutes les années à celuy de Chevalier par les sommes considerables qu'il leur donnoit, officieux et civil prés des gens mesmes qui luy estoient inconnus; et c'est pour le distinguer que nostre Poëte l'appelle bon.

*Quæ Cotta solebat largiri.* Aurelius Cotta estoit un homme de mesme caractere, et du mesme regne: c'est le mesme dont il parle dans une autre Satyre:

> *Quis Cotta iterum, quis Lentulus alter?*
>
> En ce temps on ne trouve plus
>     De Cotta ni de Lentulus.

Nostre Poëte cite ces trois grands hommes pour avoir esté de fort honnestes gens, fort riches et fort liberaux pour leurs amis et pour leurs suivans.

V. 110. *Namque et titulis et fascibus olim major habebatur donandi gloria.* Cela se rapporte à ce que Saluste en dit en parlant des mœurs des anciens Romains, qu'ils recherchoient plûtost à faire du bien à leurs amis qu'à en recevoir. Nostre Poëte encherit, lors qu'il dit que ces grands hommes preferoient la gloire de donner, à celles qu'ils pouvoient tirer des titres pompeux et des dignitez, qui sont designées par les faisceaux dont nous avons déja parlé.

V. 114. *Anseris jecur et altilis.* Les foyes des oyes en ragoust, et les poules, chappons ou canards engraissez, compris sous le nom general d'*altiles* estoient chez les Romains des mets delicieux aussi-bien que parmi nous.

V. 115. *Dignus ferro Meleagri aper.* Meleagre estoit fils d'Oeneus Roy de Caledoine qui est aujourd'hui l'Ecosse, et d'Althée lequel tua un sanglier effroyable que Diane y avoit envoyé pour desoler tout le pays et pour se vanger de quelque mépris qu'elle avoit receu de ce Prince dans les sacrifices qu'on luy offroit. Ovide dans ses Metamorphoses.

V. 116. *Tradentur tubera si ver tunc erit, et facient optata tonitrua.* Nostre Poëte aussi bien que Pline nous apprennent que les truffes du Printemps ont toûjours esté estimées par les plus delicats, et qu'elles sont plus abondantes lors que les pluies et les tonnerres ont esté frequens pendant l'Automne précédent. Les vers suivans font assez connoistre combien les Romains estoient friands de ces mets dont l'Afrique estoit riche, puis qu'ils les preferoient aux fromens qu'elle leur donnoit.

V. 121. *Et Cheironomonta volanti cultello. Cheironomon* est un escuyer tranchant tiré des deux mots Grecs, χείρ la main, et νόμος loy, à cause qu'il découpoit les viandes par art et par mesure, et cet art s'appelloit χειρονομία.

V. 125. *Velut ictus ab Hercule Cacus.* La comparaison est extremement outrée de Trebius que l'on fait sortir honteusement de la table, avec Cacus maltraité par Hercule. Voici ce que Tite-Live, Denis d'Halicarnasse, et Eutrope en ont écrit : Cacus fils de Vulcain estoit un grand voleur, qui deroba les bœufs qu'Hercule avoit enlevé d'Espagne, après avoir tué leur Roy Geryon, et les fit entrer à reculons dans sa caverne, afin d'en détourner les vestiges ; mais leur mugissement les ayans découverts, Hercule en força l'ouverture, assomma Cacus avec sa massuë, et l'en tira par les pieds. Virgile :

> *Pedibusque informe cadaver*
> *Protrahitur.*

> Il tira par les pieds son corps défiguré.

Erasme a mis en Proverbe : *pedibus trahere.* Cent. 1, Prov. 17.

V. 127. *Tanquam habeas tria nomina.* Les uns l'expliquent en mal d'un homme de trois lettres, qui estoit *fur*, larron ; ou de trois noms, et de trois cappa, *Capadox, Cilix, Cretensis,* Capadocien, Cilicien et Cretois. Mais la meilleure opinion est que le Poëte a voulu dire, que si Trebius avoit osé dire son sentiment à la table du maistre avec la hardiesse que feroit un homme de trois noms, c'est-à-dire noble ou Citoyen Romain, qui avoient accoûtumé par honneur d'en prendre trois ; sçavoir *pronomen*, le surnom, *nomen* le nom de la famille, et *cognomen*, ou *agnomen*, celui qui y estoit ajoûté, ou par leurs ayeux, ou par quelque autre évenement, comme Caius Julius Cæsar, *quod cæso matris utero fuerit natus*, parce qu'on ouvrit le ventre de sa mere pour la faire enfanter ; ou *à cæsarie*, qui signifie la chevelure avec laquelle il vint au monde. Publius Cornelius Scipio, *quod patrem luminibus orbum vice Scipionis regeret*, à cause qu'il servoit de baston de vieillesse à son pere aveugle. Marcus Tullius Cicero *à cicere*, c'est-à-dire une grosse verruë ressemblant à un poids chiche qu'il avoit au visage, et ainsi des autres.

V. 131. *Pertusa dicere læna.* On n'a aucune hardiesse quand on porte un habit déchiré qui marque la pauvreté d'un homme.

V. 132. *Quadringenta tibi si quis Deus.* Si tu avois le bien d'un Chevalier Romain qui estoit, comme nous l'avons déja dit, de quatre cens gros sesterces, qui valoient dix-sept mille cinq cens livres de nostre monnoye.

V. 135. *Vis frater ab istis ilibus.* Il l'appelle frere dès qu'il le croit riche, et luy offre dans le repas le meilleur endroit du poisson.

V. 138. *Nullus tibi parvulus aulat luserit Æneas.* C'est une allusion à ce vers de Virgile où il fait parler Didon au quatriéme de l'Æneide :

> *Si quis mihi parvulus aula*
> *Luderet Æneas.*

> Si j'avois dans ma cour un petit fils d'Ænée.

Par où no re Poëte veut faire entendre que pour estre consideré et caressé il ne faut point avoir d'enfans.

V. 141. *Sed tua nunc Myrgale pariat.* Cela se doit entendre pour suivre l'esprit du Poëte ou des enfans d'un premier lit ou de ceux d'une concubine ; et pour lors Virron ne laissera pas de les caresser par des presens pueriles, et de se divertir de leur parler un langage enfantin, qu'il exprime par *loquaci nido*, par allusion aux petits oiseaux qui sont encore dans leur nid, estant seur qu'ils ne luy osteront pas l'espoir de l'heritage de son ami.

V. 146. *Vilibus amicis ancipites fungi, boletus domino. Vilibus amicis*, ce sont les suivans qu'il a appellé ailleurs, *amici modici*, petits amis. *Fungus* est le mot general des champignons ; il est pris ici pour ceux qui sont dangereux, et souvent mortels s'ils ne sont bien apprestez : c'est pourquoi il les appelle *ancipites* douteux. *Boletus* en est une autre espece, qui croissent, au rapport de Pline

au livre 22, dans une enveloppe blanche, dont estant dépoüillez ils
paroissent d'une couleur jaunastres et ce sont les meilleurs, les plus
rares et dont les Romains estoient fort friands. Je croy que ce sont
nos mousserons. Martial :

*Argentum atque aurum, facile est lanamque togamque
Mittere, boletos mittere difficile est.*

De l'or et de l'argent, des habits, de la laine,
On en donne en toutes saisons ;
Mais c'est avec beaucoup de peine,
Qu'on peut offrir des mousserons.

V. 147. *Sed quales Claudius edit ante illum uxoris.* Agrippine
fille de Germanicus et d'Agrippine fille d'Agrippa fut mariée en
premiere nopces à Domitius Neron, dont elle eut le Prince Neron,
que Claude cinquiéme Empereur des Romains, adopta pour son fils
aprés avoir épousé Agrippine sa mere, laquelle voulant élever son
fils à l'Empire, empoisonna Claude son mari dans un plat de mousserons qu'il aimoit fort : Britannicus fils de Claude et de Messaline
sa premiere femme, eut la mesme destinée par Neron qui craignit
en luy le droit de succession. Seneque appelle elegamment toutes
ces especes de champignons, *voluptuarium venenum,* un poison
délicieux.

V. 151. *Qualia perpetuus phæacum Autumnus.* Homere dans
son Odyssée fait mention des Jardins d'Alcinous Roy de Pheacie,
autrefois appellée Corcyre, et aujourd'hui l'Isle de Corfou à l'entrée
de la mer Adriatique, dont les arbres estoient toûjours verds, et
portoient des fruits en tout temps ; en sorte que *Pirum Piro succe-
debat, malum malo, et Ficus Ficui :* d'où vient ce qu'en a dit le
Poëte Stace :

*Vosque
Qui nunquam vacui prodistis ad æthera rami.*

Vous qui n'avez jamais des ramages sans fruits.

V. 152. *Sororibus Afris.* Les Poëtes ont feint que dans une Isle
de la Mauritanie il y avoit un jardin qui produisoit des pommes d'or
qui estoit gardé par trois sœurs, Æglé, Heretusa et Hespetusa, qu'ils
ont appellées Hesperides par leur pere Hesperus frere d'Atlas Roy
de Mauritanie ; et sur le tout par un dragon toûjours surveillant,
qui fut tué par Hercules, lequel emporta tout les fruits en Grece.
Pline et Solin interpretent cette fable d'un gros boüillon de mer
serpentant en forme de dragon au tour de ce Jardin, où il remarque
qu'il n'y a jamais eu que des oliviers sauvages.

V. 153. *Tu scabie frueris mali.* Tu n'auras que des fruits de rebut, que l'on porte dans le camp au soldat qui est designé par ces mots, *qui tegitur parma et galea*, couvert d'un bouclier et d'un casque: et par les suivans.

V. 154. *Metuensque flagelli*, qui craint d'estre battu par le maistre qui lui enseigne l'art de la guerre.

V. 155. *Discit ab hirsuta jaculum torquere capella.* C'est toûjours du soldat qu'il parle; mais ce vers est interpreté fort differemment : les uns l'appliquent à la courroye de poil de chevre qui lioit sa javeline quand il la vouloit lancer, afin de la pouvoir retirer, les autres de la veste militaire faite de poil de chevre, dont les soldats estoient vestus, ou du carquois où ils mettoient leurs fleches qui estoit souvent couvert de peau de chevre : d'autres d'un excellent gladiateur nommé Capella, expert à tirer le dard; ou des Centurions qui estoient des hommes forts et tous velus, qui enseignoient aux jeunes soldats à se servir habilement de leurs dards anquel cas il faudroit dire *hirsuto* : et enfin on l'explique par allusion à l'arc d'un soldat Cretois, qui estoit orné de peau de chevre, à cause que les habitans de la ville de Cydon en Crete estoient en réputation au dire d'Homere d'estre fort adroits à s'en servir.

V. 160. *Pressoque diu stridere molari.* Il se fait un plaisir de te voir long-temps crisser les dents, *molares* sont les dernieres dents, ainsi nommées, parce qu'elles semblent moudre la viande, comme les pierres meulent le bled.

V. 161. *Et Regis conviva videris.* Ce nom de Roy signifie le maistre de la maison, et est souvent employé dans ce mesme sens.

V. 164. *Hetruscum puero si contigit aurum.* Si tu es né de parens nobles et libres. *Aurum Hetruscum*, c'est ce qu'on appelloit *bulla aurea*, une marque d'or faite en cœur, que les enfans libres et de naissance portoient penduë au col jusques à l'âge de quatorze ans, on obligeoit aussi les triomphateurs de la porter, afin qu'en la considerant ils se sousvinssent qu'ils estoient hommes, et qu'ils ne devoient pas s'ebloüir de leur gloire.

Il l'appelle *Hetruscum*, parce que Tullus Hostilius troisiéme Roy des Romains fut le premier qui l'etablit à Rome, aprés avoir vaincu les Herruriens ou Toscans, parmi lesquels elle estoit en usage, aussi bien que la robe qu'on nommoit *prætexta*, à cause qu'elle estoit bordée de pourpre, mais en ce temps-là c'estoit des marques d'honneur reservées aux Magistrats, et aux triomphateurs jusques au regne de Tarquin le vieil, lequel triomphant des Sabins en voulut honorer son fils à l'âge de quatorze ans, pour avoir dans le combat donné des marques de sa valeur; d'où vint la coûtume de les faire porter aux enfans des nobles, afin de les exciter par cet honneur à s'acquerir les mesmes vertus qui les avoient fait meriter au fils de Tarquin.

V. 165. *Vel nodus tantum et signum de paupere loro.* Les enfans d'affranchis au lieu de *bulla aurea* portoient un nœud de cuir pour les distinguer, et pour marque de leur liberté.

V. 168. *Inde parato, intacto et stricto pane tacetis.* Vous attendez avec impatience ayant un peu de pain dur à la main où vous ne touchez point, que le maistre vous envoye quelque viande.

V. 171. *Pulsandum vertice raso præbebis quandoque caput.* Tu souffriras qu'on te rase la teste, et qu'on te baille mille coups pour te traduire en ridicule, comme on avoit accoûtumé de faire à l'égard de ces miserables Parasites, qui estoient exposez à toutes sortes d'injures pour gagner quelques repas.

# SATIRE SIXIÈME

## LES FEMMES

La Pudeur, je le crois, habita cette terre
Au temps du roi Saturne ; on la vit s'y complaire
A l'époque lointaine où les antres glacés,
Dans leur sombre réduit renfermaient, entassés,
Les lares, le foyer, les troupeaux et le maître,
Où l'épouse à l'époux dressait un lit champêtre
De feuilles, d'herbe sèche et des chaudes toisons
Des bêtes qu'il tuait. Autres sont vos façons,
Belle Cynthie, et toi, dont les yeux pleins de charmes
A la mort d'un moineau se voilèrent de larmes !
Plus robuste souvent que l'époux, qui de glands
Près d'elle se gorgeait, à ses fils déjà grands
On la voyait livrer sa mamelle féconde.


## SATIRA SEXTA

### MULIERES

Credo pudicitiam Saturno Rege moratam
In terris, visamque diu : cum frigida parvas
Præberet spelunca domos, ignemque, laremque,
Et pecus et dominos communi clauderet umbra.
Silvestrem montana torum cum sterneret uxor,                    5
Frondibus et culmo, vicinarumque ferarum
Pellibus ; haud similis tibi Cynthia, nec tibi cujus
Turbavit nitidos extinctus passer ocellos :
Sed potanda ferens infantibus ubera magnis,
Et sæpe horridior glandem ructante marito.                    10
Quippe aliter tunc orbe novo, cœloque recenti

C'est qu'alors, dans ces temps où jeune était le monde,
Où le ciel était neuf, ces premiers habitants
De la terre, pétris de limon, nés des flancs
Brisés de quelque chêne, et, sans père ni mère,
Vivaient bien autrement qu'on ne vit dans notre ère!
Peut-être trouvait-on de l'antique Pudeur
Des vestiges épars, témoins de sa splendeur,
Au temps de Jupiter, mais, lorsque le visage
Sans barbe de ce dieu trahissait le jeune âge,
A l'époque où le Grec, sur la tête d'autrui,
Ne jurait pas encor comme il fait aujourd'hui,
Où les vergers ouverts, sans borne ni clôture,
N'avaient point des voleurs à redouter l'injure.
Mais Justice et Pudeur, s'éloignant sans retour,
Regagnèrent bientôt le céleste séjour;
Ensemble les deux sœurs quittèrent cette terre.

D'autrui souiller le lit et braver la colère
De ce dieu qui préside à l'hymen, sont des faits
Bien vieux, ô Posthumus; si les autres forfaits
Dans le siècle de fer inondèrent la terre,

Vivebant homines : qui rupto robore nati.
Compositique luto nullos habuere parentes,
Multa pudicitiæ veteris vestigia forsan
Aut aliqua extiterant, et sub Iove, sed Iove nondum    15
Barbato. Nondum Græcis jurare paratis
Per caput alterius, cum furem nemo timeret
Caulibus, aut pomis, et aperto viveret horto.
Paulatim deinde ad superos Astræa recessit
Hac comite, atque duæ pariter fugere Sorores.    20

Antiquum et vetus est alienum, Posthume, lectum
Concutere, atque sacri genium contemnere fulcri.
Omne aliud crimen mox ferrea protulit ætas.
Viderunt primos argentea sæcula mœchos.

Dès le siècle d'argent on a vu l'adultère.
Au temps où nous vivons, pourtant, tu te complais
D'un prochain mariage à faire les apprêts,
A mander tes parents, régler les fiançailles;
Et peut-être, déjà, pressant les épousailles,
T'es-tu remis aux mains d'un coiffeur consommé!
Peut-être as-tu glissé l'anneau, ce gage aimé!
Comment! toi, Posthumus, si sensé, tu prends femme!
Mais, quelle Tisiphone a donc troublé ton âme
Avec ses noirs serpents? Peut-on, en vérité,
De ce maître exigeant subir l'autorité?...
N'est-il plus, sous ta main, de corde pour te pendre?
Plus de haute fenêtre où tu puisses te rendre,
Pour te précipiter? N'as-tu point, à deux pas,
Le pont Émilius? Si tu ne goûtes pas
Ces moyens variés de fuir le mariage,
Ne trouves-tu donc pas plus commode et plus sage
D'attirer dans ton lit quelque petit garçon?
Il ne met pas, la nuit, ta faiblesse à rançon,
Ne regrette jamais que ton ardeur s'abstienne
Et ne t'accuse pas de perdre ton haleine
Lorsqu'un de ses désirs veut satisfaction!
Mais Posthumus est pris de belle passion

Conventum tamen et pactum, et sponsalia nostra          25
Tempestate paras, jamque a tonsore magistro
Pecteris, et digito pignus fortasse dedisti.
Certe sanus eras! uxorem, Posthume, ducis?
Dic qua Tisiphone, quibus exagitare colubris?
Ferre potes dominam salvis tot restibus ullam?          30
Quum pateant altæ caligantesque fenestræ?
Quum tibi vicinum se præbeat Æmilius pons?
Aut si de multis nullus placet exitus, illud
Nonne putas melius, quod tecum pusio dormit?
Pusio, qui noctu non litigat, exigit a te               35
Nulla jacens illic munuscula, nec queritur quod
Et lateri parcas, nec, quantum jussit, anheles.

Pour la « loi Julia ! » Il songe avec délire
Au bonheur de bercer l'héritier qu'il désire :
Adieu les gros pigeons, les surmulets barbus,
Adieu les fins cadeaux et les soins assidus
Des coureurs d'héritage ! A tout l'on doit s'attendre,
Dès l'instant que l'on voit Ursidius prétendre
Au rôle de mari, qu'il met, sans examen,
Son front de débauché sous le joug de l'hymen.
Lui qui dut, dans un coffre, en mainte circonstance,
Ainsi que Latinus, sauver son existence.
Bien mieux ! Quel est par lui le rêve caressé ?
Une femme de mœurs antiques. L'insensé !
Vite, les médecins... qu'on le saigne sur l'heure !
O mortel trop heureux ! Si jamais ta demeure
S'ouvre pour une épouse au pudique maintien,
Prosterne-toi devant Jupiter Tarpeïen,
Sur l'autel de Junon immole une génisse,
Que d'un or abondant sa corne resplendisse !
Bien rares, ô Cérès, sont celles dont les mains
Sont dignes de toucher à tes atours divins
Et qu'un père toujours peut embrasser sans crainte.
De couronnes de fleurs que ta porte soit ceinte

Sed placet Ursidio lex Julia : tollere dulcem
Cogitat hæredem, cariturus turture magno,
Mullorumque jubis, et captatore macello.          40
Quid fieri non posse putes, si jungitur ulla
Ursidio? si mœchorum notissimus olim
Stulta maritali jam porrigit ora capistro,
Quem toties texit perituri cista Latini?
Quid, quod et antiquis uxor de moribus illi          45
Quæritur? O medici! mediam pertundite venam.
Delicias hominis! Tarpeium limen adora
Pronus, et auratam Junoni cæde juvencam,
Si tibi contigerit capitis matrona pudici.
Paucæ adeo Cereris vittas contingere dignæ,          50
Quarum non timeat pater oscula. Necte coronam

Que le lierre, en guirlande, inonde ta maison,
— D'Iberina, dis-tu, seul, un homme a raison.
— Un seul? Mais il serait mille fois plus facile
Qu'elle se contentât d'un seul œil! Dans la ville,
On vante cependant une fille au cœur pur
Qui vécut près d'un père, aux champs, asile sûr.
Mais qu'elle aille habiter Fidènes ou Gabies,
Si sa pudeur résiste aux attaques subies,
Je consens volontiers à perdre tout mon bien;
Et d'ailleurs, qui pourrait nous affirmer que rien
Ne s'est fait dans le sein des grottes solitaires,
Dans les plis des vallons aux ombres tutélaires?
Eh! quoi, Mars, Jupiter, êtes-vous donc si vieux?

Nos portiques ont-ils pu montrer à tes yeux
Une femme en tous points digne de ton hommage?
Dans quel amphithéâtre as-tu donc vu l'image
D'une épouse qu'on puisse aimer toujours sans peur?
Les théâtres! Vois donc... Quand Bathylle, l'acteur,
Vient mimer de Léda la lubrique aventure,
Tuccia de désirs lascifs sent la brûlure,
Appula, se croyant dans les bras d'un amant,

Postibus, et densos per limina tende corymbos.
Unus Iberinæ vir sufficit? Ocius illud
Extorquebis, ut hæc oculo contenta sit uno.
Magna tamen fama est cujusdam rure paterno          55
Viventis. Vivat Gabiis, ut vixit in agro;
Vivat Fidenis, et agello cedo paterno.
Quis tamen affirmat, nil actum in montibus aut in
Speluncis? adeo senuerunt Jupiter et Mars?

Porticibusne tibi monstratur femina voto           60
Digna tuo? cuneis an habent spectacula totis
Quod securus ames, quodque inde excerpere possis?
Chironomon Ledam molli saltante Bathyllo,
Tuccia vesicæ non imperat; Appula gannit,

Se pâme dans un vif et long gémissement,
Thymelé l'innocente, à ces jeux attentive,
Instruit avant le temps sa jeunesse naïve.
Puis, quand vient la saison où muets, dégarnis,
Les théâtres sont clos, qu'au forum réunis,
Les plaideurs seulement font du bruit dans la ville,
Elles, pendant ce temps qui lentement défile,
A partir du moment où les jeux plébéiens
Cessent, jusqu'au retour des Mégalésiens,
Se consolent, tâtant la ceinture pudique,
Le thyrse d'Accius et son masque scénique.


Ah! que dans cette farce Urbicus est plaisant!
Elia l'aimerait, mais elle est sans argent.
Or, il en coûte gros de rompre la ceinture
De ces comédiens; c'est bien la flamme impure
De nos dames, qui rend Chrysogonus muet.
Vers un acteur tragique Hispulla pencherait;
Pour un Quintilien crois-tu donc qu'on soupire?


Tes fils auront pour père, ou le joueur de lyre
Echion, ou, qui sait? Glaphyrus. — Fais dresser


Sicut in amplexu, subitum et miserabile ; longum  65
Attendit Thymele ; Thymele tunc rustica discit.
Ast aliæ, quoties aulæa recondita cessant,
Et vacuo clausoque sonant fora sola theatro,
Atque a Plebeiis longe Megalesia, tristes
Personam thyrsumque tenent et subligar Acci.  70

Urbicus exodio risum movet Atellanæ
Gestibus Autonoes : hunc diligit Ælia pauper :
Solvitur his magno comœdi fibula. Sunt quæ
Chrysogonum cantare vetent. Hispulla tragœdo
Gaudet : an exspectas ut Quintilianus ametur?  75

Accipis uxorem, de qua citharœdus Echion
Aut Glaphyrus fiat pater, Ambrosiusque choraules.

Une ample et longue estrade au point d'embarrasser
Les passants ; de lauriers couronne aussi ta porte,
Tout cela, Lentulus, pour qu'un jour l'on t'apporte,
Dans un berceau d'écaille, un héritier naissant
Offrant à tes regards le portrait saisissant
D'un simple mirmillon, de l'obscur Euryale.

Jusqu'aux rives du Nil, à Pharos, ô scandale !
Nous voyons Hippia, femme d'un sénateur,
Se sauver, sur les pas d'un vil gladiateur,
Dans les murs de Lagus qu'avec honte l'on nomme,
Et Canope a rougi des débauches de Rome !
Cette femme, quittant son époux et sa sœur,
Du foyer domestique oubliant la douceur,
N'ayant pas un regret pour la sainte patrie,
Cette femme a laissé, sans en être attendrie,
Ses enfants éplorés ! Mais on est plus surpris
Qu'elle ait pu s'éloigner du cirque et de Pâris.
Hippia chez son père a connu l'opulence,
Dans le plus fin duvet l'on berça son enfance ;
Elle brave pourtant la mer et ses tourments
Comme elle avait bravé, dans ses débordements,

Longa per angustos figamus pulpita vicos,
Ornentur postes et grandi janua lauro,
Ut testudineo tibi, Lentule, conopeo                    80
Nobilis Euryalum mirmillonem exprimat infans.
Nupta senatori comitata est Hippia ludium
Ad Pharon et Nilum, famosaque mœnia Lagi,
Prodigia et mores Urbis damnante Canopo.
Immemor illa domus, et conjugis atque sororis,          85
Nil patriæ indulsit, plorantesque improba natos,
Utque magis stupeas, ludos Paridemque reliquit.
Sed quanquam in magnis opibus, plumaque paterna,
Et segmentatis dormisset parvula cunis,
Contempsit pelagus : famam contempserat olim,           90
Cujus apud molles minima est jactura cathedras.

L'estime du public. Mais, pour toutes ces femmes,
La perte de l'honneur n'effleure pas leurs âmes.
Elle affronte sans peur les flots tyrrhéniens,
L'impétueux fracas des rocs ioniens;
Ces périls ont trouvé son cœur inébranlable.
Mais, si pour un motif honnête et raisonnable
Il leur faut s'exposer à la fureur des flots,
Le frisson les saisit, la peur glace leurs os,
Leurs genoux chancelants fléchissent jusqu'à terre;
Ce n'est que pour le mal qu'elles ont l'âme fière.
Partir quand un époux commande est bien amer,
La sentine répugne, on a le mal de mer;
Mais qui suit un amant a l'estomac valide;
L'une sur son mari vomit, l'autre, solide,
Dîne avec son galant parmi les matelots,
Circule sur le pont en se riant des flots
Et se plaît à tirer les plus rudes cordages.


Quelle jeune vigueur, quels rares avantages
Ont donc pu d'Hippia séduire ainsi le cœur?
Et qu'a-t-elle admiré dans ce gladiateur


Tyrrhenos igitur fluctus, lateque sonantem
Pertulit Ionum constanti pectore, quamvis
Mutandum toties esset mare. Justa pericli
Si ratio est et honesta, timent, pavidoque gelantur     95
Pectore, nec tremulis possunt insistere plantis :
Fortem animum præstant rebus quas turpiter audent.
Si jubeat conjux, durum est conscendere navim;
Tunc sentina gravis, tunc summus vertitur aer.
Quæ mœchum sequitur, stomacho valet. Illa maritum     100
Convomit; hæc inter nautas et prandet, et errat
Per puppim, et duros gaudet tractare rudentes.


Qua tamen exarsit forma; qua capta juventa
Hippia? quid vidit, propter quod ludia dici

Qui lui fit accepter qu'on l'appelât sa femme?
Hélas! ce beau mignon, qui posséda son âme,
Était sur le retour et déjà se rasait;
Ayant un bras coupé, son congé s'imposait;
Face horrible, d'ailleurs; une excroissance flasque
Retombait sur son nez sous le poids de son casque,
Une humeur de ses yeux sans cesse découlait;
Mais, un gladiateur! Ce titre seul en fait
Pour elle, un Adonis. Dans son idôlatrie,
Elle quitte mari, sœurs, enfants et patrie.
Elles aiment le fer! Et, s'il n'a qu'un bâton
Sergius passe au rang d'un simple Vejenton.


Mais que font d'Hippia les vulgaires pratiques?
Vois des rivaux des dieux les hontes domestiques
Et ce dont un César, Claude, n'a pas frémi.
Aussitôt qu'elle sent son époux endormi,
L'auguste courtisane, à sa couche échappée,
Des ombres d'une nuit profonde enveloppée,
Quitte la pourpre et l'or où repose César
Et court vers le grabat infect du lupanar.


Sustinuit? Nam Sergiolus jam radere guttur                     105
Cœperat, et secto requiem sperare lacerto.
Prætereat multa in facie deformia; sicut
Attritus galea mediisque in naribus ingens
Gibbus, et acre malum semper stillantis ocelli.
Sed gladiator erat; facit hoc illos Hyacinthos.          110
Hoc pueris patriæque, hoc prætulit illa sorori
Atque viro: ferrum est quod amant. Hic Sergius idem
Accepta rude, cœpisset Veiento videri.


Quid privata domus, quid fecerit Hippia, curas?
Respice rivales divorum: Claudius audi                   115
Quæ tulerit. Dormire virum quum senserat uxor,
Ausa Palatino tegetem præferre cubili,

Dissimulant ses traits dans les plis d'une mante,
Pour la suivre n'ayant qu'une seule servante,
Et sous de blonds cheveux cachant ses cheveux noirs,
Elle va se glisser dans les tièdes couloirs
Où gît le vice; un lit attend son arrivée;
Dans ce bouge, toujours sa loge est réservée,
Et là, de Lycisca prenant le nom menteur,
Montrant, ruisselant d'or, un sein provocateur,
Noble Britannicus, elle étale le ventre
Qui te donna le jour; dès qu'une pratique entre,
Elle lui fait accueil, fait payer son désir,
Et sur le dos couchée, avide de plaisir,
D'assaillants, coup sur coup, épuise les caresses.
Puis, le maître du lieu renvoyant ses drôlesses,
De sa loge, à regret, la dernière elle part,
De lubriques ardeurs sentant encor le dard.
Lasse de tant de chocs, mais non pas assouvie,
Elle porte, puant la lampe et l'œil sans vie,
L'odeur du lupanar au lit impérial.

De sort, d'enchantements, d'hippomane fatal,
De poisons destinés aux fils d'une autre épouse,

Sumere nocturnos meretrix augusta cucullos,
Linquebat, comite ancilla non amplius una ;
Et, nigrum flavo crinem abscondente galero,          120
Intravit calidum veteri cen one lupanar,
Et cellam vacuam atque suam : tunc nuda papillis
Prostitit auratis, titulum mentita Lyciscæ,
Ostenditque tuum, generose Britannice, ventrem.
Excepit blanda intrantes, atque æra poposcit,        125
Et resupina jacens multorum absorbuit ictus.
Mox, lenone suas jam dimittente puellas,
Tristis abit : sed, quod potuit, tamen ultima cellam
Clausit, adhuc ardens rigidæ tentigine vulvæ,
Et lassata viris, sed non satiata recessit;          130
Obscurisque genis turpis, fumoque lucernæ
Fœda, lupanaris tulit ad pulvinar odorem.

Faut-il donc en parler? Leur nature jalouse
Fait que dans leur esprit le goût du crime éclôt;
Chez elles la licence est un simple défaut.

Cézannie est, dit-on, une charmante femme,
Un trésor de vertu, — son mari le proclame, —
Pourquoi? c'est qu'elle avait en dot un million;
Il mesure à ce prix son admiration.
N'ayez crainte, pourtant, que l'amour le dessèche;
Vénus ne l'a jamais transpercé d'une flèche,
Ni brûlé de ses feux; flèches, flambeau d'amour,
Viennent du coffre-fort. Cézannie, en retour,
Garde la liberté d'envoyer un sourire,
De répondre aux billets qu'un amant ose écrire,
Sans crainte que l'époux en soit même froissé.
Femme riche épousant un homme intéressé
Possède, de ce fait, tous les droits de la veuve.

D'un amour sans calcul n'a-t-on pas une preuve?
Pourquoi Sertorius aime-t-il Bibula?
En regardant de près on s'explique cela:
C'est un visage et non son épouse qu'il aime;

> Hippomanes carmenque loquar, coctumque venenum,
> Privignoque datum? Faciant graviora coactæ
> Imperio sexus, minimumque libidine peccant.                    135
>
> Optima sed quare Cæsennia, teste marito?
> Bis quingenta dedit; tanti vocat ille pudicam:
> Nec pharetris Veneris macer est, aut lampade fervet.
> Inde faces ardent; veniunt a dote sagittæ.
> Libertas emitur: coram licet innuat, atque                    140
> Rescribat; vidua est, locuples quæ nupsit avaro.
>
> Cur desiderio Bibulæ Sertorius ardet?
> Si verum excutias, facies, non uxor amatur.
> Tres rugæ subeant, et se cutis arida laxet,

Vienne la ride au front, que sa peau sèche et blême
Ait perdu sa fraîcheur, que l'émail de ses dents
Se ternisse et ses yeux deviennent moins ardents;
« Fais ton paquet, dira l'affranchi, prends la porte!
» Ce n'est qu'avec dégoût qu'ici l'on te supporte;
» Toujours à te moucher! Décampe... et lestement,
» Un autre nez plus sec arrive en ce moment. »
Bibula, pour l'instant, amoureuse et maîtresse,
Par de riches présents fait payer sa jeunesse :
Canusium fournit ses pâtres, ses moutons,
Falerne ses ormeaux, ses vignes en festons.
C'est trop peu! Son désir ne connaît pas d'entraves;
Elle se fait donner des légions d'esclaves;
Tel objet du voisin manque dans sa maison?
Qu'on l'achète! En hiver, quand le marchand Jason
Est bloqué dans le port, que la neige condamne
Le marin à rester oisif dans sa cabane,
Son mari doit partir pour chercher des cristaux,
Puis, des vases murrhins avec leurs piédestaux,
Et puis, ce diamant, porté par Bérénice,
Ce diamant fameux, qu'à sa sœur, sa complice,
Agrippa, roi des Juifs, avait donné jadis
Pour prix de son inceste, en ce lointain pays,

Fiat obscuri dentes, oculique minores :            145
Collige sarcinulas, dicet libertus, et exi;
Jam gravis et nobis, ut sæpe emungeris! exi
Ocius, et propera; sicco venit altera naso.
Interea calet et regnat, poscitque maritum
Pastores et ovem Canusinam, ulmosque Falernas.    150
Quantulum in hoc? Pueros omnes, ergastula tota,
Quodque domi non est, et habet vicinus, ematur.
Mense quidem brumæ, quo jam mercator Iason
Clausus, et armatis obstat casa candida nautis,
Grandia tolluntur crystallina, maxima rursus       155
Murrhina, deinde adamas notissimus, et Berenices
In digito factus pretiosior : hunc dedit olim

Où les rois, du sabbat pour célébrer la fête,
Vont nu-pieds; où le porc, tranquille en sa retraite,
A l'abri du couteau peut vivre de longs jours.


— Quoi donc! tu n'as pas pu trouver, dans ce concours,
Au gré de tes désirs, une épouse parfaite?
— Elle est très belle, soit! riche, féconde, honnête,
Ayant sous son portique un suite d'aïeux,
Plus admirable encor, plus pure, si tu veux,
Que l'antique Sabine allant, échevelée,
De rivaux en fureur arrêter la mêlée
(Oiseau rare, ma foi! comme le cygne noir).
Eh bien! tant de vertus tombant en mon pouvoir,
Me rendraient, à coup sûr, ma femme insupportable.
Sublime Cornélie, ô mère incomparable,
Si ta vertu s'allie à la dure fierté,
Si, dans l'apport dotal, ton orgueil a compté
Les lauriers glorieux amassés par tes pères,
Je te préférerais, malgré ses goûts vulgaires,
Une Vénusienne enlevée à son champ.
Annibal, et Syphax débusqué de son camp,
Et ce nom, si souvent ressassé, de Carthage
Me laissent froid; ailleurs va porter ton bagage!

Barbarus incestæ, dedit hunc Agrippa sorori,
Observant ubi festa mero pede sabbata reges,
Et vetus indulget senibus clementia porcis.                160

Nullane de tantis gregibus tibi digna videtur?
Sit formosa, decens, dives, fecunda vetustos
Porticibus disponat avos, sit castior omni
Crinibus effusis bellum dirimente Sabina
(Rara avis in terris, nigroque simillima cycno).                165
Quis feret uxorem, cui constant omnia? Malo,
Malo Venusinam, quam te, Cornelia, mater
Gracchorum, si cum magnis virtutibus affers
Grande supercilium, et numeras in dote triumphos.

« Grâce, Apollon, et toi, déesse aux traits perçants !
» Désarme ton courroux ! Mes fils sont innocents,
» Et, si tu dois frapper, ne frappe que leur mère. »
Mais, en vain Amphion gémit ; le dieu colère
Tend son arc. Père, enfants, du coup trouvent la mort.
L'orgueil de Niobé causa leur triste sort ;
Vaine, elle se croyait de plus noble lignée
Que Latone, et bravait sa rivale indignée,
Très fière, en même temps, de sa fécondité.
Quelle est donc la vertu, quelle est donc la beauté
Qui mérite l'ennui de s'entendre, sans cesse,
Reprocher le bonheur que donne la richesse ?
Le mérite orgueilleux ne peut me captiver ;
De miel, non d'aloès, je tiens à m'abreuver.
Montrez-moi le mari qui, sept heures sur douze,
Ne soit pas fatigué de la plus chère épouse ?

Il est d'autres défauts que je vais vous citer,
Légers, mais qu'un mari ne saurait supporter :
Qu'une femme soit née en Toscane, à Sulmone,
Elle se croit plus belle alors qu'elle se donne
Comme devant le jour au ciel athénien.

Tolle tuum, precor, Annibalem, victumque Syphacem     170
In castris, et cum tota Carthagine migra.

Parce, precor, Pæan, et tu, Dea, pone sagittas ;
Nil pueri faciunt ; ipsam configite matrem,
Amphion clamat ; sed Pæan contrahit arcum.
Extulit ergo greges natorum, ipsumque parentem,     175
Dum sibi nobilior Latonæ gente videtur,
Atque eadem scrofa Niobe fecundior alba.
Quæ tanti gravitas ? quæ forma, ut se tibi semper
Imputet ? Hujus enim rari summique voluptas
Nulla boni, quoties animo corrupta superbo     180
Plus aloes quam mellis habet. Quis deditus autem
Usque adeo est, ut non illam, quam laudibus effert,
Horreat, inque diem septenis oderit horis ?

Du grec, toujours du grec! Et pourtant est-il rien
De plus déshonorant pour ces femmes légères
Que de ne point parler la langue de leurs pères?
En grec elles ont peur; dépit, soucis, plaisirs,
Doux aveux trahissant leurs plus secrets désirs,
Elles expriment tout en grec. Que vous dirai-je?
A l'amour, de mots grecs elles font un cortège.
Aux jeunes, nous passons ces travers innocents,
Mais toi, ma pauvre vieille, à soixante-dix ans,
Comment? Encor du grec!... Ce tendre et doux langage
Que murmure l'amour, n'est pas fait pour ton âge;
Ce Ζωη και ψυχη, sous les draps, autrefois,
Dans d'amoureux transports soupiré maintes fois,
En public, aujourd'hui, tu viens le faire entendre?...
Un propos libertin, un mot galant et tendre
Provoquent les désirs et les rendent plus vifs;
Ce sont comme des doigts caressants et lascifs
Qui peuvent raviver une ardeur presque éteinte.
Mais ta voix aura beau prendre une douceur feinte,
D'Émus ou Carpophore imiter les accents,
C'est en vain! Sur tes traits on peut compter les ans!

Quædam parva quidem, sed non toleranda maritis
Nam quid rancidius, quam quod se non putat ulla          185
Formosam, nisi quæ de Tusca Græcula facta est,
De Sulmonensi mera Cecropis? Omnia Græce,
Quum sit turpe magis nostris nescire Latine.
Hoc sermone pavent; hoc iram, gaudia, curas,
Hoc cuncta effundunt animi secreta. Quid ultra?          190
Concumbunt Græce. Dones tamen ista puellis:
Tunc etiam, quam sextus et octogesimus annus
Pulsat, adhuc Græce? non est hic sermo pudicus
In vetula, quoties lascivum intervenit illud:
ΖΩΗ ΚΑΙ ΨΥΧΗ, modo sub lodice relictis                    195
Uteris in turba. Quod enim non excitat inguen
Vox blanda et nequam? digitos habet. Ut tamen omnes
Subsidant pennæ, dicas hæc mollius Æmo
Quanquam et Carpophoro, facies tua computat annos.

Si tu ne dois aimer que d'un amour étique
La femme que tu prends par contrat authentique,
Pourquoi donc l'épouser? et pourquoi ce festin?
Pourquoi, quand le repas touche presque à sa fin,
Ces gâteaux superflus servis à tes convives?
A quoi bon ces présents, ces pièces d'or votives
Célébrant le vainqueur du Dace et du Germain,
Sur un riche plateau, présentés par ta main,
De sa première nuit payant le sacrifice?

Mais si, mari naïf, tu viens, sans artifice,
Mettre à ses pieds ton cœur amoureux, éperdu,
Le joug sera pesant! Sois-en bien convaincu.
Une femme toujours règne sur sa conquête;
Elle peut bien aimer, mais se fait une fête
D'exploiter et vexer l'époux le plus chéri.
Ainsi, plus on est apte à faire un bon mari,
Plus on doit de l'hymen éviter la surprise.
Tu ne pourras jamais, sans qu'elle l'autorise,
Donner, vendre, acheter quelque objet que ce soit.
Sur tes affections elle étendra son droit:

Si tibi legitimis pactam junctamque tabellis            200
Non es amaturus, ducendi nulla videtur
Causa; nec est quare cœnam et mustacea perdas,
Labente officio, crudis donanda; nec illud
Quod prima pro nocte datur, quum lance beata
Dacicus et scripto radiat Germanicus auro.              205

Si tibi simplicitas uxoria, deditus uni
Est animus, submitte caput, cervice parata
Ferre jugum; nullam invenies quæ parcat amanti.
Ardeat ipsa licet, tormentis gaudet amantis,
Et spoliis. Igitur longe minus utilis illi              210
Uxor, quisquis erit bonus optandusque maritus,
Nil unquam invita donabis conjuge; vendes,
Hoc obstante, nihil: nihil, hæc si nolet, emetur.

Un ami déjà vieux, à qui s'ouvrit ta porte
Dès sa première barbe, elle exige qu'il sorte.
Proxénètes, lutteurs, rebuts de la cité,
Ont le droit de tester en toute liberté.
Toi, d'un rival tu dois faire ton légataire.
— « Mettez l'esclave en croix ! » — « Quel acte téméraire
» Mérite que pour lui le bois vil soit dressé ?
» Les témoins, où sont-ils ? Qui donc l'a dénoncé ?
» Écoute… on ne saurait trop réfléchir, en somme,
» Avant de condamner l'existence d'un homme. »
— « Sot ! un esclave… un homme ? Il n'a rien commis, soit !
» Mais j'ordonne, je veux, ma volonté fait droit. »

Elle commande donc, mais bientôt, inconstante,
Le désir de régner sur un autre la tente :
Bientôt, foulant aux pieds le voile nuptial,
On la voit déserter le foyer conjugal.
Sur son nouvel amant rapidement blasée,
Elle vient retrouver la couche méprisée,
Abandonnant des murs de tentures couverts,
Un seuil enguirlandé de rameaux encor verts.

Hæc dabit affectus : ille excludetur amicus
Jam senior, cujus barbam tua janua vidit.                    215
Testandi quum sit lenonibus atque lanistis
Libertas, et juris idem contingat arenæ,
Non unus tibi rivalis dictabitur hæres.
Pone crucem servo. Meruit quo crimine servus
Supplicium ? quis testis adest ? quis detulit ? audi ;       220
Nulla unquam de morte hominis cunctatio longa est.
O demens ! ita servus homo est ? Nil fecerit, esto :
Hoc volo, sic jubeo ; sit pro ratione voluntas.

Imperat ergo viro : sed mox hæc regna relinquit,
Permutatque domos, et flammea conterit ; inde               225
Advolat, et spreti repetit vestigia lecti.
Ornatas paulo ante fores, pendentia linquit
Vela domûs, et adhuc virides in limine ramos.

Le nombre des maris de la sorte s'augmente;
Huit maris en cinq ans... épitaphe charmante!

Tant qu'à ta belle-mère un souffle restera,
La paix, de ton foyer, toujours s'éloignera;
Elle forme sa fille à cet art agréable
De piller son mari, de se montrer aimable
A l'égard des amants, de répondre avec art
A leurs tendres billets. Elle sait, pour sa part,
Tromper les surveillants ou payer leur silence,
Pour un mal supposé mander en diligence
Le savant Archigène, écarter, comme lourds,
Les draps couvrant sa fille et voilant ses contours
Pendant que l'amoureux, brûlant dans sa cachette
Devance, impatient, le plaisir qui s'apprête.
Une mère toujours inculque à ses enfants
Ses principes, ses mœurs et ses propres penchants;
Vieille, déshonorée, elle trouve son compte
A faire vivre aussi sa fille dans la honte.

Il est peu de procès qui ne soient pas le fruit
De l'esprit féminin : Manilia poursuit

  Sic crescit numerus, sic fiunt octo mariti
  Quinque per autumnos; titulo res digna sepulcri.     230

  Desperanda tibi salva concordia socru:
  Illa docet spoliis nudi gaudere mariti;
  Illa docet, missis a corruptore tabellis,
  Nil rude nec simplex rescribere : decipit illa
  Custodes, aut ære domat; tunc corpore sano     235
  Advocat Archigenem, onerosaque pallia jactat.
  Abditus interea latet et secretus adulter,
  Impatiensque moræ pavet, et præputia ducit.
  Scilicet exspectas, ut tradat mater honestos,
  Atque alios mores quam quos habet? Utile porro     240
  Filiolam turpi vetulæ producere turpem.

Dès lors qu'elle n'est pas poursuivie elle-même.
Elles savent trouver un habile système,
Composer un mémoire, et, dans un plaidoyer,
Dicteraient à Celsus l'exorde tout entier.

Ne les voyons-nous pas, avides d'autres rôles,
Du manteau tyrien recouvrir leurs épaules
Et frotter leur corps d'huile ainsi que des lutteurs?
Ne les voyons-nous pas, en vrais gladiateurs,
S'exercer contre un but, le creuser de leurs glaives
Le bouclier au poing, et, dociles élèves,
Avec un art parfait régler leurs mouvements?
Matrones, vous pouvez, au son des instruments,
Paraître aux jeux de Flore, à moins que dans l'arène
Votre zèle guerrier un jour ne vous entraîne.
Une femme peut-elle avoir quelque pudeur
Quand, reniant son sexe, elle met son ardeur
A courir, casque en tête, aux mâles exercices?
Mais ne concluez pas, pourtant, de ses caprices,
Que de changer de sexe elles aient le désir;
Le leur plus que le nôtre est fait pour le plaisir.
Quelle gloire pour toi, si jamais l'on proclame

Nulla fere causa est, in qua non femina litem
Moverit. Accusat Manilia, si rea non est.
Componunt ipsæ per se formantque libellos,
Principium atque locos Celso dictare paratæ.                    245

Endromidas Tyrias et femineum ceroma
Quis nescit? vel quis non vidit vulnera pali,
Quem cavat assiduis sudibus, scutoque lacessit,
Atque omnes implet numeros? dignissima prorsus
Florali matrona tuba; nisi si quid in illo                    250
Pectore plus agitat, veræque paratur arenæ.
Quem præstare potest mulier galeata pudorem,
Quæ fugit a sexu, vires amat? Hæc tamen ipsa
Vir nollet fieri: nam quantula nostra voluptas!

A l'encan, les effets, les armes de ta femme :
Les gants, le baudrier, l'aigrette et le cuissard
Couvrant la jambe gauche ! Ou bien, si, par hasard,
Elle montre du goût pour les courses latines,
Sois heureux ! tu verras adjuger ses bottines !

Et voilà donc la femme, être frêle et charmant
Que fatiguent les plis d'un simple vêtement,
Et qui ne peut porter, sans que sa taille ploie,
Le trop pesant fardeau d'une étoffe de soie !
Regarde-les, pourtant, donner, en frémissant,
Ces coups qu'on leur apprit ; vois le casque puissant
Sous son énorme poids faire fléchir leurs têtes ;
Leurs jarrets sont cambrés, d'épaisses bandelettes
Enserrent fortement leurs jambes et leurs bras ;
A rire apprête-toi, lorsque tu les verras
Pour un certain besoin dépouiller leur armure,
O vous, qui descendez d'une souche si pure,
Filles de Lépidus, de Gurgès-Fabius,
Vous aussi, qui comptez l'aveugle Metellus
Dans vos aïeux, jamais vous n'avez, je présume,
Vu de comédienne en semblable costume.

> Quale decus rerum, si conjugis auctio fiat,          255
> Balteus et manicæ, et cristæ, crurisque sinistri
> Dimidium tegmen ! vel si diversa movebit
> Prælia, tu felix, ocreas vendente puella !
>
> Hæ sunt quæ tenui sudant in cyclade, quarum
> Delicias et panniculus bombycinus urit.              260
> Aspice quo gemitu monstratos perferat ictus,
> Et quanto galeæ curvetur pondere, quanta
> Poplitibus sedeat, quam denso fascia libro ;
> Et ride, positis, scaphium quum sumitur, armis.
> Dicite, vos, neptes Lepidi, cæcive Metelli,          265
> Gurgitis aut Fabii, quæ ludia sumpserit unquam
> Hos habitus ? quando ad palum gemat uxor Asyli ?

La femme d'Asyllus, en des assauts constants,
A percer un poteau passe-t-elle son temps?

La couche nuptiale est un nid de querelles,
De reproches amers, de luttes éternelles.
On n'y dort que fort peu. Quand l'esprit agité
Par le remords secret d'une infidélité,
En sanglots simulés ta femme se dépense,
Pauvre mari! Pour toi quelle dure existence!
Une tigresse à qui l'on ravit ses petits,
Montre moins de fureur et pousse moins de cris.
Elle t'accusera d'épuiser ta jeunesse
Avec quelque mignon ou près d'une maîtresse,
Que de gémissements! Dans ses yeux quels ruisseaux,
Réservoirs toujours pleins, prêts à couler à flots!
Et toi, pauvre benêt, tu crois à sa tendresse,
Tu te flattes d'avoir pour femme une Lucrèce
Et dans un long baiser tu dévores ses pleurs...
Ouvre donc ses coffrets, fidèles recéleurs
De billets amoureux et d'épîtres brûlantes,
Et tu recueilleras des preuves accablantes.

Mais tu surprends ta femme en train de s'oublier

> Semper habet lites alternaque jurgia lectus,
> In quo nupta jacet; minimum dormitur in illo.
> Tunc gravis illa viro, tunc orba tigride pejor,          270
> Quum simulat gemitus occulti conscia facti,
> Aut odit pueros, aut ficta pellice plorat
> Uberibus semper lacrymis, semperque paratis
> In statione sua, atque exspectantibus illam,
> Quo jubeat manare modo. Tu credis amorem,              275
> Tu tibi nunc curruca places, fletumque labellis
> Exsorbes; quæ scripta et quas lecture tabellas,
> Si tibi zelotypæ retegantur scrinia mœchæ!
>
> Sed jacet in servi complexibus aut equitis. Dic,
> Dic aliquem, sodes, hic, Quintiliane, colorem.          280

Dans les bras d'un esclave ou bien d'un chevalier.
— Parle, Quintilien ; quel argument sublime
Vas-tu donc inventer pour absoudre son crime ?
— Ah ! ce cas t'embarrasse ? Elle, n'hésite point.
— N'étions-nous pas d'accord, dit-elle, sur ce point :
C'est que chacun de nous vivrait à sa manière ?
Tu peux vociférer, remuer ciel et terre,
Je suis homme, après tout ! Prenez-les sur le fait,
Elles seront d'audace un exemple parfait,
Le crime a le pouvoir de les rendre plus fières
Et de leur inspirer de superbes colères.

Quelle source a versé ce flot d'iniquité ?
Vous me le demandez ? La sainte chasteté
Avait pour bouclier, chez les femmes romaines,
La médiocrité des fortunes anciennes ;
Le travail incessant, les veilles, cette main
Endurcie à filer, dans un labeur sans fin,
La laine de Toscane, Annibal à nos portes,
Leurs maris aux remparts rejoignant les cohortes,
Du vice préservaient leur modeste foyer.
D'une trop longue paix, il nous faut essuyer

Hæremus : dic ipsa. Olim convenerat, inquit,
Ut faceres tu quod velles ; nec non ego possem
Indulgere mihi : clames licet, et mare cœlo
Confundas, homo sum. Nihil est audacius illis
Deprensis : iram atque animos a crimine sumunt.  285

Unde hæc monstra tamen, vel quo de fonte, requiris ?
Præstabat castas humilis fortuna Latinas
Quondam, nec vitiis contingi parva sinebant
Tecta labor, somnique breves, et vellere Tusco
Vexatæ duræque manus, ac proximus urbi  290
Annibal, et stantes Collina in turre mariti.
Nunc patimur longæ pacis mala : sævior armis

Les désastreux effets; plus cruel que la guerre,
Le luxe triomphant nous étreint sous sa serre
Et venge l'univers que nous avons vaincu.
La pauvreté romaine en nos murs a vécu;
Et depuis lors, forfaits, débauches crapuleuses,
Étalent parmi nous leurs hontes monstrueuses.
Alors, Rhodes, Milet, la molle Sybaris
Et la folle Tarente, avec ses fronts fleuris
Et ses vins capiteux et ses mœurs libertines,
Vinrent jeter le vice aux flancs de nos collines;
L'or infâme apporta le premier dans nos murs
Des peuples étrangers les usages impurs.
Le luxe corrupteur, l'énervante richesse
Ont détruit, sans retour, notre antique sagesse.


Vénus prise de vin, que ne peut-elle oser?
En quel endroit du corps portera son baiser,
Quand, dans de folles nuits, d'huîtres elle se gorge,
Qu'au Falerne écumant qui coule dans sa gorge,
Se mêlent des parfums; que dans la conque on boit,
Que déjà les plafonds dansent et que l'on voit
Les flambeaux allumés se doubler sur les tables?


    Luxuria incubuit, victumque ulciscitur orbem.
    Nullum crimen abest facinusque libidinis, ex quo
    Paupertas Romana perit. Hinc fluxit ad istos      295
    Et Sybaris colles; hinc Rhodos, et Miletos,
    Atque coronatum et petulans madidumque Tarentum.
    Prima peregrinos obscena pecunia mores
    Intulit, et turpi fregerunt sæcula luxu
    Divitiæ molles.

            Quid enim Venus ebria curat?      300
    Inguinis et capitis quæ sint discrimina, nescit;
    Grandia quæ mediis jam noctibus ostrea mordet,
    Quum perfusa mero spumant unguenta Falerno,
    Quum bibitur concha, quum jam vertigine tectum

Doutes-tu maintenant des ardeurs exécrables
Dont brûle Tullia, du propos indiscret
Qu'elle tient à Maura qui fut sa sœur de lait,
Quand ensemble elles vont auprès du sanctuaire
De l'antique Pudeur? Dans ce lieu solitaire,
Leur litière s'arrête au milieu de la nuit;
Contre la statue elles font avec bruit
Rebondir fréquemment le jet de leur urine;
C'est là que pour calmer leur rage libertine,
A de hideux assauts elles vont se livrer.
Témoin muet, la lune ose les éclairer!
Puis chacune, après ça, regagne sa demeure,
Et toi, le lendemain, lorsqu'à la première heure
Tu vas faire ta cour aux grands de la cité,
De ta femme ton pied foule la saleté!

De la Bonne Déesse on connaît les mystères :
Les flûtes de désirs font battre les artères,
Les trompettes, le vin, aiguillonnent les sens;
Ménades de Priape, elles vont en tous sens,
En tordant leurs cheveux. Avec quelle énergie
Elles font retentir les clameurs de l'orgie!

Ambulat, et geminis exsurgit mensa lucernis :    305
I nunc, et dubita qua sorbeat aera sanna
Maura, Pudicitiæ veterem quum præterit aram,
Tullia quid dicat notæ collactea Mauræ.
Noctibus hic ponunt lecticas, micturiunt hic,
Effigiemque Deæ longis siphonibus implent;    310
Inque vices equitant, ac, luna teste, moventur.
Inde domos abeunt; tu calcas, luce reversa,
Conjugis urinam, magnos visurus amicos.

Nota Bonæ secreta Deæ, quum tibia lumbos
Incitat, et cornu pariter vinoque feruntur    315
Attonitæ, crinemque rotant, ululantque Priapi
Mænades. O quantus tunc illis mentibus ardor

Quel désir du coït alors les mord au cœur!
Comme leur voix trahit l'amoureuse fureur?
De ruisseaux de vins vieux leur jambe se sillonne;
La noble Laufella, déposant sa couronne,
Avec la courtisane entre en rivalité,
Et remporte le prix de la lubricité.
Seule, Medullina, par d'habiles caresses,
Sait lui faire goûter de plus chaudes ivresses.
Gloires de la naissance, érotiques talents
Vont chez elles de pair. Là, pas de faux-semblants;
C'est la réalité, si vive, si sincère,
Que Priam réchauffé rêverait de Cythère
Et Nestor oublierait sa triste infirmité.
Mais leur désir bientôt veut être contenté;
Il ne leur suffit plus, pour éteindre leur flamme,
De serrer dans leurs bras le corps d'une autre femme.
L'antre alors retentit de ces cris haletants :
« Des hommes, sans retard! qu'ils entrent! Il est temps!
— » Mais l'amant ordinaire à cette heure sommeille.
— » Il n'importe! Il est jeune; il faut qu'on le réveille,
» Son manteau lui suffit. » L'amant n'arrive pas?
Que l'on jette un esclave à l'instant dans ses bras!

Concubitus! quæ vox saliente libidine! quantus
Ille meri veteris per crura madentia torrens!
Lenonum ancillas posita Laufella corona                    320
Provocat, et tollit pendentis præmia coxæ.
Ipsa Medullinæ frictum crissantis adorat.
Palmam inter dominas virtus natalibus æquat.
Nil ibi per ludum simulabitur; omnia fient
Ad verum, quibus incendi jam frigidus ævo                  325
Laomedontiades et Nestoris hernia possit.
Tunc prurigo moræ impatiens, tunc femina simplex,
Et toto pariter repetitus clamor ab antro :
Jam fas est, admitte viros. Dormitat adulter?
Illa jubet sumpto juvenem properare cucullo.               330
Si nihil est, servis incurritur : abstuleris spem

Pas d'esclaves? qu'on loue un porteur d'eau dans Rome!
On cherche vainement, on ne trouve pas d'homme...
Elle, ne peut attendre... et vite elle soumet
Sa croupe impatiente aux assauts d'un baudet.

Ah! du moins, plût au ciel que nos cérémonies,
Que nos rites anciens, de ces ignominies
Se fussent garantis! Du Maure à l'Indien,
Dans l'univers entier aujourd'hui l'on sait bien
Qu'en ce lieu redouté, que fuit, plein de prudence,
Le rat mâle, du sexe ayant la conscience,
Où l'on voile avec soin l'attribut masculin
Sur le moindre tableau, un priape malin
Entra, d'une chanteuse empruntant le costume,
Un priape pouvant défier en volume,
Du prolixe César les deux Anti-Catons.
Les anciens, plus pieux que nous, leurs rejetons,
Osèrent-ils jamais rire du broc d'argile,
Du plat noir de Numa, de sa coupe fragile?
Quel autel aujourd'hui n'a pas son Clodius?

Servorum, veniet conductus aquarius : hic si
Quæritur, et desunt homines, mora nulla per ipsam,
Quo minus imposito clunem submittat asello.

Atque utinam ritus veteres et publica saltem          335
His intacta malis agerentur sacra! sed omnes
Noverunt Mauri atque Indi, quæ psaltria penem,
Majorem quam sunt duo Cæsaris Anticatones,
Illuc, testiculi sibi conscius unde fugit mus,
Intulerit, ubi velari pictura jubetur,                340
Quæcumque alterius sexus imitata figuram est.
Et quis tunc hominum contemptor numinis? aut quis
Simpuvium ridere Numæ, nigrumque catinum,
Et Vaticano fragiles de monte patellas
Ausus erat? sed nunc ad quas non Clodius aras?        345

Eh! oui, je vous entends, amis, faire chorus :
« Poste des surveillants et mets une serrure. »
— Soit! mais qui gardera les gardiens? La parjure
Montrera son astuce en commençant par eux.
Riche ou pauvre, partout mêmes instincts honteux ;
Plébéienne foulant le pavé noir de crotte,
Grande dame portée en litière très haute,
Se valent. Vous voyez, pour assister aux jeux,
Olgunia louer des habits somptueux,
Une riche litière, une suite complète,
Des coussins, la nourrice et la blonde soubrette.
Tous ces vases d'argent, d'un patrimoine entier
Respectables débris, iront, jusqu'au dernier,
Payer les soins galants de tout jeunes athlètes.
La gêne est au foyer, mais toutes ces coquettes
Ne savent dignement porter la pauvreté,
Ni d'après leur avoir régler leur vanité.
Les hommes ont parfois certaine prévoyance ;
Imitant les fourmis, ils s'arment, à l'avance,
Contre la faim, le froid. Prodigue de son or,

Audio quid veteres olim moneatis amici :
Pone seram; cohibe. Sed quis custodiet ipsos
Custodes? cauta est, et ab illis incipit uxor.
Iamque eadem summis pariter minimisque libido ;
Nec melior, silicem pedibus quæ conterit atrum,            350
Quam quæ longorum vehitur cervice Syrorum.
Ut spectet ludos, conducit Ogulnia vestem ;
Conducit comites, sellam, cervical, amicas,
Nutricem, et flavam, cui det mandata, puellam.
Hæc tamen argenti superest quodcumque paterni,            355
Lævibus athletis ac vasa novissima donat.
Multis res angusta domi; sed nulla pudorem
Paupertatis habet, nec se metitur ad illum
Quam dedit hæc posuitque modum. Tamen utile quid sit,
Prospiciunt aliquando viri; frigusque, famemque,            360
Formica tandem quidam expavere magistra.

La femme ne voit pas s'épuiser son trésor,
Et comme si l'argent renaissait dans sa caisse,
Au tas, à pleines mains, elle puise sans cesse,
Ne calculant jamais le prix de ses plaisirs.

Certaines ont recours, pour calmer leurs désirs,
Aux baisers de l'eunuque, à sa molle caresse;
Pas de barbe au menton, partant pas de grossesse
Et pas d'avortements! Comble de volupté :
Ce n'est que lorsqu'il a l'âge de puberté,
Qu'une première ardeur des sens se manifeste,
Que le chirurgien fait son œuvre funeste;
Héliodore ainsi ne fait tort qu'au barbier.
L'esclave, en cet état, peut se glorifier
De fixer les regards, quand aux bains il se montre;
Sa maîtresse l'a fait eunuque, mais, par contre,
Il défierait encor le dieu de nos jardins.
Qu'il couche avec ta femme, ô Posthumus, mais crains
De lui livrer jamais, sur sa mine impuissante,
Bromius, ton mignon à la barbe naissante.

Prodiga non sentit pereuntem femina censum;
Aut velut exhausta recidivus pullulet arca
Nummus, et e pleno tollatur semper acervo,
Non unquam reputat quanti sibi gaudia constent.     365

Sunt quas eunuchi imbelles, ac mollia semper
Oscula delectent, et desperatio barbæ,
Et quod abortivo non est opus. Illa voluptas
Summa tamen, quod jam calida matura juventa
Inguina traduntur medicis, jam pectine nigro.     370
Ergo exspectatos, ac jussos crescere primum
Testiculos, postquam cœperunt esse bilibres.
Tonsoris damno tantum, rapit Heliodorus.
Conspicuus longe, cunctisque notabilis intrat
Balnea, nec dubie custodem vitis et horti     375

Aime-t-elle le chant?... Plus d'anneaux aux chanteurs
Leur conservant la voix qu'ils vendent aux préteurs!
Sa main ne quitte plus leurs cithares chéries
Où scintillent les feux de mille pierreries;
Du jeune Hedymelès elle saisit l'archet,
Fait vibrer l'instrument et sur ce cher objet
Dépose des baisers, doux gages de sa flamme.
Du sang des Lamia, d'un grand nom, une femme,
Sur l'autel à Janus et Vesta consacré
Vient présenter le vin et le froment doré
Afin que Pollion, joueur de lyre, obtienne
Aux jeux Capitolins la couronne de chêne.
Qu'eût-elle fait de plus pour un mari souffrant,
Pour un fils bien-aimé que déclarent mourant
Tous les hommes de l'art? S'agit-il d'une lyre?
D'assurer le triomphe au chanteur qu'elle admire?
Debout, le voile au front, au pied des saints autels
Elle prononcera les mots sacramentels
Et de flancs palpitants sondera le mystère.
Dis-moi, doyen des dieux, ô Janus, notre père,

Provocat, a domina factus spado. Dormiat ille
Cum domina: sed tu jam durum, Postume, jamque
Tondendum eunucho Bromium committere noli.
Si gaudet cantu, nullius fibula durat
Vocem vendentis prætoribus; organa semper          380
In manibus; densi radiant testudine tota
Sardonyches; crispo pulsantur pectine chordæ,
Quo tener Hedymeles operam dedit: hunc tenet, hoc se
Solatur, gratoque indulget basia plectro.
Quædam de numero Lamiarum ac nominis alti,          385
Cum farre et vino Janum Vestamque rogabat,
An Capitolinam deberet Pollio quercum
Sperare, et fidibus promittere. Quid faceret plus
Ægrotante viro? medicis quid tristibus erga
Filiolum? Stetit ante aram, nec turpe putavit        390
Pro cithara velare caput; dictataque verba

Vas-tu donc leur répondre? En quelle oisiveté
Vit-on là-haut? Au sein de votre majesté,
Vous n'avez, je le vois, que peu de chose à faire?
Si chacune, à son tour, t'adresse sa prière,
L'une te suppliant pour un comédien,
L'autre t'offrant des vœux pour un tragédien,
L'aruspice debout y prendra des varices.

Qu'elle chante, après tout! j'aime mieux ces caprices,
Que de voir une femme, à travers la cité
Courir effrontément; à la société
Des hommes se mêler, discourir face à face
Avec des généraux que surprend son audace,
Sous les yeux du mari, le sein nu, l'œil altier.
Elle sait ce qu'on fait dans l'univers entier,
Ce qu'on fait au pays des Thraces ou des Sères;
Amoureux rendez-vous, intrigues adultères,
Belle-mère et beau-fils s'aimant secrètement,
Rien n'est caché pour elle. Elle dira comment,
En quel mois et par qui cette veuve fut mère,
Les propos échangés dans l'amoureux mystère,
Et de quelle façon chacune fait l'amour.

Pertulit, ut mos est, et aperta palluit agna.
Dic mihi nunc, quæso, dic, antiquissime divum,
Respondes his, Jane pater? Magna otia cœli;
Non est, ut video, non est quod agatur apud vos.          395
Hæc de comœdis te consulit, illa tragœdum
Commendare volet: varicosus fiet aruspex.

Sed cantet potius quam totam pervolet urbem
Audax, et cœtus possit quam ferre virorum;
Cumque paludatis ducibus, præsente marito,          400
Ipsa loqui recta facie, strictisque mamillis.
Hæc eadem novit quid toto fiat in orbe,
Quid Seres, quid Thraces agant; secreta novercæ
Et pueri; quis amet, quis diripiatur adulter.

La première elle voit, dès que s'éteint le jour,
La comète, des rois de Perse et d'Arménie
Annonçant le trépas; elle a cette manie
D'aller, de porte en porte écoutant la rumeur,
Des nouvelles du jour recueillir la primeur.
Des eaux du Niphatès elle annonce la crue :
« Sur le peuple et les champs le déluge se rue;
» Les tremblements de terre ébranlent les cités,
» Le sol s'est affaissé. » De ces calamités
Partout, à tout venant, elle fait la peinture.


Avec de tels travers il se peut qu'on l'endure;
Mais celle qui, brutale envers les pauvres gens
Ses voisins, sans pitié leur fait cingler les flancs,
Est plus insupportable. Alors qu'elle sommeille,
Si l'aboiement d'un chien vient troubler son oreille :
« Des verges à l'instant! et frappez, frappez bien,
» Sur le maître d'abord, ensuite sur le chien. »
La nuit, allant aux bains, aux passants elle montre
Un visage en courroux; importune rencontre!
Va-t-elle transpirer? quel fracas! quel travail!
D'un camp qui déménage on dirait l'attirail.


Dicet quis viduam prægnantem fecerit, et quo                405
Mense, quibus verbis concumbat quæque, modis quot.
Instantem regi Armenio Parthoque cometen
Prima videt; famam rumoresque illa recentes
Excipit ad portas; quosdam facit. Isse Niphaten
In populos, magnoque illic cuncta ava teneri            410
Diluvio, nutare urbes, subsidere terras,
Quocumque in trivio, cuicumque est obvia, narrat.

Nec tamen id vitium magis intolerabile, quam quæ
Vicinos humiles rapere, et concidere loris
Exorata solet. Nam si latratibus alti                   415
Rumpuntur somni : « Fustes huc ocius, inquit,

Lorsque ses bras sont las des rudes exercices,
De ses doigts, artisans de suprêmes délices,
Un baigneur de ses sens provoque le réveil.
Cependant, mort de faim et tombant de sommeil,
Tristement se morfond son malheureux convive.
Enfin, haute en couleur, altérée, elle arrive;
Son gosier viderait un œnophore entier;
Ayant tout, par deux fois, elle en boit un setier,
Puis, pour exaspérer l'appétit, le rejette.
Le Falerne rendu remplit une cuvette,
Ou sur la dalle en marbre il s'épanche en ruisseau;
Ainsi qu'un long serpent tombé dans un tonneau,
Elle boit et vomit. Son mari qui chancelle,
Ferme les yeux, craignant de faire aussi comme elle.


Mais la femme savante est pire à mon avis;
A peine du repas les plats sont-ils servis,
Qu'elle exalte le chantre admirable d'Énée,

    Afferte, » atque illis dominum jubet ante feriri,
Deinde canem. Gravis occursu, teterrima vultu,
Balnea nocte subit; conchas et castra moveri
Nocte jubet; magno gaudet sudare tumultu,     420
Quum lassata gravi ceciderunt brachia massa,
Callidus et cristæ digitos impressit aliptes,
Ac summum dominæ femur exclamare coegit:
Convivæ miseri interea somnoque fameque
Urgentur. Tandem illa venit rubicundula, totum     425
Œnophorum sitiens, plena quod tenditur urna
Admotum pedibus, de quo sextarius alter
Ducitur ante cibum, rabidam facturus orexim,
Dum redit, et loto terram ferit intestino.
Marmoribus rivi properant, aut lata Falernum     430
Pelvis olet: nam sic, tanquam alta in dolia longus
Deciderit serpens, bibit et vomit. Ergo maritus
Nauseat, atque oculis bilem substringit opertis.

    Illa tamen gravior, quæ, quum discumbere cœpit,
Laudat Virgilium, perituræ ignoscit Elisæ:     435

Excuse, en son trépas, Didon l'infortunée,
Juge Homère et Virgile, et, la balance en main,
Compare les auteurs, pèse chaque écrivain.
Grammairiens, rhéteurs, devant son éloquence
Se déclarent vaincus; tous gardent le silence.
Avocats ou crieurs, là se faire écouter?...
Mais une femme même aurait tort d'y compter!
Quel cliquetis de mots! Cymbales et clochettes
Résonneraient moins fort. Laissez là les trompettes,
Ne frappez pas l'airain, quand la lune languit,
Car, pour la ranimer, cette femme suffit.
Le sage dans le bien sait garder la mesure.
Femmes qui prétendez faire quelque figure
Par le savoir, l'esprit, allez! n'hésitez pas,
Portez tunique courte, immolez un porc gras
A Sylvain, et payez votre bain une obole.
Que celle qui toujours affecte en sa parole
Un style original, qui sait, au bon moment,

Committit vates et comparat; inde Maronem,
Atque alia parte in trutina suspendit Homerum.
Cedunt grammatici, vincuntur rhetores, omnis
Turba tacet; nec causidicus nec præco loquatur,
Altera nec mulier: verborum tanta cadit vis!                440
Tot pariter pelves, tot tintinnabula dicas
Pulsari. Jam nemo tubas, nemo æra fatiget:
Una laboranti poterit succurrere lunæ.
Imponit finem sapiens et rebus honestis:
Nam quæ docta nimis cupit et facunda videri,                445
Crure tenus medio tunicas succingere debet,
Cædere Silvano porcum, quadrante lavari.
Non habeat matrona, tibi quæ juncta recumbit,
Dicendi genus; aut curtum sermone rotato
Torqueat enthymema, nec historias sciat omnes;             450
Sed quædam ex libris et non intelligat. Odi
Hanc ego, quæ repetit volvitque Palæmonis artem,
Servata semper lege et ratione loquendi,
Ignotosque mihi tenet antiquaria versus;

Décocher, dans la forme, un beau raisonnement,
Dans ta couche jamais près de toi ne repose!
Que ta femme, au contraire, ignore quelque chose
Et dans ce qu'elle lit ne comprenne pas tout.
Je hais celle qui sait, d'un bout à l'autre bout,
Palémon, qui se fait une règle sévère
De ne manquer jamais aux lois de la grammaire,
Qui de vers inconnus, de propos d'érudit
M'accable, et qui reprend dans tout ce qu'elle dit
Une ignorante amie; en pareille matière,
Un homme éviterait cette critique amère,
C'est le moins qu'un époux ait droit, en vérité,
De faire un solécisme en toute liberté.

Quand d'un riche collier leur épaule est parée,
Que par de lourds pendants leur oreille est tirée,
D'audace et d'impudeur quel attristant tableau!
Une femme opulente est le pire fléau;
Voyez, de pain mouillé sa face enveloppée;
Elle exhale l'odeur des onguents de Poppée,
Où viennent s'engluer les lèvres de l'époux,
C'est affreux! S'agit-il d'un galant rendez-vous?

Nec curanda viris opicæ castigat amicæ                     455
Verba. Solœcismun liceat fecisse marito.

Nil non permittit mulier sibi, turpe putat nil,
Quum virides gemmas collo circumdedit, et quum
Auribus extensis magnos commisit elenchos.
Intolerabilius nihil est quam femina dives.                460
Interea fœda aspectu, ridendaque multo
Pane tumet facies, aut pinguia Poppæana
Spirat, et hinc miseri viscantur labra mariti.
Ad mœchum veniet lota cute. Quando videri
Vult formosa domi? Mœchis foliata parantur:              465
His emitur quidquid, graciles, huc mittitis, Indi.
Tandem aperit vultum, et tectoria prima reponit;

Le fard tombe. Chez soi pourquoi se faire belle?...
— Mais, pourquoi ces parfums? Pour qui réserve-t-elle
Ce nard dont l'Indien amolli fait l'apprêt?
— Pour les galants. — Enfin son visage paraît;
Plus de masque! Il est temps que tu la reconnaisses,
Un bain de lait l'attend, fourni par des ânesses
Qui, même dans l'exil, ne la quitteraient pas,
Fût-elle au pôle nord. Mais ce visage gras,
Enfariné, caché sous l'onguent qui l'enserre,
Réponds : Est-ce un visage, ou bien est-ce un ulcère?

A fond, de sa journée examinons l'emploi :
Quand près d'elle, la nuit, l'époux est resté coi,
Aux coiffeuses malheur! Malheur à l'intendante!
« Vite tunique à bas! » Vous lassez son attente,
Porteurs Liburniens?... et sa mauvaise humeur
Se vengera sur vous d'un mari trop dormeur,
Sur leur dos en morceaux on fait voler les gaules
Les lanières, les fouets rougissent leurs épaules.
Il en est, j'en connais, qui gagent des bourreaux;
On frappe, et sur son front promenant les pinceaux,
Elle cause, distraite; on frappe, elle examine

Incipit agnosci, atque illo lacte fovetur,
Propter quod secum comites educet asellas,
Exsul hyperboreum si dimittatur ad axem.            470
Sed quæ mutatis inducitur atque fovetur
Tot medicaminibus, coctæque siliginis offas
Accipit et madidæ, facies dicetur, an ulcus?

Est pretium curæ penitus cognoscere toto
Quid faciant agitentque die. Si nocte maritus        475
Adversus jacuit, periit libraria; ponunt
Cosmetæ tunicas; tarde venisse Liburnum
Dicitur, et pœnas alieni pendere somni
Cogitur. Hic frangit ferulas; rubet ille flagellis,
Hic scutica. Sunt quæ tortoribus annua præstent.     480

L'or qui luit dans les plis d'une riche étamine ;
On frappe, un long journal tient ses yeux abaissés ;
On frappe, on frappe encor ! Les bourreaux sont lassés ;
« Justice est faite, sors ! » d'une voix de tonnerre
Au patient dira cette horrible mégère.


Le joug sicilien, pour sûr, est moins pesant.
Veut-elle se donner un air plus séduisant ?
L'heure vole, aux jardins il faut qu'elle paraisse ;
Ou plutôt, près d'Isis, complaisante déesse,
Un amoureux l'attend. Tremblant sous ses regards,
Le dos nu, les seins nus et les cheveux épars,
Psécas, pour son malheur, frise sa chevelure :
— « Cette boucle est trop haut ! » — Manquer une coiffure !
Le nerf de bœuf punit, sur-le-champ, ce forfait.
— « Pour un tel châtiment, voyons, qu'a-t-elle fait ?
» La malheureuse fille est-elle donc coupable,
» Si, par hasard, ton nez ne t'est plus agréable ?
A gauche, une autre esclave étale les bandeaux,


Verberat, atque obiter faciem linit ; audit amicas ;
Aut latum pictæ vestis considerat aurum,
Et cædit : longi relegit transversa diurni,
Et cædit, donec lassis cædentibus : Exi
Intonet horrendum, jam cognitione peracta.                 485


Præfectura domus Sicula non mitior aula !
Nam si constituit, solitoque decentius optat
Ornari, et properat, jamque exspectatur in hortis,
Aut apud Isiacæ potius sacraria lenæ ;
Disponit crinem, laceratis ipsa capillis,                  490
Nuda humeros Psecas infelix, nudisque mamillis.
Altior hic quare cincinnus ? Taurea punit
Continuo flexi crimen facinusque capilli.
Quid Psecas admisit ? quænam est hic culpa puellæ,
Si tibi displicuit nasus tuus ? Altera lævum               495
Extendit pectitque comas, et volvit in orbem.

Peigne la chevelure et la met en rouleaux.
Une vieille préside au travail, ex-coiffeuse,
Réduite maintenant au rôle de fileuse.
La première, elle donne un conseil écouté;
Après elle, suivant l'âge ou l'habileté,
D'autres viennent voter sur la tâche accomplie;
On dirait qu'il s'agit de l'honneur, de la vie.
Être belle est un point si grave, si pressant!
De cheveux étagés édifice puissant!
De face, l'on dirait Andromaque elle-même,
De dos, elle décroît. J'admets ce stratagème,
Si son buste est trop court et si, pour embrasser,
Elle doit, n'ayant pas de cothurnes, hausser
Sur la pointe des pieds sa taille de Pygmée.


Pauvre époux! Que lui fait ta fortune entamée!
Qu'es-tu pour cette femme? Un voisin, rien de plus;
Molester tes amis, gaspiller tes écus...
En cela seulement ta femme se révèle.


 Est in conclio matrona, admotaque lanis
 Emerita quæ cessat acu; sententia prima
 Hujus erit; post hanc, ætate atque arte minores
 Censebunt, tanquam famæ discrimen agatur   500
 Aut animæ : tanta est quærendi cura decoris!
 Tot premit ordinibus, tot adhuc compagibus altum
 Ædificat caput : Andromachen a fronte videbis;
 Post minor est, credas aliam. Cedo, si breve parvi
 Sortita est lateris spatium, breviorque videtur   505
 Virgine Pygmæa, nullis adjuta cothurnis,
 Et levis erecta consurgit ad oscula planta?


 Nulla viri cura interea, nec mentio fiet
 Damnorum; vivit tanquam vicina marito;
 Hoc solo propior, quod amicos conjugis odit   510
 Et servos, gravis est rationibus.

Voici venir les chœurs de Bellone et Cybèle;
Un eunuque imposant, dès longtemps amputé
Des attributs féconds de la virilité,
Entouré du respect d'une obscène canaille,
S'avance au milieu d'eux; la cohorte qui braille
Se range sur ses pas, le tambour plébéien
Se tait; lui, le front ceint du bonnet phrygien,
Sur un ton solennel : « Redoutez l'inclémence
» De Septembre et d'Auster, dit-il, leur influence
» Peut être conjurée en m'offrant un cent d'œufs.
» En me faisant le don de vos vêtements vieux,
» Les maux inattendus menaçant vote tête,
» Dans leurs plis, pour un an, fixeront leur retraite. »
La dévote, à sa voix, quand le Tibre est gelé,
Fait briser les glaçons, et dans le flot troublé,
Trois fois plonge la tête; alors, nue et tremblante,
Elle parcourt, laissant une trace sanglante,
Sur ses genoux, le champ du superbe Tarquin.
« La blanche Io le veut, pars! » lui dit le faquin;
Vers l'Égypte aussitôt elle prend sa volée.

Ecce furentis

Bellonæ matrisque deum chorus intrat, et ingens
Semivir, obsceno facies reverenda minori,
Mollia qui rupta secuit genitalia testa
Jam pridem, cui rauca cohors, cui tympana cedunt     515
Plebeia, et Phrygia vestitur bucca tiara :
Grande sonat, metuique jubet Septembris et Austri
Adventum, nisi se centum lustraverit ovis,
Et xerampelinas veteres donaverit ipsi,
Ut quidquid subiti et magni discriminis instat       520
In tunicas eat; et totum semel expiet annum.
Hibernum fracta glacie descendet in amnem,
Ter matutino Tiberi mergetur, et ipsis
Vorticibus timidum caput abluet: inde Superbi
Totum regis agrum nuda ac tremebunda cruentis        525
Erepet genibus. Si candida jusserit Io,

Jusque dans Meroë par le soleil brûlée,
Elle ira chercher l'eau pour le temple d'Isis,
Sanctuaire voisin du vieux parc à brebis
De notre Romulus; elle croit reconnaître
La voix même d'Io dans la voix de ce prêtre.
Et voilà les esprits et les êtres pieux
Qui deviennent, la nuit, les confidents des dieux!
Constamment entouré des plus pompeux hommages,
Cet Anubis suivi de chauves personnages
En tunique de lin court tous nos carrefours,
Et rit tout bas du peuple implorant son secours.
Ta femme, des jours saints quand l'époque est venue,
Des plaisirs de l'hymen ne s'est pas abstenue?
Il demande sa grâce; le ciel certainement
Réserve à ce forfait un grave châtiment.
Il a vu le serpent d'argent hocher la tête!
Attendri par ses pleurs, sa prière muette,
Osiris en courroux consent à pardonner.
Pour désarmer ce dieu, que faut-il lui donner?
Une oie et des gâteaux, en offrande votive.


Ibit ad Ægypti finem, calidaque petitas
A Meroe portabit aquas, ut spargat in ædem
Isidis, antiquo quæ proxima surgit ovili;
Credit enim ipsius dominæ se voce moneri.                530
En animam et mentem, cum qua Di nocte loquantur!
Ergo hic præcipuum summumque meretur honorem,
Qui, grege linigero circumdatus et grege calvo,
Plangentis populi currit derisor Anubis.
Ille petit veniam, quoties non abstinet uxor             535
Concubitu, sacris observandisque diebus,
Bagnaque debetur violato pœna cadurco,
Et movisse caput visa est argentea serpens.
Illius lacrymæ meditataque murmura præstant
Ut veniam culpæ non abnuat, ansere magno               540
Scilicet et tenui popano corruptus Osiris.

Le prêtre se retire; entre une vieille juive,
Ayant laissé là-bas sa corbeille et son foin;
A l'oreille, elle dit qu'elle est dans le besoin.
Messagère du ciel, prêtresse d'Aricie,
Elle vient, elle aussi, vendre sa prophétie.
Elle sait de Solyme interpréter les lois,
Les volontés d'en haut s'expriment par sa voix.
On lui donne, mais peu, car les juifs, pauvres hères,
Tant qu'on veut, à bas prix, vendent de ces chimères.
Pour lui faire entrevoir les faveurs d'un amant,
Pour lui donner l'espoir d'un riche testament,
Un devin d'Arménie ou bien de Comagènes
Du cœur d'une colombe inspectera les veines,
Les entrailles d'un chien, le ventre d'un poulet
Ou celui d'un enfant. Ensuite, cela fait,
Il ira dénoncer de lui-même son crime.


Les prêtres Chaldéens sont en plus grande estime;
Qu'ils parlent, c'est d'Ammon qu'ils semblent inspirés,
Car Delphes ne rend plus ses oracles sacrés
Et l'avenir pour nous reste dans les ténèbres.
Le plus accrédité de ces devins célèbres,

    Quum dedit ille locum, cophino fœnoque relicto,
Arcanam Judæa tremens mendicat in aurem,
Interpres legum Solymarum, et magna sacerdos
Arboris, ac summi fida internuntia cœli.                    545
Implet et illa manum, sed parcius. Ære minuto
Qualiacumque voles Judæi somnia vendunt.
Spondet amatorem tenerum, vel divitis orbi
Testamentum ingens, calidæ pulmone colombæ
Tractato, Armenius vel Comagenus aruspex :                 550
Pectora pullorum rimatur, et exta catelli,
Interdum et pueri : faciet quod deferat ipse.


    Chaldæis sed major erit fiducia : quidquid
Dixerit astrologus, credent a fonte relatum

Imposteur, de nos murs si fréquemment chassé,
Lâchement, à prix d'or, a de sa main tracé
L'arrêt d'un citoyen, rival d'Othon le traître.
L'astrologue à coup sûr, dans son art passe maître,
Si la chaîne pesante a meurtri ses deux mains,
S'il est resté longtemps dans les cachots malsains.
Qui dit sorcier malin, dit repris de justice ;
Voir la mort de très près, par un arrêt propice
Être frappé d'exil, puis revenir enfin
De Sériphe, suffit pour poser un devin.
Nouvelle Tanaquil, ton épouse si tendre
Viendra le consulter : faut-il longtemps attendre
Le décès de sa mère ou le tien ? (Celui-ci
Est, avant tout, l'objet constant de son souci.)
Quand donc portera-t-elle au bûcher funéraire
Ses oncles et sa sœur ? L'amant qu'elle préfère
Ne doit-il lui survivre ? A la bonté des dieux
Sa prière ne peut demander rien de mieux.

Elle ignore, du moins, la sinistre influence
De l'astre de Saturne, en quelle circonstance
Vénus comble nos vœux, quel mois nous enrichit,

Ammonis, quoniam Delphis oracula cessant,                555
Et gens humanum damnat caligo futuri.
Præcipuus tamen est horum, qui sæpius exsul,
Cujus amicitia conducendaque tabella
Magnus civis obit, et formidatus Othoni.
Inde fides arti, sonuit si dextera ferro                 560
Lævaque, si longo castrorum in carcere mansit.
Nemo mathematicus genium indemnatus habebit ;
Sed qui pæne perit, cui vix in Cyclada mitti
Contigit, et parva tandem caruisse Seripho.
Consulit ictericæ lento de funere matris,                565
Ante tamen de te, Tanaquil tua ; quando sororem
Efferat et patruos ? an sit victurus adulter
Post ipsam ? quid enim majus dare numina possunt ?

Et dans quel mois aussi la bonne chance fuit;
Mais craignez celle qui, sur ses éphémérides
A laissé de ses doigts des vestiges sordides,
Qui ne consulte plus, mais qu'on va consulter.
Son mari, pour les camps, a-t-il à s'absenter?
Doit-il, après la paix, revenir dans la ville?
Si le veulent ainsi les calculs de Thrasylle,
Elle refusera de suivre son mari;
Pour s'éloigner d'un mille, au livre favori
Elle demandera si l'instant est propice;
Si son œil trop frotté lui démange et se plisse,
L'horoscope dira comment le soulager;
Malade, sur son lit, elle ne veut manger
Que si Petosiris du repas fixe l'heure.

Pauvre, elle parcourra l'enceinte extérieure
Du Cirque, consultant de modestes devins
Auxquels elle présente et la tête et les mains;
Mais pour la femme riche on fait venir un maître,
De ceux que la Phrygie ou que l'Inde ont vus naître,

Hæ tamen ignorat quid sidus triste minetur
Saturni; quo læta Venus se proferat astro,                     570
Qui mensis damno, quæ dentur tempora lucro.
Illius occursus etiam vitare memento,
In cujus manibus, ceu pinguia succina, tritas
Cernis ephemeridas; quæ nullum consulit, et jam
Consulitur; quæ, castra viro patriamve petente,               575
Non ibit pariter, numeris revocata Thrasylli.
Ad primum lapidem vectari quum placet, hora
Sumitur ex libro : si prurit frictus ocelli
Angulus, inspecta genesi, collyria poscit.
Ægra licet jaceat, capiendo nulla videtur                      580
Aptior hora cibo, nisi quam dederit Petosiris.

Si mediocris erit, spatium lustrabit utrinque
Metarum, et sortes ducet, frontemque manumque
Præbebit vati crebrum poppysma roganti.

Un astrologue habile à lire dans les cieux,
Quelque antique devin, chargé dans les saints lieux,
De conjurer le sort quand tombe le tonnerre.
Quant au simple sorcier, au charlatan vulgaire,
C'est dans le cirque ou bien sur les murs de Tarquin
Que le peuple près d'eux vient sonder le destin.
Là, près des tours de bois, des colonnes dauphines
Celles qui n'ont pas d'or brillant sur leurs poitrines,
Demandent si, plantant là le cabaretier,
Il ne leur vaut pas mieux épouser le fripier.

Ces femmes-là, du moins, enfantent et nourrissent;
La misère les voue aux maux qu'elles subissent.
Mais sur les lits dorés on accouche si peu!
Dans le sein maternel tuer l'homme est un jeu;
Par des médicaments, des manœuvres habiles,
Une mégère rend ses pareilles stériles.
Il suffit de payer! Cela doit t'enchanter,
Infortuné mari! Donne sans hésiter,
Le philtre, quel qu'il soit, que ta femme demande,

 

Divitibus responsa dabit Phryx augur et Indus                585
Conductus: dabit astrorum mundique peritus,
Atque aliquis senior, qui publica fulgura condit.
Plebeium in Circo positum est et in aggere fatum.
Quæ nullis longum ostendit cervicibus aurum,
Consulit ante phalas delphinorumque columnas,             590
An saga vendenti nubat, caupone relicto.

Hæ tamen et partus subeunt discrimen, et omnes
Nutricis tolerant, fortuna urgente, labores :
Sed jacet aurato vix nulla puerpera lecto;
Tantum artes hujus, tantum medicamina possunt,           595
Quæ steriles facit, atque homines in ventre necandos
Conducit! Gaude, infelix, atque ipse bibendum
Porrige quidquid erit : nam si distendere vellet
Et vexare uterum pueris salientibus, esses

Car si ses flancs gardaient le fruit qu'elle appréhende,
Tu risquerais d'avoir un fils éthiopien ;
Il te faudrait laisser, par testament, ton bien
A ce faux héritier, dont, pour toi, le visage
Serait, chaque matin, un sinistre présage.

Je ne parlerai point des enfants supposés
De ces fils, sur les bords du Vélabre exposés,
Qui comblent les souhaits de pères apocryphes
Un jour, de ces enfants on fera des Pontifes,
Des prêtres saliens, parmi nous appelés
Scaurus, illustre nom dont ils sont affublés.
Aux enfants déposés dans cet endroit indigne,
Vient sourire, la nuit, la Fortune maligne ;
Elle prend dans ses bras, réchauffe sur son sein
Ces petits êtres nus, grelottants, et sa main
Dans les nobles maisons doucement les transporte.
Pour lui seul, le Hasard prépare, de la sorte,
D'inconscients acteurs ; ce sont ses favoris,
Ses enfants préférés, ses nourrissons chéris
Qu'il lance, en ricanant, sur la scène du monde.

L'un de la Thessalie, en philtres si féconde,
Offrira les produits ; plus loin, l'autre vendra

Æthiopis fortasse pater ; mox decolor hæres          600
Impleret tabulas, nunquam tibi mane videndus.

Transeo suppositos, et gaudia votaque sæpe
Ad spurcos decepta lacus, atque inde petitos
Pontifices Salios, Scaurorum nomina falso
Corpore laturos. Stat Fortuna improba noctu,          605
Arridens nudis infantibus ; hos fovet ulnis
Involvitque sinu : domibus tunc porrigit altis,
Secretumque sibi mimum parat : hos amat, his se
Ingerit, utque suos ridens producit alumnos.

Des incantations à celle qui voudra
Abrutir son époux, le mener à sa tête.
De là vient, crois-le bien, que ton esprit s'hébête,
Que ta raison s'éteint et que le souvenir
De faits, même récents, ne peut te revenir.
Tu seras trop heureux encor, si ton délire
N'atteint pas la fureur d'un maître de l'Empire,
D'un oncle de Néron à qui, sans s'effrayer,
Cesonia fit boire un hippomane entier.
D'un exemple si haut chaque femme s'inspire;
Tout s'embrase, tout croule au sein de cet empire;
On dirait que Junon de son terrible époux
A détraqué l'esprit, provoqué le courroux.
Bien moins malfaisant fut le bolet d'Agrippine,
Puisqu'il se contenta d'achever la ruine
De ce vieillard caduc qui porta dans les cieux
Et sa tête branlante et son menton baveux.
Autres sont tes effets, ô funeste breuvage!
Fer, torture, incendie, insatiable rage,
Chevaliers, sénateurs, versant leur sang à flots....
Seule, une empoisonneuse a causé tous ces maux.

L'épouse hait toujours l'enfant illégitime;
C'est son droit, de cela nul ne lui fait un crime,

Hic magicos affert cantus, hic Thessala vendit          610
Philtra, quibus valeant mentem vexare mariti,
Et solea pulsare nates. Quod desipis, inde est;
Inde animi caligo, et magna oblivio rerum
Quas modo gessisti. Tamen hoc tolerabile, si non
Et furere incipias, ut avunculus ille Neronis,          615
Cui totam tremuli frontem Cæsonia pulli
Infudit. Quæ non faciet quod principis uxor?
Ardebant cuncta, et fracta compage ruebant,
Non aliter quam si fecisset Juno maritum
Insanum. Minus ergo nocens erit Agrippinæ              620

Mais déjà maintenant ne la voyons-nous pas
Du fils d'un autre lit méditer le trépas?
Veillez bien sur vos jours, ô trop riches pupilles,
Croyez-moi (mes conseils ne sont point inutiles),
Défiez-vous des mets qui vous sont présentés;
Du poison maternel vos plats sont infestés.
Faites goûter d'abord ce que sert votre mère
Et qu'un vieux serviteur boive dans votre verre.

J'invente, n'est-ce pas? Je laisse les sentiers
Que tracèrent pour nous d'illustres devanciers
Et ma muse, chaussant le cothurne tragique,
Sur les pas de Sophocle, en un ton fatidique,
Entonne le récit de crimes supposés
Que les peuples Latins n'eussent jamais osés.
— Plût aux dieux que ce fût une fiction pure!
Mais Portia nous crie! « Oui, c'est moi, je l'assure,
« Qui versai le poison mortel, dans un repas,
» A mes enfants; pourquoi ne le dirais-je pas?
» — Comment! tes deux enfants, exécrable vipère,

Boletus, siquidem unius præcordia pressit
Ille senis, tremulumque caput descendere jussit
In cœlum, et longam manantia labra salivam.
Hæc poscit ferrum atque ignes, hæc potio torquet,
Hæc lacerat mixtos equitum cum sanguine patres.          625
Tanti partus equæ! tanti una venefica constat!

Oderunt natos de pellice : nemo repugnet,
Nemo vetet; jamjam privignum occidere fas est.
Vos ego, pupilli, moneo, quibus amplior est res,
Custodite animas, et nulli credite mensæ;          630
Livida materno fervent adipata veneno.
Mordeat ante aliquis quidquid porrexerit illa
Quæ peperit; timidus prægustet pocula pappas.
Fingimus hæc, altum satira sumente cothurnum
Scilicet, et, finem egressi legemque priorum,          635
Grande Sophocleo carmen bacchamur hiatu,

» Et tous deux à la fois ! — Je le dis, moi, leur mère,
» Si j'en avais eu sept, les sept auraient vécu. »
Vous avez existé, j'en suis bien convaincu,
O tragiques horreurs de Procné, de Médée !
Leurs horribles forfaits épouvantent l'idée,
Mais l'intérêt, du moins, leur était étranger.
Quand l'aveugle fureur la pousse à se venger,
La femme, en ses accès, n'a rien qui me surprenne ;
La colère qui fait bouillir son sang, l'entraîne
Ainsi que ces rochers qui, par d'immenses bonds,
Quand le sol fait défaut, tombent du haut des monts.
Mais plus abominable est celle qui suppute
Le profit d'un forfait, puis à froid l'exécute.
Au théâtre elles vont, voir, d'un œil attendri,
Alceste s'immolant pour sauver son mari ;
Mais, pour elles qu'un jour un cas semblable advienne,
Elles sacrifieraient leur mari pour leur chienne.
Eriphyle revit, les filles de Bélus
Encombrent les chemins, et, dans Rome, il n'est plus,
Le matin, de quartier qui n'ait sa Clytemnestre :


Montibus ignotum Rutulis cœloque Latino.
Nos utinam vani ! sed clamat Pontia : Feci,
Confiteor, puerisque meis aconita paravi,
Quæ deprensa patent : facinus tamen ipsa peregi.           640
Tune duos una, sævissima vipera, cœna ?
Tune duos ! Septem, si septem forte fuissent.
Credamus tragicis, quidquid de Colchide torva
Dicitur, et Procne. Nil contra conor, et illæ
Grandia monstra suis audebant temporibus ; sed           645
Non propter nummos. Minor admiratio summis
Cebetur monstris, quoties facit ira nocentem
Hunc sexum : rabie jecur incendente feruntur
Præcipites ; ut saxa jugis abrupta, quibus mons
Subtrahitur ; clivoque latus pendente recedit.           650
Illam ego non tulerim, quæ computat, et scelus ingens
Sana facit. Spectant subeuntem fata mariti
Alcestim ; et, similis si permutatio detur,

Mais elle, que la haine emplissait de son œstre,
Inconscient jouet de criminels penchants,
Elle tenait en mains la hache à deux tranchants;
Un poumon de grenouille aujourd'hui fait l'affaire.
Ce n'est pas que le fer leur répugne, au contraire,
Le fer leur servira, si leur Agamemnon,
Prudemment en éveil, s'est contre le poison
D'antidote muni, comme fit, dit l'histoire,
Ce roi de Pont trahi trois fois par la Victoire.

> Morte viri cupiant animam servare catellæ
> Occurrent multæ tibi Belides atque Eriphylæ :          655
> Mane Clytemnæstram nullus non vicus habebit.
> Hoc tantum refert, quod Tyndaris illa bipennem
> Insulsam et fatuam dextra lævaque tenebat :
> At nunc res agitur tenui pulmone rubetæ :
> Sed tamen et ferro, si prægustabit Atrides          660
> Pontica ter victi cautus medicamina regis.

# REMARQUES



## LA SIXIÈME SATYRE

Ette Satyre que le grand Scaliger trouve la plus agreable et la plus divertissante de toutes celles du Juvenal, mais aussi la plus remplie d'impureté, doit estre leuë et interpretée avec beaucoup de prudence et de retenuë.

Dans ce grand poëme dont le stile sublime tient plus du tragique que du satyrique, le Poëte ayant voulu dissuader son ami Ursidius Postumus du dessein qu'il avoit de se marier, prend occasion de declamer avec une aigreur extraordinaire contre les vices des femmes Romaines de son temps, et d'y censurer leurs prostitutions, leur impudence, leur adresse à tromper leurs maris, leur superbe, leur luxe, leur superstition, leurs venefices, et enfin leur abandonnement à toute sorte de crimes dont il fait une peinture tres-vive et tres-ingenieuse.

Il commence par une énonciation de deux temps dissemblables, que les Grecs et les Latins appellent *protasis*, afin que par la comparaison des premiers siecles, il puisse representer avec plus de force les desordres du sien.

V. 1. *Saturno Rege moratam*. Hesiode appelle le temps auquel Saturne chassé du ciel par Jupiter son fils, vint regner avec Janus dans le païs latin, le siecle d'or où la vertu estoit honorée, la terre fertile sans culture, les biens communs, et où les hommes vivoient de fruits et dans une grande innocence. Virgile suit ce mesme sentiment.

> *Aureáque ut perhibent illo sub Rege fuerunt sæcula.*

> Sous ce paisible Roy l'on vit le siecle d'or.

C'est de là que les Poëtes ont souvent donné le nom de *Saturnia* à l'Italie, ils ont feint que Saturne estoit fils du ciel et de Vesta, et frere de Tytan qui eut une cruelle guerre contre luy, et dont les enfans furent enfin vaincus et détruits par Jupiter.

V. 7. *Haud similis tibi Cinthia*. Cinthia estoit la bonne amie de

Properce dont le luxe alloit jusqu'à l'excez, ainsi qu'il s'en plaint souvent.

*Matrona incedit census induta nepotum.*

La rente de ses fonds est à peine le prix
De son luxe et de ses habits.

V. 8. *Nec tibi*, etc. Il veut parler de Lesbie maistresse de Catulle, qui en a décrit les pleurs si delicatement sur la mort de son moineau.

V. 9. *Sed potanda ferens infantibus ubera magnis.* Il semble qu'il veuille entrer dans le sentiment d'Hesiode, qui dit que dans le premier siecle les hommes à cent ans estoient encor sous la main de leur mere comme des enfans.

V. 10. *Et sæpe horridior.* C'est-à-dire sans ornement.

*Glandem ructante marito.* Le gland est pris ici pour toutes sortes de fruits qui leur servoient de nourriture.

V. 12. *Qui rupto robore nati.* Les Poëtes ont feint que les premiers hommes estoient sortis du tronc des chesnes, et nostre Poëte se sert des mesmes termes de Virgile :

*Gensque virum truncis et ruptor robore nata.*

Tous les premiers mortels sont nez du tronc des arbres.

Ce qui a donné lieu à cette fable est, que dans ces premiers temps les hommes avant que de se construire des maisons s'en faisoient dans le creux des arbres et sembloient y naistre.

V. 13. *Compositive lato.* Autre fable que les Poëtes ont tiré de la Genese, qui veut que Promethée ait formé luy-mesme l'homme avec du limon de terre.

V. 15. *Sub jove nondum barbato.* C'est icy où l'on établit le second âge qu'on nomme d'argent, où la pudeur commence à s'éteindre. Il y raille finement son Dieu Jupiter sous le regne duquel il veut bien qu'il en restast encor quelques vestiges, mais c'estoit dans sa puberté ; car l'on sçait que depuis ce pretendu Dieu s'abandonna à toutes sortes d'impudicitez et prit diverses formes pour y reussir, en effet il se fit cygne pour Leda, taureau pour Europe, satyre pour Antioque, or pour Danae, coucou pour Junon sa sœur, feu pour Asopide et Amphitrion pour Alcmene.

V. 16. *Nondum Græcis jurare paratis.* C'estoit du temps que les hommes vivoient avec tant de sincerité qu'ils ne connoissoient point encor de parjure dont on croit que les Grecs qui ont toujours passé au dire de tous nos autheurs pour gens fort infidelles, ont esté les premiers inventeurs. Ciceron dans son oraison pour Flaccus en parle ainsi : *Testimoniorum Religionem et fidem nunquam ista natio coluit :* cette nation n'a jamais connu la foy ni la religion des témoignages; et quand Plaute a dit : *Græca mercamur fide :* nous achetons au credit des Grecs, c'est-à-dire argent comptant, parce qu'on ne se fioit point en eux.

V. 17. *Per caput alterius.* Ce fut une coutume qui s'introduisit depuis chez les Romains de jurer sur la teste d'autruy, comme fit Ascanius dans Virgile :

> *Per caput hoc juro per quod pater ante solebat.*

V. 19. *Ad superos Astræa recessit hac comite.* Astrée estoit fille du geant Astræus et de l'Aurore, ou comme d'autres veulent de Jupiter et de Themis, les Poëtes ont feint qu'elle estoit la Prestresse de la justice, et la prennent souvent pour elle-mesme, comme nostre Poëte fait ici, lequel l'envoye au ciel avec la pudicité lassée des crimes des hommes. Ovide au premier des metamorphoses :

> *Vltima cœlestum terras Astræa relinquit.*
>
> Astrée enfin laissa la terre et ses autels,
> Pour aller la derniere auprès des immortels.

Et c'est cette Astrée que l'on a prétendu de representer par le signe de la Vierge.

V. 21. *Alienum lectum concutere.* Violer la couche d'autrui, *et sacri genium contemnere fulcri*; cela s'appelle mépriser la Religion sacrée du mariage, ce qui fait assez connoistre que les Payens mesmes en faisoient à leur mode une espece de Sacrement, *fulcrum* qui est le bois du lit, est employé pour le lit mesme, et la partie pour le tout.

Le Genie estoit le Dieu qui avoit la vertu de tout engendrer, et estoit ainsi appellé *a gignendo,* c'estoit à son honneur que le lit nuptial qu'on appelloit aussi *genialis* estoit preparé : d'autres ont pris le Génie pour le Dieu de chaque lieu. Apulée parlant du Dieu de Socrate dit, que l'esprit humain pendant qu'il est enveloppé de nostre corps s'appelle Demon en grec, et Genie en nostre langue, parce que quoy qu'il tienne de la divinité estant immortel, il est pourtant engendré en mesme temps que l'homme, il y avoit aussi un génie qui estoit le Dieu de la nature et de la volupté, d'où l'on disoit : *indulgere Genio,* s'abandonner à son plaisir, *et genialis dies* un jour de plaisir, comme Juvenal en parle dans la Satyre quatriéme : *Genialis agatur iste dies,* donnons ce jour à la joye.

V. 25. *Sponsalia.* La ceremonie des nopces a esté ainsi nommée, *à spondendo,* parce qu'elle se fait par un contrat de promesse et de stipulation.

V. 27. *Et digito pignus fortasse dedisti.* C'est une ancienne coutume dans le mariage de donner un anneau à son épousée, qui marque l'union qui doit estre entre les gens mariez. Pline dit que de son temps il estoit de fer, et Macrobe assure que la raison pour laquelle on le met au doigt de la main gauche qui est proche du plus petit, est qu'il y a un nerf qui prend son origine du cœur et qui répond à ce doigt. Tertulien pourtant parlant de cette coutume nous apprend que cet anneau parmi les chrestiens estoit d'or. *Aurum nulla norat præterquam unico digito cum sponsus oppigne-rasset pronubo annulo*, aucune fille ne portoit de l'or qu'en l'anneau que son époux luy avoit donné pour gage des promesses de son mariage.

V. 32. *Cum tibi vicinum se præbeat Æmilius pons?* Il dit par exageration à Posthume qu'il feroit mieux de se pendre ou de se jetter des fenestres ou d'un pont en bas que de se marier. Le pont Æmilien estoit dans la voye flamine proche de Rome, et sur le Tybre ainsi nommé par Marcus Æmilius Scaurus qui l'avoit fait bâtir.

V. 38. *Sed placet ursidio lex Iulia.* La loy Julia avoit esté donnée pour la punition des adulteres.

V. 39. *Cariturus turture magno.* Les uns veulent que ce soit de quelque poisson dont il entend parler, à cause qu'il y joint le nom de grand, et que c'estoit la coutume d'en offrir aux gens qui n'a-voient point d'enfans de qui on pouvoit esperer quelques legs dans leurs testamens ; les autres l'expliquent des tourterelles qui estoient fort estimées parmi les Romains. Martial :

*Quam pinguis mihi turtur erit.*

Lorsque j'auray la grasse tourterelle.

V. 40. *Mullorumque jubis.* Nous avons déja parlé dans les Satyres precedentes de ces barbeaux de mer qui ont des barbes à chaque costé de la machoire inferieure.

*A captatore macello.* Il employe ici le *Macellum* comme il a fait dans la Satyre precedente pour celuy qui achete au marché, *Capta-tores* sont ceux qui recherchent les heritages.

V. 43. *Stulta maritali jam porrigat ora capistro.* Pour dire qu'il preste la bouche au frein conjugal par une metaphore tirée de celui qu'on donne aux chevaux.

V. 44. *Quem toties texit perituri cista Latini.* Il fait allusion au coffre où Latinus bouffon de Domitien, au rapport de Probus, fut jetté pour n'estre pas surpris par le mari dans une adultere, il y adjoûte *perituri*, soit à cause du danger qu'il courut pour lors, ou de celui où il perit par l'adultere de Messaline.

V. 46. *O medici mediam pertundite venam.* Ouvrez la veine à cet insensé, qui estant très-impudique pretend de trouver une femme qui ne le soit point.

V. 47. *Delicias hominis.* C'est une exclamation, comme s'il disoit, ô le plaisant et le delicat homme !

*Tarpeium limen adora.* Va rendre grace au Temple qui estoit consacré à Jupiter, à Junon et à Minerve sur le mont Tarpeien qui estoit le mesme que le Capitolin qui fut ainsi nommé de la Vierge Vestale *Tarpeia*, laquelle ayant livré aux Sabins la Tour du Capitole dont son pere luy avoit confié la garde, y fut assommée par les mesmes Sabins pour la récompense de sa trahison, et donna son nom à cette Colline, que l'on appelloit auparavant Saturnienne.

V. 48. *Et auratam Iunoni cæde bidentem.* On avoit accoûtumé de sacrifier une brebis de deux ans à Junon, parce qu'elle estoit ennemie des impudiques et gardienne des lieus conjugaux. Virgile :

*Iunoni ante omnes qui vincla jugalia curat.*

Ayant esté ainsi appellée, dit Festus, *quod nubentes conjungeret,* parce qu'elle unissoit les gens mariez, il veut même que la brebis soit dorée, ce qui confirme l'authorité de Pline, liv. 33, ch. 4, qui dit que toutes les grandes victimes avoient les cornes dorées.

V. 50. *Paucæ adeo Cereris vittas contingere dignæ.* Il n'y avoit que les femmes chastes qui pussent estre les Prestresses de Cerés, et toucher la coeffure ; les festes de Cerés s'appelloient *tesmophoria,* c'est-à-dire de Cerés la legislatrice, du grec θεσμός qui signifie loy parce que ce fut elle qui inventa la premiere les loix du culte sacré, au rapport de Pline et de Diodore.

V. 51. *Necte coronam postibus.* C'estoit la coutume à Rome d'appendre des couronnes de fleurs sur les portes des gens qui se marioient.

*Et densos per limina tende corymbos.* L'on ornoit aussi tout le devant des maisons où la nopce se devoit faire, avec des ramages de lierre qui sont ici signifiées par *corymbus* qui n'en est que la graine ou le fruit, *limen* à proprement parler n'est que le seuil de la porte, mais il est souvent employé par les Poëtes pour la maison même. Virgile au deuxiéme des Georgiques :

*Penetrant aulas et limina Regum.*

Ils penetrent les cours et les maisons des Rois.

V. 56. *Vivat Gabiis ut vixit in agro, vivat Fidenis.* Il veut dire que si elle a conservé sa pudicité, elle le doit plûtost au lieu où elle est née, éloignée du commerce des hommes qu'à son propre penchant, Gabie et Fidene sont des petites villes de l'Hetrurie ou Toscane.

V. 59. *Adeo senuerunt Jupiter et Mars.* Il n'épargne pas mesmes ces Dieux qui ont passé pour les plus fameux adulteres de leurs temps, et qui au dire des Poëtes se sont souvent servis des cavernes et des lieux écartez pour satisfaire à leurs penchans impudiques, il est malaisé de croire qu'avec de semblables sentimens, Juvenal pût estre persuadé de leur Divinité.

V. 60. *Porticibusne tibi monstratur fœmina*. Il parcourt tous les endroits où les femmes avoient accoûtumé de s'assembler, il y avoit dans Rome plusieurs portiques, ou hales couvertes, destinées pour la promenade en temps de soleil ou de pluye où les femmes alloient ordinairement, les plus magnifiques estoient ceux de Linie et de Pompée que l'on appelloit *porticus Livia et porticus Pompeia*.

V. 61. *Cuneis an habent spectacula totis*. En trouveras-tu, dit-il, de vertueuses dans les sieges de l'anphiteatre où elles venoient en foule voir les spectacles, d'où vient que Virgile l'appelle elegamment *theatrum cuneatum* un theatre construit par degrez, ou rempli d'une grande foule de gens ; et en effet l'on explique aussi le mot *cunei* de l'assemblée mesme, et on le tire du terme militaire *cuneus peditum*, un peloton de gens de pied ; et c'est ainsi que Virgile s'en sert au 2. des Georgiques :

> *Hunc plausus hiantem*
> *Per cuneos, geminatur enim plebisque patrumque*
> *Corripuit.*

Celui-cy qui ne respire que pour les applaudissements se laissent emporter de joye par ceux qu'il reçoit, et qui se redoublent dans l'assemblée du peuple et des peres. Voyez Lipse au Traité des Amphit.

V. 63. *Cheironomon Lædam molli saltante batyllo*. Nous avons expliqué le mot de *Cheironomon* dans la Satyre précédente, il l'applique maintenant a Læda, qui estoit une femme baladine, qui par le mouvement et les gestes de ses mains divertissoient les spectateurs. Ce Batylle estoit un autre baladin qui la representoit sur les theatres et dont les gestes impudiques pouvoient corrompre les plus chastes, qu'il designe dans les vers suivans par *Tuccia* qui fut cette vierge Vestale qui porta de l'eau du Tibre dans un crible pour prouver sa virginité.

N. 64. *Appula gannit, Thimele rustica discit*. Il veut dire que la Romaine et la Villageoise sont également touchées de pareils spectacles.

V. 67. *Aulæa recondita cessant*. Ce sont les toiles peintes et les ornemens des theatres que l'on fermoit à la fin des spectacles.

V. 69. *A plebeis longe Megalesia*. Tite-Live nous apprend que Marcus ou Decius Junius Brutus (qui fut le mesme qui chassa Tarquin de Rome) consacra un temple dans son Palais à Cybele la Grande-Mere des Dieux, et qu'il institua des jeux à son honneur, qu'il appella *Megalesia*, mais depuis ce même Tarquin ayant ordonné qu'ils seroient exercez dans le grand Cirque, dont il fit dresser le plan, ils en prirent le nom de *Circenses*, ainsi que nous l'avons remarqué dans la Satyre troisiéme.

V. 70. *Personam, thyrsumque tenent*. Elles prennent le masque et la javeline couverte de pampre de vigne, comme les Bacchanales s'en servoient aux Festes de Bacchus, expliqué par le mot *thyrsus* qui est le propre terme que tous les Poëtes ont donné à cette espece d'armure, dont on honore ce Dieu.

V. 70. *Et subligar Acci*. Denis d'Halicarnasse a écrit que les combatans dans les pieces comiques avoient le corps tout nud, à la reserve des parties qu'on doit cacher, qu'ils couvroient d'un voile appelé *subligaculum*, ou comme nostre Poëte *subligar*; et en Grec περίζωμα. Ciceron dans ses Offices le confirme: *Ut in scena sine subligaculo prodeat nemo*: Que personne ne s'avise de paroistre sur le theatre sans estre voilé où il le doit estre. *Accius* est le nom de quelque Comique.

V. 71. *Urbicus exodio risum movet Attellanæ*. Les Interpretes croyent que cet Urbicus estoit le nom de quelque Acteur Comique qui recitoit des vers lascifs et ridicules, que l'on introduisoit ou dans les entre-actes, ou à la fin des Tragedies pour réjoüir les spectateurs, au lieu des Satyres que les Grecs y faisoient paroistre. Nous avons déja parlé dans la Satyre troisiéme et de l'exode et des fables Attellanes: mais Turnebe estime que *Urbici* estoient une espece d'Acteurs ou de Poëtes qui représentoient ces fables, lesquelles étant remplies de beaucoup d'agreemens que Turnebe explique par le terme *urbanissimæ*, donnoient à ces Acteurs le nom d'*urbici*, lesquels n'estoient pas toûjours, à ce qu'il dit, des Comiques de profession, mais souvent des jeunes gens d'honneste famille, qui prenoient plaisir d'en faire les personnages.

V. 72. *Ælia pauper*. La famille des Æliens surnommez Tuberons estoit noble et si pauvre, que Valere livre quatriéme, et Plutarque nous asseurent qu'ils estoient seize en mesme temps qui n'avoient qu'une seule maison dans la ville, un domaine dans le champ Vejentin, et une place dans le grand Cirque et dans le Flaminien pour y voir les spectacles, et que tous ces lieux leur avoient esté donnez pour récompense de leurs vertus.

V. 73. *Solvitur his magno comœdi fibula*. Il faut sous-entendre *pretio*. C'est-à-dire que les femmes les plus riches acheptoient à grand prix le plaisir de se faire aimer, et de satisfaire à leur lubricité par un Comedien. *Fibula* signifie une boucle ou une agraphe; elle est employée ici pour une boucle d'airain, dont les jeunes chantres et les Comediens mesme se servoient pour arrester en eux les mouvemens de l'amour, afin de conserver leur voix.

V. 74. *Chrysogonum cantare vetent*. Par leur lasciveté elle éteignoient la voix de Crysogone le chantre.

V. 74. *Hispulla* estoit une femme impudique fort grasse, dont il fait encore mention dans la Satyre onziéme.

V. 75. *An expectas ut Quintilianus ametur.* Il veut nous marquer qu'elles n'aimoient point les gens reglez ni sçavans, tel qu'estoit Fabius Quintilianus.

*Echion et Glaphyrus*, dont il parle, estoient des joüeurs de harpe.

V. 77. *Ambrosiusque Choraules. Choraules,* c'est celui qui joüe de la flute dans un chœur; des deux mots Grecs, χόρος chœur, et αὐλὸς flute; il luy donne l'épithete *ambrosius,* qui signifie divin, pour marquer que c'estoit un excellent fluteur.

V. 78. *Longa figantur pulpita.* On nommoit *pulpita* les lieux élevez dans l'orchestre des theastres, où l'on plaçoit les chœurs des Comedies, et les bouffons ou joüeurs de farce; mais le Poëte s'en sert pour signifier les theatres que l'on avoit accoustumé d'élever dans les rues, lorsque l'on celebroit quelque nopce, pour réjoüir le peuple par quelque representation Comique : ce vers et les quatre suivans doivent estre entendus par pure ironie contre les gens qui se marient, et à qui il prétend de donner des enfans, dont ils ne seront pas les peres.

V. 80. *Ut testudineo conopeo, ô Lentule.* Lentulus représente dans ce passage tout homme de qualité. *Conopeum* estoit un voile, dont les Alexandrins avoient donné l'usage, que l'on mettoit au tour des lits pour en chasser les vers aislez, que nous nommons cousins, dont l'Égypte est abondante, à cause du Nil, et dont on se servoit principalement pour en garantir les enfans dans leurs berceaux : ce mot vient du Grec κώνωψ, qui signifie cette espece de vers, et en Latin *culex.* Ce voile estoit de lin, de laine ou de soye; et on l'appelloit *testudineum ;* parce qu'il estoit suspendu et voûté en forme d'écaille de tortuë.

*Nobilis Eurialum mirmillonem exprimat infans.* Il veut que cet enfant de qualité ait les traits d'un Euryalus, qui estoit un vil et infame gladiateur. Nous avons déjà parlé de la difference des mirmillons et des retiaires gladiateurs dans la seconde et la troisiéme Satyre.

V. 82. *Comitata est Hippia Ludium.* On appelle cela un vers hypermettre où il y a une syllabe de plus. Hippia femme de Fabritius Vejento fameux Senateur de Domitien dont il est parlé dans la quatriéme Satyre fut assez infame, pour quitter son mari et sa famille, et suivre le gladiateur Sergius Ludius, qui l'emmena en Égypte; qu'il explique par *Pharum,* qui est une Isle vis à vis Alexandrie d'Égypte; par *Nilum* qui en est un fleuve renommé, et par *Mænia Lagi,* qui est la ville d'Alexandrie, ainsi nommée de Lagus pere de Cleopatre et de Ptolomée qui en a esté Roy.

V. 84. *Damnante Canopo.* Canope estoit une ville d'Égypte infame par sa luxure et par ses débauches, qui ne laissoit pas, dit le Poëte, d'avoir horreur d'un pareil prodige: elle estoit éloignée d'Alexandrie de cent vingt stades, dont chacune contenoit cent vingt-cinq pas : l'on croit que le Poëte Claudian y estoit né. Il y avoit un Temple magnifique dedié à Serapis, qui estoit fort fréquenté par les hommes et par les femmes d'Alexandrie qui y alloient de jour et de nuit chantans et sautans dans de petits vaisseaux par un canal qu'on avoit creusé pour en faciliter le voyage.

V. 89. *Et segmentatis dormisset parvula cunis. Segmenta* estoient des rubans tissus d'or, qui enveloppoient les langes d'Hippia dans le berceau ou des franges d'or qui les bordoient : le Poëte veut dire que bien qu'elle eust esté élevée en fille de qualité, elle ne laissa pas de s'abandonner à un gladiateur.

V. 90. *Famam contempserat olim.* Il marque par-là que ce n'estoit pas là sa premiere débauche.

V. 91. *Cujus apud molles minima est jactura cathedras.* La perte de la reputation est comptée pour rien aux femmes nourries dans la mollesse et dans les plaisirs, qu'il exprime par *molles cathedras* par leurs chezes et par leurs lits mollets.

V. 97. *Fortem animum præstant rebus quas turpiter audent.* C'est une belle expression par laquelle il apprend que les femmes executent avec plus de hardiesse ce qu'elles entreprennent avec plus d'infamie.

V. 100. *Illa maritum convomit.* Il faut sousentendre *(quæ sequitur maritum)*; et voici le sens, si c'est pour suivre l'amant, rien ne fait mal; mais si c'est le mari, les vomissemens et mille obstacles s'y opposent.

V. 105. *Nam Sergiolus jam radere guttur cœperat.* Il l'appelle Sergiolus par derision comme s'il disoit ce petit mignon à qui on rasoit la barbe depuis long-temps, et qui par consequent estoit déjà avancé en âge.

V. 106. *Et secto requiem sperare lacerto.* Lors que les gladiateurs, ou par l'âge, ou par quelque mutilation de membres estoient hors de combat, le Preteur leur donnoit congé par une verge de bois brun qu'on appelloit *rodis*, qu'il leur mettoit entre les mains et qui estoit la marque de leur liberté. Ovide au quatriéme des Tristes :

*Me quoque donari jam rude tempus erat.*

Le temps estoit venu de me donner congé.


V. 110. *Facit hoc illos hyacinthos.* Le sens est que tous difformes qu'ils soient, le nom de gladiateur les rend aussi beaux que des hyacinthes. Les Poëtes ont feint que Hyacinthe fils d'Oebalius estoit un fort beau garçon, qui fut aimé tendrement par Apollon, lequel

l'ayant tué imprudemment d'un coup de palet, le changea en fleur
qui porte son nom. Martial livre quatriéme :

> *Flectit ab inviso morientia lumina disco.*
> *Oebalius Phœbi culpa, dolorque puer.*

> Par un coup de palet Oebalius perit,
> Si Phœbus l'en frappa sa douleur l'en punit.

V. 113. *Accepta rude cœpisset Vejento videri.* Il veut dire qu'Hippia
aimoit si fort les gladiateurs, que si Sergius avoit cessé de l'estre par
le congé qu'il en pouvoit recevoir, elle le hairoit autant qu'elle
faisoit Vejento son mari. Nous avons expliqué cy-dessus ce que
c'estoit qu'*accipere rudem*.

V. 115. *Respice rivales Deorum.* Quelques-uns l'interpretent des
Empereurs qui pretendent à la Divinité; d'autres des amans de
Messaline femme de l'Empereur Claude, dont il décrit l'infamie
dans les dix-sept vers suivans, que la pudeur de nostre Langue ne
permet pas d'expliquer à la lettre. Tacite en fait la peinture en peu
de mots : *Iam Messalina facilitate adulteriorum in fastidium versa
ad incognitas libidines prostuebat.* Messaline rebutée de ses adulteres par la facilité qu'elle y trouvoit, s'abandonnoit à des débauches
jusques alors inconnuës.

V. 117. *Ausa Palatino tegetem præferre cubili.* *Teges* est une
couverture de jonc sur laquelle couchoient les pauvres gens, qu'il
employe pour le lit d'un méchant lieu, que cette Princesse preferoit
à celui de l'Empereur, à qui il donne l'épithete de Palatin, *à Palatio.*

V. 118. *Sumere nocturnos cucullos.* Nous avons expliqué ce que
c'estoit que *cucullus* dans la troisiéme Satyre. Le poëte l'employe
ici pour un habit grossier dont cette Princesse s'habilloit de nuit
pour n'estre pas connuë.

V. 120. *Nigrum flavo crinem abscondente galero.* Les femmes
d'honneur à Rome avoient toutes les cheveux noirs, et les publiques
prenoient soin de les rendre roux; c'est pourquoi Messaline se
couvroit d'une cape jaune pour se déguiser en courtisane. *Galerus*
est une espece de chapeau ou couverture de teste, à qui nous pouvons donner le nom de cape. Virgille :

> *Et temperat astra galero.*

> Et contre le soleil il se couvre la teste.

V. 121. *Calidum veteri centone lupanar.* *Calidum lupanar* est un
lieu de prostitution fort frequenté, ainsi nommé *à lupa* louve,
dont le nom convient aux femmes impudiques. *Cento* est une couverture de différentes pieces, sur laquelle on se couchoit, qu'il
employe pour marquer plus vivement la turpitude de cette Princesse.

V. 123. *Titulum mentita Lyciscæ*. Lycisca estoit une fameuse courtisane, dont il dit que Messaline empruntoit le nom et la maison pour se faire valoir davantage, parce que le nom de toutes les femmes publiques estoit écrit sur leurs portes. Martial :

*Intrasti quotiens inscriptæ limina cellæ.*

Regarde ces maisons marquées,
Dis-nous combien de fois tu les as pratiquées.

Il ne faut pas oublier à ce sujet l'autorité de Seneque au 2. de ses controver. *Deducta es in lupanar, accepisti locum, pretium est constitutum, titulus inscriptus est*. Vous avez esté conduite dans un lieu impudique, l'on vous y a donné place, l'on est convenu avec vous de prix, et vostre nom est déja inscript sur la porte de la maison.

V. 124. *Generose Britannice*. Britannicus estoit le fils de l'Empereur Claude et de Messaline, qui fut empoisonné dans un festin par l'ordre de Neron et d'Agrippine sa mere seconde femme de cet Empereur, et par l'adresse de Locusta insigne empoisonneuse.

V. 131. *Tulit ad pulvinar*. Sa propre signification est un oreiller ; mais il est ici pris pour le lit conjugal.

V. 132. *Hippomanes*. Ce mot est expliqué differemment. Pline dit que c'est un morceau de chair de couleur noire, que le poulain à sa naissance porte au front, et que la jument arrache et dévore à l'instant ; autrement si quelqu'un l'a prévenuë elle ne luy donne point sa mamelle. Virgile, Columele, et les autres Auteurs estiment que c'est une eau venimeuse qui sort de la nature d'une jument, lors qu'elle est dans la fureur de l'amour ; mais ils conviennent tous que l'on composoit de l'un et de l'autre un philtre amoureux, qui excitoit jusqu'à la fureur ceux à qui on en donnoit. Il a esté ainsi nommé des deux mots Grecs ἵππος cheval, et μανία fureur.

V. 132. *Carmenque coctumque venenum*. Les enchantemens et le poison préparé.

V. 133. *Privignoque datum*. Il entend parler de Britannicus qui fut empoisonné par Agrippine sa belle-mere, comme nous venons de le dire.

V. 134. *Minimumque libidine peccant*. L'impudicité est le moindre de leurs crimes à l'égard des autres, qu'il exagere dans cette Satyre.

V. 136. *Tanti vocat ille pudicam*. Il pese sa vertu sur le poids de sa dot.

V. 137. *Nec veneris Pharetris macer est, et lampade fervet*. Les Poëtes dépeignent l'Amour qui est le fils de Venus avec des fleches et un flambeau à la main, pour marquer et ses traits et sa flâme. Le

Poëte veut dire que le mari de Cesennia n'est point touché de sa beauté, mais seulement de sa dot ; et c'est ce qui luy fait dire ensuite : *Veniunt à dote sagittæ :* Les aiguillons de son amour viennent de sa dot.

T. 139. *Libertas emitur ;* c'est-à-dire *dote.* Elle a acheté sa liberté à ce prix. Plaute l'avoit déja dit d'une autre maniere : *Uxorem accepi, dote imperium vendidi :* En prenant une femme, je me suis rendu son esclave par sa dot.

V. 140. *Vidua est locuples quæ nupsit avaro.* Une veuve riche qui a épousé un avare, peut mesme en sa presence fort impunément donner des assignations et écrire à son amant. Disons en passant que *vidua* est ainsi nommée, *quod à viro sit divisa :* et que selon Macrobe, *Iduare* en langue Toscane signifie desunir, *unde vidua quasi valde idua.*

V. 149. *Ovem Canusinam. Canusium,* qu'on appelle vulgairement Canuse, est une ville de la Poüille auprés du fleuve Aufide, fort renommée par la laine qu'on y recueille, laquelle est de couleur rougeâtre. Pline parlant des plus belles laines, dit que l'Espagne en produit de noires, Pollence auprés des Alpes, et Canuse les rouges : d'où vient le mot de *Canusiatus* chez Martial et Suetone.

V. 140. *Ulmos Falernas.* Ce sont les vignes de Falerne dans la Campanie, à qui Auguste donnoit le second rang du bon vin, ayant toujours préferé ceux de Sette : elles furent ainsi nommées de *Falernus,* qui fut le premier vigneron qui les planta. Martial dit que ce vin estoit de couleur enfoncée :

> *Candida nigrescunt vetulo crystalla Falerno.*

> Le verre blanc noircit par le vin de Falerne.

Perse l'appelle *indomitum* violent :

> *Indomitum quod despumare Falernum*
> *Sufficiat.*

V. 150. *Quantulum in hoc.* C'est la moindre chose qu'elles demandent à l'égard de ce qui suit.

V. 150. *Ergastula tota. Ergastulum* est proprement le cachot et le lieu où les esclaves estoient enfermez ou enchainez pour les faire travailler. Il a esté ainsi nommé des deux mots Grecs ἔργος *opus* et στέλλω *mitto,* parce qu'ils y estoient envoyez pour travailler : d'où vient que Lucius Florus s'écrie : *Servi (pro nefas) et ergastula armantur.* Il est ici employé par le Poëte pour signifier le grand nombre d'esclaves.

V. 154. *Grandia tolluntur crystallina.* C'estoient des vases de cristal qu'on faisoit venir de loin, et qui estoient fort pretieux.

V. 154. *Maxima myrrhina*. Autres vases composez avec la mirrhe, qui est une liqueur qui sort d'un arbre de ce nom dans l'Arabie, de la hauteur de cinq coudées et d'une écorce fort dure et fort tortueuse qu'il faut ouvrir pour la faire sortir, dont la principale vertu est d'empescher la corruption des corps morts. On dit que Pompée fut le premier qui apporta à Rome des vases de ce bois, qui estoient encore plus estimez que les autres, à cause de leur odeur, et de la varieté de leurs couleurs. En effet, remarquez qu'après avoir dit, *grandia crystallina*, il ajouste, *maxima myrrhina*.

V. 155. *Adamas notissimus et Berenices in digito pretiosior*. Josephe nous apprend qu'Herodes Agrippa après la mort de Tybere se fit Roi de Judée, que mourant il laissa son fils Agrippa qui fut son successeur, et trois filles Drusille, Marie et Berenice, laquelle fut mariée à son oncle Herode, après la mort duquel elle fut soupçonnée d'inceste avec son frere : ce qui l'obligea pour faire cesser ce bruit, de persuader à Polemon Roy de Licie de se faire circoncire, et de l'épouser. Ce fut donc cet Agrippa l'incestueux qui donna à sa sœur ce rare diamant si connu par leur crime, et par la main qui le portoit.

V. 158. *Observant ubi festa mero pede Sabbata*. C'est une description de la Judée, où les Juifs exerçoient leur Religion nuds pieds le jour du Sabbat, d'où Tertulien et saint Hierofme les appelloient *Nudipedalix*.

V. 159. *Et vetus indulget senibus clementia porcis*. Il nous veut signifier par cette periphrase, qu'il est deffendu aux Juifs de manger du porc.

V. 163. *Intactior omni bellum dirimente Sabina*. Il rappelle ici l'histoire des Sabines qui on toûjours esté données pour des exemplaires de vertu et de chasteté, et qui obligerent Tatius leur Prince, et Romulus Roy des Romains, qui estoient en guerre à cause de leur enlevement, de faire alliance perpetuelle entre leurs nations, qui n'en composerent qu'une seule depuis ce temps-là.

V. 164. *Rara avis in terris nigroque simillima cigno*. Voici une agreable maniere de parler pour faire entendre qu'il est aussi rare de trouver une femme qui ait toutes les qualitez qu'il a décrites, que de voir un cygne noir.

*Quis feret uxorem cui constant omnia*. Il veut qu'une femme qui aura toutes ces grandes qualitez soit à craindre par son orgueil, et propose en mesme temps Cornelie fille de Scipion l'Affricain, femme de Cornelius Gracchus, et mere de Caius et Tiberius, illustre par sa beauté, par ses éminentes vertus, et par la noblesse de ses ayeuls; et dit qu'il l'aimeroit moins qu'une bourgeoise de Venuse petite ville entre la Poüille et la Lucanie, si elle pretendoit se prévaloir des triomphes des Scipions sur Annibal, sur Siphax et sur Carthage, pour autoriser sa fierté auprès de son mari. Cette saillie comprise aux cinq vers qui suivent, est admirable, et d'une forte élegance.

V. 171. *Parce precor Pæan, Amphion clamat.* Les Poëtes ont écrit que Niobé fille de Tantale qui estoit fils de Jupiter et de la Nymphe Plotte, et ayeule d'Agamemnon Roy de Mycene et de Menelaus son frere Roy de Sparte, fut mariée à Amphion fils de Jupiter et d'Antiope, qui fut le premier inventeur de la harpe, dont elle eut quatorze fils et sept filles, et qu'elle prit tant d'orgueil de sa fecondité qu'elle voulut obliger les Thebains avec beaucoup d'emportement de luy offrir leurs sacrifices plutost qu'à Latone, qui n'avoit eu que deux enfans ; sçavoir Apollon et Diane, lesquels voulant vanger l'injure que Niobé faisoit à leur mere tuerent tous ses enfans à coup de fleches, et firent mourir Amphion, dont Niobé conceut tant de douleur, qu'elle fut couvertie en pierre. Il donne à Apolon, qui n'est autre que le Soleil le nom de Pæan fort à propos en cette rencontre, du verbe Grec παίειν fraper, parce que les rayons qui sont ses traits sont quelquefois mortels. Et Macrobe nous apprend que l'on a voulu marquer la force des rayons qu'il répand par l'arc et les fleches avec lesquelles on le dépeint. Il ne faut pas oublier en lisant les Auteurs, que Gellius rapporte que les Grecs ne sont pas d'accord sur le nombre des enfans de Niobé. Euripide veut qu'elle n'en eut que douze : Sapho vingt et un : Bacchilide dix-huit : Pindare vingt : et quelques-uns seulement trois. Lubin dans ses Genealogies asseure pour vingt et un : et Juvenal, pour ne se point tromper, les comprend tous sous le nom de *gregem natorum,* le troupeau d'enfans.

V. 176. *Atque eadem scropha Niobe fœcondior alba.* Il fait allusion à cette truye blanche, dont parle Virgile, qui fit dans la ville appelée Lavinium du nom de sa femme Lavinie, trente cochons blancs d'une seule ventrée, qui leur prédisoient, ainsi que l'évenement le verifia, qu'après trente années les Laviniens bastiroient la ville d'Albe ; ce qui fut fait par Ascanius fils d'Enée. Virgile liv. 3. de l'Eneide :

> *Triginta capitum fœtus enixa jacebat*
> *Alba solo recubans, albi circum ubera nati.*

> Elle estoit toute blanche ayant à sa mamelle,
> D'un seul accouchement trente enfans blancs comme elle.

V. 177. *Quæ tanti gravitas, quæ forma? ut se tibi semper imputet.* Cette manière de parler est particulière pour marquer les insultes continuelles qu'une femme orgueilleuse fait à son mari.

V. 178. *Hujus enim rari summique voluptas nulla boni.* En effet, dit-il, quand elle auroit mesme toutes ces grandes qualitez qui sont fort rares, tu n'en aurois pas contentement, puis qu'elles ont toûjours *plus aloës quam mellis.* Plus d'amertume dans leurs manieres que de douceur.

V. 183. *Quædam parva quidem*. Lubin croit qu'on pourroit lire *Parca*, et que le sens seroit qu'il y en peut avoir de bonnes ménageres et de pudiques, mais qui ne laissent pas d'être insupportables à leurs maris, par les manieres Grecques dont elles se veulent servir jusqu'à vouloir faire l'amour à la Grecque *concumbunt Græcè*.

V. 191. *Tunc etiam quam sextus et octogesimus annus pulsat*. On le pourroit pardonner aux jeunes filles; mais ces procedez ne peuvent estre excusez à des vieilles impudiques, qu'un grand âge pousse dans le tombeau.

V. 194. *Modo sub lodice relictis*. Il ne peut souffrir qu'elles ayent l'effronterie de dire en public à leurs amans les mesmes termes de tendresse et d'amour, dont elles se sont servies estant jeunes sous la housse d'un lit exprimé par *lodex*.

V. 197. *Ut tamen omnes subsidant pennæ*. C'est-à-dire pour parler avec quelque pudeur; quand mesmes vos paroles lascives pourroient causer de méchans mouvements, vostre visage qui marque vos années leur serviront de remede pour les appaiser.

V. 198. *Hæmus et Carpophorus* estoient deux insignes Comiques qui imitoient avec beaucoup d'adresse les manieres des femmes les plus lascives.

V. 199. *Si tibi legitimis pactam tabellis*. *Tabella* ou *tabula* signifient tous les Contrats que l'on faisoit de mariage, de testamens, de ventes ou d'achapts: il les appelle *legitima*, parce que les mariages ne sont pas seulement de droit divin; mais ils sont encore instituez par les loix humaines.

V. 201. *Et mustacea perdas. Mustaceum*, estoit une espece de gasteau composé de farine meslée avec le moust, le cumin, la graisse et le laurier, qu'on donnoit aux conviez *tanquam apophoreta*, par régale sur la fin du repas pour aider à la digestion: *crudis donanda*: voyez Caton dans la maison rustique, qui les appelle *mustacei*.

V. 202. *Labente officio*. C'est-à-dire lors qu'ils étoient sur le point de partir, et que chacun avoit pris sa refection.

V. 203. *Quod prima nocte datur*. Il parle des presens que les maris avoient accoûtumé de donner à leurs épousées la premiere nuit de leurs nopces pour le prix de leur virginité.

V. 203. *Cum lance beata, Dacius et scripto radiat Germanicus auro*. Il explique ce present par un riche bassin rempli de pieces d'or, où estoit empreinte la figure de l'Empereur Domitien, qu'il exprime sous le nom de Dacius et de Germanicus selon la coûtume de ce temps-là, qui donnoit aux Empereurs le surnom des peuples qu'ils avoient vaincus. Ce *beata* signifie riche, comme il l'a déjà dit dans la Satyre premiere, *vetulæ vesica beatæ*. On voit par là que la coûtume de donner des bourses pleines d'or aux épousées n'est pas nouvelle.

V. 205. *Si tibi simplicitas uxoria.* C'est ici la seconde partie de son dilemme : si tu es assez simple pour n'aimer que ta seule femme ; prepare-toy, dit-il, d'en souffrir le joug, de luy donner largement, et de te conformer à tout ce qui luy plaira ; car plus tu auras de bonté pour elle, et plus elle prendra d'empire.

V. 214. *Cujus barbam tua janua vidit.* Il veut parler de ses anciens amis qu'il avoit eu dés leur jeunesse, exprimé par le rasement de leur barbe, qui ne se faisoit qu'à l'âge de vingt-un an commencé.

V. 215. *Lenonibus atque lanistis. Lenones* sont gens infames et proprement maquereaux : nous avons déjà dit que *Lanistæ* estoient ceux qui tenoient un seminaire de gladiateurs.

V. 216. *Et juris idem contingat arenæ.* Il veut parler des gladiateurs qui combattoient dans l'arene, et qui avoient tous le droit de disposer de leurs biens.

V. 223. *Mox hæc regna relinquit.* Pour dire qu'elle fait divorce avec son mari ; sa maison n'est pas mal exprimée par ces mots, puisqu'elle y exerce un empire souverain.

V. 224. *Et flammea conterit.* Le *flammea* estoit un voile jaune, dont on couvroit la teste des nouvelles épousées. Plaute dans son *Ulularia* appelle *flammarii* les ouvriers qui les faisoient.

V. 228. *Sic fiunt octo mariti.* Il estoit permis parmi les Romains de se marier jusques à huit fois, après quoy une femme passoit pour adultere. Martial livre 6.

> *Aut minus, aut certe non plus quam tricesima est lux,*
> *Et nubit decimo jam Thelesina viro*
> *Quæ nubit toties, non nubit adultera lege est.*
>
> De puis un mois au plus pour la derniere fois,
> Thelesine convole et n'en fait pas mystere,
> Ce mariage fait au mépris de nos loix,
>     La condamne comme adultere.

V. 229. *Titulo res digna sepulchri.* C'estoit une coutume d'inscrire sur le tombeau des femmes le nombre des maris qu'elles avoient eu.

V. 230. *Desperanda tibi salva concordia socru.* Autre incommodité du mariage qui est causée par une belle mere.

V. 235. *Advocat Archigenem onerosaque pallia jactat.* Archigenes estoit un medecin grec tres fameux, dont Galien parle souvent dans ses livres. Nostre Poëte donne ce nom par excellence à tous medecins ; on l'appelle, et elle se des-habille pour faire croire qu'elle est malade.

V. 240. *Utile filiolam turpi vetulæ producere turpem.* Une vieille impudique trouve son compte d'avoir une fille qui luy ressemble.

V. 242. *Accusat Manilia si rea non est.* Il fait allusion à cette

Manilie insigne Courtisane, laquelle, au rapport de Gellius, ayant esté appellée dans l'assemblée du peuple par Hostilius Mancinus grand-Edile, pour luy faire raison d'un coup de pierre, dont elle l'avoit blessé, le fit venir devant les Tribuns du peuple, où elle soûtint qu'elle ne la luy avoit jettée que pour avoir voulu forcer sa maison.

V. 243. *Formant que libellos.* Elles font elles-mesmes les requestes et les actes pour intenter les procès, d'où vient que l'on dit en nostre Langue des actes libellez, où le fait de la cause est déduit: nous appellons autrement en Latin *dica*, l'action qui commence le procés, du mot Grec δίκη. Terence dans le Phorimon: *Si tu illam attigeris secus quam dignum est liberam, dicam tibi impingam grandem.* Si tu la touches autrement qu'on ne doit une personne libre, je te ferai un grand procés.

V. 244. *Atque locos Celso dictare paratæ. Loci* sont les moyens dont on se sert pour appuyer sa cause. Ciceron dans ses Topiques: *Quod cum pervestigari argumentum aliquod volumus, locos nosse debeamus.* Avant que de former un argument, il en faut bien connoistre les moyens.

*Dictare locos.* C'est donner ses raisons et ses moyens à son Avocat. Il nomme Celsus pour en signifier un habile. Et en effet, Aurelius Cornelius Celsus qui vivoit du temps d'Auguste et de Tybere, excelloit dans l'Art Oratoire, Il en avoit écrit plusieurs Traitez aussi-bien que sur l'art militaire, et sur plusieurs autres Sciences, dont il ne nous reste que ce qu'il a écrit sur la Medecine.

V. 245. *Endromidas Tyrias et fæminæum ceroma.* Il reproche aux femmes de son temps l'impudence avec laquelle elles se mesloient au champ de Mars parmi les Athletes, et dans les jeux d'exercice instituez par Neron, qu'on appelloit *ludi gymnici* où les lutteurs s'exerçoient tous nuds et frottez d'une onction faite d'huile et de terre, appellée *ceroma*, comme nous l'avons dit ailleurs ainsi que les Lacedemoniens leur avoient appris, mais Plutarque dans la vie de Lycurgue justifie les femmes de Lacedemone dans ces exercices, où il dit que la pudeur y estoit conservée, et que c'estoit plûtost une étude de force et de vigueur qu'un sujet de petulance et d'impudicité.

*Endromis* estoit une espece de veste fort longue dont les Gaulois avoient donné l'usage aux Romains pour se garantir de la pluye et du froid, les athletes s'en servoient aussi après leurs luttes et leurs exercices, pour ne se pas morfondre, mais par ce qu'ordinairement celle des hommes estoit d'une étoffe grossiere et à long poil, il censure le luxe des femmes qui les vouloient avoir de couleur pourpre dont la plus belle venoit de Tyr en Phœnicie.

V. 246. *Quis non vidit vulnera pali.* Vegetius dans son art militaire écrit que les jeunes gens chez les Romains qui vouloient se former aux exercices plantoient un gros pieu qui sortoit hors de terre de six pieds, *et cum clava et crate,* c'est-à-dire avec une masse de bois et une petite claye d'osier qui leur tenoit lieu d'épée et de bouclier, ils insultoient ce pieu et l'attaquoient de tous les côtez pour se rendre adroits contre les lutteurs.

V. 248. *Atque omnes implet numeros.* Pour dire qu'elle accomplit tous les devoirs d'un parfait athlete.

V. 249. *Dignissima prorsus florali matrona tuba.* Lactance nous apprend que Flora fut une insigne courtisane, laquelle en mourant fit le peuple Romain heritier des grands biens qu'elle avoit acquis par son art impudique à condition qu'on en employeroit le revenu annuellement le jour de sa naissance en des jeux qu'on appelloit Floralia, et que des femmes prostituées devoient celebrer toutes nuës au son des trompettes avec toutes sortes de lascivité, soit en paroles ou en postures, surquoy le Senat ayant estimé qu'il falloit donner quelque dignité à des jeux si solennels feignit que cette Flore estoit une divinité, et qu'il falloit ajoûter à ses jeux une offrande de fruits et de fleurs ausquels elle presidoit, afin d'en rendre leurs jardins plus féconds, et en bannir par ce pieux artifice tout ce qu'il y avoit d'impudique.

V. 250. *Veræque paratur arenæ.* Cette femme, dit-il, est digne de paroistre dans les jeux de flore, si ce n'est qu'elle ait assez de hardiesse pour s'exercer dans l'arene parmi les gladiateurs.

V. 251. *Mulier galeata.* Une femme qui aura pris les armes d'un homme.

V. 253. *Si conjugis auctio fiat etc.* Si on vend à l'encan les armes de ta femme quelle honte pour toy, et te croiras-tu heureux de l'avoir.

V. 258. *Quæ tenui sudant in cyclade.* Ce sont ces femmes, dit-il, qui peuvent à peine supporter une legere jupe, *et panniculum bombicinum,* un habit d'étoffe de soye, et qui neanmoins se chargent d'armes sans se plaindre: *Cyclas* estoit un habit de femme fait en rond comme une jupe, du nom grec *cyclos* qui signifie un cercle.

V. 262. *Quanta poplitibus sedeat.* C'est une expression d'une personne qui plie les genoux pour donner un plus grand coup.

V. 262. *Quam denso fascia libro.* Le volume d'un livre est ici pris pour celui des habits, *fascia* est l'écharpe ou la ceinture avec laquelle elles se retroussoient.

V. 263. *Et ride positis scaphium cum sumitur armis. Scaphium* a diverses significations chez les auteurs. Vitruve dit que c'est un vase creux servant à toutes sortes de liqueurs; selon Plutarque, c'estoit un instrument de fer propre à creuser la terre dont les athletes se servoient pour exercer leurs forces, et dans Numa il le fait passer pour un vase creux, dans lequel le feu sacré estant éteint ne se pouvoit ralumer que par les rayons du soleil, mais il faut suivre ici le sentiment de Julius Pollux qui dit que c'estoit le pot de chambre destiné aux femmes pour faire de l'eau, et cela s'accorde au sens de nostre Poëte qui trouve un sujet de rire à voir les femmes courir à leur pot de chambre après avoir quitté leurs armes.

V. 264. *Dicite vos neptes Lepidi.* Il appelle les petites filles de ces grands hommes Lepidus, Metellus et Fabius, pour sçavoir si de leur temps les femmes mesmes des gladiateurs qu'il signifie par la seule Ludia femme d'Asyle tomboient dans de pareils excès.

*Marcus Æmilius Lepidus.* Estant encore enfant voulut se trouver en une bataille où il tua de sa main l'un des ennemis, ce qui obligea le Senat de luy eriger par un décret une statuë au Capitole, ornée de la marque qu'on appelloit *bulla* qui n'avoit esté anciennement destinée qu'aux triomphateurs, et de la robbe *prætexta* qui n'étant defferée qu'aux Magistrats le fut ensuite aux enfants des nobles, il fut depuis élevé par son merite et par les Censeurs à la premiere place du Senat, il avoit esté deux fois Consul, grand Pontife et Censeur avec Flavius Flaccus dont il devint ami par cette élection, d'ennemis qu'ils estoient; on remarque qu'il deffendit à ses enfans toute sorte de pompe et de dépense à ses funerailles.

*Cæcus Metellus.* C'est cet homme illustre qui s'aveugla en sauvant du feu le *Palladium* dont nous avons parlé dans la troisiéme Satyre.

Fabius Gurges estoit le fils du grand Fabius le Censeur, ce fut ce Gurges qui fit bâtir le Temple de Venus qui estoit proche du Cirque du prix des amandes ausquelles le peuple condamna certaines femmes qui furent convaincuës d'adultere.

V. 269. *Cum gravis illa viro, tunc orba tigride pejor.* Plus une femme, dit-il, est coupable envers son mari, plus elle luy est cruelle, ce qu'il marque par la fureur d'une tigresse qui a perdu ses petits.

V. 271. *Aut odit pueros.* Il parle à la Grecque où l'on met *pueri pro servis* les enfans pour les esclaves ou pour les valets.

V. 275. *Tu tibi tunc curruca places. Curruca* dont il donne le nom à ce mari, est un petit oiseau qu'on appelle Verdon, lequel au dire d'Aristote au livre 6. de la nature des animaux couve les œufs du coucou et nourrit ses petits pensant que ce soit les siens, il est aisé d'en faire l'application.

V. 279. *Aliquem dic Quintiliane colorem.* Quintilien vivoit du temps de Domitien, des neveux duquel il estoit precepteur, et fut le premier regent au raport d'Eusebe qui fut gagé par le public. *Color* signifie souvent excuse, pretexte ou raison. Seneque, controverse 7. livre premier, *alio colore usus est, dixit enim non iram illam patris fuisse sed calliditatem :* il s'est servi d'une autre excuse en disant que c'estoit plûtost un effet de l'adresse du pere que de sa colere.

V. 283. *Homo sum.* Ce passage condamne l'opinion de ceux qui ne veulent pas que le nom *homo* soit employé au feminin comme au masculin.

V. 284. *Iram atque animos à crimine sumunt.* Belle expression du Poëte pour signifier qu'une femme augmente son audace par l'énormité de son crime.

V. 288. *Et vellere Thusco vexatæ.* Travaillant avec assiduité à filer de la laine, soit qu'elle vint de Toscane ou qu'elle fut dans une ruë qui portoit ce nom à Rome, où il y avoit grand nombre de fileuses.

V. 290. *Ac proximus urbi Annibal.* Nous apprenons de Tite-Live qu'Annibal aprés la bataille de Cannes vint camper à trois mille de Rome où il répandit une desolation universelle.

V. 290. *Stantes Collina in turre mariti.* Le Senat pour lors posa son principal corps de garde entre la porte Colline et l'Exquiline. Cette Region qui estoit l'une des quatre de Rome s'appelloit Colline, parce qu'elle en enfermoit cinq, sçavoir le mont Viminal, ainsi nommé d'une forest d'osier dont il estoit couvert, le quirinal du Temple de Romulus qui y estoit construit, le salutaire de celuy de Mars, et le latiaire *à Latio*, qui estoit le païs Latin ou Romain, autrement la Campanie, limité autrefois entre l'embouchure du Tibre et les Circéens dont l'espace estoit fort petit, mais les Romains ayant étendu leurs conquêtes le *Latium* le fut aussi depuis le Tibre jusqu'au fleuve Vulturne, qui se jette dans la mer à Cumes et le premier espace ne fut plus reconnu que par *antiquum latium*. Remarquez par tous ces passages, que le Poëte veut dire qu'il n'y avoit ni desordre, ni vices parmi les Romains tant qu'ils ont esté pauvres, et qu'ils ont eu les armes à la main.

V. 292. *Sævior armis luxuria incumbit victumque Ulciscitur orbem.* Il veut dire que le luxe et la molesse des Romains s'estant rendus plus dangereux que les armes des peuples innombrables qu'ils avoient soumis, ont enfin vangé ces peuples vaincus de leurs pertes. C'est une belle et élegante expression.

294. *Hinc fluxit ad istos et Sybaris colles.* Quelques-uns lisent *ad histros* et pretendent que le Poëte a voulu dire que les vices de Rome ont infecté les Histriens qui sont les peuples des bords maritimes de l'Illyrie ou de l'Esclavonie, d'où Festus croit que le mot *histrio* est venu, à cause que ce furent les premiers farceurs qui vindrent à Rome; Tite-Live, Tacite et quelques autres ne sont pas de son advis et tirent ce mot d'un Ludius Toscan qui fut nommé en sa langue *histrio* et qu'ils disent avoir apporté l'usage des farces à Rome.

Mais la suite des vers de nostre Poëte et ces Sybarites, Rhodiens, Maltois et Tarentins qui y sont au nominatif, font assez juger que ce n'est pas là le sens du Poëte, et qu'il faut lire *hinc ad istos colles fluxit et Sybaris, et Rhodus, etc.*, c'est-à-dire que par l'opulence, la puissance et la luxure, les mœurs et mollesse des Grecs et des Étrangers ont corrompu les Colines de Rome, c'est-à-dire les Romains.

V. 295. *Sybaris* est une ville bâtie par les Grecs entre les fleuves Crathis et Sybaris dont les habitants furent si fort abandonnez à la luxure et à la mollesse, qu'en soixante-dix jours selon Strabon, ils furent tous chassez et défaits par les Crotoniates leurs voisins, d'où vient le proverbe *Sybaritica sus* pourceau de Sybarie. Rhodes est une isle fameuse de la mer de Licie dans la region de l'Asie mineure ainsi nommée de *Rhodos* fille de Neptune ; autrefois le boulevard des chevaliers de Malthe maintenant celuy des Turcs.

*Miletos*. Les uns veulent que ce soit une ville bastie dans les confins de l'Ionie ou de l'Accarie, dans l'Asie mineure par Miletus fils d'Apollon et de Dejones, qui fut la patrie de Thales l'un des sept sages, d'Anaximandre, d'Anaximene, et de Pittaque, tous grands Philosophes, les autres disent que c'est l'Isle de Malthe dont nous venons de parler, dans la mer de Sicile.

V. 296. *Coronatum petulans, madidumque Tarentum.* Tarente est une ville fameuse de la Pouille, autrefois capitalle de la Calabre, située à l'entrée de la mer Adriatique.

*Coronatum*. Valere nous apprend que les Ioniens ont esté les premiers qui introduisirent l'usage des couronnes dans les repas de débauche, les Tarantins qui passoient pour estre fort sensuels les imitoient.

*Petulans*. Les uns l'expliquent de leur lasciveté, les autres de l'insulte qu'ils firent aux Ambassadeurs que les Romains leur avoient envoyez pour se faire rendre quelques vaisseaux chargez dont ils s'estoient saisis dans leurs ports, et qu'ils couvrirent d'urine après les leur avoir refusé fort insolamment : *Madidumque*. Peut-estre veut-il parler encore de cette urine ou plûtost du vin dont ils se gorgeoient, car comme il employe ailleurs *siccum* pour signifier un homme sobre, le *madidum* est justement applicable à l'ivrogne.

V. 297. *Prima peregrinos obscœna pecunia mores intulit.* Cette suite justifie ce que nous avons dit du luxe des étrangers dont Rome fut si fort infectée par les richesses qu'ils y apporterent.

V. 298. *Et turpi fregerunt sæcula luxu.* Ce *fregerunt* est d'une grande énergie pour signifier que les richesses et la mollesse avoient corrompu les Romains.

V. 299. *Quid enim Venus ebria curat.* C'est une forte expression pour signifier que la fureur de l'amour mêlée avec celle du vin, se peut porter à toutes sortes d'excez.

V. 300. *Inguinis et capitis quæ sint discrimina nescit.* Cela s'entend *de fellatione et coitu.* La pudeur de nostre langue ne peut

souffrir qu'on explique ces termes; il suffit de dire que le Poëte a
voulu exagerer la molesse horrible de son temps.

V. 3o2. *Cum perfusa mero spumant unguenta Falerno.* L'usage
des parfums et des odeurs alloit à un tel excês, qu'on en mettoit
mesme dans le vin. Pline dans son livre 3i. en parle ainsi: *At Her-*
*cules jam quiddam etiam in potu addunt, tantique amaritudo est*
*ut odore prodigo fruantur ex utraque parte corporis, exteriore sci-*
*licet et interiore.* Ils ajoûtent même quelque chose à leur boisson
qui en rend l'amertume fort chere, et font un usage prodigue
d'odeurs, soit pour l'intérieur de leurs corps, ou pour l'exterieur.

V. 3o3. *Cum bibitur concha.* Il veut dire par exageration qu'on
boit dans le vaisseau mesme où l'on tire le vin du tonneau.

V. 3o4. *Et geminis exsurgit mensa lucernis.* Il dépeint l'yvresse
qui fait mouvoir les planchers et multiplier les lumieres.

V. 3o5. *Qua sorbeat aera sanna.* Quelques-uns expliquent ce
passage *de fellatione,* dont il vient de parler, et veulent que *sanna*
soit la grimace et le ronflement qui accompagne la molesse de ces
femmes. Mais la plus saine opinion, et qui en effet se concilie mieux
avec la suite des vers, est de prendre *sanna* dans sa veritable signification, qui veut dire la moquerie que l'on fait contre les gens par
quelque grimace de la bouche, du nez, de la langue ou des doigts;
et, suivant ce sens, le Poëte veut dire qu'il ne faut pas douter que
Tullie, Collatie et Maure toutes fort débauchées ne tournent en
raillerie l'honneur que l'on rend aux autels de la pudicité, où ces
femmes abandonnées à la luxure commettoient mille infamies, et en
prophanoient mesme la statuë : cela servira pour expliquer le vers
suivant, sur lequel l'honnesteté ne nous permet pas de nous arrester.

V. 3i3. *Nota bona secreta Deæ.* Ce sont les festes de Cybele qu'il
appelle secretes, parce que elles se celebroient de nuit et dans la
maison du Souverain Pontife, par les femmes seulement, l'entrée
en estant interdite aux hommes. Le Poëte fait ensuite une peinture
horrible de toutes les infamies qui s'y commettoient. Nous avons
parlé de cette bonne Deesse dans la seconde Satyre. Voyez Plutarque
dans la vie de Cæsar.

V. 3i5. *Priapi Mœnades. Mœnades* ou *Bacchæ* estoient les Prê-
tresses de Bacchus, qui celebroient avec fureur les Festes Bacchanales. Le Poëte en fait l'application à ces femmes débauchées, qu'il
appelle *Mœnades* de leur ridicule Dieu Priape, pour en mieux
marquer la fureur et la luxure.

V. 3i9. *Posita Laufella corona.* L'on destinoit autrefois une
couronne d'or dans les Festes de la bonne Deesse à celles qui avoient
conservé leur virginité ; mais aujourd'hui, dit-il, Laufelle qui estoit
une femme abandonnée en propose pour les plus impudiques.

V. 3i21. *Ipsa Medullinæ, etc.* Ce sont des endroits qu'il faut passer legerement, et où le Poëte a poussé sa déclamation en des termes qu'on ne sçauroit expliquer avec pudeur. Medulline estoit la femme de Valerius Claudius fameuse en impudicité.

V. 334. *Atque utinam ritus veteres.* Plutarque nous dit que ce fût Numa qui institua les Festes de la bonne Deesse pour le salut du Peuple Romain: mais elles devoient estre celebrées avec tant de retenuë et d'honnesteté, qu'il n'estoit pas permis aux hommes d'y entrer, et qu'on n'y souffroit pas mesme la figure d'un animal qui fust masle; c'est ce qui oblige le Poëte de reclamer à ces anciennes coûtumes.

V. 335. *Et publica saltem his intacta malis agerentur sacra.* Le Poëte souhaiteroit du moins que toutes ces infamies ne fussent point souffertes dans les Festes publiques.

V. 336. *Quæ psaltria.* Il entend parler de Clodius cet insigne impudique, lequel, au rapport de Plutarque, se deguisa en chanteuse, et entra de nuit dans la maison de Cæsar pour lors grand Pontife, où se celebroit en secret la feste de la bonne Deesse, et y débaucha Pompeia sa femme.

V. 337. *Cæsaris Anticatones.* Laissons l'application qu'en fait le Poëte qui est trop libre, et disons seulement que Ciceron ayant composé un petit livre à la loüange de Caton d'Utique, à qui il donna le nom de Caton, Cæsar qui regardoit ces deux grands hommes amateurs de la liberté publique, comme ses ennemis, ayant appris la mort de Caton entreprit d'en noircir la mémoire, et en écrivit deux autres, qu'il nomma Anticatons, pour invectiver sur ses mœurs et sur ses vices, qui estant en parchemin estoient mis en rouleau. En voilà assez pour indiquer la pensée licentieuse du Poëte.

V. 342. *Sympuvium ridere Numæ.* Pline, Apulée, Ciceron, et Festus l'appellent *Sympulum.* Ils conviennent tous que c'estoit un petit vase de terre semblable à un petit gobelet, institué par Numa pour faire l'offrande, ou la libation du vin dans les sacrifices; d'où vient, dit Festus, que les femmes qui faisoient ces offrandes s'appelloient *Sympulatrices.* Varron écrit que nos anciens appelloient les choses de petite conséquence, *sympularias.* N'oublions pas à ce sujet un beau mot de Ciceron au troisiéme livre de ses loix, où voulant exprimer que Gratidius faisoit beaucoup de bruit pour peu de chose, il dit agreablement : *excitabat fluctus in sympulo,* qu'il excitoit des flots dans un gobelet.

V. 342. *Nigrumque catinum.* Un autre vase de terre noire destiné aux sacrifices.

V. 343. *Et Vaticano fragiles de monte patellas. Patellæ* estoient des plats de terre qu'on faisoit au mont Vatican, dont on se servoit aussi pour les sacrifices : il a esté ainsi nommé Vatican *à vatum responso*, depuis que les Romains suivant la prediction de leurs Devins s'en rendirent les maistres sur les Toscans.

V. 344. *Sed nunc ad quas non Clodius aras* ; comme s'il disoit : mais de nostre temps combien avons-nous d'adulteres jusques aux autels semblables à Clodius, à l'imitation de ce qu'en avoit dit Seneque : *Omne ævum Clodios fert, sed non omne tempus Catones producit* ; tous les siecles produisent des Clodes, mais il n'en est gueres qui donnent des Catons.

V. 349. *Pedibus silicem quæ conterit atrum.* Celle qui foule le pavé, c'est-à-dire celle qui va à pied dans les ruës. Il veut parler des femmes du bas ordre.

V. 351. *Conducit Ogulnia cellas.* Ogulnia est le nom d'une pauvre femme qui se veut égaler aux plus riches. Il faut remarquer ici la différence qu'il y a entre cela et *Lectica* : dans la première on estoit assis, et dans l'autre couché.

*Lævibus Athletis.* Ils appelloient *læve* ce qui n'a point encore de poil. Macrobe : *læve autem est mulierum corpus quasi frigore naturali densetur.* Le corps des femmes est sans poil, parce qu'il s'épaissit par sa froideur naturelle.

> V. 361. *Prodiga non sentit pereuntem fœmina censum,*
> *Ac velut exhausta redivivus pullulet arca,*
> *Nummus, et è pleno tollatur semper acervo,*
> *Nonunquam reputat quànti sibi gaudia constent.*

Cette saille du Poëte en ces quatre vers est admirable pour marquer l'abandonnement d'une femme à ses plaisirs, dont elle ne suppute jamais le prix.

V. 374. *Custodem vitis et horti provocat.* Laissons l'application, elle est trop licentieuse ; et disons seulement que les Payens faisoient le Dieu Priape gardien de leurs vignes et de leurs jardins ; qu'ils le faisoient naistre du Pere Denis, autrement Bacchus, et de Venus, et qu'ils accompagnoient de ris et de jeux les sacrifices qu'ils lui offroient.

V. 377. *Iam durum et tundendum Bromium. Bromius* est pris ici pour un jeune homme robuste et qui commence à avoir de la barbe ; c'est un nom qu'on donna à Bacchus du Grec βρόμος, qui qui signifie bruit ; parce que par l'artifice de Junon, Semele qui en estoit enceinte du fait de Jupiter fut éteinte d'un coup de foudre ; ce qui obligea ce Dieu de le tirer du ventre de sa mere tout vivant et de le cacher dans sa cuisse jusques au temps qu'il devoit naistre.

V. 378. *Nullius fibula durat.* Nous avons déjà dit au commencement de cette Satyre que *fibula* estoit un petit anneau d'or, d'argent, ou de cuivre, dont les Chanteurs et les Comediens se servoient pour se defendre contre toute luxure, afin de conserver leurs voix.

V. 379. *Vocem vendentis Prætoribus.* C'estoient les Preteurs qui ordonnoient les jeux, et qui payoient les chanteurs.

V. 380. *Radiant testudine tota Sardoniches.* Elle faisoit briller la lire par les joyaux qu'elle avoit à ses doigts. *Testudo* est pris pour la harpe ou la lire, à cause que Mercure se servit d'une écaille de tortuë pour faire la premiere.

V. 381. *Crispo numerantur pectine chordæ.* *Pecten* estoit un instrument fait avec du poil de quelque beste avec lequel on touchoit les cordes de la lyre, à qui il donne le nom de *crispus*, qui signifie crespu ou ondoyant.

V. 383. *Gratoque indulget plectro.* *Plectrum* signifie la mesme chose que *pecten* : c'estoit un archet semblable à peu prês à ceux dont on se sert pour la viole.

V. 384. *Quædam de numero Lamiarum, ac nominis Appi* ; c'est-à-dire des plus nobles et des plus riches, tels qu'estoient ceux de la famille de Lamia, dont nous avons parlé dans la Satyre quatriéme : quelques-uns lisent *alti* pour marquer leur élévation.

V. 385. *Et farre et vino Ianum Vestamque rogabat.*

L'on offroit en sacrifice à Janus et à Vesta du froment et du vin, pour les rendre propices aux enfants et à toute la famille. C'estoient des Dieux fort honorez par les Romains.

Nous avons suffisamment parlé ailleurs de la deesse Vesta ; et à l'égard de Janus quelques-uns l'ont pris pour le Soleil ou le Dieu de l'année ; et c'est pour cela qu'on luy donna deux faces, celle de l'Orient et de l'Occident, ou du commencement et de la fin de l'an qui se touchoient. Numa Pompilius luy consacra un Temple à Rome dans l'extremité d'une place qui estoit auprés du Palais, et qu'on nommoit *Argiletum*, soit à cause de l'abondance de l'argile qu'on y trouvoit, ou du tombeau qu'Evandre y avoit dressé pour Argo General des Grecs, après l'avoir fait égorger. Ce Temple estoit ouvert en temps de guerre, et fermé en temps de paix. D'où vient que l'on donna à ce Dieu le surnom de Patultius et Clusinus, ainsi que l'a écrit Servius. Il est constant parmi les Auteurs qu'il fut fermé trois fois ; la premiere du temps du Roy Numa, la seconde après la seconde guerre Punique, et la troisième par Auguste après la bataille d'Actium.

On ne convient pas des raisons de cet usage. La plus commune est que dans la bataille que Romulus donna aux Sabins, estant presque vaincu, il sortit de ce lieu où ce Temple fut basti une source d'eau chaude qui mit en fuite les Sabins, d'où vint qu'en temps de guerre on en ouvroit les portes dans l'espérance d'un prompt secours. A l'égard des deux faces qu'on donne à ce Dieu, quelques-uns veulent que la paix ayant esté faite entre Tatius General des Sabins et Romulus Roy des Romains, ce Temple fut consacré par les deux

Rois, et que ces deux faces marquent seulement le concours de ces deux Princes; ou que dans le temps qu'on se prépare à la guerre, il faut penser au retour et à la paix. D'autres disent que Janus a esté le plus ancien Roy d'Italie, où il regna avec Saturne; qu'on luy a donné deux faces à cause de son extrême prudence qui luy faisoit connoitre le passé et pourvoir à l'avenir. Il a aussi esté nommé par les Romains *Claviger*, parce qu'ils le reconnoissoient pour le Dieu et le gardien de leurs portes : c'est ainsi qu'en parle Macrobe.

V. 386. *An Capitolinam deberet Pollio quercum sperare.* Domitien institua à l'exemple de Neron trois sortes de jeux; sçavoir *Equestre, Musicum et Gymnicum.* de course à cheval, de musique, et de lutte, de cinq en cinq ans à l'honneur de Jupiter Capitolin, où le victorieux estoit honoré d'une couronne de chesne, voulant en cela imiter Hercule qui institua dans la Grece dans ce mesme intervale de cinq ans, que les Romains appelloient lustres, les yeux Olympiques à l'honneur du mesme Jupiter. Martial.

> *O cui Tarpeias licuit contingere quercus.*

> Heureux qui peut avoir par un juste destin
> La couronne de chesne au mont Capitolin.

V. 390. *Dictataque verba pertulit.* La coutume estoit que les Haruspices dictoient certaines paroles à ceux qui faisoient des vœux à leurs Dieux.

V. 391. *Et aperta palluit agna.* Cette femme pallit dans la crainte qu'elle a que le pronostique que l'Haruspice doit prononcer aprês avoir visité les entrailles de la brebis immolée, ne soit pas favorable à son chanteur.

V. 392. *Antiquissime Divûm Iane Pater.* C'estoient les termes dont on se servoit dans les sacrifices qu'on offroit à Janus, de qui nous venons de parler; on l'appelloit *Iane gemine*, à cause de ses deux faces, *Iane pater*, comme le plus ancien et le pere des Dieux, et *Iane Iunonie*, comme le Dieu des Calendes qui estoient consacrées à Junon.

V. 395. *Hæc de Comœdis.* Il est à propos de remarquer que *Comœdi* et *Tragœdi* sont ceux qui recitent; *Comici* et *Tragici* ceux qui composent.

V. 396. *Varicosus fiet Haruspex. Varicosus* signifie un homme dont les veines des cuisses se remplissent de trop de sang, à force de demeurer debout. *Haruspex* estoit celui qui prédisoit les choses futures par l'inspection des entrailles des bestes : on le nommoit ainsi *ab hara,* qui est le lieu où ces mesmes bestes estoient enfermées, d'où est venu le nom d'haras en nostre Langue, où l'on nourrit plusieurs cavales propres à faire race.

V. 399. *Cumque paludatis ducibus.* Cela s'entend des gens de la première qualité. *Paludamentum* estoit à proprement parler une veste militaire qui distinguoit, et n'estoit propre qu'aux Empereurs et aux Generaux d'armées; cependant Festus nous apprend que ce mot signifioit tous les ornemens de guerre dont les gens de qualité se servoient, qu'on nommoit *Paludati, quod perspiciuntur qui illa gestant, et fiunt palam,* suivant la remarque de Varron. N'oublions pas à ce propos ce trait d'Apulée dans sa première Apologie: *Veruntamen hoc Diogeni et Aristheni pera et baculus, quod Regibus diadema, quod Imperatoribus paludamentum, quod Pontificibus Galerus, quod lituus auguribus.* La besace et le baston estoient à Diogene et à Aristhene ce que le diadéme est aux Rois, la veste militaire aux Empereurs, le petit chapeau aux Pontifes, et le baston courbé aux Augures.

V. 406. *Instantem Regi Armenio Parthoque cometem.* Il fait menacer par la comete ces deux peuples comme ennemis de la Republique, et à qui l'Empereur Trajan fit la guerre.

V. 408. *Facit isse Niphatem.* Niphates est un fleuve de l'Armenie. Lucain:

> *Armeniusque tenens volventem saxa Niphatem.*

> Dans les champs d'Armenie il semble qu'en couroux
> Le fleuve de Niphate entraisne les cailloux.

Strabon nous apprend qu'il y a aussi dans l'Asie une montagne de ce nom, qu'elle a pris à νιφάδος des neiges dont elle est couverte. Et Virgile nous le confirme au troisiéme de ses Georgiques:

> *Addam urbes Asiæ domitas, pulsumque Niphatem.*

> Dans l'Asie ajoutons tant de villes vaincués,
> Et le mont de Niphate élevé jusques aux nuës.

V. 418. *Conchas et castra moveri.* Cela s'entend des vases et d'un grand appareil qu'elle traisne avec soy pour aller aux bains.

V. 419. *Magno gaudet sudare tumultu.* Quelques-uns l'expliquent du bruit de ses esclaves que Seneque livre huitiéme à Lucile appelle *tumultuosam balneorum luxuriam.* Quand on se veut faire remarquer dans les bains par un grand bruit, et un grand équipage.

Mais la suite des vers nous fait connoistre que ceux-là ont pensé plus juste qui appliquent ce passage à la coûtume qu'on avoit d'agiter dans les bains une masse de plomb, afin d'exciter davantage la sueur avant que de prendre le bain: ce qui s'exprime par le vers suivant:

> *Cum lassata gravi ceciderunt brachia massa.*

V. 420. Le mesme Senecque au mesme endroit: *Cum fortiores*

*exercentur et manus plumbo graves jactant.* Lors que les plus robustes s'exercent, et que leurs mains chargées de plomb sont agitées.

V. 421. *Aliptes* estoit un esclave lequel après avoir essuyé la sueur de son maistre ou de sa maistresse, les frotoit d'une huile composée suivant leur coûtume avant que de se laver.

V. 425. *Totum Oenophoron sitiens. Sitiens* est ici pris pour *exhauriens,* de sorte qu'il le faut expliquer d'un vase entier de vin qu'elle avalloit signifié par le mot Grec *Oenophoron.*

V. 426. *Admotum pedibus.* Quelques-uns ajoûtent *à pedibus,* et l'expliquent des valets qui luy présentoient le vase à boire, ou du vin mediocre qui n'estoit bon que pour les valets, qu'on nommoit du mot Grec τρόπην, qui signifie renversement, parce qu'on ne le beuvoit que pour le vômir après les bains, afin de nettoyer l'estomach et d'exciter l'appetit. Martial liv. 6. Epig. 79 :

> *Bibit ergo tropin ut vomet.*

V. 426. *De quo sextarius alter ducitur.* Le *sextarius* estoit la sixiéme partie du *Congius,* dont les anciens se servoient pour mesurer les choses seches et liquides ; il contenoit en matiere liquide deux cotyles ou hemines : les Interpretes ne le sçavent pas appliquer à nos mesures ; mais vray-semblablement, et ce nom nous le demontre. Le *sextarius* est nostre septier, c'est-à-dire nostre chopine, et l'hemine nostre demi-septier. *Ducere sextarium* c'est boire sa chopine.

V. 427. *Rabidam facturus orexim. Orexis* signifie un grand appetit, et quelquefois il est pris pour le vomissement. Pline écrivant à Priscus l'employe en ce sens. Juvenal aussi dans la suite :

> *Hinc surgit Orexis,*
> *Hinc stomacho bilis.*

> D'où l'on voit arriver à l'estomach debile,
> Un grand vomissement de quelque amas de bile.

V. 431. *Tanquam alta in dolia deciderit serpens, bibit et vomit.* Il compare le vomissement de cette femme à celui des serpens, lesquels au rapport de Pline livre 7. et 10, chap. 72, et d'Aristote livre 8. de l'histoire des Animaux, sont fort friands du vin, et le rendent dans le vaisseau à mesure qu'ils le boivent.

V. 434. *Perituræ ignoscit Elisæ.* Elle excuse Didon de s'estre donné la mort, à cause de l'infidelité d'Enée : Elisa estoit son nom propre, et les Cartaginois luy donnerent celui de Didon, lequel en leur langue signifie une femme forte et virile.

V. 442. *Una laboranti poterit succurrere lunæ.* L'on estoit tombé dans cette erreur parmi les Romains, de croire, ainsi qu'on avoit fait en Grece, que la lune souffroit lors qu'elle estoit éclipsée; et que cela ne luy arrivoit que par des enchantemens, dont elle ne pouvoit estre soulagée que par un grand bruit de trompetes, et de tymbales, et d'autres semblables instrumens.

V. 443. *Imponit finem sapiens et rebus honestis.* C'est à dire, que cette femme dont il parle, se mêle encere de donner des preceptes de Morale.

V. 445. *Crure tenus medio tunicas succingere debet.* Elle devroit, dit-il, tout d'un coup prendre l'habit d'un Philosophe, dont la veste n'alloit guere plus bas que le genoüil.

V. 446. *Cædere Silvano porcum.* Les femmes avoient accoûtumé de rendre leur culte à Cerés, et les Philosophes au Dieu Silvain dans les forests où ils faisoient leur retraite, et à qui ils sacrifioient un pourceau, sans qu'il fust permis à aucune femme d'y assister; à la difference des vilageois qui n'offroient à ce Dieu que du lait, comme Horace nous l'apprend dans ses Epistres :

*Silvanum lacte piabant.*

Il exhorte dans ce passage cette femme par ironie à faire un sacrifice qui n'estoit propre qu'aux hommes sçavans.

V. 446. *Quadrante lavari.* Aller au bain pour un quadran, qui estoit une petite monnoye dont les pauvres payoient le prix de leur bains. Horace : *Dum tu quadrante lavatum Rex ibis,* raillant un Phylosophe Stoicien.

V. 448. *Aut curtum rotato torqueat Enthymema.* Toute conception ou sentence, selon Quintilien, est un enthymeme dans l'usage des Rethoriciens ; et au sentiment des Dialectiques, c'est un syllogisme imparfait, dont on forme la conclusion d'une seule énonciation. Par exemple, la chasteté est une vertu, donc elle doit estre pratiquée. Le Poëte veut donc dire, qu'il faut fuir une femme, qui affecte de pousser un enthymeme par des termes recherchez et concis; ce qu'il exprime par *sermone rotato.*

V. 450. *Sed quædam ex libris et non intelligat.* C'est-à-dire, qu'elle sçache quelque chose sans neanmoins le trop approfondir.

V. 451. *Volvitque Palæmonis artem.* Suetone nous apprend que Rhemnicus Palæmon estoit un excellent Grammairien, precepteur de Fabius Quintilianus; mais d'une si grande arrogance, qu'il disoit hautement que les belles Lettres estoient nées avec luy, et qu'elles y mourroient. Il appelloit le docte Varron un pourceau en litterature ; et se vantoit que Virgile dans ses Bucoliques avoit predit qu'il seroit le Juge des Poëtes et des Orateurs. Enfin il devint si sensuel qu'estant reduit par son mauvais ménage à la derniére necessité, il fut contraint de cultiver la vigne pour gagner sa vie.

V. 453. *Ignotosque mihi tenet antiquaria versus. Antiquaria,* selon nos Interpretes, signifie une femme qui affecte de mesler dans ses discours des mots anciens et hors d'usage, pour se faire croire sçavante, et pleine d'érudition.

V. 454. *Nec curanda viris opicæ castigat amicæ verba :* qui reprend une amie ignorante de quelques termes que les sçavants mesmes pourroient souffrir. Nous avons amplement parlé du mot *opicus* dans la troisiéme Satyre.

V. 458. *Magnos commisit elenchos.* Ce sont des grosses perles oblongues dont les femmes font des pendans d'oreille : il les nomme *cylindros* dans la premiêre Satyre : *donant arcana cylindro.*

V. 461. *Pane tumet facies.* Tous les auteurs conviennent que c'estoit du pain meslé avec le lait d'anesse, inventé pour blanchir la peau, dont Othon usoit souvent, au dire de Suetone, aussi-bien que Poppea femme de Neron, laquelle en estoit si curieuse qu'estant exilée, elle se fit suivre par cinquante annesses, ainsi qu'il est dit plus bas; il en est aussi parlé dans la Satyre deuxième.

V. 461. *Aut pinguia Poppæana spirat.* Quelques Auteurs estiment que c'estoit un autre espece de fart fort gras, pretieux et de bonne odeur que la même Poppea avoit inventé.

V. 464. *Mæchis foliata parantur.* Il entend parler de ces pâtes liquides encor plus précieuses, qui se composoient avec les feuilles du *Nardus,* dont nostre lavande de France approche, et avec plusieurs autres aromates qui estoient chers et très-odoriferans. Voyez Pline liv. ch. 13.

V. 466. *Et tectoria prima reponit.* C'est le fard et l'incrustation dont elle avoit plâtré son visage, ce qu'il dit par une metaphore tirée du plâtrissage qu'on fait aux murailles.

V. 467. *Atque illo lacte fovetur.* Et les deux vers suivants se raportent à ce que nous venons de dire des asnesses de Poppea dans son exil.

V. 471. *Coctæque siliginis Offas. Offa* est icy pris pour un morceau de pain de froment fort delicat exprimé par Siligo, cuit et mittonné avec le lait d'asnesse.

V. 475. *Periit libraria.* On l'explique ou d'une servante qui pesoit ou distribuoit la laine aux autres, *à libra,* ou de celle qui servoit de Secretaire à la maîtresse, *à libris,* Pline liv. 5, parlant de Cæfar, *epistolas tantarum rerum; quaternas pariter librariis dictare solebat.* Cæsar avoit accoutumé de dicter des lettres differentes sur des plus importantes affaires de l'Estat à quatre Secretaires tout à la fois.

V. 476. *Ponunt Cosmetæ tunicas.* C'est pour estre fustigées, *Cosmetæ,* ce sont les esclaves qui ont soin de parer leur maîtresse du verbe grec κοσμεω qui signifie orner.

V. 485. *Præfectura domus Sicula non mitior aula.* Il compare le gouvernement de cette maison à celui des tirans de Sicile par exageration.

V. 488. *Isiacæ sacraria lenæ*. Isis estoit la Deesse d'Egypte dont le culte avoit esté transféré à Rome, on luy consacra un temple auprés du champ de Mars, lequel servoit de rendez-vous aux amans, et où l'on commettoit toutes sortes de prostitutions, ce qui a donné lieu à nostre Poëte de l'appeller *Lena* Maquerelle. Josephe écrit que l'Empereur Tybere en estant indigné fit crucifier les Prêtres d'Isis qui y donnoient les mains, jetter dans le Tybre la statuë de cette Desse, et détruire son Temple.

V. 490. *Psecas infœlix*. C'est un nom d'Esclave qu'il emprunte des Métamorphoses d'Ovide, qui donne à Diane une compagne de ce nom, laquelle prenoit soin d'orner sa chevelure.

V. 491. *Taurea punit*. Les interpretes estiment que c'estoit un nerf de bœuf avec lequel cette femme châtie Psecas, soit parce que ses cheveux ne sont pas assez bien frisez, *altior quare cincinnus*, soit parce qu'elle ne se trouve pas assez belle, *si tibi displicuit nasus tuus*.

V. 497. *Admotaque lanis emerita quæ cessat acu*. *Emerita acu* est une vieille servante qui s'est acquitée de sa couture fort longtemps, et qui est reduite à filer la laine à cause de son grand âge.

V. 501. *Tot premit ordinibus*. Il semble que la mode en est revenuë en ce temps où les femmes élevent leurs coëffures par degrez et par une infinité d'ornemens.

V. 502. *Andromachen à fronte videbis*. C'étoit la femme d'Hector, dont la taille estoit fort grande et fort majestueuse.

V. 503. *Virgine pygmea*. Les Pygmées au raport de Pline sont des petits peuples de la hauteur d'une coudée seulement, ainsi nommé du mot grec πῆχυς qui signifie coude, on les appelle aussi Spitameens à σπιθαμή qui signifie la paume de la main, dont les trois font la coudée. ils font leur sejour dans les montagnes de l'extremité des Indes, et ont une guerre perpetuelle contre les gruës dont ils viennent manger les œufs toutes les années pour en empêcher la multiplication, ils habitent dans des chaumieres de terre qu'ils lient avec les plumes de ces oiseaux et les coques de leurs œufs. Aristote en parle, et dit qu'ils se tiennent dans des cavernes.

V. 510. *Gravis est rationibus*. Il veut dire qu'elle est avare pour sa famille, afin d'estre prodigue pour elle-même.

V. 511. *Ingens semivir*. C'estoit le souverain Pontife de Cybele mere des Dieux, qu'il appelle demy-homme, parce qu'il estoit Eunuque.

V. 512. *Obscœno facies reverenda minori*. Cette phrase est fort particuliere pour dire que *reverendus est quod obscœnum corporis membrum minus habeat*, la pudeur de nostre langue n'en souffre pas l'explication.

V. 513. *Rupta Testa*. Les anciens avoient coûtume dans le culte qu'ils rendoient à leurs Dieux de se servir de vases de terre de l'Isle de Samos. Plaute dans les captifs *ad rem divinam quibus opus est samis vasis utitur*. Nostre poëte pretend que ce Pontife avoit esté fait Eunuque avec une piece de ces sortes de vases rompus, à l'imitation des juifs qui se servoient d'un couteau de pierre pour leur Circoncision, c'est aussi le sentiment de Pline qui le fait passer en coûtume parmi les Prestres de Cybele, en memoire du jeune Atys que cette Deesse mere des Dieux aimoit chastement, et qu'elle rendit Eunuque pour le punir du commerce impudique qu'il eut avec la Nymphe Singaritide dont Martial prend sujet de railler agreablement : *abscissa est quare samia tibi mentula testa*. Voyez Pline liv. 11. ch. 49.

V. 514. *Cui rauca cohors*. Il donne ce nom à la trouppe des Prêtres de Cybele, lesquels étans tous Eunuques avoient la voix aigre et aiguë.

V. 515. *Cui tympana cedunt plebeia*. Parmy ces Prestres, il y en avoit du bas peuple qui jouoient du tambour ou d'une espece de tymbale aux festes de Cybele.

V. 515. *Et Phrygia vestitur bucca tiara*. Ce que le Poëte appelle tiare, d'autres l'appellent *galerus*, comme nous l'avons dit ailleurs, c'estoit une espece de petit chapeau rond, destiné uniquement pour les Prêtres, qui ne leur couvroit que la moitié de la teste, duquel pendoient deux cordons, qui se relioient au dessous du menton de crainte qu'il ne tombât, et dont les Phrygiens s'estoient servis les premiers aux festes de cette même Deesse, *bucca* est pris icy pour tout le bas du visage.

V. 518. *Et Xerampelinas veteres donaverit ipsi*. *Xerampelinus color*, est ce que nous appellons rose seche ou feuille morte du mot grec ζηρὸς qui signifie sec, et ἄμπελος vigne, dont les femmes prudes avoient accoutumé de s'habiller, Suidas les appelle *atrabaticas*, parce que la couleur en estoit fort brune : or il y avoit une superstition parmi ces femmes qui leur faisoit croire qu'après avoir usé ces sortes d'habits, il les falloit appendre au Temple où les Prêtres qui autorisoient cet abus pour leur propre interest, après avoir prononcé quelques paroles afin de les purifier (ce qu'ils appelloient du nom de lustration) leur promettoient, comme il le dit dans les deux vers suivans, que tous les malheurs dont elles estoient menacées cette année tomberoient sur ses habits, desquels ensuite ils faisoient leur profit.

V. 524. *Inde superbi totum regis agrum*. C'estoit le champ de Tarquin le superbe que Brutus consacra au Dieu Mars, et le donna au peuple après avoir chassé cet indigne Roy.

V. 525. *Si candida jusserit Io*. Jupiter après avoir jouy d'Io fille d'Iachus Roy d'Argos, croyant de luy éviter la colere de Junon, la transforma en vache blanche, mais cette Deesse l'ayant demandée à Jupiter, elle la fit garder par Argus qui avoit cent yeux, que Jupiter fit tuer par Mercure pour enlever Io dans le ciel, où il la plaça parmi les Deesses sous le nom d'Isis, qui est le même qu'elle avoit eu lors qu'elle regnoit en Egypte avec Osiris son mary, et depuis sa mort, et sous lequel les Egyptiens l'adorerent comme leur Divinité.

V. 527. *Calidaque à Meroe.* C'est une des principalles Isles du Nil, scituée proche de la zone torride, et dont le climat par consequent est fort chaud.

V. 528. *Antiquo quæ proxima surgit ovili.* Le Temple d'Isis fut construit dans le champ de Mars, et dans le lieu qu'on appelloit l'ancienne Bergerie, soit parce que Tarquin, comme quelques-uns le veulent, y avoit fait un parc où il tenoit un grand troupeau, ou en memoire de celuy que Romulus y avoit fait paistre.

V. 532. *Grege linigero circumdatus.* Les autres Prêtres d'Isis qui accompagnoient le grand Pontife estoient vestus de lin, et Apulée nous dit que les hommes et les femmes qui celebroient sa feste avoient le mesme habit.

*Grege calvo*, parce que ces mesmes Prêtres au raport du même Apulée et de Pline se faisoient razer les cheveux jusqu'à la racine.

V. 535. *Plangentis populi currit derisor Anubis.* Les Egyptiens adoroient un bœuf qu'ils disoient leur estre apparu, ils l'appelloient Apis ou Serapis, ils se figuroient que l'ame d'Osiris mary d'Isis estoit passée dans le corps de ce bœuf, et comme ils avoient une veneration singuliere pour Osiris qui leur avoit enseigné l'art du labourage et plusieurs autres, tout le peuple d'Egypte alloit cherchant cet Apis, au jour de la feste d'Isis, avec de grandes lamentations, accompagné du grand Pontife, qui representoit la personne de leur Dieu Anubis, tenant à sa main gauche un caducée, et ayant la teste couverte d'un masque figuré comme celle d'un chien, à cause que cet Anubis estoit fils d'Osiris, et qu'il avoit porté dans ses armes un chien lequel Anubis ils adoroient comme le messager des Dieux superieurs, et de ceux des enfers, et comme le gardien des corps d'Osiris et d'Isis, ainsi qu'Apulée au dernier livre de sa Metamorphose, et Diodore Sicilien livre premier nous raportent.

Or le Poëte en ce passage fait connoistre que ce grand Pontife parmy toutes ces solemnitez se mocquoit de ce peuple abusé.

V. 535. *Quoties non abstinet uxor concubitu.* Il estoit deffendu aux gens mariez qui vouloient sacrifier à la Deesse Isis de coucher ensemble neuf jours auparavant.

V. 536. *Violato cadurco. Cadurcum* est le tour de lit selon quelques interpretes, ou la toille dont on fait les matelas et les lits de plume ainsi nommé à *Cadurcis* qui sont les peuples de Cahors en

Querci chez lesquels croissent les plus beaux lins dont on les faisoient, le Poëte le prend pour le lit et la partie pour le tout.

V. 537. *Visa est argentea serpens.* Dans le Temple d'Isis, on y voyoit l'Image d'Osiris accompagnée d'un grand dragon dont les Prestres pour abuser le peuple faisoient mouvoir la teste par quelque ressort, ce dragon enveloppoit avec sa queuë un monstre à trois testes, celle d'un lion au milieu, d'un loup ravissant à la gauche, et d'un chien caressant à la droite.

V. 540. *Ansere magno et tenui Popano corruptus Osiris.* Il veut que ce Dieu puisse estre corrompu par l'offrande qu'on luy fait d'une oye et d'un gâteau delié et rond qu'on appelle *popanum*, dont les anciens se servoient dans leurs sacrifices au raport de Julius Pollus : et d'Herodote livre 2. Perse raille de cette superstition, quand il a dit dans sa deuxiéme Satyre :

*Quæ nisi seductis nequeas committere divis.*

Que tu n'oserois pas demander à nos Dieux,
Si tu ne les avois corrompu par tes vœux.

V. 542. *Arcanam Iudæa tremens mendicat in aurem.* Les juifs ayant esté chassez de Rome par Domitien, estoient réduits dans une telle pauvreté qu'ils estoient contraints pour vivre de faire les devins et de se prevaloir de la superstition des Romains, mais comme ils demandoient l'aumône au nom d'un seul Dieu, et que les Romains ne souffroient pas qu'on méprisât leurs fausses Divinitez, ils ne parloient aux gens qu'en secret et à l'oreille.

V. 543. *Interpres legum Solymarum.* La ville de Jerusalem qui estoit la Capitale de la Judée estoit appellée anciennement Solyma, et fut prise et détruite par Titus dans la seconde année de l'Empire de Vespasien son Pere, le 8. jour du mois de Septembre, au raport de Josephe livre dernier de la guerre des Juifs.

V. 543. *Magna sacerdos arboris.* Il fait allusion dès Juifs qui n'habitoient plus que les forests aux Prestres de Jupiter Dodoneen, qui exerçoient leur ministere dans la forest de Dodone en Grece, consacrée à ce Dieu, et si fameuse par ses oracles, qu'on a cru que tous les arbres en rendoient à ceux qui les consultoient.

V. 545. *Implet et illa manum, sed parcius ære minuto.* Il veut dire que les Juifs vendoient leurs resveries à meilleur marché que les Prêtres d'Isis.

V. 549. *Armenius vel Commagenus haruspex.* Les habiles haruspices estoient ou d'Armenie ou de Commagene, qui est une partie de la Syrie, entre le mont Taurus et l'Euphrate.

*Haruspex.* Comme nous l'avons déjà dit, vient d'*haruga* qui signifie victime, et qui est nommée *ab hara* qui est l'enceinte où l'on tient le bestail.

V. 550. *Interdum et pueri*. Il est à propos de remarquer en cet endroit l'excés de leur superstition qui n'épargnoit pas même les enfans, les entrailles desquels ils examinoient, de mesme que celles des poules et des chiens, c'est de là peut-estre qu'est venuë la coûtume abominable des Juifs de sacrifier des enfans ainsi qu'ils en ont esté souvent accusez et punis.

V. 551. *Faciet quod deferat ipse*. Comme cet infanticide estoit deffendu, l'haruspice ne le permettoit, dit nostre Poëte, qu'afin de pouvoir accuser ceux qui exposoient ainsi leurs enfans, et de gagner le prix qu'on promettoit à de semblables delateurs.

V. 552. *Chaldæis major erit fiducia*. Les Chaldeens estoient en reputation d'estre les plus habiles astrologues enchanteurs et interpretes des songes, d'où vient que Tybere consultoit sur les choses à venir Thrasylle fameux Chaldeen, les Babyloniens et les Syriens leur donnent le nom d'Astrologues, les Perses celui de Mages, les Grecs les nomment Philosophes, les Juifs Prophetes, les Égyptiens Prêtres, les Indiens Gymnosophites, les Latins Sages et les Gaulois Druides.

V. 553. *A fonte Ammonis*. Voicy l'origine de Jupiter Ammon si fameux par ses oracles : Bacchus conduisant une armée en Afrique, et la voyant en danger de périr faute d'eau, eut recours à son Pere Jupiter, lequel luy envoya un mouton qui luy indiqua par sa course une grande fontaine à neuf journées d'Alexandrie, en mémoire de quoy Bacchus luy consacra un Temple en ce même endroit, sous le nom de Jupiter Ammon, qui signifie en grec arene, a cause qu'il luy semblât que le belier en estoit sorty.

V. 554. *Quoniam Delphis oracula cessant*. Delphes estoit une ville de la Phocide fort renommée à cause du Temple d'Apollon Pythien et de ses oracles. Ciceron au livre de la divination dit, que les oracles cessent quelquefois par l'épuisement de la vertu celeste : Strabon dans son neuviéme livre, parlant du silence de l'Oracle de Delphes, dit : *hodie profecto summa in mendicitate est Delphicum Oraculum*, aujourd'huy l'Oracle de Delphes est dans une grande indigence. Lucain.

> *Sed siluit postquam Reges timuere futura,*
> *Et superos vetuere loqui.*

> Il s'est teu, quand les Rois redoutant l'avenir,
> N'ont pas voulu qu'on pût le prévenir.

Plutarque parlant du silence des Oracles, demande à son ami Cleombrote d'où vient que les oracles semblent estre éteints.

Mais il devoit consulter nos livres sacrez qui leur auroient apris que la venuë du Fils Dieu les avoit fait taire.

V. 556. *Qui sæpius exul.* Il veut parler de Seleucus le Mathematicien qui predit la mort de l'Empereur Galba à Othon qui estoit en impatience de luy succeder, lequel Seleucus fut envoyé en exil jusqu'à ce que l'evenement eut justifié sa prediction : Voyez Suetone dans Galba.

V. 557. *Cujus amicitia conducendaque tabella magnus civis obit.* Voila une maniere de parler fort extraordinaire pour dire que cet astrologue par l'amitié qu'Othon luy portoit, et par la figure de l'horoscope qu'il avoit faite (que ce Prince ne pouvoit assez payer), avoit predit qu'un Citoyen Romain du premier Ordre devoit mourir.

V. 558. *Et formidatus Othoni.* Parce que Othon qui pretendoit à l'Empire, et que Galba l'adopteroit pour l'y élever, ne put souffrir qu'il regnast si long-temps, et qu'il préferast Pison à luy ; ce qui l'obligea de le faire égorger auprês du lac Curtien.

V. 559. *Indè fides artis,* et les cinq vers suivans signifient qu'il n'y a point d'Astrologue qui soit en credit, qu'il n'ait passé par les prisons et par l'exil dans les Isles Cyclades, dont Seryphe estoit la plus affreuse. Il en parle aussi par rapport à Seleucus, dont il est fait mention cy-dessus.

V. 565. *Ante tamen de te, Tanaquil tua.* Il nomme Tanaquil comme l'exemplaire d'une prudente et pudique femme : elle estoit femme de Tarquin le vieil cinquiéme Roy des Romains, fort sçavante en Astrologie, et qui ayant connu par son art la fortune de son mari, luy persuada de quitter la Toscane pour venir à Rome, où de tuteur des enfans d'Ancus Marcius, IV Roy, il se fit Roy luymesme, aprês la mort duquel Tanaquil eut encore l'adresse de mettre sur le trône Servius Tullius. Varron nous apprend que sa vertu fut si considérée, que sa quenoüille, son fuseau et sa laine furent conservez long-temps dans le Temple d'Ancus Martius ; et que de-là vint la coûtume d'accompagner les filles nouvellement épousées d'une quenoüille garnie de laine, et d'un fuseau rempli de fil.

V. 572. *Ceu pinguia succina. Succinum* est le mesme qu'*electrum* et signifie l'ambre, ainsi dénommé *à succo,* parce que les anciens croyoient que c'estoit le suc d'un arbre, comme la poix-resine qui a la mesme couleur : mais depuis on a reconnu que c'estoit une espece de bitume qui fluë des rochers, et se condense par la froideur de la mer, comme nous l'avons dit ailleurs.

V. 573. *Ephemerides.* Gellius écrit que les Ephemerides sont proprement les Journaux qui contiennent ce que l'on fait chaque jour, mais on l'a appliqué comme nostre Poëte au mouvement des astres, et à l'estat où ils se trouvent tous les jours ; il veut donc dire

qu'à force de consulter le livre des Ephemerides, elle le rend gras
et de couleur de l'ambre.

*Numeris revocata Thrasilli.* C'est le fameux Mathematicien que
Tybere avoit auprés de luy dans l'Isle de Caprée, et qu'il relegua
dans celle de Rhodes, où il le fit jetter dans la mer, pour avoir
predit, ainsi qu'il l'en soupçonna, que sa domination devoit bien-tost
finir.

V. 580. *Nisi quam dederit Petosiris.* Pline et Suidas ont écrit que
Petofiris estoit un insigne Astrologue d'Egypte, qui avoit fait un
livre sur le regime de vivre.

V. 581. *Spatium lustrabit utrumque metarum.* Il y avoit deux
limites au Cirque, dans l'espace desquelles se faisoient les courses
et les combats; et c'estoit dans ces lieux que les femmes de basse
qualité alloient consulter les Devins à juste prix, qui par le sort des
dez, ou par l'inspection des mains et du visage établissoient leurs
vaines prédictions.

V. 583. *Crebrum poppysma.* C'est un long baiser qui se fait avec
bruit, qui estoit le prix dont ces sortes de femmes payoient leurs
predictions. Voyez Turnebe liv. 4. ch. 15.

V. 584. *Phryx Augur.* Ciceron au premier livre de la Divination assure que les Phrygiens, les Cyliciens et les Arabes estoient
les plus experts et les plus superstitieux Augures sur le vol des
oiseaux.

V. 585. *Et Indus conductus.* Il entend parler des Bragmanes
grands Physiciens et Astronomes, qu'Apulée nomme les sages des
Indes. Leur Prince estoit Iarcas, au temps que Appollonius Tianeus
les alla visiter. Quelques-uns lisent, *inde conductus* : l'un et l'autre
a son sens qui peut également convenir à l'esprit du Poëte.

V. 586. *Qui publica fulgura curat* ou *condit.* Les anciens Romains
appelloient le lieu où tomboit la foudre, *fulguritum, quasi fulmine
ictum,* et estoient persuadez que les Dieux vouloient qu'il leur fust
consacré; ce qui les obligeoit à l'instant d'y dresser un autel, d'y
immoler des brebis de deux ans dont ce mesme lieu prenoit le nom
de bidental, et d'y envoyer des Prestres destinez à ce ministere,
lesquels après ce sacrifice ramassoient tout le feu, et l'ensevelis-
soient dans la terre en murmurant certaines prieres secretes. Lucain
l'exprime elegamment :

> *Aruns dispersos fulminis ignes*
> *Colligit, et terræ tacito cum murmure condit.*

> Aruns joint tous les feux dispercez par la foudre
> Et par des mots secrets les cache sous la poudre.

Aruns estoit un vaticinateur de Toscane. Il ne faut pas oublier
sur ce sujet un trait d'érudition de Festus, qui a remarqué que les

Romains comptoient trois especes de foudre; l'une qu'on appelloit *postularia*, et qui demandoit des vœux et des sacrifices pour expier le crime de la Religion prophanée; la seconde *pestifera*, qui prédisoit la mort ou l'exil: et la troisième *peremptalia*, qui marquoit l'effet de la foudre superieure et des prodiges. Pour entendre ce dernier mot, il faut consulter ce mesme Festus sur les termes *paremptalia* et *manubiæ*; où il dit que les anciens avoient imaginé que Jupiter portoit la foudre en main pour la lancer en trois manieres, qu'ils appelloient *manubiæ*, l'une qui estoit blanche, qui servoit pour avertir; la seconde estoit rouge qui marquoit son autorité, et sur laquelle ayant consulté les Dieux inferieurs il l'envoyoit avec bruit, mais sans aucun mal; et la troisiéme estoit noire, qui brûloit et détruisoit tout par le conseil des Dieux superieurs; et c'est ce qu'ils appelloient la foudre superieure.

V. 587. *Et in aggere fatum*. Il entend parler de l'enceinte que Tarquin le superbe avoit fait auprês du Cirque, où les Plebeiens alloient apprendre leur destinée de ces faux Devins qui s'y tenoient.

V. 588. *Quæ nudis longum ostendit cervicibus aurum*. Quelques Interprètes l'expliquent de ces femmes du peuple qui paroissoient sans pudeur, et parées plus qu'à l'ordinaire pour estre plus consi-dérées de ces imposteurs: d'autres appliquent ce vers à quelques femmes Syriennes et impudiques qui estant parées avec de grands pendans d'oreilles et la gorge nüe, se mêloient de dire la bonne avanture; mais ceux-là ont mieux rencontré, ce me semble, qui ont crû que ce passage s'expliquoit des femmes du second ordre, qui avec peu de parures alloient consulter les Devins; et ce sens se concilie mieux avec toute cette suite de vers où il a parlé des riches et des plebeiennes; et en ce cas on dit *nullis*.

V. 589. *Ante Phalas*. C'estoient des tours élevées et toutes de bois, au rapport de Nonius, qu'Agrippa fit dresser dans le Cirque, et auprês des limites, pour y placer des inspecteurs, qui devoient faire un rapport juste des exercices qui s'y faisoient, soit des dards, soit des courses, ou des autres jeux, afin d'éviter les tromperies qu'il y avoit reconnu. Festus dit qu'elles furent appelées *Phalæ*, à cause de leur hauteur, *a falando* qui signifie le ciel en Langue Toscane. Ser. 9. Æn.

V. 589. *Delphinorumque columnas*. Quelques Interprètes l'en-tendent des Obelisques qu'Auguste avoit fait dresser dans le grand Cirque, autour desquels on avoit posé des dauphins de pierre: d'autres que ces colonnes avoient esté dressées par deux freres nobles nommez Dauphins; et la plus commune et la plus probable opinion, est qu'il faut l'entendre des dauphins de marbre, sur lesquels des Dieux et des Deesses marines estoient assis au devant du Temple de Caius Domitius, dans le Cirque Flaminien. Tur. 5. c. 23.

V. 599. *Mox decolor hæres impleret tabulas*. Cet enfant de couleur Ethiopienne seroit pourtant ton heritier. Nous avons dit ailleurs que les actes et les contrats publics s'exprimoient par *tabulæ*.

V. 600. *Nunquam mane videndus*. Il en parle ainsi, parce qu'ils estimoient de mauvais augures, lors qu'un Ethiopien estoit la premiere personne qu'ils rencontroient le matin.

V. 602. *Vota ad spurcos decepta lacus*. C'estoit un lieu dans Rome où l'on exposoit les enfans bastards, mais la plupart des Interpretes n'ont sçeu nommer ny dire l'endroit où estoit ce lac, à la reserve de Lubin qui estime que c'estoit le lac Velabre près du marché de ce nom, qu'on luy avoit donné ce nom, *à velitura*, à cause des voiles qu'on y tendoit pour y vendre des huiles, et les autres danrées et qui estoit tout contre le mont Aventin; et c'estoit là où ces Dames de qualité, qui ne vouloient pas prendre la peine de porter des enfans, en venoient chercher pour les supposer à leurs maris, qui les considerant comme les leurs propres, les élevoient aux honneurs de Pontifes Saliens qui estoient les Prestres de Mars, et aux autres dignitez, et leur faisoient porter le nom des plus nobles familles de Rome, bien qu'ils ne fussent nez que dans des lieux infames et de peres incertains.

V. 607. *Secretumque sibi mimum parat*. Il fait allusion aux Comediens qui representent le personnage des Rois et des gens riches, quoyqu'ils soient fort vils et fort miserables. C'est ainsi, dit-il, que la fortune se joue de ces enfans obscurs qu'elle veut élever.

V. 609. *Hic Thessala vendit philtra*. Apulée l. 1. flor, nous enseigne que les Thessaliens estoient les plus experts pour les philtres amoureux, les enchantemens, et les malefices; et que c'estoit là où il avoit esté transformé en asne. Et Plaute dans son Amphitrion appelle *Thessalum veneficum*, l'empoisonneur ou l'enchanteur Thessalien.

V. 611. *Et solea pulsare nates*. Cela veut dire, donner du pied au cul à son mari.

V. 615. *Cui totam tremuli frontem Cæsonia pulli infudit*. Cæsonia voulant se faire aimer davantage de Cæsar Caligula son mari, luy donna une potion composée d'une hyppomane ou caruncule qui est attachée au front d'un poulain nouvellement né, que Pline et Aristote appellent *tuberculum*, et que l'on estime estre propre aux venefices. Virgile :

> *Quæritur et nascentis equi de fronte revulsus.*
> On l'arrache du front d'un poulain nouveau né.

Ce qui le fit entrer dans une si terrible fureur d'amour, qu'il la faisoit voir souvent toute nuë à ses amis. Il estoit oncle de Neron estant né d'Agrippine et de Germanicus, et frere d'une autre Agrippine qui fut mere de Neron ; mais cette fureur se tourna mesme contre tout l'Empire qu'il pensa renverser par sa tyrannie.

V. 619. *Minus ergo nocens Agrippinæ boletus.* Il parle du mousseron empoisonné dont Agrippine sa sœur fit mourir l'Empereur Claude son mari, pour faire regner Neron son fils qu'elle avoit eu de Domitius Neron son premier mari.

V. 621. *Descendere jussit in cœlum.* Il veut railler l'apotheose de l'Empereur Claude par la figure qu'on appelle hysterologie, qui met la phrase à rebours, suivant en cela la pensée de Seneque, lorsqu'il dit : *Claudium cœlum ascendisse, sed decreto Deorum ad inferos fuisse detrusum;* que Claude au moment qu'il croyoit de monter au Ciel, fut par le decret des Dieux précipité dans les enfers. Voyez Junius liv. 1. c. 17.

V. 625. *Tanti partus equæ quanti una venefica constat.* Quelques Interpretes ne trouvent point de sens dans ce vers, et voudroient dire :

*Tantum artes hujus, tantum medicamina possunt.*

Comme nostre poëte l'avoit dit dans cette Satyre, et dans un mesme sens: mais Lubin l'explique et dit, qu'il signifie que cet hypomane fit autant de mal qu'une empoisonneuse en pouvoit faire.

V. 627. *Jamjam privignum occidere fas est.* Il rappelle la memoire de cette mesme Agrippine, qui fit mourir Britannicus fils de l'Empereur Claude son mari et de Messaline sa première femme, pour luy faire succeder Neron son fils de son premier mari Domitius.

V. 630. *Livida adipata.* Pour dire que les mets les mieux apprestez sont suspects de poison, *quasi adipe condita;* d'où vient que Ciceron dans son traité de l'Orateur appelle un parler plein de suc et d'énergie, *adipatæ dictionis genus,* un genre de parler bien assaisonné.

V. 632. *Timidus præguste pappas* chez les Syracusiens ; *pappas* signifie pere à l'imitation desquels les Romains ont donné ce nom de pere à leur Souverain pontife pour marque de veneration, et le nom de *Pappas* à un ayeul : et en effet, pour invoquer un ayeul les enfans disoient *Pappaso;* toutefois il doit estre ici entendu du gouverneur d'un enfant à la seureté duquel il veille comme un pere ; d'autres veulent que *Pappas* signifie le manger; en effet, Plaute dans son Epidique se sert du mot *Pappare,* pour signifier manger : selon ce sens le Poëte diroit qu'il faut faire essay du boire et du manger.

V. 633. *Fingimus hæc altum Satyra sumente cothurnum scilicet.*
C'est une figure appelée *Antypophora*, et une objection que le
Poëte se fait. *Cothurnus*, à proprement parler estoit la chaussure ou
le brodequin ancien des Acteurs de Tragedie; mais il est ordinai-
rement employé par les Poëtes pour signifier le style sublime.
Martial.

> *Grande cothurnati pone Maronis opus.*
> Du sublime Virgile ouvre le grand ouvrage.

V. 635. *Grande Sophocleo carmen bacchamur hiatu.* Ce vers est
magnifique et marque la fureur Poëtique avec laquelle le Poëte
imite le style de Sophocle Tragique Grec, dont le discours estoit si
coulant qu'on lui donna le surnom d'*Apis*, abeille, et qu'on l'égalla
aux fameux Euripide et Pericles dont il fut collegue dans la Preture
d'Athenes.

V. 636. *Montibus ignotum Rutulis.* Les Rutules estoient des
peuples qui confinoient le *Latium* ou pays Latin, dont la ville
d'Ardée estoit la Capitale à dix-huit mille de Rome, où Turnus
leur Roy tenoit sa Cour, lorsqu'il eut guerre avec Enée, ainsi que
Virgile le raconte dans les six derniers livres de son Eneide.

V. 637. *Sed clamat Pontia.* Il resout son objection par cet
exemple. Ponta estoit fille de Publius Perronius, et femme de
Vectius Bolanus, dont elle eut deux fils qu'elle vouloit empoisonner
pour épouser son adultere, de quoy estant convaincuë elle prit du
poison, et se coupa les veines, Parrhasius Ep. 28.

V. 642. *De Colchide torva dicitur et Procne.* On dit que Medée
fille d'Æta Roy de Colchide aprés avoir suivi Jason en Thessalie, en
eut quatre fils, dont elle en égorgea trois (l'autre s'estant échappé);
pour se vanger de ce que Jason l'avoit quittée pour épouser Glauca
ou Creusa fille de Creon Roy de Corinthe qu'elle fit brûler dans son
Palais avec sa fille. A l'egard de Procné, elle estoit fille de Pandion
Roy d'Athenes, et femme de Terée avec lequel elle demeuroit à
Daulie ville de la Phocie, pour lors occupée par les Thraces : on dit
qu'elle luy fit manger son fils Itis, pour se vanger de l'inceste qu'il
avoit commis avec Philomene sa sœur. Le Poëte cite ces deux
exemples, pour les plus Tragiques dont l'histoire ait parlé.

V. 645. *Summis debetur monstris.* Il a raison d'appeller ces
inhumanitez des monstres, puis qu'elles ont esté exercées contre
l'ordre de la nature, qui ne permet gueres que des meres en soient
capables.

V. 646. *Quoties facit ira nocentem, etc.* C'est une description
merveilleuse de la colere et de la fureur d'une femme qu'il compare
au rocher qui tombe d'un penchant avec précipitation.

V. 651. *Subeuntem fata mariti Alcestim.* Alceste estoit fille de

Pelias Roy de Thessalie, et femme d'Admete pour lequel elle donna sa vie ayant appris par la voix de l'Oracle, qu'il ne pouvoit guerir si quelqu'un ne mouroit pour luy.

V. 654. *Belides atque Eriphylæ*. Les Danaïdes filles de Danaus furent nommées Belides du nom de leur ayeul Belus, elles estoient au nombre de cinquante, et firent mourir en une nuit par l'ordre de leur pere leurs maris, fils d'Ægypte leur oncle, à la reserve de la seule Hypermnestra qui sauva Linus ou Linæus son époux; mais pour punition d'un crime si énorme les Dieux leur imposerent la peine dans les enfers de remplir perpetuellement des tonneaux percez. Voyez Ovide au 4. des Metamorph.

Eriphyle estoit la femme d'Eurypile fils de Telephus, lequel ayant appris de l'Oracle qu'il ne pouvoit estre gueri d'une blessure qu'il avoit receu d'Achille dans la guerre de Troye que par luy-mesme, fit si bien par ses prieres qu'Achille le guerit, à condition que ny luy, ny aucun de sa famille ne donneroit secours aux Troyens; mais son fils Eurypile après sa mort se laissa gagner aux sollicitations de sa femme, à qui Priam qui n'en pouvoit venir à bout, envoya une vigne d'or pour l'obliger à luy rendre cet office auprès de son mari; d'où il arriva qu'Eurypile y fut tué par Pyrrhus fils d'Achille.

V. 655. *Mane Clytemnestram*. Ce fut elle qui fit mourir Agamemnon son mari par l'aide et le conseil d'Ægyste son adultere au retour de la guerre de Troye, où ce malheureux Prince avoit esté dix années.

V. 656. *Quod Tyndaris illa*. Il donne ce nom à Clytemnestre, parce qu'elle estoit fille de Tyndaris.

*Bipennem tenebat*. C'est une hache tranchante des deux costez, avec laquelle Clytemnestre égorgea son mari.

V. 658. *Tenui pulmone rubetæ*. Cela s'appelle du fin poison que l'on tire des entrailles d'un crapeau. Nous en avons parlé sur la premiere Satyre.

V. 659. *Si prægustaret Atrides*. Il met ici les Atrides pour tous ceux qui auroient une aussi méchante femme que Clytemnestre le fut d'Agamemnon fils d'Atrée.

V. 660. *Pontica ter victi medicamina Regis*. Mitridate Roy de Pont avoit composé un antidote, à qui on a donné son nom, dont il usoit pour se garantir de tout venin; en sorte que ces sujets s'estant revoltez, et son fils Pharnace le tenant assiegé, le poison qu'il prit n'ayant aucune vertu pour le faire mourir, il se fit tuer par un soldat Gaulois nommé Bithocus.

Il ajoûté *ter victi*, parce qu'il fut vaincu, premierement par Sylla, ensuite par Lucule, et enfin par Pompée.

Il finit cette grande Satyre par cette exageration contre les femmes

de son temps parmi lesquelles il pretend qu'on trouveroit beaucoup
de Danaïdes, d'Euriphyles et de Clytemnestres, que la seule difference entre celles de Grece et les Romaines est, que les premieres
se sont servies du fer pour égorger leur mari, et que celles-cy usent
habillement du poison, au defaut duquel neanmoins le fer ne leur
manquera pas.

# SATIRE SEPTIÈME

## MISÈRE DES GENS DE LETTRES.

César, unique espoir du monde littéraire,
En ces temps malheureux, ton regard tutélaire
A daigné s'abaisser sur nos muses en deuil,
Quand d'illustres auteurs, dépouillant tout orgueil,
Chauffaient des fours à Rome et des bains à Gabies
Ou se faisaient crieurs; quand, trop longtemps subies,
Loin des sacrés vallons, la misère et la faim
Imposaient à Clio de mendier son pain.
De fait, si l'Hélicon ne met rien dans nos bourses,
Pourquoi de Machera dédaigner les ressources?
Ne vaut-il pas mieux vendre à l'encan des objets,
Tels que coffres, trépieds, œnophores, buffets,
Ou bien de Paccius l'*Alcyone* ignorée,
Ou les vers de Faustus sur Thèbes et Térée,

## SATIRA SEPTIMA

### LITTERATORUM EGESTAS

Et spes et ratio studiorum in Cæsare tantum :
Solus enim tristes hac tempestate Camenas
Respexit, quum jam celebres notique poetæ
Balneolum Gabiis, Romæ conducere furnos
Tentarent; nec fœdum alii, nec turpe putarent     5
Præcones fieri; quum, desertis Aganippes
Vallibus, esuriens migraret in atria Clio.
Nam, si Pieria quadrans tibi nullus in umbra
Ostendatur, ames nomen victumque Machæræ,
Et vendas potius, commissa quod auctio vendit     10
Stantibus, œnophorum, tripodas, armaria, cistas,
Alcyonem Pacci, Thebas et Terea Fausti.

Que de dire devant un juge : « J'ai vu ça, »
Lorsque l'on n'a rien vu? Laissons ce métier-là
A tous les chevaliers des provinces d'Asie,
A tous les va-nu-pieds venus de Galatie.

Vous, nourris de laurier, auteurs ingénieux,
Qui pliez la pensée au rhythme harmonieux,
Renoncez désormais à toute indigne tâche;
Courage, jeunes gens! Écrivez sans relâche;
César vous suit de l'œil, vous stimule, enchanté
S'il a l'occasion d'exercer sa bonté.
Si tu mets ton espoir en quelque autre Mécène,
Crois-moi, Thelesinus, que ta muse s'abstienne;
En l'honneur de Vulcain fais flamber tes écrits,
Ou bien, dans quelque coin jetant tes manuscrits,
Laisse la mite en paix détruire tes volumes.
Biffe ces combats fruit de tes veilles; tes plumes,
Brise-les, malheureux, qui, dans ton galetas,
Fais de sublimes vers! En retour, tu n'auras

Hoc satius, qnam si dicas sub judice : Vidi,
Quod non vidisti. Faciant equites Asiani,
Quanquam et Cappadoces faciant equitesque Bithyni,      15
Altera quos nudo traducit Gallia talo.

Nemo tamen studiis indignum ferre laborem
Cogetur posthac, nectit quicumque canoris
Eloquium vocale modis, laurumque momordit.
Hoc agite, o juvenes! circumspicit et stimulat vos,      20
Materiamque sibi ducis indulgentia quærit.
Si qua aliunde putas rerum exspectanda tuarum
Præsidia, atque ideo croceæ membrana tabellæ
Impletur, lignorum aliquid posce ocius, et, quæ
Componis, dona Veneris, Thelesine, marito;             25
Aut claude, et positos tinea pertunde libellos.
Frange miser calamos, vigilataque prælia dele
Qui facis in parva sublimia carmina cella,

Qu'un brin de lierre ou bien qu'une maigre effigie ;
N'attends pas mieux. Le riche avare s'extasie,
Admire le talent, prône les écrivains
(Pour l'oiseau de Junon ainsi font les bambins),
C'est tout. Mais le temps fuit, mais Cérès et Neptune
Ne veulent plus de toi ; ton talent t'importune,
Le dégoût t'envahit, et, vieillard indigent,
Tu maudis Terpsichore en te décourageant.

Je vais te signaler le plaisant artifice
Dont use ton ami, dans sa basse avarice :
Voici comment s'y prend, pour ne rien débourser,
Ce bienfaiteur aimé qui te fait délaisser
Le temple d'Apollon : lui-même il est poëte,
Et, si devant Homère il incline la tête,
C'est qu'Homère a mille ans. Si, pour te faire un nom,
Tu veux lire tes vers, il t'offre sa maison,
Logis bardé de fer comme une place forte ;
Dans le fond de la salle, ainsi qu'une cohorte,
Il met ses affranchis ; la voix de ses clients

Ut dignus venias hederis et imagine macra.
Spes nulla ulterior : didicit jam dives avarus          30
Tantum admirari, tantum laudare disertos,
Ut pueri Junonis avem. Sed defluit ætas
Et pelagi patiens, et cassidis, atque ligonis :
Tædia tunc subeunt animos ; tunc seque suamque
Terpsichorem odit facunda et nuda senectus.          35

Accipe nunc artes, ne quid tibi conferat iste
Quem colis, et Musarum et Appollinis æde relicta.
Ipse facit versus, atque uni cedit Homero
Propter mille annos. At, si dulcedine famæ
Succensus recites, Maculonus commodat ædes ;          40
Ac longe ferrata domus servire jubetur,
In qua sollicitas imitatur janua portas.
Scit dare libertos extrema in parte sedentes
Ordinis, et magnas comitum disponere voces.
Nemo dabit regum, quanti subsellia constent,          45

Est prête à t'acclamer, mais, pour payer les bancs,
L'estrade, les fauteuils d'orchestre... plus personne!
Nous travaillons pourtant et notre soc sillonne
Un sable ingrat. Veux-tu renoncer au métier?
La sotte vanité te retient prisonnier;
La rage qui nous prend d'écrire est sans remède
Et vieillit dans nos cœurs malades, qu'elle obsède.

Pour faire un grand poète, un sublime écrivain,
Hors des sentiers battus se frayant un chemin,
Et qui frappe ses vers d'une empreinte nouvelle,
Poète que je sens, poète sans modèle,
Que faut-il? Un esprit dégagé de tourment,
Une âme sans aigreur, aimant l'isolement,
Et digne de puiser aux sources du Parnasse.
Besogneux, n'ayant pas un as dans sa besace,
Le pauvre a-t-il le cœur d'aller, le thyrse en mains,
Du Parnasse, en chantant, parcourir les chemins?
Evohé! dit Horace... alors qu'il sort de table.

Et quæ conducto pendent anabathra tigillo,
Quæque reportandis posita est orchestra cathedris.
Nos tamen hoc agimus, tenuique in pulvere sulcos
Ducimus, et littus sterili versamus aratro.
Nam, si discedas, laqueo tenet ambitiosi                    50
Consuetudo mali; tenet insanabile multos
Scribendi cacoethes, et ægro in corde senescit.

Sed vatem egregium, cui non sit publica vena,
Qui nil expositum soleat deducere, nec qui
Communi feriat carmen triviale moneta;                      55
Hunc qualem nequeo monstrare, et sentio tantum,
Anxietate carens animus facit, omnis acerbi
Impatiens, cupidus silvarum, aptusque bibendis
Fontibus Aonidum. Neque enim cantare sub antro
Pierio, thyrsumve potest contingere sana                    60
Paupertas, atque æris inops, quo nocte dieque
Corpus eget. Satur est, quum dicit Horatius, Evoa!

De sublimes élans seras-tu donc capable,
Si la Muse n'est pas ton unique tourment?
Si Bacchus, Apollon, seuls, souverainement
Ne règnent sur ton cœur ennemi du partage?
Un poète, des Dieux doit contempler l'image,
Voir les chars, les chevaux, voir Turnus agité
Par l'aveugle fureur, sans être tourmenté
Du souci d'acheter un manteau. Si Virgile
N'avait plus son esclave et son modeste asile,
Des cheveux d'Erynnis tomberaient les serpents,
Et son clairon perdrait ses terribles accents.
On dit à Rubrenus : « Que ta verve tragique
Atteigne la hauteur qu'eut le cothurne antique ! »
Quand, pour se procurer de l'huile, des habits,
Il doit de son *Atrée* escompter les produits.
Trop pauvre pour aider l'ami dans la détresse,
Numitor enrichit Quintilla sa maîtresse;
Pour un lion dompté qu'à grands frais on nourrit,
Il trouve de l'argent. Sans doute, l'appétit
D'un lion est moins grand que celui d'un poète.

Quis locus ingenio, nisi quum se carmine solo
Vexant, et dominis Cirrhæ Nysæque feruntur
Pectora nostra duas non admittentia curas?     65
Magnæ mentis opus; nec de lodice paranda
Attonitæ, currus, et equos, faciesque deorum
Aspicere, et qualis Rutulum confundat Erinnys.
Nam si Virgilio puer, et tolerabile deesset
Hospitium, caderent omnes a crinibus hydri;     70
Surda nihil gemeret grave buccina. Poscimus, ut sit
Non minor antiquo Rubrenus Lappa cothurno,
Cujus et alveolos et lænam pignerat Atreus?
Non habet infelix Numitor quod mittat amico;
Quintillæ quod donet, habet : nec defuit illi,     75
Unde emeret multa pascendum carne leonem
Jam domitum : constat leviori bellua sumptu
Nimirum et capiunt plus intestina poetæ.

Satisfait des lauriers qui couronnent sa tête
Si Lucain se prélasse en ses riches jardins,
Serranus, Sulcius, besogneux écrivains,
Peuvent-ils nuit et jour vivre de renommée ?
Quand Stace, de sa voix mélodieuse, aimée,
Doit lire à jour fixé sa *Thébaïde*, à flots
Arrive le public. Il sait par d'heureux mots
Charmer, ravir les cœurs ; mais si la salle croule
Sous les bravos bruyants et les cris de la foule,
Stace, le lendemain, pour manger, à Pâris
Doit de son *Agavé* vendre les manuscrits.
Aux poètes, Pâris prodigue à son caprice,
Anneaux de chevaliers, grades dans la milice ;
Ce qu'on n'a pas des grands, on l'obtient d'un acteur.
Pourquoi donc de ces grands te faire le flatteur ?
Leur demander des biens que Pâris seul dispense ?
Chaque poème offert fait naître, en récompense,
*Philomèle* un tribun, *Pélopée* un préfet ;
Si tu vis du théâtre, après tout, c'est parfait !
Mais, hélas ! maintenant qui sera ton Mécène ?


Contentus fama jaceat Lucanus in hortis
Marmoreis ; at Serrano tenuique Saleio                    80
Gloria quantalibet quid erit, si gloria tantum est ?
Curritur ad vocem jucundam, et carmen amicæ
Thebaidos, lætam fecit quum Statius urbem,
Promisitque diem ; tanta dulcedine captos
Afficit ille animos, tantaque libidine vulgi                    85
Auditur ! sed quum fregit subsellia versu,
Esurit, intactam Paridi nisi vendat Agaven.
Ille et militiæ multis largitur honorem,
Semestri vatum digitos circumligat auro.
Quod non dant proceres, dabit histrio. Tu Camerinos                    90
Et Bareas, tu nobilium magna atria curas !
Præfectos Pelopea facit, Philomela tribunos.
Haud tamen invideas vati, quem pulpita pascunt.
Quis tibi Mæcenas ? quis nunc erit aut Proculeius,

Lentulus n'est plus là pour soulager ta peine,
Proculius, Cotta, Fabius sont passés.
Les poètes, jadis, étaient récompensés,
Sans crainte ils pâlissaient sur leurs vers, dans leur chambre,
Et se privaient de vin tout le long de décembre.

Et vous, historiens, quels sont donc vos profits ?
Il vous faut plus de temps, plus d'huile pour vos nuits ;
Les feuillets par milliers s'entassent sur vos tables,
Le papier vous ruine. — Ennuis inévitables,
Car les faits sont nombreux et ce genre a sa loi.
— Mais que récoltera ton labeur ? dis-le-moi.
Du plus humble greffier tu n'auras pas les gages.
« Ces gens-là, grands amis du lit et des ombrages,
» Ne font rien, dira-t-on. »
                              Passons aux avocats :
Leurs procès, ces dossiers qu'ils portent sous le bras,
Qu'en ont-ils ? Du prétoire ils ébranlent la voûte,
Surtout quand un client est là qui les écoute.

Aut Fabius ? quis Cotta iterum ? quis Lentulus alter?      95
Tunc par ingenio pretium, tunc utile multis
Pallere, et vinum toto nescire decembri.

Vester porro labor fecundior, historiarum
Scriptores ; petit hic plus temporis, atque olei plus ;
Namque oblita, modi millesima pagina surgit          100
Omnibus, et crescit multa damnosa papyro.
Sic ingens rerum numerus jubet, atque operum lex.
Quæ tamen inde seges ? terræ quis fructus apertæ ?
Quis dabit historico, quantum daret acta legenti ?
Sed genus ignavum, quod lecto gaudet et umbra.        105

Dic igitur, quid causidicis civilia præstent
Officia, et magno comites in fasce libelli ?
Ipsi manga sonant, sed tunc, quum creditor audit,
Præcipue : vel si tetigit latus acrior illo,

Ou quand un adversaire, avec preuves en mains,
Fait une charge à fond sur leurs droits incertains.
Comme alors leur poitrine exhale le mensonge !
Ils bavent ! Pour gagner... quoi ? Bien peu quand on songe
Que les biens réunis de tous nos avocats
N'égalent pas l'avoir du cocher Lacertas.
« Les juges ont pris place » et Bubulcus préside :
Comme un nouvel Ajax tu te lèves, livide,
Pour défendre les droits douteux d'un affranchi.
Va ! crève tes poumons, pour que, ton seuil franchi,
Tu trouves, harassé, la palme verdoyante
Décorant l'escalier qui mène à ta soupente.
Que te vaudront tes cris ? Un jambon filandreux,
Des oignons africains, quelques poissons vaseux,
Ou cinq pots de ce vin que le Tibre procure.
Si quatre plaidoyers te valent, d'aventure,
Trois écus, il en faut sa part au procureur.

— On comble Émilius, avocat sans valeur !

Qui venit ad dubium grandi cum codice nomen.            110
Tunc immensa cavi spirant mendacia folles,
Conspuiturque sinus. Veram deprendere messem
Si libet, hinc centum patrimonia causidicorum,
Parte alia solum russati pone Lacernæ.
CONSEDERE DUCES : surgis tu pallidus Ajax            115
Dicturus dubia pro libertate, Bubulco
Judice. Rumpe miser tensum jecur, ut tibi lasso
Figantur virides, scalarum gloria, palmæ.
Quod vocis pretium ? siccus petasunculus, et vas
Pelamidum, aut veteres, Afrorum epimenia, bulbi,            120
Aut vinum Tiberi devectum, quinque lagenæ.
Si quater egisti, si contigit aureus unus,
Inde cadunt partes ex fœdere pragmaticorum.

Æmilio dabitur quantum petet ; et melius nos
Egimus. Hujus enim stat currus aheneus, alii            125

— Oui, mais un char d'airain, un superbe quadrige,
Ornent son vestibule; à lui-même il s'érige
Un bronze, le montrant sous l'aspect d'un guerrier
Assis sur son cheval, terrible, l'œil altier,
Prêt à lancer de loin le trait que l'on redoute.
En voulant l'imiter, Mathon fait banqueroute
Et Pédon se ruine; à cette triste fin
Tigillus se prépare : il ne se rend au bain
Que suivi de clients crottés, troupe servile;
Dans un vase d'ivoire il fait mettre son huile,
Par des Mèdes porté sur un riche brancard,
Il parcourt le forum, marchandant, au hasard,
Villas, vases murrhins, esclaves et vaisselle.
Sa robe fastueuse où la pourpre ruisselle,
Voilà sa caution ! Pourtant cela lui sert :
Ces bijoux, ce manteau dont son dos est couvert,
Tout cela fait monter le prix de sa parole.
Le luxe tapageur, la dépense frivole
Parfois ont réussi. Luxe ! gouffre béant
Où Rome va jeter aujourd'hui son argent !

Quadrijuges in vestibulis, atque ipse feroci
Bellatore sedens curvatum hastile minatur
Eminus, et statua mediatur prælia lusca.
Sic Pedo conturbat, Matho deficit; exitus hic est
Tongilli, magno cum rhinocerote lavari          130
Qui solet, et vexat intulenta balnea turba,
Perque Forum juvenes longo premit assere Medos,
Empturus pueros, argentum, murrhina, villas :
Spondet enim Tyrio stalataria purpura filo.
Et tamen est illis hoc utile; purpura vendit     135
Causidicum, vendunt amethystina; convenit illis
Et strepitu, et facie majoris vivere census.
Sed finem impensæ non servat prodiga Roma.

Fidimus eloquio? Ciceroni nemo ducentos
Nunc dederit nummos, nisi fulserit annulus ingens.    140

Compter sur son talent!... Que Cicéron revienne,
Il ne gagnera pas deux cents écus d'étrenne,
S'il n'a pas à son doigt une bague de prix.
Avez-vous huit porteurs, dix clients favoris,
Des amis devant vous, derrière, une litière?
Voilà ce que chacun avant tout considère.
Grâce à l'onyx loué qu'au doigt portait Paulus,
Il valait plus que vous, Cossus et Basilus.
Sous un habit râpé bien rare est l'éloquence.
Aux juges, Basilius eût-il jamais la chance
De pouvoir présenter une mère pleurant?
Serait-il écouté, même avec son talent?
Si tu veux que l'on paye en bon or ta parole,
Fuis, pauvre Basilus, dans l'Afrique ou la Gaule;
Pour tes pareils, l'Afrique est un sol nourricier.

Aux rhéteurs maintenant : ô poitrine d'acier,
Vectius, ton école, en des discours sonores,
Écrase les tyrans à coups de métaphores;
Ce que tu lis assis, tu le relis debout.

Respicit hoc primum qui litigat, an tibi servi
Octo, decem comites, an post te sella, togati
Ante pedes. Ideo conducta Paulus agebat
Sardonyche, atque ideo pluris quam Cossus agebat
Quam Basilus. Rara in tenui facundia panno.          145
Quando licet Basilo flentem producere matrem?
Quis bene dicentem Basilum ferat? Accipiat te
Gallia, vel potius nutricula causidicorum
Africa, si placuit mercedem ponere linguæ.

Declamare doces, o ferrea pectora Vecti!              150
Quum perimit sævos classis numerosa tyrannos.
Nam quæcumque sedens modo legerat, hæc eadem stans
Profcret, atque eadem cantabit versibus isdem.
Occidit miseros crambe repetita magistros.
Quis color, et quod sit causæ genus, atque ubi summa  155

Toujours même refrain! Cet éternel ragoût,
Malheureux professeurs, à la longue vous tue.
Une cause en public est-elle débattue?
On veut savoir le ton, le genre à rechercher,
Les traits, les arguments qu'il faudra décocher.
Quant à payer?... jamais. — Te donner un salaire?
Mais qu'ai-je donc appris?—C'est être bien sévère,
Est-ce ma faute à moi si cet Arcadien
Sous sa mamelle gauche en fait de cœur n'a rien?
Il vient tous les six jours rompre ma pauvre tête
Avec son Annibal dont le plan l'inquiète:
Va-t-il marcher sur Rome? ou bien, plus avisé,
Va-t-il camper, donnant au soldat épuisé
Par l'orage et la pluie, un moment de relâche?
Et voilà les discours que sans cesse il rabâche!
Si son père consent à venir l'écouter,
Que l'on fixe une somme et je vais la compter. —
Six sophistes et plus se plaignent de la sorte;
Aussi vers le barreau le besoin les emporte.

Quæstio, quæ veniant diversæ forte sagittæ,
Nosse velint omnes; mercedem solvere nemo.
Mercedem appellas? quid enim scio? Culpa docentis
Scilicet arguitur, quod læva in parte mamillæ
Nil salit Arcadico juveni, cujus mihi sexta          160
Quaque die miserum dirus caput Annibal implet:
Quidquid id est, de quo deliberat, an petat Urbem
A Cannis, an post nimbos et fulmina cautus
Circumagat madidas a tempestate cohortes.
Quantumvis stipulare, et protinus accipe, quod do,  165
Ut toties illum pater audiat. Hæc alii sex,
Vel plures, uno conclamant ore sophistæ,
Et veras agitant lites, raptore relicto;
Fusa venena silent, malus ingratusque maritus,
Et quæ jam veteres sanant mortaria cæcos.          170
Ergo sibi dabit ipse rudem, si nostra movebunt
Consilia, et vitæ diversum iter ingredietur,

Adieu les ravisseurs, les empoisonnements,
Adieu, maris trompés, et vous, enchantements
Qui rendez aux vieillards aveugles la lumière !
— Croyez-moi, du barreau délaissez la carrière ;
Dans ce chemin scabreux n'engagez point vos pas.
Pourquoi donc déserter vos paisibles débats
Et venir batailler pour une faible somme
Qui vous vaudra tout juste un bon de pain ? En somme,
Vous êtes bien payés ; voyez Chrysogonus,
Pollion, professeurs des fils de nos Crésus,
Récompense-t-on mieux leurs leçons de musique ?
Mais pour avoir des bains, pour avoir un portique
Où le maître se fait voiturer quand il pleut,
On prodiguera l'or, car le riche ne peut
Attendre le beau temps ou bien crotter ses mules ;
Mieux vaut faire chez soi rouler ses véhicules,
La corne des chevaux n'y perd pas son éclat.
Une salle à manger, où pénètre un jour mat,
S'élève d'autre part, toute en marbre numide ;

Ad pugnam qui rhetorica descendit ab umbra,
Summula ne pereat, qua vilis tessera venit
Frumenti : quippe hæc merces lautissima ! Tenta          175
Chrysogonus quanti doceat, vel Pollio quanti
Lautorum pueros, artem scindens Theodori.
Balnea sexcentis, et pluris porticus, in qua
Gestetur dominus, quoties pluit : anne serenum
Exspectet, spargatque luto jumenta recenti ?             180
Hic potius ; namque hic mundæ nitet ungula mulæ
Parte alia longis Numidarum fulta columnis
Surgat, et algentem rapiat cœnatio solem.
Quanticumque domus, veniet qui fercula docte
Componat, veniet qui pulmentaria condat.                 185
Hos inter sumptus sestertia Quintiliano,
Ut multum, duo sufficient : res nulla minoris
Constabit patri quam filius. Unde igitur tot
Quintilianus habet saltus ? Exempla novorum

Bien que cela soit cher, son coffre n'est pas vide,
Il peut encore payer un habile intendant,
Gager un cuisinier dans son art transcendant.
Pour ta part, de cet or qu'il gaspille sans gêne,
Qu'as-tu, Quintilien? Cinq cents deniers à peine!
Le prodigue, à ce prix, croit être généreux.
Les frais faits pour son fils sont les moins onéreux.
— Mais, ô Quintilien, d'où viennent tes domaines?
— Simple effet du hasard. — Aux heureux les mains pleines;
Valeur, beauté, sagesse, ils ont tout en naissant,
Sur leur chaussure noire ils portent le croissant,
Ils sont logiciens, orateurs de mérite;
Enroués, de leur voix chacun les félicite.
Tout dépend (de cela ne soyez pas surpris)
De l'astre qui nous vit, poussant les premiers cris,
Sortir sanguinolents du sein de notre mère.
Suivant son bon plaisir, la Fortune peut faire
Un consul d'un rhéteur, un rhéteur d'un consul;
L'étoile a son pouvoir, le destin son calcul,
Témoins Ventidius et Tullius; il donne
Au captif le triomphe, à l'esclave le trône

Fatorum transi : felix, et pulcher, et acer;  190
Felix, et sapiens, et nobilis, et generosus,
Appositam nigræ lunam subtexit alutæ :
Felix, orator quoque maximus, et jaculator;
Et, si perfrixit, cantat bene. Distat enim, quæ
Sidera te excipiant modo primos incipientem  195
Edere vagitus, et adhuc a matre rubentem.
Si Fortuna volet, fies de rhetore consul;
Si volet hæc eadem, fies de consule rhetor.
Ventidius quid enim? quid Tullius? anne aliud quam
Sidus, et occulti miranda potentia fati?  200
Servis regna dabunt, captivis fata triumphos.
Felix ille tamen corvo quoque rarior albo.
Pœnituit multos vanæ sterilisque cathedræ,
Sicut Thrasymachi probat exitus, atque Secundi

(Bonheur rare, il est vrai, comme le blanc corbeau).
Professer! art ingrat, inutile fardeau!
La fin de Thrasimaque en est le témoignage;
A Carrinas sans pain tu n'as eu le courage
Que d'offrir la ciguë, ingrate Athènes!

                                    Dieux!

La terre soit légère et douce à nos aïeux;
Que du jaune safran les senteurs printanières
Embaument constamment leurs urnes funéraires!
Car un maître, pour eux, d'un père avait les droits.
Achille déjà grand, chantant au sein des bois,
Du centaure Chiron redoutait la férule;
Ne trouverait-on pas aujourd'hui ridicule,
Avec pareille queue, un professeur de chant!
Rufus reçoit les coups de l'écolier méchant,
Rufus, qui, se campant fièrement dans sa toge,
A si souvent traité Cicéron d'Allobroge.

O savant Encélade et docte Palémon,
Suivant votre savoir vous récompense-t-on?

    Carrinatis; et hunc inopem vidistis, Athenæ,        205
    Nil præter gelidas ausæ conferre cicutas.

    Di, majorum umbris tenuem et sine pondere terram,
    Spirantesque crocos, et in urna perpetuum ver,
    Qui præceptorem sancti voluere parentis
    Esse loco! Metuens virgæ jam grandis Achilles       210
    Cantabat patriis in montibus: et cui non tunc
    Eliceret risum cith8arœdi cauda magistri?
    Sed Rufum atque alios cædit sua quemque juventus,
    Rufum, qui toties Ciceronem Allobroga dixit.

    Quis gremio Enceladi doctique Palæmonis affert      215
    Quantum grammaticus meruit labor? et tamen ex hoc,
    Quodcumque est (minus est autem quam rhetoris æra),

En fait d'appointements un rhéteur vous surpasse,
Encor le pédagogue et l'intendant rapace
Viennent-ils écorner vos étiques budgets.
Va, pauvre Palémon, consens à ce rabais,
Comme un fripier vendant de vieilles couvertures ;
Trop heureux si, pour rien, pendant les nuits obscures,
Tu ne t'es pas levé, commençant ton labeur
Avant le forgeron ou l'ouvrier cardeur ;
Trop heureux si, pour rien, l'âcre vapeur de l'huile
N'a sali ton Horace, enfumé ton Virgile,
Si tu n'as pas en vain respiré son odeur !
Encor dois-tu souvent, malheureux quémandeur,
Recourir au tribun pour toucher ce salaire.
Que pour le précepteur on se montre sévère,
Qu'à fond de la grammaire il possède les lois,
Soit ferré sur l'histoire et, sur le bout des doigts,
Sache tous ses auteurs ; questionné, qu'il dise,
Allant aux bains, quelle est la nourrice d'Anchise,

Discipuli custos præmordet Acœnonœtus,
Et, qui dispensat, frangit sibi. Cede, Palæmon,
Et patere inde aliquid decrescere, non aliter quam          220
Institor hibernæ tegetis niveique cadurci,
Dummodo non pereat, mediæ quod noctis ab hora
Sedisti, qua nemo faber, qua nemo sedebat
Qui docet obliquo lanam deducere ferro ;
Dummodo non pereat totidem olfecisse lucernas,             225
Quot stabant pueri, quum totus decolor esset
Flaccus, et hæreret nigro fuligo Maroni.
Rara tamen merces, quæ cognitione tribuni
Non egeat. Sed vos sævas imponite leges,
Ut præceptori verborum regula constet,                     230
Ut legat historias, auctores noverit omnes,
Tanquam ungues digitosque suos, ut forte rogatus,
Dum petit aut thermas aut Phœbi balnea, dicat
Nutricem Anchisæ, nomen patriamque novercæ
Anchemoli ; dicat quot Acestes vixerit annos,             235

Quand Aceste mourut, et quel nombre de muids
Il donna de son vin aux Troyens, le pays
Qui vit d'Anchemolus naître la belle-mère;
Qu'il moule des enfants le tendre caractère
Comme fait de la cire un habile sculpteur;
Que, père vigilant, constant observateur,
Il sache prévenir toute impure accointance.
C'est un rude labeur de préserver l'enfance,
De surveiller les mains et le trouble des yeux.
« A cela, lui dit-on, veillez de votre mieux. »
Et puis, au bout de l'an, il reçoit pour sa peine,
Ce qu'un cocher vainqueur gagne aux jeux de l'arène.

Quot Siculus Phrygibus vini donaverit urnas.
Exigite ut mores teneros ceu pollice ducat,
Ut si quis cera vultum facit : exigite ut sit
Et pater ipsius cœtus, ne turpia ludant,
Ne faciant vicibus. Non est leve tot puerorum          240
Observare manus, oculosque in fine trementes.
Hæc, inquit, cures, et, quum se verterit annus,
Accipe, victori populus quod postulat, aurum.

# REMARQUES

SUR

## LA SEPTIÈME SATYRE

Uvenal commence cette Satyre qu'il adresse à un certain Poëte nommé Telesinus, par les loüanges qu'il donne à Cæsar, en la liberalité duquel les gens de lettres peuvent avoir leur seul secours ; et de-là il prend occasion d'exagerer l'avarice des Romains, et de se plaindre que les Poëtes et les gens sçavans de son temps estoient mal récompensez ; et aprés avoir parlé des Poëtes, des Historiens, des Avocats, et des Rhetoriciens, il convient qu'il n'y en a point encor de plus malheureux que les Grammairiens dont les travaux sont immenses, et si mal reconnus qu'il n'y a point de dépense qui paroisse plus insupportable aux Citoiens Romains, que celle des Precepteurs qu'ils doivent donner à leurs enfans.

Mais les Interpretes ne sont pas d'accord de quel Empereur il entend parler. Quelques-uns veulent que ce soit de Trajan dans le regne duquel il a vescu, comme d'un Prince liberal, vertueux, et qui a esté le Protecteur de gens de lettres, ils en tirent leur argument des propres Satyres de ce Poëte, qu'ils estiment n'avoir pû donner toutes ces loüanges à l'empereur Domitien, après avoir écrit tant d'invectives et de railleries piquantes contre luy, et l'avoir declaré l'ennemi de tous les sçavans, à quoy ils ajoûtent que ce Prince estoit déjà mort, ainsi qu'il resulte de la quatriéme Satyre, mais les autres qui l'appliquent à Domitien, semblent avoir des raisons invincibles, car sans s'arrester à ceux qui ont voulu dire que toutes ces loüanges estoient dites par ironie, ou qui se servent du témoignage de Suetone et de Quintilien, pour asseurer que ce Prince parmi de grands vices avoit de grandes vertus, qu'il estoit mesme fort moderé et fort liberal, et pouvoit meriter en certain temps les loüanges que Juvenal luy donne, l'on tire d'ailleurs un argument de cette mesme Satyre, qui ne convient point à Trajan, mais seulement à Domitien, puisque tous les auteurs demeurent d'accord que Pâris dont il exagere si fort le credit et la fortune, estoit le bouffon et le favory de Domitien, et que ce qui fit la disgrace de nostre Poëte fut le vers 89. de cette Satyre. *Quod non dant proceres dabit histrio*, un bouffon peut donner ce qu'on n'a pas des grands, ainsi que nous l'avons dit à l'entrée de la premiere Satyre, d'où l'on tire cette consequence infaillible que Domitien estoit encore vivant lorsque Juvenal a écrit ce Poëme, et qu'il n'est pas mis dans le rang qu'il devroit, puisque lors qu'il composa la 4. Satyre ce Prince estoit mort, et qu'on ne peut concilier ce qu'en disent les interpretes qu'en suposant ce dérangement.

V. 2. *Tristes Camœnas respexit*. Pour dire que Cæsar a secouru les pauvres Poëtes, *Camœnæ* ce sont les muses que l'on dit estre filles de Jupiter et de la memoire ainsi nommées *à cantus amœnitate*, de la douceur de leur chant, ou comme veut Festus *à carminibus*, des vers qu'elles inspirent, ou *quod sint castæ mentis* de leur chasteté il les appelle tristes, quand on est pauvre on n'est gueres joyeux.

V. 4. *Gabiis balneolum Romæ conducere furnos*. Il se sert d'un diminutif pour marquer davantage la misere des Poëtes qui sont contraints d'aller à Gabie, petite ville des Volsques, distante de Rome de cent stades ou septante mille, pour y estre maistres des bains. *Conducere furnos*, ceux qui s'en mêloient s'appelloient *furnarii* chaufeurs de fours, où les pauvres s'alloient chaufer pour leur denier.

V. 6. *Aganippes*. Est une fontaine dans la Bœotie auprés du Mont Helicon, qui est la mesme que les Poètes nomment ailleurs Hipocrene *fons Aonidum, Aonius*, ou *fons Caballinus*, selon Perse, ils ont feint qu'elle avoit pris naissance d'un coup de pied du cheval Pegase aislé, et que ce fut Cadmus qui s'en apperceut le premier, et comme on luy fait l'honneur de le croire inventeur des premieres lettres, les Poëtes ont consacré de tout temps cette fontaine aux Muses.

V. 7. *Æsuriens migraret in atria Cleio*. Cette Muse est ici employée pour les neuf sœurs qui suivoient Bacchus, et represente les portes qui alloient par necessité *in atria*, c'est-à-dire, chez les gens riches pour y gagner leur vie par quelques services, ou selon le sens de Turnebus dans les halles licinienes ou autres, qui estoient proche du marché pour y exercer l'Office de crieur public aux encans qui s'y faisoient, ce qu'il dit sans doute aprés Ciceron dans son oraison, pour Quintius *tollitur ab atriis liciniis et à præconum concessu in Galliam Nœvius*, on tire Nœvius des halles liciniennes et de l'assemblée des crieurs publics pour l'envoyer en Gaule.

V. 8. *Si Pieria quadrans tibi nullus in umbra*. Pour dire, si tu ne gagnes rien dans la Poësie que le Poëte denote par ces mots *Pieria in umbra*, pour l'explication desquels il faut dire que les Muses ont esté aussi appellées Pierides, soit parce qu'elles sont nées de Jupiter et de Mnemosyne, dans une region ou montagne appellée

*Pieria*, situées dans les confins de la Macedoine selon Strabon, ou en Thessalie, selon Pline, entre les fleuves Axius et Aliemon, ou comme quelques-uns ont fabuleusement inventé, de ce qu'ayant vaincu les neuf filles d'un riche Macedonien nommé Pierus qui leur avoient voulu contester la preference du chant, elles les firent convertir en pies et en prirent le nom de pierides pour un monument éternel de leur victoire.

V. 9. *Ames nomen victumque Macheræ*. Machera estoit un fameux crieur public qu'il nomme ici pour tous ceux du métier.

V. 10. *Commissa quod actio vendit. Vendere per auctionem.* C'est ce qu'on a dit ailleurs, *vendere sub hasta*, vendre à l'encan, qui est ici nommé *auctio ab augendo*, à cause des encheres qui y sont reçûës.

V. 12. *Alcyonem Bacchi.* Bacchus estoit un Poëte tragique qui avoit composé un poëme de l'histoire d'Alcyone fille d'Æole, laquelle ayant veu le cadavre de Deycus son mari, mort par un naufrage, se jetta dans la mer dont Amphitrite femme de Neptune, eut tant de pitié qu'elle les transforma en oiseaux maritimes, qu'on appelle Alcyons, lesquels à ce qu'en ont écrit plusieurs auteurs, font leur nid avant le solstice d'hyver, et couvent leurs œufs pendant quatorze jours sur les eaux de la mer, lors qu'elle est calme, ce qui a donné lieu à nommer ces mêmes jours Alcyonides : Voyez Ovide l. 11. des Metamorphoses.

V. 12. *Thebas et Terea Fausti.* Ce sont deux tragedies composées par un autre Poëte nommé Faustus, l'une est l'histoire d'Oedipe fils de Laïus qui estoit fils de Lapdacus Roy de Thebes, lequel Oedipe ayant esté caché lors de sa naissance à la furie de son pere, par Jocasta sa mere qui l'exposa, et depuis ayant tué son pere dans une sedition et épousé sa mère sans les connoître, en eut quatre enfans, Eteocle, Polynice, Antigone et Ismene, duquel inceste ayant enfin esté éclairci, il en voulut faire la penitence par la perte de ses yeux qu'il s'arracha, et par un exil dans Athenes qu'il s'imposa luy-mesme, ce qu'ayant donné lieu à Eteocle et Polynice de se faire la guerre pour la succession du Royaume de leur Pere, ils se tuèrent tous deux dans un combat singulier.

Nous avons suffisamment parlé de Terée sur la Satyre sixième.

V. 15. *Æquites Asiani, Cappadoces et Bithyni.* C'estoient des esclaves venus d'Asie, de Cappadoce et de Bithynie, autrement Galates, qui estoient parvenus à se faire chevaliers par de faux témoignages, dont les gens de ce pays-là ne faisoient aucun scrupule, ce qui a obligé Ciceron dans son oraison pour Flaccus de dire, *minoris Asiæ populis nullam fidem esse adhibendam*, qu'il n'y avoit aucune seureté en la foy des peuples de l'Asie mineure.

V. 16. *Altera quos nudo traducit Gallia talo.* Il appelle la Gallogrece ou Gallatie, une seconde Gaule, c'est une region de l'Asie mineure, qui confine à son Orient la Capadoce et le fleuve Halys, à l'Occident la Bithynie et l'Asie. au Midi la Pamphylie, et au Septentrion le pont Euxin, elle fut ainsi nommée de ce que le Roy de Bithynie ayant apellé à son secours les Gaulois et les Grecs, et ces deux nations ayant regné long temps dans cette Province, elle prit le nom de toutes les deux, il exprime leur misere par *nudo talo*, estant venus nuds pieds, comme il avoit dit en d'autres termes dans sa premiere Satyre,

> *Nuper in hanc urbem pedibus qui venerat albis.*
> Qu'on a veu dans la ville arriver les pieds blans.

V. 19. *Laurumque momordit*. Cette expression est forte, qui signifie la douceur qu'on a goûtée lors qu'on s'est rendu digne de la couronne de laurier qu'on deferoit aux excellents Poëtes ; l'on pourroit encor dire avec quelques interpretes, qu'il fait allusion à la coutume qu'ont les Poëtes de se mordre les doigts quand ils composent : Perse, *nec demorsos sapit ungues*, ou de ce qu'ils croyoient qu'en mordant le laurier on estoit animé du feu divin de la poësie, qu'on appelle enthousiasme, d'où ils estoient nommez par les Grecs δαφνηφάγοι. Les Poëtes avoient toûjours force lauriers dans leurs cabinets pour honorer Apollon leur Protecteur, à qui cet arbre estoit consacré.

V. 23. *Croceæ membrana tabellæ*. L'on donne diverses explications à ce passage, les uns disent que la couverture des tablettes ou porte-feuilles où l'on renfermoit les cahiers des Poëmes ou des autres ouvrages, estoit de bois de cèdre estimé incorruptible par Théophraste: Vitruve et Pline, dont la couleur est jaunastre, les autres donnent cette mesme couleur au vélin ou parchemin qui couvroient ces tablettes et l'appellent *lutea* ou *crocea*. Catulle :

> *Lutea sed niveam involvat membrana tabellam.*
>
> Les feuillets blancs où l'on écrit les vers,
> D'un jaunastre vélin seront toûjours couverts.

Surquoy il est à propos de remarquer que les Poëtes confondent souvent ces deux mots *membrana et tabella*, pour signifier les tablettes et les feuillets, comme l'on voit ici ou dans le sens de Juvenal : *membrana* signifie les feuillets, et dans celui de Catulle le porte feuille ou les tablettes.

V. 25. *Dona Veneris marito*. Vulcain le forgeron des Dieux, fils de Junon selon Hesiode, et de Jupiter et de Junon selon Homere; et mari de Venus, est ici pris pour le feu.

V. 29. *Dignum venias hederis et imagine macra*. L'on érigeoit des statuës aux Poëtes celebres dans le Temple des Muses ou d'Apollon Palatin, lesquelles on couronnoit de lierre, dont la verdure en devoit marquer la durée, et comme on les representoit au naturel, ce *macra* signifie la pasleur ou la maigreur, que l'application de l'étude leur causoit.

*Ut pueri Iunonis avem.* La fable que nous décrit Ovide, nous apprend que le pasteur Argus qui estoit à Junon et qui avoit cent yeux, ayant esté tué de l'ordre de Jupiter par Mercure qui luy coupa la teste, cette Deesse porta tous ses yeux dans la queuë du Paon, qu'elle prit dès lors pour un oiseau à elle consacré : nostre Poëte veut dire que cet avare qui louë ton ouvrage, fait comme les enfans qui admirent la queuë du paon, sans luy rien donner, et qui la luy arrachent quand ils peuvent.

V. 33. *Et pelagi patiens et cassidis atque ligonis.* Par la mer, par le heaume, et par le hoyau, il veut signifier le commerce, la guerre et l'agriculture.

V. 35. *Suam terpsichoren odit.* Terpsichore est une des neuf Muses : le Poëte veut dire qu'on se rebute de la poësie quand elle est si mal recompensée.

V. 37. *Et Musarum et Apollinis æde relicta.* Le Temple des Muses fut construit à Rome par Martius Philipus, c'est-là où les Poëtes recitoient leurs ouvrages, celuy d'Apollon Palatin le fut par Auguste dans son Palais, et l'on y plaçoit les statuës des Auteurs qui les avoient meritées : le Poëte veut dire que celui dont il parle sans pretendre à de pareils honneurs ne laissoit pas de faire des vers, parce que sans doute il les faisoit tres-méchans.

V. 38. *Atque uni cedit Homero propter mille annos.* Il ne cede à Homere qu'à cause de son antiquité, qui estoit en si grande veneration parmi les Romains qu'ils la preferoient souvent au merite, cet excellent Poëte Grec vivoit l'an 260 après la prise de Troye, et 160 avant la fondation de Rome. Voyez Aule Gelle liv. 17. chap. 21.

V. 40. *Maculonus.* C'est le nom d'un homme riche et fort avare.

V. 42. *Sollicitas imitatur janua portas.* Il y a cette difference entre *janua* et *porta*, que la premiere est employée pour les portes des particuliers, et la derniere pour celle des villes à qui il donne l'épithete *sollicitas*, à cause qu'elles sont toûjours bien gardées.

V. 45. *Nemo dabit regum.* Il faut remarquer que le mot *rex* est souvent employé pour signifier un homme riche et d'autorité.

V. 46. *Pendent anabathra tigillo. Anabathra* est un mot grec qui signifie les échelons ou les degrez dont on faisoit les amphiteatres, et qui estoient soûtenus par des sommiers ou soliveaux, du verbe grec ἀναβαίνω, *ascendo.*

V. 47. *Quæque reportandis posita est orchestra cathedris. Orchestra* estoit un espace sur le theatre, où les Senateurs et autres per-

sonnes de qualité estoient placées pour y voir de plus près les pieces
qui y estoient representées, et dans ce même lieu il y avoit une
estrade separée, élevé de cinq pieds que les Grecs appelloient Thymelé destiné pour les cœurs des comedies et des tragedies, et pour
tous les joueurs d'instrumens, même pour les comiques et bouffons,
lesquels par leurs danses, leurs masques et leurs postures amusoient
le peuple dans les entractes, ainsi l'on peut entendre ce mot suivant
les endroits où les Poëtes les veulent appliquer. Il parle ici des
orchestres portatifs que l'on dressoit sur les theatres d'emprunt.

V. 52. *Insanabile scribendi cacoëthes.* Ce terme signifie une
méchante habitude qui devient incorrigible, et Juvenal l'employe
par translation, pour une ambition dereglée. Les Medecins donnent
aussi ce mesme nom aux vieilles playes qui sont incurables. Voyez
Politianus liv. 16 de ses mélanges.

V. 55. *Communi feriat carmen triviale moneta.* C'est une méta-
phore tirée des monnoyeurs qui fabriquent toûjours leurs especes
sous un mesme coin, pour signifier que les vers ne doivent point
estre d'un stile vulgaire et d'un caractere trivial et commun. Apulée
s'en sert au mesme sens dans sa premiere apologie, lors qu'il dit :
*Ea tamen nomina labore meo et studio ita de græcis provenere, ut
tamen latina moneta percussa sint,* toutes fois ces mots que j'ay tiré
des Grecs par mon travail et par mon estude, ne laissent pas d'avoir
le caractere de la langue latine.

V. 59. *Fontibus Aonidum.* Aonia est une region montueuse de la
Bootie, qui a pris son nom d'Aon fils de Neptune, lequel y regna
après avoir esté chassé de la Pouille par la revolte de ses sujets, et
c'est dans cette mesme region qu'est le mont Parnasse, et cette fontaine consacrée aux Muses à qui on a tant donné d'autres noms,
comme nous l'avons dit cy dessus ; d'où vient que les Poëtes nomment souvent les muses *Aonides* ou *sorores Aoniæ.*

V. 60. *Cantare sub antro Pierio.* C'est devenir Poëte, le mont
Pierien dans la Macedoine ou Phocide est le mesme que le mont
Parnasse, à qui les Pieriens qui le vindrent habiter après avoir esté
chassez de leur pays par les Macedoniens donnerent leur nom, il
estoit consacré à Bacchus et Apollon Delphique, lequel y avoit un
Temple, et les Poëtes en ont fait la patrie, et le séjour des Muses,
qui en ont pris le nom de Pierides aussi bien que Castalides, de
cette fontaine fameuse qui leur estoit consacrée dont nous venons
de parler, à qui on donne encor ce nom de la chaste Castalie, laquelle
voulant fuir les poursuites d'Apollon, se précipita et fut transformée
en cette fontaine.

V. 60. *Thyrsumque contingere.* Le Thyrsus, ainsi que nous l'a-
vons dit ailleurs, estoit une javeline entourée de pampres de vignes
et de feuilles de lierre, que les Bacchantes devenuës furieuses par la

crapule et par le vin, portoient aux festes de Bacchus, et qu'elles élevoient avec de grands cris et des agitations de teste qui marquoient leur fureur, à l'imitation de leur Dieu qui en portoit ordinairement une semblable, les Poëtes l'employent pour signifier que la fureur poëtique leur doit estre inspirée par Bacchus, sans laquelle leur veine est toûjours sterile : Horace l'exprime ainsi :

*Et excludit sanos Helicona poëtas.*

V. 61. *Sana paupertas.* Il la nomme ainsi, parce qu'estant sobre et frugalle, elle rend les hommes trop moderez pour devenir Poëtes.

V. 62. *Cum dicit Horatius ohe.* Il rappelle l'ode dix-neuviéme d'Horace de son second livre, lors qu'il dit :

*Ohe recenti mens trepidat metu, etc.*

Quelle crainte nouvelle agite mon esprit.

Où il paroit que ce Poëte est rempli de la fureur de Bacchus, cet *ohe* estoit un terme dont les Bacchantes avoient coûtume de se servir dans leurs cris, et que les Poëtes employent pour marquer la satiété : Plaute dans le Sticchus, *ohe jam satis est.*

V. 64. *Et dominis Cyrrhæ, Nisæque feruntur.* C'est à dire quand ils sont agitez de la fureur d'Apollon et de Bacchus ; en voici la raison : Cyrrha estoit une ancienne ville de la Phocide située au mont Parnasse, où Apollon à qui elle estoit consacrée rendoit ses oracles ; d'où vient qu'on l'appella *Appollo Cyrrhæus.*

*Nysa* est une autre ville de l'Arabie heureuse entre la Phenicie et le Nil proche de l'Egypte, où l'on dit que Bacchus fut élevé par des Nymphes, lors que Mercure de l'ordre de Jupiter l'y eut porté : d'où vient qu'il fut nommé *Dyonisius, quasi Deus Nisæ,* ce mesme Dieu estant allé aux Indes, y fit bâtir une ville du mesme nom, en mémoire de celle où il avoit esté nourri : d'autres assurent que les deux sommets du Parnasse furent appellez de ces deux noms *Cyrrha* et *Nysa.*

V. 66. *Nec de lodice paranda.* Nous avons dit dans la Satyre precedente que *lodex* signifie une chetive housse de lit ; mais le Poëte l'applique à toutes les choses necessaires dans un ménage.

V. 68. *Qualis Rutulum confundat Erynnis.* Il rappelle ici l'histoire de Turnus à qui Junon envoya Alecto, qui est la mesme qu'Erinnis l'une des trois furies, qui sont Alecto, Tisiphone, et Megere, pour l'exhorter dans un songe à prendre les armes contre Ænée, afin de s'opposer à son mariage avec Lavinie fille du Roy Latin. Juvenal employe cet exemple et tout ce qui suit pour verifier que Virgile n'eust jamais écrit si élegamment, s'il n'eust eu l'esprit tranquille et dépoüillé de tous les soucis domestiques.

V. 72. *Poscimus ut sit non minor antiquo Rubrenus Lappa*

*cothurno*. Le Poëte veut dire qu'il souhaiteroit que Rubrenus Lappa excellent Poëte Tragique, mais fort pauvre, fût autant estimé et récompensé que le furent les Æschyle, Euripide et Sophocle anciens Poëtes Tragiques Grecs, qu'il représente par *antiquo cothurno*, qui sont les brodequins dont les Acteurs Tragiques estoient distinguez.

V. 73. *Cujus et alveolos et lænam pignerat Atreus.* On explique ce vers differemment: plusieurs interpretes estiment que cet Atreus est un usurier qui preste à gages sur la vaisselle, et sur les habits de Rubrenus, peut-estre qu'ils se trompent, puisque la propre signification de *pignerare* est de mettre en gages son bien, et non pas d'en prendre en prestant.

Toutefois il y a un passage dans la quatriéme Philipique de Ciceron, qui peut autoriser ce premier sentiment, lors qu'il dit : *in fuga, fœda mors, in victoria, gloriosa, etenim Mars ipse, ex acie; fortissimum quemque pignerari solet.* La mort est honteuse dans la fuite, et glorieuse dans la victoire ; car le Dieu Mars a accoûtumé de se nantir dans une armée de quelques-uns des plus vaillans, par où l'on voit que ce grand Orateur croit que ce verbe peut estre employé au passif comme en l'actif, et signifier prendre et donner à gages.

Les autres toutefois qui veulent suivre la signification plus ordinaire, et plus naturelle de ce verbe, disent que le sens du Poëte est que Rubrenus en composant la Tragedie d'Atrée est tombé dans une si grande pauvreté, qu'il est contraint d'engager sa vaisselle et ses habits pour vivre.

*Alveoli* sont les plats, les écuelles, et les vases à boire qui estoient de bois chez les pauvres gens, au rapport de Columelle : quelques-uns ont écrit : *albiolos*, qui signifioient les tables qui servoient à compter, à joüer, ou à écrire ; mais Turnebe veut qu'on écrive *alveolos*.

*Læna*, selon Festus, estoit un capot, ou, comme l'on dit aujourd'hui, un sur-tout d'une laine grossiere qui couvroit les autres habits, ainsi nommé en Langue Toscane, et par les Grecs *chlamys*. Nonius dit que c'étoit un habillement militaire ; et Ciceron le donne aux Prestres Flamines, comme Virgile au livre quatriéme de l'Eneide à Ænée : *Tyrioque ardebat murice læna,* avec cette difference qu'aux gens de dignité il estoit de pourpre, ainsi que ce Poëte nous l'apprend. Denys d'Halicarnasse, liv. 6, dit que Castor et Pollux apparurent dans le marché de Rome *induti lænas,* couverts de capots militaires.

V. 74. *Non habet infœlix Numitor. Numitor* est icy pris pour tout homme riche et avare, dont il parle par ironie dans les cinq vers suivans, où il dit qu'il refuse à un pauvre Poëte son ami, ce qu'il donne à une femme publique, et pour la nourriture d'un lion.

V. 79. *Contentus fama jaceat Lucanus.* Lucain estoit un fameux Poëte neveu de Seneque, qui a écrit par un Poëme pompeux la guerre civile entre Cæsar et Pompée, et leur combat dans la plaine de Pharsale : il avoit aussi composé une Tragedie d'Orphée, et plusieurs autres pieces qui ne sont point venües jusques à nous; Neron luy fit couper les veines, parce qu'il fut accusé d'estre complice de la conjuration de Pison dans un temps où l'on estoit prest de le nommer Consul.

Comme il estoit fort riche, il luy estoit bien aisé, au sens de nostre Poëte, de composer à son loisir tous ces Poëmes.

V. 80. *In hortis marmoreis.* Il marque par ces mots le luxe des Romains qui estoit parvenu à tel point, que non seulement le marbre estoit commun dans leurs edifices, mais leur pavé mesme estoit precieux ; ce qui oblige Seneque écrivant à Lucile de s'écrier sur la quantité de statuës et de colomnes que l'on voyoit mesme dans les bains des affranchis sans autre necessité que de celle de l'ornement et de la dépense : *in ornamentum positarum impensæ causa.*

V. 80. *At Serrano tenuique Saleio.* C'estoit deux excellens Poëtes, mais fort pauvres du temps de Domitien; et qui estoient fort negligez : Tacite en fait mention dans ce mesme sens *Quis Saleium nostrum egregium Poëtam salutat, aut prosequitur.*

V. 82. *Carmen amicæ Thebaidos.* Il donne ce surnom au Poëme que le Poëte Stace a composé de la guerre de Thebes, parce que le peuple Romain se plaisoit extremement à l'entendre reciter : il vivoit avec beaucoup de reputation du temps de Domitien.

V. 87. *Intactam Paridi nisi vendat Agaven.* Le Poëte censure l'avarice des nobles de son temps, qui laissoient mourir de faim le Poëte Stace, à la honte desquels il n'y eut que le seul Pâris, bouffon de Domitien, qui luy donna quelque récompense de cet excellent Poëme, qu'il nomma Agavé.

Agavé estoit fille de Cadmus fondateur de Thebes, et mere de Penthée qui en estoit Roy, lequel elle tua pendant les festes de Bacchus, à cause du mépris qu'il en faisoit l'ayant pris dans sa fureur pour un sanglier.

Pâris estoit l'affranchi de Domitia tante paternelle de Neron, de la beauté duquel une autre Domitia femme de l'Empereur Domitien fut si fort éprise qu'il en cousta la vie à son amant, et elle répudiée, dont elle garda un si vif ressentiment, qu'elle voulut entrer dans le conseil de ceux qui conjurerent la mort du Prince.

V. 89. *Semestri vatum digitos circumligat auro.* Il veut que ce Pâris ait esté le patron des Poëtes, et qu'il les enrichit par des bijoux et d'Hyver et d'Eté, comme la premiere Satyre nous apprend qu'on le pratiquoit; quelques autres l'expliquent autrement, et veulent que *semestre aurum* signifie l'anneau d'or que l'on donnoit aux Chevaliers pour marque de leur dignité ; et en ce sens ils disent que ce *semestre aurum* est une periphrase qui ne designe autre chose que la figure ronde de l'anneau : ils se fondent en cela sur l'usage commun qui appelle la lune *luna semestris* lors qu'elle est pleine et ronde, ainsi qu'Apulée l'a nommée au dernier livre de son asne d'or, et sur l'autorité de Probus, qui est de ce sentiment.

V. 90. *Quod non dant proceres dabit histrio.* Voilà le vers qui piqua si fort Pâris, qu'il obligea Domitien sur qui il avoit tout pouvoir d'exiler Juvenal ; ce qui verifie, ainsi que nous l'avons remarqué, que cet Empereur estoit vivant, lors que cette Satyre a esté composée.

V. 91. *Tu Camerinos et Bareas.* Il employe ces noms pour ceux des hommes riches, et à qui les Poëtes faisoient la cour sans en tirer de grands avantages.

Les Camerins ont tiré leur origine de Camerinus Sulpitius, qui fut envoyé par le Senat à Athenes avec Spurius Posthumus Albus et Aulus Manilius, afin de l'instruire des loix de Solon, et des mœurs de ces peuples pour les apporter à Rome. Bareas Soranus est celui dont nous avons parlé dans la quatriéme Satyre.

V. 92. *Præfectos Pelopea facit Philomela Tribunos.*

V. 93. *Haud tamen invideas vati, quem pulpita pascunt.*

Il n'est pas aisé de trouver le vray sens de ces deux vers, et les Interpretes y sont embarrassez : toutefois il semble que Juvenal a voulu dire qu'il est vray que la Tragedie de Pelopée fille de Thyeste, de l'inceste desquels nâquit Ægysthe adultere de Clytemnestre et homicide d'Agamemnon, et celle de Philomele et de Procné, dont nous avons parlé cy-dessus, ont procuré quelques dignitez à leurs Auteurs ; mais qu'avec tout cela il y auroit peu de seureté de s'y attendre, et l'envie contre ces Poëtes seroit mal fondée, puis que la pluspart ont peine à vivre des pieces qu'ils font représenter sur les theatres qu'il exprime par *pulpita* qui en sont les lieux les plus élevez.

V. 94. *Quis tibi Mœcenas.* Caius Cilnius Mœcenas l'un des premiers Ministres et favori d'Auguste, fut dans son temps le grand protecteur des gens de lettres, et si liberal principalement à l'égard de Virgile et d'Horace, à qui il donna la vigne Sabine, et mille autres bienfaits, qu'il a obligé ces deux Poëtes d'en faire souvent l'éloge, et à perpetuer son nom en la personne de ceux qui l'imitent, qu'on nomme encore aujourd'huy des Mœcenes.

V. 94. *Quis Proculeius.* C'estoit un Chevalier Romain aussi de la Cour d'Auguste, qui fut si liberal envers ses freres Scipion et Murena qu'ayant esté dépoüillez de leurs biens par la guerre civile, il partagea les siens avec eux. Horace, Ode 2, livre 2, l'exprime ainsi :

> *Vivet extento Proculeius ævo,*
> *Notus in fratres animi patroni.*

> Pour ses freres Proculé eut un cœur paternel,
> Qui luy fit meriter un éloge éternel.

V. 95. *Aut Fabius.* On l'applique, ou à Fabius le grand qui se montra si liberal, qu'il vendit son propre fonds pour payer la rançon des soldats Romains qui avoient esté faits prisonniers par Annibal ; ou de cet autre Fabius protecteur des gens de lettres, à qui Ovide addresse quatre de ses Epistres dans son livre *de Ponto*.

V. 95. *Quis Cotta iterum.* Nous en avons parlé sur la Satyre 5, c'est encore à luy à qui Ovide écrit trois de ses Epistres dans ce même livre.

V. 95 *Lentulus alter.* C'estoit un autre noble Romain fort liberal d'une ancienne famille qui avoit pris ce nom d'une marque de lentille. Ciceron en fait mention au troisiéme livre de ses Epistres.

V. 97. *Tunc utile multis pallere.* Il le faut lire ainsi ; et ce *tunc* semble mieux convenir à la suite de la pensée de l'Auteur : car après avoir dit, qu'au temps passé lors que ces grands hommes, dont il a parlé, vivoient, les récompenses estoient données sur la mesure de l'esprit : il en resulte qu'il estoit utile de pâlir plutost dans l'étude, que de s'abandonner aux debauches des festes Saturnalles, où toute licence estoit donnée dans le mois de Decembre, dont Macrobe dans son premier livre des Saturnalles traite fort amplement ; cependant plusieurs autres soûtiennent qu'il faut lire *nunc*, et veulent que le sens du Poëte soit, que dans son temps les Poëtes ne recevoient d'autre utilité de leurs ouvrages que de pâlir et gagner si peu qu'ils n'avaient pas de quoy boire du vin dans le mois de Decembre : cette derniere interpretation me paroist moins naturelle que l'autre.

V. 99. *Atque olei plus.* L'étude de la nuit se faisoit à la lampe ; et c'est par cette raison que l'on disoit que les oraisons de Demosthene en avoient l'odeur. Il semble que Juvenal veuille ici faire allusion au Proverbe ancien dont Plaute se sert dans son Penulus : *Tum pol ego oleum et operam perdidi :* de bonne foy j'y ai perdu et ma peine et mon huile.

V. 100. *Namque oblita modi.* Voila une maniere de parler fort extraordinaire pour dire qu'un Historien trouve tant de choses à écrire, et tant d'incidens dans les histoires qu'il ne sçait par où finir.

V. 101. *Pagina crescit damnosa papyro.* Cela se rapporte à ce qui suit : *Quæ tamen inde seges ? terræ quis fructus apertæ ?* quel fruit rapporte-t-on de tant de travaux et de tant de papier perdu ?

*Papyrus* est un arbuste qui croit dans les marais d'Egypte ou dans les eaux dormantes du Nil, de la plante duquel qui est à trois angles et finit en pointe, on tiroit des filamens fort deliez avec une aiguille, qu'on preparoit d'une maniere à y pouvoir écrire ; d'où l'on a tiré le nom qu'on donne au papier, duquel nous nous servons : Pline livre 13. chap. 11. pretend que ce fut du temps d'Alexandre le grand qu'on en inventa l'usage en Egypte, bien que d'autres le donnent au regne de Numa.

V. 104. *Acta legenti*. Quelques interpretes l'expliquent d'un jurisconsulte ou d'un Avocat, mais à mon sens Britannicus a mieux pensé, lors qu'il a voulu que *acta legens* soit le même que *actuarius*, c'est-à-dire, Notaire ou Greffier qui recevoit tous les actes ou publics ou privez, et qui les publioit afin qu'ils fussent connus.

V. 107. *Et magno comites in fasce libelli*. Il marque la coûtume qu'avoient les Avocats de porter grand nombre de livres à l'audience pour appuyer les causes dont ils entreprenoient la deffense.

V. 109. *Si tetigit latus acrior illo qui venit ad dubium grandi cum codice nomen*. Ce passage se doit entendre ou de l'Avocat ou du debiteur, qui crie encor plus fort et qui vient soûtenir par l'autorité des loix, que la somme qu'on demande à la partie n'est pas dûë, ou qu'elle est fort douteuse, ou de la partie qui doutant de sa cause, tient de prés son avocat pour le faire plaider avec plus de vehemence.

V. 112. *Conspuiturque sinus*. Cela s'explique ou de la bouche de l'Avocat qui en écume, ou du corps qui en suë.

V. 114. *Russati pone lacertæ* ou *lacernæ*. Quelques-uns veulent que *lacerta* ou *lacerna* fut un des cochers de Domitien ; d'autres que ce soit un nom inventé de soldat, à qui les Romains avoient accoûtumé de donner un habit rouge quand ils alloient à la guerre, à l'imitation des Lacedemoniens, lesquels au rapport de Valere Maxime, donnerent cette mesme couleur à leurs soldats, afin que le sang de leurs playes ne parust pas à leurs ennemis. Hermolaus dans le septiéme livre de ses Annotations sur Pline, remarque qu'à Rome et à Preneste on trouvoit le mot de *russatus* gravé sur plusieurs monumens. Les Grecs appelloient ces habits : *vestes Phœnicæ*, et les Latins, *coccinæ*.

V. 115. *Consedere Duces*. Il suppose ici un Tribunal où l'Avocat dont il a parlé doit paroistre, et fait allusion aux termes, dont Ovide se sert au treiziéme livre des Metamorphoses, lors qu'Ajax et Ulysse en présence des Officiers de l'armée des Grecs, plaident leur cause pour se faire adjuger les armes d'Achille cousin Germain d'Ajax, le nom duquel il donne à cet Avocat : *tu pallidus Ajax*.

V. 116. *Bubulco judice*. Quelques-uns l'entendent de Caius Attilius Bubulcus, lequel estoit Consul avec Titus Manilius Torquatus,

au temps que l'Isle de Sardaigne se révolta contre Rome par le
conseil des Carthaginois, et passoit pour Juge tres-grave et tres-
severe ; la plus commune et plusvray-semblable opinion est que le
Poëte veut parler d'un Juge grossier et ignorant ; ce qui se peut
authoriser par le témoignage d'Asconius Pedianus lib. 20. de ses
Verrines, qui nous apprend qu'il y avoit trente-six Tribus dans
Rome, ou rustiques ou urbaines, de chacune desquelles on choisissoit trois Juges qui composoient un corps qu'on appelloit, *centum
viri*, parmi lesquels l'on peut croire qu'il y en avoit de fort ignorans,
l'on pourroit encore l'entendre de ces Juges étrangers, et peu habilles
que la complaisance avoit introduit dans le Senat, que Suetone fait
monter jusques à plus de mille, et qui furent sagement reformez
par Auguste.

V. 118. *Figantur virides scalarum gloria palmæ*. Ce vers est
expliqué differemment. Il est vray que les Interpretes conviennent
qu'on avoit accoûtumé à Rome d'appendre des palmes au devant des
maisons des Avocats qui avoient déjà gagné quelque cause celebre :
et Ausone l'appelle *palma forensis*. Martial liv. 7. Epigramme 27.
s'adressant à l'Avocat Fuscus :

> *Sic fora mirentur, sic te pallatia laudent,*
> *Excolat et geminas plurima palma fores.*

> Qu'on t'admire au marché, qu'on te loûe au palais,
> Que les palmes chez toy ne fletrissent jamais.

Mais ils ne sont pas tous d'accord du sens de ces deux mots,
*scalarum gloria*. Les uns ont crû que cela s'entendoit des degrez de
leurs maisons où les palmes estoient attachées ; cette opinion ne
peut se concilier avec les authoritez que je viens de citer qui ne
parlent que des portes ; les autres l'expliquent de la gloire que rem-
portoit un Advocat, lors que par son éloquence il avoit fait condamner un criminel à estre pendu, *ad scalas gemonias*, aux échelles ou
gemonies, ainsi nommées *à gemendo*, mais n'en déplaise à Britannicus, ce sens paroist trop forcé, j'aime mieux suivre celuy de Lubin,
qui veut que *scala* signifie souvent *pulpitum sive suggestum*, un
lieu élevé où l'on avoit coûtume d'haranguer ou de plaider, et qu'en
ce passage le contenant estant pris pour le contenu, le sens du
Poëte soit que ces palmes dont il parle fassent tout l'honneur et
toute la gloire du plaidoyer que l'Advocat y a prononcé : cette explication est appuyée par l'histoire qui nous apprend qu'il y avoit un
lieu à Rome auprès du marché Romain, qu'on appelloit *scalæ annu-
laria*, à cause de son élévation, et de plusieurs Orphevres qui y
avoient leurs boutiques, où Suetone dit qu'Auguste y avoit fait sa
premiere demeure dans la maison de l'Orateur Calvus.

V. 119. *Siccus petasunculus*. C'est un diminutif de *petaso* qui signifie jambon, mais il le nomme sec et aride, soit qu'il ait esté trop enfumé, ou qu'il soit trop vieux.

V. 120. *Vas Pelamidum*. C'est un poisson, au rapport de Pline livre 9. chapitre 15. lequel étant fort petit s'appelle cordyle, dans son accroissement *Pelamis*, ainsi nommé, dit Festus, du mot Grec πηλὸς. qui signifie boüe dans laquelle il se nourrit, et dés qu'il a un an, on l'appelle Thon.

V. 120. *Aut veteres Maurorum epimenia bulbi*. *Bulbus* est un nom general pour toutes sortes d'oignons, dont l'Affrique estoit abondante. Il les appelle *epimenia*, parce que les Affricains en apportoient tous les mois à Rome, soit pour faire des presens, ou pour payer le salaire des ouvriers qu'ils employoient, du mot Grec ἐπιμήνιον, qui signifie *menstruum stipendium*, le salaire d'un mois : quelques-uns veulent que ce soit de méchans poissons nommez *bulbi*.

D'autres écrivent *epimenida*, qui signifie, au rapport de Pline, livre 27. chapit. 9. une espece d'oignons fort fins, et beaucoup plus agreables au goust que tous les autres qui ne croissoient presque qu'en Affrique.

V. 121. *Aut vinum Tiberi devectum*. Il veut parler du vin de la Campanie de petite valeur, qu'on apportoit à Rome par le Tybre.

V. 123. *Ex fœdere pragmaticorum*. *Pragmatici*, au sentiment de Ciceron livre 1. de l'Orateur, estoient ceux qui pour quelque salaire enseignoient aux Advocats et aux Orateurs les loix et les passages dont ils se devoient servir.

V. 125. *Hujus enim stat currus aëneus*. Les Romains avoient accoûtumé de faire dresser dans leurs maisons des statuës de bronze de leurs ayeux, soit en pied ou à cheval, et mesmes quelque fois dans des chars, pour en mieux marquer les triomphes, auquel cas on les appelloit *triumphales*, ainsi que Pline le rapporte au livre 24. Et Martial livre 9. nous apprend que les Advocats pour paroistre riches et nobles, et s'acquerir par-là plus de pratique, en faisoient dresser de semblables pour eux.

> *Tam grave percussis incudibus æra resultant,*
> *Causidicum medio cum faber aptat equo.*

> Quand l'ouvrier veut poser l'Avocat à cheval,
> Son enclume et l'airain font bruit dans l'Arsenal.

V. 126. *Alti quadrijuges in vestibulis*. Il dit que cet Advocat à qui il donne le nom d'Æmilius, avoit dans son vestibule un char d'airain, attelé de quatre grands chevaux, sur lequel sa figure estoit posée.

V. 127. *Curvatum hastile minatur*. Il luy donne une javeline courbée par ironie pour le faire paroistre plus ridicule et peu habile à s'en servir.

V. 128. *Et statua mediatur prœlia lusca*. Il veut que cette statuë ait l'attitude d'un combattant, et ce *lusca* signifie ou qu'Æmilius dont il parle estoit borgne, ou qu'il ne luy paroissoit qu'un œil estant de profil, ou qu'il en fermoit un selon la coûtume de ceux qui veulent mieux viser pour asseurer leur coup.

V. 129. *Sic Pedo conturbat, Matho deficit, exitus hic est Tongilli*. On Interprete fort differemment ce passage; les uns veulent que ces trois hommes se ruinent en voulant imiter Æmilius; et en ce cas *conturbare* signifie *decoquere rem et fortunam*, prodiguer son bien en folie dépence, suivant le sens de Turnebe liv. 22. chap. 23. Martial liv. 10. epigramme 96 :

*Hic pretiosa fames conturbatorque Macellus.*

Pour plaire à l'appetit on ne s'épargne rien,
Et le marché consume tout le bien.

Les autres au contraire, qu'ils se rendent si considerables par leur luxe, qu'ils confondent et font mépriser les pauvres Advocats : ce sens me paroist plus conforme à tout ce qu'il dit dans la suite; et en ce cas au lieu de *deficit*, il faut lire *dejicit*, selon Lubin, et expliquer *conturbare* par *confundere*, et non par cette ancienne signification.

V. 130. *Magno cum rhinocerote*. Les gens riches faisoient porter l'huile dont on les frotoit aux bains dans une corne de rhinoceros, ou licorne, qui n'en a qu'une au milieu du front, ainsi que tous les Naturalistes nous assurent, afin de se distinguer des gens du dernier ordre, qui n'en avoient que de celles de taureau.

V. 132. *Longo premit assere Medos*. C'estoient des pieces de bois, dont les esclaves que l'on faisoit souvent venir de Medie, où les peuples sont forts et robustes, se servoient pour porter les litieres. Suetone dans la vie de Caligula : *Ad primum tumultum lecticarii cum asseribus in auxilium accurrerunt;* au premier tumulte les valets de litiere accoururent avec leurs bastons. Lipse veut qu'on lise *Mæsos*, parce que les Medes et les Parthes estoient exempts à Rome de toute servitude.

V. 134. *Spondet enim Tyrio Stalataria purpura filo. Stalataria purpura* pour *lata purpura*. C'est ce que les Romains appelloient *latus clavus*, qui signifie une espece de longue robe de pourpre fort large que Tullus Hostilius avoit introduit, et que les seuls Senateurs et Patriciens avoient droit de porter. Nos Auteurs modernes la nomment laticlave pour la mieux distinguer. Nous en avons assez parlé ailleurs.

Horace dans sa premiere Satyre :

*Et latum dimisit pectore clavum*

Et d'abord on luy vit quitter son laticlave.

Festus nous apprend que les anciens disoient souvent *stlitem pro litem, et stlatam pro latam.* Le sens de ce vers est donc que cette grande robe de pourpre de Tyr, qui estoit la plus belle, et que ce Tongille, dont il parle, usurpoit, sur les Senateurs, faisoit croire qu'il avoit assez de bien pour acheter tous ces precieux meubles dont il fait l'exageration : *spondet,* cette riche robe estoit caution et répondoit de son bien.

V. 136. *Vendunt amethystina.* C'estoient des habits violets qui prenoient ce nom de l'amethyste pierre precieuse de la mesme couleur. Pline liv. 37. chap. 9. dit que les Mages des Indes d'où elle vient asseurent que ceux qui la portent ne tombent jamais dans l'yvresse.

V. 139. *Ut redeant veteres.* Faites revivre les anciens Orateurs. Il veut dire que quand même Ciceron, Crassus et Hortensius ces fameux Orateurs reviendroient, on ne les estimeroit pas s'ils ne se faisoient valoir par le faste et le luxe. Quelques-uns lisent *fidimus eloquio ?* Aurons-nous credit sur nostre éloquence ?

V. 143. *Togati ante pedes.* Quelques-uns l'expliquent des amis ; et disent que les cliens, c'est-à-dire les suivans, et les esclaves marchoient pres de leurs patrons, et que les amis alloient devant, suivant cette ancienne coutume que Turnebe rapporte liv. 3, ch. 23 : *Circumpedes sunt obsequia servorum, antepedes amicorum.* Mais en ce passage la plus commune opinion se rend seulement aux suivans ou aux plaideurs qui prenoient cette sorte de veste qu'on appelloit *toga,* pour faire honneur à leurs patrons ou à leurs Advocats. On les appelloit autrement *anteambulones.* Martial, livre troisiéme :

*Sum comes ipse tuus, tumidique anteambulo Regis.*

Quand je suis avec toy je marche en compagnon,
Mais je fais l'avant-garde auprès de mon Patron.

V. 143. *Conducta Paulus agebat Sardoniche.* C'est-à-dire que Paulus pour se faire valoir davantage quand il plaidoit, ornoit ses mains d'anneaux pretieux qu'il prenoit à loüage.

*Sardoniche* est une pierre pretieuse dont la partie superieure tient de l'Onix qui a la blancheur de l'ongle humaine, et l'inferieure de la pierre *Sarda,* ou cornaline en nôtre langue, ainsi nommée, parce qu'elle fut trouvée pour la premiere fois dans l'Isle de Sardaigne, au rapport de Pline liv. 37. chap. 7. dont la couleur est d'un rouge mat, on dit que Polycrates Tyran des Samiens par le conseil d'Amasis Roy d'Egypte, voulant reprimer l'excês de sa bonne fortune par la perte de quelque chose qui luy fut chere, jetta dans la mer une sardoniche tres-pretieuse qu'il portoit, laquelle bien-tost après fut trouvée dans le ventre d'un poisson, et luy fut renduë : cette mesme pierre après la mort de Polycrates qui fut pris et attaché à une croix par Oronte Satrape de Perse, fut apportée à Rome et consacrée au Temple de la Concorde.

*Cossus* et *Basilus* estoient de pauvres Advocats.

V. 145. *Rara in tenui facundia panno.* C'est une belle Sentence qui marque en peu de mots que la pauvreté affoiblit beaucoup l'estime de l'éloquence.

V. 146. *Flentem producere matrem.* L'on avoit accoûtumé dans les causes perilleuses et criminelles d'employer les larmes des femmes, des meres, et des parents pour exciter les Juges à la clemence.

V. 148. *Accipiat te Gallia vel Africa.* Il falloit qu'en ce temps-là l'Afrique fut aussi remplie de plaideurs et d'Advocats, que l'estoit la Gaule, et qu'elle l'est encor.

V. 151. *Cum perimit sævos classis numerosa tyrannos.* Quelques-uns l'expliquent des déclamations qui se faisoient dans les classes sur la mort des Tyrans : mais ce sens ne convient point à la matiere, puisque tout autre sujet pouvoit faire la mesme peine aux Regens dont il plaint le ministere : mais, à mon sens, il vaut mieux dire que le Poëte faisoit allusion à l'estat malheureux où fut réduit Denys Syracusien Tyran de Sicile, lors qu'ayant esté chassé de ce Royaume par Dion, il fut contraint d'ouvrir une classe à Corynthe pour y enseigner les enfans : ce que le Poëte considere comme le plus grand châtiment que les Dieux luy pouvoient imposer, à quoy Diogene le Cynique qui l'estant allé visiter sembloit le plaindre, adjoûta que sa douleur n'estoit pas de le voir dépoüillé de ses estats, mais de ce qu'après avoir exercé tant de cruautez, on le laissoit vivre librement en Grece, ainsi qu'il est rapporté dans la huitiéme Epistre du mesme Diogene.

V. 154. *Occidit miseros crambe repetita magistros.* Il fait allusion au proverbe Grec : δὶς κράμβη θάνατος, *bis crambe apposita, mors est.* Le chou servi si souvent rebute à la mort.

V. 160. *Quod læva in parte mamillæ nil salit Arcadico juveni.* Il veut parler d'un jeune homme à qui le cœur ne s'émeut point pour les belles lettres, et qui est aussi pesant qu'un asne qu'on nomme beste d'Arcadie, parce que c'est-là où sont les plus grands.

V. 161. *Miserum dirus caput Annibal implet.* Cela se rapporte aux declamations que les écoliers faisoient sur la victoire d'Annibal à Cannes ville de la Poüille, où par la temerité de Terentius Varro il fit un grand carnage de Romains ; les vers suivans marquent cette irresolution dont Tite-Live parle au livre 22, qui luy fit perdre le fruit de sa victoire, et fit dire à Maharbal general de sa Cavalerie : *Non omnia eidem Dii dederunt, vincere scis Annibal, victoriâ uti nescis.* Les Dieux n'ont pas accordé tous leurs dons à une mesme personne, tu sçais vaincre, Annibal, mais tu ne sçais pas user de ta victoire.

V. 166. *Ast alii Sophistæ.* Il entend parler de plusieurs Regens qui quittent enfin la classe pour suivre le barreau, où le gain quoy que mediocre est considerable à l'égard de celuy de ces pauvres Precepteurs.

*Raptore relicto.* Lassé de donner des themes ou de l'enlevement de Medée par Jason, ou de celui d'Helene par Pâris.

V. 169. *Fusa venena silent,* ou du poison que Medée donna à Creusa ou Glauca femme de Jason, ou de celui qu'un pere donna à son fils devenu furieux dont Seneque a fait la declamation 7. liv. 3.

V. 169. *Malus ingratusque maritus,* ou de l'ingratitude de Jason envers Medée, par le secours de laquelle il estoit échappé de la Colchide.

V. 170. *Et quæ jam veteres sanant mortaria cæcos,* où enfin de ces compositions magiques que Medée fit piler dans un mortier par les filles de l'aveugle Pelée, à qui elle promit de faire rajeunir leur pere par ce secret, pourveu qu'elles le missent en pieces, et le fissent boüillir dans un chaudron.

V. 171. *Sibi dabit rudem.* Nous avons déja dit ailleurs que *dare rudem,* c'est permettre à un homme de se retirer du travail.

V. 174. *Qua vilis tessera venit frumenti.* Suetone dans la vie d'Auguste, dit que ceux qui avoient soin de la distribution du froment à Rome donnoient des marques de bois ou de plomb au peuple trois fois l'année, pour en aller recevoir certaine quantité dans les greniers publics, suivant l'ordre que l'Empereur Auguste en avoit établi, afin que le peuple n'eust pas si souvent occasion de se detourner de son travail : et quand on n'en avoit pas besoin on les vendoit à des gens qui en récompensoient leurs Advocats, c'est à quoy le Poëte fait allusion.

V. 176. *Chrysogonus quanti doceat, vel Pollio quanti lautorum pueros.* Quelques-uns l'expliquent *de cytharædis* et *choraulis,* des joüeurs de harpe ou de flute, dont le salaire estoit plus grand que celui des Regens et des Avocats, lors qu'ils enseignoient leur art aux enfans des plus riches Romains : et ils tirent ce sens de la Satyre sixiéme où Chrysogone est nommé comme un chanteur ou joüeur d'instrument, et sur ce que Martial en dit au livre cinquiéme :

> *Artes discere vult pecuniosas,*
> *Fac discat Citharædos aut Corhaulas.*

> S'il veut apprendre un art d'un grand émolument,
> Qu'il soit joüeur de flute, ou de quelque instrument.

Et en ce cas le mot de *scindens* qui suit veut dire qu'ils méprisent et se mocquent de l'art des Rhetoriciens.

Les autres font passer Chrysogone et Pollion pour de bons Regens Rhetoriciens, dont le salaire estoit peu proportionné à la peine qu'ils se donnoient, et afin que cette pensée ait plus de rapport à ce qui suit.

V. 177. *Artem scindens Theodori.* Le *scindens* doit signifier leur application aux leçons qu'ils faisoient de l'art de Theodore Gadarée, qui avoit enseigné avec beaucoup de succès la Rhetorique dans l'Isle de Rhodes, où Tybere l'entendit plusieurs fois, au rapport de Quintilien et de Suetone dans la vie de cet Empereur. Il est surnommé Gadarée du nom Gadaris ville de Syrie sa patrie.

V. 178. *Balnea sexcentis.* Il fait un dénombrement du luxe des Romains qui n'épargnoient rien pour le plaisir de leurs bains, de leurs repas, de leurs portiques, et de leurs superbes maisons, et se montroient avares pour l'éducation de leurs enfans. Il faut entendre l'exageration que fait là-dessus Seneque écrivant à Lucile dans plusieurs de ses Epistres.

V. 182. *Numidarum fulta columnis.* Le marbre de Numidie estoit marqueté de rouge, le plus beau et le plus propre pour les colomnes. Pline livre 36. dit que Marcus Lepidus Collegue de Catulle au Consulat, fut le premier qui fit des portes de ce marbre dont il fut mesme fort blasmé.

V. 184. *Algentem rapiat cœnatio solem.* Les anciens au rapport de Vitruve et de Columelle, prenoient le plan de leurs édifices sur la qualité des saisons et des regions, *cœnatio* estoit le lieu où ils avoient accoûtumé de prendre leurs repas, qui n'estoit jamais que le soupé ; les Grecs l'appelloient *triclinium,* et les Latins *Cœnaculum.* Mais Varron remarque que depuis qu'ils s'aviserent de manger dans les étages d'en haut de leurs maisons, toute la partie superieure fut appelée du nom de *cœnaculum* ; ce qui fait dire au Poëte dans la Satyre 10 : *Rarus venit in cœnacula miles.* Quelques-uns expliquent ce passage de l'exposition Septentrionale en Esté. Casaubon l'entend de la Meridionale, et Orientale en Hyver.

V. 189. *Unde igitur tot Quintilianus habet saltus. Saltus,* à proprement parler, signifie des forests *à saltantibus feris ;* d'où vient que les forestiers ou gardes de forest s'appelloient *saltuarii,* et maintenant *camparii.* Mais ici *saltus* est pris pour toutes sortes de fonds, et en effet Quintilien nous rapporte luy-mesme qu'ayant enseigné à Rome plus de vingt ans la Rhetorique, il fut le premier qui merita d'estre récompensé sur les deniers publics ; et l'on convient qu'il y acquit de grandes richesses ; mais il ne faut tirer, dit le Poëte, aucune consequence d'une si rare destinée.

V. 192. *Appositam nigræ lunam subtexit alutæ. Nigra alutæ* estoit des souliers noirs d'une peau molle et legere, que les nobles et les

Patriciens porterent d'abord de cette couleur avec un croissant cousu dessus pour les distinguer des Plebeiens, lequel croissant qui estoit fait comme un C. signifioit le nombre centenaire, parce que dans ce temps-là il n'y avoit que cent Senateurs, mais depuis ils prirent leurs souliers de toute sorte de couleurs.

V. 194. *Et si perfrixit.* Cela s'entend de l'enrouëment causé par le froid. Martial livre 3. Epistre 18 :

> *Perfrixisse tuas quæsta est præfatio fauces.*
>
> Tu t'excuses d'abord sur ta voix enroüée.

V. 199. *Ventidius quid enim ?* Il cite Ventidius Bassus pour un grand exemple du pouvoir et du jeu de la fortune; c'estoit un homme de basse naissance du Picentin ou de la Marche d'Ancone, lequel estant encore enfant et entre les bras de sa mere, fut veu devant le char de Pompeius Strabo pere du grand Pompée, triomphant dans Rome de la defaite des Picentins, et de la prise d'Asculum l'une de leurs villes; depuis estant avancé en âge, il se fit cocher et muletier des Magistrats que l'on envoyoit dans les Provinces voisines ; d'où ayant acquis l'amitié de Cæsar, qui connut en luy quelque merite, il le fit Tribun du peuple, et puis Preteur, et enfin après qu'Anthoine, dont l'amitié faillit à le perdre, se fut reconcilié avec le Senat, il fut élevé à la dignité de Pontife et de Consul, dont le peuple Romain conceut tant d'indignation, qu'on affichast dans tous les carrefours ces mots : *Concurrite omnes Augures, Haruspices, portentum inusitatum conflatum est recens, nam mulos qui fricabat Consul factus est :* Accourez, Augures, Haruspices, pour voir un prodige inoüi, celui que nous avons veu autrefois muletier a esté fait Consul; et enfin pour couronner sa destinée ayant esté fait par Antoine General d'armée contre les Parthes : il les défit en trois batailles, il en triompha, et à sa mort il fut honoré d'une pompe funebre, publique et glorieuse; c'est ce que Valere Maxime liv. 6. chap. 10, Aulus Gelle liv. 15. c. 4 et Plutarque dans la vie de Marc Antoine nous apprennent.

V. 199. *Quid Tullius ?* On l'explique ou de Ciceron, lequel estant né de parents obscurs de la ville d'Arpin en Italie, fut élevé au Consulat, et nommé par Caton, pere de la patrie; ou plûtost, de Servius Tullius qui estant né esclave dans la maison du vieux Tarquin, parvint après sa mort à la Royauté par l'adresse de Tanaquilla; ce qui fait dire à nôtre Poëte dans la suite cette belle Sentence par rapport à Tullius et à Ventidius :

> *Servis regna dabunt, captivis fata triumphum.*
>
> Si le captif triomphe, et l'esclave est fait Roy,
>     Le destin seul en fait la loy.

V. 204. *Sicut Trasymachi.* C'estoit, au rapport de Philostrate, un grand Rhetoricien de Carthage disciple de Platon et d'Isocrate, qui receut si peu de fruit de sa profession qu'il se pendit de desespoir.

V. 205. *Atque Secundi Carinatis.* Tacite au liv. 15. parle de Secundus Carinates comme d'un sçavant Rhetoricien, mais de mauvaises mœurs, et Dion a écrit que Caligula l'envoya en exil pour avoir fait une declamation contre les Tyrans.

V. 205. *Et hunc inopem vidistis Athenæ, etc.* Il veut parler de Socrate, qui tout sage et tout sçavant qu'il estoit, vescut pauvrement dans Athenes, et y mourut par le poison signifié par le suc de la ciguë, dont la froideur au dernier degré est mortelle.

V. 207. *Tenuem et sine pondere terram.* C'estoit une coûtume de souhaiter aux deffunts qu'on avoit aimez un tombeau leger, parce qu'ils croyoient que les ames y demeuroient encor quelque temps avec les corps, et que le poids des sepulchres les pouvoit incommoder : c'est par cette raison qu'on y voyoit ces 4 lettres inscrites: S. T. T. L , qui signifient : *Sit tibi terra levis,* que la terre te soit legere.

V. 208. *Spirantesque crocos et in urna perpetuum ver.* On avoit aussi accoûtumé d'ensevelir les morts parmi des herbes odoriferantes, selon l'usage des Pythagoriciens.

V. 210. *Metuens virgæ jam grandis Achilles cantabat.* Il cite l'exemple d'Achille, lequel ayant esté élevé en Thessalie dans le mont Pelie par Chiron le Centaure, y avoit appris l'art de la Medecine et du chant sous la ferule et sous la crainte d'un si grand maistre, quoy que tres-difforme.

V. 214. *Ruffum quem toties Ciceronem Allobroga dixit.* Pline a écrit que Satrius Ruffus étoit un superbe Rhetoricien, qui eut une grande émulation contre Ciceron jusqu'à l'appeller aussi grossier que les Allobroges, que Strabon au liv. 4 dit estre les Dauphinois, dont la ville de Vienne estoit la Capitalle, lesquels depuis ont changé cette barbarie dont ils estoient accusez, en politesse, en esprit, et en habileté, où ils excellent autant que peuples du Royaume de France ; mais il n'est pas seul qui ait voulu deprimer la reputation de Ciceron, puis qu'au rapport de Tacite, dans son livre des celebres Orateurs, Brutus et Calvus l'appelloient *elumbem et fractum, solutum et enervem,* énervé et dissipé ; et Seneque dans ses declamations confirme que ce Calvus eut une guerre envenimée contre Ciceron pour le prix de l'éloquence.

V. 215. *Quis gremio Enceladi doctique Palæmonis.* Il parle des disciples d'Encelade le Grammairien, et de Palæmon dont il est fait mention dans la Satyre 8, à qui il donne l'epithete de docte, parce qu'il eut assez d'arrogance pour dire que les belles lettres estoient nées avec luy, et qu'elles y mourroient.

V. 218. *Discipuli custos :* et plus bas, *Et qui dispensat frangit sibi :* c'est ce qui s'appelle ferrer la mule et grivoler sur autrui.

V. 218. *Acœnitus ipse.* Les Interpretes croyent que c'est un nom composé par Juvenal, tiré de la preposition negative α, et du mot Grec κοινὸς communauté, pour signifier un homme qui cherche son utilité, et non celle des autres. Quelques-uns croyent qu'il a voulu faire allusion au nom du Pedagogue Anicetus, dont Suetone parle chap. 5 de la vie de Neron.

V. 221. *Institor hybernæ tegetis niveique cadurci.* A la lettre c'est un revendeur de couvertures, et de housses de lit d'hyver, lesquelles étoient pour l'ordinaire de couleur blanche, mais il le faut entendre de toutes sortes de marchands revendeurs ou fripiers, qui ont accoûtumé de surfaire le prix de leurs marchandises, et d'en rabattre pour les vendre : et c'est-là le sens de nostre Autheur.

V. 225. *Dummodo non pereat.* Juvenal raille ces pauvres Precepteurs qui se levoient après minuit avant que les boutiques fussent ouvertes, et qui allumoient la lampe à leurs écoliers pour les faire étudier.

*Cum totus decolor esset Flaccus et hæreret nigro Fuligo Maroni.* Cela s'entend des livres d'Horace et de Virgile que les écoliers engraissent et enfument à force de les feüilleter.

V. 228. *Quæ cognitione Tribuni non egeat.* Ce passage nous apprend que c'estoit-là la fonction des Tribuns de faire payer le salaire des Regens : mais c'estoient des Tribuns Fiscaux, qu'on appelloit *Tribuni ærarii,* et non pas ceux du peuple qui n'avoient aucune Jurisdiction contentieuse.

V. 233. *Dum petit aut thermas, aut Phœbi balnea. Thermæ* sont les étuves où l'on suë ; et *balnea* les bains où l'on se lave, et souvent on les confond dans les Auteurs. La question est de sçavoir si Juvenal entend parler d'un pere qui demande au Precepteur de son fils ce que c'est que les étuves et les bains d'Apollon chez les anciens Poëtes ou Historiens ; où s'il fait les demandes qui suivent : allant aux bains et aux étuves, le dernier sens me paroist plus naturel.

V. 234. *Nutricem Anchisæ.* Ce sont questions inutiles, dont Suetone dit que Tybere prenoit plaisir de fatiguer les Grammairiens. Et en effet cette nourrice d'Anchise est inconnuë. Il estoit fils de Capios élevé parmi les Pasteurs, où Venus luy ayant témoigné son amour : il en eut un fils qui fut le grand Enée dont elle acoucha auprès du fleuve Simoïs qui arrose la campagne de Troye. Virgile au premier de l'Eneide :

*Alma Venus Phrygii genuit Simoentis ad undam.*

Au bord du Simois Venus en accoucha.

V. 235. *Novercæ Anchemoli.* Servius nous apprend qu'elle s'appelloit Casperie, son mari Rhœtus Roy des Marubiens, et que son beau fils Anchemole l'ayant connuë incestueusement, se sauva auprès de Turnus pour éviter la colere de son pere. Virgile livre 10. de l'Eneide en explique l'histoire en ces termes :

*Et Rhœti de gente vetusta*
*Anchemolum thalamos ausum infestare novercæ.*

Anchemole commit un fatal adultere,
Dans le lit de Rhœtus avec sa belle-mere.

Virgile le fait sortir *de gente vetusta*, d'une ancienne famille, parce qu'on disoit qu'il estoit descendu de Forcus l'un des Dieux marins. Quelques uns lisent *Archemori* ; mais s'ils avoient consulté ce vers de Virgile, et les Remarques de Servius, ils auroient appris qu'il faut lire *Anchemolus*, qui estoit le beau fils de Casperie femme de Rhœtus, et qu'il y a grande difference entre celui-cy et Archemore, dont le mesme Servius parle sur le livre 3. des Georgiques de Virgile, lequel estoit fils de Lycurge Roy de Thrace, qui fut tué par un serpent sur l'herbe où sa nourrice l'avoit imprudemment laissé et à l'honneur duquel quelques Poëtes ont voulu qu'on eut institué les jeux de Nemée, contre le sentiment d'Eusebe qui en établit l'institution l'année 178. de la fondation de Rome, et la derniere de la 51. Olympiade, par où l'on voit le peu de rapport qu'il y a de cet Archemore à celuy dont parle Juvenal dans ce passage.

V. 235. *Quot Acestes.* Il estoit Roy de Sicile né d'Egesta ou Segesta Troyenne, et du fleuve Crimmise ; et ce fut luy qui regala Enée et ses Compagnons de quantité d'ornes de vin, dont nostre Poëte parle après Virgile livre 5. de l'Eneide :

*Vina bonus quæ deinde cadis onerarat Acestes.*

V. 239. *Ut sit et pater illius cœtus,* qu'il tienne lieu de pere à tous les enfans de sa classe.

V. 243. *Accipe victori populus quod postulat aurum.* A la fin des jeux Sceniques que les Empereurs Caligula et Claude instituerent en grand nombre, soit Comiques, de danse, de chant, de combat, et autres, au rapport de Suetone dans la vie de ces Princes chap. 18 et 21, le peuple demandoit à haute voix au Preteur, ou au Tribun qui distribuoit les prix, la récompense que meritoient ceux qui par les suffrages publics étoient victorieux, laquelle estoit reglée à cinq écus d'or sans la pouvoir augmenter. Quelques Interpretes disent que ces mesmes Magistrats avoient accoûtumé de remettre de l'argent au peuple assemblé dans le Cirque, des mains duquel ceux qui avoient emporté les prix les recevoient ; et se fondent sur ce passage de Suetone parlant de Claude : *Adeo ut oblatos victoribus*

*aureos, prolata pariter sinistra, cum vulgi voce digitisque nume-*
*raret.* Si bien que ce Prince étendant la main gauche prenoit plaisir
de compter avec le peuple le prix aux victorieux ; c'est à quoy Juvenal fait allusion pour marquer la modicité du salaire que les Precepteurs recevoient à la fin de chaque année. Voyez Martial Epigramme
soixante et quatorziéme, livre dixiéme.

# SATIRE HUITIÈME

## LA NOBLESSE

Des titres!... A quoi bon, Ponticus? Beau succès,
D'avoir nombre d'aïeux, d'étaler leurs portraits:
Émiliens vainqueurs montant au Capitole,
Curius mutilés, Corvinus sans épaule
Et Sergius Galba sans oreilles, sans nez!
Pourquoi donc être fier des bustes enfumés
D'illustres dictateurs et de chefs intrépides,
Si tu vis sans honneur sous les yeux des Lépides?
Ces portraits de vaillants guerriers importent peu,
Quand Scipion te voit passer tes nuits au jeu,
Quand tu ne vas dormir que l'aurore levée,
A l'heure où ces héros ébranlaient leur armée.
De quel droit, Fabius, citer avec orgueil
L'Allobroge vaincu, ce temple, dont le seuil

## SATIRA OCTAVA

### NOBILES

Stemmata quid faciunt? quid prodest, Pontice, longo
Sanguine censeri, pictosque ostendere vultus
Majorum, et stantes in curribus Æmilianos,
Et curios jam dimidios, humerosque minorem
Corvinum, et Galbam auriculis nasoque carentem?          5
Quis fructus generis tabula jactare capaci
Fumosos equitum cum dictatore magistros,
Si coram Lepidis male vivitur? Effigies quo
Tot bellatorum, si luditur alea pernox
Ante Numantinos? si dormire incipis ortu          10
Luciferi, quo signa duces et castra movebant?
Cur Allobrogicis, et magna gaudeat ara

Aux tiens fut confié, ton sang issu d'Hercule,
Si ton esprit est vain et bassement calcule,
Si ton cœur plus que la brebis est amolli,
Si tes rudes aïeux voient ton corps avili,
Qu'épile chaque jour la pierre volcanique,
Si, vil empoisonneur, tu souilles ton portique
De ton buste, qui doit, plus tard, être abattu ?
Il n'est qu'une noblesse ici-bas : la vertu,
Et non ce vieil amas de figures de cire.

Qu'en tes mœurs, de Paulus l'honnêteté respire,
Sois Cossus, sois Drusus ; crois-moi, cela vaut mieux
Que tous les souvenirs d'ancêtres glorieux,
Et doit même primer la hache consulaire.
Que me dois-tu d'abord ? Un loyal caractère.
Tes actes, tes discours, sont-ils d'un citoyen
Intègre, vertueux, obstiné dans le bien ?
Te voilà noble ! Honneur au vainqueur du Gétule !
Salut, ô Silanus ! quelque sang qui circule
Dans tes veines, partout, ton pays triomphant

Natus in Herculeo Fabius Lare, si cupidus, si
Vanus, et Euganea quantumvis mollior agna ;
Si tenerum attritus Catinensi pumice lumbum          15
Squalentes traducit avos, emptorque veneni
Frangenda miseram funestat imagine gentem ?
Tota licet veteres exornent undique ceræ
Atria, nobilitas sola est atque unica virtus.

Paulus, vel Cossus, vel Drusus moribus esto ;       20
Hos ante effigies majorum pone tuorum ;
Præcedant ipsas illi te consule virgas.
Prima mihi debes animi bona. Sanctus haberi,
Justitiæque tenax factis dictisque mereris ?
Agnosco procerem. Salve, Gætulice, seu tu           25
Silanus, quocumque alio de sanguine, rarus
Civis et egregius patriæ contingis ovanti.

T'appelle avec fierté son plus illustre enfant,
Et pousse ces clameurs dont l'Égypte résonne
Quand elle a retrouvé son Osiris. Personne
N'appelle noble, un être, indigne rejeton,
Qui n'a d'autre valeur que celle de son nom.
Parfois on traite un nain d'Atlas ; de cygne, un nègre ;
D'Europe, une fillette estropiée et maigre.
Ne décore-t-on pas de vieux chiens essoufflés,
Par une vieille gale ignoblement pelés,
Et qui, pour contenter leurs estomacs avides,
Sont réduits à lécher le bec des lampes vides,
Des noms de léopard, de tigre, de lion
Ou d'autres sobriquets à donner le frisson ?
Crains qu'on te donne ainsi les grands noms de ta race.

Pour qui sont ces avis ? Pour qui cette menace ?
Pour toi, Rubellius. Tu tires vanité
Des Drusus tes aïeux ; mais, as-tu mérité
D'être traité de noble et d'avoir eu pour mère
Une fille d'Iule, au lieu de l'ouvrière

Exclamare libet populus quod clamat, Osiri
Invento. Quisenim generosum dixerit hunc, qui
Indignus genere, et præclaro nomine tantum          30
Insignis? Nanum cujusdam Atlanta vocamus;
Æthiopiem, cycnum; parvam extortamque puellam,
Europen. Canibus pigris scabieque vetusta
Levibus, et siccæ lamentibus ora lucernæ,
Nomen erit pardus, tigris, leo, si quid adhuc est,   35
Quod fremat in terris violentius. Ergo cavebis,
Et metues, ne tu sic Creticus aut Camerinus.

His ego quem monui? tecum est mihi sermo, Rubelli
Blande. Tumes alto Drusorum stemmate, tanquam
Feceris ipse aliquid, propter quod nobilis esses,    40
Ut te conciperet, quæ sanguine fulget Iuli,
Non quæ ventoso conducta sub aggere texit.

Qui tisse au pied du mur de Tarquin, en plein vent ?
— « Gens de la plèbe, gueux, répètes-tu souvent,
» Aucun de vous ne peut dire d'où vient son père ;
» Je descends de Cécrops, moi ! » C'est fort bien ! J'espère
Que tu savoureras longtemps pareil honneur.
Cette plèbe, pourtant, nous donne l'orateur
Qui fait valoir les droits d'une noblesse inculte ;
Du bas peuple Romain sort le jurisconsulte,
Qui débrouille les nœuds, le sens caché des lois ;
De ses rangs, nous voyons, recherchant les exploits,
Ces jeunes gens voler vers l'Euphrate et ses plaines,
Courir en Batavie, où les aigles romaines
Opposent un rempart à l'ennemi dompté.
Tu descends de Cécrops… c'est tout. En vérité,
Entre un Hermès et toi, le seul point qui diffère,
C'est que ton buste vit et qu'Hermès est en pierre.

Parmi les animaux, fils des Troyens, dis-nous
Quels sont ceux que l'on dit les plus nobles de tous ?
Ceux qui sont vigoureux. On vante avec justice

Vos humiles, inquis, vulgi pars ultima nostri,
Quorum nemo queat patriam monstrare parentis :
Ast ego Cecropides. Vivas, et originis hujus          45
Gaudia longa feras : tamen ima plebe Quiritem
Facundum invenies : solet hic defendere causas
Nobilis indocti : veniet de plebe togata,
Qui juris nodos et legum ænigmata solvat.
Hic petit Euphraten juvenis, domitique Batavi          50
Custodes aquilas, armis industrius : at tu
Nil nisi Cecropides, truncoque simillimus Hermæ.
Nullo quippe alio vincis discrimine, quam quod
Illi marmoreum caput est, tua vivit imago.

Dic mihi, Teucrorum proles, animalia muta             55
Quis generosa putet, nisi fortia ? nempe volucrem
Sic laudamus equum, facili qui plurima palma

Le rapide coursier triomphant dans la lice,
Au milieu du fracas des applaudissements;
Si, laissant loin de lui ses rivaux écumants,
Il vole, le premier, dans un flot de poussière,
C'est un noble animal; on ne s'informe guère
Du pré qui l'a nourri. Mais au marché l'on vend
D'Hirpin et Cottyta le fils trop indolent,
Si, sur son char, jamais ne s'assied la Victoire;
Et, malgré ses aïeux, en dépit de leur gloire,
A vil prix, il ira, chez un maître nouveau,
Avec son cou pelé traîner le tombereau,
Ou du meunier Népos faire tourner la meule.
Veux-tu, Rubellius, que ta personne seule,
Et non pas ta famille, attire le regard?
Il te faut ajouter un titre, pour ta part,
A ceux de tes aïeux; Rome, qui s'en honore,
Les leur donna jadis et les leur donne encore.

Laissons ce jeune fat qui se gonfle, dit-on,
Lorsqu'il se vante d'être un parent de Néron.
Le bon sens rarement à ces grandeurs s'allie.

Fervet, et exsultat rauco victoria Circo.
Nobilis hic, quocumque venit de gramine, cujus
Clara fuga ante alios, et primus in æquore pulvis.     60
Sed venale pecus Corythæ posteritas et
Hirpini, si rara jugo victoria sedit.
Nil ibi majorum respectus, gratia nulla
Umbrarum : dominos pretiis mutare jubentur
Exiguis, tritoque trahunt epirhedia collo     65
Segnipedes, dignique molam versare Nepotis.
Ergo ut miremur te, non tua, primum aliquid da,
Quod possim titulis incidere præter honores,
Quos illis damus et dedimus, quibus omnia debes.

Hæc satis ad juvenem, quem nobis fama superbum     70
Tradit, et inflatum plenumque Nerone propinquo.

Mais, mon cher Ponticus, pour toi, quelle folie,
Si, trop enorgueilli d'illustres devanciers,
Tu négligeais le soin de tes propres lauriers !
Le mérite d'autrui... ressource bien précaire !
Qu'il te manque, tout croule ; étendu sur la terre,
Le cep pleure l'ormeau dont il est séparé.


Sois un vaillant soldat, un tuteur honoré,
Un juge vertueux ; que si l'on te convoque
Pour témoigner d'un fait incertain, équivoque,
Quand même Phalaris et son taureau fumant
Seraient là pour te faire émettre un faux serment,
Souviens-toi qu'on commet la suprême infamie,
Quand aux lois de l'honneur on préfère la vie,
Quand, pour sauver ses jours, on les voue au mépris,
En perdant ce qui, seul, peut leur donner du prix.
Qui mérite la mort, vraiment cesse de vivre,
Quand il se gorgerait des huîtres que nous livre
La plage de Lucrin au pied du mont Gaurus,
Quand il s'inonderait des parfums de Cosmus.


Rarus enim ferme sensus communis in illa
Fortuna. Sed te censeri laude tuorum,
Pontice, noluerim, sic ut nihil ipse futuræ
Laudis agas. Miserum est aliorum incumbere famæ,          75
Ne collapsa ruant subductis tecta columnis.
Stratus humi palmes viduas desiderat ulmos.


Esto bonus miles, tutor bonus, arbiter idem
Integer : ambiguæ si quando citabere testis
Incertæque rei, Phalaris licet imperet ut sis          80
Falsus, et admoto dictet perjuria tauro,
Summum crede nefas animam præferre pudori,
Et propter vitam vivendi perdere causas.
Dignus morte perit, cœnet licet ostrea centum
Gaurana, et Cosmi toto mergatur aheno.          85

Si le gouvernement d'une province arrive
A mettre fin, un jour, à ton expectative,
Enchaîne ta colère et ta cupidité,
Prends en pitié le sort, la dure pauvreté
De tous nos alliés, compatis à leurs peines ;
Nous avons de leurs rois desséché jusqu'aux veines.
Du Sénat et des lois sois le ferme soutien ;
Vois quelle récompense attend l'homme de bien ;
Vois le Sénat frappant de foudres vengeresses
Capiton, Numitor, pour leurs scélératesses :
Tous deux de Cilicie ont volé les voleurs !
Mais pourquoi donc punir ces prévaricateurs
Quand Pansa vous soustrait ce que Natta vous laisse ?
Va ! pauvre Cherippus, contemple avec tristesse
Tes haillons à l'encan vendus par le crieur ;
Mais, tais-toi. Dénoncer les traîtres... folle erreur !
Tu perdrais ton voyage et tes frais de requête. —
Jadis, nos alliés, au temps de la conquête,
N'eurent pas à subir ces déprédations ;
Les pièces d'or, en tas, encombraient leurs maisons,

Exspectata diu tandem provincia quum te
Rectorem accipiet, pone iræ frena modumque,
Pone et avaritiæ : miserere inopum sociorum.
Ossa vides regum vacuis exsucta medullis.
Respice, quid moneant leges, quid curia mandet ;          90
Præmia quanta bonos maneant ; quam fulmine justo
Et Capito et Numitor ruerint, damnante senatu,
Piratæ Cilicum. Sed quid damnatio confert,
Quum Pansa eripiat quidquid tibi Natta reliquit ?
Præconem, Chærippe, tuis circumspice pannis,          95
Jamque tace. Furor est post omnia perdere naulum.
Non idem gemitus olim, nec vulnus erat par
Damnorum, sociis florentibus, et modo victis.
Plena domus tunc omnis, et ingens stabat acervus
Nummorum, Spartana chlamys, conchylia Coa,          100
Et cum Parrhasii tabulis signisque Myronis

Cos y jetait sa pourpre et Sparte ses chlamydes,
Ce n'étaient que tableaux, bustes, cariatides
Signés Parrhasius, Polyclète et Miron,
Œuvres de Phidias, à l'immortel renom.
Faisant vivre l'ivoire; il était peu de tables
Qui n'eussent de Mentor des vases admirables.
Puis, vinrent les Antoine et les Dolabella,
Puis Verrès, ce voleur sacrilège, arriva;
Leurs navires profonds emportaient en cachette
Un plus riche butin qu'un butin de conquète.
Quelques maigres juments, quelques paires de bœufs,
Voilà ce qui vous reste, alliés malheureux!
Bientôt votre taureau, votre lopin de terre,
Vous seront enlevés. Si votre sanctuaire
Renferme une statue ayant quelque valeur,
De votre unique Dieu l'on se fera voleur!...
Les Lares sont pourtant la plus chère richesse!
— Blâme, si tu le veux, Rhodes et sa mollesse,
Corinthe et ses parfums; tu n'as pas à trembler,
Ces jeunes gens passant leur temps à s'épiler,

Phidiacum vivebat ebur, nécnon Polycleti
Multus ubique labor : raræ sine Mentore mensæ.
Inde Dolabella est, atque hinc Antonius; inde
Sacrilegus Verres. Referebant navibus altis          105
Occulta spolia, et plures de pace triumphos.
Nunc sociis juga pauca boum, grex parvus equarum,
Et pater armenti capto eripietur agello :
Ipsi deinde Lares, si quod spectabile signum,
Si quis in ædicula Deus unicus : hæc etenim sunt     110
Pro summis : nam sunt hæc maxima. Despicias tu
Forsitan imbelles Rhodios unctamque Corinthum ;
Despicias merito. Quid resinata juventus,
Cruraque totius facient tibi levia gentis?
Horrida vitanda est Hispania, Gallicus axis,         115
Illyricumque latus. Parce et messoribus illis
Qui saturant urbem Circo scenæque vacantem.

Un peuple s'occupant d'avoir les jambes lisses,
Sont-ils à redouter ? Mais crains que tu n'aigrisses
Le farouche Espagnol, le rude Illyrien,
Le Gaulois aguerri ; surtout, ménage bien
Tous ces noirs moissonneurs, dont l'existence s'use
A travailler pour Rome alors qu'elle s'amuse.
Piller ces Africains ! Quel profit aurais-tu ?
Marius n'a-t-il pas pris leur dernier écu ?
Prends garde ! il ne faut pas, par une offense grave,
Pousser au désespoir un peuple pauvre et brave ;
Tu pourras lui ravir son argent et son or,
Jusqu'à son dernier sou, mais il conserve encor
Et casque et javelot, et bouclier et glaive ;
Il reste aux dépouillés, le fer... qui les relève.

Ce que je te dis là, n'est point un conte vain ;
Je lis dans les secrets du livre sibyllin.
Si d'honnêtes clients sont seuls à ton service,
Si l'un de tes amis ne vend pas la justice,
Si ta femme se trouve au-dessus du soupçon,
Et ne met pas les bourgs et marchés à rançon,
En allongeant les doigts crochus d'une harpie,

Quanta autem inde feres tam diræ præmia culpæ,
Quum tenues nuper Marius discinxerit Afros ?
Curandum in primis ne magna injuria fiat       120
Fortibus et miseris : tollas licet omne quod usquam est
Auri atque argenti ; scutum gladiumque relinques,
Et jacula, et galeam. Spoliatis arma supersunt.

Quod modo proposui, non est sententia ; verum
Credite me vobis folium recitare Sibyllæ,       125
Si tibi sancta cohors comitum, si nemo tribunal
Vendit acersecomes, si nullum in conjuge crimen,
Nec per conventus, nec cuncta per oppida curvis
Unguibus ire parat, nummos raptura Celæno,
Tunc licet a Pico numeres genus ; altaque si te       130

Fais naître avec Picus ta généalogie;
Aimes-tu les grands noms? Joins à tes ascendants
L'immortel Prométhée et les rudes Titans,
Prends l'aïeul qui te plaît dans la fable ou l'histoire.
Mais si les passions, l'orgueil, la vaine gloire,
Sont maîtres de ton cœur, si tes sanglants bourreaux,
Frappent jusqu'à briser le bois de tes faisceaux,
Si tu te plais à voir tes haches émoussées,
Et tes licteurs rendus... alors, gloires passées,
Noblesse des aïeux, se dressent, éclairant,
Comme un flambeau vengeur, ton opprobre écœurant.
Au rang du criminel le crime se mesure;
Que dire, en te voyant consommer ton parjure
Dans l'asile sacré qu'ont bâti tes aïeux?
Devant le piédestal d'un père glorieux,
Porter des testaments que ta main vile altère?
En te voyant, la nuit, courir à l'adultère,
Le bonnet des Santons rabattu sur les yeux.

Tout le long des tombeaux où dorment ses aïeux,
Le gros Damasippus, tenant en main les rênes,
Fait voler ses coursiers sur les routes romaines,

Nomina delectant, omnem Titanida pugnam
Inter majores ipsumque Promethea ponas :
De quocumque voles proavum tibi sumito libro.
Quod si præcipitem rapit ambitus atque libido,
Si frangis virgas sociorum in sanguine, si te          135
Delectant hebetes lasso lictore secures,
Incipit ipsorum contra te stare parentum
Nobilitas, claramque facem præferre pudendis.
Omne animi vitium tanto conspectius in se
Crimen habet, quanto major, qui peccat, habetur.      140
Quo mihi te solitum falsas signare tabellas
In templis quæ fecit avus, statuamque parentis
Ante triumphalem? quo, si nocturnus adulter
Tempora Santonico velas adoperta cucullo?

Et, suant, essoufflé, veut lui-même enrayer;
C'est la nuit, je le sais, qu'il fait ce beau métier,
Mais la lune le voit, mais, témoins innombrables,
Les astres ont sur lui leurs yeux impitoyables.
Qu'il ne soit plus consul... en plein jour, fouet en main,
Lui-même il conduira son char : sur son chemin
Il croisera, sans trouble, un ami d'un grand âge,
Le saluant du fouet, le premier, au passage;
Il déliera le foin, et, de sa propre main,
A ses chevaux lassés distribuera le grain.
D'ailleurs, quand, de Numa suivant l'antique exemple,
A Jupiter il vient immoler, dans son temple,
Un taureau jeune encore et de tendres brebis,
Il n'invoque qu'Épone, ou ces dieux enlaidis
Que l'on peint sur les murs puants des écuries.

Veut-il courir, la nuit, ses tavernes chéries?
Syrophénix accourt; — c'est ce cabaretier
Toujours gras de parfums, habitant le quartier
Où s'ouvre dans nos murs la porte d'Idumée.
— « O mon maître! ô mon roi! » s'écriera-t-il. Armée

Præter majorum cineres atque ossa, volucri      145
Carpento rapitur pinguis Damasippus, et ipse,
Ipse rotam stringit multo sufflamine consul :
Nocte quidem; sed luna videt, sed sidera testes
Intendunt oculos. Finitum tempus honoris
Quum fuerit, clara Damasippus luce flagellum      150
Sumet, et occursum nunquam trepidabit amici
Jam senis, ac virga prior annuet, atque maniplos
Solvet, et infundet jumentis hordea lassis.
Interea, dum lanatas torvumque juvencum
More Numæ cædit Jovis ante altaria, jurat      155
Solam Eponam et facies olida ad præsepia pictas.

Sed quum pervigiles placet instaurare popinas,
Obvius assiduo Syrophœnix udus amomo

D'un flacon de vieux vin, servante du tripot,
Cyané, court-vêtue, arrive et prend l'écot.
— « Nous en fîmes autant pendant notre jeunesse, »
Direz-vous, l'excusant. — C'est vrai, je le confesse,
Mais vous avez cessé; vos indignes ébats
Ont pris fin. Dans le mal on ne s'attarde pas;
Quand vient la barbe, il est des hontes qu'on évite;
On pardonne aux enfants. — Damasippus ne quitte,
Ni ces bains où l'on boit, ni ces bouges galants
Par leurs rideaux criards frappant l'œil des chalands;
Déjà mûr pour la guerre, il pourrait, en Syrie,
Sur les fleuves conquis défendre la patrie,
Ou camper sur les bords du Danube et du Rhin;
Il est d'âge à sauver Néron d'un coup de main.
— Ton lieutenant, César, est bien loin de ces fleuves,
Renonce à l'y chercher, il n'y fait point ses preuves;
Mais tu le trouveras dans un de ces tripots,
Où voleurs, assassins, vagabonds, matelots,
Bourreaux et fossoyeurs, s'agitent pêle-mêle,
Où gisent, ivres-morts, les prêtres de Cybèle,
Auprès de leurs tambours qui ne résonnent plus.

Currit, Idumææ Syrophœnix incola portæ,
Hospitis affectu dominum regemque salutat.                    160
Et cum venali Cyane succincta lagena.
Defensor culpæ dicet mihi : Fecimus et nos
Hæc juvenes. Esto; desisti nempe, nec ultra
Fovisti errorem. Breve sit, quod turpiter audes.
Quædam cum prima resecentur crimina barba.                    165
Indulge veniam pueris. Damasippus ad illos
Thermarum calices inscriptaque lintea vadit,
Maturus belio, Armeniæ Syriæque tuendis
Amnibus, et Rheno atque Istro ; præstare Neronem
Securum valet hæc ætas. Mitte ostia, Cæsar,                   170
Mitte; sed in magna legatum quære popina.
Invenies aliquo cum percussore jacentem,
Permixtum nautis, et furibus, ac fugitivis,

Là, de l'égalité les droits sont absolus :
Même coupe pour tous, même lit, même table !
Un esclave pareil serait-il supportable,
O Ponticus ? Jamais ! Tu l'enverrais aux champs
En Lucanie, ou bien dans les cachots toscans.
Mais tout vous est permis, ô fils de race noble !
Qu'un pauvre savetier s'enivre, c'est ignoble !
Volesus et Brutus s'enivrent... c'est parfait !

Cet attristant tableau n'est-il donc pas complet ?
Non ! nous serons témoins de pires infamies.
Après avoir mangé ton bien dans les orgies,
Noble Damasippus, en scène je te vois
Au « Spectre » de Catulle aller prêter ta voix.
Lentulus, plein d'entrain, a joué « Lauréole »,
Cette croix sur laquelle on l'étend, dans son rôle,
Il la méritait bien ! — Le public a ses torts,
Lui, qui peut voir ainsi, sans honte et sans remords,
Les nobles, se montrer dans de grossières farces,
Des Fabius, remplir des rôles de comparses,

Inter carnifices, et fabros sandapilarum,
Et resupinati cessantia tympana Galli.                    175
Æqua ibi libertas, communia pocula, lectus
Non alius cuiquam, nec mensa remotior ulli.
Quid facias talem sortitus, Pontice, servum ?
Nempe in Lucanos aut Tusca ergastula mittas,
At, vos, Trojugenæ, vobis ignoscitis, et, quæ           180
Turpia cerdoni, Volesos Brutosque decebunt.

Quid, si nunquam adeo fœdis, adeoque pudendis
Utimur exemplis, ut non pejora supersint ?
Consumptis opibus, vocem, Damasippe, locasti
Sipario, clamosum ageres ut Phasma Catulli.             185
Laureolum velox etiam bene Lentulus egit,
Judice me, dignus vera cruce. Nec tamen ipsi
Ignoscas populo : populi frons durior hujus
Qui sedet, et spectat triscurria patriciorum,

Des Mamercus, gifflés... et qui rit de ce jeu.
S'ils vendent leur trépas, le prix importe peu.
Ils sont gladiateurs, sans qu'un Néron l'ordonne;
Ils se vendent! Pourquoi? Pour montrer leur personne
Aux jeux que le préteur Celsus fait célébrer.
Du glaive ou des tréteaux que doit-on préférer?
Misérable est celui qui tiendrait à la vie
Assez pour consentir à cette ignominie
De jouer le mari jaloux de Thymelé,
Avec un Corinthus de se voir enrôlé!
Un noble, en histrion. n'est pas chose bizarre
Pourtant, quand l'Empereur est joueur de cithare!
Mais, ce n'est point assez! Rome, à sa honte, a vu
Descendre dans l'arène un Gracchus, dépourvu
Des armes de combat. du bouclier, du casque
Qui, du moins, à ses traits eût pu servir de masque;
Gracchus dédaigne, hait tous ces déguisements.
Le voyez-vous armé de la fourche à trois dents?
Il lance le filet! Mais sa main inhabile
Manque piteusement son rival plus agile;

Planipedes audit Fabios, ridere potest qui                    190
Mamercorum alapas. Quanti sua funera vendant,
Quid refert? vendunt, nullo cogente Nerone,
Nec dubitant Celsi prætoris vendere ludis.
Finge tamen gladios inde, atque hinc pulpita pone :
Quid satius? mortem sic quisquam exhorruit, ut sit          195
Zelotypus Thymeles, stupidi collega Corinthi?
Res haud mira tamen, citharædo principe, mimus
Nobilis. Hæc ultra quid erit, nisi ludus? et illud
Dedecus Urbis habes. Nec mirmillonis in armis,
Nec clypeo Gracchum pugnantem, aut falce supina             200
(Damnat enim tales habitus, et damnat et odit,
Nec galea frontem abscondit) : movet ecce tridentem.
Postquam vibrata pendentia retia dextra
Nequicquam effudit, nudum ad spectacula vultum
Erigit, et tota fugit agnoscendus arena.                     205
Credamus tunicæ, de faucibus aurea quum se

Il fuit, aux yeux de tous, adversaire sans cœur,
Et traverse l'arène en toute sa longueur.
Chacun a reconnu sa tunique où l'or brille,
Le ruban qui voltige au bout de sa résille.
Mais, pour son ennemi, quel affront sans égal !
Mieux vaut être vaincu, qu'avoir un tel rival.

Si le peuple votait avec indépendance,
Qui serait assez vil pour tenir en balance
Sénèque avec Néron ? Néron, monstre odieux,
Pour lequel on aurait dû rendre plus nombreux
Le singe et le serpent du sac du parricide.
Parricide aussi fut le fils du grand Atride ;
Mais si l'acte est égal, le motif ne l'est pas,
Car, poussé par les dieux, il vengeait le trépas
D'un père assassiné dans un banquet funeste.
Le meurtre d'une sœur souilla-t-il donc Oreste ?
Dans le sang d'une épouse a-t-il trempé sa main ?
A-t-il pour des parents préparé le venin,
Chanté sur des tréteaux et goûté quelque joie
A célébrer en vers l'embrasement de Troie ?

Porrigat, et longo jactetur spira galero.
Ergo ignominiam graviorem pertulit omni
Vulnere, cum Graccho jussus pugnare secutor.

Libera si dentur populo suffragia, quis tam          210
Perditus, it dubitet Senecam præferre Neroni,
Cujus supplicio non debuit una parari
Simia, nec serpens unus, nec culeus unus ?
Par Agamemnonidæ crimen ; sed causa facit rem
Dissimilem : quippe ille, deis auctoribus, ultor     215
Patris erat cæsi media inter pocula : sed nec
Electræ jugulo se polluit, aut Spartani
Sanguine conjugii ; nullis aconita propinquis
Miscuit ; in scena nunquam cantavit Orestes ;
Troica non scripsit. Quid enim Verginius armis       220

Rien ne méritait mieux d'armer vos bras vengeurs,
Vindex, Verginius, Galba, que ces horreurs;
Rien ne méritait mieux, qu'un semblable poème,
La guerre déclarée à l'empereur lui-même
Qu'a-t-il donc fait de pis ce despote sanglant?
O Néron, ce sont là tes œuvres, ton talent:
Tu vas prostituer ta majesté de prince
Sur les tréteaux grossiers des scènes de province;
Tu vas, dans les jeux grecs, disputer le persil!
Consacre à tes aïeux ce succès puéril,
Devant Domitius dépose ta couronne,
La robe de Thyeste et celle d'Antigone,
Et ton masque d'acteur; ta harpe, suspends-la
Au colosse de marbre!

                    Et vous, Catilina,
Céthégus, vous étiez d'illustre et noble race.
Tous les deux, cependant, vous avez eu l'audace
De préparer le fer, la torche et les tisons,
Pour détruire, la nuit, nos temples, nos maisons,
Comme firent jadis les enfants de la Gaule.
Ce crime méritait qu'on mît sur votre épaule

    Debuit ulcisci magis, aut cum Vindice Galba?
    Quid Nero tam sæva crudaque tyrannide fecit?
    Hæc opera atque hæ sunt generosi principis artes,
    Gaudentis fœdo peregrina ad pulpita saltu
    Prostitui, Graiæque apium meruisse coronæ,      225
    Majorum effigies habeant insignia vocis:
    Ante pedes Domiti longum tu pone Thyestæ
    Syrma, vel Antigones, seu personam Menalippes,
    Et de marmoreo citharam suspende colosso.

    Quid, Catilina, tuis natalibus, atque Cethegi      230
    Invenict quisquam sublimius? arma tamen vos
    Nocturna et flammas domibus templisque parastis,
    Ut Braccatorum pueri, Senonumque minores,
    Ausi quod liceat tunica punire molesta.

La tunique de soufre. Un consul, cependant,
Veille, suit vos projets et les met à néant.
C'est un homme nouveau, de naissance vulgaire,
Qu'Arpinum a vu naître et qui n'était naguère
Que simple chevalier de municipe. Il met
Des citoyens armés où le danger paraît,
Et, dans Rome en émoi, tout redevient tranquille.
Sans dépouiller la toge et sans quitter la ville,
Il se fit un renom plus pur, plus éclatant,
Que celui que conquit Octave en combattant
Dans les champs d'Actium et de la Thessalie,
Où tant de sang teignit son épée avilie;
Et Rome, librement, honorant son sauveur,
Et saluant en lui son second fondateur,
Proclama Cicéron « Père de la patrie ».

Autre enfant d'Arpinum, sur les monts d'Albanie
Un citoyen vivait en rude laboureur,
Sur les terres d'autrui, du prix de son labeur;
Plus tard, on le frappait de la verge nerveuse,
Lorsque, simple soldat, sa hache paresseuse

    Sed vigilat consul, vexillaque vestra coercet.      235
    Hic novus Arpinas, ignobilis, et modo Romæ
    Municipalis eques, galeatum ponit ubique
    Præsidium attonitis, et in omni gente laborat.
    Tantum igitur muros intra toga contulit illi
    Nominis et tituli , quantum non Leucade, quantum   240
    Thessaliæ campis Octavius abstulit udo
    Cædibus assiduis gladio. Sed Roma parentem,
    Roma patrem patriæ Ciceronem libera dixit.

    Arpinas alius Volscorum in monte solebat
    Poscere mercedes alieno lassus aratro.      245
    Nodosam post hæc frangebat vertice vitem,
    Si lentus pigra muniret castra dolabra.
    Hic tamen et Cimbros, et summa pericula rerum

Dressait avec lenteur les ouvrages des camps.
Cependant ce fut lui, qui, dans de tristes temps,
Des Cimbres repoussa les hordes menaçantes,
Et sauva Rome en proie aux folles épouvantes.
Aussi, quand les corbeaux se ruaient sur les champs,
Étonnés de trouver des cadavres si grands,
Catulus, son collègue, issu de noble race,
Dans le triomphe n'eut que la seconde place.

Qu'étaient les Décius? Par leur nom, plébéiens,
Plébéiens par leur âme; or, de ces citoyens
Le trépas apaisa la Terre, notre mère,
Et les Dieux infernaux, sauvant l'armée entière,
La jeunesse latine et tous nos alliés.
Ils valaient plus que tous, ces deux sacrifiés!

Le dernier des bons rois, fils d'esclave lui-même,
A mérité faisceaux, trabée et diadème.
Qui livrait nos remparts aux tyrans exilés?
Qui? Les fils du consul! Jeunes gens, appelés
A défendre en nos murs la liberté naissante,
Par quelque haut exploit, quelque action puissante,

    Excipit, et solus trepidantem protegit urbem.
    Atque ideo, postquam ad Cimbroe stragemque volabant.  250
    Qui nunquam attigerant majora cadavera, corvi,
    Nobilis ornatur lauro collega secunda.

    Plebeiæ Deciorum animæ, plebeia fuerunt
    Nomina; pro totis legionibus hi tamen, et pro
    Omnibus auxiliis, atque omni pube Latina,     255
    Sufficiunt Dis infernis, Terræque parenti;
    Pluris enim Decii quam qui servantur ab illis.

    Ancilla natus trabeam, et diadema Quirini,
    Et fasces meruit regum ultimus ille bonorum.
    Prodita laxabant portarum claustra tyrannis    260
    Exsulibus juvenes ipsius consulis, et quos

Capable d'étonner Coclès et Scœvola
Et la vierge, échappée aux mains de Porsenna,
Qui revint près des siens en passant à la nage
Le Tibre, où s'arrêtait Rome, en ce premier âge.
Qui dénonça le crime au Sénat atterré?
Un esclave, qui fut, dans la suite, pleuré
Par nos dames en deuil; quant aux nobles coupables,
Pour leur faire expier leurs desseins exécrables,
La hache inaugura le règne de la Loi.

Être fils de Thersite en possédant en soi
Le cœur du grand Achille et se montrant capable
De porter de Vulcain l'armure redoutable,
Vaut mieux, que d'être fils d'Achille et de montrer
Les penchants d'un Thersite. Il faut te figurer,
Après tout, Ponticus, que si, fier de ta race,
Dans le passé tu veux en retrouver la trace,
Son berceau fut jadis un repaire odieux.
Le premier, quel qu'il fut, de tes nobles aïeux,
Était un simple pâtre, ou bien était peut-être
Un..... Oh! tiens, ce mot-là, j'ai honte de l'émettre.

Magnum aliquid dubia pro libertate deceret,
Quod miraretur cum Coclite Mucius, et quæ
Imperii fines Tiberinum virgo natavit.
Occulta ad patres produxit crimina servus          265
Matronis lugendus : at illos verbera justis
Afficiunt pœnis, et legum prima securis.

Malo pater tibi sit Thersites, dummodo tu sis
Æacidæ similis, Vulcaniaque arma capessas,
Quam te Thersitæ similem producat Achilles.        270
Et tamen, ut longe repetas longeque revolvas
Nomen, ab infami gentem deducis asylo.
Majorum primus, quisquis fuit ille, tuorum,
Aut pastor fuit, aut illud quod dicere nolo.

# REMARQUES



## LA HUITIÉME SATYRE

Ans cette Satyre, dont le sujet est sublime, le Poëte traicte de la vraye noblesse, et après avoir poussé son invective contre ceux qui l'établissent sur une longue suite d'ayeux, et sur des titres et des images enfumées, il affecte de faire connoistre qu'elle n'est point hereditaire, et qu'on ne la peut acquerir, que par la seule vertu, et l'integrité de la vie : et ensuite il prend occasion d'informer Pontique son ami à qui il addresse sa Satyre de plusieurs géns d'une obscure naissance, qui sont parvenus par l'éclat de leur propre vertu, et par leur merite personnel, aux premieres dignitez de l'Etat ; et des autres qu'étans nez de parens illustres, se sont rendus méprisables par leurs vices et par leur mauvaise conduite.

V. 1. *Stemmata quid faciunt. Stemma* à proprement parler signifie une couronne et un chapeau de fleurs, mais il est icy pris et par plusieurs autres autheurs, pour les statües et autres monuments de la Noblesse des familles ; Seneque, Epistre 44 : *Si quid est aliud boni in Philosophia, hoc est quod stemma non inspicit, Platonem non accepit nobilem, sed fecit.* Ce qu'il y a encore de bon dans la Philosophie, est qu'elle ne s'arreste point aux anciennes genealogies, elle n'a point receu Platon noble, mais elle l'a fait ; et Suetone dans la vie de Neron : *Objectum est Cassio Longino quod in vetere gentili stemmate Caii Cassii percussoris Cæsaris imagines retinuisset :* On reprocha à Cassius Longinus, que parmi les anciennes marques de la Noblesse de sa famille, il avoit conservé les images de Caius Cassius l'un des assassins de Cesar.

V. 3. *Et stantes in curribus Æmilianos :* Il veut parler des Statües et des Chars Triomphaux des Æmiliens, dont Pline parle livre 34. Leur famille estoit des plus illustres parmi les Romains : Paul Æmile fils de celuy qui fut tué dans la bataille de Canne, triompha des Genois et de Persés Roy de Macedoine, qui assista en personne à son triomphe, et merita d'estre revêtu en plein Senat de la Veste triomphale, il eut un fils lequel ayant esté adopté dans la famille des Scipions, fut nommé *Æmilianus,* ce fut luy qui acheva

de détruire Carthage, et qui prit par famine Numance en Espagne, qui avoit esté assiégée vainement pendant quatorze ans par les Romains, d'où il acquit les surnoms de Numantin et d'Africain le jeune, à la différence du grand Scipion l'Africain, par le fils duquel il avoit esté adopté.

V. 4. *Et Curios jam dimidios*. Cela s'entend des Statues du grand Curius Dentatus, à moitié mutilées par l'injure du temps, nous avons parlé de Curius au commencement de la deuxiéme Satyre.

V. 4 *Nasumque minorem Corvini*. Il en dit autant de celles de Valerius Corvinus qui fut ainsi nommé au rapport de Tite-Live, à cause qu'il vainquit dans un combat singulier un vaillant Gaulois par le secours d'un corbeau qui vola sur le casque de son ennemy, et qui luy donna incessamment des coups de bec.

V. 5. *Et Galbam auriculis nasoque carentem*. De mesme de celle de Sergius Galba, qui succeda à Neron qu'Othon fit égorger, et qui se faisoit descendre de Jupiter.

V. 6. *Generis tabula jactare capaci*, se vanter d'une grande table de genealogie.

Les anciennes éditions de Juvénal portent, à la suite du vers 6, le vers suivant :

*Corvinum, et posthac multa deducere virga.*

Ce vers a paru apocryphe à plusieurs commentateurs, notamment à Guiet d'Angers. Il ne figure pas dans les éditions récentes. Nous avons cru devoir en maintenir la suppression.　　(NOTE DU TRAD.).

V. 7. *Fumosos Equitum cum Dictatore Magistros*. Il joint ensemble ces deux dignitez, parce que l'on ne creoit jamais de Dictateur, qu'on ne luy donnast un General de Cavalerie. La dignité de Dictateur estoit si grande, qu'on luy déferoit toute l'authorité et de vie et de mort, et sans appel; mais aussi on ne l'élisoit que dans une pressante necessité, et pendant six mois seulement. Ce *fumosos*, marque des Statües enfumées par leur ancienneté. Ciceron dans l'Oraison contre Pison : *Obrepsisti ad honores errore hominum, commendatione fumosarum imaginum, quarum simile habes nihil præter colorem*. Vous estes parvenu aux suprêmes honneurs par la méprise des hommes qui ont eu trop d'égard aux images enfumées de vos ayeux, ausquels vous ne ressemblez que par la couleur. Quelques uns lisent *famosos*.

V. 8. *Si coram Lepidis*. Nous avons suffisamment parlé d'Æmilius Lepidus dans la Satyre 6.

V. 9. *Alea pernox*, veut dire joüer toute la nuit.

V. 10. *Ante Numantinos*, devant les Statües de Scipion Æmilien, surnommé le Numantin, ainsi que nous l'avons dit cy-dessus.

V. 11. *Ortu Luciferi*, au point du jour. Lucifer est ce qu'on appelle autrement l'étoile de Venus distante du Soleil de 40 dégrez,

Elle a son mouvement autour de cet astre, lequel dans son épicycle luy sert de centre. On l'appelle Phosphorus ou Lucifer quand elle le precede ; et lorsqu'elle le suit, Hesperus.

V. 12. *Cur Allobrogicis Fabius.* Il veut parler de Quintus Fabius, fils du grand Fabius, lequel au raport de Tite-Live, défit auprês de l'Isere les Allobroges, peuple de la Gaule Narbonnoise, dont Vienne estoit la capitale, au dire de Strabon, et Bituitus Roy des Auvergnats, dans une bataille où il y eut six-vingts mille hommes de tuez. Ce Fabius fils dégenera si fort de la vertu de ses peres, qu'il obligea le Préteur Pompeïus de luy interdire l'administration de ses biens paternels, ainsi que Valere nous l'apprend livre troisieme chap. 5. C'est ce qui oblige Juvenal de luy dire qu'il n'a que faire de se vanter de la victoire de ses ayeux sur les Allobroges, ayant si fort degeneré de leur vertu.

V. 13. *Natus in Herculeo lare.* Les Fabiens tiroient leur origine d'Hercule, dont le culte estoit hereditaire à leur famille au rapport de Tite-Live. Les Romains avoient dressé deux temples à ce Dieu, dont le plus grand estoit auprés du Cirque Flaminien.

V. 14. *Euganea Agna.* Pline livre 30. chapitre 20. dit que les Euganéens estoient les peuples de Veronne, dont le pays estoit fertile en moutons d'une laine extremement molle et fine. Juvenal en fait l'application à la mollesse de ce Fabius.

V. 15. *Si tenerum attritus Catinensi pumice lumbum.* Il marque la mollesse de son temps, où les hommes impudiques se faisoient dépiler avec une pierre-ponce qu'on trouvoit dans la Ville de Catine en Sicile proche le mont Ætna.

V. 16. *Squallentes producit avos.* Il veut que les ayeux de ce Fabius soient tristes de se voir ainsi deshonorez par ses infamies.

V. 17. *Frangenda miseram funestat imagine gentem.* Il fait allusion à la coûtume qu'on avoit de porter les statuës des personnes distinguées en leurs funérailles, et au contraire de briser celles des gens convaincus de quelque infame crime. Tacite livre second : *Cotta Messalinus ut imago Libonis exequias posterorum comitaretur censuit.* Cotta Messalin ordonna que la Statuë de Libon seroit portée aux funerailles de tous ses successeurs. Le sens est que cet homme vitieux ayant merité qu'on brise sa Statuë, deshonore sa famille affligée.

V. 18. *Tota licet veteres exornent undique Ceræ*

V. 19. *Atria. Nobilitas sola est atque unica virtus.* Les Bustes des anciens Romains estoient ordinairement de cire, et on les plaçoit dans des armoires qui estoient dans les vestibules des maisons. Pline livre 35 : *Expressâ cerâ vultus singulis disponebantur armariis.* Seneque avoit autrement exprimé cette belle sentence : *Nemo altero nobilior, nisi cui rectius ingenium et artibus*

*bonis aptius*, personne n'est plus noble qu'un autre, si ce n'est celuy en qui l'esprit est plus droit et plus capable de l'impression des vertus et des sciences. Et ailleurs : *Non facit nobilem Atrium plenum fumosis imaginibus*, un vestibule remply d'images enfumées ne rend point un homme noble.

Le vestibule a esté appellé *Atrium* au rapport de Varron, ou des habitants de la ville Atria en Toscane, desquels Pline livre 3. chap. 16. asseure que la mer Adriatique qui avoit esté appellée Atriatique, a pris son nom, lesquels avoient introduit l'usage des vestibules, ou de ce qu'ils sont posez sur la terre *quasi aterraria*.

V. 20. *Paulus, vel Cossus, vel Drusus.* Il nomme ces trois grands hommes, comme estant l'exemple des gens vertueux, et qui avoient bien merité de la Republique.

Nous avons déja parlé de Paul Æmile, si grand amateur de la frugalité et de la vertu, qu'il donna sa fille ainée en mariage au fils de Caton, et la plus jeune à Tullius Tuberon fort pauvre, mais fort vertueux.

Cossus est celuy dont Florus écrit qu'il vainquit par les ordres d'Auguste, les Massulans et les Getules, peuples sauvages de l'Affrique interieure, au rapport de Saluste, d'où il prit le surnom de Getulicus, ce qui fait dire plus bas au Poëte, *Salve Getulice.* Il y a eu un autre Cossus fort renommé, qui tua de sa main Volumnius Roy des Veientins, et en appendit les dépoüilles au Capitole.

V. 22. *Præcedant istas illi te consule virgas.* Le sens est que lors mesme que tu serois appellé au Consulat, il faut pour te faire estimer, que tes bonnes mœurs precedent les Huissiers qui marchent devant toy avec leurs faisceaux de verges.

V. 26. *Agnosco Procerem.* Il veut dire que si tu as toutes ces bonnes qualitez, il te prisera comme l'un des plus nobles citoyens, et des premiers de la ville. Juvenal use de la licence permise aux Poëtes, et met cet accusatif au singulier, bien que par tout ailleurs *Proceres* ne se dit jamais qu'au pluriel.

V. 26. *Seu tu Silanus.* C'estoit un noble Romain, lequel au rapport de Tite-Live livre 8. de la guerre Punique, ayant esté envoyé par Scipion, vainquit en Espagne Magon general des Carthaginois, et fit prisonnier Hannon l'un des premiers de la faction des Barches à Carthage, dont Annibal et Amilcar son pere, estoient les chefs, et qui fut nommée *Barchina Factio.*

V. 29. *Osiri invento.* Osiris fils de Saturne et de Rhea, ou de Jupiter et de Niobé, fut dans son temps un homme d'un esprit fort rare. Il quitta Argos sa patrie, pour aller en Egypte, dont il se rendit maistre. Il y épousa Io qui fut appellée Isis, fille d'Inachus, et l'un et l'autre se firent si fort estimer par leur conduite et par leurs vertus, que les peuples d'Egypte les honorerent comme leurs Dieux

aprés leur mort. Mais s'estant imaginé que l'ame d'Osiris estoit entrée dans le corps d'un bœuf qu'ils appelloient Apis, ils instituerent certaines festes pour chercher ce bœuf avec mille cris et mille lamentations; et enfin leurs Prestres leur faisant croire qu'on l'avoit trouvé, on le promenoit par la ville accompagné d'une foule de jeunes gens qui chantoient à hauts cris des hymnes à sa loüange. Strabon liv. 17. dit qu'à Memphis capitale d'Egypte, il y avoit un temple dédié à ce Dieu Apis, ou Osiris.

V. 31. *Nanum Atlanta vocamus*. Il nous veut apprendre par ces mots et par la suitte des vers jusques au 38. qu'on ne se moque pas moins d'un homme vitieux, à qui l'on donne le nom de Cretique ou de Camerin, qui estoient des hommes tres nobles et tres vertueux, dont nous avons parlé dans la satyre deuxiéme et dans la septiéme, que lorsqu'on nomme un Nain, un Atlas, qu'on fait passer un Ethiopien pour estre aussi blanc qu'un cigne, une fille fort laide pour une Europe, etc.

Atlas fut un Roy de Mauritanie, frère de Promethée, si fort et si puissant, qu'on a fabuleusement imaginé qu'il avoit porté le Ciel sur ses épaules, mais ce qui a donné le plus de lieu à cette fable, a esté qu'il fut le premier qui fit de justes observations sur le cours des astres. On ajoûte qu'ayant esté averty par l'Oracle, de craindre un fils de Jupiter, et ne voulant recevoir personne chez luy, Persée fils de Jupiter et de Danaé, en fut si indigné, que lui ayant presenté la teste de Meduse l'une des trois Gorgones, dont nous avons déja parlé, il fut changé en la montagne qui porte son nom, et qui est si haute, que les habitants du lieu la croyent une colomne du Ciel.

*Europe* fut fille d'Agenor, Roy de Phenicie, et d'une si rare beauté, que Jupiter se transforma en taureau pour l'enlever, et la porter dans l'Isle de Crete.

V. 38. *Rubelli blande*. Lipse après Tacite, livre 13. lit *Plance*, et en effet il veut parler de Rubellus Plancus, qui estoit parent d'Auguste, au même degré que Neron; estant par sa mere de la famille des Jules, et dont la vertu et le merite estoient si connus, qu'après la mort de Neron on jetta les yeux sur luy, pour le faire Empereur, au rapport de Tacite dans la vie de Neron. Cela se rapporte à ce qu'il dit aprés, *quæ sanguine fulget Juli*. Mais sans doute celuy dont il parle en avoit fort degeneré, ainsi que la suite des vers nous l'apprend.

V. 39. *Drusorum Stemmate*. Drusus estoit frere de l'Empereur Tibere, et tous deux fils de Tibere Neron, qui défit Asdrubal.

V. 42. *Ventoso conducta sub aggere*. Il y avoit de pauvres femmes, qui gagnoient leur vie à faire de la toile, et qui travailloient dans les champs de Tarquin, exposées aux injures du temps.

V. 45. *Ast ego Cecropides*. Les Atheniens avoient pris ce nom de Cecrops leur premier Roy, d'où estoit venu le Proverbe, *Cecrope generosior*, pour signifier un homme d'une ancienne noblesse.

V. 48. *Plebs togata*. C'estoient les cliens ou les affranchis qui portoient la robe qu'on appelloit *toga*, qui distinguoit les personnes du bas ordre. On la mettoit sur une tunique ou veste, et comme elle estoit longue et large, on la retroussoit à gros plis à la ceinture avec un cordon. Tibulle, livre 1. Eleg. 7 :

> *Et fluit effuso cui toga laxa sinu.*
>
> Dont la robe flottoit à gros plis retroussée.

V. 50. *Hic petit Euphraten*. Il entend parler des guerres qui se faisoient dans les Regions Orientales. L'Euphrate est un fleuve fameux de la Mesopotamie, qui prend son origine du mont Niphate, ou de Pariedrus dans la grande Arménie, et qui après de longs et fertiles détours passe au milieu de Babilone, et s'estant joint au Tygre, qui est encore un fleuve fort renommé qui tire sa source de la mesme Armenie, se jette dans le Sein ou Golphe Persique.

V. 51. *Domitique Batavi custodes aquilas*. C'étoit autrefois des Allemans fort belliqueux dans la Region Belgique, que Domitien encore fort jeune vainquit, et de crainte qu'ils ne se revoltassent, les Romains y envoyoient de fortes Garnisons, qu'il exprime par *custodes aquilas*, parce que les Aigles faisoient le corps de leurs Etendards.

V. 52. *Truncoque simillimus Hermæ*. Il fait allusion à la coustume qu'avoient les Atheniens de donner à ceux qui avoient bien merité de la République quelques Statüs du Dieu Mercure, dont la teste seulement estoit de marbre montée sur un corps postiche fort grossier, duquel elle pouvoit estre tirée. Ces Statuës estoient appellées *Hermæ*, du mot Grec ἑρμῆς, qui est le nom de Mercure, tiré du verbe ἑρμονεύω, qui signifie *interpretor*, soit parce qu'il est l'Ambassadeur ou l'Interprete des Dieux, soit parce qu'il a esté choisi pour le Dieu des Marchands, à qui la connoissance des Langues est nécessaire : d'où vient qu'on le nomme en Latin *Mercurius, quasi mercium curam habens*. Voyez Macrobe au premier des Saturnales.

V. 57. *Cui plurima palma fervet*. Cela s'entend des prix que la legereté du cheval avoit fait gagner dans la chaleur de la course.

V. 58. *Rauco Circo*. A cause des acclamations qui se faisoient dans le Cirque, il luy donne l'epithete d'*enroué*.

V. 61. *Corythæ posteritas et Hirpini*. C'estoit un cheval et une jument qui avoient esté dans leur temps fort estimez, et dont les descendans avoient degeneré : et c'est pour cela que Juvenal les appelle *venale* ou *vile pecus*.

V. 64. *Gratia nulla umbrarum*. Il fait une allusion ridicule aux

ombres des morts qu'il applique icy aux ayeux de ces chevaux par une agreable ironie.

V. 65. *Epirhedia* est un mot barbare, selon Gellius, qui signifie une charrette.

V. 66. *Molam Nepotis.* Nepos est le nom d'un Romain qui avoit un moulin. Martial, *Bis vicine Nepos.* Nepos doublement mon voisin.

V. 76. *Ne collapsa ruant subductis tecta columnis.* C'est une belle allegorie aux maisons qui tombent quand on en soustrait les colomnes, et qu'il applique à ceux qui ne soûtiennent pas leur noblesse par leurs vertus.

V. 77. *Stratus humi palmes viduas desiderat ulmos.* Autre allegorie prise de la vigne, qui ne peut se soûtenir d'elle-même, dès que l'ormeau, qu'on luy a donné pour appuy, luy manque.

*Viduas ulmos.* C'est une metaphore tirée du mariage, à cause de l'union qui se fait entre l'ormeau et la vigne.

V. 80. *Phalaris licet imperet.* Phalaris fut un tiran tres-cruel d'Agrigente, ville de Sicile, et patrie d'Empedocle le Philosophe, lequel ayant obligé Perillus d'inventer quelque nouveau supplice, le fit mourir dans le taureau d'airain qu'il avoit fabriqué. Ciceron au 2. des Offices : *Testis Phalaris, cujus præter cæteros nobilitata crudelitas.* Phalaris en est témoin, qui a rendu sa cruauté celebre sur tous les autres Tyrans.

V. 82. *Summum crede nefas animam præferre pudori*
*Et propter vitam vivendi perdere causas.*

Cela est bien dit pour un Payen qui veut que nous ne soyons nez que pour vivre vertueusement, et que nous preferions nostre honneur à nostre propre vie.

V. 85. *Ostrea Gaurana.* C'estoit les meilleures huistres que l'on peschoit dans le lac Lucrin ou de Bayes prés du mont Gaurus dont elles tiroient ce nom.

V. 85. *Toto Cosmi morgatur aheno.* Cela ne se doit pas entendre comme quelques-uns l'expliquent, que Cosmus homme fort sensuel se plongeoit dans des vaisseaux pleins de parfums precieux, mais seulement que c'estoit un homme qui n'épargnoit rien pour se parfumer ou pour manger des mets delicieux, ce qui s'accommode avec la marmite, dont il parle ; car *ahenum* est un vaisseau d'airain qui signifie proprement un coquemard, mais icy et chez plusieurs Auteurs, il est pris pour un chaudron, surquoi Paul le Jurisconsulte dit qu'on fait peu de difference entre *cacabus* et *ahenum*, bien que celui-cy signifie plus naturellement le vase où l'on fait chauffer l'eau, et l'autre le chaudron ou la marmite où l'on fait cuire la viande.

V. 92. *Quam fulmine justo Capito et Numitor ruerint.* L'Arrest que le Senat donna contre Cossutianus Capito, qui avoit esté mis à la priere de Tigillin son gendre dans l'Ordre des Senateurs, et contre Numitor, convaincus de concussions et de brigandages sur les Ciliciens, fut en effet un coup de foudre, qui renversa toute leur fortune.

V. 94. *Cum Pansa eripiat quidquid tibi Natta reliquit.* Il faut sans doute de la maniere que ce vers est expliqué par les Interpretes, que Pansa fust le Garde du Tresor Royal, dans lequel on portoit en execution des Arrests du Senat, toutes les restitutions qui estoient faites par ces deprédateurs, representez par Natta.

V. 95. *Præconem, Chærippe, tuis circunspice pannis.* Cherippe est un nom de commiseration, comme s'il disoit : Pauvre Cilicien, souffre sans dire mot, que l'on vende ta dépoüille, pour en porter le prix au Tresor Royal, au lieu de te la rendre.

V. 96. *Furor est post omnia perdere naulum.* C'est une metaphore tirée d'un Maistre de Navire, lequel aprés un naufrage ne neglige pas de se faire payer le Naulis, ou le droit de voiture par ceux qui restent dans son vaisseau.

Quelques-uns veulent que le sens du Poëte soit qu'il ne faut pas perdre la vie aprés avoir perdu son bien. D'autres, que ce seroit une folie, et perdre sa peine et ses frais, que de s'embarquer pour aller à Rome demander justice des biens qui ont esté volez et portez par l'ordre du Senat dans le Tresor Royal.

V. 98. *Sociis florentibus.* Il donne aux ennemis vaincus le nom de *socii*, à cause que par la paix on les associoit à l'Empire : et *florentes*, parce qu'aprés la guerre on les laissoit encore joüir de leurs biens.

V. 100. *Spartana chlamys.* C'estoit au rapport de Julius Pollux, un capot militaire d'une pourpre qu'on tiroit de la region Laconique ou Peloponese, dont Sparte, autrement Lacedemone, estoit la capitale de cent villes qui la composoient, et qui la firent nommer Hecatompolis. Plin. liv. 9. chap. 36. dit que cette pourpre estoit aussi belle que celle de Tyr.

V. 100. *Conchylia Coa.* Nous avons désja dit dans la 3. Satyre que *conchyle* ou *conchylium* estoit un coquillage de mer, de l'expression duquel on tiroit une espece de pourpre, dont on faisoit la teinture du cramoisi. Il est icy employé pour un habillement de toile de soye de cette couleur, si déliée que le corps paroissoit dessous, au dire de Pline liv. 11. et qui avoit esté inventé par Pasaphilé fille d'Iatous dans l'Isle de Co. Properce :

> *Aut tenues Coā veste movere sinus.*
>
> Sous la veste de Co mouvoir ses petits seins.

V. 101. *Parrhasii tabulis.* Parrhasius fut un Peintre fameux d'Ephese lequel au rapport de Pline liv. 35. chap. 5. et de Quintilien livre 12. fut le premier qui sceut donner l'agréement aux traits du visage, et l'ornement aux cheveux, et qui trompa les yeux du Peintre Zeuxis par la peinture d'un rideau.

V. 101. *Signisque Myronis.* Myron estoit un excellent Sculpteur qui fit un troupeau de bœufs si artistement, que toute l'Antiquité Grecque et Latine en a parlé. Voyez Pline livre 33. Voicy ce que Properce en dit :

> *Atque aram circumsteterant armenta Myronis.*
> *Quatuor artificis vivida signa boves.*

> Prés de l'autel Myron en pierre avoit formez
> Quatre bœufs par son art qu'on croyoit animez.

V. 102. *Phidiacum vivebat ebur.* Phidias a esté estimé dans son temps pour le plus habile Statuaire en ivoire, et Quintilien nous apprend qu'il reüssissoit encore mieux à former les statues des Dieux que des hommes. Celle de la Minerve d'Athenes, de vingt-six coudées de haut toute d'ivoire, sur le bouclier de laquelle il avoit bravé le combat des Amazones, et la Gigantomachie a esté l'un de ses chefs-d'œuvre. Celle de Venus, qui fut portée à Rome et posée dans le Portique d'Octavie, celle de la Deesse Nemesis, qui prend soin, à ce que nous disent Catulle et Ausone, de faire punir les criminels, qui fut nommée Rhamnusia, à cause du Temple qui luy fut dédié dans Rhamnus ville de l'Asie, ainsi que Pomponius Mela livre 3. l'a écrit, et enfin celle de Jupiter Phidiacus, l'ont rendu fameux dans tous les siècles. Strabon livre 8. Pline livre 7. Seneque et Plutarque en ont fait l'éloge.

V. 102. *Necnon Polycleti.* Autre excellent Statuaire en bronze de la ville de Sicyon dans le Peloponese proche de Corynthe, fameuse par les habiles Ouvriers en toutes sortes d'arts, qui l'habitoient. L'un de ses plus beaux ouvrages, selon Pline livre 34. ch. 8. fut de deux jeunes hommes jouant aux dez ou aux osselets, qu'on appella *Astragalisontes* du mot *astragalus* qui signifie un osselet qui est au talon, ou au bout d'une esclanche de mouton, qu'on nomme aussi le garignon.

V. 103. *Raræ sine Mentore mensæ.* C'estoit le premier ouvrier du monde pour les coupes et vases à boire ciselez. Pline liv. 33. ch. 13. luy rend cet honneur, et dit que Crassus l'Orateur acheta deux de ses vases au prix de dix grandes sesterces, qui valent environ cent cinquante écus de nostre monnoye. Properce :

> *Lesbia Mentore vina bibas.*

> Lesbie ne boit point qu'aux vases de Mentor.

V. 104. *Inde Dolabella, Antonius et Verres sacrilegus.* Pedianus nous apprend qu'il y a eu deux Dolabella en mesme temps : l'un qui fut accusé par Cesar d'avoir volé la Sicile, et qui estant absous, se retira à Rhodes, au rapport de Suetone. L'autre fut Proconsul d'Asie, convaincu de concussions et condamné : et c'est celui-cy dont Juvenal parle.

*Antonius*. Ce fut Caius Antonius, dont Pedianus fait mention, qui fut de même accusé de concussions et de voleries dans l'Achaïe. Strabon parle de son exil.

*Verres*. Nous en avons désja parlé dans la Satyre 2. Les Oraisons de Ciceron contre luy sont celebres ; il y fait le dénombrement de toutes les voleries qu'il avoit faites pendant les trois années qu'il fut Prefet en Sicile. Juvenal l'appelle sacrilege, parce qu'il n'enleva pas seulement les simulacres des Dieux de la Sicile, mais encore la Minerve d'Athenes, l'Apollon de Delos, la Junon de Samos, et la Diane de Pergame. Voicy comme Ciceron pousse son invective : *Siculos jam nec Deos quidem in suis urbibus, ad quos confugerent habere, quod eorum simulacra sanctissima Caius Verres ex delubris sanctissimis sustulisset.* Il ne reste pas même aux Siciliens des Dieux dans leurs villes, puisque Caius Verres en a enlevé les simulacres des lieux les plus sacrez.

V. 106. *Occulta spolia.* Il les appelle ainsi, à cause qu'ils les apportoient à Rome furtivement, au lieu que pendant la guerre les depoüilles des ennemis paroissoient dans les triomphes.

V. 108. *Et plures in pace triumphos.* Il appelle par ironie et par antithese ces larcins des triomphes de paix.

V. 112. *Imbelles Rhodios.* Nous avons parlé dans la Satyre 6. de l'Isle de Rhodes dans la mer de Licie ou Asiatique, dont les habitans estoient ensevelis dans la mollesse.

V. 112. *Unctamque Corynthum.* Cela veut dire riche et delicieux. C'estoit autrefois la principale ville de l'Achaie située au milieu de l'isthme du Peloponese, fameuse par son grand negoce, et par le Temple de Venus, qui y estoit magnifique, dans lequel on prostituoit, à ce que l'on nous dit, tous les jours deux-cens jeunes filles. Enfin cette ville donna tant de jalousie aux Romains, qu'ils y envoyerent Lucius Mummius avec une puissante armée qui l'assiegea, la prit et la détruisit de fond en comble. Florus exagere le prix infini des richesses qui en furent enlevées ou perduës sous les ruines. Elle avoit esté bastie par le Corsaire Sisiphus fils d'Æole, et nommée Corcyre au rapport de Strabon, depuis Ephyre, et ayant esté détruite, elle fut rétablie par Corynthus fils de Marathon ou de Pelops, selon Suidas, ou comme d'autres ont voulu, d'Oreste ou de Jupiter : et enfin elle finit ainsi que nous venons de le dire.

V. 113. *Quid resinata juventus.* Plin. liv. 14. dit que la poix-resine dissoute avec l'huile est un assuré dépilatoire, et nostre Poëte se sert de cette epithete pour marquer la mollesse et l'impudicité des jeunes gens dont il parle.

V. 114. *Crura lævia*. Nous avons désja dit dans une autre Satyre, que Macrobe nous apprend que *læve* signifie dépilé ou mol.

V. 116. *Illyricumque latus*. C'est l'Esclavonie dont Raguse est la Capitale, située à la droite de la mer Adriatique, et terminée par l'Istrie, la Mysie Superieure, et partie de la Macedoine, ainsi nommée par Illyricus, fils de Polypheme, selon Appien, ou de Cadmus, comme le veut Eustathius.

V. 119. *Cum Marius discinxerit Afros*. Il est desjà fait mention dans la premiere Satyre des voleries de Marius Priscus dans l'Afrique, lors qu'il dit *exul ab Octava Marius bibit*. Il faut seulement icy remarquer le verbe *discingo*, dont le Poëte se sert, pour dire qu'il avoit volé les Afriquains jusques à la ceinture, c'est-à-dire, à la derniere maille.

V. 125. *Folium Sybillæ*. Les Sybilles, comme il a esté dit dans la 3. Satyre, estoient des Prophetesses au nombre de dix, selon Lactance, qui écrivoient leurs oracles sur des feuilles de palmier. Virgile le confirme lorsque parlant de la Sybille Cumée, il dit, *foliisque notas et nomina mandat*. Vivés en a écrit fort curieusement sur la Cité de Dieu de saint Augustin.

V. 127. *Acersecomes*. C'est une épithete Grecque qu'on donne à Apollon, qui signifie *intonsus*, ayant tous ses cheveux, de κείρω *tondre* et κόμη *chevelure*, avec la particule negative α. Le Poëte veut parler d'un jeune homme orné d'une belle chevelure, que Lubin appelle *catamitus*, qui a tout credit sur son patron par sa prostitution.

V. 128. *Nec per conventus*. C'est-à-dire, que ta femme n'exige rien dans les assemblées des Provinces.

V. 129. *Et curvis unguibus nummos raptura Celæno*, pour signifier une femme avare, et qui en prend de toutes mains. Il fait allusion aux Harpyes, à qui on donne de grandes grifes, des aisles, et un visage de fille. Virgile en nomme trois, Aëllo, Ocypeta, et Celæno, que le Poëte Homere appelle Podarge, de laquelle il feint que le vent Zephire engendra les chevaux d'Achille Balium et Xanthum. Les Poëtes ont imaginé qu'elles estoient filles de la terre et de la mer, d'autres de Neptune, comme pere de presque tous les monstres et qu'elles estoient avares et avides de rapines. Voicy la peinture qu'en fait Virgile :

> *Virgineæ volucrum facies, fœdissima ventris*
> *Proluvies, uncæque manus, et pallida semper*
> *Ora fame.*

Leurs visages formez en oiseaux de rapines,
Leurs ventres monstrueux, et les grifes aux mains,
Une froide pâleur, marque de leur famine,
En font voir aux mortels tous les traits inhumains.

V. 130. *A Pico*. Picus fut le premier Roy des Latins, fils de Saturne et père de Faunus. Virgile livre 7. de l'Eneide :

> *Fauno Picus pater, isque parentem*
> *Te, Saturne, refert.*

Picus fils de Saturne, et père de Faunus.

V. 131. *Omnem Titanida pugnam*, pour *Titanum*; le patronimique pour le possessif, c'est à dire, tous les Titans qui firent la guerre de la Gigantomachie contre Saturne et Jupiter, dont Ovide parle dans ses Metamorphoses.

V. 132. *Ipsumque Promethea*. Il pousse sa race jusqu'à Promethée, comme la plus ancienne, car l'on pretend qu'il fut pere de Deucalion, Roy de Thessalie, pendant le regne duquel arriva le deluge universel. Les Poëtes ont inventé que ce Promethée forma le premier homme avec un peu de terre, et qu'il emprunta le feu des rayons du Soleil pour l'animer par le secours de Minerve qui le fit monter au Ciel, ce qui leur a fait dire que Jupiter voulant se vanger de ce vol, l'avoit fait attacher par Mercure au mont Caucase, pour luy faire déchirer le cœur par un vautour jusqu'au temps qu'Hercule l'en delivra; mais Fulgence et plusieurs autres nous apprennent que Promethée nous représente la divine providence, que ce fut dans son temps un homme fort sage et fort sçavant en astrologie, qui fut ainsi nommé, ἀπὸ τῆς προμηθίας qui signifie providence, dont les Poëtes ont pris occasion d'en former leurs fables.

V. 136. *Si frangis virgas sociorum in sanguine*. Cela se doit entendre des inhumanitez qu'on peut exercer sur ses Concitoyens.

V 138. *Claramque facem præferre pudendis*. C'est ce qui a fait dire à Saluste, *Majorum gloria posteris quasi lumen est:* la gloire des Ayeux sert de lumiere à leurs descendans.

V. 139. *Omne animi vitium tanto conspectius in se*
    *Crimen habet, quanto major qui peccat habetur.*

C'est une admirable sentence qui nous apprend que le crime est plus en veuë, à mesure que les gens qui le commettent sont plus elevez.

V. 141. *Quo mihi*. C'est un *quos ego* de Virgile, comme s'il disoit *quorsum, quâ fronte tu te mihi nobilem jactas*, avec quel front oses-tu, estant vitieux et faussaire jusques aux Autels et devant les Statües triumphales que tes Ayeux ont méritées, te vanter de ta noblesse et de leur descendance?

V. 143. *Quò*. C'est une repetition du *quo mihi* pour pousser son invective avec plus de force.

V. 144. *Tempora Santonico velas adoperta Cucullo*. Santonicus Cucullus est le Bardo Cucullus de Martial epistre 128. livre 14. et signifie un Capot d'étoffe grossiere, dont les soldats et les villageois se couvroient depuis la teste, pour se garantir des injures du temps. Ce furent ceux de Xaintonge dans la Gaule d'Aquitaine, qui en apporterent l'usage. On les nomme *Santonici* ou *Bardi*, à cause qu'ils estoient fort grossiers, d'où vient *Bardiacus judex*, que nous verrons dans la Satyre 9. pour signifier un Juge ignorant.

V. 146. *Volucri Carpento rapitur pinguis Lateranus.* Il semble que cette invective regarde l'Empereur Neron et les Nobles de son temps, qui affectoient à son exemple et pour luy plaire, de mener des chars suspendus, ou carrosses appellez en latin *Carpenta*, dont les Dames se servoient dans ce temps-là, et dont l'usage fut inventé par la mere d'Evandre, ainsi qu'Ovide au premier des Fastes, nous l'apprend :

> *Nam prius Ausonias matres Carpenta vehebant*
> *Hæc quoque ab Evandri dicta parente reor.*

> Les Dames d'Italie avoient déja l'usage
> De ces chars suspendus, dont le rare attelage,
> Par la Mere d'Evandre autrefois inventé,
> Fut trouvé plus commode, et depuis imité.

Quelques-uns écrivent Lateran, d'autres Damasippe, qui signifie proprement un cocher, et à la lettre un dompteur de chevaux, des deux mots grecs δαμάζω dompter et ἵππος cheval. On croit que ces noms ont esté inventez par le Poëte pour denoter ces nobles Romains dont il censure la bassesse.

V. 147. *Et ipse ipse.* Cette repetition est emphatique, pour faire mieux remarquer la turpitude du Consul qui imite ce Damasippe.

V. *Rotam stringit multo sufflamine. Sufflamen*, selon Probus, est ce lien de fer ou de corde dont on se sert pour enrayer la roüe dans un penchant. C'est ce que les Grecs appellent προχοπέδον. Juvenal l'a aussi appliqué par metaphore au retardement dans sa derniere Satyre, où il dit :

> *Nec res atteritur longo sufflamine litis;*
> Par le retardement la cause n'est pas moindre.

D'où est venu le verbe *sufflaminare*, dont Seneque se sert au quatriéme de ses Declamations, lorsqu'il rapporte qu'Auguste disoit. *Aterius noster sufflaminandus est, adeo non currere sed decurrere videatur.* C'estoit à cause de la velocité de son discours. Nostre Aterius s'énonce avec tant de vitesse, qu'il a besoin d'estre arresté.

V. 152. *Ac virga prior annuet.* Il veut dire qu'il fera claquer son foüet afin qu'on prenne garde à luy.

V. 154. *Dum lanatas torvumque juvencum more Numæ cædit.* Tite Live, Plutarque et tous les auteurs nous asseurent que le Roy

Numa avoit ordonné grand nombre de Sacrifices de moutons et de taureaux pour honorer les Dieux.

V. 156. *Jurat solam Eponam.* On avoit accoûtumé de jurer par le Dieu pour qui on avoit plus de devotion, et de qui on esperoit plus de biens; et comme Epone estoit la Déesse des palefreniers, et présidoit aux écuries, où son image estoit peinte en plusieurs endroits, le Poëte fait reproche à ces Nobles Romains qui s'estoient érigez en cochers, qu'en faisant leurs Sacrifices à Jupiter, ils ne juroient pourtant que par Epone.

V. 157. *Pervigiles instaurare popinas.* Cela s'entend des lieux de crapule et de luxure, où l'on passoit les jours et les nuits.

V. 158. *Syrophœnix udus amomo.* C'est un nom inventé et composé, pour dire un homme qui tire son origine de Syrie et de Phœnicie, d'où l'on faisoit venir les parfums les plus pretieux, et les plus habiles parfumeurs.

*Amomum.* C'est un arbuste qui produit un fruit semblable au raisin, sa fleur à la violette, et ses feuilles à la vigne blanche. Il y en a de trois especes, d'Armenie, de Medie et de Pont, et c'est du jus de ce fruit que l'on composoit les plus pretieux parfums.

V. 159. *Idumeæ incola portæ.* Il y avoit une porte à Rome qu'on appelloit la porte de Judée ou de Hierusalem, à cause que Vespasien et Titus qui avoient vaincu les Juifs et les Syriens, entrerent par là quand ils en triompherent; et comme l'Idumée est une partie de la Syrie, Juvenal a donné ce nom à cette porte, prés de laquelle habitoit ce parfumeur.

V. 160. *Dominum regemque salutat.* Nous apprenons de Seneque que les anciens avoient accoûtumé de saluer les gens qui leur étoient inconnus, et qu'ils approchoient pour la premiere fois, en les appellant leur Seigneur et leur Roy pour leur faire plus d'honneur. Martial, livre premier, le confirme :

*Cum te non nossem, Dominum Regemque vocabam.*

> Avant que te connoistre,
> Je t'appellois mon Roy, je t'appellois mon Maistre.

V. 161. *Venali Cyane succincta Lagena.* Cyane est un nom qu'il donne à la femme du Parfumeur qui vient sa robe retroussée presenter du vin, et qu'il a pris de la Nymphe Cyane en Sicile, et non de Cyanée, comme quelques-uns ont dit par méprise. Ovide, au livre 9. des Metamorphoses, dit que cette Nymphe Cyane estoit fille du Fleuve Meandre en Phrygie, et mere par Miletus de Caunus et de Biblis.

V. 167. *Ad illos Thermarum Calices.* C'estoient des estuves ou bains où l'on tenoit des gargottes pour le bas peuple et pour les débauches. Il ajoûte, *ad illos*, comme s'il les montroit avec mepris et pour les distinguer.

V. 167. *Inscriptaque lintea*. Ils avoient accoûtumé de couvrir ces sortes de cabarets avec des toiles peintes, parce qu'ils estoient hors des maisons.

V. 168. *Maturus bello Armeniæ, etc*. C'est à dire assês âgé pour aller à la guerre d'Armenie, de Syrie, du Rhin et du Danube. Quelques Interpretes l'expliquent de la revolte des Armeniens pendant la regne de Neron, au rapport de Tacite, lequel y envoya Domitius Corbulo, pour les remettre dans l'obeissance; mais à mon sens cela ne s'accommode pas avec le temps present dont il parle dans les vers precedens et dans ceux qui suivent. Il vaut mieux l'appliquer à la deffense de l'Armenie et des Provinces qui sont arrosées des fleuves de l'Euphrate et de l'Oronte en Syrie, et du Rhin et du Danube en Allemagne, qui estoient sous la domination des Romains, et qui estant éloignées, avoient besoin qu'on y envoyast incessamment des garnisons. Il n'est pas hors de propos pour l'intelligence de divers passages de nostre Auteur, et de plusieurs autres, de dire un mot de ces contrées. L'Armenie est une region de l'Asie entre le mont Taurus et le Caucase, et qui s'estend depuis la Cappadoce qu'elle confine, jusques à la mer Caspie. Elle a huit montagnes, sçavoir deux appellées Moschiques, qui font partie du mont Taurus, et s'étendent vers la Cappadoce (elles prennent leurs noms des Mosches qui les habitent) Pariedrus ou Pariedres où sont les sources de l'Euphrate et de l'Araxe, et qui fait encore selon Ptolemée partie du mont Taurus, et s'estend vers la grande Armenie; Antitaurus qui estant coupé par l'Euphrate, change son nom en celuy d'Abus; Gordiæus d'où naist le fleuve Tigris, Taurus et Niphares qui separent la Mesopotamie et l'Assyrie de l'Armenie, les monts Caspiens qui tendent vers les Medes et les Caucasiens, qui confinent l'Iberie et l'Albanie. Elle a aussi six fleuves, le Cyrus qui prend sa source du Caucase, et qui laissant l'Iberie et l'Albanie à la gauche et l'Armenie à la droite, se jette dans la mer d'Hircanie, l'Araxe, le Fazze, le Lycus, le Tygre, et l'Euphrate.

La Syrie est une Region de l'Asie confinée à l'Orient par l'Euphrate, à l'Occident par la mer, et par l'Egypte, au Septentrion par la Cilicie, et partie de la Cappadoce, et au Midy par l'Arabie. Ses principales villes selon Ptolemée liv. 5. sont Laodicée, Hierapolis, Antioche, Apamée, Palmire, Heliopolis, Ptolemais, Sidon, Tyr, Berythrus, Botrys, Trypoly, Biblus, Peleucie, Cæsarée et Damas. Ses fleuves, l'Euphrate, le Chrysorroas, le Singas et l'Oronte. Elle est située au milieu du monde, et par conséquent dans un climat fort tempéré, et divisée par sept regions qui la composent, sçavoir la Phœnicie, la Palestine, la Judée, l'Idumée, la Comagene, la

Samarie et la Cœlosyrie ou Syrie Cœlo. Il faut observer que ce que les Grecs ont appellé Syrie, a esté nommé par les Etrangers, selon Herodote, Acron et Porphyre, Assyrie.

Le Rhin est un grand Fleuve qui prend sa source des montagnes des Grisons, et qui separe la France de l'Allemagne.

V. 169. *Atque istro. Ister et Danubius*, est la mesme chose, d'où vient qu'on l'a appellé *Binomen*. C'est un grand fleuve qui sortant du mont Arbone, ou Arnobe en Allemagne, après un cours fort vaste, dans lequel il reçoit soixante rivieres ou ruisseaux, se precipite dans la mer Pontique par six grandes embouchures. Voyez Pline, liv. 4. chap. 2.

V. 169. *Præstare Neronem securum.* C'est à dire le temps est propre à deffendre l'Empire contre les ennemis. Les Interpretes ne savent si ce nom est general pour tous les Empereurs, ou s'il entend parler seulement de Domitien, qu'il a appellé *Calvum Neronem* dans la 4. Satyre.

V. 170. *Mitte Ostia Cæsar.* On explique differemment ce passage. Les uns veulent que Cæsar n'envoye point à Ostie, ville située à l'embouchure du Tybre dans la mer Tyrrhene, où l'on preparoit les Armées Navales, pour y chercher un General, mais seulement au cabaret. Les autres au contraire veulent qu'il l'y envoye pour y aller commander, en le tirant toutefois de ces lieux infames. Ces deux interpretations tombent dans le mesme sens.

V. 172. *Cum percussore.* Cela s'entend d'un Bourreau, ou d'un Gladiateur.

V. 174. *Fabros Sandapilarum.* Sandapila estoit le cercueil des gens de basse qualité, au rapport de Fulgence, d'où vient que Suetone parlant de la mort de Domitien, dit que son corps fut porté avec mepris par les fossoyeurs dans un pareil cercueil *Cadaver ejus populari sandapila per Vespillianos exportatum.*

V. 175. *Et resupinati cessantia tympana Galli.* Festus nous apprend que les Prestres de Cybele furent appellez *Galli* du fleuve Gallus en Phrygie, lequel les rendoit insensez dés qu'ils en avoient bû, mais Herodian dans la vie de Commode, dit qu'ils prirent ce nom à cause qu'ils celebroient leurs Orgies auprés de ce fleuve, ce qui a sans doute plus de vray-semblance. Tous les Auteurs conviennent qu'ils estoient chastrez, et qu'ils faisoient leurs sacrifices et la Feste de cette Mere des Dieux, au son des tambours et des cimbales, et de plusieurs autres instrumens, avec grand bruit et de grandes acclamations, après lesquelles Orgies, nostre Poëte dit qu'ils venoient s'enyvrer, ce qu'il exprime par *resupinati.*

V. 179. *In Lucanos.* C'estoit une Region de Toscane qui avoit pris son origine des Samnites, où l'on exiloit les criminels, soit pour y travailler à la terre, ou pour demeurer dans les prisons, ou cachots qui y estoient en grand nombre. Il appelle ces prisons *Thusca Ergastula*.

V. 180. *At vos Troïugenæ*. Il parle aux Romains qui se glorifioient d'estre descendus des Troyens.

V. 181. *Cerdoni*. Il entend par ce nom un homme de la plus vile naissance.

V. 182. *Volesos, Brutosque decebunt*. Il veut nous faire entendre la fausse complaisance par laquelle on approuve dans les gens de qualité, ce que l'on condamne dans les miserables. Les Volesiens et les Brutes estoient de la plus ancienne Noblesse. Les premiers descendoient de Valerius Volesus, lequel vint à Rome avec Tullius surnommé le Tiran, Mutius et Curtius, trois des plus illustres familles des Sabins, pour y accompagner Tatius leur Roy, après la paix et l'alliance faite avec Romulus, ainsi que nous l'apprenons de Denis d'Halicarnasse, livre 2.

V. 184. *Vocem locasti Sipario*. Apulée l'appelle *Suparium*, et Festus nous apprend que c'estoit la toile, que l'on tire pour cacher la scene dans les pieces comiques, et qui fut substituée, au dire de Donat, au lieu de l'*Aulæum*, qui estoit celle des Tragedies. Cette toile a esté ainsi nommée du mot grec σίπαρος voile, ou de l'ancien verbe *ipare* qui signifioit épandre; le Poëte l'employe icy pour la comedie mesme.

V. 185. *Clamosum Phasma Catulli*. C'estoit une Comedie composée, non pas par Catulle de Verone ce fameux Poëte, mais par un autre Catulle Poëte comique, qui avoit donné à sa Piece le titre de *Phasma*, à cause que dans sa Fable il introduisoit certaines visions qui escitoient de grandes clameurs, exprimées par l'adjectif *clamosum*.

V. 186. *Laureolum Lentulus egit*. Il invective Lentulus qui estoit d'une noble famille, de ce qu'il avoit voulu faire le Personnage de Laureole, dans la Tragedie que Nemus en avoit composée. Ce Laureole n'estoit qu'un miserable valet surpris en fausseté, et mis en croix pour son chastiment. On dit que Domitien la faisoit souvent repeter, et qu'il y faisoit pendre un homme reellement et sans fiction. C'est ce que Martial liv. 1. a voulu dire :

> *Non falsa pendens in cruce Laureolus;*
>
> Ce n'est pas sur une croix feinte,
> Que l'on pend Laureole, et qu'on entend sa plainte.

V. 189. *Triscurria Patriciorum*. C'est un mot ancien et composé, dont on fait un superlatif, pour signifier les plaisanteries ou les bassesses des Nobles Romains, comme lorsque Plaute dit, *non fur sed trifur*, il n'est pas seulement larron, il l'est superlativement.

V. 190. *Planipedesque audit Fabios.* Nous avons déja dit dans la quatriéme Satyre, que *Planipedæ* estoient des Comedies ou Farces que les Acteurs qui estoient personnes viles, representoient pieds nuds.

V. 191. *Mamercorum alapas.* La famille des Mamerques estoit aussi des plus anciennes, et descendoit de ce fameux Mamercus Æmilius, lequel estant Dictateur, chastia les Fidenes revoltez. Il leur fait reproche de ce que dans les Comedies ils y paroissoient en faquins, et s'exposoient à mille outrages. Tertullien au Traité des Spectacles : *Ictibus infœlix facies locatur ut infœlicior venter saginetur :* une face malheureuse est exposée aux coups, afin de satisfaire un ventre encore plus malheureux.

V. 192. *Vendunt nullo cogente Nerone.* Il poursuit son invective contre ces nobles Romains qui exposoient leur vie pour de l'argent dans les combats gladiatoires, que les Préteurs donnoient au peuple, sans y estre contrains par Neron, lequel, au rapport de Tacite, et de Suetone, eut la cruauté d'y esposer par force quatre cens Senateurs et Chevaliers Romains.

V. 194. *Gladios inde, hinc palpita.* Il veut dire, lequel vaut mieux, d'estre Gladiateurs ou Comediens.

V. 196. *Ut sit Zelotypus Thymeles.* Il fait allusion au Comique Latinus, dont il est parlé dans la premiere Satyre, lequel du temps de Domitien, feignoit dans une Comedie, d'estre jaloux de sa femme Thymeles, contre Panniculus, autre boufon qu'il souffletoit pour faire rire les spectateurs. Martial livre 5. Epigramme 62 :

> *O quam dignus eras alapis, Mariane, Latini,*
>    *Te successurum credo ego Panniculo.*
>
> Que tu meritois bien, pauvre Marianus,
> Les soufflets qu'en la Scene appliquoit Latinus ;
> Car j'espere te voir successeur ridicule
>    De l'impudique Pannicule.

V. 196. *Stupidi Collega Corinthi.* C'est une continuation de la pensée du Poëte, qui veut qu'on choisisse plûtost de hasarder sa vie dans l'art gladiatoire, que de faire sur un theatre le personnage de Latinus ou de Corinthus, autre Comique fort ignorant.

V. 197. *Citharædo Principe Mimus nobilis.* Quelques-uns lisent *natus.* Il fait allusion à la basse inclination de Neron, dont la souveraine passion estoit de joüer luy-mesme de quelque instrument sur le theatre, au rapport de Tacite, de Suetone et d'Eusebe, et ainsi le sens du Poëte est qu'il ne faut pas s'estonner si les Nobles Romains sont Comediens, estant nez sous un Prince qui leur en donnoit l'exemple.

V. 199. *Nec Myrmillonis in armis, nec clypeo Gracchum pug-*

*nantem*. La famille Sempronie avoit pris le surnom de Gracchus, parmy lesquels il y a eû de grands hommes, et entre autres Tiberius Gracchus, pere de Caïus et Tiberius, qui furent tuez par ordre du Senat pour estre trop populaires. Leur mere Cornelia, de la famille des Scipions, estoit une des plus fieres et des plus illustres Romaines. Il en est parlé dans la sixiéme Satyre.

Il reproche à l'un de cette famille d'avoir parû dans l'aréne, non pas comme un gladiateur Mirmillon qui combattoit le casque baissé, ayant une faux à la main et le bouclier, mais comme un Retiaire qui avoit le visage decouvert, et n'estoit armé que d'un trident et d'un filet. Voyez ce que nous en avons dit dans la Satyre 2.

V. 206. *Credamus vel cedamus tunicæ*. La tunique estoit une veste sans manches dont se servoient les Retiaires, ainsi qu'il a esté dit dans la seconde Satyre. Le Poëte veut qu'on connoisse Gracchus à sa seule tunique.

V. 207. *De faucibus aurea cum se porrigat spira*. *Spira* proprement signifie une corde pliée en rond, ou en terme d'architecture, le rond qui est posé sur la base d'une colomne; on l'employe par metaphore, comme en ce passage, pour le cordon d'or qui tenoit attaché le chapeau ou le *Galerus* du Retiaire, et qui se relioit sous le menton.

V. 209. *Secutor*. Suetone dans Caligula se sert de ce nom pour exprimer celuy de gladiateur Mirmillon opposé au Retiaire.

V. 211. *Senecam præferre Neroni*. Seneque fut de basse naissance, mais tres-illustre par son sçavoir et par sa sagesse. Il fut precepteur de Neron, Prince abominable par ses crimes, et sur tout par le parricide de son precepteur, de sa mere, de sa tante, de ses femmes Poppée et Octavie, de Britannicus son frere, de Claude son fils adoptif, et de plusieurs autres, ainsi que Tacite et Suetone l'ont écrit.

V. 212. *Non una parari simia*. Modestin le Jurisconsulte, liv. 44. du Digeste, dit que les parricides, c'est à dire, tous ceux qui ostoient la vie à leurs parens, estoient condamnez par les Lois Romaines à estre cousus dans un sac de cuir avec un singe, un coq, un serpent, et jettez en cet estat dans la mer ou dans le fleuve le plus proche.

V. 214. *Par Agamemnonidæ crimen*. Il compare le crime de Neron à celuy d'Oreste fils d'Agamemnon qui tua sa mere Clytemnestre, pour vanger la mort de son pere, mais ce fut *Diis autoribus*, par l'ordre des Dieux, comme nous l'avons dit ailleurs.

V. 217. *Sed nec Electræ jugulo se polluit*. Le Poëte veut faire connaître que Neron estoit encore plus criminel qu'Oreste, lequel dans sa fureur épargna Eléctra sa sœur. Sophocle en a fait une Tragedie.

V. 218. *Spartani sanguine conjugii*. Il veut dire Hermione sa femme, fille de Menelaüs son oncle, Roy de Sparte, et de la fameuse Helene qui causa le siege de Troye.

V. 220. *Troica non scripsit.* On dit que Neron fit un Poeme de la prise et de l'incendie de Troye, dont il voulut voir le tableau par celuy de Rome, qu'il regardoit avec joye de la tour de Mecenas, et dont pour se disculper il fit accuser les Chrétiens, à qui il imposa la peine d'estre bruslez tout vifs, au rapport de Tacite. Il en est fait mention dans la premiere Satyre.

V. 220. *Virginius Crassus, Sergius Galba, et Vindex Junius,* furent ceux qui par ordre du Senat, chasserent Neron de l'Empire, et vengerent l'univers de toutes ses cruautez. Le premier estoit General d'armée en Allemagne, qui depuis refusa l'Empire que les soldats luy offrirent, pour le deferer à Galba. Le second fut General d'armée en Espagne, et le troisiéme en Gaule.

V. 224. *Peregrina ad pulpita saltu prostitui;* ou comme quelques-uns veulent *cantu.* Le Poëte veut blâmer Neron de n'avoir pas seulement paru sur le theatre de Rome, mais encore dans tous les jeux qui se celebroient à Naples dans l'Achaie, et par toute la Grece, où il disputoit le prix du chant, des instruments, et du saut. Sur quoy il faut remarquer qu'il y avoit quatre sortes de jeux solemnels ou d'exercices instituez en Grece de cinq en cinq ans: sçavoir les Olympiques par Hercule, à l'honneur de Jupiter, en action de graces de la victoire qu'il avoit remportée sur Augée, Roy d'Elide. Ils furent ainsi nommez, à cause qu'il les fit exercer dans les champs d'Olympie, ville de cette region, auprès du fleuve Alphée. Dans ces jeux ou combats, il y en avoit de cinq sortes, celuy du levier, le bout duquel estoit chargé de plomb, qui estoit le plus rude, et ceux de la course, du saut, du palet et de la lutte. Neron y introduisit encore celuy du chant et de la musique. Dans tous ces jeux, le victorieux qu'on appelloit Olympionice, estoit couronné de feuilles d'olivier sauvage, et estoit si honoré, qu'on rompoit les murailles des villes où il rentroit dans un char de triomphe. Lycophron et quelques autres veulent que ces cinq années se doivent entendre de cinquante mois.

Les jeux Pythiens furent instituez à l'honneur d'Apollon, dont le Temple estoit à Delphes, à cause qu'estant encore jeune, il tua à coup de fleches le serpent Python si funeste à toute la region, ou comme Strabon veut, un homme très scelerat qui s'appelloit Dragon. Les vainqueurs qu'on appelloit Pythionices, estoient couronnez de laurier, au rapport de Lucien.

Les jeux Isthmiens furent instituez, au rapport de Plutarque, à l'honneur de Neptune par Thesée qui voulut avoir la gloire de faire pour ce Dieu, ce qu'Hercule avoit fait pour Jupiter. Le Poëte Grec Archias veut que ce fust à l'honneur de Melicerte, lequel fuyant la fureur de son pere Athamas avec sa mere Ino, fut transformé en Dieu Marin, et appellé Palæmon en Grec, et *Portumnus* en Latin, à cause qu'il est le protecteur des Ports. Ino fut changée en une des Nymphes de la mer et nommée Leucothea. Ces jeux eurent le nom d'Isthmiens à cause de l'Isthme du Peloponese prés du Temple de Neptune, à l'entrée duquel ils furent exercez. Les victorieux avoient une couronne de pin qu'on appella depuis Palémonie.

L'institution des jeux Neméens fut faite à l'honneur de l'enfant Archemore, fils de Lycurgus Roy de Trace, lequel ayant esté posé sur l'herbe par Hypsipiles sa nourrice, pour donner à boire aux soldats qui alloient à l'expedition de Thebes, fut tué par un serpent auprés de la fontaine Langie, qui fut depuis appellée Archemore, et de la forest Nemée dans le Peloponese, dont ces jeux prirent le nom. Les vainqueurs estoient couronnez de persil, appellé en latin *apium*, au rapport de Pline livre 19. ce qui fait dire à nostre Poëte, *Graiæque Apium meruisse coronæ*.

Or il est constant par tous les Auteurs, que Neron revenant de Grece, voulut entrer de Rome en triomphe, ayant, ou à la teste ou aux mains, toutes les couronnes qu'il avoit remportées de ces jeux.

V. 227. *Ante pedes Domiti.* Le pere et l'ayeul de Neron nommez Domitius, furent des gens fort vertueux.

V. 228. *Longum syrma.* C'estoit la veste des Acteurs tragiques, appellée en latin *palla*. Horace dans sa Poëtique pretend qu'elle fut inventée par Æschyle, grand Poëte Grec, lorsqu'il dit :

> *Post hunc personæ pallæque repertor honestæ*
> *Æschylus.*

*Thyestæ Antigones et Menalippes.* C'estoient trois Tragedies où Neron avoit fait les principaux personnages. Nous avons deja parlé ailleurs de celle de Thieste et d'Atrée. Antigone estoit fille d'Oedipe, qui s'estant aveuglé comme nous l'avons dit, eut besoin qu'elle l'accompagnast toûjours comme elle fit. Stace ne l'a pas oubliée dans sa Thebaide. Voyez aussi Hyginus. Menalippe estant enceinte du fait de Neptune, et enchaînée par son pere dans une étable, y accoucha d'un fils aux pieds des bœufs, qui fut appellé Breothus, dont Euripide fit une piece de Theatre, au rapport de Denis d'Halicarnasse.

V. 229. *Et de marmoreo citharam suspende colosso.* Suetone a écrit que Neron fit appendre à la Statuë de marbre d'Auguste, la harpe qui luy avoit esté deferée par les Juges pour le prix du chant.

V. 230. *Quis Catilina et Cethegi.* Il veut faire voir que les plus nobles ne sont pas les plus vertueux. Catilina, Cethegus, Lentulus, Statilius, Gabinius et Liparius, tous de la plus ancienne Noblesse de Rome, furent ceux qui conspirerent contre leur patrie, et qui l'auroient embrasée sans la fermeté et la vigilance de Ciceron qui les fit tous mourir dans la prison, à la reserve de Catilina, qui s'estant échapé, fut tué en combattant. Voyez Saluste.

V. 233. *Bracchatorum pueri Senonumque minores.* Cela s'entend des Descendans des soldats de la Gaule Narbonnoise, que les Romains appellerent *Bracchati,* à cause de leur maniére de vestemens grossiers et de differentes couleurs, et des Senonois de la Gaule Lyonnoise, lesquels estant venus en Italie avec leur General Brennus, s'arresterent dans la ville de Clusium en Toscane, à cause, disent les Autheurs, de la sterilité de leur pays. L'indignation qu'ils eurent de la mort de leur General, que les Ambassadeurs de Rome, sous pretexte de luy proposer quelque traité de paix, avoient tué coutre le droit des gens, les obligea de s'armer en furieux. Ils assiégèrent et prirent la ville, massacrerent tous les nobles' vieillards qui s'estoient assis dans le vestibule de leurs maisons, ornez de toutes les marques des dignitez qu'ils avoient exercées, et ils auroient achevé de perdre Rome sans la valeur de Camillus, qui delivra toute la jeunesse qui s'estoit refugiée au Capitole. Voyez Florus.

V. 234. *Quod liceat tunica punire molesta.* Cela se rapporte aussi aux Conjurateurs qui méritoient la peine, qu'on imposoit aux incendiaires, lesquels on habilloit d'une tunique de toile enduite de bitume, de poix et de cire, pour les faire brusler tout vifs. Ce fut le supplice que Neron fit souffrir aux Chrestiens, lorsqu'il leur voulut faire porter la peine de l'embrasement de Rome qu'il avoit meritée luy-même, et c'est la raison pour laquelle on l'appelle *molesta,* cruelle et douloureuse. Seneque livre second à Lucille : *Cogita illam tunicam alimentis ignium et illitam, et intextam, et quicquid aliud commenta est sævitia.* Figure-toy une tunique enduite de tout ce qui peut servir d'aliment au feu, et tout ce que d'ailleurs la cruauté peut inventer.

V. 236. *Novus Arpinas ignobilis.* Il veut parler de Ciceron qui estoit né aussi bien que le Poète Plaute et le grand Marius, dans Arpinum, Ville des Volsques alliée des Latins, proche d'Aquin. Ses envieux le faisoient passer pour estre d'une naissance obscure; cependant Plutarque et Eusebe ont écrit qu'il estoit issu de la race des Rois des Vosques. Sans doute ce mot de Roy est employé au sens que nous le trouvons souvent pour des gens de la premiere qualité. Ils ont encore écrit que son pére étoit de l'Ordre des Chevaliers, et que les Romains avoient accoûtumé de nommer nouveaux, et estrangers, ceux dont les ayeux n'avoient pas fait quelque action éclatante.

V. 237. *Romæ Municipalis Eques.* Toutes les Villes alliées à Rome, s'appelloient Municipales, parce qu'elles joüissoient des honneurs et des privileges Romains.

V. 240 *Quantum non Leucade.* Il met en parallele la gloire

d'Auguste avec celle de Ciceron, et parle de la victoire sanglante que cet Empereur remporta par un combat naval devant l'Isle de Leucas proche d'Actium, Promontoire d'Epire, contre Marc-Antoine et Cleopatre.

*Quantum Thessaliæ campis.* C'est la bataille donnée par le mesme Octave Auguste dans les champs de Pharsale en Thessalie, contre Brutus et Cassius, qui ne luy fut pas moins glorieuse, *Udo gladio,* son épée toûjours sanglante.

V. 244. *Arpinas alius.* Il entend parler de Caïus Marius né de mesme dans Arpinum, de Marius et de Fulcina sa mere pauvres, et mechaniques, mais vertueux. Ce Marius au rapport de Plutarque, ayant quitté le village de Cinertat dans les champs d'Arpin, prit les armes pour la première fois sous Scipion l'Afriquain au siege de Numance, lequel fut si fort persuadé de son merite, qu'il dit publiquement qu'iil ne connoissoit personne qui pust luy succeder plus justement que Marius, qui depuis fut sept fois Consul et défit les Cimbres dans la Gaule, les Teutons en Italie, et Jugurtha en Afrique. Voyez Valere Max. livre onziéme, chapitre premier.

V. 246. *Nodosam posthac frangebat vertice vitem.* Le Poëte nous fait entendre que Marius ayant abandonné la charuë, exerçoit le mestier de Charpentier dans l'armée, et souvent estoit battu par le Centurion qui avoit soin de faire dresser les tentes dans les camps, et qui se servoit de bois de vigne, qui estoit la marque de son employ, pour chastier les negligens et les mal-adroits.

V. 248. *Cimbros.* Les Cimbres estoient de fort grands hommes qui habitoient la Peninsule de la mer Saxonne, qui a esté appellée de leur nom la Chersonese Cimbrique, que les Allemans consideroient comme de grands voleurs. Ce sont aujourd'huy les Danois qui sont braves et qui ont changé de mœurs et d'inclination. Ces peuples n'ayant pû obtenir des Romains quelques champs de leur dependance qu'ils leur demandoient pour les habiter, se saisirent de la Gaule Narbonnoise, défirent les Romains en trois batailles, sous les Generaux Sillanus, Manlius et Cæpion, et les alloient reduire à la derniere extremité, si Marius ne fust survenu, qui les vainquit avec Catullus son Collegue, auprés de la ville d'Aix en Provence, avec tant de carnage, qu'il en demeura sur la place dans ces trois actions, ainsi que rapportent les Historiens, cent quarante mille, et quarante mille prisonniers, dont tout l'honneur et le triomphe fut deferé à Marius. Voyez Florus livre troisiéme, chapitre troisiéme.

V. 250. *Stragemque volabant corvi.* Pour dire que les corbeaux voloient sur ces cadavres.

V. 253. *Plebeïæ Deciorum animæ.* Le pere et le fils Decius d'une famille plebeïenne, se rendirent considerables et bien-meritans de la République, en se devoüant et perdant la vie pour la sauver. Le premier dans la guerre des Romains contre les Samnites et les Toscans, ayant esté averti en songe, que le parti dont le General mourroit au combat, seroit victorieux, se jetta parmi les ennemis, où il fut tué. Ses soldats animez voulant retirer son corps, mirent en déroute leurs ennemis. Le fils à l'exemple du père en fit de mesme dans la guerre des Gaules, et donna par sa mort la victoire aux Romains.

V. 255. *Sufficiant Diis infernis*. Ceux qui se devoüoient ainsi pour le salut de la patrie, avoient accoûtumé d'user de certaines ceremonies et de paroles affectées qu'ils adressoient aux Dieux infernaux, et à la Terre, leur commune mere, auprés desquels ils se chargeoient de tout le péril de l'armée.

V. 256. *Pluris enim Decii quam qui servantur ab illis*. C'est un grand éloge qu'il donne à ces braves Decies, qu'il rend plus agreables et plus precieux aux Dieux que tout le peuple Romain, pour le salut duquel la vie de deux hommes a pû les satisfaire.

V. 257. *Ancilla natus*. Il veut parler de Servius-Tullius, qui n'étant né que d'une Servante captive nommée Cornicularia, ne laissa pas de parvenir par son merite à la Royauté qu'il posseda paisiblement pendant quarante-quatre années. Il fut le sixiéme et dernier des bons Roys, ayant eû pour successeur Tarquin le Superbe, en qui la Royauté fut esteinte, et qui fit égorger ce bon Prince, dont il estoit le gendre, par Tullia sa propre fille, qui eut l'inhumanité de faire passer son char sur le corps de son pere, pour qui son cocher avoit plus de respect, afin d'en aller plus viste porter la nouvelle à son mary Tarquin, pour le faire monter sur le trosne.

V. 258. *Trabeam diadema Quirini et fasces*. C'est le manteau royal, la couronne de Romulus, et les faisceaux de verges portées par deux Huissiers, qui estoient les marques de la Royauté.

V. 259. *Invenes ipsius Consulis*. Junius Brutus, aprés que les Tarquins eurent esté chassez de Rome, fut éleû premier Consul, et eut la severité de faire mourir en sa presence Titus et Tiberius ses deux fils, pour avoir conspiré, afin de rétablir les Rois, avec Marcus et Manlius Gelius leurs oncles maternels, et Livius et Marcus Aquilius, dans la maison desquels l'entreprise avoit esté formée, sur l'esperance d'avoir plus de liberté sous la domination des Rois, ainsi que Tite-Live, Denis, Plutarque et Florus l'ont écrit.

V. 262. *Quod miraretur cum Coclite Mutius*. Le sens est que ces grands hommes qu'il cite, seroient estonnez d'apprendre que ce monstrueux dessein pût estre dans l'esprit des enfans d'un si vertueux Consul.

Horatius Cocles prevoyant la perte des Romains par l'armée de Porsenna, General des Toscans, en voulut soutenir tout l'effort sur un Pont, pendant qu'on le coupoit derriere luy, et s'estant ensuite jetté dans le Tybre tout armé et blessé à la cuisse, arriva heureusement parmy les siens, ce qui obligea les Romains pour reconnoistre un si grand bienfait, de luy dresser une statuë *in compito*, c'est-à-dire dans la place où se faisoient les grandes assemblées du peuple, et de luy donner audelà du Tybre autant de terre qu'il en pourrait faire labourer en un jour. Il fut appelé Cocles, parce qu'il avoit perdu un œil dans une autre bataille, et en effet Pline, livre onziéme, nous apprend que les borgnes estoient appellez *colytes*. Voyez Florus, livre premier, chapitre dix.

Mutius Sævola, jeune homme et Noble Romain, ainsi que nous l'apprend Tite-Live livre second, indigné de l'avantage que l'armée de Porsenna avoit souvent remporté sur ses Concitoyens, ausquels il faisoit la guerre pour rétablir les Tarquins, se jeta en secret dans son camp pour le tuer, mais ayant pris son secretaire pour luy, il soûtint avec une si grande fermeté le feu dont ce General fit brusler sa main, qu'il le renvoya à Rome avec étonnement.

V. 264. *Et quæ imperii finem Tiberinum virgo natabat.* C'est l'illustre Chœlie, laquelle ayant esté donnée en ostage avec un grand nombre d'autres filles au mesme Porsenna, s'estant échappée de ses gardes, traversa le Tibre sur un cheval que le hazard luy presenta, et ayant esté renduë à ce General sur les plaintes qu'il en fit, ce ne fut que pour en loüer la vertu, et la renvoyer avec toutes ses compagnes, ce qui luy fit meriter une Statuë Equestre qu'on luy dressa dans la Place du Marché.

*Imperii finem.* Le Tibre faisoit en ce temps-là les confins de l'Empire Romain, et les Toscans estendoient leur domination jusque-là.

V. 265. *Occulta ad patres produxit crimina servus.* Vindicius, l'un des esclaves des Aquiliens, découvrit aux peres le crime caché de leurs enfans, pour recompense dequoy on tira du tresor public une somme d'argent dont on luy fit present, avec la liberté et le droit de Citoyen Romain; et c'est de ce Vindicius qu'on donna le nom de *Vindicta* à la verge que le Préteur imposoit sur la teste de l'esclave lorsqu'il luy donnoit la liberté. Probus toutefois a écrit que le Consul Brutus accorda la liberté à Vindicius, comme conservateur de la patrie, mais qu'il le fit pendre en une croix comme traistre delateur de ses maistres.

V. 266. *Matronis lugendus.* Cet esclave fit pleurer plusieurs Meres par la perte de leurs enfans.

*Et legum prima securis.* Cela s'entend, ou que ce fut le premier chastiment qui fut ordonné aprés que les Rois furent chassez, ou que la punition des crimes est la premiere et la souveraine loy pour la seureté des Estats.

V. 268. *Malo pater tibi sit Thersites.* C'est la conclusion de cette excellente Satyre. Homere au second livre de l'Iliade, parle de Thersite comme de l'homme du monde le plus difforme et le plus impertinent en méchante raillerie. Il le dépeint borgne, boiteux, sans cheveux, et encastelé, et dit qu'Achille l'assomma à coups de poing. D'autres disent que ce fut Ulysse avec un sceptre d'ivoire, d'où vient qu'il a passé en proverbe de donner le nom de Thersite à un homme mal fait.

V. 269. *Æacidæ similis*. On donne ce nom à Achille le plus vaillant et le plus fort des Grecs, à cause de son ayeul Æacus, pere de Pelée.

V. 269. *Vulcaniaque arma*. C'estoient les armes d'Achille que Thetis sa mere luy avoit fait fabriquer par le Dieu Vulcain, et qui firent une si grande querelle aprés sa mort entre Ajax et Ulysse, pour sçavoir à qui elles seroient. Ovide liv. 13. des Metamorphoses.

V. 272. *Ab infami azilo*. Romulus pour peupler la ville qu'il avoit fait bastir, y établit des lieux d'azile où tous les scelerats estoient en seureté dés qu'ils y pouvoient entrer. Plutarque dans la vie de Romulus nous l'apprend ainsi, et c'est de là que Juvénal fait craindre que celuy à qui il parle, ne soit descendu, s'il pretend de rechercher son origine si loin.

# SATIRE NEUVIÈME

## PROTECTEURS ET PROTÉGÉS OBSCÈNES

### LE POÈTE

Pourquoi donc, Nævolus, es-tu triste, abattu,
Avec le front chagrin d'un Marsyas vaincu,
Ou l'air d'un Ravola qu'on surprend en syncope,
Frottant sa barbe humide aux cuisses de Rhodope ?
Nous donnons un soufflet à l'esclave gourmand
Que nous prenons ainsi léchant un mets friand.
Pollion n'avait pas plus piteuse figure
Quand, voulant emprunter en payant triple usure,
Il courait, sans trouver quelqu'un d'assez naïf.
D'où vient, soudainement, ton air rébarbatif ?
Naguère encor, content d'un modeste pécule,
Tu vivais, chevalier galant de vestibule,


## SATIRA NONA

### CINÆDI ET PATHICI

Scire velim quare toties mihi, Nævole, tristis
Occurras, fronte obducta, ceu Marsya victus.
Quid tibi cum vultu, qualem deprensus habebat
Ravola, dum Rhodopes uda terit inguina barba ?
Nos colaphum incutimus lambenti crustula servo.          5
Non erat hac facie miserabilior Crepereius
Pollio, qui triplicem usuram præstare paratus
Circuit, et futuos non invenit. Unde repente
Tot rugæ ? Certe modico contentus agebas
Vernam equitem, conviva joco mordente facetus,          10

Egayant les repas de quelque mot malin
Et de propos salés sentant leur citadin;
Te voilà tout changé! Ton visage est revêche,
Rude comme un buisson, ta chevelure est sèche;
Ta peau n'a plus l'éclat que la poix lui donnait;
Sur tes jambes sans soins, un poil hideux renaît.
D'où vient cette maigreur qu'on dirait engendrée
Par une fièvre quarte, ardente, invétérée?
Le visage trahit nos secrets sentiments,
Ainsi que notre joie on y lit nos tourments,
Et je vois, sur le tien, que ton humeur dévie,
Que tout est maintenant transformé dans ta vie.
Naguère, il m'en souvient, gaîment tu profanais
Les temples de Cérès, d'Isis et de la Paix,
Celui de Ganymède et celui de Cybèle
Dont le culte, chez nous, est de date nouvelle;
Ces temples consacrés à la dévotion
Ne sont-ils pas des lieux de prostitution?
Ce que tu ne dis pas, débauché plein d'audace,
C'est que même aux maris tu ne faisais pas grâce.

Et salibus vehemens intra pomœria natis.
Omnia nunc contra : vultus gravis, horrida siccæ
Silva comæ, nullus tota nitor in cute, qualem
Bruttia præstabat calidi tibi fascia visci;
Sed fruticante pilo neglecta et squalida crura.          15
Quid macies ægri veteris, quem tempore longo
Torret quarta dies, olimque domestica febris?
Deprendas animi tormenta latentis in ægro
Corpore; deprendas et gaudia : sumit utrumque
Inde habitum facies. Igitur flexisse videris          20
Propositum, et vitæ contrarius ire priori.
Nuper enim, ut repeto, fanum Isidis, et Ganymedem,
Pacis, et advectæ secreta palatia Matris,
Et Cererem (nam quo non prostat femina templo?)
Notior Aufidio mœchus celebrare solebas,          25
Quodque taces, ipsos etiam inclinare maritos.

## NÆVOLUS

Hélas! à ce métier si beaucoup gagnent gros,
Moi, j'attends vainement le prix de mes travaux.
Pour ménager ma toge, on m'a, par aventure,
Donné quelque manteau grossier, de couleur dure,
Ouvrage mal tramé d'un tisserand gaulois,
Un peu d'argenterie à bas titre et sans poids,
Mais c'est tout! Le destin nous mène à son caprice,
Jusque sous notre toge il étend sa malice.
Si les astres pour nous montrent quelque rigueur,
Qu'importe désormais notre mâle vigueur?
Beau profit que Virron écume de luxure
En nous voyant tout nus, que sa main nous sature
De billets provocants, par le vice inspirés!...
Par les Virron aussi nous sommes attirés.
Quel monstre, un libertin qui sans cesse lésine!
« — Je t'ai donné ceci, cela... Je me ruine. »
Au plus fort du plaisir il calcule : — « Comptons...
» Esclaves! apportez..., l'abaque... les jetons...

Utile et hoc multis vitæ genus; at mihi nullum
Inde operæ pretium. Pingues aliquando lacernas,
Munimenta togæ, duri crassique coloris,
Et male percussas texoris pectine Galli                    30
Accipimus, tenue argentum venæque secundæ.
Fata regunt homines, fatum est et partibus illis
Quas sinus abscondit. Nam, si tibi sidera cessant,
Nil faciet longi mensura incognita nervi,
Quamvis te nudum spumanti Virro labello                    35
Viderit, et blandæ assidue densæque tabellæ
Sollicitent : Αὐτὸς γὰρ ἐφέλκεται ἄνδρα κίναιδος.
Quod tamen ulterius monstrum quam mollis avarus?
Hæc tribui, deinde illa dedi, mox plura tulisti.
Computat, ac cevet. Ponatur calculus, adsint                    40
Cum tabula pueri : numera... sestertia quinque
Omnibus in rebus. Numerentur deinde labores.

» Tiens… tu vois, le total fait cinq mille sesterces. »
— Bien, mais comptons aussi mes peines, mes traverses;
Crois-tu qu'il soit aisé de pénétrer tes reins
Et d'aller retrouver au fond des intestins
Ton dîner de la veille? Écœurant ministère!
L'esclave a moins de peine à labourer la terre.
Sans doute tu te crois jeune, beau, gracieux,
Digne d'aller verser le nectar dans les cieux.
Vos clients peuvent-ils compter sur vos largesses
Quand vous payez si mal le prix de vos ivresses?
Et pourtant voilà l'homme auquel je fais cadeau
Au jour de sa naissance, ou pour le renouveau,
D'un vase de succin et d'une ombrelle verte!
Couché sur les coussins dont sa chaise est couverte,
Sur ces présents secrets il porte les regards
Comme fait une femme, aux calendes de Mars.
Pour qui gardes-tu donc ces collines, ces plaines,
Ces terres d'Apulie et ces vastes domaines
Qu'un milan ne pourrait franchir sans être las.
Réponds, moineau lascif, ne récoltes-tu pas
Aux champs de Trifolni, sur les coteaux de Cume,

An facile et pronum est agere intra viscera penem
Legitimum, atque illic hesternæ occurrere cœnæ?
Servus erit minus ille miser, qui foderit agrum          45
Quam dominum. Sed tu sane tenerum et puerum te,
Et pulchrum, et dignum cyatho cœloque putabas.
Vos humili asseclæ, vos indulgebitis unquam
Cultori, jam nec morbo donare parati?
En cui tu viridem umbellam, cui succina mittas           50
Grandia, natalis quoties redit, aut madidum ver
Incipit; et strata positus longaque cathedra
Munera femineis tractat secreta calendis.
Dic, passer, cui tot montes, tot prædia servas
Apula, tot milvos intra tua pascua lassos?               55
Te Trifolinus ager fecundis vitibus implet,
Suspectumque jugum Cumis, et Gaurus inanis.

Sur les flancs du Gaurus que la lave consume,
Des monceaux de raisins? Qui donc dans ses caveaux,
Pour conserver son moût, enduit plus de tonneaux?
Donner quelques arpents pour payer les services
Du malheureux client épuisé par tes vices,
Est-ce donc une affaire? As-tu quelque raison
De léguer cet enfant, sa mère et leur maison,
Et le chien qui folâtre avec eux dès l'aurore,
A ce prêtre frappant la cymbale sonore?
— « Impudent! me dis-tu, toujours à mendier! »
— Tends donc la main, me crie à son tour le loyer;
J'entends gémir aussi mon esclave lui-même,
Unique, comme l'œil du géant Polyphème
Par où l'astucieux Ulysse put s'enfuir.
Si j'en prends deux, ce sont deux bouches à nourrir,
Et se peut-il qu'un seul à mes besoins suffise?
Que faire, dis-le-moi, quand soufflera la bise?
Faudra-t-il donc répondre à ces deux malheureux,
Sans manteau, sans souliers, quand l'hiver rigoureux
Déchaînera sur eux l'aquilon en rafales:
« Patience, attendez le retour des cigales?»


Nam quis plura linit victuro dolia musto?
Quantum erat exhausti lumbos donare clientis
Jugeribus paucis? Meliusne hic rusticus infans          60
Cum matre, et casulis, et confusore catello,
Cymbala pulsantis legatum fiet amici?
Improbus es, quam poscis, ait. Sed pensio clamat,
Posce; sed appellat puer unicus, ut Polyphemi
Lata acies, per quam solers evasit Ulysses.              65
Alter emendus erit; namque hic non sufficit: ambo
Pascendi. Quid agam bruma spirante? Quid, oro,
Quid dicam scapulis servorum mense decembri,
Et pedibus? Durate, atque exspectate cicadas?
Verum, ut dissimules, ut mittas cætera, quanto          70
Metiris pretio, quod, ni tibi deditus essem
Devotusque cliens, uxor tua virgo maneret?

Va, méconnais mes bons offices, je veux bien,
Tous mes autres bienfaits, mais comptes-tu pour rien
Cette abnégation, ce dévouement, ce zèle,
Sans lesquels ta moitié serait encor pucelle.
Tu n'as pas, sur ce point, oublié mon entrain,
Tes supplications, tes promesses sans fin.
J'ai retenu souvent, l'entourant de caresses,
Ta femme prête à fuir tes indignes faiblesses.
N'était-elle pas prête à briser le contrat,
Pour courir en signer un autre avec éclat?
Pour la calmer, j'ai dû peiner de belle sorte
Toute une nuit, pendant que derrière la porte
Tu gémissais! témoins et toi-même et ton lit,
Tu l'entendais craquer, tu percevais le bruit
Des soupirs amoureux échappés·à ta femme.
Ainsi l'on voit souvent une adultère flamme
Renouer un hymen déjà presque rompu.
Tu t'excuses? Voyons, par où commences·tu?
Dis-moi, perfide, ingrat, c'est-il une vétille
De t'avoir fait présent d'un fils et d'une fille?
Tu te montres pourtant fier de les élever.
Dans les actes publics tu te plais à graver
De ta virilité ce double témoignage.

Scis certe, quibus ista modis, quam sæpe rogaris,
Et quæ pollicitus. Fugientem sæpe puellam
Amplexu rapui: tabulas quoque ruperat, et jam          75
Signabat; tota vix hoc ego nocte redemi,
Te plorante foris. Testis mihi lectulus, et tu,
Ad quem pervenit lecti sonus, et dominæ vox.
Instabile, ac dirimi cœptum, et jam pæne solutum
Conjugium in multis domibus servavit adulter.          80
Quo te circumagas? quæ prima aut ultima ponas?
Nullum ergo meritum est, ingrate ac perfide, nullum,
Quod tibi filiolus vel filia nascitur ex me?
Tollis enim, et libris actorum spargere gaudes
Argumenta viri. Foribus suspende coronas,          85

A ta porte suspends des festons de feuillage,
Enfin te voilà père ! et tu peux, grâce à moi,
Réfuter les propos que l'on tenait sur toi.
De la paternité conquiers les avantages !
Tu pourras, tout entiers, palper les héritages.
Même la part du fisc si douce à retenir.
Que de nouveaux profits pour toi, dans l'avenir,
Si d'un troisième enfant je te fais l'heureux père !


LE POÈTE

Je comprends, Nævolus, le chagrin qui t'altère :
Et lui, que répond-il à tous tes plaidoyers ?


NÆVOLUS

Il me néglige et cherche un autre âne à deux pieds.
Mais garde ces secrets qu'à toi seul je confie,
Qu'ils restent entre nous ; pas un mot, je t'en prie,
Car la haine des gens épilés, c'est la mort !
Qu'un d'eux m'ait dévoilé le vice qui le mord,
Il me prend en horreur, il a soif de vengeance
Comme si je devais trahir sa confiance ;
Il me poignarderait pour le moindre motif,

    Jam pater es : dedimus quod famæ opponere possis :
Jura parentis habes, propter me scriberis hæres,
Legatúm omne capis, nec non et dulce caducum.
Commoda præterea jungentur multa caducis,
Si numerum, si tres implevero.

                       Justa doloris,        90
Nævole, causa tui : contra tamen ille quid affert ?

    Negligit, atque alium bipedem sibi quærit asellum.
Hæc soli commissa tibi celare memento,
Et tacitus nostras intra te fige querelas ;
Nam res mortifera est inimicus pumice levis.       95
Qui modo secretum commiserat, ardet et odit,

Me casserait la tête ou me brûlerait vif.
Je ne puis mépriser, dédaigner sa colère, ·
Le poison n'est jamais une chose trop chère
Pour les ressentiments des riches. Sois discret
Comme l'aréopage athénien l'était.


LE POÈTE


Des secrets pour un riche! Hélas! pure hypothèse,
Mon pauvre Corydon! Que l'esclave se taise,
Chiens et chevaux et murs et portes de parler.
Il aura beau fermer les fenêtres, voiler
Jusqu'à la moindre fente, éteindre la lumière,
Étouffer tous les bruits, s'entourer de mystère,
Le cabaret voisin, en détail comme en bloc,
Saura ce qu'il a fait au second chant du coq,
Et le saura dès l'aube, avec les commentaires
Qu'inventent à plaisir, intendant, secrétaires
Et gens de la cuisine. Hésitent-ils jamais
A noircir leur patron pour se venger des fouets?


Tanquam prodiderim quidquid scio. Sumere ferrum,
Fuste aperire caput, candelam apponere valvis
Non dubitat. Nec contemnas aut despicias, quod
His opibus nunquam cara est annona veneni.                    100
Ergo occulta teges, ut curia Martis Athenis.

O Corydon, Corydon! secretum divitis ullum
Esse putas? Servi ut taceant, jumenta loquentur,
Et canis, et postes, et marmora. Claude fenestras,
Vela tegant rimas, junge ostia, tollito lumen              105
E medio, clamant omnes: prope nemo recumbat,
Quod tamen ad cantum galli facit ille secundi,
Proximus ante diem caupo sciet; audiet et quæ
Finxerunt pariter librarius, archimagiri,
Carptores. Quod enim dubitant componere crimen             110
In dominos, quoties rumoribus ulciscuntur

Même en plein carrefour, malgré ta résistance,
Quelque ivrogne viendra t'en faire confidence.
Demande à ces gens-là de garder tes secrets;
C'est eux qu'il faut prier, surtout, d'être discrets.
Ils préfèrent parler que de boire en cachette
Autant de vin volé que, dans un jour de fête,
En buvait Laufella pour le peuple Romain.
Pour cent motifs, suivons toujours le droit chemin,
Mais suivons-le, surtout, pour n'avoir pas à craindre
Les propos des valets; qu'ils ne puissent t'atteindre.
La langue de l'esclave est le pire en ceci.
N'est-ce point s'avilir que d'être à la merci
De ceux que notre pain et notre argent font vivre?


NÆVOLUS


Ton conseil pour braver leur langue est bon à suivre,
Mais il s'adresse à tous.... Que me conseilles-tu?
Mes rêves sont brisés, tout mon temps est perdu,
Car cette fleur de l'âge, hélas! trop tôt flétrie,


Baltea? Nec deerit qui te per compita quærat
Nolentem, et miseram vinosus inebriet aurem.
Illos ergo roges, quidquid paulo ante petebas
A nobis taceant illi : sed prodere malunt                    115
Arcanum, quam subrepti potare Falerni
Pro populo faciens quantum Laufella bibebat.
Vivendum recte est, quum propter plurima, tunc his
Præcipue causis, ut linguas mancipiorum
Contemnas : nam lingua mali pars pessima servi.             120
Deterior tamen hic, qui liber non erit illis,
Quorum animas et farre suo custodit et ære.


Idcirco ut possim linguam contemnere servi,
Utile consilium modo, sed commune, dedisti :
Nunc mihi quid suades post damnum temporis, et spes    125
Deceptas? Festinat enim decurrere velox

N'embellit qu'un instant notre si courte vie;
Tandis que nous buvons, que nous passons nos jours
Au milieu des parfums, des roses, des amours,
L'âge sème sur nous lentement ses ruines.


### LE POÈTE


Ne crains rien, tant que Rome aura ses sept collines,
Tu ne chômeras pas, car les vaisseaux, les chars,
Ne cessent d'amener, à flots, dans nos remparts,
Ces gens qui d'un seul doigt se chatouillent la tête.
Confiance! et, surtout, mâche de la roquette.


### NÆVOLUS


A de plus fortunés adresse tes discours;
Mes Parques fileront joyeusement mes jours,
Si je puis dans mes reins trouver ma nourriture.
Mes pauvres Lares, vous, que toujours je conjure
Avec un grain d'encens, quelques modestes fleurs
Et de simples gâteaux, quand mes rudes labeurs


Flosculus angustæ, miseræque brevissima vitæ
Portio : dum bibimus, dum serta, unguenta, puellas
Poscimus, obrepit non intellecta senectus.

Ne trepida : nunquam pathicus tibi deerit amicus,            130
Stantibus et salvis his collibus; undique ad illos
Convenient et carpentis et navibus omnes,
Qui digito scalpunt uno caput. Altera major
Spes superest : tu tantum erucis imprime dentem.

Hæc exempla para felicibus; at mea Clotho            135
Et Lachesis gaudent, si pascitur inguine venter.
O parvi nostrique lares, quos thure minuto
Aut farre, et tenui soleo exorare corona!

Pourront-ils me donner une petite aisance
Qui de mes cheveux blancs éloigne l'indigence ?
Quelques fonds bien placés, quelques vases d'argent
Sans ciselures, mais assez lourds cependant
Pour me faire noter par un censeur rigide,
Deux valets Mésiens, à l'épaule solide,
Dans le cirque bruyant me portant sans péril,
Puis, un graveur, toujours courbé sur son outil,
Un statuaire prompt à faire son ouvrage,
C'est tout ! je ne puis pas désirer davantage,
Puisque mon sort est d'être et pauvre et délaissé ;
Faible vœu qui ne doit jamais être exaucé !
Car lorsqu'en ma faveur j'implore la Fortune,
Pour ne pas écouter ma prière importune,
Elle emprunte la cire à ces marins fameux
Qui se rendirent sourds à des chants dangereux.


Quando ego figam aliquid, quo sit mihi tuta senectus
A tegete et baculo ? Vigenti millia fœnus                    140
Pignoribus positis, argenti vascula puri,
Sed quæ Fabricius censor notet, et duo fortes
De grege Mœsorum, qui me cervice locata
Securum jubeant clamoso insistere circo ?
Sit mihi præterea curvus cælator, et alter                   145
Qui multas facies fingat cito : sufficiunt hæc,
Quando ego pauper ero. Votum miserabile ! nec spes
His saltem : nam, quum pro me Fortuna rogatur,
Affigit ceras illa de nave petitas,
Quæ Siculos cantus effugit remige surdo.                     150

# REMARQUES

SUR

## LA NEUVIÉME SATYRE

Ette Satyre est si remplie d'impuretez, qu'il la faut lire et interpreter avec beaucoup de retenuë, et prevenir son esprit de l'horreur qu'on doit avoir pour les vices infames que le Poëte y censure. Ce n'est pas que ce Poëme n'ait ses beautez, et qu'on ne puisse cueillir quelques fleurs au milieu de cette mare : mais il faut avoir un cœur bien tourné, et des mains fort delicates pour en faire choix sans se salir. La traduction que nous en avons faite pourra persuader, que comme l'on peut profaner les choses les plus saintes, l'on peut aussi purifier les plus profanes. Cette Satyre est en Dialogue entre Juvenal et Nevole, qu'il dépeint en homme miserable et devoüé à la débauche la plus odieuse.

Voici ce qu'il faut observer pour ne pas confondre les personnes qui parlent :

Juvenal commence, et continuë jusqu'au 27. vers inclusivement.

Névole répond jusqu'au 29.

Juvenal luy fait pourlors une demande d'un vers et demy.

Névole reprend la parole jusqu'au 101.

Juvenal réplique jusqu'au 122.

Névole parle jusqu'au 129.

Juvenal reprend jusqu'au 134.

Et Névole acheve la Satyre.

V. 2. *Ceu Marsya victus. Marsias,* ainsi qu'Ovide au sixiéme des Metamorphoses, et Apulée au premier des Florides ont écrit, estoit un Satyre Phyrgien ; fils d'Oeagre, Pasteur, qui fut le premier Inventeur du jeu de la flute. Ce Satyre s'y estant rendu sçavant, en voulut disputer le prix à Apollon, qui l'ayant vaincu le fit écorcher tout vif pour la peine de sa temerité. On a feint que les Satyres en jettérent tant de larmes qu'ils en firent un fleuve, qui porte le nom de Marsias, comme Ovide nous l'apprend :

> *Marsya nomen habet, Phrygiæ liquidissimus amnis.*

V. 4. Ravola et Rhodope estoient des personnes connuës pour estre fort impudiques, et sans doute ils furent surpris en adultere.

V. 5. *Nos colaphum incutimus lambenti crustula servo.* On explique differemment ce passage. Les uns prétendent que le Poëte a voulu dire, qu'il est étonnant qu'on laisse les grands crimes impunis, pendant qu'on soufflette un valet surpris à lécher une assiette. Les autres l'appliquent au visage de Névole, qui paroist aussi pâle que celuy d'un valet surpris dans cette legere faute, et à qui le Maistre donne un soufflet. Laissons les autres explications trop libres qu'on luy peut donner.

V. 6. *Crepereius Pollio* estoit un prodigue qui ayant devoré tout son bien, et cherchant par tout de l'argent à emprunter à gros interest, estoit fort triste de ne point trouver ses duppes.

V. 10. *Vernam Equitem.* Il l'appelle Chevalier esclave par derision, à cause que par ses railleries il prenoit la parole par tout, et faisoit le capable, ainsi qu'il le dit dans la suite. Il y a cette difference entre *Servus* et *Verna*, qu'on appelle *Servus* l'esclave qui a esté pris à la guerre, ou qu'on a acheté, et *Verna*, celuy qui est né d'une servante esclave.

V. 11. *Salibus intra Pomœria natis.* Ce sont des railleries et des mots fins et de bon goust, qui ont pris ce nom du sel qui se mesle dans tous les bons appréts, ce qui a fait dire à Catulle :

> *Nulla est in toto corpore mica salis.*

> Son corps entier n'a pas un brin de sel.

Tive-Live dit que les espaces qui sont auprés des murailles des Villes, et qui ne pouvoient être ny habitez ny cultivez s'appelloient *Pomœria.* Le Poëte s'en sert pour faire entendre que ces jeux de bons mots, et ces productions d'esprit, ne s'apprenoient que dans l'enclos des Villes et dans la conversation des habiles gens.

*Horrida siccæ sylva comæ.* Il luy reproche que sa chevelure est mal peignée et toute séche, parce qu'ils avoient coûtume de mettre sur leurs cheveux des essences et des parfums pour estre plus propres. Martial :

> *Si sapis, Assyrio semper tibi crinis amomo*
> *Splendeat.*

> Que tes cheveux soient en tout temps
> D'un parfum d'Assyrie et d'essence éclatans.

V. 14. *Præstabat calidi circumlita fascia visci.* Il veut parler d'une paste gluante que l'on faisoit avec de la poix-raisine et de la cire qu'on appelle autrement *psilotrum*, *bruscia*, et *dropax*, dont ils se servoient pour oster le poil du visage et des autres parties du corps.

V. 22. *Fanum Isidis.* Nous avons amplement parlé dans la sixiéme Satyre du Temple d'Isis, où l'on exerçoit mille impudicitez.

V. 23. *Et Ganimedem pacis.* Ganimede estoit fils de Laomedon, Roy des Troyens, d'une si grande beauté, que les Poëtes ont feint que Jupiter en estant charmé, le changea en Aigle et l'enleva au Ciel, où il le fit son Eschânson en la place d'Hebé sa fille, qui en faisoit l'office. Vespasien consacra un Temple à la Paix prés du Marché Romain, dans lequel il mit une Sta:uë de Ganimede, et où l'on exerçoit toutes sortes d'infamies.

V. 24. *Et advectæ secreta palatia matris.* L'Idole de Cibele, mere des Dieux, fut enlevée de Pergame en Phrygie, et apportée à Rome, où l'on luy dédia un Temple dans le Palais. Il a esté parlé de la turpitude de ses Prestres dans la deuxiéme Satyre.

*Et Cererem.* Nous avons dit dans la sixiéme Satyre que le Temple de Cerés ne devoit estre frequenté que par les femmes les plus chastes; mais il fut depuis profané par les plus impudiques.

V. 25. *Notior Aufidio.* C'est ce mesme impudique Ausidius de l'Isle de Chio, dont parle Martial :

> *Acrior hoc Chius non erat Aufidius.*
>
> Aufidie en cela n'estoit pas plus ardent.

V. 28. *Pingues lacernas.* C'estoit une espece de Surtout que l'on mettoit sur les autres habits, dont il a esté parlé dans la premiere Satyre; c'est par cette raison qu'il ajoûte *munimenta togæ.* Il les appelle *pingues,* soit à cause de leurs étoffes grossieres, ou parce que l'avare qui les donnoit les avoit déja portez; et par les vers suivans, il fait connoistre que c'étoit chez les Gaulois que ces Surtouts étoient fabriquez.

*Argentum venæ secundæ.* Cela ne se peut entendre que de l'argent de billon et de bas titre.

V. 32. *Fata regunt homines.* Que les Dieux soient maistres de nostre destinée, cela est bien dit à un Payen, mais les douze vers qui suivent ne se peuvent expliquer avec pudeur.

V. 38. *Quod tamen ulterius monstrum.* Pour dire qu'il n'est point de Monstre plus surprenant qu'un impudique qui se trouve avare, et qui calcule tous les presens qu'il a déja faits; ainsi que le Poëte décrit dans la suite.

V. 47. *Dignum Cyatho cœloque putabas.* Comme s'il disoit: tu pretens d'estre aussi beau que Ganimede l'Echanson des Dieux, et de meriter sa place.

V. 48. *Vos humili asseclæ, etc.* Cela veut dire. Que pretendez-vous de vos Cliens, si servant mesme à vos plaisirs, ils ne doivent rien attendre de vous? Il a raison d'appeller dans les vers suivans leurs ardeurs impudiques, une maladie, puis qu'il n'en est point de pire.

V. 50. *En cui tu viridem umbellam.* Le sens est : il est bien à propos que nous donnions des parasols et des vases d'ambre à vous qui estes si avare et si ingrat. *Umbella*, se dit *ab umbra*. C'estoit un parasol d'une toile verte ou d'autre couleur qui servoit aux femmes, pour les garantir des ardeurs du Soleil. Aussi le Poëte le fait dire à Névole par derision de mesme que *succina grandia,* c'est à dire des vases d'ambre qui estoient fort estimez, ainsi nommez à *succo arborum,* du suc des arbres, dont les anciens avoient cru que l'ambre, qu'on appelle aussi *electrum,* découloit.

V. 51. *Natalis quoties redit aut madidum ver.* On avoit accoûtumé d'envoyer des presens à ses amis au jour de leur naissance, mais il faut remarquer qu'on leur en donnoit aussi les cinq premiers jours du mois de Decembre, dans le temps qu'on commençoit les Festes Saturnales, pendant lesquelles les Maistres faisoient asseoir leurs valets à leurs tables, pour leur donner quelque marque de gratitude des services qu'ils leur avoient rendus; mais qu'aux Kalendes de Mars qui sont ordinairement pluvieuses, et où commence le Printemps, les presens ne se faisoient qu'aux femmes; et c'est pour cela qu'il dit ensuite *fœmineis Kalendis,* pour marque de la mollesse effeminée de cet avare impudique qui les recevoit comme s'il eust esté femme.

V. 54. *Dic passer.* Névole qui poursuit son invective contre cet infame Virron, l'appelle Moineau à cause de sa lasciveté.

V. 55. *Tot milvos intra tua pascua lassos.* Il veut que les terres qu'il a dans la Poüille, s'étendent si loin, qu'un Milan seroit lassé à voler jusqu'au bout.

V. 56. *Trifolinus ager.* C'estoit un champ auprés de Capouë, extremement fertile en bons vins. Pline en parle, livre 14. chap. 6. et Martial aussi.

V. 57. *Suspectumque jugum Cumis.* C'est une Montagne qui panche si fort sur la Ville de Cumes, qu'elle en fait craindre la chûte, c'est pourquoy il l'appelle suspecte. Cette montagne produit d'excellens vins, aussi bien que celle de Gaurus dans la Campanie, à laquelle il donne l'épithete *inanis,* à cause de sa concavité.

V. 58. *Plura linit victuro dolia musto.* Ils avoient accoûtumé, d'enduire leurs fustes avec de la poix ou du plastre, de crainte que les vins ne prissent du vent, *victuro musto,* pour estre plus longtemps conservez.

V. 62. *Cymbala pulsantis.* Les Prestre de Cybele, comme nous l'avons déja dit, exerçoient leurs ministeres au bruit des tymbales et des tambours avec beaucoup de licence et de sensualité.

V. 65. *Ut Polyphemi lata acies.* Nostre Poëte fait une comparaison qui paroit ridicule, du Cyclope Polypheme qui n'avoit qu'un grand œil au milieu du front et de Névole qui n'a qu'un valet; mais il faut observer qu'il veut faire passer dans toute sa Satyre ce Névole, non seulement pour un impudique, mais pour un homme fort impertinent.

V. 65. *Solers evasit Ulysses*. Ulysse estoit fils de Laerte, et Roy des Isles d'Itaque et de Dulichie, d'où il prit le surnom d'*Itacus et Dulichius*. Homere, Virgile et Ovide qui le font passer dans leurs Poëmes pour le plus adroit et le plus habile des Grecs, rapportent que s'estant embarqué aprés la prise de Troye pour retourner en son pays, où il avoit laissé Penelope sa femme, et Telemaque son fils, il fut jetté par la Tempeste au Port des Lotophagiens en Afrique, d'où ses compagnons eurent peine à sortir, lorsqu'ils eurent goûté d'un fruit appellé *Loton*, qui naissant en arbuste, a donné son nom à cette Contrée. Depuis il aborda en Sicile, où estant entré avec douze de ses compagnons dans la caverne du Cyclope Polyphéme, et voyant qu'il en avoit déja devoré six, il eut l'adresse de l'enyvrer, aprés quoy il luy creva l'œil qu'il avoit au milieu du front, et s'échapa avec les six autres sous le ventre de ses moutons.

V. 75. *Tabulas quoque ruperat*. Cela s'entend du contrat de mariage, ainsi que nous l'avons dit ailleurs, et le sens est qu'elle vouloit faire divorce.

V. 84. *Et libris actorum spargere gaudes argumenta viri*. Servius Tullius, Roy des Romains, ordonna qu'on écriroit dans les Registres publics les naissances et les morts, avec le nom des peres, qui estoient obligez de payer un certain droit au Trésor public, sçavoir en celuy de Junon Lucine, ou Protectrice des accouchemens, pour les enfans nouveaux nez, et en celuy de la Déesse Libitine pour tous les morts, à cause qu'elle presidoit aux funerailles. La Déesse Libitine, selon Plutarque dans ses Problêmes, estoit Venus, et selon d'autres c'estoit Proserpine. Le sens de ces paroles est : Que tu me dois sçavoir gré de ce que je suis cause que tu és inscrit dans le nombre des peres !

V. 85. *Foribus suspende coronas*. L'on avoit accoûtumé d'appendre des couronnes et des feüillages en signe de joye, au devant des maisons où il naissoit des enfans.

V. 87. *Iura parentis habes*. Les Maris qui n'avoient point d'enfans ne pouvoient heriter ny de leurs femmes ny de personne, et mesme par la Loy Papie le Fisc profitoit en ce cas de la dixiéme partie des legs que les gens mariez se faisoient les uns aux autres. Les Empereurs Arcadius et Honorius revoquerent cette Loy au titre, *de infirmandis pœnis cœlibatus*.

V. 88. *Nec non et dulce caducum*. Le legs estoit caduc, lors que la condition sous laquelle il estoit fait, venoit à manquer; mais on n'y succedoit pas quand on n'avoit point d'enfans. Voyez au titre du Code *de caducis tollendis*.

V. 90. *Si tres implevero*. Ceux qui avoient trois enfans à Rome, cinq dans le reste de l'Italie, et sept dans les Provinces, joüissoient de beaucoup de privileges. Appian, et Suetone ont écrit qu'ils estoient exempts de tutelles, que dans la distribution des fromens ils en avoient trois mesures, qu'ils estoient preferez dans les Magistratures vacantes, et que Jules Cesar ayant ordonné qu'on distribuast les terres les plus fertiles auprés de Capoüe aux peres qui auroient trois enfans, il s'en presenta jusques à vingt mille.

V. 95. *Unimicus pumice levis.* Nous avons déja parlé de ces depilatoires. Le sens est qu'il n'est rien de si dangereux qu'un ennemi impudique et effeminé.

V. 98. *Candelam apponere valvis.* C'est à dire, mettre le feu à la maison. Quelques-uns l'expliquent salement, croyant que toute la Satyre doit estre ainsi interpretée.

V. 100. *Annona veneni. Annona* se prend pour la provision de toutes sortes de denrées qui servent au vivre. Ciceron liv. 2. de la divination. *putarem annonam in macello cariorem fore.* Je croyois que les denrées deussent estre plus cheres au marché.

V. 101. *Ut Curia Martis Athenis.* Le sens est qu'il veut qu'on soit aussi secret, qu'on l'étoit dans le celebre Areopage d'Athenes, où Macrobe, livre dernier des Saturnales, et Lucien au Dialogue *Kermotinus*, nous asseurent que les Senateurs ne jugeoient que de nuit, dans les tenebres et dans le silence ; qu'en cas de mort ils ne donnoient leur voix que par des caracteres, dont le Theta signifioit le θάνατος, la mort, et que c'étoit un crime capital que d'en reveler le secret. L'Areopage fut nommé ainsi des deux mots Grecs ἄρης ou ἄρεος qui signifie Mars et πάγος un lieu éminent, *quasi clivus Martis*, le Mont de Mars, à cause que le premier Jugement criminel y fut rendu, au sujet de la mort d'Halirrothius, dont son pere Neptune accusa Mars, qui en fut absous. Saint Augustin en parle au livre vingt-huitiéme de la Cité de Dieu, ch. 10.

V. 107. *Ad cantum galli secundi,* au second chant du poulet, c'est environ à minuit.

V. 109. *Librarius.* Cela s'entend ou de *libræ præfectus,* du Despensier, ou du Secretaire.

*Archimagiri,* l'Ecuyer ou le chef de Cuisine, des deux mots Grecs ἄρχος *Prince,* et μάγειρος *Cuisinier,* premier Cuisinier.

V. 110. *Carptores.* On l'explique des Ecuyers tranchans, *Cibum carpentes et scindentes.*

V. 111. *Quoties rumoribus ulciscuntur baltea. Balteum* est une ceinture de cuir qui servoit de baudrier aux Soldats, et avec laquelle les Maistres châtioient souvent leurs valets, ou des discours insolens qu'ils tenoient contre eux, ou du trop grand bruit qu'ils faisoient dans leur maison.

V. 112. *Per compita.* Ce sont les Carrefours, d'où sont venues les

Festes qu'on appelloit *Compitalia*, que l'on y celebroit, instituées par *Servius Tullius*, à l'honneur des Dieux domestiques. On nomma ces Dieux *Compitalitii*, et ils estoient destinez pour la garde des Carrefours. *Gellius*, livre 10. chap. 24. en a écrit fort amplement.

V. 115. *Illos ergo roges*. C'est à eux à qui il faut s'adresser. Cela s'entend des valets, à qui tu dois demander le secret, qu'ils aiment mieux reveler, que de boire le vin qu'ils t'auront dérobé.

*Pro populo faciens quantum Saufeia bibebat*. On lit aussi *Laufella*. Il fait allusion aux Festes que les femmes celebroient toutes les années pour le salut du peuple Romain, à l'honneur de la bonne Déesse, où la luxure et le vin n'estoient pas épargnez. Il en est amplement parlé dans la 2. Satyre. Cette Laufella estoit une femme des plus emportées dans la débauche.

V. 120. *Lingua mali pars pessima servi*. C'est une sentence qui nous apprend qu'un mechant valet n'a rien de pire que sa langue. C'est ce qui a fait dire à Plaute dans le *Miles, Plus oportere scire servum quàm loqui*, qu'il est important qu'un valet parle moins qu'il ne sçait.

V. 121. *Deterior tamen hic*. Le sens est que le maistre le plus malheureux et le plus imprudent, est celui qui se rend esclave des valets qu'il paye, et qu'il nourrit, par la connoissance qu'il leur donne de ses vices.

*Farre et ære*. C'est la nourriture et les gages.

V. 132. *Et carpentis et navibus*. Il en viendra, dit-il, de ces sortes d'amis par mer et par terre. *Carpentum*, comme nous l'avons déja dit, est une espece de char.

V. 133. *Qui digito scalpunt uno caput*. On pretend que c'est une marque de mollesse, et d'un penchant luxurieux, de se gratter la teste avec un doigt, parce que cela n'arrive volontiers qu'aux gens chauves, qui n'ont pas besoin d'y mettre toute la main : et en effet, les Historiens ont remarqué que Jules Cesar, qui estoit chauve et fort luxurieux, *caput sibi uno digito scalpebat*, avoit accoustumé de se gratter la teste avec un doigt, ce qui fit dire aux Romains, au rapport de Suetone dans sa vie, *Urbani, servate uxores; mœchum calvum adducimus*. Citoyens gardez vos femmes, nous vous amenons un homme chauve et fort impudique. Et Seneque écrivant à Lucille, a dit, *impudicum et incessus ostendit, et manus mota, et unum interdum responsum, et relatus ad caput digitus, et flexus oculorum*. L'on connoist un impudique à son marcher, au mouvement de sa main, à quelque réponse precipitée, au port d'un seul doigt à sa teste, et au roulement de ses yeux.

V. 134. *Tu tantum erucis imprime dentem*. *Eruca* signifie l'herbe de la roquette, et elle est employée pour tout ce qui peut échauffer l'appetit sensuel. Plin. liv. 10. ch. 43. dit qu'*Eruca est viro quod pecori cœpe*, la roquette est à l'homme, ce que l'oignon est à la beste. Voilà un méchant conseil que Juvenal donne à Névole.

V. 134. *At mea Clotho et Lachesis gaudent*. Ces deux Parques sont prises pour sa destinée, qui veut, à ce qu'il dit, qu'il vive de ses impudicitez.

V. 137. *O Parvi nostrique Lares*. C'estoient les Dieux domestiques qui presidoient aux maisons et aux foyers auprés d'esquels ils étoient attachez. Il les appelle petits, parce qu'en effet on ne les faisoit pas grands. Les uns disent qu'ils estoient fils de Mercure et de la Nymphe Laranda ou Lara, dont ils prirent le nom. Les autres les confondent avec les Genies, et croyent que chacun en avoit un bon et un mauvais. On les habilloit d'une peau de chien, qui est le symbole de la fidelité, et il y en avoit toûjours un destiné pour leur garde. Servius dit que la coustume d'honorer les Lares dans les maisons, vint de ce qu'anciennement les maistres y estoient ensevelis, et que les parens les voulant diviniser, en firent des Dieux domestiques.

V. 138. *Quos thure minuto aut tenui soleo exornare corona*. Pline liv. 18. ch. 2. écrit que Numa ordonna que ces Dieux domestiques seroient couronnez de fleurs, et qu'on leur offriroit de l'encens, des fruits, et des gasteaux salez, de toutes lesquelles offrandes il estoient deffendu d'envoyer dehors aucune partie.

V. 140. *A tegete*. C'est-à-dire, de la cabanne d'un mendiant.

V. 141. *Pignoribus positis*. Cela s'appelle mettre son argent à interest.

V. 143. *Sed quæ Fabricius Censor notet*. Cela veut dire, que les vases d'argent qu'il désire, soient pour le moins du poids de dix livres. Gellius liv. 4. et Valere liv. 2. nous en apprennent la raison, et disent que Caius Fabricius Lucinius, et Quintus Æmilius Papus, Censeurs publics, accuserent en plein Senat Cornelius Rufinus qui avoit esté deux fois Consul, et avoit exercé très-dignement la Dictature, d'avoir contrevenu aux loix somptuaires, parce qu'ils avoient trouvé chez luy le poids de dix livres de vaisselle d'argent destinée pour sa table, pretendant que ce luxe pour un Senateur estoit de mauvais exemple, et devoit estre retranché.

V. 143. *Et Duo fortes de grege Mœsorum*. Les esclaves qui viennent de Mœsie, Province qui confine la Pannonie jusques au Pont, et dans laquelle passe le Danube, estoient les plus forts et les plus propres à porter. Il en falloit six pour la litiere, qui estoit appellée *hexaphoros* à cause de ce nombre, et deux *pro sella*, c'est-à-dire, *pour la chaise*, et tous ne laissoient pas de porter le nom de *servi lecticarii*.

V. 145. *Curvos cælator*. C'est un ouvrier en cizelure, dont les vases estoient appellez par les Anciens, *ancæsa*. Il y ajoûte *curvus*, parce qu'on n'y peut travailler qu'en se courbant.

V. 146. *Et alter qui multas facies pingat cito*. Cela s'entend, ou d'un ouvrier en plastre ou terre cuite, ou d'un Peintre qui travaille habilement.

V. 149. *Affixit ceras illa de nave petitas, etc.* Il fait allusion à l'Histoire d'Ulysse qu'Homere raconte au livre 12. de l'Odyssée. Il dit qu'Ulysse passant par la mer de Sicile, averti par Circé, de ne se pas arrester au chant des Syrenes, que les Poëtes ont feint estre au nombre de trois, sçavoir Parthenopé, Leucosia, et Ligia, filles d'Acheloüs et de la Muse Calliope, qui attendoient les passans dans cette Plage pour les devorer, se fit attacher au mast de son navire, avec ordre au Pilote de ne se point arrester, afin qu'il les pust entendre sans péril. Il fit boucher de cire les oreilles de ses compagnons, et cette précaution l'ayant tiré de ce danger, les Syrenes se precipiterent de dépit dans la mer. Parthenopé fut ensevelie à Naples, et donna son nom à cette ville, ce qui a fait dire à Silius Italicus livre 12 :

> *Syrenum dedit una suum memorabile nomen*
> *Parthenope moriens, Acheloïas, æquore cujus*
> *Regnavere diu, cantus eum dulce per undas*
> *Exitium miseris caneret non prospera nautis.*

> Parthenopé, l'une des trois Syrenes,
> Par l'attrait de leurs chants dans leur Plage inhumaines,
> A Naples termina son sort,
> Et luy laissa son nom pour honorer sa mort.

# SATIRE DIXIÈME

## LES VŒUX

Dans l'univers entier, de Gadès jusqu'au Gange
Où se lève le jour, bien peu (spectacle étrange!),
Dissipant les brouillards de leur aveuglement,
Estiment les vrais biens avec discernement.
Le bon sens guide-t-il nos peurs, nos convoitises?
Mûrissons-nous jamais assez nos entreprises
Pour n'être pas forcés, nos vœux étant remplis,
De regretter, un jour, les efforts accomplis?
Les Dieux, trop complaisants, exauçant leurs prières,
Ont fréquemment perdu des familles entières.
Citoyens ou soldats, nous ne formons des vœux
Que pour notre malheur. Que d'orateurs fameux
N'ont dû le coup mortel qu'à leur mâle éloquence!
Dans ses forces Milon eut trop de confiance,
Et succomba, malgré la vigueur de ses bras.

## SATIRA DECIMA

### VOTA

Omnibus in terris, quæ sunt a Gadibus usque
Auroram et Gangen, pauci dignoscere possunt
Vera bona atque illis multum diversa, remota
Erroris nebula. Quid enim ratione timemus
Aut cupimus? quid tam dextro pede concipis, ut te     5
Conatus non pœniteat, votique peracti?
Evertere domos totas optantibus ipsis
Di faciles. Nocitura toga, nocitura petuntur
Militia. Torrens dicendi copia multis
Et sua mortifera est facundia. Viribus ille     10
Confisus periit admirandisque lacertis.

Mais ce qui cause encor de plus nombreux trépas,
C'est l'argent, trop fécond en veilles importunes,
Qu'on veut voir l'emporter sur les autres fortunes
Autant que la baleine excède le dauphin.
En de sinistres temps, des maisons de Longin
Les soldats de Néron ont défoncé les portes;
Sur l'ordre du tyran, leurs farouches cohortes
De Sénèque ont bloqué les jardins somptueux
Et de Lateranus le palais fastueux ;
Le soldat rarement monte au dernier étage.
Voyagez-vous la nuit, en ayant pour bagage
Quelques vases d'argent de minime valeur ?
Vous craignez le poignard et le croc du voleur,
Et l'ombre d'un roseau, tremblant au clair de lune,
Vous donne le frisson. Qui chemine, à la brune,
N'ayant rien dans son sac, chante au nez du brigand.


Le premier des souhaits, devenu fatigant
Pour l'oreille des Dieux qui l'entendent sans cesse,
Est toujours pour l'argent ! « Croisse notre richesse,

 

Sed plures nimia congesta pecunia cura
Strangulat, et cuncta exsuperans patrimonia census,
Quanto delphinis balæna Britannica major.
Temporibus diris igitur, jussuque Neronis                    15
Longinum et magnos Senecæ prædivitis hortos
Clausit, et egregias Lateranorum obsidet ædes
Tota cohors : rarus venit in cœnacula miles.
Pauca licet portes argenti vascula puri,
Nocte iter ingressus, gladium contumque timebis,            20
Et motæ ad lunam trepidabis arundinis umbram :
Cantabit vacuus coram latrone viator.


Prima fere vota, et cunctis notissima templis,
Divitiæ ut crescant, ut opes, ut maxima toto
Nostra sit arca foro. Sed nulla aconita bibuntur            25

» Que notre coffre-fort, sans trêve s'emplissant,
» Parmi ceux du forum soit le plus florissant! »
A l'abri du poison sont les vases de terre,
Mais tremblez, en vidant le superbe cratère,
Où Sétine dans l'or fait scintiller ses feux.


N'avaient-ils pas raison, ces deux sages fameux,
Dont l'un ne mettait pas le pied dehors sans rire,
Et l'autre sans pleurer? Rire, est une satire
Dont chacun peut user sans le moindre embarras;
Mais conçoit-on des pleurs qui ne tarissent pas?
Démocrite riait à se rompre les côtes,
Pourtant il ne vit pas chez ses compatriotes
Et la robe prétexte et les fiers tribunaux,
Et la blanche trabée, et chaises, et faisceaux.
Qu'eût-il fait, s'il eût vu, dans un flot de poussière,
Le préteur dominant l'arène tout entière,
Installé sur son char, le front haut et l'œil fier,
Sa tunique égalant celle de Jupiter,
Son immense manteau de pourpre, qui frissonne


Fictilibus : tunc illa time, quum pocula sumes
Gemmata, et lato Setinum ardebit in auro.


Jamne igitur laudas, quod de sapientibus alter
Ridebat, quoties a limine moverat unum
Protuleratque pedem, flebat contrarius alter?                    30
Sed facilis cuivis rigidi censura cachinni :
Mirandum est unde ille oculis suffecerit humor.
Perpetuo risu pulmonem agitare solebat
Democritus, quanquam non essent urbibus illis
Prætexta et trabeæ, fasces, lectica, tribunal.                    35
Quid, si vidisset prætorem in curribus altis
Exstantem, et medio sublimem in pulvere circi,
In tunica Jovis, et pictæ Sarrana ferentem
Ex humeris aulæa togæ, magnæque coronæ

Au vent comme un rideau, cette lourde couronne,
Trop grande pour pouvoir coiffer un crâne humain;
Un esclave en sueur la soutient de sa main,
Près de lui, sur son char, lui rappelant en somme
Que le plus fier consul est simplement un homme;
Ajoutez à cela le sceptre, surmonté
De l'aigle impériale; ensuite, d'un côté,
Les trompettes; de l'autre, en files allongées,
Affranchis et clients marchant sur deux rangées;
Puis, tenant par la main la bride des chevaux,
Des citoyens romains vêtus de blancs manteaux;
La sportule en a fait des amis très fidèles.
Démocrite ignora ces grotesques modèles,
Pourtant, chaque passant provoquait sa gaîté;
Cette sagesse prouve à la postérité
Que, sous un air épais, un grand homme peut naître
Au pays des moutons, et devenir un maître.
Il riait des soucis de la foule aux abois,
Riait de son bonheur et de ses pleurs parfois.
La Fortune était-elle à son égard peu tendre?
Il la narguait du doigt et l'envoyait se pendre.


Tantum orbem, quanto cervix non sufficit ulla?          40
Quippe tenet sudans hanc publicus, et sibi consul
Ne placeat, curru servus portatur eodem.
Da nunc et volucrem sceptro quæ surgit eburno,
Illinc cornicines, hinc præcedentia longi
Agminis officia, et niveos ad frena Quirites,          45
Defossa in loculis quos sportula fecit amicos.
Tunc quoque materiam risus invenit ad omnes
Occursus hominum, cujus prudentia monstrat,
Summos posse viros et magna exempla daturos
Vervecum in patria crassoque sub aere nasci.          50
Ridebat curas, nec non et gaudia vulgi,
Interdum et lacrymas, quum Fortunæ ipse minaci
Mandaret laqueum, mediumque ostenderet unguem.

Ils sont donc superflus ou bien pernicieux,
Les vœux que nous portons aux genoux de nos Dieux.

Une puissance, en butte aux assauts de l'envie,
A jeté bien des gens dans l'abîme, sans vie;
Avec tous les honneurs dont ils sont surchargés,
Comment donc pourraient-ils n'être pas submergés?
Leur statue, arrachée au socle de porphyre,
Suit misérablement le câble qui la tire,
Le char vole en éclats sous le coup des marteaux,
On va jusqu'à briser les jambes des chevaux,
De ces vaines grandeurs victimes innocentes.
Entendez-vous siffler les flammes frémissantes?
La tête de Séjan, que le peuple adorait,
Bouillonne en fusion dans le fond du creuset,
Et ce crâne puissant, le second de la terre,
Se transforme en chaudrons et vaisselle vulgaire.
Décore ta maison du verdoyant laurier,
Gravis le Capitole et va sacrifier
Un bœuf frotté de blanc! Couvert d'ignominies,
Séjan passe! Le croc le traîne aux gémonies;

Ergo supervacua hæc, aut perniciosa petuntur,
Propter quæ fas est genua incerare deorum.                 55

Quosdam præcipitat subjecta potentia magnæ
Invidiæ; mergit longa atque insignis honorum
Pagina; descendunt statuæ, restemque sequuntur;
Ipsas deinde rotas bigarum impacta securis
Cædit, et immeritis franguntur crura caballis.            60
Jam stridunt ignes; jam follibus atque caminis
Ardet adoratum populo caput, et crepat ingens
Sejanus; deinde ex facie toto orbe secunda
Fiunt urceoli, pelves, sartago, patellæ.
Pone domi lauros, duc in Capitolia magnum                 65
Cretatumque bovem: Sejanus ducitur unco

Tout le peuple le voit, tout le peuple applaudit.

« — Quelles lèvres ! quel front ! j'en demeure interdit.

» — Toujours, sache-le bien, j'ai détesté cet homme.

» — Mais quel est son forfait ? Les témoins... qu'on les nomme ;

» Les motifs, quels sont-ils ?... L'aurait-on dénoncé ?

» — Point du tout ! un écrit verbeux, embarrassé,

» Est venu de Caprée... — Assez ! La chose est claire,

» Mais les fils de Rémus... — Le peuple ? A l'ordinaire

» Il flatte le succès et maudit les proscrits.

» Pourtant, si le vieux prince avait été surpris,

» Si, grâce à Nursia déesse d'Etrurie,

» Séjan en avait pu délivrer la patrie,

» On le proclamerait « Auguste » en ce moment.

» Le peuple ? Mais il fuit jusqu'au moindre tourment.

» Depuis que l'on n'a plus de suffrages à vendre,

» Ce peuple, dont jadis on devait tout attendre,

» Qui donnait, à son gré, légions et faisceaux,

» Ce peuple, maintenant, languit dans le repos ;

» Du pain, des jeux ! Voilà sa seule inquiétude.

» — J'entends dire partout : Ce n'est là qu'un prélude.

» — La fournaise est immense, oh ! oui, n'en doutez pas ;


Spectandus : gaudent omnes. Quæ labra ! quis illi
Vultus erat ! Nunquam, si quid mihi credis, amavi
Hunc hominem. Sed quo cecidit sub crimine ? quisnam
Delator ? quibus indiciis ? quo teste probavit ?            70
Nil horum : verbosa et grandis epistola venit
A Capreis. Bene habet ; nil plus interrogo. Sed quid
Turba Remi ? Sequitur fortunam, ut semper, et odit
Damnatos : idem populus, si Nursia Tusco
Favisset, si oppressa foret secura senectus             75
Principis, hac ipsa Sejanum diceret hora
Augustum. Jam pridem, ex quo suffragia nulli
Vendimus, effudit curas ; nam qui dabat olim
Imperium, fasces, legiones, omnia, nunc se
Continet, atque duas tantum rex anxius optat,           80
Panem et circenses. Perituros audio multos.

» Près de l'autel de Mars, j'ai rencontré, là-bas,
» L'ami Brutidius... il était un peu pâle.
» Je redoute d'Ajax la colère fatale,
» S'il pense n'être pas assez bien défendu.
» Sur le bord de l'égout le cadavre étendu
» Peut essuyer encore une insulte dernière,
» Courons fouler aux pieds l'ennemi de Tibère.
» Mais surtout que nos gens nous le voient piétiner,
» Qu'ils ne puissent nier le fait et nous traîner
» Garrottés et tremblants au pied de la justice. »
Voilà ce qui se dit, ce que chacun se glisse
A voix basse, à l'oreille.

                        Eh bien! veux-tu toujours
Avoir comme Séjan les hommages des cours?
Posséder ses trésors, donner les manipules,
Installer tes amis sur les chaises curules,
Et diriger César, qui vit loin des Romains,
Sur un roc, au milieu de sorciers Chaldéens?
Tu voudrais, à coup sûr, des lances, des cohortes,
Des cavaliers, un camp qui veillât sur tes portes.


 Nil dubium; magna est fornacula : pallidulus mi
 Brutidius meus ad Martis fuit obvius aram.
 Quam timeo, victus ne pœnas exigat Ajax.
 Ut male defensus! Curramus præcipites, et,   85
 Dum jacet in ripa, calcemus Cæsaris hostem.
 Sed videant servi, ne quis neget, et pavidum in jus
 Cervice obstricta dominum trahat. Hi sermones
 Tunc de Sejano, secreta hæc murmura vulgi.

 Visne salutari, sicut Sejanus? habere   90
 Tantumdem, atque illi sellas donare curules,
 Illum exercitibus præponere? tutor haberi
 Principis angusta Caprearum in rupe sedentis
 Cum grege Chaldæo? Vis certe pila, cohortes,
 Egregios equites et castra domestica. Quidni   95

D'accord! on ne veut pas tuer des citoyens,
Loin de là! Mais on veut en avoir les moyens.
Est-il prospérité, cependant, qui mérite
Qu'on subisse les maux qu'elle traîne à sa suite?
N'aimerais-tu pas mieux, disposant de ton choix,
Pauvre édile en haillons, vérifier les poids
A Fidène, à Gabie, ou dans la pauvre Ulubre
Briser les vases faux, qu'avoir la fin lugubre
De Séjan, et porter l'emblème du pouvoir?
Tu dois bien l'avouer, Séjan n'a pas su voir
Quels étaient les vrais biens. En aspirant sans cesse
Au faîte des honneurs, en cherchant la richesse,
Étage par étage il dressait une tour,
Du sommet de laquelle il tomberait, un jour,
Dans l'abîme, s'ouvrant plus profond pour sa chute.

Qui terrassa Pompée et Crassus, dans la lutte,
Et cet autre, qui tint les Romains sous les fouets?
Ce fut l'ambition, ce furent leurs souhaits
Qu'exaucèrent les Dieux outrés de leur audace.

Hæc cupias? et, qui nolunt occidere quemquam,
Posse volunt. Sed quæ præclara et prospera tanti,
Ut rebus lætis par sit mensura malorum?
Hujus, qui trahitur, prætextam sumere mavis,
An Fidenarum Gabiorumque esse potestas,                     100
Et de mensura jus dicere, vasa minora
Frangere pannosus vacuis ædilis Ulubris?
Ergo quid optandum foret, ignorasse fateris
Sejanum : nam qui nimios optabat honores,
Et nimias poscebat opes, numerosa parabat               105
Excelsæ turris tabulata, unde altior esset
Casus, et impulsæ præceps immane ruinæ.

Quid Crassos, quid Pompeios evertit, et illum,
Ad sua qui domitos deduxit flagra Quirites?
Summus nempe locus nulla non arte petitus,                110

Que de rois, en mourant, portent sur eux la trace
Du poignard meurtrier! et combien de tyrans
Traînent dans les enfers leurs cadavres sanglants!

Égaler en renom Cicéron, Démosthène,
Est le but que poursuit la jeunesse romaine,
Le rêve que caresse, aux fêtes des « Cinq-Jours »,
L'enfant qui, pour un as, apprend l'art du discours,
Et que suit, lorsqu'il prend le chemin de l'école,
Un esclave portant son bagage frivole.
N'as-tu pas englouti ces orateurs fameux,
Éloquence, torrent aux flots impétueux?
Cicéron, ton génie, en te portant au faîte,
A fait couper tes mains, a fait trancher ta tête!
Un méchant avocat au débit languissant,
N'a jamais inondé les rostres de son sang.

> O Rome fortunée
> Sous mon consulat née!

Ah! s'il n'avait parlé qu'en termes aussi plats,
Il aurait pu braver Antoine et ses soldats.


Magnaque numinibus vota exaudita malignis.
Ad generum Cereris sine cæde et vulnere pauci
Descendunt reges, et sicca morte tyranni.

Eloquium ac famam Demosthenis aut Ciceronis
Incipit optare, et totis quinquatribus optat,           115
Quisquis adhuc uno partam colit asse Minervam
Quem sequitur custos angustæ vernula capsæ.
Eloquio sed uterque perit orator; utrumque
Largus et exundans leto dedit ingenii fons.
Ingenio manus est et cervix cæsa; nec unquam           120
Sanguine causidici maduerunt rostra pusilli.
O FORTUNATAM NATAM, ME CONSULE, ROMAM!
Antoni gladios potuit contemnere, si sic
Omnia dixisset. Ridenda poemata malo,
Quam te conspicuæ, divina Philippica, famæ,           125

Je préfère ces vers qui tiennent du comique
A tes nobles élans, seconde Philippique,
Monument d'éloquence et chef-d'œuvre immortel!
Démosthène subit un sort aussi cruel,
Lui, la gloire des Grecs, dont la verve puissante
Enchaînait à ses pieds la foule frémissante.
Quels Dieux pleins de courroux, quel destin malfaisant,
Ont pu pousser son père, un forgeron pesant,
L'œil noirci par le fer embrasé qu'il travaille,
A lui faire quitter le charbon, la tenaille,
Et l'enclume d'où sort le glaive destructeur,
Et l'antre de Vulcain, pour en faire un rhéteur?

Le butin des combats, un trophée où figure
Un casque surmontant les débris d'une armure,
Quelque char sans timon, des captifs consternés
Sur la frise d'un arc de triomphe enchaînés,
Un emblème ennemi pris sur une trirème,
Voilà ce que l'on met au rang du bien suprême,
Voilà ce que les chefs grecs, barbares, romains,
Tentent d'avoir, au prix de labeurs surhumains.

Volveris a prima quæ proxima. Sævus et illum
Exitus eripuit, quem mirabantur Athenæ
Torrentem, et pleni moderantem frena theatri.
Dis ille adversis genitus, fatoque sinistro,
Quem pater ardentis massæ fuligine lippus,            130
A carbone et forcipibus, gladiosque parante
Incude, et luteo Vulcano ad rhetora misit.

Bellorum exuviæ, truncis affixa tropæis
Lorica, et fracta de casside buccula pendens,
Et curtum temone jugum, victæque triremis            135
Aplustre, et summo tristis captivus in arcu,
Humanis majora bonis creduntur: ad hæc se
Romanus Graiusque ac Barbarus induperator
Erexit; causas discriminis atque laboris.

Ce n'est pas la vertu, c'est la gloire qu'on aime;
Pauvre vertu! Qui donc t'aimerait pour toi-même,
Si l'on perdait l'espoir d'être récompensé?
Cette soif des honneurs, ce désir insensé
De titres orgueilleux incrustés dans la pierre
De ces froids monuments où dort notre poussière,
N'ont-ils pas mis jadis la patrie en péril?
Pour briser ces tombeaux fastueux, que faut-il?
La souche d'un figuier infécond et sauvage,
Car tout meurt ici-bas, même le sarcophage.

Soupèse dans ta main la cendre d'Annibal,
Et, dis, quel est le poids de ce grand général?
Des eaux tièdes du Nil à la Mauritanie,
Et jusqu'aux éléphants, fils de l'Éthiopie,
L'Afrique est trop petite à ses vastes projets;
Il soumet l'Espagnol, et franchit les sommets
Des monts pyrénéens. Les Alpes et leurs glaces
Opposent vainement un mur à ses audaces;
Le vinaigre dissout les rocs amoncelés,
Et la montagne s'ouvre. Il tient déjà les clés

Inde habuit: tanto major famæ sitis est, quam          140
Virtutis! Quis enim virtutem amplectitur ipsam,
Præmia si tollas? Patriam tamen obruit olim
Gloria paucorum, et laudis titulique cupido
Hæsuri saxis cinerum custodibus, ad quæ
Discutienda valent sterilis mala robora ficus;        145
Quandoquidem data sunt ipsis quoque fata sepulcris.

Expende Annibalem : quot libras in duce summo
Invenies? Hic est, quem non capit Africa Mauro
Percussa Oceano, Niloque admota tepenti,
Rursus ad Æthiopum populos, aliosque elephantos!      150
Additur imperiis Hispania; Pyrenæum
Transilit : opposuit natura Alpemque nivemque;
Diducit scopulos, et montem rumpit aceto.

De l'Italie entière, et, pourtant, il avance...
« O Rome, rien n'est fait, dit-il dans sa jactance,
» Si mes Carthaginois, détruisant tes remparts,
» Dans Suburre ne vont planter mes étendards! »

Quel visage plaisant, quelle caricature,
Que ce borgne juché sur sa lourde monture!
Mais... comment finit-il? O gloire! Il est vaincu,
Il s'enfuit en exil, son prestige a vécu,
Et l'on voit ce héros, redouté de la terre,
Aux portes d'un palais, comme un client vulgaire,
Du roi de Bithynie attendre le réveil!
Et lui, fléau du monde et guerrier sans pareil,
Ne mourra pas d'un trait, du glaive ou d'une pierre.
Cannes et notre sang dont s'abreuva la terre,
Trouveront leur vengeur dans un anneau! Gravir
Les monts les plus abrupts, pauvre fou, pour servir
De sujet de discours aux enfants de l'école!

Pour l'enfant de Pella le monde est une geôle;
Il s'y trouve à l'étroit, ainsi qu'un condamné

Jam tenet Italiam; tamen ultra pergere tendit:
Actum, inquit, nihil est, nisi Pœno milite portas          155
Frangimus, et media vexillum pono Suburra.

O qualis facies, et quali digna tabella,
Quum Gætula ducem portaret bellua luscum!
Exitus ergo quis est? O gloria! vincitur idem
Nempe, et in exsilium præceps fugit, atque ibi magnus      160
Mirandusque cliens sedet ad prætoria regis,
Donec Bithyno libeat vigilare tyranno.
Finem animæ, quæ res humanas miscuit olim,
Non gladii, non saxa dabunt, non tela; sed ille
Cannarum vindex, et tanti sanguinis ultor                  165
Annulus. I, demens! et sævas curre per Alpes,
Ut pueris placeas, et declamatio fias!

Dans les rocs de Sériphe ou Gyare interné.
Un jour dans Babylone aux murailles de brique,
Une tombe suffit à ce héros antique!
La mort seule fait voir combien l'homme est petit!
Les Grecs sont grands menteurs, et, d'après leur récit,
L'Athos fut traversé jadis par une flotte,
Dont, ailleurs, les vaisseaux, alignés côte à côte,
Offrirent un chemin aux chars et aux soldats.
Ils prétendent aussi, que, dans un seul repas,
Les Mèdes desséchaient, pour boire, une rivière,
Visions que Sostrate eut au fond de son verre.
Comment de Salamine a-t-il pu s'en aller,
Ce terrible Xerxès qui faisait flageller
L'Eurus et le Corus, dur châtiment qu'Eole
Ne leur avait jamais infligé dans sa geôle,
Ce barbare, par qui Neptune, roi des mers,
Avait, comme un coupable, été chargé de fers,
De le marquer au front lui faisant encor grâce?
(Quel dieu voudrait céder à pareille menace?)
Comment est-il parti? Défait et fugitif,
Fendant péniblement, avec un frêle esquif,

 

Unus Pellæo juveni non sufficit orbis ;
Æstuat infelix angusto limite mundi,
Ut Gyaræ clausus scopulis, parvaque Seripho.          170
Quum tamen à figulis munitam intraverit urbem,
Sarcophago contentus erit. Mors sola fatetur,
Quantula sint hominum corpuscula. Creditur olim
Velificatus Athos, et quidquid Græcia mendax
Audet in historia : constratum classibus isdem        175
Suppositumque rotis solidum mare : credimus altos
Defecisse amnes, epotaque flumina Medo
Prandente, et madidis cantat quæ Sostratus alis.
Ille tamen, qualis rediit Salamine relicta,
In Corum atque Eurum solitus sævire flagellis         180
Barbarus, Æolio nunquam hoc in carcere passos,
Ipsum compedibus qui vinxerat Ennosigæum?

Les cadavres flottant sur l'onde ensanglantée,
Voilà donc tes faveurs, gloire si convoitée!

« Permets-moi, Jupiter, de vivre de longs jours! »
Heureux ou malheureux, voilà ce que, toujours,
Nous demandons; pourtant, quelle amère tristesse,
Que de maux nous réserve une longue vieillesse!
Regarde, c'est d'abord un visage défait,
Hideux, méconnaissable; une peau, qui revêt
L'aspect du parchemin, et puis, la joue est flasque,
Les rides, en creusant des plis dans notre masque,
Font penser aux guenons des épaisses forêts
De Tabraca; du moins, la jeunesse a des traits
Et des aspects divers; la beauté du visage
Brille chez l'un, l'autre a la vigueur en partage;
Mais, qui voit un vieillard, les voit tous à la fois:
Tremblement dans le corps, tremblement dans la voix,
Crâne nu, nez morveux retombant en enfance,
Contre du pain trop dur gencive sans défense;

> Mitius id sane, quod non et stigmate dignum
> Credidit. Huic quisquam vellet servire deorum?
> Sed qualis rediit ? Nempe una nave, cruentis     185
> Fluctibus, ac tarda per densa cadavera prora.
> Has toties optata exegit gloria pœnas.
>
> Da spatium vitæ, multos da, Jupiter, annos!
> Hoc recto vultu solum, hoc et pallidus optas
> Sed quam continuis et quantis longa senectus     190
> Plena malis ! Deformem, et tetrum ante omnia vultum,
> Dissimilemque sui, deformem pro cute pellem,
> Pendentesque genas, et tales aspice rugas,
> Quales, umbriferos ubi pandit Tabraca saltus,
> In vetula scalpit jam mater simia bucca.     195
> Plurima sunt juvenum discrimina : pulchrior ille
> Hoc, atque ille alio; multum hic robustior illo.
> Una senum facies; cum voce trementia labra,
> Et jam leve caput, madidique infantia nasi;

A charge à tous les siens, à lui-même. et, bien plus,
Un objet de dégoût pour l'intrigant Cossus !


Il ne peut plus goûter les vins, la bonne chère ;
L'amour ? Depuis longtemps ce n'est plus son affaire ;
En vain, toute une nuit, son membre est caressé,
Inutiles efforts ! Il git morne et glacé.
Qu'attendre d'un vieillard épuisé, rachitique ?
On suspecte, à bon droit, l'impuissance lubrique.
Ce n'est pas tout encor ; sourd, il ne perçoit plus
Les sons de la cithare. et, même Seleucus,
Ou ces fameux chanteurs, à la robe vermeille,
Ne peuvent plus charmer, de leur voix, son oreille.
Dans le théâtre, on peut le placer n'importe où,
Puisque l'infortuné n'entend, ni peu ni prou,
Même jusqu'aux joueurs de cor et de trompette.
Son valet est forcé de hurler dans sa tête
Le nom des visiteurs ou bien l'heure qu'il est.


Frangendus misero gingiva panis inermi:                    200
Usque adeo gravis uxori, natisque, sibique,
Ut captatori moveat fastidia Cosso.

Non eadem vini atque cibi, torpente palato,
Gaudia: nam coitus jam longa oblivio ; vel si
Coneris, jacet exiguus cum ramice nervus,                    205
Et, quamvis tota palpetur nocte, jacebit.
Anne aliquid sperare potest hæc inguinis ægri
Canities? quid, quod merito suspecta libido est,
Quæ Venerem affectat sine viribus? Aspice partis
Nunc damnum alterius : nam quæ cantante voluptas,                    210
Sit licet eximius citharœdus, sitve Seleucus,
Et quibus aurata mos est fulgere lacerna?
Quid refert, magni sedeat qua parte theatri,
Qui vix cornicines exaudiet atque tubarum
Concentus? Clamore opus est ut sentiat auris                    215
Quem dicat venisse puer, quot nuntiet horas.

La fièvre seule peut réchauffer le filet
De sang pauvre et glacé qui coule dans ses veines.
Les maux, en rangs pressés, l'entourent par centaines,
Les compter serait long, on aurait plus tôt fait
De nombrer les amants qu'Hippia satisfait,
Les gens que Themison dépêche, en un automne,
Les clients, les amis, que Basilus rançonne,
Les mineurs ruinés par Hirrus sans retour,
Les hommes épuisés par Maura dans un jour,
Les jeunes écoliers qu'Hamillus déshonore,
Les villas de celui dont le rasoir sonore
Faisait jadis tomber ma barbe de trente ans !
Regarde ces vieillards souffreteux, impotents ;
Ils se plaignent des reins, des hanches, de l'épaule ;
L'un d'eux, ayant perdu les deux yeux, se désole
Et porte envie au borgne ; un autre, pour manger,
Offre sa lèvre pâle aux doigts d'un étranger,
Aussi, dans un repas, sa bouche s'ouvre-t-elle,
Comme fait dans son nid la petite hirondelle,
A qui sa mère à jeun apporte son butin.

 

Præterea minimus gelido jam corpore sanguis
Febre calet sola ; circumsilit agmine facto
Morborum omne genus ; quorum si nomina quæras,
Promptius expediam, quot amaverit Hippia mœchos.      220
Quot Themison ægros autumno occiderit uno,
Quot Basilus socios, quot circumscripserit Hirrus
Pupillos, quot longa viros exsorbeat uno
Maura die, quot discipulos inclinet Hamillus ;
Percurram citius, quot villas possideat nunc,      225
Quo tondente gravis juveni mihi barba sonabat.
Ille humero, hic lumbis, hic coxa debilis ; ambos
Perdidit ille oculos, et luscis invidet : hujus
Pallida labra cibum accipiunt digitis alienis.
Ipse ad conspectum cœnæ diducere rictum      230
Suetus, hiat tantum, ceu pullus hirundinis, ad quem
Ore volat pleno mater jejuna. Sed omni

Il est, pour le vieillard, un plus cruel destin,
C'est lorsqu'à la raison succède la démence.
Du nom de ses valets il n'a plus souvenance;
Un ami, qui, la veille, à ses côtés dînait,
Il ne le connaît plus, et même il méconnaît
Ses propres rejetons, oui, sa propre famille,
Car il la déshérite au profit d'une fille.
D'une bouche flatteuse attraits doux et tentants!
Phialé l'a séduit! Elle qui, si longtemps,
Subit des lupanars le hideux esclavage!

Admettons, je veux bien, que sa raison surnage;
Au convoi de son fils il lui faut assister,
Voir sa femme et son frère au bûcher, regretter
Plusieurs sœurs emplissant des urnes funéraires.
Vieillir dans la douleur, dans les larmes amères,
Dans les habits de deuil, voir la mort, sans répit,
Moissonner, sous sa faux, tous ceux que l'on chérit,
Voilà le châtiment d'une longue carrière!
Nestor, roi de Pylos, si l'on en croit Homère,

Membrorum damno major dementia, quæ nec
Nomina servorum, nec vultum agnoscit amici,
Cum quo præterita cœnavit nocte, nec illos          235
Quos genuit, quos eduxit. Nam codice sævo
Hæredes vetat esse suos; bona tota feruntur
Ad Phialen: tantum artificis valet halitus oris,
Quod steterat multis in carcere fornicis annis!

Ut vigeant sensus animi, ducenda tamen sunt         240
Funera natorum, rogus aspiciendus amatæ
Conjugis et fratris, plenæque sororibus urnæ.
Hæc data pœna diu viventibus, ut, renovata
Semper clade domus, multis in luctibus, inque
Perpetuo mœrore, et nigra veste senescant.          245
Rex Pylius, magno si quidquam credis Homero,
Exemplum vitæ fuit a cornice secundæ.

Vécut presque le temps que vit le noir corbeau.
Heureux, certes, celui qui, narguant le tombeau,
Sur sa main droite arrive à compter les années
Et peut goûter longtemps les nouvelles vinées !
Patience !... écoutez Nestor, sur son déclin,
Se plaindre amèrement des rigueurs du destin;
Il maudit son grand âge et de douleur suffoque
En voyant au bûcher son vaillant Antiloque.
« Pourquoi jusqu'à ce jour, dit-il à ses amis,
» Ai-je vécu? Quel crime atroce ai-je commis,
» Pour subir si longtemps une vie inutile?
Ainsi pleura Pélée après la mort d'Achïlle,
Ainsi de ses sanglots Laërte emplit les airs,
En attendant son fils égaré sur les mers.
Si Priam était mort dans les beaux jours de Troie,
Avant que le hardi Pâris, cherchant sa proie,
Eût construit son navire, il aurait, glorieux,
Rejoint Assaracus au sein des sombres lieux;
Tous ses fils, précédés d'Hector déjà célèbre,
Sur leur épaule auraient porté le lit funèbre,

Felix nimirum, qui tot per sæcula mortem
Distulit, atque suos jam dextra computat annos,
Quique novum toties mustum bibit ! Oro, parumper          250
Attendas, quantum de legibus ipse queratur
Fatorum, et nimio de stamine, quum videt acris
Antilochi barbam ardentem; namquærit ab omni
Quisquis adest socio, cur hæc in tempora duret,
Quod facinus dignum tam longo admiserit ævo.          255
Hæc eadem Peleus, raptum quum luget Achillem,
Atque alius, cui fas Ithacum lugere natantem.
Incolumi Troja, Priamus venisset ad umbras
Assaraci magnis solennibus, Hectore funus
Portante, ac reliquis fratrum cervicibus, inter          260
Iliadum lacrymas, ut primos edere planctus
Cassandra inciperet, scissaque Polyxena palla,
Si foret exstinctus diverso tempore, quo non

S'avançant au milieu des Troyennes en pleurs ;
Cassandre aurait donné le signal des douleurs
Et Polyxène aurait sangloté sur sa tombe.
Que lui sert d'être vieux ? Tout, autour de lui, tombe,
Tout périt sous ses yeux par le feu, par le fer.
Déposant la tiare, aux pieds de Jupiter,
Guerrier faible et tremblant, à la fin, il s'abîme.
Tel un taureau, du joug patiente victime,
Éloigné de son soc par l'ingrat laboureur,
Tend au couteau du maître un vieux cou sans vigueur.
Mais si Priam mourut, du moins ce fut en homme :
Sa femme survécut aux malheurs du royaume,
Et (sort cruel !) changée en chienne, elle hurlait !

Mais arrivons chez nous. J'omets, sur mon trajet,
Mithridate, Crésus, auquel, dans sa sagesse,
Solon disait : « Attends la fin de la vieillesse
» Pour juger du bonheur ! » — Les cachots et l'exil,
Minturnes, ses marais malsains, et ce pain vil
Mendié sur les murs ruinés de Carthage,

Cæperat audaces Paris ædificare carinas.
Longa dies igitur quid contulit ? Omnia vidit        265
Eversa, et flammis Asiam ferroque cadentem.
Tunc miles tremulus posita tulit arma tiara,
Et ruit ante aram summi Jovis, ut vetulus bos,
Qui domini cultris tenue et miserabile collum
Præbet, ab ingrato jam fastiditus aratro.        270
Exitus ille utcumque hominis : sed torva canino
Latravit rictu, quæ post hunc vixerat, uxor.

Festino ad nostros, et regem transeo Ponti,
Et Crœsum, quem vox justi facunda Solonis
Respicere ad longæ jussit spatia ultima vitæ.        275
Exsilium, et carcer, Minturnarumque paludes,
Et mendicatus victa Carthagine panis,
Hinc causas habuere. Quid illo cive tulisset

Voilà ce qu'eut le vieux Marius en partage !
Dans Rome et l'univers, quel homme plus heureux,
S'il avait expiré, lorsque, victorieux,
Ils traînait des Teutons les hordes prisonnières,
Qu'au milieu des clameurs et des pompes guerrières,
Il descendait du char où montent les héros !
La fièvre, en Campanie, allait, fort à propos,
Éviter à Pompée une âpre destinée :
Mais les cités en deuil, la foule consternée,
Par leurs vœux suppliants écartèrent la mort.
Rome eut aussi sa part dans les rigueurs du sort
Qui prépara sa chute et fit tomber sa tête.
A Lentulus pareille injure ne fut faite,
Cethegus eut son corps intact, Catilina
Ne fut point mutilé quand on l'assassina.

Qu'un temple de Vénus soit vu par une mère,
Elle fait aussitôt, tout bas, une prière,
Demandant la beauté du corps et ses attraits
Pour ses filles d'abord et pour ses fils après ;

Natura in terris, quid Roma beatius unquam,
Si, circumducto captivorum agmine, et omni  280
Bellorum pompa, animam exhalasset opimam,
Quum de Teutonico vellet descendere curru ?
Provida Pompeio dederat Campania febres
Optandas ; sed mœstæ urbes et publica vota
Vicerunt. Igitur fortuna ipsius et urbis  285
Servatum victo caput abstulit. Hoc cruciatu
Lentulus, hac pæna caruit, ceciditque Cethegus
Integer, et jacuit Catilina cadavere toto.

Formam optat modico pueris, majore puellis
Murmure, quum Veneris fanum videt anxia mater,  290
Usque ad delicias votorum. Cur tamen, inquit,
Corripias? pulchra gaudet Latona Diana.
Sed vetat optari faciem Lucretia, qualem

C'est chez elle un désir poussé jusqu'au délire.
— Avez-vous à cela quelque chose à redire?
Latone était heureuse, en voyant la beauté
De Diane sa fille. — Oui, c'est la vérité,
Mais, Lucrèce!... son sort est-il digne d'envie?
La laideur de Rutile eût sauvé Virginie.
Si votre fils est beau, tremblez! la chasteté
N'est que bien rarement unie à la beauté.
En vain, votre foyer, à la vertu fidèle,
Des plus sévères mœurs offrira le modèle,
En vain mettant, pour lui, le comble à sa·faveur,
La nature l'aura doué d'un chaste cœur,
D'un front qui sait rougir, d'un modeste visage.
(Que peut-elle de mieux lui donner en partage?)
On ne lui permet pas d'être homme. Un suborneur,
De ce fils, aux parents, paiera le déshonneur,
Tant et toujours de l'or le pouvoir est énorme!
Jamais tyran n'a pris un jeune homme difforme
Pour en faire un eunuque, et Néron n'a jamais
Choisi, pour ses plaisirs, des enfants contrefaits.


Ipsa habuit. Cuperet Rutilæ Virginia gibbum
Accipere, atque suam Rutilæ dare. Filius autem          295
Corporis egregii miseros trepidosque parentes
Semper habet: rara est adeo concordia formæ
Atque pudicitiæ! Sanctos licet horrida mores
Tradiderit domus, ac veteres imitata Sabinas;
Præterea castum ingenium, vultumque modesto          300
Sanguine ferventem tribuat natura benigna
Larga manu (quid enim puero conferre potest plus
Custode et cura natura potentior omni?),
Non licet esse viris: nam prodiga corruptoris
Improbitas ipsos audet tentare parentes:          305
Tanta in muneribus fiducia! Nullus ephebum
Deformem sæva castravit in arce tyrannus;
Nec prætextatum rapuit Nero loripedem, nec
Strumosum, atque utero pariter gibboque tumentem.

Ton fils est beau garçon, ô mère, sois heureuse !
Mais songe aussi combien sa vie est dangereuse !
Adultère public, il doit, à tout moment,
De maris offensés fuir le ressentiment ;
Plus propice qu'à Mars, l'astre qui le protège,
Pourra-t-il l'empêcher de tomber dans le piège !
La fureur d'un époux trompé va, quelquefois,
Au delà des rigueurs qu'autorisent les lois.
Tout lui sert pour tuer le rival qui l'outrage,
Les lanières, le fer, et même, dans sa rage,
Cet atroce poisson qui dévore les flancs.
— Oh ! mon Endymion, bornant ses soins galants,
N'aura, ne chérira qu'une seule maîtresse.
— Mais si Servilia veut payer sa tendresse,
Il sera son amant sans l'aimer pour cela ;
Elle vendra, pour lui, tous les bijoux qu'elle a.
Comment donc refuser, dans les heures d'ivresse,
A celui qui, tout nu, vous enlace et vous presse ?
La femme, qu'on l'appelle Oppia, Catulla…,
Dans ce cas, a toujours de ces faiblesses-là.

— A l'homme pur, dis-tu, la beauté ne peut nuire.

    Nunc ergo specie juvenis lætare tui, quem      310
Majora exspectant discrimina ! Fiet adulter
Publicus, et pœnas metuet, quascumque mariti
Exigere irati : nec erit felicior astro
Martis, ut in laqueos nunquam incidat. Exigit autem
Interdum ille dolor plus, quam lex ulla dolori     315
Concessit. Necat hic ferro, secat ille cruentis
Verberibus ; quosdam mæchos et mugilis intrat.
Sed tuus Endymion dilectæ fiet adulter
Matronæ ; mox quum dederit Servilia nummos,
Fiet et illius, quam non amat : exuet omnem     320
Corporis ornatum. Quid enim ulla negaverit udis
Inguinibus, sive est hæc Oppia, sive Catulla ?
Deterior totos habet illic femina mores.

— Hélas! Bellérophon est là pour nous instruire;
Souviens-toi d'Hippolyte et songe à son destin!
Phèdre et Sténobée ont, croyant à leur dédain,
L'une et l'autre tramé les plus noires vengeances.
La femme peut avoir toutes les violences
Quand chez elle la honte attise la fureur.
La femme de César veut, bravant l'Empereur,
S'unir à Silius, publiquement, dans Rome.
Dis, quel conseil vas-tu donner à ce jeune homme?
Il est patricien, il est beau, vertueux,
Aimé par Messaline, il mourra sous ses yeux.
On le traîne à ses pieds. Amoureuse, inquiète,
Elle l'attend, ayant le voile sur la tête;
Dans les jardins le lit nuptial est dressé,
On est prêt à compter la dot au fiancé,
Augure et témoins vont prêter leur ministère.
Tu croyais bonnement aimer dans le mystère,
Point du tout! Elle veut un hymen régulier,
A quoi te résous-tu? Choisis: il faut plier,
Ou bien te résigner à mourir le jour même.
Céder... n'est qu'un sursis à ton heure suprême;
Tu vivras seulement jusqu'au moment fatal,

          Sed casto quid forma nocet? quid profuit olim
          Hippolyto grave propositum? quid Bellerophonti?        325
          Erubuit nempe hæc, ceu fastidita, repulsa.
          Nec Sthenobœa minus, quam Cressa excanduit, et se
          Concussere ambæ. Mulier sævissima tunc est,
          Quam stimulos odio pudor admovet. Elige quidnam
          Suadendum esse putes, cui nubere Cæsaris uxor           330
          Destinat? Optimus hic, et formosissimus idem
          Gentis patriciæ rapitur miser, exstinguendus
          Messalinæ oculis: dudum sedet illa parato
          Flammeolo, Tyriusque palam genialis in hortis
          Sternitur et ritu decies centena dabuntur               335
          Antiquo; veniet cum signatoribus auspex.
          Hæc tu secreta et paucis commissa putabas?

Où le bruit du forfait, devenu général,
De l'Empereur, enfin, frappera les oreilles ;
Il saura, le dernier, ces hontes sans pareilles
Obéis, si tu tiens à voir pour quelque temps
Se prolonger tes jours ; mais, refuse ou consens,
Il n'en faudra pas moins (la chose est évidente)
Présenter au bourreau cette tête charmante.


— Ainsi, nous ne devons jamais former de vœux ?
— Il te faut un conseil ? Eh bien ! laisse les Dieux
Nous donner ce qu'ils croient nous être favorable,
Ils nous donnent l'utile et non pas l'agréable,
Et nous aiment bien plus que nous ne nous aimons
Au gré de tes désirs et de tes passions,
Tu veux, aveuglément, avoir femme, être père ?
Que seront tes enfants et que sera leur mère,
Eux seuls le savent ! Mais, malgré tout, si tu veux
A nos divinités adresser quelques vœux,


Non, nisi legitime, vult nubere. Quid placeat, die ?
Ni parere velis, pereundum erit ante lucernas.
Si scelus admittas, dabitur mora parvula, dum res          340
Nota urbi et populo contingat principis aures.
Dedecus ille domus sciet ultimus : interea tu
Obsequere imperio, si tanti est vita dierum
Paucorum. Quidquid melius leviusque putaris,
Præbenda est gladio pulchra hæc et candida cervix.          345


Nil ergo optabunt homines ? Si consilium vis,
Permittes ipsis expendere numinibus, quid
Conveniat nobis, rebusque sit utile nostris.
Nam pro jucundis aptissima quæque dabunt Di.
Carior est illis homo, quam sibi. Nos animorum          350
Impulsu, et cæca magnaque cupidine ducti,
Conjugium petimus, partumque uxoris ; at illis
Notum, qui pueri, qualisque futura sit uxor.
Ut tamen et poscas aliquid, voveasque sacellis
Exta, et candiduli divina tomacula porci,          355

En leur offrant le porc le plus gras de la plaine,
Demande, dans un corps valide, une âme saine,
Un cœur vaillant, ayant le mépris de la mort,
Sachant la regarder comme un bienfait du sort,
Un cœur fait pour porter les peines de la vie,
Que ne peuvent troubler la colère et l'envie,
Et qui d'Hercule, enfin, préfère les efforts
A l'amour, aux festins, aux voluptés du corps.
Voilà ce que tu peux acquérir par toi-même,
La vertu seule mène au calme, bien suprême.
Fortune, tu n'es rien si l'homme est vertueux;
C'est nous qui te plaçons, comme déesse, aux cieux.


Orandum est, ut sit mens sana in corpore sano.
Fortem posce animum, mortis terrore carentem,
Quid spatium vitæ extremum inter munera ponat
Naturæ, qui ferre queat quoscumque labores,
Nesciat irasci, cupiat nihil, et potiores                          360
Herculis ærumnas credat sævosque labores,
Et Venere, et cœnis, et pluma Sardanapali.
Monstro quod ipse tibi possis dare. Semita certe
Tranquillæ per virtutem patet unica vitæ.
Nullum numen habes, si sit prudentia : nos te,          365
Nos facimus, Fortuna, Deam, cœloque locamus.

# REMARQUES



## LA DIXIÈME SATYRE

Ans cette Satyre, que l'on peut appeller le chef-d'œuvre de Juvenal, soit par la sublimité de son sujet, soit par celle de son stile, ce Poëte a prétendu faire connoistre l'aveuglement et l'imprudence des hommes, qui s'empressent à demander aux Dieux des richesses, des honneurs, de la gloire, de longs jours, de l'éloquence et de la beauté, qui ne servent bien souvent qu'à leur creuser des abîmes, pendant qu'ils négligent de leur offrir des vœux pour acquerir les vertus, l'integrité des mœurs, et les autres biens de l'esprit, qui seuls peuvent faire leur félicité. Perse a traité ce même sujet dans sa seconde Satyre, et Platon au livre 2 de son Alcibiade.

V. 1 *A Gadibus.* C'estoient anciennement des Isles qui confinoient le Royaume de Grenade en Espagne. Il comprenoit en ce temps-là l'Andalousie, qui en fut séparée et établie en Royaume particulier par les Maures. Toute cette Region s'appelloit *Bætica* du fleuve *Bætis,* appellé presentement *Guadalquivir,* qui prenant sa source au dessus de Cordouë de la montagne *Sierra Morena,* arrose toute l'Andalousie, et se jette dans l'Océan Occidental ou Atlantique à San-Lucas, autrement Saint-Luc, autrefois la plus grande et la plus marchande de ces deux Isles. Elle s'appelloit *Erythria,* des Tyriens, qui venant de la mer Erythrée, y bâtirent une ville : mais elle est devenuë Continent et est peu frequentée, tout le commerce s'estant jetté dans l'autre Isle appellée Cadix, qui estoit la plus petite, et qui s'est renduë la plus renommée par sa grande Plage, et par l'abord des Flottes de la Nouvelle Espagne, qui n'estoit point connuë du temps des Romains. Elle a de longueur douze mille pas, et trois mille de large, et c'est de là qu'on a appellé leur mer *Mare Gaditanum,* qui aboutit au Détroit de Gibraltar, où les Colomnes d'Hercule étoient autrefois, et où les Anciens croyoient qu'estoit le bout du monde, avant qu'on eût découvert l'Amerique, mais ces Colomnes ont esté depuis transferées à Seville, Capitale de l'Andalousie, comme un monument de l'Antiquité ; et lorsque Juvenal a dit à *Gadibus usque ad Auroram et Gangem*, il a prétendu comprendre tout le Monde depuis l'Occident où ces Isles sont placées, et qu'ils confineroient comme les dernières villes de la terre habitée de ce côté là, jusques à l'Aurore, qui est l'Orient, et jusques au Gange, qui est le grand fleuve de l'Inde Orientale.

V. 5. *Quid tam dextro pede concipis.* L'on appelle *dextro pede facere*, reüssir en ce que l'on entreprend : et au contraire *sinistro*; d'où vient qu'Apulée dans l'Asne d'or a dit, *Sinistro pede profectum me spes comprendis frustrata est :* je m'y suis pris si malheureusement que je desespere d'en retirer aucune utilité.

V. 8. *Dii faciles.* Lucain livre 1. l'a dit agreablement :

> *O faciles dare summa Deos, eademque tueri*
> *Difficiles!*
>
> Pour les graces, grands Dieux, vous paroissez faciles,
> Mais qu'à les conserver vous estes difficiles !

V. 11. *Admirandisque lacertis.* Il veut sans doute parler de Milon Crotoniate, dont la force étoit si grande, au dire de Gellius liv. 14. chap. 16. Pline liv. 7. chap. 20. Valere Maxime liv. 7. 9. Exemp. 12. Strabon, et plusieurs autres, qu'il assommoit un bœuf d'un coup de poing, et le portoit sur ses épaules, et qui toutefois s'estant trop fié à ses forces, et ayant voulu fendre de ses seules mains un chéne qu'il voyoit entr'ouvert, le fit rejoindre par la violence du mouvement qu'il lui donna, en sorte que ses deux mains y ayant esté surprises, il fut devoré miserablement par les loups.

V. 13. *Nimia cura strangulat.* On peut appliquer cette pensée à la Fable de Midas, lequel ayant obtenu des Dieux que tout ce qu'il toucheroit se convertiroit en or, en fut enfin étranglé.

V. 14. *Quanto Delphinis Balæna Britannica major.* Voici une comparaison qui ressent bien l'emportement du Poëte. Il veut signifier que l'excés que quelques-uns font dans leur dépense, est aussi disproportionné à leur patrimoine, que la Baleine l'est aux Dauphins. Pline liv. 9. dit que les plus grandes Baleines se pêchent dans la Mer Britannique. Festus pretend que *Balæna* est ce qu'en bon Latin on appelle *Cete*.

V. 15. *Temporibus diris.* Il entend le regne de Neron par les temps difficiles et dangereux. Cet empereur fit mourir entre autres Caius Cassius Longinus, grand Jurisconsulte, et fort riche, après lui avoir fait crever les yeux, sous pretexte qu'il avoit conservé parmi les Images de ses Ayeux celle de Cassius, l'un des assassins de Cesar, mais ce fut en effet pour luy voler son bien. Il en fit autant à ceux dont il parle dans la suite, et rendit son Regne odieux par mille cruautez et par des excés abominables.

V. 16. *Senecæ prædivitis hortos.* Tacite livre 13. a dit que Festus

Rufus et Tilliginus, jaloux de la fortune de Seneque, comblé de biens par Neron, dont il avoit esté Precepteur, l'accuserent d'en avoir trop acquis, de rechercher avec trop d'affectation l'amitié des Citoyens, et de vouloir le surpasser en magnificence, soit dans ses jardins, ou dans ses maisons ; ce qui obligea ce Prince cruel, déja prévenu du desir d'avoir son bien, à lui envoyer Sylvanus, Tribun d'une Cohorte Prétorienne, qui l'assiégea dans sa maison de campagne, où il lui fit annoncer sa mort par un Centurion. Seneque s'y prépara courageusement, et se fit couper les veines. Il ne faut que lire Tacite pour juger par les paroles mêmes de Seneque, de l'excès de ses richesses, que cet Historien fait monter dès la quatriéme année du Règne de Neron à dix mille grandes Sesterces, c'est-à-dire, environ à cent quarante mille écus de nostre monnoye. Il est aisé de croire qu'à la huitiéme année en laquelle il est mort, elles estoient beaucoup augmentées.

V. 17. *Lateranorum ædes.* Le même Tacite livre 15, rapporte que Neron ayant resolu la mort de Plantius Lateranus désigné Consul, le fit assassiner par le Tribun Turius avec tant de précipitation, qu'il ne lui donna pas le loisir d'embrasser ses enfants. Son crime estoit, qu'on le soupçonnoit d'estre complice de la conjuration de Pison contre ce Prince.

V. 18. *Rarus venit in cœnacula miles.* Le sens est qu'on n'envoye guere aux pauvres gens de semblables assassins, et pour le mieux expliquer, il faut se souvenir de ce que nous avons dit sur la 3. Satyre, qu'anciennement *cœnacula* estoient les lieux bas où l'on avoit accoûtumé de souper. C'estoient les seuls repas en forme, que les Romains faisoient : mais au rapport de Varron, depuis qu'on eut pris la coûtume de manger dans les estages superieurs des maisons tout ce qui estoit au dessus du rez de chaussée, fut appellé *cœnacula ad quæ scalis ascenditur,* où l'on monte par des degrez, ainsi que Festus l'explique. Apulée livre 9. *Meque per scalas complicitis pedibus in superius cœnaculum attracto,* ayant esté tiré par des degrez et les pieds liez dans un estage élevé, et Tite-Live liv. 9. *cœnaculum super ædes datum est scalis ferentibus.* On donna le lieu le plus élevé des maisons où l'on montoit par des degrez. Or tous ces lieux qui estoient incommodes aux gens riches, estoient louez aux plus pauvres.

V. 22. *Cantabit vœcuus coram latrone viator.* Seneque écrivant à Lucille le dit autrement : *Nudum latro transmittit, etiam in obsessa via pauperi pax est.* Le pauvre dans un chemin mesme fort étroit passe en toute seureté auprés du voleur. Festus dit que *latrones* estoient autrefois les soldats qui se loüoient à prix d'argent pour faire la guerre, quasi λατρεύοντες du mot λατρεία qui signifie servitude, mais que depuis on a donné ce nom aux gens qui volent sur les grands chemins, *quasi à latere adoriantur*, parce qu'ils vous attaquent volontiers par les cotez, ou *quod insidiantur latenter*, ou à cause qu'ils se cachent pour vous espier.

V. 24. *Ut maxima toto nostra sit arca foro. Forum* signifie, ou une halle où l'on tient le marché, ou la ville dans laquelle on a establi les foires pour le commerce. On distinguoit ces lieux là, ou par le nom des Villes, ou par celuy des personnes qui avoient institué ces foires, comme *forum Livium, forum Aurelium, forum Sempronii.* Ce mot signifie aussi, comme dans ce passage, le Palais du Prince où l'on tenoit l'audience publique. Il n'y en avoit anciennement que trois à Rome, sçavoir, *forum Latium* ou *Romanum*, le Palais Latin ou Romain, le plus ancien de tous; celuy de Jules César, où il permit qu'on luy érigeast une Statuë armée, et celuy d'Auguste que ce Prince fit construire avec le Temple de Mars Ovide liv. 3. des Tristes.

*Cumque tribus resonant terna Theatra foris.*

On joint à trois Palais autant d'Amphiteatres.

Mais depuis, l'Empereur Trajan en fit bastir un nouveau qui portoit son nom, et dans lequel les Senateurs et les gens les plus riches tenoient des coffres forts, où ils enfermoient leurs Tresors, et ce qu'ils avoient de plus pretieux afin de les mettre à couvert de toute incendie, et ces lieux ainsi destinez s'appelloient *Opes*. Par cet éclaircissement ce vers peut estre aisément expliqué; et l'on comprend bien que le Poëte veut dire que l'on souhaitte d'estre plus riche que tous les autres, quand on desire que son coffre fort soit le plus grand de tous.

V. 25. *Sed nulla aconita bibuntur fictilibus. Aconitum* proprement est une herbe venimeuse qu'on nomme autrement *napelle*, à cause que sa racine a la figure du *napus*, en François *navet*. Elle a esté ainsi appellée du mot Grec ἀκόνη, en Latin *caules* et en François rochers steriles où elle croist, au rapport de Pline livre 25. ch. 3. Ce mot est pris en ce passage pour toutes sortes de poisons, qu'on ne doit jamais craindre chez les gens qui se servent de vases de terre, c'est-à-dire chez les pauvres gens.

V. 27. *Et lato Setinum ardebit in auro.* Il le faut craindre, dit-il, dans les vases dorez et éclatants de pierres précieuses, où l'on te servira du vin de Sete, qui estoit des plus excellens, et qui croissoit dans la Campanie.

V. 28. *Jam ne igitur laudas.* Il parle dans la suite du Philosophe Democrite qui rioit et se moquoit de tout ce qu'il voyoit arriver dans le monde, et d'Eraclite qui en pleuroit.

Democrite l'Abderitain estoit d'une ville maritime de Thrace, appellée Abdera, bastie autrefois par Diomede, qui luy donna le nom de sa sœur, selon le rapport de Pomponius Mela. Herodote livre 1. veut qu'elle ait esté construite par les Teïens et qu'on la nomma en langue grecque *Polystylo*. Diogene Laërce prétend que Milet soit la patrie de Democrite. On dit qu'il estoit né d'un Pere si riche, qu'il donna à manger à toute l'armée de Xerxes, mais qu'ayant consumé en voyage toute sa legitime, il se retira dans un petit jardin près des murs de sa patrie, où il ne pensa plus qu'à l'estude de la Philosophie, en laquelle il se rendit tres-sçavant aussi bien qu'aux autres Sciences, et principalement dans l'Astrologie, qu'il avoit apprise des Chaldéens, des Mages, et des Gymnosophises. Il establit pour principes de toutes les choses créées les Atomes et le Vuide, tenant qu'il y avoit plusieurs Mondes, et qu'ils estoient tous corruptibles. Il estoit si persuadé de la vanité des choses et de la foiblesse humaine, qu'il rioit de tous les évenemens de la fortune d'où vint qu'on luy donna en Grece le surnom de *Gelasinos*, qui signifie rieur, au rapport de Suidas qui en a écrit fort amplement, et qui veut que l'on donne ce mesme nom aux rides que le rire fait au visage, et à ceux qui montrent les dents anterieures en riant, Diogene Laërce liv. 9. asseure qu'il vécut cent neuf ans, et mourut en la 104. Olympiade l'an 393. de la fondation de Rome, et Ciceron livre 5. des Tusculanes dit qu'il s'aveugla quelques temps avant sa mort, afin de penetrer par ses méditations plus subtilement et sans aucune distraction dans les secrets de la nature.

Heraclite, dit le Tenebreux, au rapport du même Suidas, estoit un autre Philosophe d'Ephese, lequel s'estoit rendu sçavant par son étude seule et sans l'aide d'aucun Precepteur. Il vivoit au temps du dernier Darius en la 69. Olympiade, c'est-à-dire l'an 250. de la Fondation de Rome et environ 500 ans avant Jesus-Christ. Il fit un traité de la Nature qui fut fort estimé, et plusieurs Ouvrages en Vers, qui sont souvent citez par Aristote. Son principe estoit le feu dont il croyoit toute la Nature composée. Il trouvoit tant de faiblesse et d'ignorance dans l'esprit des hommes, et tant de miseres dans la vie, qu'il pleuroit continuellement de tout ce qu'il voyoit. On dit qu'enfin estant devenu hydropique, et méprisant l'avis des Medecins, il se fit frotter avec du suif de bœuf, et que s'estant endormi au Soleil, par l'ardeur duquel il vouloit faire sécher cette onction, il fut devoré par des chiens. Hesiode, Pythagore, Xenophane et Hecatée ont esté de ses disciples. Voyez Diogene Laërce en sa Vie, liv. 9.

V. 35. *Prætexta* estoit une grande robe qui couvroit la tunique, ainsi nommée, parce que *purpura prætexebatur*; elle estoit bordée de pourpre, et tissuë de filets d'or. Tarquin le Vieux l'avoit inventée pour les Triomphateurs : à cause de quoy on luy donna aussi le nom de *toga palmata*, de la victoire qu'ils avoient remportée sur les

ennemis, et des palmes que l'on figuroit dans les étoffes dont cette
robe estoit faite, suivant le témoignage de Servius: mais depuis, tous
les nobles Romains la porterent pour se distinguer du Peuple, et
même ils la firent porter à leurs enfants, par la même raison, jusqu'à l'âge de dix-sept ans accomplis.

*Trabeæ.* Il y avoit trois sortes de Vestes, qui portoient ce nom:
l'une qui estoit toute de pourpre et consacrée aux Dieux; l'autre
entremêlée de blanc et de pourpre pour les Rois; et la Troisiéme de
pourpre et d'écarlate pour les Augures. Tacite livre 3. parlant des
funerailles de Germanicus, dit que les Chevaliers des Colonies, où
passoit son corps, estoient revétus de cette sorte de Veste, d'où il
les nomme *trabeæti Equites*; ce qui nous apprend que l'on s'en servoit aussi dans les Pompes Funebres les plus solennelles, et c'est
sans doute en ce cas que l'on en portoit une quatriéme, dont quelques Interpretes parlent. Elle estoit d'une étoffe violette bordée de
pourpre avec un filet d'or.

*Fasces.* C'estoient les trousseaux de verges au milieu desquelles
estoit le fer d'une hache, et que les Huissiers portoient devant les
Dictateurs, les Consuls et les Preteurs.

*Tribunal.* Pedianus livre 1. des Verrines, fait difference entre
*subsellia*, qui estoient des bas sieges, où les Tribuns, les Triumvirs,
les Questeurs, et autres semblables Juges rendoient la Justice, et le
Tribunal, qui estant élevé, n'estoit destiné qu'au Préteur, dont l'authorité estoit beaucoup superieure.

V. 36. *Prætorem in curribus altis.* Il fait la peinture du Preteur
lors qu'il donnoit les Jeux Circenses. Il avoit pour lors toutes les
marques de Triomphateur par la Veste et par le Chariot doré, attelé
de quatre chevaux blancs.

V. 38. *In tunica Iovis.* C'estoit cette Veste Triomphale qu'on
appelloit *Prætexta*, *toga palmata*, ou *toga picta*, dont nous venons
de parler. On la tiroit anciennement du Temple de Jupiter Capitolin,
pour en revétir les Triomphateurs. Les Consuls et les Preteurs s'en
sont servis depuis, suivant les témoignages de Lampridius, dans la
Vie d'Alexandre Severe, et de Julius Capitolinus, dans celle des
trois Empereurs Gordiens, pere, fils et neveu.

V. 38 et 39. *Pictæ Sarrana Aulæa togæ.* C'est une repetition de
cette même Veste Triomphale, dont il exprime la vaste estendue
par le mot *aulæa* qui signifie un voile, un pavillon, ou manteau
royal, ou une tapisserie servant aux Maisons Royales, ainsi nommée
*ab Aula*, du Palais d'Attale, Roi d'Asie, pour lequel cet ornement
fut inventé, ce qui fut cause qu'on le nomma *Attalicum Aulæum*.

*Sarrana* veut dire *purpurea*, au rapport de Gellius, qui veut dire
que Tyros ou Tyrus, où l'on pêche le poisson appellé *Sarra*, de la
teste duquel on tire la pourpre, ait esté anciennement nommé de ce

même nom. C'estoit une Isle qui fut jointe au continent par Alexandre le Grand, comme nous l'avons dit ailleurs.

*Toga picta.* Cette Veste estoit ainsi nommée parce qu'on la brodoit à l'aiguille, de diverses couleurs et de differentes figures.

V. 41 et 42. *Publicus servus curru portatur eodem.* Il y avoit des Esclaves pour le service des persones privées : il y en avoit aussi pour les ministeres publics. Il remarque la coûtume qu'on avoit, de placer derriere le Triomphateur, un Esclave qui portoit une Couronne d'or, et qui de temps en temps le faisoit ressouvenir qu'il estoit homme, de crainte que cette grande pompe ne l'éblouïst. Tertullien l'a confirmé en ces termes : *Hominem se esse etiam trium-phans in illo sublimissimo curru admonetur.*

V. 42. *Et sibi Consul ne placeat.* Remarquez que le Preteur dont il parle est ici nommé Consul. Il en faut tirer la raison de Pedianus, qui dit, que tout Consul estoit nommé Preteur, et que ce nom estoit donné à tous les Magistrats à qui on déferoit le commandement d'une armée, mais tout Preteur n'estoit pas Consul : et peut-estre que le Poëte donne ici ce nom au Preteur par dérision.

V. 43. *Da nunc et volucrem.* Tite Live liv. 10. de la seconde guerre Punique, dit qu'outre la couronne d'or, dont nous avons parlé, les Triomphateurs portoient à la main un sceptre d'ivoire, au dessus duquel estoit une Aigle qui estoit l'Enseigne militaire des Romains. Josephe, livre 3. de la guerre Judaïque, dit qu'il y avoit parmi les Romains outre l'Aigle, quatre autres Enseignes qu'elle precedoit toûjours, sçavoir celle du Loup, du Minotaure, du Cheval, et du Sanglier : mais que depuis, l'Aigle seule estoit portée dans les combats, et que les autres demeuroient dans le Camp. Marius les retrancha, et laissa la seule Aigle, qui donna le nom d'*Aquilifer* à celui qui la portoit : et sans laquelle les Legions n'hyvernoient jamais dans leur Camp, au rapport de Pline, liv. 8.

V. 45. *Et niveos ad fræna Quirites.* Les Officiers et les Cliens qui tenoient les resnes des chevaux des Triomphateurs, estoient tous vestus de blanc. Voyez Turnebe, livre 21. ch. 3. Plutarque dit que Paul Æmile allant en Espagne exercer la charge de Preteur avec les Huissiers que le Senat lui avoit accordez, estoit monté sur un cheval blanc, et vestu d'une Veste Triomphale blanche, et qu'il avoit à ses costez tous ses Officiers et Domestiques vestus de la même couleur.

V. 50. *Vervecum in patria.* *Vervex* est un Mouton châtré, dont le Poëte applique le nom aux Villageois et aux hommes simples et grossiers. Plaute : *Ain, vero, vervecum caput.* Ah ! grossier que tu es !

V. 52. *Cum fortunæ ipse minaci mandaret laqueum.* Voilà une estrange maniere de parler, pour marquer qu'il méprisoit la Fortune quand elle lui estoit contraire, à laquelle, dit-il, il presentoit en ce cas un cordeau pour la pendre.

V. 53. *Mediumque ostenderet unguem.* C'estoit une chose injurieuse parmi les Romains, de montrer un homme avec le doigt du milieu ayant baissé ceux qui le touchent, à l'imitation des Grecs, qui appellent cette maniere d'injure σκιμαλίσαι du verbe σκιμαλίζειν, qui signifie, essayer avec le doigt si une poule est preste à faire son œuf. C'est pourquoi les Atheniens appelloient ce doigt κατάπυγος, parce qu'il marquoit quelque infamie. Martial le confirme, livre 2. Epigramm. 28. et Perse dans sa 2. Sature :

> *Infami digito et lustralibus antè salivis*
> *Expiat,*

> Elle expie un enfant d'une foi rare et vive,
> Avec l'infame doigt moüillé de sa salive.

V. 55. *Propter quæ fas est genua incerare Deorum.* On explique ce vers differemment. Les uns veulent que la coustume fust d'imprimer sur de la cire les vœux qu'on faisoit aux Dieux; les autres de les écrire sur une carte que l'on attachoit avec de la cire aux pieds de leurs Statuës, ou de ce qu'on les embrassoit si souvent, qu'ils en devenoient ternes comme s'ils eussent esté cirez : et d'autres, que c'estoient de petits cierges allumez qu'on posoit à leurs genoux pour les honorer. Voyez Turnebe liv. 1 chap. 17. et liv. 30. chap. 19. Il ne faut pas oublier la difference qu'il y a entre *fas et jus. Fas* a toûjours esté pris pour le droit que Dieu donne aux hommes, et *jus* pour celuy que les hommes donnent. Virgile liv. 1. des Georgiques :

> *Sæpe etiam festis quædam exercere diebus,*
> *Fas et jura sinunt.*

> Les loix des Dieux et des Mortels,
> Permettent certains jeux dans les jours solemnels.

V. 56. *Subjecta potentia magnæ invidiæ.* Il entre dans l'Histoire d'Ælius Sejanus, dont la chûte fut causée par l'envie que sa fortune trop élevée excita contre luy. Seneque parlant des puissances, l'avoit dit auparavant en ces termes : *et cum in populos prodire parant, comes invidia est.* L'envie ne manque jamais d'estre de leur suite si-tost qu'ils paroissent en public.

V. 57. *Longa atque insignis Honorum Pagina.* Cela s'entend, ou de l'arbre de leur genealogie, ou du denombrement des honneurs et des dignitez de leurs ayeux, qui paroissoient inscrits dans les Registres publics, ou au devant de leurs Statuës. On l'appelle autrement, *tabula patronatus*, la table des noms de nos Peres.

V. 58. *Descendunt Statuæ.* Tacite liv. 3. dit que l'on avoit accoustumé d'abbatre les Statuës des personnes condamnées pour quelque crime, et de les traîner aux Fourches Gemonies. Ce vers et les quatorze suivans expriment la disgrace de ce mesme Sejan, premier Ministre de l'Empereur Tibere, lequel estoit parvenu à un si haut degré de puissance et d'autorité, qu'on celebroit publiquement le jour de sa naissance à Rome, où on luy avoit élevé en plusieurs endroits des Statuës d'or ; et l'Empereur même l'avoit pris pour son Collegue dans son cinquième Consulat ; mais estant devenu extrémement cruel, il parut si odieux aux Romains, qu'il s'éleva grand nombre de Delateurs qui le rendirent suspect à Tibere, qui à l'instant par une simple lettre écrite de l'Isle de Caprée, ordonna au Senat qu'il le fist mourir. Cela fut executé avec la chaleur et la précipitation que Seneque a decrite au livre de la Tranquillité, en ces termes : *Quo die illum Senatus deduxerat, populus in frusta divisit, in quem quidquid congeri poterat, Dii hominesque contulerant, et ex eo nihil ferè superfuit quod carnifex traheret, nam in scalas Gemonias unco à carnifice quidquid superfuit tractum est.* Le jour mesme que le Senat le dégrada, le peuple le mit en pieces, et à peine resta-t'il quelque chose de cet homme, pour la grandeur duquel les Dieux et les Romains avoient épuisé leur pouvoir, par où il pust estre traîné par le Bourreau jusqu'aux Fourches Gemonies. Voila en peu de mots toute la fin tragique de ce Ministre.

V. 59. *Rotas bigarum impacta securis cædit.* Pline liv. 33. dit que l'on ne dressoit pas seulement des Statuës Equestres à ceux que l'on vouloit honorer, mais que depuis le regne d'Auguste on en avoit élevé sur des Chars triomphaux, dont l'attelage n'estoit que de deux chevaux ; car ceux de quatre estoient si rares, que Suetone remarque que Tibere, *vix unius bigæ adjectione honorari passus est*, eut peine à souffrir qu'on ajoûtât deux chevaux à son Char le jour que l'on celebroit pour sa naissance.

V. 60. *Et immeritis franguntur crura caballis.* Cela se doit entendre des chevaux de bronze attachez au Char de triomphe sur lequel la Statuë de Sejan estoit élevée. Le Poëte en parle ironiquement, ne croyant pas que ces chevaux dûssent porter la peine de leur Maistre.

V. 61. *Jam stridunt ignes.* Ce vers et les quatre qui suivent, parlent de la fonte qui se fit des Statuës de Sejan, que tout le monde reconnoissoit pour la seconde personne de l'empire. Le Poëte veut qu'on ait fait des chaudrons et des marmites de la matière de ces Statuës.

V. 65. *Pone domi lauros.* Ce sont les paroles que le peuple adresse à Tibere, parce que la coustume estoit d'appendre les lauriers et d'autres feuillages au devant des maisons, pour marquer quelque évenement heureux.

V. 66. *Duc in Capitolia magnum cretatumque bovem.* Ce même

peuple exhorte Tibere d'en user en Triomphateur, qui avoit accoustumé d'immoler un bœuf blanc à Jupiter Capitolin.

V. 73. *Turba Remi*. C'est le peuple Romain dont Remus et Romulus ont esté les Fondateurs. Quelques-uns lisent *turba fremens* ou *tremens*, entendant par-là les amis de Séjan, tous tremblans.

V. 74. *Si Nurtia Thusco favisset*. Par le mot *Thuscus*, il entend parler de Séjan qui estoit Toscan ; et Tertullien, aussi bien que Tite-Live, nous confirme que Nurtia, ou Nortia, estoit la Déesse des Volsiniens, qui sont Toscans. Cinthius, sçavant et curieux des monumens anciens, asseure que cette Déesse n'estoit autre que la Fortune sous le nom de Nurtia. Le sens est, que si la Fortune luy eust permis de se défaire de Tibere, qui estoit déja vieux, le peuple l'auroit aisément reconnu pour son Empereur par la raison qui suit.

V. 78. *Ex quo suffragia nulli vendimus, effugit curas*. C'est à dire que le peuple n'ayant plus droit de suffrage pour l'élection des Dictateurs, des Generaux d'armée, et des magistrats, comme il avoit avant que les Cesars eussent usurpé l'Empire, ils ne s'en mettent plus en peine, et obeissent aveuglément à tous ceux qui y sont élevez. Plutarque et plusieurs autres Auteurs ont écrit que dans l'Assemblée des Tribus les aspirans aux magistratures gagnoient par des presens les suffrages des peuples au temps qu'ils y avoient du credit.

V. 80. *Anxius optat panem et Circenses*. Ce peuple ne se met plus en peine que d'avoir du pain pour vivre, et des jeux pour son plaisir ; c'est-là le vray sens. Quelques-uns lisent *pannum*, et l'expliquent des habits d'autres *pana*, et l'entendent des jeux Lupercaux, que l'on representoit à l'honneur du dieu Pan. Il a esté parlé des Lupercaux dans la seconde Satyre, et des jeux Circenses dans la troisiéme.

V. 82. *Magna est fornacula*. Quelques Interpretes l'expliquent de la colere ardente de Tibère ; d'autres de la fournaise par luy préparée pour punir les complices de la conjuration de Sejan.

V. 83. *Brutidius meus ad Martis fuit obvius aram*. Tacite dit que Brutidius estoit un homme qui s'estoit fait riche par des moyens honnestes, et Seneque le fait passer pour un excellent Rheteur ou Historien. Il falloit sans doute qu'il fust des amis de Sejan, puisqu'il trembloit aprés sa mort ; et que pour déguiser ses sentimens, il courut promptement à l'Autel de Mars vangeur, pour y rendre graces à ce Dieu, de la vangeance qu'il avoit exercée sur l'ennemy de Tibere. Voila le sens de ce vers.

V. 84. *Quam timeo victus ne pœnas exigat Ajax ut male defensus*. Pour entendre ce vers il faut rapporter l'Histoire d'Ajax, non pas d'Ajac fils d'Oileus, habile à la course et aux armes, mais d'Ajax fils de Telamon et d'Hesione, fille de Laomedon, dont Ovide parle au 13. des Metamorphoses. Cet Ajax ayant perdu le procés qu'il eut contre Ulysse pour les armes d'Achille lors de la guerre de Troye, en devint si furieux, qu'après avoir égorgé tous les troupeaux d'Ulysse, qu'il prit pour les soldats de son ennemy, il se tua luy mesme de desespoir. Nostre Poëte applique donc l'exemple d'Ajax à Brutidius, en la personne duquel il parle à tous les amis de Sejan, et dit qu'il craint qu'estant aussi mal défendu auprés du Prince, qu'Ajax le fut devant ses Juges, il ne porte la mesme peine, et ne se fasse mourir, plûtost que de demeurer exposé à la cruauté de Tibere, ainsi que firent plusieurs autres, au rapport de Suetone, soit par le fer, soit par le poison. Quelques autres tournent le sens d'une autre maniere, et veulent que l'on craigne que Tibere, comme un autre Ajax, n'exerce sa vengeance sur les Sénateurs et les Citoyens Romains, et ne les accuse de l'avoir mal défendu contre les entreprises de Sejan.

V. 86. *Dum jacet in ripa calcemus Cæsaris Hostem.* Il fait ainsi parler les amis de Sejan, afin d'éloigner les soupçons d'affinité que Tibere pouvoit avoir contre eux. Cet Empereur, au dire de Suetone donnoit une entiere confiance à tous les Delateurs, même aux valets contre leurs maistres ; et c'est ce qui fait dire ensuite à Juvenal, *sed videant servi.*

V. 88. *Cervice obstricta.* Dans les autres Auteurs on trouve *obtorto collo.* Cela vient de ce qu'il estoit permis de prendre un homme au collet pour le mener par force devant le Juge. Ciceron dans l'Oraison pour Aulus Cluentius, *Nec quicquam propius factum est, quam ut illum persequeretur et collo obtorto ad subsellia reduceret ;* il s'en fallut peu qu'on ne le poursuivist, et qu'on ne le prist au collet pour le mener devant le premier Juge. Suetone dans la vie de Vitellius, et Apulée liv. 8. se servent des mêmes termes.

V. 91. *Atque illi Sellas donare Curules. Sella Curulis* estoit une chaise d'yvoire, sur laquelle les Consuls, les Preteurs et les Magistrats qualifiez avoient leur seance pour rendre la justice. Elle fut ainsi nommée à *Curru,* parce que ceux qui estoient parvenus *ad Curules Magistratus,* avoient droit d'aller au Palais en carosse, suivant le témoignage de Gellius liv. 3. chap. 18. mais Tite Live pretend que *Curulis* vienne des habitans de Curis, ville des Sabins, qui en apporterent l'usage à Rome.

V. 92. *Tutor haberi Principis.* Il nomme Sejan, Tuteur du Prince, parce que Tibere demeurant dans l'Isle de Caprée, où il inventoit tous les jours de nouveaux excés d'impudicité, luy laissoit le gouvernement et la défense de tout l'Empire.

V. 94. *Cum grege Chaldæo.* Les Chaldeens, au rapport de Diodore, estoient d'anciens Babyloniens destinez au culte des Dieux, auprés desquels ils faisoient valoir leur ministere et leur pouvoir, grands Philosophes, grands Astrologues, interpretes des songes et de l'avenir. Tibere en avoit toûjours bon nombre auprés de luy, et les consultoit incessamment, et sur tout le fameux Trasylle, en qui il avoit toute créance.

V. 95. *Vis certe pila, cohortes, egregios equites, et castra domestica. Pilum*, au rapport de Vegetius liv. 2. chap. 15 estoit un dard de fer à trois angles, pesant neuf onces, que l'on mettoit au bout d'une javeline de cinq pieds et demy de long, dont les gens de pied se servoient à la guerre. Lucain liv. 1. *Pila minantiapilis*. Varron nous apprend que le *Pilum* des Romains estoit le *Gesum* des Gaulois, et le *Sarissa* des Macedoniens. Tite Live liv. 6. de la guerre Punique *Sub lævo humero summum pectus geso ictum est*, il eut un coup de javeline dans le haut de la poitrine sous l'épaule gauche.

*Cohortes. Cohors* estoit la dixiéme partie d'une Legion, et une Legion estoit composée de six cens Cavaliers et de six mille Fantassins, qui faisoient, au rapport de Suetone dans la vie de Tibere, soixante Centuries, trente Bataillons et dix Cohortes. Ainsi chaque Cohorte devoit estre composée de soixante Cavaliers, et de six cens Fantassins.

*Egregios comites et castra domestica*. Les Interpretes veulent que ce soit la mesme chose, et que le Poëte a voulu parler des Chevaux légers, qu'on appelloit Pretoriens, qui faisoient la garde auprés de l'Empereur. Le sens de ce vers est: tu voudrois sans doute commander aux gens de pied, aux Legions et à la garde Pretorienne, comme faisoit Sejan.

V. 98. *Sed quæ præclara et prospera tanti ut rebus lætis par sit mensura malorum*. C'est une sentence toute Chrestienne, qui nous apprend quel estat nous devons faire de toutes les felicitez de la vie, s'il est vray que les maux les égalent toûjours. Apulée l'exprime en ces termes: *Etiam in amplissima quaque lætitia subest quæ piam vel parva querimonia, conjugatione quadam mellis et fellis*, et Plaute dans l'Amphitrion, *ita Diis placitum, voluptati ut mœror comes consequatur*. Il a plû aux Dieux de donner la douleur pour inseparable compagne de la volupté.

V. 99. *Hujus qui trahitur prætextam sumere mavis*. Il veut parler de la robe de Senateur que Sejan portoit lors qu'il fut tué dans le Senat; car nous avons déjà dit que Macrobe et Ascovius nous ont appris que la robe *prætexta*, qui avoit esté destinée pour les Triomphateurs, estoit devenuë commune aux Magistrats, aux Senateurs et aux Nobles Romains, pour les distinguer des Plebeiens, qui ne portoient que celle qu'on appelloit *Toga*.

V. 100. *An Fidenarum Gabiorumque esse Potestas*. Ulpian nous apprend que *potestas* estoit ce qu'on appelloit *merum imperium*, c'est à dire la puissance du glaive pour la punition des crimes, mais il a esté appliqué à toute sorte de Magistrature. Suetone dans la vie de Claude, *atque etiam per Provincias Potestatibus demandavit.* Il donna aussi ses ordres dans les Provinces à tous les Magistrats, et Tite-Live liv. 6. *et potestate transacta,* c'est à dire, à la fin de sa Magistrature; ce qui se rapporte à ce que dit Paulus sur la Loy *Potestatis, de verborum significatione. Potestas in persona Magistratum imperium significat.* Le mot *potestas* en la personne des Magistrats signifie leur jurisdiction. Il demande si on aimeroit mieux la pourpre de Sejan, que la Magistrature ou l'Ædilité de Fidene ou de Gabie, qui estoient de petites villes de la Romagne, municipales de Rome.

V. 101. *Et de mensura jus dicere.* C'estoient les Ædiles qui connoissoient des poids et des mesures. Voicy ce qu'en dit Ciceron au 2. liv. des Loix : *Suntoque Ædiles curatores urbis, annonæ ludorumque solemnium, illisque ad honoris amplioris gradum primus accessus esto.* Que les Ædiles soient establis pour avoir soin de la police de la ville, veiller à l'abondance, au prix des denrées et aux jeux solemnels, afin que ce soit un degré aux jeunes gens pour arriver à de plus grands emplois.

V. 102. *Pannosus vacuis Ædilis Ulubris.* C'est une opposition qu'il fait de l'habit de Senateur, dont il a parlé, à celuy d'un pauvre Ædile de la petite ville d'Ulubre, vêtu fort grossierement.

V. 108. *Quid Crassos quid Pompeios evertit.* Il rappelle icy la défaite des deux Crassus, pere et fils, commandant l'armée Romaine, fortifiée par Nicomede Roy de Bythinie, par Mitridates Roy de Pont, par Ariarates Roy de Cappadoce, et par Ptolomée Roy de Paphlagonie. Plutarque et Appian disent que les Parthes fondirent de l'or dans la bouche de Crassus le pere, parce qu'ils apprirent qu'il n'avoit entrepris cette guerre que pour s'enrichir de leurs dépoüilles.

A l'égard des Pompées, leur Famille estoit illustre à Rome. Quintus Pompejus, qui fit une paix honteuse avec les Numantins, au rapport de Flore liv. 2. et son fils Curius Pompejus Strabo, homme d'une grande rigidité, qui fut Chef de l'armée dans la guerre Sociale, et qui triompha des Picentins, furent les pere et ayeul de Cnejus. Pompejus, proclamé le Grand par l'armée de Silla, dont il avoit suivy le party au retour de son expedition d'Afrique, où il défit Domitius, et Jarba leur roy, qu'il mena en triomphe à Rome. Depuis, et aprés qu'il eut vaincu Sertorius en Espagne, les Corsaires en mer dans la guerre Piratique, Mitridate Roy de Pont, Tigrane Roy d'Armenie, et Aristobule Roy de Judée qu'il fit prisonnier, sa femme Julia, fille de Jules Cesar, estant morte, il épousa Cornelie fille de Scipion, et veuve de Publius Crassus, fils de Marcus, dont nous venons de parler, et enfin, dans la guerre civile il fut défait par Cesar, son beau-pere, dans les champs de Pharsale, et égorgé par l'ordre de Ptolomée Roy d'Egipte, où il s'estoit refugié. Cnejus et Sextus Pompejus ses fils eurent le mesme sort. Le premier fut tué près de Munda ville d'Espagne, et le second, quelques temps après en Sicile par l'armée d'Auguste.

V. 109. *Ad sua deduxit flagra Quirites.* Il veut parler de Jules Cesar, lequel s'estant érigé par la force en Dictateur perpetuel, reduisit les Romains sous son Empire, dont il dressa le plan à ses successeurs; mais enfin il fut assassiné en plein Senat par Brutus Cassius et plusieurs autres Conjurez, qui luy donnerent vingt trois coups de dague.

V. 111. *Numinibus malignis.* Ce mot est énergique pour signifier la fausse indulgence des Dieux, qui les ont élevez jusqu'au faiste pour les en faire tomber.

V. 112. *Ad generum Cereris.* Pluton avoit épousé Proserpine fille de Cerés; il estoit frere de Jupiter et de Neptune, et Roy des Enfers, où les Poëtes ont feint que toutes les ames descendoient. Il veut dire qu'il n'estoit guere de Rois parmy les Romains, ny de Tyrans qui pussent échapper une mort violente.

V. 114. *Famam Demosthenis et Ciceronis.* Le premier parmy les Grecs, et le second parmy les Latins, ont emporté le prix de l'éloquence.

V. 115. *Totis quinquatribus. Quinquatria* estoient des Festes instituées à Rome à l'honneur de Minerve, Déesse des Sciences, en deux differens mois de l'année; les premieres au cinquiéme jour aprés les Ides de Mars, c'est à dire au douziéme des Kalendes d'Avril; et celles-là estoient appellées *magna quinquatria.* La plûpart des Interpretes ayant suivy le rapport d'Ovide liv. 3 des Fastes, ont crû qu'elles duroient cinq jours, dont le premier estoit employé en sacrifices, les trois suivans en spectacles de Gladiateurs, et le cinquiéme en expiations : et que c'est de là qu'on les a appellées *Quinquatria.* Les secondes Festes qu'on appelloit, au dire de Festus, *Quinquatrus minusculæ,* et selon Ovide au sixiéme des Fastes *minores,* se celebroient aux Ides de Juin par des Joüeurs de flutte masquez; mais le mesme Festus, aprés Varron liv. 5. de la Langue Latine, estime que ces Festes se celebroient anciennement en un seul jour, qu'on nommoit *Quinquatrus,* à l'exemple de plusieurs villes d'Italie, qui appelloient les jours aprés le cinquiéme des Ides *Sexatrum et Septimatrum,* surquoy le sçavant Monsieur Dacier dans ses Notes sur Festus, pour concilier toutes ces differentes opinions, dit qu'il y a apparence que la premiere institution de ces Fêtes n'estoit que pour un jour, qui s'appelloit *Quinquatrus,* par les raisons cy dessus exprimées, et que depuis on les celebra pendant cinq jours, et qu'elles furent pour lors nommées *Quinquatria.*

V. 116. *Quisquis adhuc uno partam colit asse Minervam*. Le sens tombe sur le jeune Ecolier, qui s'est acquis à peu de frais les premiers elemens des Sciences, qu'il exprime par Minerve, qui en est la Déesse ; et cela se rapporte à ces Festes dont nous venons de parler, où elle estoit honorée par ces jeunes gens, qui en attendoient beaucoup de secours dans leurs études, et à ce qu'il a dit dans sa septiéme Satyre, du peu de salaire que les peres donnoient aux Precepteurs de leurs enfans.

V. 117. *Custos angustiæ vernula capsæ*. C'est le petit esclave qui porte les livres de l'Ecolier, qu'Ulpien appelle *Capsarius*, aussi bien que Suetone dans la vie de Neron. On donnoit le mesme nom à ceux qui gardoient les habits dans les bains.

V. 118. *Sed uterque periit orator*. Papilius Læna coupa la teste et la main droite à Ciceron par l'ordre d'Antoine, qui les fit attacher à l'entrée du Palais où cet Orateur avoit déclamé avec tant d'invectives contre luy dans ses Philippiques, aprés toutefois que Fulvie sa femme eut percé à coups d'éguille la langue qui avoit si mal traité son mary.

Demosthene eut le mesme sort pour avoir écrit contre Philippe Roy de Macedoine, quelques discours qu'il nomma Philippiques, dont Alexandre le Grand son fils ayant voulu se vanger, et l'ayant fait poursuivre jusque dans la Calabre, où il s'étoit refugié, le contraignit à se faire mourir par le poison.

Surquoy il est à propos de remarquer, que Ciceron donna le nom de Philippiques aux Oraisons qu'il prononça contre Antoine, bien qu'elles dûssent estre plûtost appellées Antoniennes, pretendant par ce titre, qu'il empruntoit de Demosthene, leur donner plus de poids et de credit.

V. 122. *O fortunatam natam me Consule Romam*. Ce fut un Vers que Ciceron fit à sa loüange, aprés qu'il eut détruit la conjuration de Catilina, et dont il fut fort raillé par les envieux de sa gloire. Juvenal le rapporte aussi pour marquer le peu de genie que Ciceron avoit pour les Vers, et veut dire que s'il n'en eust pas eu davantage pour la Prose, ses Philippiques, et particulierement la seconde, qu'il exprime par ces mots, *à prima quæ proxima*, et qu'il prononça avec tant de feu et de vehemence contre Antoine et en sa presence, ne luy auroient pas cousté la vie.

V. 127. *Sævus et illum exitus eripuit*. Ce vers, et les six vers suivans parlent de la destinée de Demosthene, dont le pere, que tous les Historiens n'ont sçu nommer, estoit forgeron, et mourut, ayant laissé son fils seulement âgé de dix-sept ans. Ce fils eut tant de penchant pour les Lettres, qu'il se rendit le plus éloquent Orateur d'Athenes. Nous venons de parler de sa mort.

V. 128. *Pleni moderantem fræna Theatri*. C'est une metaphore elegante, pour dire que dans les Assemblées il ployoit à son gré l'esprit de ses Auditeurs. Elle est prise du frein des chevaux, par le moyen duquel on les conduit comme l'on veut.

V. 132. *Latteo Vulcano* est pris pour une forge sombre, à cause que Vulcain estoit le Dieu des forges et du feu.

V. 133. *Truncisaffixa Trophæis. Trophæum* vient d'un mot grec qui signifie retour, parce que c'étoit un monument que les Victorieux dressoient à leur retour, lors qu'ils avoient mis en fuite leurs ennemis, dont ils attachoient les dépoüilles à quelques arbres ébranchez. Servius dit que les Romains qui avoient pris cet usage des Grecs, posoient ces trophées dans des lieux éminens, et qu'ils les firent mesme graver sur le marbre et sur l'airain, dans leurs arcs triomphaux. Plutarque s'en plaint agréablement, et dit que la honte et l'ignominie des peuples vaincus, dont on affectoit de perpetuer la memoire, estoit un moyen de s'attirer de leur part une haine et une guerre immortelle.

V. 134. *Lorica* est ainsi nommée, à *Loro*, qui est une courroye de cuir, parce que les Cuirasses anciennement n'estoient que de cuir; elles n'ont pas laissé de retenir ce nom, quoi que depuis elles ayent esté de fer.

*Fracta de casside Buccula.* C'est l'endroit d'un Heaume par où l'on respire.

V. 135. *Et curtum temone jugum.* Cela s'entend d'un Char, dont le timon est rompu. Les Anciens avoient accoustumé de combattre sur les Chars aussi bien qu'à cheval.

V. 136. *Victæque Triremis aplustre.* C'est à dire à la lettre, les ornemens des Galeres vaincuës; et cela se doit entendre d'une victoire navale. Festus nous en est garand, et nous apprend qu'*aplustre et aplustria* au pluriel, sont les ornemens qui se mettent à la Poupe des Navires ou des Galeres, ainsi nommées, *quia erant amplius quam essent necessaria usu,* parce qu'ils estoient superflus pour l'usage. Quelques auteurs anciens ont lû *aplustra* et *amplustra,* selon Priscianus; et à l'égard des ornemens de la Proüe, on les appelloit *acrostolia* pour en faire la difference, du mot Grec ἀκρότης, qui signifie l'extrémité ou le faiste.

V. 136. *Et summo tristis captivus in arcu.* L'on avoit accoustumé de graver en marbre dans les arcs triomphaux tout l'ordre des victoires gagnées, et l'on n'oublioit pas d'y representer les Captifs. Suetone dit que Domitien en fit ériger dans tous les quartiers de Rome.

V. 138. *Romanus Grajusque ac Barbarus induperator.* C'est une licence Poëtique pour *Imperator,* qui ne pouvoit pas convenir au vers. On peut compter parmy ces illustres Romains, dont la fin fut funeste, Sylla, Crassus, Pompée, Jules Cesar, Marc Antoine, et plusieurs autres. Parmy les Grecs, Alexandre le Grand, Themistocle qui mourut ou de poison ou en exil, et Miltiade en prison, pour ne pouvoir pas payer l'amende à laquelle il avoit esté condamné par les Atheniens ses compatriotes: et ce qu'il y a de plus estonnant, c'est qu'ils n'ont souffert ces violentes morts, qu'aprés avoir donné des marques de leur zele et de leur valeur en mille rencontres pour le service de leur Patrie.

V. 145. *Sterilis mala robora ficus.* Il entend parler du Figuier sauvage, nommé en Latin *Caprificus,* qui ne porte point de fruit, et qui sortant des murailles, en rompt les plus dures pierres, au rapport de Pline, liv. 16. chap. 19. Martial, liv. 10. Epig. 2.

> *Marmora Messalæ scindit Caprificus.*
>
> Messala voit ouvrir par le Figuier sauvage
> Ses marbres les plus durs, pour s'y faire un passage.

V. 147. *Expende Annibalem.* Il raconte dans les vingt et un vers suivans les conquestes, les grandes entreprises, et la chûte du fameux Annibal, General d'armée des Africains, lequel fut engagé dés son enfance par un serment que son pere Amilcar exigea de luy, à faire la guerre aux Romains dés que son âge le luy permettroit. Il commença par une irruption en Espagne, où il assiegea Sagunte pendant huit mois, et la détruisit. De là il passa par les Pyrenées et par les Alpes, où il se fit un chemin au travers des rochers, qu'il fit rompre par l'artifice du feu et du vinaigre, pour entrer dans l'Italie, où d'abord il défit Titus Sempronius Consul, prés du fleuve Trebia, qui sortant de l'Apennin se jette dans le Po; et ensuite Flaminius prés du lac de Trasimene, où l'on dit que quinze mille Romains furent tuez, et depuis, Paul Æmile et Terentius Varro Consuls, dans la bataille de Cannes, ville de la Poüille, où il demeura sur la place quarante-cinq mille Soldats, quatre-vingt-dix Senateurs, trente Consulaires Preteurs ou Ediles, et plus de sept cens Chevaliers Romains, Annibal fit ramasser de cette défaite un si grand nombre d'anneaux, qu'il en remplit trois muids et demy. Il les envoya à Carthage; mais ayant négligé le siege de Rome pour les délices de Capouë, son armée fut premierement battuë prés de Cumes par Sempronius Gracchus, auprés de Nole par Marcellus, et enfin par Scipion, qui avoit assiegé Carthage, où il fut obligé de retourner, en sorte qu'ayant perdu vingt mille hommes dans une bataille prés de Sama, ville d'Afrique, il fut contraint de se retirer chez Antiochus, et depuis chez Prusias Roy de Bithinie, où ne se croyant pas en seureté, parce que les Romains le demandoient, il se fit mourir par le poison qu'il avoit caché sous une bague qu'il portoit au doigt. Tite Live et Plutarque en parlent fort amplement.

V. 149. *Africa Mauro perfusa Oceano.* Il fait une briéve des-

cription de cette troisième partie du Monde, qui est separée de
l'Asie par le Nil et par l'Égypte du costé de l'Orient, confinée par la
Mer Atlantique et la Mauritanie à l'Occident, par la Mer Australe
au Midy, et par la Mer Méditerranée au Septentrion.

V. 156. *Et media vexillum pono Suburra.* *Suburra* estoit une
des principales rües de Rome. La partie est icy prise pour le tout.

V. 158. *Cum Getula ducem portaret bellua luscum.* Les Gétules
sont des Peuples d'Afrique proche la Mauritanie, où l'on trouve
quantité d'Elephans. On dit qu'Annibal perdit un œil dans les
fatigues qu'il eut à passer les Alpes, où toute son armée souffrit
beaucoup, en sorte qu'il fut contraint de monter sur un Elephant;
ce qui donne occasion à Juvenal d'en faire une raillerie.

V. 168. *Unus Pellæo juveni non sufficit orbis.* Pella est une ville
de la Macedoine, où Alexandre le Grand estoit né, d'où vint que son
pere Philippe et luy eurent le surnom de Pellæus. Lucain :

> *Pellæi proles vesana Philippi.*

Juvenal avoit appris de Plutarque son contemporain sous le Regne
de Trajan et d'Adrien, qu'Alexandre entendant discourir le Philosophe
Anaxarque, qui assûroit qu'il y avoit plusieurs Mondes, jetta des larmes
par la douleur qu'il eut, de ce qu'après tant de périls et tant de fatigues, il n'avoit encore pû se rendre maistre d'un seul de ces mondes.

V. 170. *Ut Gyaræ clausus scopulis parvaque Serypho.* Nous
avons déja parlé dans la premiere Satyre de l'Isle de Gyaris, qui est
l'une des Sporades, et de celle de Seriphe, l'une des Cyclades, où
l'on releguoit les criminels.

V. 171. *A figulis munitam urbem.* Il entend parler de Babylone,
ville capitale de Perse qui fut bastie par Semiramis femme de Ninus,
avec de la brique enduite de poix et de bitume, dont le circuit estoit
de soixante mille pas, dans laquelle Alexandre fut empoisonné par
Cassander, ainsi que le Magicien Pythagoras luy avoit prédit. Voyez
Justin liv. 12.

V. 172. *Sarcophago contentus erit.* *Sarcophagus* estoit une espece
de pierre ou de marbre que l'on tiroit prés de la ville d'Assus dans
la Troade. On en faisoit des Tombeaux, et les corps qu'on y mettoit
estoient consumez en quarante jours, au rapport de Pline liv. 36.
chap. 17. Cette pierre fut ainsi nommée de deux mots Grecs σαρκὸς
chair, et φάγω je mange. Celsus en parle ainsi: *Lapis est qui carnem
exedit, quem sarcophagon Græci vocant.* Il y a une pierre qui consume la chair, que les Grecs nomment *Sarcophagus.*

V. 174. *Velificatus Athos.* Il rappelle ce qu'Herodote, liv. 7. et
Justin, livre 2. ont dit de Xerxés Roy de Perse, lequel voulant entrer
dans la Grece, pour en abréger le chemin, fit percer le Mont Athos
en Macedoine, dans un espace de quinze cens pas, plûtost par osten-

tation que par necessité, pour y faire passer un bras de Mer, et dix mille Vaisseaux qu'il avoit dans son armée, si les Grecs qui sont fort fabuleux en sont crûs, et voulant ensuite passer de l'Asie dans l'Europe, il fit construire un Pont sur l'Hellespont entre Sestos, qui est dans l'Europe, et Abidos Ville d'Asie, entre lesquelles on compte sept stades, qui ont chacune cent vingt-cinq pas. Et c'est ce qui fait dire à nostre Poëte : *Suppositumque rotis solidum Mare.*

V. 177. *Epotaque flumina Medo prandente.* Il fait tarir les fleuves dans un repas de son armée. Les Medes sont des peuples Orientaux de l'Asie majeure, qui confinent la Perse et en sont dépendans. C'est ce qui fait qu'Apulée dans son Apologie, appelle le Grand Cyrus *Semimedus et Semipersa.*

V. 178. *Madidis cantat quæ Sostratus alis.* Il veut que Sostrate, qui estoit un Poëte Grec, lequel avoit écrit la Guerre de Xerxés, fust remply de vin quand il en écrivit l'Histoire, parce qu'elle paroist fabuleuse.

V. 179. *Qualis rediit Salamine relicta.* Salamis est une Isle située vis-à-vis la Region Attique en Grece, proche de l'Isle Ægine, où Telamon, pere d'Ajax et de Teucer, avoit regné. Themistocles, General des Atheniens, défit dans un combat naval l'armée prodigieuse de Xerxés proche de cette Isle. Xerxés voulant se sauver dans Abidos, et trouvant que le Pont qu'il avoit fait construire estoit rompu, fut contraint de se servir d'une barque de pêcheur; ce qui fait dire élegamment à Justin : *Res spectaculo digna et ad destinationem rerum humanæ sortis admiranda varietate, in exiguo videre latentem navigio quem paulo ante vix æquor omne capiebat.* Chose digne d'admiration, et qui marque visiblement l'inconstance des choses humaines, de voir celuy que toute la Mer avoit peine à contenir, estre obligé à se cacher dans une Felouque. On dit que s'estant échappé, et ayant fait mourir les premiers Architectes, il fit reconstruire le Pont.

V. 180. *In Corum atque Eurum.* Ce sont les noms des deux vents, qui signifient tous les autres, que l'insensé Xerxés fit fouëtter aussi bien que la mer de l'Hellespont, pour avoir renversé son Pont.

*Barbarus.* Il imite les Grecs, qui ne donnoient point d'autre nom à Xerxés.

V. 182. *Ipsum Compedibus qui vinxerat Ennosigæum.* Herodote ajouste que ce Prince eut la folie de faire jetter dans la mer des chaînes de fer pour l'enchaîner et la châtier.

*Ennosigæum.* On donne ce nom à Neptune, Dieu de la Mer, des deux mots Grecs ενόω, je frappe, et γαῖα la terre, parce qu'il la bat incessamment avec ses flots.

V. 183. *Mitius id sane quod non et Stigmate dignum credidit.* *Stigma* est pris icy pour quelque note d'infamie; et le sens est, parlant ironiquement, que Xerxés avoit paru fort moderé de n'avoir pas châtié Neptune plus severement, et de ne luy avoir pas imprimé quelque marque de son indignation.

V. 184. *Huic quisquam vellet servire Deorum.* Aprés cela, quel est le Dieu qui auroit voulu proteger cet insensé? Cette exclamation est digne de l'entousiasme du Poëte.

V. 187. *Has toties optata exegit gloria pœnas.* Voilà une conclusion élégante de cette partie de son Poëme, par laquelle il fait voir que la gloire tant desirée est souvent suivie par de grandes peines, et fort imprévuës.

V. 194. *Ubi pandit Trabaca saltus.* Trabaca est une Region de l'Afrique ou de la Libie, remplie de grandes Forests, qui sont tres-fertiles en Singes, ainsi que Possidonius le confirme dans son Histoire.

V. 202. *Captatori Cosso,* c'est-à-dire, *Hæredipetæ.* Cossus est pris icy pour signifier tous ceux qui recherchent des heritages.

V. 205. *Jacet exiguus cum ramice nervus.* J'ay consulté sur ce mot Messieurs Falconel et Garnier, sçavans Medecins du College de Lyon, grands Anatomistes, qui ont herité de la profonde experience et de l'habileté de leurs peres, et de l'amitié desquels je me tiens fort honoré. J'ay appris d'eux, que *Ramex* est un mot generique de l'Hergne, laquelle se prend proprement pour la sortie de l'Intestin ou de la Coëffe hors la capacité du bas ventre, dont il y a plusieurs especes.

Lors que les anneaux ou trous des aponevroses des muscles du bas ventre par où passe le canal allongé de la substance du Peritoine, et qui sont ainsi nommez, parce que la Nature prévoyante les a donnez comme des liens, pour empêcher la dilatation de ce canal; lors, dis-je, que ces anneaux viennent à se relâcher par quelque humidité qui les abreuve, ou parce qu'ils sont ébranlez ou violentez par quelque cause estrangere, les Intestins qui sont enfermez par la membrane du Peritoine, et principalement celuy qu'on appelle *Ileum,* se jettent dedans, et quelquefois la Coëffe y descend. Pour lors, si la tumeur qui s'y forme ne passe pas l'aisne, on l'appelle Bubonocele, dont il y a deux especes, sçavoir l'Enterocele par la chûte de l'Intestin, et l'epiplocele par celle de la Coëffe; et quand tous les deux s'y rencontrent on luy donne le nom d'anteroepiplocele.

Si la tumeur tombe dans le Scrotum, on l'appelle generiquement Oscheocele, dont il y a autant d'especes et de mesme nom que celles cy-dessus. Que si cette mesme tumeur tombe dans le nombril, on l'appelle Omphalocele.

Outre ces especes de véritables Hergnes, il y en a plusieurs autres qui procedent de differentes causes, et qu'on nomme Hergnes fausses. Si c'est un amas d'eau qui fasse une tumeur dans le Scrotum, elle est nommée Hydrocele. Si elle est causée par des vents, on l'appelle Purumatocele.

Lors que les Veines enflées d'un sang grossier et qui ne circule plus, rendent cette partie livide, grosse et inégale, c'est une Hergne variqueuse ou circosele, ainsi que nostre Poëte l'a voulu dire dans la sixiéme Satyre, *Varicosus fiet haruspex*.

Quand c'est un amas de chair superfluë et endurcie, elle est appellée Sarcocele, et lors que par quelques abcés la matiere qui n'a pu estre emportée par suppuration, s'y est épaissie et y forme quelque tumeur, c'est une Hergne calleuse ou porocele. En voilà assez, il faut laisser l'explication du passage que la pureté de nostre Langue ne souffre pas.

V. 212. *Et quibus aurata mos est fulgere Lacerna*. Les Chantres et les joüeurs d'instrumens, parmy lesquels Seleucus, dont il vient de parler, excelloit, s'estoient rendus à la fin si fiers, qu'ils avoient pris la coustume d'exercer leur Simphonie en se promenant sur le Theatre, couverts d'une veste longue ornée de dorures, qu'on appelloit *Lacerna* ou *Palla*, ainsi que nous l'avons expliqué ailleurs, de laquelle coustume Horace avoit déjà fait mention dans sa Poëtique par ce vers :

*Tibicen auratam traxit per pulpita vestem,*

V. 220. *Quot amaverit Hippia mœchos*. Voicy une exageration fort outrée dans les sept vers suivans, où Juvenal affecte de censurer d'un stile Satyrique les vices de ceux dont il parle. Nous l'avons exprimée en termes generaux dans la traduction pour éviter ces minuties, qui n'ont aucun agrément dans nostre Langue. Il a esté amplement parlé dans la Satyre sixiéme, d'Hippia femme du Senateur Vejento, qui abandonna son mary pour suivre son Adultere en Egypte.

V. 221. *Quot Themison*. C'estoit, au rapport de Pline et de Cornelius Celsus, un fameux Médecin de son temps.

V. 222. *Quot Basilus socios, quot circumscripserit Hirrus pupillos*. Basilus estoit Prefet de Province du temps de Jules Cesar, et il s'y estoit enrichy par mille voleries. Lucain en fait mention. Hirrus est un nom emprunté, pour signifier un Tuteur qui vole le bien de son Pupile. Juvenal l'a encore appellé *Circumscriptor* dans la Satyre quinziéme. *Pupillum ad jura vocantem Circumscriptorem.*

V. 224. *Quot viros exsorbeat Maura*. Ce vers est pathetique pour signifier l'épuisement. On a déja parlé de l'impudique Maura dans la Satyre sixiéme.

V. 224. *Quot discipulos inclinet Hamillus*. Martial livre 7. le fait passer de même pour un Precepteur fort corrompu.

V. 226. *Quo tondente.* On explique ce vers, ou d'un Licinius, qui de barbier fut Senateur ; ou d'un Cinnamus, qui avoit acquis beaucoup de richesses par de meschantes voyes. C'est de luy qu'il est parlé dans la premiere Satyre.

V. 230. *Diducere rictum suetus.* Il veut marquer l'ouverture de la bouche pour manger. Horace s'en estoit servy dans l'une de ses Satyres, pour l'appliquer à celle qui se faisoit en riant.

*Ergo non satis est risu diducere rictum?*

Ne suffit-il donc pas de rire à pleine bouche ?

V. 238. *Ad Phialen.* C'estoit un infame, qui aprés avoir passé sa vie dans un lieu de prostitution, comme dans une prison, qu'il exprime par ces mots, *in carcere fornicis,* s'appliquoit à carresser un vieillard pour avoir son bien.

V. 246. *Rex Pylius.* Il parle de Nestor, fils de Nelée, et petit fils de Neptune, qui regna dans Pylus, ville de la Laconie, et qui vécut, selon quelques Auteurs, trois âges, que l'on fait passer pour trois siecles ; mais selon d'autres, ce sont seulement quatre-vingt-dix ans. Ils se reglent en cela sur le témoignage de Xenophon dans ses Equivoques, qui dit que les Egyptiens ne comptoient chaque âge que par trente années. Toutefois ce n'est pas le sentiment de nostre Poëte, dont la suite des Vers fait connoistre qu'il comptoit par siecles les années de Nestor. Voyez Homere, livre 3. de l'Odyssée.

V. 249. *Atque suos jam dextra computat annos.* Ce Vers confirme ce que je viens de dire ; car nous apprenons du venerable Bede et de Cœlius Rhodiginus, liv. 23. chap. 12, que les Anciens se servoient de la main gauche pour compter les nombres jusqu'à cent, et de la droite pour les centaines jusqu'à mille. Cette pensée convient mieux à la comparaison qu'il fait aux années du Corbeau, que quelques Auteurs ont dit vivre jusqu'à neuf cens ans.

V. 253. *Aëris Antilochi.* Il veut exprimer par cette épithete la valeur du fils de Nestor, qui fut tué par Memnon en voulant secourir son pere. Properce exagere de mesme la douleur qu'en eut le pere.

V. 256. *Hæc eadem Peleus.* Il parle maintenant de la douleur qu'eut le vieil Pelée, fils d'Æacus, et Pere d'Achille, qu'il avoit eu de Thetis, lors qu'il apprit que son fils avoit esté tué d'un coup de flêches par Paris dans le Temple d'Apollon Timbrée proche de Troye, ainsi nommé, selon Servius, par le Champ remply de Sarriete, dans lequel il estoit basty, où Achille s'estoit rendu pour épouser Polixene, fille de Priam. Surquoy il faut observer, que Paris s'estant caché derriere la Statuë de ce Dieu, à qui on donne toûjours un arc et des flêches, donna lieu au bruit qui courut, que c'estoit Apollon qui avoit tué Achille.

V. 257. *Atque alius cui fas Ithacum lugere natantem.* Il parle de Laërte, pere d'Ulysse, et il le surnomme Ithacus, à cause que l'Isle d'Ithaque, prés du Détroit de Corinthe, estoit sa Patrie. Laërte crut son fils mort pendant dix ans que dura son voyage depuis Troye jusqu'à Ithaque. Voyez Homere dans l'Odyssée. Il est bon de remarquer, que le Poëte ne nomme point icy le pere d'Ulysse, et le fait entendre seulement par le mot *alius,* parce que le bruit estoit grand qu'Anticlée, mere d'Ulysse, avoit esté débauchée par Sisyphe, et qu'Ulysse en estoit né. C'est ce qu'Ajax luy reproche au livre 13. des Metamorphoses.

V. 259. *Ad umbras Assaraci.* Tros fut le pere d'Assaracus et d'Illus. Ce dernier donna son nom à la Ville de Troye, qu'on appella Ilion, et eut pour fils Laomedon, pere de Priam, sous le regne duquel Troye fut prise et mise en cendres par les Grecs, aprés un Siége de dix années.

V. 262. *Ut primos edere planctus Cassandra inciperet.* Cassandre estoit la fille ainée de Priam et d'Hecube, et estant aimée d'Apollon, elle luy promit de répondre à son amour, pourvû qu'il luy accordast le dom de Prophetie; mais comme elle luy manqua de parole, ce Dieu pour se vanger, fit que personne ne crut à ses prédictions. Ceux de sa famille sentirent le premier effet de cette vengeance, puisqu'ils ne voulurent point ajouster foy aux malheureuses suites qu'elle leur prédit de l'enlevement d'Helene. Enfin, aprés la prise de Troye ayant esté conduite en Grece par Agamemnon, elle y fut assassinée par l'ordre de Clitemnestre. Lors que le Poëte parle des pleurs de Cassandre, il fait allusion à ces femmes, qui se loüoient à prix d'argent pour faire des lamentations dans les Pompes funèbres, et pour publier les loüanges des défunts. On les nommoit *Præsicæ,* selon Festus, *quasi in hoc ipsum præfectæ, ou quod præficerentur.*

V. 262. *Scissaque Polixena palla.* Cela s'entend, ou de ce que les filles à la mort de leurs peres déchiroient leurs habits pour marquer leur douleur, ou de ce que Polixene, autre fille de Priam, aprés la prise de Troye ayant esté poursuivie jusqu'au tombeau d'Achille par Pirrhus Neoptolemus, qui vouloit vanger sur elle la mort de son pere, se voyant preste d'expirer déchira sa grande veste, dont elle enveloppa ses genoux, afin de mourir avec plus de pudeur.

V. 264. *Audaces Carinas.* Il appelle les Vaisseaux dont Paris se servit pour enlever Helene, femme de Menelaüs, temeraires, parce que l'entreprise le fut beaucoup et qu'elle eut un funeste succes pour la Patrie.

V. 267. *Tunc miles tremulus posita tulit arma Tiara.* On dit que Priam déja fort vieux, voyant sa ville embrasée, ses enfans morts, et luy entre les mains de ses ennemis, quitta cette espece de Tiare, qui distinguoit les Rois, et courut les armes à la main à l'Autel de Jupiter Hercéen, ainsi nommé à cause que son Temple estoit dans un valon fermé, que les Grecs appellent ἑρκεῖον, où il fut tué par le mesme Pirrhus.

V. 271. *Sed torva Canino latravit rictu.* Les Poëtes ont feint qu'Hecube, à cause de ses hurlemens, aprés tant de malheurs fut changée en Chienne, parce que les Grecs luy donnerent ce nom pour se vanger de ses imprécations.

V. 273. *Regem transeo Ponti et Crœsum.* Il rappelle l'Histoire de Mitridate, Roy de Pont, qui regna cinquante-sept ans parmy les agitations de la bonne et de la mauvaise fortune. Il en passa quarante en guerre avec les Romains. Il fut vaincu trois fois : la premiére par Sylla, la seconde par Lucullus, et une autre par Pompée ; et enfin, estant pressé par Pharnaces son fils, qui luy faisoit la guerre, et ne pouvant mourir de poison, à cause que son estomach s'en estoit garanti par la vertu de son antidote, il se tua luy-même, ou se fit tuer par un soldat Gaulois nommé Bitochus. Voyez Flore, liv. 3. chap. 5.

Crœsus Roy de Lydie, si fameux par ses richesses, éprouva le même sort, et finit ses jours captif de Cyrus Roy de Perse. Voyez Herodot. liv. 1.

V. 276. *Exilium et carcer, Minturnarumque paludes.* Il veut parler de Marius, qui eut sept fois la Dignité de Consul, et qui aprés avoir triomphé de Jugurtha Roy d'Afrique, et chassé Sylla, fut enfin vaincu et contraint de se cacher dans les marais de Minturne, ville de la Campanie, entre Sinuesse et Formie, que le fleuve Lyris separe. Silla qui l'y découvrit le fit conduire en prison, et prononça l'arrest de sa mort ; mais le Soldat, qu'il luy envoya pour l'executer, fut si surpris de la Majesté de son visage, qu'il n'osa attenter sur sa personne. Depuis ayant esté exilé en Afrique, il fut contraint à y demander son pain, et estant enfin revenu de là à Rome, le consul Cinna le receut avec honneur, et peu de temps après il fut attaqué d'une fievre dont il mourut. Florus, liv. 3 chap. 21.

V. 285. *Igitur fortuna ipsius et urbis.* Cela s'entend de la mauvaise fortune de Pompée et de Rome laquelle ne luy sauva la vie, qu'une fievre violente dont il fut attaqué à Naples, luy devoit oster, que pour luy faire couper la teste en Egypte, à l'âge de soixante ans, aprés avoir esté vaincu dans les Champs de Pharsale. *Servatum caput victo abstulit.*

V. 287. *Ceciditque Cethegus integer.* Il parle de Lentulus, de Cethegus et de Catilina, tous trois grands scelerats, et unis dans la conjuration qu'ils firent contre leur patrie, dont il dit par raillerie que le sort ne fut pas si malheureux que celui de Pompée, bien qu'ils fussent tous morts de mort violente par la vigilance et la fermeté de Ciceron, parce, dit-il, que leurs corps ne furent point mutilez, et qu'ils furent portez au bucher tout entiers.

V. 291. *Usque ad delicias votorum. Deliciæ* chez les Romains estoit un mot qu'ils appliquoient à tout ce qui flattoit leurs sens. Catulle :

> *Passer, deliciæ meæ puellæ.*
>
> Moineau, de mon amante unique amusement.

Plutarque dans la vie de Marc-Antoine, *Erat autem Sarmentus Cæsaris servulus ex iis qui festivitatis causa haberi solent, quos Romani delicias appellant.* Sarmentus estoit un petit esclave de Cesar du caractere de ceux qui servent à réjoüir leurs Maistres, et que les Romains appellent leurs delices.

V. 292. *Gaudet Latona Dianæ.* Latone estoit mere d'Apollon et de Diane, et se fit un grand plaisir de les voir si beaux.

V. 293. *Vetat Lucretia.* L'histoire de Lucrece est connuë. Elle estoit femme de Collatin, et d'une beauté aussi rare que sa vertu. Elle se tua pour avoir esté violée par Sextus fils aîné de Tarquin le Superbe, dernier Roy des Romains. Ce malheur fut la cause de la liberté des Romains qui chasserent les Rois. Tite Live, liv. 1. Valere Maxime, liv. 6. chap. 1.

V. 294. *Cuperet Rutilæ Virginia gibbum.* Pline, liv. 7. a écrit que Rutila estoit une femme fort hideuse, qui avoit vécu quatre-vingt-dix-sept ans.

Denis d'Halicarnasse liv. 9. et Tite live en sa premiere Decade, rapportent qu'Appius Claudius, l'un des Decemvirs, ayant enlevé Virginie, fille d'un Centurion de la race Plebeïenne, et ne pouvant la corrompre, la remit à un de ses amis, pour avoir la liberté de la voir. Son pere qui estoit à l'armée, l'ayant appris, et ne pouvant la deffendre dans l'audience de ce même Appius, devant qui on soustenoit qu'elle devoit estre reduite en servitude, n'estant pas née de condition libre, demanda à luy parler pour la derniere fois, et l'ayant tirée à l'écart, il la tua, en disant qu'il la vouloit envoyer pure auprès de ses Ayeux : ensuite de quoi il emporta son corps tout sanglant à l'armée, afin d'obliger ses compagnons à vanger l'injure qu'il avoit receuë. Ils créerent dix Tribuns, et s'estant saisis du Mont Aventin, ils dégraderent les Decemvirs, et les punirent tous de mort, ou d'exil.

V. 298. *Horrida domus.* Il se sert de ce mot pour signifier une maison où l'on vit sans éclat et dans une grande rigidité à l'égard des mœurs.

V. 306. *Ephebum deformem.* Censorinus, au livre du Jour Natal, dit qu'*ephebia* est le premier âge de l'adolescence, qui commence à quatorze ans, lors que les jeunes gens entrent en puberté. L'on avoit une detestable coûtume de faire des eunuques à ce même âge, et l'on dit que Neron choisissoit les plus beaux, et en faisoit faire l'operation dans le Chasteau du Capitole. D'où vient que nostre Poëte luy donne l'epithete de cruel, *sæva in arce*. Domitien, au rapport de Suetone, en fit des deffenses tres-expresses par un Edit.

V. 308. *Nec prætextatum*. Il entend parler des enfans de qualité, ausquels on donnoit la robe *prætexta*, dont nous avons parlé ailleurs, avec la marque d'ingenuité, qu'on appelloit *bulla* jusqu'à l'âge de dix-sept ans complets, auquel temps on les revestoit de la robe virile.

V. 313. *Nec erit felicior astro Martis*. Il fait allusion à l'aventure de Mars, dont Ovide parle au 4. livre des Metamorphoses. Ce Dieu ayant esté surpris couché avec Venus, fut enveloppé de filets par Vulcain son mary, qui les exposa à la risée des autres Dieux.

V. 317. *Quosdam mœchos et mugilis intrat*. Mugil ou *Mugilis* est un poisson, dont la teste est fort grosse, et le reste du corps delié, d'une voracité extraordinaire, et d'une legereté si grande, au rapport de Pline, liv. 9. qu'il trompe souvent l'attente des Pêcheurs. Anciennement la peine des adulteres estoit de souffrir l'un de ces poissons dans le fondement. C'est à quoy le Poëte fait allusion.

V. 322. *Sive est hæc Hippia, sive Catulla*. C'est-à-dire, soit qu'elle soit prodigue ou noble, comme Hippia, ou avare ou roturiere, comme Catulla, elles sont également liberales pour leurs amans.

V. 325. *Quid profuit Hippolyto*. Hippolyte, fils de Thesée et de l'Amazone Hippolyte, donna tant d'amour par sa beauté à Phedre sa belle-mere, qu'elle voulut l'obliger de satisfaire à ses méchans desirs. Le refus qu'il en fit, la porta à l'accuser auprés de son mary du crime dont elle seule estoit coupable ; ce qu'Hippolyte ayant sçu, et voulant éviter la colere de son pere, il prit la fuite dans un chariot, dont les chevaux épouvantez par les Monstres que Neptune avoit fait sortir de la Mer à la priere de Thesée, coururent avec précipitation, et ayant renversé le chariot, trainerent le malheureux Hippolyte, qui fut mis en pieces. Sa mort obligea Phedre de se tuer elle-même, mais Diane, protectrice des ames chastes, employa le sçavoir d'Esculape pour le faire revivre, et depuis il chercha un azile en Italie, où il fit bâtir une Ville assez prés de Rome, qu'il nomma Aricie, du nom de sa femme, et se fit nommer Virbius, *quasi bis vir*, deux fois homme. Voyez Hyginus, Fab. 47.

V. 325. *Quid Bellerophonti*. Bellerophon, fils de Glaucus Roy de Corinthe, estant allé visiter Proetus, Roy d'Argos, dans le Peloponese, sa femme Stenobée fut tellement éprise de sa beauté, qu'elle le sollicita, comme Phedre avoit sollicité Hippolyte ; et le dépit

qu'elle eut d'en recevoir les mêmes refus, luy fit entreprendre la
même accusation. Le trop credule Proetus envoya Bellerophon à
Jobatas, Roy de Lycie, son beaupere, avec des lettres d'avis pour
l'obliger à le perdre. Bellerophon, sous pretexte de la confiance
qu'on avoit en sa valeur, y fut exposé à combattre un Monstre,
qu'on appelloit la Chimere, et qui desoloit pour lors le Royaume.
Ce Monstre, selon les Poëtes, avoit la teste et la poitrine d'un Lyon,
le ventre d'une Chévre, et la queuë d'un Dragon, et il sortoit du feu
de sa gueule. La Chimere fut défaite par le secours du Cheval aislé,
appellé Pegase, que Neptune donna à Bellerophon; et cette victoire
le fit si fort estimer de Jobatas, qu'il luy fit épouser sa seconde
fille, et l'associa à son Royaume. Stenobée se tua de desespoir, et
Bellerophon trop enflé de ce succés, ayant voulu monter au Ciel
avec le mesme Cheval Pegase, en fut précipité par Jupiter. Servius,
sur le sixiéme de l'Eneïde, nous apprend que ce qui a donné lieu
à la Fable de la Chimere, est une montagne dans la Lycie qui vomit
du feu, et sur le sommet de laquelle on trouve plusieurs Lyons, au
milieu des Chèvres qui y paissent, et dans le bas des Serpens: et
parce que Bellerophon rendit cette Montagne habitable, on a feint
qu'il avoit tué la Chimere. Quelques autres disent, que l'origine de
cette Fable vient de ce que Bellerophon s'estant servy d'un Vaisseau
leger qui avoit un Cheval aîlé pour Banniere, défit un Corsaire, qui
se retiroit sur le Mont Chimere, et dont le Vaisseau portoit un Lyon
sur la Prouë, un Dragon sur la Poupe, et une Chévre au milieu.
Homere, livre 6. de l'Iliade. Natalis Comes, livre 9. chapitre 3.
Hyginus, Fab. 57.

V. 327. *Quam Cressa.* C'est la mesme que Phedria, fille de
Minos, Roy de Grete, que Thesée emmena en Grece aprés avoir tué
le Minotaure.

V. 330. *Cui nubere Cæsaris uxor destinat.* Tacite livre 11. et
Suetone dans la vie de Claude, rapporte que cet Empereur estant
allé à Ostie pour y offrir aux Dieux quelques sacrifices, Messaline
son impudique femme, dont nous avons parlé dans la sixiéme
Satyre, eut l'impudence d'épouser Cajus Silius, l'homme de tous les
Romains le mieux fait, et qui estoit destiné pour estre Consul; ce
qu'il n'osa refuser, croyant ne pouvoir éviter la mort s'il s'y hazar-
doit. L'Empereur Claude en ayant esté informé par Narcisse, son
Affranchy et son Esclave, les fit tuer l'un et l'autre dans les jardins
de Luculle, où cette noce adulterine s'estoit celebrée avec tout
l'appareil ordinaire, c'est-à-dire, le contrat, la coëffure d'épousée,
le lit nuptial, et la dot d'un million de petites Sesterces, qui valoient
de nostre ancienne monnoye environ vingt-cinq mille écus, à raison
de trente-cinq sols la piece, et de celle aujourd'huy quarante-un
mille sept cens cinquante livres, suivant les supputations que nous

en avons déjà faites. On faisoit monter à cette somme la dot des gens les plus riches. Le Poëte en décrit l'Histoire dans les vers suivans.

V. 355. *Et candiduli divina tomacula Porci.* L'on avoit accoustumé de sacrifier un Cochon blanc pour l'heureux succés des noces, et l'on en faisoit des saucissons semblables aux nostres, dont on faisoit l'offrande dans les sacrifices les moins somptueux ; car l'on estimoit un grand luxe d'offrir des gorges, des mammelles, et des testes de Cochons, que l'on prisoit comme les meilleures et les plus delicates parties : ce qui fut depuis défendu par les Loix Somptuaires.

V. 362. *Et pluma Sardanapali.* Sardanapale, dernier Roy des Assyriens, s'abandonna tellement aux voluptez, et devint si efféminé, qu'il prenoit souvent l'habit et la coëffure des femmes, imitoit le ton de leur voix, filoit et cousoit avec elles. Arbatus, son grand Ecuyer, indigné de cette mollesse, fit revolter ses sujets, et l'estant venu assieger dans son palais, ce Prince fit allumer un grand feu, dans lequel il se jetta luy-même avec tout ce qu'il avoit de plus précieux. Strabon, Justin, et plusieurs autres, en ont amplement écrit. La conclusion de cette Satyre, qui commence à ces mots, *Orandum est,* est admirable, et seroit même digne d'un Chrestien.

# SATIRE ONZIÈME



## LE LUXE DE LA TABLE

Atticus fait bombance.., on le dit magnifique ;
Rutilus l'imitant, est fou. Rien n'est comique
Comme de contempler un pauvre Apicius !
Il n'est, de tous côtés, bruit que de Rutilus,
Au théâtre, au forum, dans les soupers, aux thermes ;
Robuste, jeune encor, le sang chaud, les chairs fermes,
Il est apte à porter le casque, et le voilà,
Sans qu'un tribun le force ou s'oppose à cela,
D'un laniste insolent se faisant la victime,
Réduit à copier des préceptes d'escrime.

Manger ! De bien des gens voilà l'unique but ;
Aux portes des marchés, chaque jour, à l'affût,
Leurs créanciers bernés les guettent à toute heure ;
Celui d'entre eux qui fait la chère la meilleure,


## SATIRA UNDECIMA

### MENSÆ LUXUS

Atticus eximie si cœnat lautus habetur ;
Si Rutilus, demens. Quid enim majore cachinno,
Excipitur vulgi, quam pauper Apicius? Omnis
Convictus, thermæ, stationes, omne theatrum
De Rutilo. Nam dum valida ac juvenilia membra          5
Sufficiunt galeæ, dumque ardent sanguine, fertur,
Non cogente quidem, sed nec prohibente tribuno,
Scripturus leges et regia verba lanistæ.

Multos porro vides, quos sæpe elusus ad ipsum
Creditor introitum solet exspectare macelli,          10

Est le plus obéré, celui qui, sûrement,
Sera bientôt réduit au complet dénûment.
Chaque élément concourt au luxe de leur table;
Le prix? Peu leur importe, et, chose remarquable,
Les morceaux les plus chers sont les meilleurs pour eux.
Faut-il pour leur plaisir quelque argent? Rien de mieux,
Ils font sur leur vaisselle un emprunt usuraire,
Ou vendent par morceaux le buste de leur mère;
S'ils n'ont qu'un plat d'argile, ils trouveront encor
Le moyen d'y manger quatre cents écus d'or.
Mais aussi, chacun sait à quoi cela les mène...
A vivre du brouet des lutteurs de l'arène.
Il faut juger des gens suivant leur qualité;
Ce qui, chez Rutilus, est prodigalité,
Est, chez Ventidius, une chose estimable;
Le luxe est relatif et peut être honorable.
Mais c'est pitié de voir, que tel dissipateur
Sait de combien l'Atlas l'emporte, en sa hauteur,
Sur les monts de Lybie, et qu'il n'est pas capable
De pouvoir discerner un coffre respectable
Où l'or vient s'entasser, d'un sac pauvre et mesquin.

Et quibus in solo vivendi causa palato est.
Egregius cœnat, meliusque miserrimus horum,
Et cito casurus jam perlucente ruina.
Interea gustus elementa per omnia quærunt,
Nunquam animo pretiis obstantibus : interius si          15
Attendas, magis illa juvant, quæ pluris emuntur.
Ergo haud difficile est perituram arcessere summam
Lancibus oppositis, vel matris imagine fracta,
Et quadringentis nummis condire gulosum
Fictile : sic veniunt ad miscellanea ludi.               20
Refert ergo quis hæc eadem paret : in Rutilo nam
Luxuria est; in Ventidio laudabile nomen
Sumit, et a censu famam trahit. Illum ego jure
Despiciam, qui scit quanto sublimior Atlas
Omnibus in Libya sit montibus : hic tamen idem           25

« Connaissez-vous vous-même. » O précepte divin,
Que l'on devrait graver au plus profond de l'âme,
Qu'il faudrait méditer, soit qu'on cherche une femme,
Soit qu'on ambitionne une place au Sénat.
Thersite voulut-il jamais qu'on lui donnât
La cuirasse d'Achille? armure d'un hercule,
Laquelle rendait même Ulysse ridicule.

Si tu prétends défendre un procès épineux,
Soutenir une cause, en débrouiller les nœuds,
Consulte-toi d'abord et tiens-toi ce langage!
« Ai-je de l'éloquence, ou bien, le verbiage
» De Curtius, Mathon, ces grands diseurs de riens? »
Sachons nous mesurer, calculer nos moyens;
Dans un cas important, dans une mince affaire,
Apprécions toujours ce que nous pouvons faire,
Même quand il s'agit de l'achat d'un poisson.
— Ton gousset ne contient qu'un modeste goujon,
Et tu veux un mulet! Quel avenir stupide,
Si ton appétit croît, quand ta caisse se vide,
Si ton ventre engloutit biens patrimoniaux,

Ignoret, quantum ferrata distet ab arca
Sacculus. E cœlo descendit γνῶθι σεαυτόν,
Figendum et memori tractandum pectore, sive
Conjugium quæras, vel sacri in parte senatus
Esse velis: nec enim loricam poscit Achillis          3o
Thersites, in qua se traducebat Ulysses.

Ancipitem seu tu magno discrimine causam
Protegere affectas, te consule, dic tibi qui scis,
Orator vehemens, an Curtius, an Matho, buccæ,
Noscenda est mensura sui, spectandaque rebus          35
In summis minimisque; etiam quum piscis emetur,
Ne mullum cupias, quum sit tibi gobio tantum
In loculis. Quis enim te, deficiente crumena,
Et crescente gula, manet exitus, ære paterno,
Ac rebus mersis in ventrem, fœnoris atque          40

Rentes, argent massif, domaines et troupeaux !
Car, ayant tout perdu, sans un as dans ta bourse,
Tu vendras ton anneau, ta dernière ressource;
On voit bien Pollion mendier, le doigt nu !
Ce n'est point un trépas trop vite survenu,
Ce n'est point un bûcher prématuré qu'on dresse,
Qui doit vous effrayer, gourmands, c'est la vieillesse.

Même façon d'agir ont tous ces dépensiers :
D'abord, dans Rome même, au nez des créanciers,
Ils dépensent gaîment les sommes qu'on leur prête;
Puis quand ils sont à court, que le crédit s'arrête,
Que le front du prêteur commence à s'assombrir,
On les voit, sans façon, lestement déguerpir,
Pour aller déguster des huîtres à Baïes,
Comme qui s'en irait loger aux Esquilies
Après avoir quitté le Suburre bruyant.
Pour eux, lever le pied n'est pas humiliant;
Ils n'ont qu'un seul chagrin en fuyant leur patrie,
D'un unique regret ils ont l'âme meurtrie,
C'est qu'aux plaisirs du Cirque il leur faut dire adieu.

Argenti gravis et pecorum agrorumque capacem ?
Talibus a dominis post cuncta novissimus exit
Annulus, et digito mendicat Pollio nudo.
Non præmaturi cineres, nec funus acerbum
Luxuriæ, sed morte magis metuenda senectus.            45

Hi plerumque gradus : conducta pecunia Romæ,
Et coram dominis consumitur; inde ubi paulum
Nescio quid superest, et pallet fenoris auctor,
Qui vertere solum, Baias et ad ostrea currunt :
Cedere namque foro jam non tibi deterius, quam        50
Esquilias a ferventi migrare Subura.
Ille dolor solus patriam fugientibus, illa
Mœstitia est, caruisse anno circensibus uno.
Sanguinis in facie non hæret gutta : morantur
Pauci ridiculum et fugientem ex urbe pudorem.         55

On ne sait plus rougir, et, dans nos murs, bien peu
Essaient de retenir la Pudeur qui nous quitte.
O Pudeur, tu n'es plus qu'un ridicule mythe !

Aujourd'hui, Persicus, tu pourras t'assurer
Si tous mes beaux discours que tu viens d'endurer,
Répondent à mes mœurs, à mon train de toute heure ;
Si, faisant en secret ripaille en ma demeure,
Je prône ouvertement les fruits secs, les radis ;
Si j'appelle en public mon esclave et lui dis
Bien haut : « De la bouillie ! » et bas : « De la galette ! »
De t'avoir à souper, ce soir, je me fais fête.
Evandre t'offrira son hospitalité ;
Toi tu seras Hercule, ou cet autre invité,
Moins grand, mais comme lui, de céleste origine ;
Tous deux ont regagné la demeure divine
Le premier par la flamme et le second par l'eau.

Sans luxe est le menu : nous aurons un chevreau
Jeune et gras, que mon parc de Tibur a vu naître ;
Il n'avait pas encore atteint l'âge de paître

Experiere hodie numquid pulcherrima dictu,
Persice, non præstem vita vel moribus et re,
Sed laudem siliquas occultus ganeo ; pultes
Coram aliis dictem puero, sed in aure placentas.
Nam quum sis conviva mihi promissus, habebis          60
Evandrum, venies Tirynthius, aut minor illo
Hospes, et ipse tamen contingens sanguine cœlum ;
Alter aquis, alter flammis ad sidera missus.

Fercula nunc audi nullis ornata macellis.
De Tiburtino veniet pinguissimus agro               65
Hœdulus, et toto grege mollior, inscius herbæ,
Necdum ausus virgas humilis mordere salicti,
Qui plus lactis habet quam sanguinis, et montani
Asparagi, posito quos legit villica fuso.

Ni du saule jamais brouté les verts rameaux,
Plus de lait que de sang. Laissant là ses fuseaux,
Ma fermière a cueilli des asperges sauvages;
Puis, des œufs dans leur nid de foin et de feuillages.
Et la couveuse avec; des raisins conservés
Que l'on dirait du cep fraîchement enlevés;
Des poires de Syrie à la robe vermeille,
Et s'élevant en tas dans la même corbeille,
Des pommes répandant un parfum délicat
(Celles du Picenum flattent moins l'odorat);
Sans crainte tu pourras en manger, cher convive;
L'hiver a corrigé leur crudité native.

Nos anciens sénateurs avec ces simples plats
Auraient eu de quoi faire un somptueux repas;
Curius apprêtait, sous son âtre modeste,
Les légumes cueillis dans son enclos agreste.
Le plus sale valet qui travaille, enchaîné,
Certes, refuserait aujourd'hui ce dîné,
Pour peu qu'il eût goûté, dans les chaudes tavernes,
Les préparations des marmitons modernes.

Grandia præterea tortoque calentia fœno        70
Ova adsunt ipsis cum matribus, et servatæ
Parte anni, quales fuerant in vitibus, uvæ;
Signinum Syriumque pyrum, de corbibus îsdem
Æmula Picenis, et odoris mala recentis,
Nec metuenda tibi, siccatum frigore postquam        75
Autumnum et crudi posuere pericula succi.

Hæc olim nostri jam luxuriosa senatus
Cœna fuit. Curius, parvo quæ legerat horto,
Ipse focis brevibus ponebat oluscula, quæ nunc
Squalidus in magna fastidit compede fossor,        80
Qui meminit, calidæ sapiat quid vulva popinæ.
Sicci terga suis, rara pendentia crate,
Moris erat quondam festis servare diebus,

Dans les jours solennels, aux beaux temps d'autrefois,
A son hôte on offrait, comme morceau de choix,
Le quartier de cochon séchant dans la dépense;
On servait aux parents, au jour de sa naissance,
Du lard, qu'accompagnait parfois quelque morceau
De la victime offerte en ce jour au couteau;
A ce repas venait, avant l'heure ordinaire,
Rapportant le hoyau qui défonce la terre,
Un parent investi d'un triple consulat
Et de la dictature et du généralat.

Aux temps où Fabius et Caton l'inflexible,
Fabricius, Scaurus, étaient craints, où terrible
Par ses sévérités, on voyait un censeur
Être pour son collègue un sujet de terreur,
Qui songeait à savoir quelle mer ignorée
Recélait la tortue à l'écaille dorée
Devant orner le lit des fils d'Enée? Alors,
Le lit, sans ornements, était nu sur les bords;
Près du chevet d'airain on voyait façonnée
Une tête d'ânon, de pampres couronnée;

> Et natalitium cognatis ponere lardum,
> Accedente nova, si quam dabat hostia, carne.                      85
> Cognatorum aliquis titulo ter consulis, atque
> Castrorum imperiis et dictatoris honore.
> Functus, ad has epulas solito maturius ibat,
> Erectum domito referens a monte ligonem.
>
> Quum tremerent autem Fabios durumque Catonem,                     90
> Et Scauros et Fabricios, rigidique severos
> Censoris mores etiam collega timeret;
> Nemo inter curas et seria duxit habendum,
> Qualis in Oceani fluctu testudo nataret,
> Clarum Trojugenis factura ac nobile fulcrum;                      95
> Sed nudo latere, et parvis frons ærea lectis
> Vile coronati caput ostendebat aselli.

Là, les enfants donnaient essor à leur gaîté.
La table répondait, par sa simplicité,
Au pauvre mobilier de ce logis austère.
En ce temps, nos soldats, âpres hommes de guerre,
De la Grèce ignoraient les merveilles de l'art;
Dans le sac des cités, avaient-ils, pour leur part,
Quelque vase de prix ciselé par un maître,
Ils le faisaient voler en éclats pour les mettre
En guise d'ornements aux harnais des chevaux,
Ou bien, pour leur cimier transformant ces morceaux,
Montraient à l'ennemi dont le trépas est proche,
La louve apprivoisée, allaitant sous la roche
Les deux Jumeaux sauvés par ordre du Destin,
Mars nu, le bouclier au bras, la lance en main.
De l'argent qu'on avait on parait son armure,
Et dans des plats toscans, le guerrier, sans murmure,
Mangeait le brouet noir, seul mets de son repas.
Êtes-vous envieux? Enviez ces soldats.


Dans les temples, le ciel se révélait à l'homme;
Au milieu de la nuit, au sein même de Rome


    Ad quod lascivi ludebant ruris alumni.
    Tales ergo cibi, qualis domus atque supellex.
    Tunc rudis, et Graias mirari nescius artes,         100
    Urbibus eversis, prædarum in parte reperta
    Magnorum artificum frangebat pocula miles,
    Ut phaleris gauderet equus, cælataque cassis
    Romuleæ simulacra feræ mansuescere jussæ
    Imperii fato, et geminos sub rupe Quirinos,        105
    Ac nudam effigiem clypeo fulgentis et hasta,
    Pendentisque Dei, perituro ostenderet hosti.
    Ponebant igitur Tusco farrata catino;
    Argenti quod erat, solis fulgebat in armis.
    Omnia tunc, quibus invideas, si lividulus sis.        110


    Templorum quoque majestas præsentior, et vox

(Car les Dieux se faisaient augures), une voix
Céleste signala l'approche des Gaulois,
Des bords de l'Océan fondant sur notre ville.
Qui donc veillait sur nous? Un Jupiter d'argile
Que n'avait point souillé l'or, odieux métal.

Les arbres qui poussaient sur notre sol natal,
Des anciens mobiliers fournissaient la matière;
Un vieux noyer, qu'Eurus avait couché par terre,
Servait à fabriquer la table où l'on mangeait.
Pour nos riches du jour, souper est sans attrait,
Le turbot et le daim sont chose détestable,
Les roses sont, pour eux, sans parfum, si leur table
N'a, pour la soutenir (ô merveille de l'art!),
En guise de support, quelque grand léopard,
Un léopard d'ivoire à la gueule béante.
Cet ivoire nous vient de l'Asie indolente,
De l'île de Syène ou des bords africains,
Ou bien des profondeurs des bois Nabathéens,
Où l'éléphant lassé dépose ses défenses.
Ces gens n'ont d'appétit qu'aux prix de ces dépenses;

> Nocte fere media mediamque audita per Urbem,
> Littore ab Oceani Gallis venientibus, et Dis
> Officium vatis peragentibus, his monuit nos.
> Hanc rebus Latiis curam præstare solebat          115
> Fictilis, et nullo violatus Jupiter auro.
>
> Illa domi natas nostraque ex arbore mensas
> Tempora viderunt; hos lignum stabat in usus,
> Annosam si forte nucem dejecerat Eurus.
> At nunc divitibus cœnandi nulla voluptas;          120
> Nil rhombus, nil dama sapit; putere videntur
> Unguenta atque rosæ, latos nisi sustinet orbes
> Grande ebur, et magno sublimis pardus hiatu.
> Dentibus ex illis, quos mittit porta Syenes,
> Et Mauri celeres, et Mauro obscurior Indus,        125

N'allez pas leur parler de table aux pieds d'argent !
L'anneau de fer pour eux serait moins outrageant.
Oh ! loin de moi toujours cet orgueilleux convive
Qui, prenant en pitié ma demeure chétive,
M'oppose les trésors dont il est inondé ;
Point d'ivoire chez moi..., non, pas même un seul dé,
Pas même un seul jeton ! Je possède, en revanche,
Quelques simples couteaux ayant un os pour manche ;
Les morceaux découpés n'en sont gâtés en rien,
Et mon poulet n'est pas moins tendre que le sien.

Mon écuyer tranchant, je dois le reconnaître,
Dans l'art de découper n'a jamais passé maître ;
Il n'a point fréquenté les savantes leçons
Où Tryphérus apprend les diverses façons
De détailler le porc, le faisan de Scythie,
Le flammant haut perché, l'oryx de Gétulie,
Le sanglier, le lièvre... un souper tout en bois,
Dont les morceaux coupés, tombant de tout leur poids
Sous l'incessant travail de lames émoussées,
Font que Suburre en a les oreilles cassées.

Et quos deposuit Nabathæo bellua saltu,
Jam nimios capitique graves. Hinc surgit orexis,
Hinc stomacho bilis : nam pes argenteus illis,
Annulus in digito quod ferreus. Ergo superbum
Convivam caveo, qui me sibi comparat, et res          130
Despicit exiguas. Adeo nulla uncia nobis
Est eboris, nec tessellæ, nec calculus ex hac
Materia : quin ipsa manubria cultellorum
Ossea ; non tamen his ulla unquam opsonia fiunt

Rancidula, aut ideo pejor gallina secatur.            135
Sed nec structor erit, cui cedere debeat omnis
Pergula, discipulus Trypheri doctoris, apud quem
Sumine cum magno lepus, atque aper, et pygargus,
Et Scythicæ volucres, et phœnicopterus ingens,

Non, mon maître d'hôtel ne peut avoir l'orgueil
De couper lestement un filet de chevreuil,
De détacher un blanc de pintade d'Afrique;
Il est neuf en cet art, son savoir est rustique,
Émincer un rôti, voilà tout ce qu'il sait.
Vêtu très simplement, un deuxième valet,
Pour boire, t'offrira la coupe plébéienne,
Ayant une valeur de quelques as à peine.
Au marchand je n'ai point acheté ces valets,
Ils ne sont pas venus de Phrygie à grands frais,
Parle-leur en latin si tu veux quelque chose.
Leur vêtement de même étoffe se compose,
Leurs cheveux sont coupés droits et courts; ce matin,
On les a mieux peignés en l'honneur du festin.
L'un est fils de mon pâtre, un solide compère;
L'autre est fils du bouvier, il regrette sa mère,
Dont il vit séparé depuis de bien longs jours,
Sa hutte et les chevreaux qui furent ses amours,
Son visage est empreint de décence naïve;
Plût au ciel qu'on pût voir cette candeur native,
Chez ces fils dont la pourpre entoura le berceau!

Et Gætulus oryx, hebeti lautissima ferro     140
Cæditur, et tota sonat ulmea cœna Subura.
Nec frustum capreæ subducere, nec latus Afræ
Novit avis noster tirunculus, ac rudis omni
Tempore, et exiguæ frustis imbutus ofellæ.
Plebeios calices et paucis assibus emptos     145
Porriget incultus puer, atque a frigore tutus;
Non Phryx aut Lycius, non a mangone petitus
Quisquam erit, et magno. Quum posces, posce latine.
Idem habitus cunctis; tonsi rectique capilli,
Atque hodie tantum propter convivia pexi.     150
Pastoris duri est hic filius, ille bubulci;
Suspirat longo non visam tempore matrem,
Et casulam, et notos tristis desiderat hædos;
Ingenui vultus puer, ingenuique pudoris,

Il n'est pas enroué; ce chaste jouvenceau
N'étale pas, aux bains, l'organe de son sexe
Avant l'âge grossi, que d'une main perplexe
Nos jeunes débauchés cachent à tous les yeux
An moyen du flacon qu'ils portent devant eux;
Il n'a pas fait tomber le poil de ses aisselles,
Il t'offrira du vin des vignes, près desquelles
Il jouait tout enfant du matin jusqu'au soir;
L'échanson et le vin sont du même terroir.

Ne t'attends pas à voir, dans des flots de musique,
La fille de Gadès, la danseuse impudique,
Toucher presque le sol de son torse indolent;
Pour le riche épuisé, c'est l'âcre stimulant
Qui fait couler encor quelque ardeur dans ses veines.
Pourtant le sexe mâle et ses danses obscènes
Font naître dans son cœur un plus brûlant désir;
Ses oreilles, ses yeux s'enivrent de plaisir.
Mon modeste logis ne voit point de ces fêtes.
Que le riche se pâme au bruit des castagnettes,
Aux chants que n'entendrait que le front rougissant,

Quales esse decet, quos ardens purpura vestit;          155
Nec pugillares defert in balnea raucus
Testiculos, nec vellendas jam præbuit alas,
Crassa nec opposito pavidus tegit inguina gutto.
Hic tibi vina dabit diffusa in montibus illis,
A quibus ipse venit, quorum sub vertice lusit:          160
Namique una atque eadem vini patria atque ministri.

Forsitan exspectes, ut Gaditana canoro
Incipiat prurire choro, plausuque probatæ
Ad terram tremulo descendant clune puellæ,
Irritamentum Veneris languentis, et acres               165
Divitis urticæ: major tamen ista voluptas
Alterius sexus; magis ille extenditur; et mox
Auribus atque oculis concepta urina movetur.

La fille qui se vend toute nue au passant !
Laissons ces voluptés, ces impurs artifices,
A celui qui salit le marbre des offices
En vomissant le vin dont il s'est abreuvé.
Dans ses écarts toujours le riche est approuvé ;
L'adultère, le jeu, font flétrir l'indigence,
Mais ils sont, parmi nous, permis à l'opulence,
Et le monde n'y voit que divertissements.

Notre repas aura d'autres amusements :
D'Homère et de Virgile on lira les poèmes ;
Entre ces deux rivaux, ces deux gloires suprêmes,
Le laurier du triomphe est encore indécis.
Qu'importe le lecteur qui lira leurs récits ?
Dissipe tes chagrins, fais trêve à toute affaire,
Que ton âme au repos se livre tout entière,
Ce jour doit s'écouler dans le calme et la paix.
Arrière les propos d'argent et d'intérêts !
Garde-toi de montrer la mine déconfite,

Non capit has nugas humilis domus. Audiat ille
Testarum crepitus cum verbis, nudum olido stans          170
Fornice mancipium quibus abstinet ; ille fruatur
Vocibus obscenis omnique libidinis arte,
Qui Lacedæmonium pytismate lubricat orbem :
Namque ibi fortunæ veniam damus. Alea turpis,
Turpe et adulterium mediocribus ; hæc eadem illi          175
Omnia quum faciant, hilares nitidique vocantur.

Nostra dabunt alios hodie convivia ludos :
Conditor Iliados cantabitur, atque Maronis
Altisoni dubiam facientia carmina palmam.
Quid refert tales versus qua voce legantur ?              180
Sed nunc dilatis averte negotia curis,
Et gratam requiem dona tibi, quando licebit
Per totam cessare diem : non fœnoris ulla
Mentio ; nec, prima si luce egressa, reverti
Nocte solet, tacito bilem tibi contrahat uxor,           185

Même si, dès le jour, ton épouse te quitte,
Pour rentrer, à la nuit, avec les traits changés,
Les oreilles en feu, les cheveux dérangés,
Les vêtements froissés d'une façon suspecte.
Dis adieu, sur mon seuil, à tout ce qui t'affecte,
Tes peines, tes ennuis, laisse-les sous ton toit :
Ménage, serviteur voleur ou maladroit,
Surtout l'ingrat ami, le client infidèle.

On célèbre les jeux en l'honneur de Cybèle,
La serviette a donné le signal ; le préteur,
Sur un char ruineux, trône en triomphateur,
Et, soit dit sans blesser l'immense populace,
Dans le cirque, aujourd'hui, Rome entière s'entasse.
Quels applaudissements ! L'air retentit de cris.
C'est que la couleur verte a remporté le prix,
Sinon, quel deuil ! on eût pleuré comme après Cannes.
Amateurs de paris, de bruit, de courtisanes,
O jeunes gens, courez à ces fêtes, et vous,

Humida suspectis referens multicia rugis,
Vexatasque comas, et vultum auremque calentem.
Protinus ante meum, quidquid dolet, exue limen :
Pone domum et servos, et quidquid frangitur illis,
Aut perit : ingratos ante omnia pone sodales.          190

Interea Megalesiacæ spectacula mappæ
Idæum solenne colunt, similisque triumpho,
Præda caballorum, prætor sedet ; ac, mihi pace
Immensæ nimiæque licet si dicere plebis,
Totam hodie Romam circus capit, et fragor aurem        195
Percutit, eventum viridis quo colligo panni :
Nam, si deficeret, mœstam attonitamque videres
Hanc urbem, veluti Cannarum in pulvere victis
Consulibus. Spectent juvenes, quos clamor, et audax
Sponsio, quos cultæ decet assedisse puellæ.            200
Spectent hoc nuptæ, juxta recubante marito,
Quod pudeat narrasse aliquem præsentibus ipsis.

Jeunes femmes, allez auprès de vos époux
Voir ce qu'on n'oserait, vous présentes, décrire,
Nous, déposons la toge, et, loin de ce délire,
Que notre front, couvert de rides par les ans,
S'enivre des rayons du soleil de printemps.
Nous pouvons, sans qu'encore un blâme nous effleure,
Nous présenter aux bains même à la cinquième heure.
A vivre ainsi cinq jours, nous serions harassés;
Les plaisirs sont plus vifs quand il sont espacés.

Nostra bibat vernum contracta cuticula solem,
Effugiatque togam. Jam nunc in balnea, salva
Fronte, licet vadas, quanquam solida hora supersit     205
Ad sextam. Facere hoc non possis quinque diebus
Continuis, quia sunt talis quoque tædia vitæ
Magna. Voluptates commendat rarior usus.

# REMARQUES



## LA ONZIÉME SATYRE

E Poëte adresse cette Satyre à un certain Persicus, qu'il invite à venir prendre un repas avec luy; et il pretend par la loüange qu'il donne à la frugalité des anciens, persuader aux gens de son temps de donner des bornes à leur luxe.

V. 1. *Atticus* estoit un noble et riche Romain, qui tiroit son origine d'Atticus Pomponius, de l'Ordre des Chevaliers, intime amy de Ciceron, et qui avoit pris le surnom d'Atticus, de la Ville d'Athenes, dont ses ayeux estoient sortis. Martial, liv. 7 :

> *Attice, qui renovas facundæ nomina gentis.*
>
> Attique, en qui l'on voit de tes sçavans ayeux
> Renaistre avec honneur le surnom glorieux.

V. 2, 3. *Rutilus* et *Apicius*, dont il parle, estoient deux hommes qui s'estoient ruinez en folle et prodigue dépense.

V. 7. *Non cogente quidem, sed nec prohibente Tribuno.* Les Consuls avoient le droit de choisir parmy le peuple ceux qu'ils jugeoient propres pour la guerre, mais les Tribuns pouvoient les contraindre d'y aller, ou le leur défendre.

V. 8. *Scripturus leges et regia verba Lanistæ.* Nous avons dit ailleurs, que *Lanistæ* estoient des gens qui tenoient chez eux des Academies où l'on apprenoit l'art de Gladiateur, soit par preceptes qu'ils dictoient, soit par pratique. Il appelle leurs leçons *regia verba*, leçons d'autorité.

V. 10. *Macelli.* Plutarque a dit dans ses Problêmes, que *Macellum*, qui signifie le Marché où l'on vend les denrées, a esté ainsi nommé par les Censeurs Æmilius et Fulvius, lesquels ayant fait raser la maison d'un certain Macellus, condamné à mort pour le châtiment de ses voleries, en destinerent la place pour servir de Marché. Nous en avons parlé ailleurs.

V. 13. *Jam perlucente ruina.* La Metaphore est prise d'une muraille entr'ouverte et qui menace de ruine, et il l'applique au prodigue, qui dévore son patrimoine et renverse sa maison.

V. 17. *Perituram arcessere summam*. Cela s'entend de l'emprunt qu'un prodigue fait d'une somme qui sera bien-tost consumée.

V. 18. *Matris imagine fracta*. Lubin croit qu'il a voulu désigner quelque prodigue de son temps, qui avoit vendu la Statuë de sa mère, dont la matiere estoit d'or ou d'argent, pour en consumer le prix en bonne chere.

V. 20. *Sic veniunt ad Miscellanea ludi* ou *ludii*. Ce passage est interpreté differemment. Turnebe l'explique de toutes sortes de jeux publics, où ces Prodigues ruinez estoient contraints de s'exercer pour vivre. Il s'est sans doute fondé sur quelque passage de Suetone, dans la vie de Caligula, ou cet Auteur appelle les jeux et les exercices qu'il institua à Lyon, *ludi Miscelli* ou *Miscellanei*, soit à cause de la multitude des Acteurs, ou de celle des jeux. Apulée par cette mesme raison appelle *turba Miscellanea*, une troupe confuse; et Gellius, *doctrina miscella*, une doctrine meslée : mais quelques autres estiment qu'il le faut entendre des restes des viandes ramassées qu'on donnoit aux Bateleurs ou aux Gladiateurs, appellez en Latin *ludi* ou *ludiones*, dont ces mesmes prodigues estoient contraints d'exercer le mestier, et cette pensée a plus de relation à tout ce que le Poëte a dit auparavant de la gourmandise et de l'indigence où elle avoit fait tomber Rutilus, et au terme de *Miscellanea*, dont on se servoit pour signifier toutes sortes de viandes meslées que l'on preparoit pour les Gladiateurs.

V. 27. *E Cœlo descendit*, γνῶθι σεαυτόν. Pline liv. 7. nous apprend que Chilon le Lacedemonien, dont les sentences passoient pour des oracles, en avoit fait écrire trois en lettres d'or sur le Portail du Temple d'Apollon Delphique, sçavoir celle-cy qui signifie, apprens à te connoistre toi-mesme; la seconde, apprens à ne posséder rien de trop; et la troisiéme, apprens à éviter les emprunts et les procés, qui ont toujours la misere à leur suite; et comme on les lisoit à l'entrée du Temple, le peuple crût qu'elles avoient esté envoyées du Ciel.

V. 30. *Nec enim Loricam poscit Achillis Thersites*. Nous avons parlé de Thersites dans la fin de la huitiéme Satyre, comme de l'homme le plus méprisable des Grecs, et le Poëte veut dire, en suivant sa premiere pensée, qu'il n'eut garde de disputer les armes d'Achille, dont Ulysse à peine se croyoit digne, ce qu'il exprime par *se traducebat Ulysses*, pour nous apprendre qu'il faut mesurer ses desirs à sa portée. Voyez Turnebe, liv. 16. ch. 5.

V. 34. *An Curtius et Matho*. C'estoient de méchans Avocats. Il a esté parlé de Curtius Montanus dans la quatriéme Satyre, et de Matho dans la premiere et dans la septiéme.

V. 43. *Novissimus exit annulus*. Il n'estoit permis qu'aux Chevaliers Romains, et qui avoient dequoy soustenir leur dignité, de porter un anneau au doigt. Cet anneau les distinguoit de l'estat des Plebeiens. C'est pour cela que le Poëte reproche ensuite à Caius Arvilius Pollio, de la sensualité duquel Pline a parlé, qu'il avoit esté contraint, estant ruiné, de vendre son anneau.

V. 49. *Vertere solum* ou *solo cedere.* C'est changer de demeure, et faire banqueroute.

V. 51. *Esquilias à ferventi migrare Suburra.* On pretend qu'il faut lire *exquiliæ.* C'est une des Montagnes de Rome, ainsi nommée *ab excolendo,* parce que le Roy Tullus Hostilius la fit cultiver. Nous avons déja dit que Suburra estoit l'une des principales ruës de Rome, à laquelle il donne l'epithete *fervens,* à cause qu'elle estoit la plus frequentée, ou parce qu'il y avoit plus de Forgerons ou plus de Courtisanes.

V. 55. *Morantur pauci ridiculum pudorem.* Il veut dire qu'il y a peu de banqueroutiers, qui au sortir de Rome conservent quelque pudeur, qu'il nomme ridicule, parce qu'elle doit estre accompagnée de beaucoup de honte. A ce propos Apulée dans sa seconde Apologie, dit agreablement : *Pater ejus plurimis creditoribus defœneratus, maluit retinere pecuniam quam pudorem :* Son pere, fort engagé à divers creanciers, a mieux aimé retenir leur argent que sa pudeur.

V. 58. *Pultes. Puls* estoit une espece de Gâteau grossier et vulgaire, fait avec de l'eau et de la farine, où l'on ajoûtoit quelquefois des œufs et du miel, dont Pline dit que les Romains ont vécu longtemps avant qu'ils eussent l'usage du pain, d'où il pretend tirer l'etimologie du mot *pulmentum,* qui s'applique à tout ce qui est mangeable. Festus dit que *puls* vient de *pulli,* des poussins à qui l'on donnoit à manger ces sortes de Gâteaux lors que les Augures en vouloient tirer quelque présage, lequel estoit toûjours bon si en le mangeant ils en laissoient tomber des miettes, qu'ils appelloient au commencement *terriparium,* du verbe ancien *pavire,* qui signifie frapper, et depuis *terripudium* ou *tripudium.*

V. 58. *Placenta* estoient des Tourtes pour les gens friands et de bon goust, dont Caton dans sa maison rustique fait une ample mention.

V. 61. *Habebis Evandrum.* Le sens est, qu'il ne luy fera pas meilleure chere qu'Evandre la fit à Hercule et à Ænée. En voicy l'Histoire. Evandre ayant tué imprudemment son pere Carmenta, quitta l'Arcadie, et se refugia dans le Païs Latin, au mesme lieu où est presentement Rome. S'en estant rendu le maistre, il y bastit une Ville sur le Mont Palatin, qu'il nomma *Pallantæum,* du Mont de *Pallantes,* son bisayeul. C'est là où ce mesme Evandre reçut et traita frugalement Hercule à son retour d'Espagne, où il avoit tué Geryon, et luy consacra un Autel, comme au fils de Jupiter. Il en fit autant à Ænée à son retour de la guerre de Troye. Voyez ce qu'en dit Virgile, au liv. 8. de l'Eneïde.

V. 61. *Venies Tirynthius.* Hercule eut ce surnom de la Ville de Tirinthia ou Tirins proche d'Argos, où il estoit né, au rapport de Servius sur le septième de l'Eneïde.

V. 62. *Aut minor illo hospes contingens sanguine Cœlum.* Il veut parler d'Ænée, que l'on a dit estre fils de Venus, comme Hercule, à qui il donne la préference, l'estoit de Jupiter.

V. 63. *Alter aquis.* On dit qu'Ænée au combat qu'il eut contre Turnus, Roy des Rutules, ancien peuple d'Italie, et contre Mesence, Roy des Toscans, fut noyé dans le Fleuve Numicius, qui depuis fut réduit en Fontaine, que dés lors il fut nommé *Indiges,* pour signifier son apotheose, et qu'on luy dédia un Temple dans ce mesme endroit, avec cette inscription. *Patri Indigeti, qui Fluvii Numicii undas gubernat.* Au Pere déïfié qui dispose des eaux du Fleuve Numicius. Virgile au 12. de l'Eneïde :

> *Indigetem Æneam scis ipsa et scire fateris.*
>
> Tu conviens qu'on a mis Ænée entre les Dieux.

V. 63. *Alter flammis.* On rapporte aussi, qu'Hercule après avoir vaincu Etithus, Roy d'Oechalie, et enlevé sa fille Iole, qu'il donna depuis en mariage à Hillus son fils, ayant voulu offrir un sacrifice aux Dieux, et demandé à Dejanira sa femme, la veste dont elle avoit accoustumé de se servir, elle prit occasion de se vanger de cet enlevement, et lui en envoya une teinte et infectée du sang de Nessus le Centaure, laquelle il n'eut pas plûtost vestuë, que se sentant empoisonné, il se fit un bûcher sur le mont Oeta, où il se brusla luy-mesme, et de là fut transporté au Ciel, au dire des Poëtes.

V. 64. *Fercula nullis ornata macellis.* Cela veut dire une chere frugale et des mets sans appareil, qui n'ont point esté recherchez au marché.

V. 67. *Virgas humilis salicti,* une saussaye naissante.

V. 71. *Servatæ uvæ.* Les Anciens conservoient toute l'année des raisins frais, les uns dans des pots de terre, suivant ce que pense Columelle, les autres en les suspendant, ce qui a fait dire à Horace en un endroit :

> *Uvecula convenit ollis.*
>
> Dans des vases de terre on garde le raisin.

Et dans un autre :

> *Cum pensilis uva secundas*
> *Ornabat mensas.*
>
> Lorsque le raisin frais qu'on suspend à couvert,
> D'une table friande honoroit le dessert.

V. 73. *Signinum Syriumque pyrum*. Cornelius Celsus, livre 2. dit que les plus précieuses poires de ce temps-là, dont Columelle, liv. 5, chap. 10. fait un grand dénombrement, estoient celles qu'on nommoit Tarentines, qu'il dit estre les mesmes que les Syries, et celles qui venoient d'une ville qu'on appelloit Signia, au Païs Latin. On croit que celles-cy estoient nos Bergamotes, et les autres les poires de Chat.

V. 74. *Æmula Picenis mala*. Quelques Interpretes croyent qu'il entend parler des pommes de Tivoli, qui approchoient de la bonté et de la beauté de celles de *Picenum*, autrement de la Marche d'Ancone, et ils le fondent sur ce vers d'Horace :

> *Picenis cedunt pomis Tiburtia succo.*

> De Tivoli la pomme en suc cede aux Picenes.

V. 78. *Curius*. Nous avons parlé dans la deuxiéme Satyre de la moderation de Curius Dentatus, qui fut élevé avec tant d'honneur à la Dictature, et trouvé dans sa petite maison par les Ambassadeurs des Samnites, faisant luy-mesme cuire les herbes de son jardin.

V. 80. *Squallidus in magna fastidit compede fossor*. Il veut parler des Esclaves que l'on tenoit enchaînez, pour les faire travailler à la culture des champs, à tirer les Metaux, et à scier des pierres. Ovide dans son Epistre à Græcinus, en parle de mesme.

> *Hæc facit ut vivat fossor quoque compede vinctus.*

V. 81. *Calidæ vulva popinæ*. Les Romains comptoient dans les mets les plus delicieux, le ventre d'une Truye avortée fraîchement de son premier fruit, qu'ils appelloient *ejectitia vulva* ; car autrement on la jettoit au fumier et on l'appelloit *porcaria*, et celle-là estoit pour les grosses cuisines exprimées par *calidæ popinæ*. Quelques-uns l'ont expliqué des mammelles.

V. 85. *Accedente nova si quam dabat Hostia carne*. Les Anciens avoient accoustumé d'immoler au Genie quelques animaux le jour de leur naissance, et de manger avec leurs parens les restes des sacrifices, ou de les vendre fort cherement, à cause de l'honneur qu'on leur portoit. Il faut voir ce que Valere en dit dans son second livre des Constitutions anciennes.

V. 89. *Erectum domita referens à monte ligonem*. Il estoit si honorable aux anciens Romains de s'appliquer à l'Agriculture, que plusieurs familles en ont pris le surnom, au rapport de Pline, livre 18. les Cicerons, des bons poix, qui se nomment en latin *Ciceres*, qu'ils avoient coustume de semer ; les *Fabius* des fèves ; les *Lentulus* des lentilles, *Seranus, quod agrum sereret*, de ce qu'on le trouva semant son champ, lors qu'il fut creé Dictateur, et c'estoit une grande loüange que de nommer un homme bon Jardinier ou bon Laboureur.

V. 90. *Cum tremerent Fabios.* Quintus Fabius Maximus, de qui on a dit, *cunctando restituit rem.* et son fils Caton, surnommé le Censeur, dont Plutarque a fait l'éloge, Marcus Æmilius Scaurus, dont il est parlé dans la deuxième Satyre, et Fabritius, surnommé le Grand, dans la neuviéme, avoient esté des Censeurs tres-severes, et qui se faisoient craindre à Rome, jusque-là que ce Fabrice menaça Decius son Collegue, de le dégrader de sa Magistrature, s'il ne consentoit à la reformation de l'abus qui s'introduisoit sur le luxe.

V. 94. *Qualis in Oceani fluctu teſtudo nataret.* Pline et Diodore ont écrit, que dans la Mer des Indes et dans les Isles de la Mer Rouge, on trouvoit des Tortuës si grandes, que leurs écailles couvroient des maisons et servoient d'esquifs. Il semble que Juvenal veüille rappeller la censure que l'on fit du luxe de Caius Arvilius Pollio, lorsqu'il inventa le premier, du temps de Neron, de faire couper en lames l'écaille de Tortuë, et d'en enrichir les lits qui servoient à prendre leurs repas. Clement Alexandrin appelle ces lits ainsi ornez : χελώναις πεποικιλμένας κοίτας.

V. 96. *Et parvis frons ærea lectis.* Il veut marquer la moderation des Anciens, qui se contentoient de mettre quelque ornement d'airain au fond de leurs lits, où ils appuyoient la teste, et qui ne se servoient ny d'écailles, ny d'or, ny d'argent, comme l'on fit depuis, à l'exemple des Asiatiques, dont le luxe passa jusqu'à Rome, ainsi que l'a écrit Tite Live, livre 19.

V. 97. *Vile coronati caput ostendebat aselli.* Ces mesmes Anciens faisoient peindre ou graver, ou peut-estre suspendre, une teste d'âne couronnée dans le fond de leurs lits. Quelques-uns disent que c'estoit par une ancienne superstition inspirée par les Toscans, qui croyoient que cette figure pouvoit garantir leurs champs de toutes les injures des saisons, ce qui a fait dire à Columelle dans son livre de la Culture des Jardins :

> *Nunc caput Arcadici nudum cute fertur aselli.*
> Puis d'un asne on append la teste décharnée.

D'autres, qui en ont cherché plus curieusement la raison, disent que par le manque de voyelles, au lieu de lire le mot Hebreu, *Chomer,* qui signifie une Urne, dans laquelle les Hebreux gardoient la Manne, les Payens ayant lû *Chomar,* qui signifie un Asne, accuserent les Juifs, et ensuite les premiers Chrestiens, d'adorer la teste d'un Asne dans le Sanctuaire du Temple, d'où vint que les Romains, soit pour imiter les Hebreux, croyant qu'il y avoit quelque Mystere caché sous cette figure, soit pour se moquer d'eux, la firent peindre ou attacher au fond de leurs lits.

V. 103. *Cælataque caffis*. Les soldats Romains en ce temps-là employoient toutes les riches dépoüilles de leurs ennemis aux harnois de leurs chevaux, à faire élever sur le faiste de leurs casques la figure de la Louve, qui s'apprivoisa pour nourrir sous un Figuier au pied du Mont Quirinal, les deux jumeaux Remus et Romulus, Fondateurs de Rome; et sur leurs boucliers le Dieu Mars tout nud, qui en fut le pere, par la connoissance qu'il eut de Rhea Ilia, estant persuadé que ces figures devoient effrayer leurs ennemis. Nous avons dit dans la deuxiéme Satyre les raisons pour lesquelles on donna à Romulus le nom de Quirinus, et cela explique ces deux mots suivans : *geminos sub rupe Quirinos*.

V. 109. *Thusco farrata catino*. Il veut exagerer la sobrieté de ces anciens soldats, qui se contentoient de manger à leurs repas de ces gâteaux, qu'on appelloit *pultes*, faits avec la farine de froment, dont nous avons cy-devant parlé, d'où ils prenoient le nom de *farrata*, et de se servir d'une vaisselle de terre qu'on faisoit en Toscane, *Thusco catino*.

V. 111. *Et vox nocte fere media*. Tite Live, liv. 5. rapporte que les Gaulois Senonois s'estant mis en chemin sous leur General Brennus, pour entrer en Italie, Marcus Ceditius, homme populaire, donna avis aux Tribuns, qu'au milieu de la nuit il avoit oüy une voix plus qu'humaine au dessus du temple de Vesta, qui luy ordonnoit d'informer les Magistrats de Rome de l'arrivée des Gaulois, pour les obliger à se tenir sur leurs gardes; ce qui porta depuis les Romains, aprés en avoir esté délivrez par la valeur de Camille, de consacrer un Temple dans ce mesme endroit à ce Dieu qui leur estoit inconnu, et qu'ils nommerent Ajus, ou Locutius, *ab ajendo vel loquendo*, qui signifie parler.

V. 116. *Fictilis et nullo violatus Jupiter auro*. En ce temps-là les Statuës des Dieux n'estoient que de terre, et l'on n'avoit point encore alteré le culte qu'on leur doit par l'éclat de l'or.

V. 122. *Sublimis pardus*. C'est le masle de la Panthere, dont les Anciens faisoient representer la figure en yvoire, pour soustenir leurs tables faites de précieux bois de citre, dont il a esté parlé dans la premiere Satyre.

V. 124. *Porta Syenes*. Syene, au dire de Strabon, est une Isle de cent mille pas de circonference, située aux confins de l'Ethiopie. Il l'appelle, aussi-bien qu'Herodote et Pline, *Elephantina*, ou *Elephantides*, l'Isle de l'Elephant, parce qu'elle en produit beaucoup, et le nom de Porte luy est donné, à cause qu'elle est un passage pour aller en Egypte.

V. 125. *Et Mauri celeres*. Il entend par là, aprés Herodote, les Ethiopiens Troglodites, qui sont les hommes du monde les plus legers à la course.

V. 125. *Et Mauro obscurior Indus*. Maures et Ethiopiens sont termes synonimes. L'Ethiopie confine la Mauritanie à l'Occident. Apulée, livre premier des Florides, exprime agreablement la pensée de nostre Auteur, lors qu'il dit que les Indiens sont situez à la naissance du jour, et que la nuit leur donne sa couleur.

V. 126. *Nabathæo saltu*. Les Nabathéens sont des peuples d'Arabie, qui confinent la Syrie dans une Region fertile, et qui abonde en habitants. Elle a tiré son nom de Nabath, fils aîné d'Ismaël. Il y a grand nombre d'Elephans dans tous les lieux cy-dessus nommez.

V. 127. *Nam pes argenteus*. Ce passage nous apprend que l'yvoire en ce temps-là estoit plus estimé que l'argent, et qu'un soustien de table de ce précieux métal n'estoit pas plus consideré, qu'une bague de fer au doigt.

V. 129. *Annulus in digito ferreus*. L'usage des anneaux estoit different à Rome. Les Triomphateurs n'en portoient que de fer, et les Ambassadeurs à qui on en donnoit un d'or, ne l'osoient porter qu'en public, et prenoient celuy de fer dans leur maison. Pline dit que celuy d'une épousée n'estoit que de fer, et sans aucune pierre précieuse ; mais l'usage de l'or devint frequent du temps de la seconde guerre Punique, puisque, comme nous l'avons deja dit, Annibal aprés la défaite des Romains, envoya à Carthage trois muids remplis d'anneaux d'or, qu'il fit tirer de leurs dépoüilles.

V. 136. *Nec structor erit discipulus Trypheri*. Trypherus estoit un excellent Ecuyer trenchant, qui tenoit école du temps de Juvénal dans cette fameuse ruë de Rome appellée *Suburra*, où il apprenoit à découper la viande proprement sur du gibier de bois, qu'il nomme dans la suite *ulmea cœna*, un soupé d'ormeau.

V. 136. *Cui cedere debeat omnis pergula*. Le docte Scaliger nous apprend, que *Pergulæ Ædificiorum* estoient des Portiques ouverts pour le public, où les ouvriers qui n'estoient pas connus, exposoient leurs ouvrages aux yeux des passans. Le Poëte l'applique à l'école de Tryphere.

V. 138. *Pygargus*. Il y en a de deux especes, selon Pline. L'une est une Chèvre sauvage qui ressemble au Daim, et l'autre est un oiseau qui tient de l'Aigle.

V. 139. *Scythicæ volucres*. Tous les Interpretes veulent que ce soit des Phaisans, ainsi nommez du fleuve Phasis dans la Colchide, Region d'Asie, patrie de Medée et d'Oeta son pere, renommée par la Toison d'or. Ces oiseaux y sont fort abondans.

V. 139. *Phœnicopterus*. C'est un oiseau aquatique excellent au goust, d'un bec fort long, et dont le plumage est rouge, qui luy donne ce nom des deux mots Grecs φοινιχὸς rouge, et πτέρον plume.

V. 140. *Getulus Oryx*. C'est un animal de Getulie, qui n'a

qu'une corne et les pieds fourchus, assez ressemblant à une chévre, et qui a le poil renversé sur la teste, contre la nature des autres animaux. Pline, livre 2. ch. 40. et livre 8. chap. 53. dit que cet animal à l'entrée de la Canicule regarde fixement le Ciel du costé qu'elle doit paroistre; et dés qu'il a apperçu cet Astre, il éternuë en signe de veneration. Il naist en Getulie, Region de l'Afrique interieure, proche des Garamantes. Columelle, livre 53. le met dans le nombre des animaux qui sont bons à manger, et le rend domestique.

V. 142. *Latus Afræ avis.* Il entend parler de la Poule de Numidie en Afrique, qui est grande, et bigarrée de différentes couleurs, au dire de Varron, livre 3. de la Maison Rustique.

V. 144. *Frustis imbutus ofellæ.* Nous apprenons de Servius, que *ofella* est un morceau de chair de pourceau salé, dont les valets de campagne se nourrissoient, comme ils font encore aujourd'huy.

V. 147. *Non phryx aut Lycius.* L'on faisoit venir de la Phrygie ou de la Lycie, toutes deux Regions de l'Asie mineure, les plus beaux et les meilleurs Esclaves qui fussent à Rome.

V. 147. *Non à Mangone petitus. Mangones* étoient les vendeurs d'Esclaves, à la difference de ceux qui faisoient trafic de marchandises, qu'on nommoit *Mercatores.* Ils furent ainsi appellez à *manu* et *ago*, parce qu'ils prenoient soin de les polir et de les orner avec la main, afin de leur donner plus d'exterieur, et de les mieux vendre, d'où est venu le verbe *mangonisare*, qui signifie, orner et polir, que l'on applique à toutes choses. On nommoit autrement ces vendeurs d'hommes *Venalitiarii*, ces Esclaves *Venalitii*, et les lieux où ils estoient tenus et enfermez *catastæ.* Ils faisoient tant de bruit, que cela a donné lieu à Martial de dire :

> *Heu quæ lingua silet non illam mille catastæ*
> *Vincebant.*
>
> La langue qui se taist auroit pû quelquefois.
> Des Esclaves fermez éteindre mille voix.

V. 148. *Quisquam erit in magno.* Il faut sous-entendre *pretio*, et le sens est que quel qu'il soit, il ne l'a point acheté de ces vendeurs d'Esclaves, ny à aucun prix.

*Ut Gaditana canoro incipiant prurire choro.* Il invective contre la turpitude des Romains, qui introduisoient pendant leurs repas de jeunes filles de Cadix, lesquelles par leurs chants et leurs postures lascives, excitoient leur sensualité. Tite Live, livre 15. parlant de la luxure que les Asiatiques avoient apportée à Rome, *Tunc Psaltriæ Sambucistriæque et convivalia Ludionum oblectamenta addita epulis.* Pourlors les Chanteuses, les Joüeuses d'Instrumens, et tous les Jeux de farces et de boufonneries furent introduits dans leurs repas. Nous avons déjà dit sur la Satyre dixiéme, que Cadix est une Isle d'Espagne, située près des Colonnes d'Hercule et de l'embouchure du fleuve Bœtis dans l'Océan Britannique. Il n'y avoit point de chansons plus impudiques que celles des femmes de Cadix et d'Egypte. Martial en parle en plusieurs endroits.

V. 170. *Testarum crepitus*. C'estoit une espece de Castagnettes faites avec des coquillages. Aristophane l'explique ainsi, ἢ τοῖς ὀστράκοις κροτοῦσα. Voyez Jules Cæsar Scaliger, livre premier de sa Poëtique.

V. 173. *Qui Lacedæmonium pytismate lubricat orbem*. Les Interpretes ne sont guere d'accord sur ce vers. Les uns lisent *Pedemate*, et l'expliquent de la Danse Lacedemonienne ou Laconique, dont parle Lucien, laquelle se faisoit en tournant, estoit fort lascive, et plaisoit aux gens riches et sensuels. Les autres, *Pytilismate*, qui estoit une autre espece de danse d'un mouvement fort viste, où en s'élevant sur la pointe des pieds, on étendoit les bras tantost d'un costé, tantost d'un autre, ou *Poppismate*, qui se faisoit en frappant des mains avec bruit. Lipse livre 4. Epistre 25. qui croit Juvenal partout impudique, veut lire *Pygismate*, et l'explique dans un sens malhonneste; mais j'estime qu'il vaut mieux suivre le grand Scaliger, au livre premier de sa Poëtique, lequel sans s'éloigner du plus naturel, veut qu'on l'entende de ces gens riches que le Poëte désigne par le marbre Laconique, dont leur maison estoit pavée, sur lequel ils crachoient ordinairement, et qu'ils rendoient par là humide et glissant, ou si l'on veut, on pourroit dire qu'il a voulu exprimer le plaisir que ces gens sensuels recevoient par les actions et les paroles impudiques dont le Poëte parle, qui leur faisoit venir l'eau à la bouche, dont ils moüilloient leur riche pavé, ou la table où ils estoient assis, exprimée par *orbis*, dont les Poëtes se servent souvent, au lieu du mot *mensa*. Voyez aussi Turnebe, livre 24, chap. 18.

V. 179. *Dubiam facientia carmina palmam*. L'on a toûjours douté qui des deux, de Virgile ou d'Homere, avoit merité plus d'éloges, et il n'y a eu de tous les Auteurs qui ont agité cette question, que le seul Julius Cæsar Scaliger, qui l'ait décidée en faveur de Virgile.

V. 186. *Humida multitia*. C'estoit un vestement de femme fort leger et fort clair, dont nous avons amplement parlé dans la deuxiéme Satyre. Il le nomme humide ou par la débauche, ou par l'yvresse.

V. 187. *Auremque calentem*. On dit que la chaleur d'une débauche impudique échauffe les oreilles, et les rend rouges.

V. 191. *Megalesiacæ Spectacula mappæ*. Il veut parler des Jeux Circenses, que nous avons expliquez dans les precedentes Satyres, qui se celebroient dans le grand Cirque à l'honneur de Cybele, grand-mere des Dieux, qui furent aussi appelez *Megalenses* ἀπὸ τῆς μεγάλης μητρός *a magna matre*.

*Mappa*. C'estoit un linge, que le Preteur qui presidoit toûjours aux Jeux avoit accoûtumé de montrer pour signal qu'on les alloit commencer. Suetone dans la vie de Neron, *Universorum se oculis in Circo maximo præbuit, aliquo Liberto mittente mappam*. Il se fit regarder de tout le monde dans le grand Cirque, par le linge qu'il fit jetter par un Affranchy.

Cette coustume vint de ce que Neron prolongeant trop son diner un jour qu'on devoit celebrer ces Jeux, pour appaiser l'impatience du peuple, fit jetter par la fenestre la serviette qu'il avoit à la main, pour marquer que son repas estoit finy, et qu'il ne les differeroit pas davantage, ce qui donna lieu depuis au Preteur de donner le mesme signal. Martial,

> *Cretatam Prætor cum vellet mittere mappam.*
> Quand le Preteur voulut jetter le linge blanc.

V. 192. *Idæum solemne colunt*. C'est-à-dire qu'ils honorent cette Feste solemnelle, qu'il appelle *Idæum*, parce que Ida est un Mont de Phrygie, d'où la Statuë de Cybelle fut apportée à Rome avec grande solemnité, et remise à Publius Scipio Nasica par ordre du Senat, suivant la Prophetie qu'on trouva dans les livres des Sybilles, que les Romains ne chasseroient point Annibal de l'Italie, que ce Simulacre n'y eust esté apporté, et remis à un Citoyen d'une integrité reconnuë; ce qui les obligea d'envoyer des Ambassadeurs au Roy Attalus, qui en estoit le Maistre, et qui le leur accorda.

*Prædo caballorum Prætor sedet*. On interprete ce passage differemment. Les uns l'expliquent du Preteur, lequel presidant aux Jeux, abusoit de son autorité pour se faire donner, mesme contre le gré des Maistres, les chevaux qu'il voyoit dans le Cirque les plus legers à la course. D'autres l'interpretent de son usurpation à l'égard des ornemens triomphaux, ou de l'injustice qu'il faisoit en adjugeant le prix à ceux qui ne les avoient pas meritez, au préjudice des plus dignes. Quelques uns veulent lire *Perda, quasi perditor equorum*, parce qu'il en faisoit beaucoup perir par leur course. On trouve dans les Distiques de Caton, et dans les Gloses d'Isidore, *offici perda*, pour signifier un homme qui n'est pas recompensé de son travail.

V. 196. *Eventum viridis quo colligo panni*. Il y avoit quatre Quadrilles ou Factions dans les Jeux Circenses, distinguées par la couleur de leurs habits, comme nous l'avons déja dit sur la troisiéme Satyre; *veneta vel cœruleæ*, la bleuë, *albata* la blanche, *russata* ou *rubra* la rouge, *viridis* la verte, autrement *prasina*, ainsi que Suetone l'appelle du mot Grec πράσον, qui signifie poireau, dont la feüille est fort verte. Domitien en ajoûta deux, sçavoir *aurata et purpurea*, la dorée et la pourprée.

V. 197. *Nam si deficeret*. Quelques Interpretes l'appliquent aux Jeux Circenses, comme voulant dire, que s'ils cessoient, Rome seroit aussi affligée qu'elle le fut à la perte de la bataille de Cannes sous les Consuls Paulus Æmilius et Terentius Varro ; mais, à mon sens, les autres ont mieux pensé, qui ont crû que le Poëte vouloit parler du penchant que les Romains avoient pour la Faction verte, à l'exemple de leurs Empereurs Neron et Caligula.

V. 200. *Et audax sponsio.* Cela s'entend des gageures de prix que l'on faisoit pour les Factions pour lesquelles on avoit le plus d'inclination.

V. 203. *Nostra bibat vernum contracta cuticula Solem.* Celsus rapporte que les Anciens avoient accoustumé, avant le repas, de faire quelque exercice, d'aller aux bains, et aprés les avoir pris, de s'y faire frotter d'une huile composée, dont les gens avancez en âge venoient se secher au Soleil, lors que sa chaleur estoit temperée. Les Grecs l'appellent ηλιωθϊν et les Latins *insolationem*, à quoy Juvenal invite son amy Persicus, qui estoit sans doute aussi-bien que luy, dans le rang de ceux dont la peau estoit déja ridée. Perse nous confirme cet usage, lors qu'il dit :

> *Et si unctus cesses et figas in cute Solem.*

> Si tu veux que ta peau d'huile assez retouchée,
> Aux rayons du Soleil puisse estre desséchée.

V. 204. *Fugiatque togam.* C'est-à-dire, qu'il faut quitter la veste pour estre en plus grande liberté, et joüir du Soleil, ou plutost faire cesser les soins et les peines que les suivans, qu'on appelloit *togati*, se donnoient, pour faire la cour à leurs Patrons.

V. 205. *Quanquam solida hora supersit ad sextam.* Les affaires et le travail des ouvriers ne finissoient à Rome qu'à six heures, et il estoit honteux d'aller aux bains avant cette heure-là. C'est par cette raison que Juvenal invite son amy d'y aller à cinq sans scrupule, afin sans doute d'en souper ensemble de meilleure heure. Voyez Lipse, liv. 3. de ses anciennes Leçons. Voici comme en parle Martial :

> *In quintam varios extendit Roma labores,*
> *Sexta quies lassis, septima finis erit.*

> A cinq heures on voit Rome encor empressée,
> A six on court aux bains, à sept l'œuvre est cessée.

# SATIRE DOUZIÈME

### LE RETOUR DE CATULLE

Ce jour, ô Corvinus, où mon rustique autel
Attend les animaux que j'ai promis au ciel,
Est plus cher à mon cœur que mon jour de naissance;
A la reine des dieux, dans ma reconnaissance,
J'immole une brebis d'une entière blancheur,
Je donne une toison de la même couleur
A la divinité portant sur son égide
La Gorgone africaine à la tête livide.
La victime qu'aura Jupiter Tarpéien
Secoue un front rebelle et raidit son lien;
C'est un jeune taureau, plein de fougueux caprices,
Digne du vin sacré, mûr pour les sacrifices;
Il dédaigne sa mère, et, déjà, les ormeaux
De sa corne naissante ont reçu les assauts.

Si j'étais un richard, si l'or, enflant ma caisse,
Arrivait à pouvoir égaler ma tendresse,

## SATIRA DUODECIMA

### CATULLI REDITUS

Natali, Corvine, die mihi dulcior hæc lux,
Qua festus promissa Deis animalia cespes
Exspectat. Niveam reginæ ducimus agnam;
Par vellus dabitur pugnanti Gorgone Maura.
Sed procul extensum petulans quatit hostia funem,          5
Tarpeio servata Jovi, frontemque coruscat :
Quippe feros vitulus, templis maturus et aræ,
Spargendusque mero, quem jam pudet ubera matris
Ducere, qui vexat nascenti robora cornu.

On me verrait offrir un taureau rebondi,
Plus replet qu'Hispulla, par sa graisse alourdi,
Qui n'aurait pas brouté les prés voisins de Rome;
Son sang attesterait les champs riches d'arome,
Qu'arrose de ses eaux le Clitumne riant;
Pour l'abattre, il faudrait un prêtre fort et grand.
Tout cela, pour fêter l'ami que je retrouve,
Après tant de dangers évités qu'il éprouve
Lui-même une surprise à se sentir vivant.

Les fureurs de la mer, de la foudre et du vent,
N'ont pas seules, sur l'eau, mis sa vie en détresse.
Le ciel se voile un jour d'une nuée épaisse,
Tout à coup, le feu prend aux vergues du vaisseau,
Chacun se croit perdu; devant un tel fléau,
Qui ne préférerait les horreurs d'un naufrage?
Les poètes n'ont point mis sous nos yeux l'image
De semblables dangers. Vient un nouveau malheur:
Écoute, et compatis encore à sa douleur,
Bien que ce soit le sort de ceux qui vont sur l'onde,
Sort cruel, et pourtant connu de tout le monde,
Par les tableaux votifs dont chaque temple est plein;

Si res ampla domi similisque affectibus esset,          10
Pinguior Hispulla traheretur taurus, et ipsa
Mole piger, nec finitima nutritus in herba,
Læta sed ostendens Clitumni pascua sanguis
Iret, et a grandi cervix ferienda ministro,
Ob reditum trepidantis adhuc, horrendaque passi          15
Nuper, et incolumem sese mirantis amici.

Nam præter pelagi casus, et fulguris ictum
Evasi, densæ cœlum abscondere tenebræ
Nube una, subitusque antennas impulit ignis,
Quum se quisque illo percussum crederet, et mox          20
Attonitus nullum conferri posse putaret
Naufragium velis ardentibus. Omnia fiunt

Isis nourrit ainsi les peintres, c'est certain.
Pourtant ton infortune, ô Catulle, fut pire.

Déjà l'onde a rempli la moitié du navire,
Au gré de sa fureur, la vague bat ses flancs;
La science du vieux pilote à cheveux blancs
N'est plus d'aucun secours. En ce moment, Catulle
Avec les éléments déchaînés capitule :
Imitant le castor qui, devant les chasseurs,
Se fait lui-même eunuque et laisse aux ravisseurs
L'objet de leurs désirs : « A l'eau, tout mon bagage! »
Dit-il; il veut donner à la mer, comme gage,
Ce qu'il a de plus cher et de plus précieux;
Ses vêtements de pourpre, ouvrages gracieux
Qui flatteraient l'orgueil de nos jeunes Mécènes,
Ses étoffes de prix, faites avec les laines
Qui sur la brebis même ont pris leur coloris,
Grâce au secret pouvoir des pacages fleuris,
De l'air vivifiant et des eaux de Bétique;
Il jette sans regret ses plats d'argent antique,
Ces vases qu'illustra l'art de Parthenicus,
Cet immense cratère où la soif de Pholus

> Talia, tam graviter, si quando poetica surgit
> Tempestas. Genus ecce aliud discriminis : audi
> Et miserere iterum, quanquam sint cetera sortis          25
> Ejusdem, pars dira quidem, sed cognita multis,
> Et quam votiva testantur fana tabella
> Plurima : pictores quis nescit ab Iside pasci?
> Accidit et nostro similis fortuna Catullo.
>
> Quum plenus fluctu medius foret alveus, et jam,          30
> Alternum puppis latus evertentibus undis
> Arboris incertæ, nullam prudentia cani
> Rectoris conferret opem, decidere jactu
> Cœpit cum ventis, imitatus castora, qui se
> Eunuchum ipse facit, cupiens evadere damno              35

Aurait pu s'étancher, où s'abreuverait même
La femme de Fuscus. Dans ce péril extrême,
Il jette ses bassins, sa vaisselle de choix,
Cette coupe où jadis avait bu maintes fois
Le prince qui d'Olynthe acheta la conquête.

Existe-t-il quelqu'un qui, pour sauver sa tête,
Voudrait sacrifier ses trésors et ses biens?
Par le vice aveuglés, combien de citoyens
Amassent, pour avoir de l'or et non pour vivre!

Ces biens que l'on recherche, à la mer il les livre;
Sacrifice inutile! car, le danger pressant,
On doit, pour éviter un trépas menaçant,
Faire tomber le mât; expédient suprême,
De mutiler ainsi le navire lui-même!

Va donc! livre ta vie au caprice des vents,
Sur ces bois assemblés, jouets des flots mouvants,

Testiculi; adeo medicatum intelligit inguen!
Fundite, quæ mea sunt, dicebat, cuncta, Catullus,
Præcipitare volens etiam pulcherrima, vestem
Purpuream, teneris quoque Mæcenatibus aptam,
Atque alias, quarum generosi graminis ipsum          40
Infecit natura pecus, sed et egregius fons
Viribus occultis, et Bæticus adjuvat aer.
Ille nec argentum dubitabat mittere, lances
Parthenio factas, urnæ cratera capacem,
Et dignum sitiente Pholo, vel conjuge Fusci.         45
Adde et bascaudas, et mille escaria, multum
Cælati, biberat quo callidus emptor Olynthi.

Sed quis nunc alius, qua mundi parte, quis audet
Argento præferre caput, rebusque salutem?
Non propter vitam faciunt patrimonia quidam,         50
Sed vitio cæci propter patrimonia vivunt.

Entre la mort et toi ne laissant, comme espace,
Que quatre doigts ou sept d'épaisseur de carcasse.
Souviens-toi d'ajouter surtout, pour le trajet,
A tes provisions de bouche, à ton paquet,
La hache dont il faut s'armer dans la tempète.

Bientôt la mer s'apaise, et dans l'âme inquiète
Du pilote, renaît un bienfaisant espoir :
A l'Eurus le destin fait sentir son pouvoir,
Les Parques vont filer, de leur plus blanche laine,
Des jours plus fortunés. Douce comme une haleine,
Une brise se lève: alors, désemparé,
Le vaisseau, lentement, fend le flot azuré
A l'aide de la voile unique de la proue
Et grâce aux vêtements tendus où l'air se joue.
L'Auster a retenu son souffle; à tous les yeux
Le salut brille avec le soleil radieux.
Bientôt à l'horizon s'estompe une colline,
C'est Albe, s'élevant sur la côte latine,

> Jactatur rerum utilium pars maxima ; sed nec
> Damna levant : tunc, adversis urgentibus, illuc
> Recidit, ut malum ferro submitteret, ac se
> Explicat angustum, discriminis ultima, quando          55
> Præsidia offerimus, navem factura minorem.
>
> I nunc, et ventis animam committe, dolato
> Confisus ligno, digitis a morte remotus
> Quatuor, aut septem, si sit latissima tæda !
> Mox cum reticulis, et pane, et ventre lagenæ,          60
> Aspice sumendas in tempestate secures.
>
> Sed postquam jacuit planum mare, tempora postquam
> Prospera vectoris, fatumque valentius Euro
> Et pelago, postquam Parcæ meliora benigna
> Pensa manu ducunt hilares, et staminis albi            65
> Lanificæ, modica nec multum fortior aura

Et qu'à Lavinium Ascagne préféra,
Albe qui dut le nom dont on la décora,
A cette blanche laie, étrange phénomène,
Que les Troyens un jour trouvèrent, dans la plaine,
Allaitant à la fois ses trente marcassins.
Le navire, doublant les feux Thyrréniens,
S'avance, côtoyant les deux môles d'Ostie,
Deux bras que dans la mer a jetés l'Italie;
Les ports que la nature a creusés sont moins beaux.
Le vaisseau mutilé navigue dans ces eaux,
Dont la tranquillité, les vagues endormies,
Offriraient un lieu sûr aux barques de Baïes.
C'est là que les marins tondus et babillards,
A l'abri des dangers et des cruels hasards,
Se plaisent à conter leurs longues traversées.

Esclaves, maintenant reposez vos pensées,
Soyez silencieux; que le temple, honoré,

Ventus adest, inopi miserabilis arte cucurrit
Vestibus extensis, et, quod superaverat unum,
Velo prora suo. Jam deficientibus austris,
Spes vitæ cum sole redit; tum gratus Iulo,                    70
Atque novercali sedes prælata Lavino,
Conspicitur sublimus apex, cui candida nomen
Scrofa dedit, lætis Phrygibus mirabile sumen,
Et nunquam visis trigenta clara mamillis.
Tandem intrat positas inclusa per æquora moles,              75
Tyrrhenamque Pharon, porrectaque brachia rursum,
Quæ pelago occurrunt medio, longeque relinquunt
Italiam. Non sic igitur mirabere portus
Quos natura dedit : sed trunca puppe magister
Interiora petit Baianæ pervia cymbæ.                          80
Tunc, stagnante sinu, gaudent ibi vertice raso
Garrula securi narrare pericula nautæ.

Ite igitur, pueri, linguis animisque faventes,

De guirlandes de fleurs soit par vous entouré.
Sur les couteaux sacrés répandez la farine,
Emplissez les foyers de l'herbe la plus fine,
Je vous suis; puis, ayant accompli ce devoir,
Je reviens au logis où mes yeux veulent voir
Mes petits dieux de cire, aussi luisants que frêles,
Décorés par mes mains de quelques fleurs nouvelles.
Apaisant Jupiter par des vœux solennels,
Je brûlerai l'encens aux Lares paternels
Et joncherai le sol de fleurs de violette.
Déjà, dans ma maison, tout prend un air de fête,
Le laurier de ma porte encadre le pourtour,
Et les lampes, brûlant depuis le petit jour,
De mon ravissement sont de sûrs témoignages.

Oh! ne suspecte pas, Corvinus, ces hommages;
Catulle, cet ami pour le retour duquel
A tant de dieux divers je consacre un autel,


Sertaque delubris et farra imponite cultris,
Ac molles ornate focos glebamque virentem;                85
Jam sequar, et sacro, quod præstat, rite peracto,
Inde domum repetam, graciles ubi parva coronas
Accipiunt fragili simulacra nitentia cera.
Hic nostrum placabo Jovem, Laribusque paternis
Thura dabo, atque omnes violæ jactabo colores.           90
Cuncta nitent : longos erexit janua ramos,
Et matutinis operitur festa lucernis.

Nec suspecta tibi sint hæc, Corvine : Catullus,
Pro cujus reditu tot pono altaria, parvos
Tres habet hæredes. Libet exspectare, quis ægram,        95
Et claudentem oculos gallinam impendat amico
Tam sterili. Verum hæc nimia est impensa : coturnix
Nulla unquam pro patre cadet. Sentire calorem
Si cœpit locuples Gallita et Paccius orbi,
Legitime fixis vestitur rota libellis                    100

Catulle a trois enfants, trois héritiers en somme.
Pourrait-on, aujourd'hui, rencontrer un autre homme,
Qui voudrait immoler quelque poulet chétif
Pour un de ses amis aussi peu productif?
Un poulet? C'est bien trop; voyant cette marmaille,
Qui donc sacrifierait même une simple caille?
Paccius, Gallita, richards sans héritiers,
Sont-ils pris de frisson? Des temples, par milliers,
Vite, les ex-voto tapissent les portiques,
On voit des gens pousser l'ardeur de leurs suppliques,
Jusqu'à promettre au ciel de mettre à mort cent bœufs
Si l'on ne promet pas cent éléphants aux dieux,
C'est qu'on n'achète pas cet animal à Rome;
Il ne naît point chez nous; cette bête de somme
Arrive du pays des noirs. Les éléphants
Qu'à la longue ont parqué nos Césars triomphants
Dans les champs de Turnus ou le bois des Rutules,
Ne supporteraient pas les ordres ridicules
De simples citoyens; leurs pères, autrefois,
N'ont-ils donc pas servi sous le Carthaginois,
Sous nos grands généraux, sous le roi des Molosses,
Et ne portaient-ils pas sur leur dos, ces colosses,

Porticus; existunt, qui promittant hecatomben,
Quatenus hic non sunt nec venales elephanti,
Nec Latio, aut usquam sub nostro sidere talis
Bellua concipitur, sed furva gente petita.
Arboribus Rutulis et Turni pascitur agro          105
Cæsaris armentum, nulli servire paratum
Privato : siquidem Tyrio parere solebant
Annibali, et nostris ducibus, regique Molosso
Horum majores, ac dorso ferre cohortes,
Partem aliquam belli, et euntem in prælia turrim.          110

Nulla igitur mora per Novium, mora nulla per Histrum
Pacuvium, quin illud ebur ducatur ad aras,

Le lourd matériel de guerre, les soldats,
Et les tours s'avançant au milieu des combats?

Si l'on pouvait avoir de pareilles victimes,
Hister et Novius, tous deux gens richissimes,
Offriraient leur ivoire en don aux immortels;
Lares de Gallita, au pied de vos autels,
Vous verriez immoler l'éléphant, seul hommage
Que puissent vous offrir des coureurs d'héritage,
Et même, si les lois ne le défendaient pas,
Aux dieux Pacuvius promettrait le trépas
Des plus grands, des plus beaux de ses nombreux esclaves :
Enfants pleins de candeur, jeunes filles suaves,
A leur front virginal il mettrait le bandeau.
S'il avait une enfant nubile, le couteau
Immolerait aussi cette autre Iphigénie,
Bien qu'il n'ait pas l'espoir que quelque bon génie,
De même qu'au théâtre, au moment solennel,
Substitue une biche à l'enfant, sur l'autel.
Très bien, Pacuvius! C'est un parti fort sage;
Que sont mille vaisseaux auprès d'un héritage?
Que le malade échappe à la mort... sûrement,

Et cadat ante lares Gallitæ, victima sola
Tantis digna Deis et captatoribus horum.
Alter enim, si concedas mactare, vovebit          115
De grege servorum magna et pulcherrima quæque
Corpora; vel pueris et frontibus ancillarum
Imponet vittas; et, si qua est nubilis illi
Iphigenia domi, dabit hanc altaribus, etsi
Non speret tragicæ furtiva piacula cervæ.          120
Laudo meum civem, nec comparo testamento
Mille rates : nam si Libitinam evaserit æger,
Delebit tabulas, inclusus carcere nassæ,
Post meritum sane mirandum, atque omnia soli
Forsan Pacuvio breviter dabit : ille superbus          125

Le voilà pris! Touché de tant de dévouement,
Il brise son premier testament, et, docile,
Fait pour Pacuvius un dernier codicille.
Pacuvius triomphe et nargue ses rivaux.
Comme une Iphigénie est venue à propos!
Qu'il vive aussi longtemps que Nestor, qu'il entasse
Autant d'argent qu'en prit notre Néron rapace,
Que sur des monceaux d'or il penche un front blêmi,
Et... que n'aimant personne, il n'ait pas un ami.

Incedet, victis rivalibus. Ergo vides, quam
Grande operæ pretium faciat jugulata Mycenis.
Vivat Pacuvius, quæso, vel Nestora totum!
Possideat, quantum rapuit Nero; montibus aurum
Exæquet, nec amet quemquam, nec ametur ab ullo.    130

# REMARQUES



# LA DOUZIÈME SATYRE

Ans cette Satyre, que Juvenal adresse à un certain Corvinus, et dans laquelle il fait la description du naufrage et du peril que son amy Catulle a couru dans son voyage de Mer, et des sacrifices qu'il a offerts aux Dieux pour leur rendre graces de son retour, il prend occasion d'invectiver les gens qui ne rendoient office à leurs amis que par interest.

V. 1. *Natali die*. Les Anciens avoient accoûtumé de celebrer avec solemnité le jour de leur naissance, soit par reconnoissance envers leurs Dieux, soit pour recevoir les presens que leurs amis et leurs courtisans leur faisoient à pareil jour; et même l'avarice alla si loin, que quelques-uns le celebroient plusieurs fois chaque année, ainsi que Martial le confirme :

> *Ut poscas, Clite, munus exigasque,*
> *Uno nasceris octies in anno.*

> Pour te donner le droit d'exiger des presens,
> Clitus, sept ou huit fois tu renais tous les ans.

V. 2. *Festus cespes*, signifie l'Autel que l'on érigeoit avec le gazon vif, et où l'on faisoit les sacrifices au jour de la naissance.

V. 3. *Reginæ*. C'est le nom que l'on donne par excellence à Junon. Virgile, livre premier de l'Eneïde :

> *Ast ego quæ Divûm incedo Regina.*

> Mais moy, qu'on reconnoist pour la Reine des Dieux.

V. 4. *Pugnanti Gorgone Maura*. Par cette periphrase il veut signifier Minerve, autrement Pallas, laquelle portoit la teste de Meduse sur son bouclier, petrifiant tous ceux qui la regardoient. Hyginus dit que ce fut cette Déesse qui tua Meduse. D'autres imputent sa mort à Persée, fils de Jupiter et de Danaë, lequel ayant emprunté les aislerons et le coutelas de Mercure, et le bouclier de cristal de Pallas, tua Meduse, et attacha sa teste à ce bouclier, au travers duquel il avoit pû la regarder sans peril. Les Poëtes ajoûtent

que le Cheval aislé Pegase nâquit de sa cervelle, et que d'un coup
de pied qu'il donna, il fit saillir sur le mont Helicon l'Hipocrene,
cette celebre Fontaine consacrée aux Muses.

*Gorgone Maura.* Nous avons parlé ailleurs des trois sœurs
Gorgones, filles de Phorcus et de Cetho, sçavoir Stenno, Euryale
et Medusa, lesquelles pour avoir habité les Isles Gorgones dans
l'Ocean Atlantique, en prirent le nom. On dit qu'elles n'avoient
qu'un œil, qu'elles se prestoient l'une à l'autre, et que Pallas
convertit en serpent les cheveux de Meduse, voulant que ceux qui
la regarderoient fussent changez en pierre, à cause que dans son
Temple elle s'estoit laissé corrompre par Neptune. On leur donne
le surnom de Maura, du Mont Atlas où elles habitoient, qui est
dans la Mauritanie.

V. 6. *Tarpeio Jovi.* Le Temple de Jupiter estoit sur le Mont Capitolin, qui fut ainsi nommé, à cause d'une teste humaine que l'on
trouva dans ses fondemens. Ce Mont s'appelloit auparavant *Tarpeius,*
de la vestale Tarpeia, que les Sabins y tuerent, après qu'elle leur eut
livré le Capitole qu'elle avoit en garde, pour la punir de sa trahison.
Ce même Mont s'appelloit *Saturnius* avant ce temps-là, au rapport
de Caton et de Fabius, du nom de Saturne, qui avoit esté associé
au Royaume d'Italie par Janus.

V. 8. *Spargendusque mero.* Dans les sacrifices on répandoit du
vin sur le front des victimes. Virgile, liv. 4. de l'Eneïde :

*Pateram media inter cornua fudit.*

On répandit la coupe au milieu de ses cornes.

V. 11. *Pinguior Hispulla.* Il raille l'embompoint d'une femme de
son temps, nommée Hispulla, dont il parle dans la Satyre sixiéme.

V. 13. *Clitumni Pascua.* Le Clitomne estoit un Fleuve dans les
champs des Falisques, ainsi nommez de la montagne où ces peuples
habitoient, laquelle en Langue Italienne est appellée *Monte Fiasco,*
située en Toscane, dont les rivages fournissoient des pâturages
excellens. L'on dit que les bœufs qui bûvoient de l'eau de ce Fleuve,
devenoient blancs, d'où vint qu'on les choisissoit pour estre immolez
à Jupiter Capitolin, pour qui les victimes blanches estoient destinées.

V. 27. *Votiva tabella.* Les Romains faisoient des vœux à Esculape
pour leur santé, et ceux qui estoient échapez d'un naufrage, à
Neptune; et depuis ayant reçu les Dieux et la superstition des
Egyptiens, ils les adresserent à Isis leur Déesse, aux Temples de
laquelle ils appendoient des tableaux qui representoient les naufra-
ges. Fulgence dit que ce n'est pas sans raison que les Egyptiens
honorent l'embarquement d'Isis, parce qu'on pretend qu'ayant
encore le nom d'Europe, elle fut portée par un Taureau, ou plutost

par un Navire qui en avoit la figure et le nom. C'est ce qui a donné lieu à la Fable.

V. 33. *Decidere jactu cœpit cum ventis*. Le Poëte suppose agreablement que Catulle pactise avec les vents, afin de les appaiser par la perte qu'il fait, en jettant dans la Mer tout ce qu'il avoit dans le Navire.

V. 34. *Imitatus Castora*. Le Castor est un animal terrestre et aquatique, que l'on nomme autrement *Fiber*, à cause, dit Festus, qu'il se tient ordinairement sur les bords des rivieres, et que les Anciens appelloient de ce nom toutes les extrémitez, *Fibræ jecinorum, et Fimbriæ vestimentorum*. Pline, liv. 8. chap. 30 et Solin, chap. 13. disent que cet animal estant pressé par les Chasseurs, se coupe avec les dents les testicules, qui sont d'une grande vertu, afin de sauver sa vie par la partie pour laquelle l'instinct naturel luy a appris qu'il est poursuivy.

V. 42. *Bæticus aër*. Nous avons dit ailleurs, que le Fleuve Bœtis, qui coule près de Cadix, a donné son nom à toute la Region Australe d'Espagne, c'est-à-dire au Royaume de Grenade, *Bætica Regio*.

L'eau de ce Fleuve, et certaine herbe rouge que les moutons y paissent, impriment cette couleur à leur toison.

V. 44. *Lances Parthenio factas*. C'estoit un celebre Orfévre de ce temps-là.

V. 45. *Dignum sitiente Pholo*. Pholus, l'un des Centaures, grand yvrogne, ayant tiré un tonneau de vin d'un fossé où il l'avoit caché, pour en regaler Hercule, et les autres Centaures attirez par l'odeur, estant entrez en foule dans sa maison pour en boire, Hercule en tua une bonne partie, et mit en fuite le reste. Voyez-en l'Histoire chez Diodore, livre 5.

V. 45. *Vel conjuge Fusci*. Il est parlé de Fuscus, l'un des Conseillers de Domitien, dans la quatriéme Satyre, et dans celle-cy de sa femme, comme d'une personne entierement addonnée au vin.

V. 46. *Adde et Bascaudas*. *Bascaudæ* estoient des vases qui se faisoient en Angleterre, fort estimez parmy les Romains. Martial, livre 14:

> *Barbara depictis veni Bascauda Britannis,*
> *Sed me jam mavult dicere Roma suam.*

> J'ay le nom de Bascaude, et sors d'habiles mains,
> Et le barbare Anglois a mis ma destinée
> Au point, que je suis plus en usage aux Romains,
> Qu'aux lieux où je suis née.

V. 47. *Biberat quo callidus emptor Olynthi*. Olynthe estoit une ville de Thrace dépendante d'Athenes, que l'on dit avoir esté bâtie par Olynthus, fils d'Hercule. Philippe, Roy de Macedoine, ayant assiegé cette ville, s'en rendit le Maistre par la trahison de Lasthene, et d'Eurycrate, qui y commandoient, et qu'il corrompit par une somme d'argent. Juvenal veut parler du vase d'or à boire que ce même Philippe (qu'il désigne par la conqueste qu'il fit adroitement de cette ville) aimoit si fort, qu'au rapport de Pline, liv. 33. chap. 4. il ne se couchoit jamais qu'il ne le fist mestre sous son traversin.

V. 59. *Latissima Tæda*. *Tæda* est une espece d'arbre, qui produit la poix-refine, plus abondamment que le Pin. Il est icy employé pour toutes sortes de planches, dont on construisoit les corps des Navires. Ce même mot signifie souvent quelque bois combustible ou une torche, ce qui a fait nommer Cerés *Tædifera*, parce qu'on dit qu'elle en portoit une quand elle cherchoit Proserpine, qui luy avoit esté enlevée.

V. 65. *Et staminis albi lanificæ*. Les Poëtes ont feint que les Parques, qu'il désigne ici par les Fileuses, filoient la vie des hommes heureux et de longue durée avec du fil blanc, et que le noir en présageoit l'infortune et la mort. Martial :

> *Si mihi lanificæ ducunt non pulla sorores*
> *Stamina.*

> Si les Parques n'ont point par leur noire fusée
> Montré que de mes jours la trame est presque usée.

V. 70. *Tum gratus Jülo atque novercali sedes prælata Lavino.* Il entend parler d'Albe la longue, qu'Iülus Ascanius, fils d'Enée, fit bâtir sur le sommet d'un Monticule aprés la mort de son pere, qui avoit fait son sejour pendant trente années dans Lavinium, ville qu'il avoit construite, et nommée du nom de sa seconde femme Lavinia, fille de Latinus, à laquelle Ascanius fut obligé de l'abandonner, à cause du grand nombre de peuple qui s'y estoit multiplié. Il se retira dans cette seconde ville, qu'il nomma Albe, à cause d'une Truye blanche qui fut trouvée nourrissant trente cochons dans le même endroit, où il en jetta les fondemens, ce qui luy fait dire ensuite : *nunquam visis triginta clara mamillis.* Il en a esté parlé dans la quatriéme Satyre.

V. 76. *Thyrrenamque Pharaon.* Il désigne par là le grand Port d'Ostie, que l'Empereur Claude fit construire par trente mille hommes pendant onze années à l'embouchure du Tybre dans la Mer Tyrrhené, ainsi que le rapporte Suetone. Il avoit été commencé par Auguste, et fut achevé par Trajan. Dans ce Port, qui s'étend fort avant dans la Mer, il y avoit une Tour appellée Phare, où l'on faisoit paroître de nuit une fort grande lumiere pour servir d'enseigne aux Nautonniers, à l'exemple de celle que Ptolomée fit élever dans l'Isle Pharum, vis à vis d'Alexandrie, d'où ces Phares, qui ont esté depuis multipliez, ont pris leur nom.

V. 80. *Bajanæ pervia Cymbæ*. Il veut désigner le lac Lucrin proche de Bayes, où les Navires legers pouvoient entrer avec autant de facilité, que les simples Esquifs qui y naviguent ordinairement.

V. 81. *Gaudent ibi vertice raso*. Il fait allusion à la coustume qu'on avoit de raser la teste des Esclaves, que l'on couvroit d'un chapeau lors qu'on les mettoit en liberté dans le Temple de Feronia leur Déesse. Il veut que les Matelots en fassent de même, lors qu'ils se voyent délivrez des dangers qu'ils ont essuyez sur mer.

V. 83. *Linguis animisque faventes*. C'est-à-dire, taisez-vous, et soyez attentifs. Ciceron, au livre de la Divination, dit que dans les sacrifices on recommandoit le silence et le respect.

V. 84. *Sertaque delubris*. On ornoit les Temples des Dieux avec des feüillages et des festons de fleurs.

V. 84. *Et farra imponite cultris*. La coustume estoit de couper les gâteaux qu'on offroit, avec les mêmes coûteaux qui devoient égorger les victimes.

V. 85. *Ac molles ornate focos*. Ce *molles foci* signifie des bûchers, ou nouveaux, ou odoriferans par les parfums que l'on y brûloit. Stace dans ses Sylves :

> *Sertis mollibus expleatur Umbra.*

> Par de nouveaux festons satisfaisons cette Ombre.

*Glebamque virentem*. On offroit ces sacrifices sur des Autels de gasons verds que l'on élevoit.

V. 87. *Graciles ubi parva coronas accipiunt fragili Simulacra nitentia cera*. Cela s'entend de leurs Dieux domestiques, dont ils ciroient les Statuës pour les rendre plus luisantes, et à qui ils donnoient de petites couronnes de fleurs. Ces Dieux s'appelloient *Lares*, et le lieu où ils estoient honorez, soit dans les maisons ou dans les carrefours (où Servius Tullius en avoit ordonné le culte, parce qu'il pretendoit avoir esté engendré de l'un de ces Dieux) s'appelloit *Lararium*. Voyez Apulée, au livre du Dieu de Socrate.

V. 95-96. *Quis ægram et claudentem oculos gallinam impendat amico tam sterili*. Ce passage n'a pas esté interpreté également. Le vray sens est : trouvez quelqu'un qui veüille offrir une poule malade pour un amy si sterile (ce qu'il dit par ironie), c'est-à-dire qui a autant d'enfans que Catulle.

V. 99. *Gallita et Paccius orbi*. C'estoient deux personnes fort riches, et qui n'ayant point d'enfans s'attiroient les empressemens de tous ceux qui pretendoient à leurs heritages.

V. 100. *Fixis vestitur tabellis Porticus*. On appendoit dans les Portiques des Temples les tableaux de ceux qui avoient fait des vœux à leurs Dieux, ce que les amis faisoient avec adresse pour la santé de ceux dont ils espéroient les heritages. Il y en avoit qui se dévoüoient eux mêmes. Voyez Suetone dans Caligula, chap. 14.

V. 101. *Hecatomben*. C'estoit un sacrifice de cent bœufs. Strabon, livre 8. croit qu'il fut inventé par les Laconiens, dans la Region desquels il y avoit cent Villes, qui luy donnoient le nom d'Hecatompolis, pour chacune desquelles on immoloit un bœuf toutes les années sur autant d'Autels, et ce sacrifice de cent bœufs s'appelloit Hecatombe, des deux mots Grecs ἑκατόν cent, et βοῦς bœuf. Depuis ce temps là, Jules Capitolin nous apprend, que ce nom fut donné à tous les grands sacrifices des autres animaux.

V. 104. *Sed furva gente petita.* Il parle des Elephans qui ne naissoient que dans la Mauritanie ou dans l'Ethiopie, où tous les gens sont noirs.

V. 106. *Cæsaris armentum.* Le Poëte veut faire connoistre le luxe de son temps, où l'on faisoit des haras d'Elephans dans les champs et dans les forests de Toscane, pour les spectacles et pour les plaisirs des Empereurs, au lieu qu'autrefois les grands Capitaines ne s'en servoient que pour la guerre.

V. 108. *Annibali Tyrio.* Il donne cette epithete à Annibal, pour signifier Carthaginois, à cause de Didon, qui estoit venüe de Tyr pour bâtir Carthage.

V. 108. *Regique Molosso.* Il veut parler de Pyrrhus Neoptolemus, Roy des Epirotes ou Molosses, du nom de Molossus leur premier Roy, qui amena le premier des Elephans en Italie, lors qu'il vint secourir les Tarentins contre les Romains.

V. 118. *Et frontibus ancillarum imponet vittas.* L'on avoit accoustumé de lier d'un ruban la teste des victimes qu'on vouloit offrir. Virgile, livre 2. de l'Eneïde,

> *Mihi sacra parari*
> *Et salsæ fruges et circum tempora vittæ.*
>
> Je devois dés ce jour aux Dieux estre immolé,
> Les rubans estoient prests, et le gâteau salé,

V. 119. *Etsi qua est nubilis illi Iphigenia.* Le Poëte pousse si loin son invective, qu'il veut que celuy dont il parle soit prest de sacrifier ses Elephans, et même sa propre fille, pour la santé de ceux dont il brigue les heritages, à l'exemple d'Agamemnon, Roy des Grecs, qui voyant que ses Vaisseaux estoient arrestez au Port d'Aulide en Bœotie, par l'ordre de Diane, et que son armée destinée pour l'expédition de Troye, perissoit tous les jours, fut sur le point d'immoler Iphigenie son unique fille, pour appaiser la colere de cette Déesse, qui vouloit vanger la mort de la Biche qu'on luy avoit consacrée. Agamemnon auroit achevé ce dur sacrifice, si Diane touchée de pitié n'eust enlevé Iphigenie, pour la faire servir de

Prestresse au culte qu'on luy rendoit dans la Taurique Chersonese, Peninsule située aux confins de l'Europe, et n'eust substitué une Biche pour estre immolée en sa place dans le sacrifice qu'on luy avoit preparé. Juvenal se sert élégamment de ces mots, *furtiva piacula*, à cause que Diane déroba la jeune Princesse à ce sacrifice.

V. 121. *Nec comparo Testamento mille rates*. Il continuë son allusion, et veut dire, qu'un testament d'un homme riche qui n'a point d'enfans, vaut mieux que mille Vaisseaux conservez par le sacrifice de sa propre fille.

V. 122. *Si Libitinam evaserit*. Il prend icy la Déesse qui preside aux funerailles pour la mort mesme. Nous en avons parlé ailleurs assez amplement.

V. 123. *Inclusus carcere nassæ*. C'est une Metaphore tirée des Poissons, qui estant entrez dans une nasse de Pescheur où ils sont attirez par quelque appas, ne peuvent plus en sortir. Il compare ce piege à celuy du Testateur, qui se trouve engagé à donner son bien à celui qui luy rend tant de bons offices.

V. 127. *Jugulata Micenis*. Le Poëte continuë son exageration sur le sacrifice d'Iphigenie, à laquelle il donne le nom Patronymique *Micenis*, qu'il tire du Roy de Micenes son pere.

V. 128. *Vivat Pacuvius quæso : vel Nestora*. Le Poëte finit sa Satyre par une imprécation qu'il fait contre Pacuvius, ce brigueur d'heritages, à qui il souhaite autant d'années qu'à Nestor, qui vécut trois âges d'hommes, ainsi que nous l'avons expliqué sur la Satyre dixiéme, et autant de biens que Neron en avoit ravy ; mais à condition de vivre sans aimer et sans estre aimé de personne, c'est-à-dire, malheureusement, et avec l'aversion de tout le monde.

## SATIRE TREIZIÈME

### LE DÉPOT

Le crime fait horreur au criminel lui-même;
Le premier châtiment, le premier anathème,
C'est en lui qu'il les trouve, aux rigueurs de la loi
Eût-il été soustrait par un préteur sans foi.
Certes, ô Calvinus, tu viens d'être victime
D'une infidélité criante; de ce crime,
Penses-tu donc que tous ne soient pas indignés?
Tes revenus, pourtant, ne sont pas si rognés
Qu'il faille t'alarmer d'une perte légère.
Ton malheur, après tout, n'a rien que d'ordinaire;
Bien d'autres l'ont connu, très fréquent est ton cas,
Parmi les coups du sort il est pris dans le tas.
Ne gémis donc pas trop; un homme, avec mesure,
Doit proportionner sa plainte à sa blessure.
Comment! tu ne peux pas supporter un malheur,

### SATIRA TERTIA DECIMA

#### DEPOSITUM

Exemplo quodcumque malo committitur, ipsi
Displicet auctori. Prima est hæc ultio, quod se
Judice nemo nocens absolvitur, improba quamvis
Gratia fallaci prætoris vicerit urna.
Quid sentire putas omnes, Calvine, recenti                    5
De scelere et fidei violatæ crimine? Sed nec
Tam tenuis census tibi contigit, ut mediocris
Jacturæ te mergat onus; nec rara videmus,
Quæ pateris : casus multis hìc cognitus, ac jam
Tritus, et e medio Fortunæ ductus acervo.                     10
Ponamus nimios gemitus : flagrantior æquo
Non debet dolor esse viri, nec vulnere major.

Qui compte pour si peu dans l'humaine douleur?
Ton sang bout, et pourquoi? Parce qu'un infidèle
Veut garder le dépôt placé sous sa tutelle.
Cela t'étonne-t-il? Toi, vieux de soixante ans,
Toi, né sous Fonteius consul; depuis ce temps,
Est-ce donc là le fruit de ton expérience?
Si les saintes leçons que donne la science
Nous mettent en état de combattre le sort,
L'école de la vie, en enseignant l'effort,
En montrant comme on doit supporter la souffrance
Sans secouer le joug, adoucit l'existence.

Est-il jour de l'année assez béni du ciel,
Pour ne pas éclairer la fraude, le recel,
La trahison, le crime emplissant d'or la caisse,
Le fer et le poison menant à la richesse?
Que les honnêtes gens sont rares! Parmi nous,
Ils sont bien moins nombreux, même en les comptant tous,
Que les bouches du Nil ou les portes de Thèbe.
Le neuvième âge court; nous vivons, vile plèbe,

Tu, quamvis levium, minimam exiguamque malorum
Particulam vix ferre potes, spumantibus ardens
Visceribus, sacrum tibi quod non reddat amicus          15
Depositum! Stupet hæc, qui jam post terga reliquit
Sexaginta annos, Fonteio consule natus!
An nihil in melius tot rerum proficis usu?
Magna quidem, sacris quæ dat præcepta libellis,
Victrix Fortunæ sapientia. Ducimus autem                20
Hos quoque felices, qui ferre incommoda vitæ,
Nec jactare jugum vita didicere magistra.

Quæ tam festa dies, ut cesset prodere furem,
Perfidiam, fraudes, atque omni ex crimine lucrum
Quæsitum, et partos gladio vel pyxide nummos?           25
Rari quippe boni : numerus vix est totidem, quot
Thebarum portæ, vel divitis ostia Nili.

Dans un siècle plus noir que le siècle de fer;
Son nom, pour ses forfaits, n'est pas trouvé; l'enfer
N'a pas fait de métal qui fixe son symbole.
Chacun de nous, pourtant, et crie et se désole,
En invoquant l'appui des hommes et des dieux.
Les clients affamés sont moins fastidieux,
Quand de Fœsidius leurs cris chantent la gloire.
Réponds-moi, Calvinus, vieil enfant sans mémoire,
Ignores-tu l'attrait qu'éveille l'or d'autrui?
Ne vois-tu pas qu'on rit, quand tu veux, aujourd'hui,
Dans ta naïveté, proscrire le parjure,
Faire croire qu'un dieu, prêt à venger l'injure,
Réside dans le temple et vit sur nos autels?
Ces sentiments, jadis, parmi nous, furent tels,
Mais avant que Saturne, abandonnant son trône,
Eût contre la faucille échangé sa couronne.
Junon était encore enfant, en ce temps-là;
Jupiter, habitant les grottes de l'Ida,
Vivait sans bruit; les dieux, modestes personnages,
Ne dînaient pas encore au-dessus des nuages;
Pour eux, point d'échanson sur leurs coupes courbé,

Nona ætas agitur, pejoraque sæcula ferri
Temporibus; quorum sceleri non invenit ipsa
Nomen, et a nullo posuit natura metallo.                    30
Nos hominum divumque fidem clamore ciemus,
Quanto Fæsidium laudat vocalis agentem
Sportula. Dic senior, bulla dignissime; nescis,
Quas habetat veneres aliena pecunia? nescis,
Quem tua simplicitas risum vulgo moveat, quum           35
Exigis a quoquam, ne pejeret, et putet ullis
Esse aliquod numen templis aræque rubenti?
Quondam hoc indigenæ vivebant more, prius quam
Sumeret agrestem, posito diademate, falcem
Saturnus fugiens; tunc, quum virguncula Juno,           40
Et privatus adhuc Idæis Jupiter antris.
Nulla super nubes convivia Cœlicolarum,

Point de beau Ganymède ou de gentille Hébé,
Point de Vulcain buvant la boisson parfumée,
Et s'essuyant d'un bras noirci par la fumée.
A son petit couvert, chacun mangeait chez lui;
Ils n'étaient pas nombreux comme ils sont aujourd'hui,
Et le ciel, moins peuplé d'un pôle à l'autre pôle,
Du malheureux Atlas fatiguait moins l'épaule.
Aucun d'eux ne régnait sur le gouffre des mers,
Proserpine et Pluton n'étaient pas aux enfers;
On ne connaissait pas Ixion et sa roue,
Le rocher de Sisyphe, et le vautour qui troue
Le flanc de Prométhée... et sans juges ni lois,
Les morts étaient heureux et se passaient de rois.

On s'étonnait alors d'un acte malhonnête;
Un jeune homme, en ce temps, eût payé de sa tête
De ne point se lever à l'aspect des vieillards,
Un enfant, de manquer pour un homme d'égards,
Cet enfant-là sût-il sa maison paternelle
De fraises et de glands avoir la part plus belle.
Quatre ans de différence imposaient le respect,

 

Nec puer Iliacus, formosa nec Herculis uxor
Ad cyathos, et jam siccato nectare tergens
Brachia Vulcanus Liparæa nigra taberna.                45
Prandebat sibi quisque Deus, nec turba Deorum
Talis, ut est hodie, contentaque sidera paucis
Numinibus miserum urgebant Atlanta minori
Pondere. Nondum aliquis sortitus triste profundi
Imperium, aut Sicula torvus cum conjuge Pluton;       50
Nec rota, nec furiæ, nec saxum, aut vulturis atri
Pœna, sed infernis hilares sine regibus umbræ.

Improbitas illo fuit admirabilis ævo.
Credebant hoc grande nefas et morte piandum,
Si juvenis vetulo non assurrexerat, et si             55
Barbato cuicumque puer, licet ipse videret

Et la barbe, en changeant son visage d'aspect,
Au jeune homme donnait les droits de la vieillesse.
Aujourd'hui, qu'un ami ne vole point ta caisse,
Qu'il te la rende intacte, avec ses as rouillés,
De ce fait inouï tous sont émerveillés,
Dans les livres toscans il faut qu'on le consigne,
Du sang d'une brebis couronnée il est digne!
Si je rencontre un homme intègre, vertueux,
Je crois voir apparaître un prodige à mes yeux :
Un enfant à deux corps, une mule étant mère,
Un poisson, que le soc rencontre dans la terre.
Je serais moins troublé s'il pleuvait des rochers,
Si sur le haut d'un temple, installant leurs ruchers,
Les abeilles pendaient en grappes allongées,
Si de torrents de lait les rivières chargées,
En flots tumultueux se jetaient dans la mer,

Dix mille écus volés! Est-ce donc bien amer?
Un autre en a perdu vingt fois plus sans rien dire;
De la même façon (et cette perte est pire),

Plura domi fraga et majores glandis acervos.
Tam venerabile erat præcedere quatuor annis,
Primaque par adeo sacræ lanugo senectæ!
Nunc, si depositum non inficietur amicus,                    60
Si reddat veterem cum tota ærugine follem,
Prodigiosa fides, et Tuscis digna libellis.
Quæque coronata lustrari debeat agna.
Egregium sanctumque virum si cerno, bimembri
Hoc monstrum puero, vel miranti sub aratro                   65
Piscibus inventis, et fetæ comparo mulæ,
Sollicitus, tanquam lapides effuderit imber,
Examenque apium longa consederit uva
Culmine delubri, tanquam in mare fluxerit amnis
Gurgitibus miris, et lactis vortice torrens.                 70

Intercepta decem quereris sestertia fraude

Un troisième s'est vu dérober les trésors
Qui bondaient les recoins de vastes coffres-forts.
Braver l'œil de nos dieux est chose si commode,
Quand on peut aux mortels dissimuler sa fraude!
Vois cet homme qui nie un dépôt : comme il ment!
Comme sa voix est ferme en faisant le serment!
Il jure par Phœbus illuminant le monde,
Par Jupiter armé du tonnerre qui gronde,
Par le dieu de Cirrha, par la lance de Mars,
Par Neptune, des mers gouvernant les hasards,
Par les traits, le carquois de la chaste Diane;
Et si ce n'est assez, il invoque et profane
La pique de Minerve, et cet arc sans rival
D'Hercule, et tous les traits du céleste arsenal.
Est-il père? il criera : « Je mangerais la tête
De mon fils; si je mens, je veux qu'on me l'apprête
En l'arrosant avec du vinaigre du Nil. »

Beaucoup croient au hasard, maître, leur semble-t-il,
Des mouvements du monde et de ses destinées.

Sacrilega. Quid, si bis centum perdidit alter
Hoc arcana modo? majorem tertius ille
Summam, quam patulæ vix coperat angulus arcæ?
Tam facile et pronum est Superos contemnere testes,      75
Si mortalis idem nemo sciat ! Aspice, quanta
Voce neget, quæ sit ficti constantia vultus.
Per solis radios Tarpeiaque fulmina jurat,
Et Martis frameam, Cirrhæi spicula vatis,
Per calamos venatricis pharetramque puellæ,             80
Perque tuum, pater Ægæi Neptune, tridentem :
Addit et Herculeos arcus, hastamque Minervæ,
Quidquid habent telorum armentaria cœli.
Si vero et pater est : Comedam, inquit, flebile nati
Sinciput elixi, Pharioque madentis aceto.               85

Sunt in Fortunæ qui casibus omnia ponant.

Point de moteur suprême! et les jours, les années
Se succédant, pour eux sont des faits naturels;
Aussi profanent-ils hardiment les autels.
Tel autre voit le ciel prêt à punir l'injure,
Il craint les dieux vengeurs... et, pourtant, se parjure.
Il se dit à part lui : « Qu'Isis, dans ses transports,
» Au gré de sa fureur, dispose de mon corps,
» Qu'elle frappe mes yeux de son sistre terrible,
» Du moment qu'en perdant la vue, il m'est possible
» De garder les écus confiés à mes soins.
» Les abcès, la phtisie, une jambe de moins,
» Qu'est-ce donc, après tout? Ladas est dans la gêne :
» S'il n'est pas fou, s'il peut se passer d'Archigène
» Ne souhaite-t-il pas de devenir goutteux,
» Si l'aisance, à ce prix, vient sourire à ses vœux?
» Qu'importent donc la gloire à la course conquise,
» Les rameaux d'olivier reçus aux jeux de Pise,
» Si l'on crève de faim? Les dieux, dans leur courroux,
» Sont terribles, mais lents à se venger de nous.
» Si leur justice doit punir tous les coupables,
» Quand mon tour viendra-t-il? Et, qui sait? plus traitables,

Et nullo credant mundum rectore moveri,
Natura volvente vices et lucis et anni;
Atque ideo intrepidi quæcumque altaria tangunt.
Est alius metuens ne crimen pœna sequatur :          90
Hic putat esse Deos, et pejerat, atque ita secum :
Decernat, quodcumque volet, de corpore nostro
Isis, et irato feriat mea lumina sistro,
Dummodo vel cæcus teneam, quos abnego, nummos.
Et phthisis, et vomicæ putres, et dimidium crus      95
Sunt tanti? Pauper locupletem optare podagram
Nec dubitet Ladas, si non eget Anticyra, nec
Archigene. Quid enim velocis gloria plantæ
Præstat, et esuriens Pisææ ramus olivæ?
Ut sit magna, tamen certe lenta ira Deorum est.      100
Si curant igitur cunctos punire nocentes,

» Ils me pardonneront peut-être; à mon méfait
» On les voit de l'oubli consentir le bienfait.
» Et puis, des criminels le sort n'est pas le même :
» L'un gagne le gibet, l'autre le diadème. »

Ils rassurent ainsi, par ce raisonnement,
Leur esprit que troublait la peur du châtiment.
Et maintenant, au temple appelle ton faussaire !
Il précède tes pas, et, dans le sanctuaire,
Il voudra t'entraîner lui-même, menaçant.
Souvent le criminel passe pour innocent,
S'il prend de la vertu la noble confiance.
Le vulgaire s'y trompe. Ainsi, plein d'assurance,
Notre homme imitera l'esclave fugitif,
Que le plaisant Catulle, à l'esprit inventif,
A placé sur la scène. Et toi, dans ta colère,
De la voix de Stentor ou de Mars dans Homère,
De crier : « Jupiter, oui, tu l'as entendu !
» Et tu restes muet, quand ta bouche aurait dû,
» Marbre ou bronze, confondre un crime sans exemple !
» Pourquoi donc brûlons-nous tant d'encens dans ton temple ?


Quando ad me venient? Sed et exorabile numen
Fortasse experiar : solet his ignoscere. Multi
Committunt eadem diverso crimina fato :
Ille crucem sceleris pretium tulit, hic diadema.          102
Sic animum diræ trepidum formidine culpæ
Confirmant. Tunc te sacra ad delubra vocantem
Præcedit, trahere immo ultro ac vexare paratus.
Nam, quum magna malæ superest audacia causæ,
Creditur a multis fiducia. Mimum agit ille,          110
Urbani qualem fugitivus scurra Catulli.
Tu miser exclamas, ut Stentora vincere possis,
Vel potius quantum Gradivus Homericus : Audis,
Jupiter, hæc, nec labra moves, quum mittere vocem
Debueras, vel marmoreus, vel æneus? aut cur          115
In carbone tuo charta pia thura soluta

» Pourquoi sur tes autels immoler le porc blanc,
» Ou d'un jeune taureau pour toi percer le flanc?
» Tes bustes, je le vois, de métal ou d'argile,
» N'ont pas plus de vertu que celui de Bathylle. »

Pour calmer ta douleur, accepte mes avis :
D'Antisthène et Zénon j'ignore les écrits
(Seule, entre eux deux, d'ailleurs, la tunique diffère);
Epicure n'est pas l'homme que je révère,
Pour s'être contenté des fruits de son jardin.
Au malade perdu, le savant médecin.
D'un Philippe pour toi suffit le ministère :
Si tu peux me prouver que, dans toute la terre,
On n'a jamais commis plus grande iniquité,
Je me tais, et tu peux, en toute liberté,
Lacérer ta poitrine ou meurtrir ton visage.
Après pareille perte, on sait bien que l'usage
Veut qu'on reste chez soi, porte close, à gémir,
A pousser des sanglots à vous faire frémir.
Perdre son or! c'est pis qu'un deuil. Point de mensonge :
La douleur, dans ce cas, n'est point feinte; qui songe

Ponimus, et sectum vituli jecur, albaque porci
Omenta? Ut video, nullum discrimen habendum est
Effigies inter vestras, statuamque Bathylli.

Accipe quæ contra valeat solatia ferre,                     120
Et qui nec cynicos, nec stoica dogmata legit
A cynicis tunica distantia; non Epicurum
Suscipit exigui lætum plantaribus horti.
Curentur dubii medicis majoribus ægri :
Tu venam vel discipulo committe Philippi.                   125
Si nullum in terris tam detestabile factum
Ostendis, taceo, nec puguis cædere pectus
Te veto, nec plana faciem contundere palma;
Quandoquidem accepto claudenda est janua damno,
Et majore domus gemitu, majore tumultu                      130

A déchirer un peu le haut du vêtement,
A tirer de ses yeux un pleur péniblement?
Oh! les chagrins d'argent sont toujours véritables!

Mais si, journellement, des désespoirs semblables
Remplissent le forum, si de nombreux coquins
Contestent un marché rédigé de leurs mains
Et lu devant témoins, — lorsque leur écriture,
L'empreinte du cachet scellant leur signature
(Un onyx précieux dans l'ivoire gardé),
Viennent les démentir, — te crois-tu donc fondé
A vouloir de la loi commune te défendre?
Je te trouve charmant! Oses-tu te prétendre
Fils de la poule blanche, alors que (sort affreux)!
Nous serions, vils poussins, sortis d'œufs malheureux?

Faut-il donc, pour si peu, tant t'échauffer la bile?
Trouver forfait plus noir est chose si facile!
Compare à ton fripon un assassin gagé,
L'incendiaire affreux dont le bras s'est chargé
De mettre le brandon de soufre sous la porte,

Planguntur nummi, quam funera. Nemo dolorem
Fingit in hoc casu, vestem diducere summam
Contentus, vexare oculos humore coacto :
Ploratur lacrymis amissa pecunia veris.

Sed si cuncta vides simili fora plena querela,          135
Si, decies lectis diversa parte tabellis,
Vana supervacui dicunt chirographa ligni,
Arguit ipsorum quos littera gemmaque princeps
Sardonychum, loculis quæ custoditur eburnis :
Te nunc, delicias! extra communia censes          140
Ponendam? quia tu gallinæ filius albæ,
Nos viles pulli nati infelicibus ovis?

Rem pateris modicam, et mediocri bile ferendam,

Le vil profanateur qui d'un vieux temple emporte
Ces vases que la rouille a rendus plus sacrés,
De peuples et de rois ces présents vénérés;
Un voleur moins hardi raclera, sans scrupule,
Pour en détacher l'or, la cuisse d'un Hercule,
La face de Neptune ou le front de Castor;
Il n'hésitera pas, plus criminel encor,
A fondre en un creuset Jupiter et sa foudre!
Compare à ton voleur celui qui fait dissoudre
Le poison, et celui qui s'en fait l'acquéreur,
Celui que dans la mer on jette avec horreur,
Enfermé dans un sac de fort cuir où l'on glisse
Un singe, injustement partageant son supplice,
Ces forfaits ne sont rien : un jour en voit bien plus
Dénoncés aux rigueurs du préfet Gallicus;
Sous un unique toit tu pourras voir, sans peine,
Se dérouler les mœurs de la nature humaine.
Passe-s-y quelques jours, et dis-nous si tu veux,
Après cela, te croire encore malheureux.

Dans les Alpes, le goître est-il chose étonnante?

Si flectas oculos majora ad crimina. Confer
Conductum latronem, incendia sulphure cœpta                 145
Atque dolo, primos quum janua colligit ignes.
Confer et hos veteris qui tollunt grandia templi
Pocula adorandæ rubiginis, et populorum
Dona, vel antiquo positas a rege coronas.
Hæc ibi si non sunt, minor exstat sacrilegus, qui          150
Radat inaurati femur Herculis, et faciem ipsam
Neptuni, qui bracteolam de Castore ducat.
An dubitet, solitus totum conflare Tonantem?
Confer et artifices mercatoremque veneni,
Et deducendum corio bovis in mare, cum quo                  155
Clauditur adversis innoxia simia fatis.
Hæc quota pars scelerum, quæ custos Gallicus Urbis
Usque a lucifero, donec lux occidat, audit?
Humani generis mores tibi nosse volenti

Qui donc, dans Meroë, trouverait surprenante
La mère, ayant des seins et plus gros et plus longs
Que l'enfant qu'elle allaite? Avec leurs cheveux blonds
Tordus et s'élevant en cornes sur la tête,
Avec leurs yeux rêveurs où l'azur se reflète,
En face des Germains nous ébahissons-nous?
Non; la raison est simple : ils se ressemblent tous.
En nuages bruyants quand les oiseaux de Thrace
Émigrent vers le Nord et traversent l'espace,
Aussitôt le pygmée accourt, prêt au combat,
Mais il ne peut lutter, son bras lassé s'abat;
Dans ses ongles cruels, l'impitoyable grue,
Prenant son ennemi, l'emporte dans la nue.
Si l'on voyait cela chez nous, on en rirait;
Chez ce peuple de nains, hauts d'un seul pied, ce fait,
Ces combats, très fréquents, ne surprennent personne.

— Comment donc! Se peut-il qu'on épargne et pardonne
Cet horrible imposteur, ce fripon, ce pervers?
— Admets, pour un instant, qu'il soit chargé de fers,
Qu'on lui fasse, à ton choix, endurer un supplice

Sufficit una domus. Paucos consume dies, et                    160
Dicere te miserum, postquam illinc veneris, aude.

Quis tumidum guttur miratur in Alpibus? aut quis
In Meroe crasso majorem infante mamillam?
Cærula quis stupuit Germani lumina, flavam
Cæsariem, et madido torquentem cornua cirro?                    165
Nempe quod hæc illis natura est omnibus una.
Ad subitas Thracum volucres nubemque sonoram
Pygmæus parvis currit bellator in armis;
Mox impar hosti, raptusque per aera curvis
Unguibus a sæva fertur grue. Si videas hoc                     170
Gentibus in nostris, risu quatiere; sed illic,
Quanquam eadem assidue spectentur prælia, ridet
Nemo, ubi tota cohors pede non est altior uno.

(Que peux-tu demander de plus à la justice?)
L'argent qu'on t'a soustrait en est-il moins perdu?
Ton dépôt, pour cela, te sera-t-il rendu?
Tu n'en retireras que l'odieuse joie
De voir le sang couler de membres que l'on broie.
— Se venger est pourtant plus doux que d'exister.
— Ainsi parle le sot qu'un rien fait s'irriter,
Qui n'attend qu'un prétexte à se mettre en colère.
Sont-ce là les propos des sages qu'on vénère,
De Chrysippe, du doux Thalès et du bon vieux,
Voisin du mont Hymette? Eut-il, lui, si pieux,
Quand les fers sur son corps laissaient leur marque aiguë,
Avec son délateur partagé la ciguë?
La sagesse en guidant notre cœur vers le bien,
De tous les préjugés rompt en nous le lien.
La vengeance jamais ne plaît qu'aux faibles âmes;
N'a-t-elle pas toujours de l'attrait pour les femmes?
Pourquoi te figurer qu'ils restent impunis,
Ceux que leurs attentats ont pour jamais unis
Au Remords déchirant leur âme criminelle,
Invisible bourreau qui sans pitié flagelle?

Nullane perjuri capitis fraudisque nefandæ
Pœna erit? Abreptum crede hunc graviore catena          175
Protinus, et nostro (quid plus velit ira?) necari
Arbitrio. Manet illa tamen jactura, nec unquam
Depositum tibi sospes erit; sed corpore trunco
Invidiosa dabit minimus solatia sanguis.
At vindicta bonum est vita jucundius ipsa.              180
Nempe hoc indocti, quorum præcordia nullis
Interdum, aut levibus videas flagrantia causis;
Quantulacumque adeo est occasio, sufficit iræ.
Chrysippus non dicit idem, nec mite Thaletis
Ingenium, dulcique senex vicinus Hymetto,               185
Qui partem acceptæ sæva inter vincla cicutæ
Accusatori nollet dare. Plurima felix
Paulatim vitia, atque errores exuit omnes

Avoir au fond du cœur, sans trêve, jour et nuit,
L'implacable témoin du crime, qui vous suit...,
Jamais Cœditius et jamais Rhadamante
N'ont créé de tourment plus fait pour l'épouvante.

Un Spartiate étant indécis s'il devait
Remettre ou retenir un dépôt qu'il avait,
Et jouir du larcin à l'aide d'un parjure,
S'en alla consulter Apollon. Il l'adjure
De vouloir, sur ce cas, dire son sentiment :
« Ton doute même, un jour, aura son châtiment, »
Répond la Pythonisse. Alors, par peur, notre homme,
Et non par probité restitua la somme.
L'avenir confirma l'augure du saint lieu
Et prouva que l'oracle était digne du dieu.
Le malheureux périt avec toute sa race;
Ses parents éloignés même n'eurent point grâce.

Ainsi le ciel punit le désir d'un forfait,
Car méditer le mal en son cœur vaut le fait;
Le criminel vient-il à s'en rendre coupable?

          Prima docens rectum sapientia : quippe minuti
          Semper et infirmi est animi exiguique voluptas          190
          Ultio. Continuo sic collige, quod vindicta
          Nemo magis gaudet, quam femina. Cur tamen hos tu
          Evasisse putes, quos diri conscia facti
          Mens habet attonitos, et surdo verbere cædit,
          Occultum quatiente animo tortore flagellum?             195
          Pœna autem vehemens, ac multo sævior illis,
          Quas et Cæditius gravis invenit, et Rhadamanthus,
          Nocte dieque suum gestare in pectore testem.

          Spartano cuidam respondit Pythia vates,
          Haud impunitum quondam fore, quod dubitaret             200
          Depositum retinere, et fraudem jure tueri
          Jurando. Quærebat enim, quæ numinis esset

Le trouble le poursuit, s'assied même à sa table;
La fièvre, desséchant son gosier de ses feux,
Arrête les morceaux sous ses dents. Malheureux!
Il rejette le vin, et, malgré sa vieillesse,
Celui qu'Albe produit le dégoûte et l'oppresse;
Versez-lui mieux..., de plis son front sera couvert
Comme s'il avalait du Falerne encor vert.
La nuit, si par hasard, le remords qu'il éprouve,
Lui permet un instant de repos, s'il retrouve,
Après s'être longtemps retourné dans son lit,
Un moment de sommeil, aussitôt son esprit
Voit le temple et l'autel témoins de son parjure.
Mais une chose horrible augmentant sa torture,
D'une froide sueur inonde tout son corps:
Il te voit dans son rêve! Oh! ton image, alors,
Se dresse devant lui, géante, surhumaine,
Ayant d'un dieu puissant la forme souveraine;
Il frissonne, et la peur lui fait tout révéler.
Voilà ceux qu'un éclair fait pâlir et trembler,

 

    Mens, et an hoc illi facinus suaderet Apollo :
Reddidit ergo metu, non moribus; et tamen omnem
Vocem adyti dignam templo veramque probavit :       205
Exstinctus tota pariter cum prole domoque,
Et, quamvis longa deductis gente, propinquis.

    Has patitur pœnas peccandi sola voluntas.
Nam scelus intra se tacitum qui cogitat ullum,
Fati crimen habet. Cedo, si conata peregit?      210
Perpetua anxietas nec mensæ tempore cessat,
Faucibus ut morbo siccis, interque molares
Difficili crescente cibo : sed vina misellus
Exspuit; Albani veteris pretiosa senectus
Displicet. Ostendas melius, densissima ruga      215
Cogitur in frontem, velut acri ducta Falerno.
Nocte brevem si forte indulsit cura soporem,
Et toto versata toro jam membra quiescunt,
Continuo templum, et violati numinis aras,

Qu'un premier grondement de foudre met à terre !
Ils doutent qu'au hasard on doive le tonnerre,
Que ce soit un effet de la rage des vents ;
Pour eux, c'est un vengeur qui punit les vivants.
Que l'orage une fois ait épargné leur tête,
Ils n'en craignent que plus la prochaine tempête,
Et ne voient qu'un sursis dans la sérénité.
Que la fièvre importune ou qu'un point de côté,
A les faire souffrir ne commence qu'à peine,
C'est la malignité d'un dieu, qui les malmène,
Ce sont les traits lancés par le ciel en courroux,
Les rochers meurtriers qu'il fait voler sur nous.
Promettre une brebis bêlante au sanctuaire,
Une crête de coq aux Lares en colère,
Ils ne l'oseraient pas ! Quand la douleur l'abat,
Quel espoir, en effet, garde le scélérat ?
Elle vaut plus que lui sa victime innocente !


Tous les méchants ont l'âme indécise et flottante ;


Et, quod præcipuis mentem sudoribus urget,          220
Te videt in somnis : tua sacra et major imago
Humana turbat pavidum, cogitque fateri.
Hi sunt qui trepidant, et ad omnia fulgura pallent,
Quum tonat, exanimes primo quoque murmure cœli ;
Non quasi fortuitus, nec ventorum rabie, sed          225
Iratus cadat in terras, et vindicet ignis.
Illa nihil nocuit ? cura graviore timetur
Proxima tempestas, velut hoc dilata sereno.
Præterea, lateris vigili cum febre dolorem
Si cœpere pati, missum ad sua corpora morbum          230
Infesto credunt a numine ; saxa Deorum
Hæc et tela putant. Pecudem spondere sacello
Balantem, et Laribus cristam promittere galli
Non audent. Quid enim sperare nocentibus ægris
Concessum ? vel quæ non dignior hostia vita ?          235
Mobilis et varia est ferme natura malorum.
Quum scelus admittunt, superest constantia : quid fas

Fermes et résolus au moment du forfait,
Ils comprennent, après, tout le mal qu'ils ont fait.
Mais, bientôt, leur nature au crime les ramène;
Qui donc s'est arrêté sur la pente malsaine?
Quand on s'est fait un front qui ne sait plus rougir,
En vain contre le mal on cherche à réagir.
Ne crains rien; ton voleur est gibier de justice,
Le noir cachot, les fers, préparent son supplice;
La mer Egée, avec ses rochers désolés,
L'attend comme jadis d'illustres exilés.
Satisfait, tu pourras contempler sa souffrance,
Et tu proclameras, joyeux de ta vengeance,
Que le ciel n'est pas sourd et que les dieux n'ont pas
Les yeux fermés au jour comme Tiresias.

Atque nefas, tandem incipiunt sentire, peractis
Criminibus. Tamen ad mores natura recurrit
Damnatos, fixa et mutari nescia. Nam quis                     240
Peccandi finem posuit sibi? quando recepit
Ejectum semel attrita de fronte ruborem?
Quisnam hominum est, quem tu contentum videris uno
Flagitio? Dabit in laqueum vestigia noster
Perfidus, et nigri patietur carceris uncum,                   245
Aut maris Ægæi rupem. scopulosque frequentes
Exsulibus magnis. Pœna gaudebis amara
Nominis invisi, tandemque fatebere lætus,
Nec surdum, nec Tiresiam quemquam esse Deorum.

Ette Satyre est sans doute l'une des plus belles que Juvenal ait faites, soit par la dignité de son sujet, soit par la force et la vivacité de ses expressions, qui égalent celles des plus grands Philosophes. Il l'adresse à son amy Calvinus, pour le consoler d'un dépost qu'un infidelle amy luy avoit volé. De là il prend occasion de luy faire connoistre qu'il n'y a point de crime impuny, et que la propre conscience est le bourreau des coupables, en attendant que les Dieux achevent leur chastiment.

V. 1. *Exemplo quodcunque malo committitur, ipsi displicet auctori.* C'est ce que Seneque avoit dit auparavant : *Semper sceleris in scelere supplicium.* Le crime porte toûjours sa peine, et comme on dit ordinairement par ce jeu de mots : *post factum pœnitet actum.*

V. 4. *Improba quamvis gratia fallacis Prætoris vicerit urnam.* L'on observoit à Rome deux formalitez dans le jugement des procès. La premiere estoit d'appeller chaque cause dans son rang par le sort qu'on tiroit d'une urne, en telle sorte neanmoins, qu'en trente jours elles fussent toutes jugées ; et la seconde, que dans les jugemens criminels on opinoit par scrutin, que l'on jettoit de même dans l'urne, d'où le Preteur et le Juge tiroient les suffrages. Ainsi le Poëte a voulu dire : que l'infidélité d'un Juge corrompu qui fraude les suffrages pour absoudre le criminel, ne le rend pas impuny. Ce qui a fait dire à Seneque : *Frustra eum prætereunt Leges quem non absolvit conscientia.* Les Loix vainement laissent le coupable sans châtiment, si la conscience le condamne.

V. 22. *Nec jactare jugum vita didicere Magistra.* Ceux-là sont heureux, dit-il, qui ont appris par une longue vie, *vita magistra,* à ne pas s'opposer au joug de la necessité.

V. 27. *Quot Thebarum portæ, vel divitis ostia Nili.* Le Poëte entend parler de Thebes en Bœotie, qui n'avoit que sept portes, et non pas de Thebes qui est en Egypte, qui en avoit cent. Tous les Historiens conviennent aussi que le Nil a sept embouchures, sçavoir : Pelusiacum, Canopicum, Bolbiticum, Sebeneticum, Phanniticum, Mendesium et Taniticum, par le cours desquelles il arrose et enrichit toute l'Egypte, d'où vient qu'Ovide, au premier des Metamorphoses, l'appelle *septemfluus*. Il veut encore marquer par cette comparaison outrée, qu'il y a peu de gens de bien dans le monde.

V. 28. *Nona ætas agitur*. Les Latins ne comptoient que quatre âges, sçavoir : celuy de l'or, de l'argent, de l'airain et du fer; mais les Grecs en comptoient huit par autant de metaux. Nostre Poëte suit cette methode, et pretend qu'en son temps on en pouvoit compter un neuviéme, pour lequel il n'y avoit point de nom de metal, parce qu'il étoit le pire de tous.

V. 32. *Quanto Fæsidium laudat vocalis sportula*. Il marque la coustume de son temps, où les Avocats, tels que Fæsidius, avoient à gages des Cliens, qu'il signifie par *vocalis sportula*, un salaire parlant, pour les loüer dans le Barreau quand ils y plaidoient.

V. 33. *Senior Bulla dignissime*. Il le raille de ce qu'estant vieux il meriteroit d'estre mis dans le nombre des jeunes gens, qui portoient encore l'enseigne appellée *Bulla aurea*, qu'on leur donnoit jusqu'à l'âge de quatorze ans. Elle estoit faite en cœur, et marquoit qu'ils avoient encore besoin de conseil, qu'on nomme en Grec βουλή, d'où est venu le nom de *Bulla*.

V. 37. *Aræque rubenti*. L'Autel pouvoit rougir ou par le feu des sacrifices, ou par le sang des victimes.

V. 38. *Quondam hoc indigenæ vivebant more*. *Indigenæ* sont des anciens peuples Latins que les Grecs appellent αὐτόχθονες, *quasi inde geniti*, comme s'ils estoient nez de la terre sans pere et sans patrie. On les nommoit aussi *Aborigenes*.

V. 40. *Saturnus fugiens*. Ce temps-là fut appellé l'âge d'or, Saturne regnoit encore dans l'Isle de Crete, et n'en avoit point esté chassé par Jupiter son fils, qui depuis l'obligea de quitter cette Isle, et de venir en Italie, où Janus l'ayant associé à son Royaume, luy donna le surnom de Saturne, à cause qu'il y avoit enseigné la culture des champs. C'est de là que Saturne eut aussi le nom de *Salcifer*, parce qu'il sçavoit y appliquer la faulx fort habilement. Saturne est aussi pris pour le Temps, qui fauche tout, et on luy fait dévorer des enfans. En effet, le Temps qui fait tout naistre, fait aussi tout perir.

V. 41. *Idæis Jupiter antris*. Les Poëtes ont feint que Rhea, femme de Saturne, ayant vû que son mary avoit dévoré tous ses autres enfans, cacha Jupiter dans les cavernes du mont Ida en Crete, où elle le donna en garde aux Nymphes de ce lieu, qui le firent nourrir par le lait de la Chèvre Amalthée.

V. 43. *Puer Iliacus*. C'est Ganymede, fils de Tros, Roy de Troye,

autrement *Ilium*, d'où on luy donna le surnom d'Iliacus. Il fut
establi Echanson des Dieux en la place d'Hebé, fille de Jupiter et
de Junon. C'étoit la Déesse de la jeunesse, et elle fut depuis mariée
dans le Ciel à Hercule.

V. 45. *Liparea taberna*. Liparis est l'une des sept Isles Eoliennes
qui sont dans le détroit de Sicile, dans laquelle les Poëtes veulent
que le Dieu Vulcain eust sa boutique de Forgeron. Toutes ces Isles
luy estoient consacrées et portoient le nom de *Vulcaniæ* en Latin,
et de *Ephestiæ* parmy les Grecs.

V. 48. *Miserum Atlanta*. Atlas, comme nous l'avons dit ailleurs,
estoit d'une si grande taille, que les habitans de Mauritanie disoient
qu'il pouvoit porter le Ciel. Pline, livre 7. rapporte qu'il avoit
inventé l'Astrologie. D'autres pretendent que Persée, par la vertu
de la teste de Meduse, le transforma en cette Montagne qu'on
appelle Atlas, et c'est de ces resveries que toutes ces Fables ont pris
leur origine.

V. 50. *Sicula cum conjuge Pluton*. On feint que Pluton, Roy des
Enfers, enleva Proserpine, fille de Cerés, dans les champs de Sicile,
où elle cueilloit des fleurs. Voyez Claudien et Ovide au cinquiéme
des Fastes.

V. 51. *Nec rota*. C'est le supplice d'Ixion, qui ayant osé entreprendre sur la pudicité de Junon, dont il estoit Secretaire, elle
forma, par l'avis de Jupiter, une nuée, qui avoit sa ressemblance.
Ixion s'estant joint à cette nuée, elle en conçut les Centaures, qui
par cette raison ont esté surnommez *Nubigenæ* par les Poëtes;
mais ce temeraire s'estant depuis vanté sur la terre, où il fut ren-
voyé, d'avoir eu affaire avec Junon, fut précipité dans les Enfers, et
attaché par l'ordre de Jupiter à une roüe pleine de serpens, dont le
mouvement doit estre éternel.

V. 51. *Nec Furiæ*. Les Poëtes ont fait trois Furies, sçavoir:
Alecto, Tisiphone et Megere, qui sont préposées pour punir les
crimes par la flamme, par le fer et par le foüet.

V. 51. *Nec saxum*. On dit que Sisiphe ayant commis des meurtres
et des voleries qui le rendoient redoutable, fut enfin tué par Thesée,
et condamné par les Dieux à rouler éternellement dans les Enfers
une grosse pierre du bas d'une montagne en haut, et du haut en bas.

V. 51. *Aut vulturis atri*. Titius estoit fils de Jupiter et d'Elara,
fille d'Orchemene, Fleuve de Thessalie, que ce Dieu fit cacher dans
la terre pour éviter la colere de Junon, ce qui fit dire qu'il estoit
fils de la Terre; depuis ayant voulu corrompre Latone, Apollon son
fils le tua à coups de fléche, et ordonna que son cœur seroit perpetuellement déchiré par un vautour dans les Enfers. On dit qu'il
estoit d'une grandeur si demesurée, que son corps estendu par terre
estoit de la longueur de neuf arpens, qui contiennent deux cens

pieds chacun, selon le calcul de quelques-uns, et selon Quintilien,
de deux cens quarante, et de la moitié en largeur; mais il y a peu
d'apparence, et il falloit sans doute que l'arpent eust une autre
dimension en ce temps-là. Ovide, livre 4. des Metamorphoses:

> *Viscera præbebat Tytius lanianda, novemque*
> *Jugeribus distractus erat.*
>
> Le cœur de Tytius d'un Vautour déchiré,
> Montre par neuf arpens son grand corps mesuré.

V. 37. *Plura domi fraga.* Quelques-uns lisent mal à propos *farra*,
comme si dans ce siecle d'or les hommes ne vivoient que de gâteaux
composez de farine et de miel. Mais ils n'ont pas pris garde, qu'en
ce temps-là le froment n'estoit point encore en usage, et qu'ils ne
vivoient que de fruits, de racines et de legumes, *glandem ructante
marito*, comme il l'a dit dans la sixiéme Satyre, et qu'ainsi il faut
lire *fraga*.

V. 58. *Tam venerabile erat.* Gellius, livre 2. chap. 15. confirme
ce que dit nostre Poëte: *Apud antiquissimos Romanorum neque
generi neque pecuniæ præstantior honos tribui quam ætati solitus,
majoresque natu à minoribus colebantur ad Deûm prope et parentum
vicem.* Parmy les anciens Romains l'honneur et la préséance estoient
plûtost donnez à l'âge qu'à la naissance ou aux richesses, et les plus
jeunes avoient autant de veneration pour leurs anciens, que pour
leurs parens, et même pour leurs Dieux.

V. 62. *Et Thuscis digna tabellis.* La Fable veut que dans les
champs de Toscane, un Laboureur ayant trop enfoncé sa charuë,
les Dieux en firent sortir un enfant, que l'on appella Tagès, et
l'enfant enseigna aussi-tost à tout le peuple qui accourut, l'art des
Haruspices, dont les principaux Toscans, qu'on nommoit *Lucu-
mones*, firent un Registre, à l'exemple desquels les Romains s'étant
instruits de cette science, la pratiquerent, et firent tenir de pareils
Registres, où ils écrivoient les prodiges aussi-bien que les pronos-
tics, que les Haruspices en faisoient. Il veut faire passer pour
prodige la bonne foy de son temps, soit dans ce passage, soit dans
les vers suivans.

V. 63. *Quaque coronata lustrari debeat agna.* Les victimes
avoient toûjours la teste couronnée et entourée de rubans, et l'on
avoit accoustumé d'immoler quelques brebis pour faire expier par
les Haruspices tous les prodiges qui arrivoient.

V. 68. *Examenque apium longa consederit uva Culmine delubri.*
Il me semble voir un essain d'Abeilles en forme de grape de raisin,
posé sur le sommet d'un Temple. C'est la suite des prodiges qu'il
exagere, pour marquer le peu de gens de bien qu'il y avoit dans son
siecle.

V. 78. *Tarpeia fulmina*. C'estoient les foudres de Jupiter Capitolin ou Tarpeïen.

V. 79. *Martis frameam*. Tacite dit que les Allemans se servoient dans les combats d'une javeline, dont le fer estoit court et fort aigu. Ils l'appelloient *framea*. Gellius s'en est aussi ressouvenu, et les *pila* des Romains, les *gessæ* des Gaulois, les *larissæ* des Macedoniens, estoient les *frameæ* des Allemans.

V. 79. *Cirrhæi spicula vatis*. On appelloit Apollon Cirrhæus, à cause que de la ville de Cyrrha en Bœotie l'on montoit à Delphes par quatre-vingt stades. C'estoit là que l'on voyoit ce Temple fameux où ce Dieu rendoit ses Oracles, d'où il avoit pris le surnom de *Delphicus*.

V. 81. *Pater Ægei Neptune*. On dit qu'Ægée, Roy d'Athenes, et pere de Thesée, estoit fils de Neptune. Voyez Hyginus, Fab. 16.

V. 85. *Pharioque madentis aceto*. Pharus est une Isle d'Egypte située prés de l'embouchure Canopique du Nil. Le Philosophe Chrysippe chez Athenée, livre 2. chap. 3o. asseure que le vinaigre d'Egypte estoit le meilleur de tous. Martial en fait l'éloge, liv. 13. Epig. 117.

V. 93. *Irato sistro*. Apulée, livre 11. des Metamorphoses, dit que les Pretres d'Isis portoient des Cymbales d'argent ou d'airain, pour faire un grand bruit pendant leurs sacrifices, et que leur Déesse en frappoit les parjures, et les aveugloit.

V. 95. *Vomicæ putres*. Ce sont des ulceres malins et pleins de pus.

V. 97. *Nec dubitet Ladas*. Solin a écrit que Ladas estoit si leger, qu'il emportoit tous les prix de la course, et qu'il ne laissoit presque pas de vestiges de ses pieds dans l'arene. Martial, livre 25. et Ciceron, livre 4. *ad Herennium*, en ont parlé.

V. 97. *Si non eget Anticyra*. C'est-à-dire, si Ladas n'est pas insensé, et qu'il n'ait pas besoin de l'hellebore qui croist dans Anticyre, Isle de la Phocide, dont on se sert pour guerir les fous, il souhaitera plûtost les douleurs de la goutte, que celles de la pauvreté, de laquelle les couronnes d'olivier qu'il remporte pour tout prix de la course, ne le soulagent pas.

V. 99. *Pisææ olivæ*. Pisa et Elis estoient deux villes du Peloponese, entre lesquelles estoient le champ Olympien, fort vaste, et le Temple de Jupiter, qui portoit le même nom. C'étoit à l'honneur de ce souverain des Dieux, qu'on avoit institué les Jeux Olympiques, qui se celebroient de cinq en cinq ans. Dans ces Jeux, il y avoit entr'autres choses un prix pour la course, qui n'estoit que d'une couronne d'olivier sauvage, dont ce même champ estoit remply. C'est la raison pour laquelle on les appelloit *Pisæi*, *Elæi* et *Olympici*.

V. 111. *Fugitivus scurra Catulli*. Le Poëte Catulle avoit introduit dans une piece Comique, un Esclave fugitif qui s'estoit revolté contre son Maistre.

V. 112. *Ut Stentora vincere possis.* Homere, livre 5. de l'Iliade, dit que Stentor, vaillant Soldat de l'armée des Grecs au Siege de Troye, avoit la voix si élevée et si forte, que le son en pouvoit égaler cinquante.

V. 113. *Vel potiùs quantum Gradivus, Homericus.* Homere, au même livre 5, a écrit que Mars ayant esté blessé par Pallas ou par Diomede, crioit aussi fort que pourroient faire dix mille hommes dans un combat.

Nous remarquons, encore que nous l'ayons fait ailleurs, que Festus croit que le surnom de *Gradivus* a esté donné à Mars, ou bien à *gradiendo,* parce qu'il faut marcher sagement pour aller au combat, ou parce qu'il n'a jamais combattu qu'à pied, ou de son adresse à jetter sa javeline, que les Grecs expriment par le verbe κραδαίνω, ou *quod ex gramine ortus sit,* parce qu'on dit que Junon le conçut en cueillant une fleur. C'est ce que nous dit Ovide au cinquiéme des Fastes. D'autres ont crû que ce surnom n'estoit ny Grec ny Latin, mais Thracien, et qu'il signifie fort et belliqueux. Servius sur le troisiéme de l'Eneïde, est de ce sentiment. Il ajoûte que lors que ce Dieu est en colere, on l'appelle *Gradivus,* et quand il est tranquille, *Quirinus;* ce qui se confirme par les deux Temples qu'on luy avoit dédiez à Rome sous ces deux noms, l'un dans la ville, et l'autre dehors.

V. 116. *Charta pia thura soluta ponimus.* Quelques-uns l'interpretent de l'envelope où estoit l'encens qu'on devoit offrir. D'autres suivent le sentiment de Rulgersius, livre 5. de ses diverses Leçons, chap. 5. qui croit qu'il faut entendre ce *Charta soluta,* du papier que l'on déposoit au Temple, où l'on écrivoit les vœux qu'on avoit faits, et qui estoient accomplis.

V. 117. *Albaque porci Omenta.* Celsus veut que ce soit l'intestin du cochon remply de graisse, et selon Pline, c'est la membrane grasse qui l'enveloppe, et que l'on appelle le sein doux.

V. 119. *Statuamque Batylli.* Apulée, livre 27. des Florides, rapporte que le tyran Polycrate fit dresser une Statuë à Batylle son Boufon et son Joüeur de Harpe, dans le Temple consacré à Junon dans l'Isle de Samos. Il fut de même fort chery par Anacreon Teius; il en est fait mention dans Horace et dans Perse.

V. 121. *Et qui nec Cynicos, et Stoïca dogmata legit, non Epicurum.* Il veut dire, que pour luy proposer un remede à ses préventions, il n'a point esté à l'école des Philosophes Cyniques, Stoïciens ou Epicuriens. Antisthene, disciple de Socrate, fut le premier Auteur de la Secte des Cyniques, Diogenes et Crates le Thebain la suivirent. Leur doctrine et celle des Stoïciens convenoient au mépris des richesses, et à soutenir que la seule vertu suffisoit pour la felicité de la vie, et ils ne differoient qu'en ce que les Cyniques portoient un double manteau, sous lequel, pour couvrir leur nudité, ils avoient une espece de reseau; et les Stoïciens estoient vestus d'une tunique, comme tous les autres Philosophes et tous les Grecs, avec un simple manteau par dessus, ce qui luy fait dire : *à Cynicis tunica distantia.*

V. 125. *Tu venam cum discipulo committe Philippi.* Il veut dire à son amy Calvinus, qu'il trouve son mal si leger, qu'il peut entreprendre de l'en consoler, bien qu'il ne soit point Philosophe, comme un malade attaqué d'un foible mal se peut confier à un mediocre Medecin, tel qu'étoit un disciple de Philippe.

V. 129. *Recepto claudenda est janua damno.* Quelques-uns pretendent que le Poëte ait voulu dire, qu'il est juste de se plaindre et de fermer la porte à toute consolation, lors qu'il n'y a plus de remede au dommage qu'on a souffert; mais Lubin l'a mieux expliqué, à mon sens, lors qu'il dit, qu'aux grandes douleurs on ferme les portes et les fenestres pour en gemir plus vivement.

V. 136. *Si decies lectis diversa in parte tabellis.* Cela se doit entendre, ou des actes obligatoires qui se passoient en presence de plusieurs temoins, jusqu'au nombre de dix, ou de la lecture que le Notaire faisoit à diverses fois de ces mêmes actes, qui s'écrivoient (ainsi que la suite de ce passage nous le confirme) sur des tables de bois cirées et preparées, sur lesquelles le debiteur apposoit sa signature et son cachet.

V. 138. *Gemmaque princeps Sardonyche.* C'est une figure qu'on appelle Metonymie ou transposition, par laquelle il employe la pierre sur laquelle estoit gravé le cachet, pour le cachet même. Nous avons déja dit ailleurs, que la Sardonique estoit une pierre des plus precieuses, comme il l'exprime icy par le mot *princeps;* surquoy il faut se ressouvenir, que *Sarda* estoit ce que nous appellons Cornaline et *Onyx,* la Calcedoine, dont on a composé la Sardonique, parce qu'elle tenoit de l'vne et de l'autre, et que la Chrysolite estoit nostre Jacynthe.

V. 139. *Loculis quæ custoditur eburnis.* Sans doute on enfermoit ces cachets dans des boëtes d'yvoire.

V. 140. *Te nunc delicias.* Tu parois bien delicat, ou tu présumes bien de toy-même, lors que tu pretens devoir estre mieux traité par les Dieux, que tous les autres hommes. Cette figure s'appelle *Epexegesis,* lors qu'on avance une chose par des mots briefs et obscurs, qu'il faut expliquer par la suite.

V. 141. *Tu gallinæ filius albæ.* L'on s'étonne qu'on ait produit ce proverbe pour signifier un homme heureux, puisqu'au rapport de Columelle, les poules blanches sont les plus lâches et les moins

fecondes. Erasme donne deux raisons de ce proverbe. La premiere
est tirée de ce que les Latins ont appellé les choses agreables et de
bon augure *alba* et *candida*, d'où vient qu'ils ont dit *albi dies* et
*albo lapillo notati*, pour signifier les jours heureux, et qu'ils ont
donné aux fils des Dieux le surnom de *Candidi*, ainsi que Platon
et Plutarque l'ont écrit; et en effet, Virgile, dans l'Eglogue intitulée
*Daphnis*, voulant marquer que Cesar estoit au nombre des Dieux,
luy donne le surnom de *Candidus*. La seconde raison d'Erasme
paroist encore plus naturelle, estant tirée de cette fatale poule
blanche tenant un petit rameau de laurier en son bec, laquelle
ayant esté enlevée par une Aigle, fut assez heureuse pour tomber
vivante entre les bras de Livie, femme d'Auguste, peu de temps
après son mariage, lors qu'elle alloit en sa maison de plaisance au
territoire de Veies. Cette poule en produisit une infinité d'autres,
ainsi que Suetone l'a écrit dans la vie de Galba, d'où vint sans
doute, que pour signifier un homme fortuné, il passa en proverbe
de l'appeller le fils de la Poule blanche.

V. 142. *Nati infelicibus ovis*. Quelques Interpretes croyent qu'il
fait allusion aux œufs de Leda, que Jupiter transforma en Cygne,
débaucha, de l'un desquels nâquirent Pollux et Hector, et de l'autre
Castor et Clitemnestre. D'autres ont pensé que l'allusion est au
proverbe, qui dit : *mali corvi malum ovum*, que d'un méchant
corbeau il n'en peut venir qu'un méchant œuf.

V. 157. *Custos Gallicus urbis*. Quelques Interpretes disent que
ce nom fut donné au Prefect qui avoit esté establi pour veiller aux
accidens nocturnes depuis que les Gaulois eurent pris le Capitole ;
mais la plus commune opinion est que le Poëte entend parler de
Rutilius Gallicus, qui fut establi par Domitien dans la premiere
Magistrature de Rome, et à qui tous les autres Juges étoient obligez
de déferer, d'où vint qu'on l'appella *Custos urbis*, ou *Prefectus
urbis*, selon Suetone dans la vie de Tibere.

V. 162. *Quis tumidum guttur miratur in Alpibus*. Vitruve dit que
les peuples qu'on appelle *Æquiculani*, ou *Æquicolæ*, en Italie, près
de la ville des Sabins, et ceux qui habitent les Alpes, ont presque
tous la gorge enflée par la mauvaise qualité des eaux qu'ils boivent.

V. 163. *In Meroe crasso*. Pomponius Mela dit que dans l'Isle de
Meroë, en Egypte, les femmes ont leurs mamelles si pendantes,
qu'elles sont aussi grandes que les enfans dont elles sont nourrices.

V. 165. *Et madido torquentem cornua cirro*. Tacite dit que les
Allemans ont les yeux bleus et la chevelure blonde. Nostre Poëte
ajoûte qu'ils prennent soin de la friser en boucles, ce qu'il exprime
par *cornua*, et les Grecs par κέρατα, d'où vient que les Poëtes les
appellent quelquefois *Cornigeri*.

V. 168. *Pigmæus*. Pline, livre 7. Gellius, livre 9. et Aristote, livre 7. des Animaux, disent qu'il y a des peuples dans les montagnes des Indes, qui n'ont que deux à trois pieds de hauteur, et qui ont toutes les années pendant trois mois du Printemps, une grande guerre contre les Gruës, qu'on tient estre en si grand nombre sur le Strimon, Fleuve de Thrace, que si ces petits peuples ne mangeoient ou ne détruisoient leurs œufs et leurs poussins, ils n'y pourroient jamais résister.

V. 184. *Chrysippus.* C'estoit un Philosophe Stoïcien de la ville de Tarse, fils d'Apollonius, disciple de Cleanthe et de Zenon, si subtil et si renommé, qu'on luy faisoit cet honneur de dire, que si les Dieux se servoient de la Dialectique, ils n'en employeroient point d'autre que celle de Chrysippus. Juvenal en parle comme d'un homme qui condamnoit toutes les passions.

V. 184. *Mite Thaletis ingenium.* Thales Milesien fut le premier des sept Sages de Grece qui enseigna les secrets de la Philosophie, de l'Astrologie et de la Geometrie. Il fut Auteur de la Secte Ionique, et voulut établir l'eau pour principe des choses. Plutarque et Diogene Laerce en ont amplement écrit.

V. 185. *Dulcique senex vicinus Hymetto.* Il entend parler de Socrate, grand Philosophe, et l'un des plus sages de son temps, fils de Sophroniscus, ouvrier en marbre, et de Phanareta, sage femme, lequel a sçu le premier mettre en principes et en dogmes toute la morale. Il estoit né dans le Mont Himette, proche d'Athenes. Ce Mont estoit abondant en miel, ce qui le fait appeller *Dulcis.* Socrate s'attira des ennemis pour avoir méprisé la Religion des Atheniens, et le Paganisme, et estant accusé par Anytus, Licon et Melitus, il souffrit constamment la mort à laquelle il fut injustement condamné, par le poison qu'il avala, sans murmurer contre ceux qui en estoient cause.

V. 193-194-195. *Quos diri conscia facti.* Ce Vers, et les deux suivans, sont d'une force admirable pour marquer les remords, et le ver qui ronge interieurement une ame criminelle, ce qu'il avoit dit ailleurs en d'autres termes : *Tacita sudant præcordia culpa.*

V. 197. *Cædilius gravis.* Il luy donne cette epitethe, parce que c'estoit un Juge tres severe du temps de Vitellius. Tacite en fait mention, et nostre Poëte en parle comme dans sa derniere Satyre.

*Rhadamantus,* fils de Jupiter et d'Europe, et Roy de la Lycie, fut si sage et rendit la justice à ses Sujets avec tant de poids et d'exactitude, qu'il merita d'estre estably par son pere Juge des Enfers, avec Æaque et Minos, ainsi que Platon l'a écrit dans son Gorgias.

V. 199. *Spartano cuidam.* Herodote, livre 6. raconte l'histoire de Glaucus Lacedemonien, lequel quoy que vertueux, consulta l'Oracle d'Apollon pour sçavoir s'il pouvoit en conscience retenir un depost secret qui luy avoit esté remis, à quoy ce Dieu répondit, qu'il seroit puny pour l'avoir seulement pensé. Et en effet, quoy qu'il le rendist, toute sa famille fut détruite, jusqu'aux parens les plus éloignez, ainsi que Juvenal l'exprime par les vers suivans.

V. 199. *Pythia Vates.* Les Oracles d'Apollon estoient rendus par une jeune fille, à qui on donnoit le nom de Devineresse Pythie, à cause qu'Apollon fut surnommé *Pythius,* de l'affreux Serpent Python qu'il tua à coups de fléches dans sa jeunesse, ce qui est confirmé par saint Jerôme contre Jovinien : *Furiosas Apollinis Vates legimus.* Nous lisons les fureurs des Devineresses d'Apollon.

V. 214. *Albani veteris pretiosa senectus.* Nous apprenons que les vins vieux d'Albe estoient extrêmement prisez par les Romains.

V. 216. *Velut acri ducta Falerno.* Comme le vin de Falerne estoit le plus violent, l'on en faisoit aussi le meilleur vinaigre.

V. 249. *Nec Tiresiam.* Ovide, livre 3. des Metamorphoses, dit que Tiresias Thebain ayant esté constitué Juge du differend qui estoit entre Jupiter et Junon sur les plaisirs de l'amour, à cause qu'il avoit esté des deux sexes; et ayant décidé que les femmes y étoient plus sensibles, cette Déesse pour s'en vanger le rendit aveugle, dequoy Jupiter cherchant à le consoler, luy donna le don de Prophetie. Juvenal finit admirablement cette Satyre, en justifiant la Providence, et faisant connoistre, que comme les Dieux ne sont ny sourds ny aveugles, aussi les crimes ne demeurent jamais impunis.

# SATIRE QUATORZIÈME

## L'EXEMPLE

Il est, ô Fuscinus, bien d'odieux travers,
De vices abhorrés et de penchants pervers,
Capables de ternir les plus purs caractères,
Que transmet aux enfants l'exemple de leurs pères.
Ce vieillard est joueur? Son fils tout jeune encor,
Portant même, à son cou, la noble bulle d'or,
Tout comme lui jouera; sa petite main preste
Agitera les dés dans le cornet funeste.
Qu'attendre de ce fils qui connaît le secret
D'apprêter savamment la truffe et le bolet,
Et dans le même jus de cuire le bec-figue,
Quand il tient ces leçons d'un vieux père prodigue,
Gourmand à cheveux gris et glouton obstiné?
Du septième printemps cet enfant est orné
Et ses secondes dents sont à peine poussées,

## SATIRA QUARTA DECIMA

### EXEMPLUM

Plurima sunt, Fuscine, et fama digna sinistra,
Et nitidis maculam hæsuram figentia rebus,
Quæ monstrant ipsi pueris traduntque parentes.
Si damnosa senem juvat alea, ludit et hæres
Bullatus, parvoque eadem movet arma fritillo.          5
Nec melius de se cuiquam sperare propinquo
Concedet juvenis, qui radere tubera terræ,
Boletum condire, et eodem jure natantes
Mergere ficedulas didicit, nebulone parente,
Et cana monstrante gula. Quum septimus annus          10
Transierit puero, nondum omni dente renato,
Barbatos licet admoveas mille inde magistros,

Mais de cent précepteurs, aux barbes hérissées,
On pourra l'entourer, qu'il n'en voudra pas moins
Faire chère choisie et mettra tous ses soins
A contenter les goûts contractés dans l'enfance.

Peut-il à ses enfants enseigner la clémence,
La justice qui sait peser les châtiments,
Leur dire que l'esclave est formé d'éléments
Et pétri d'un limon analogues aux nôtres,
Ce Rutilus, qui n'est bon qu'à montrer aux autres
A devenir cruels, lui, pour qui sont si chers
Les sifflements du fouet faisant voler les chairs
Et qu'il trouve plus doux que le chant des sirènes?
Antiphate terrible et de sang les mains pleines,
Moderne Polyphème, il se montre joyeux
Quand du fer rouge on marque un des siens sous ses yeux.
Lui, qui se pâme d'aise aux grincements d'entraves,
Aux scènes de douleur dans les prisons d'esclaves,
Que va-t-il conseiller à cet adolescent?
Qui pourrait espérer, que, cœur compatissant,
La fille de Larga ne soit pas adultère,

Hinc totidem, cupiet lauto cœnare paratu
Semper, et a magna non degenerare culina.

Mitem animum, et mores modicis erroribus æquos          15
Præcipit, atque animas servorum et corpora nostra
Materia constare putat paribusque elementis?
An sævire docet Rutilus, qui gaudet acerbo
Plagarum strepitu, et nullam Sirena flagellis
Comparat, Antiphates trepidi Laris ac Polyphemus.          20
Tum felix, quoties aliquis tortore vocato
Uritur ardenti propter duo lintea ferro?
Quid suadet juveni lætus stridore catenæ,
Quem mire afficiunt inscripta ergastula, carcer
Rusticus? Exspectas ut non sit adultera Largæ          25
Filia, quæ nunquam maternos dicere mœchos

Elle qui pour nommer les amants de sa mère,
Si vite qu'elle pût accélérer sa voix,
Devrait au moins reprendre haleine trente fois?
Vierge, de ses écarts elle fut confidente;
Cette mère aujourd'hui, conseillère impudente,
Lui dicte les billets pour ses adorateurs;
La mère et la fille ont mêmes entremetteurs !
La nature le veut: l'exemple domestique
Est le plus sûr poison et le plus énergique,
Car les parents l'appuient de leur autorité.
Un ou deux jeunes gens peut-être ont résisté,
Parce que Prométhée a soigné leur nature
Et pétri leur esprit d'une argile plus pure,
Mais les autres, poussés en masse vers le mal,
S'engagent pour jamais dans le sentier fatal
Dont des parents maudits leur ont montré la trace.

Gardez-vous donc toujours de toute action basse;
Un seul motif puissant vous y doit exhorter:
Craignez de voir, un jour, vos fils vous imiter,
Car nous suivons toujours, en élèves dociles,

Tam cito, nec tanto poterit contexere cursu,
Ut non ter decies respiret? Conscia matri
Virgo fuit: ceras nunc hac dictante pusillas
Implet, et ad mœchos dat eisdem ferre cinædis.          30
Sic natura jubet: velocius et citius nos
Corrumpunt vitiorum exempla domestica, magnis
Quum subeunt animos auctoribus. Unus et alter
Forsitan hæc spernant juvenes, quibus arte benigna
Et meliore luto finxit præcordia Titan;          35
Sed reliquos fugienda patrum vestigia ducunt,
Et monstrata diu veteris trahit orbita culpæ.

Abstineas igitur damnandis; hujus enim vel
Una potens ratio est, ne crimina nostra sequantur
Ex nobis geniti: quoniam dociles imitandis          40

Les leçons enseignant les choses les plus viles.
Chaque ciel, chaque peuple a ses Catilina;
Des Brutus, des Catons, quelle contrée en a?
Éloignez donc des murs gardant son innocence,
Ce qui blesse l'oreille et les yeux de l'enfance;
Loin d'eux, la courtisane aux regards polissons,
Loin d'eux, le parasite aux nocturnes chansons!...
Du respect le plus grand entoure la jeune âme;
Si tu viens à tramer quelque action infâme,
Songe à ton fils encor enfant, que son regard,
Au moment de faiblir, te serve de rempart,
Car du censeur, un jour, s'il mérite le blâme,
S'il se montre ton fils plus encore par l'âme
Que par la ressemblance et des traits et du corps,
S'il te dépasse enfin dans tes écarts, alors,
Tu veux déshériter ton fils dans ta colère;
Mais de quel droit peux-tu montrer un front sévère,
Quand tu fais pis encore, écervelé vieillard,
Méritant la ventouse et les secours de l'art?

Turpibus ac pravis omnes sumus: et Catilinam
Quocumque in populo videas, quocumque sub axe,
Sed nec Brutus erit, Bruti nec avunculus usquam.
Nil dictu fœdum visuque hæc limina tangat
Intra quæ puer est. Procul hinc, procul inde, puellæ     45
Lenonum, et cantus pernoctantis parasiti!
Maxima debetur puero reverentia. Si quid
Turpe paras, ne tu pueri contempseris annos:
Sed peccaturo obstet tibi filius infans.
Nam si quid dignum censoris fecerit ira     50
Quandoque, et similem tibi se non corpore tantum
Nec vultu dederit, morum quoque filius, et qui
Omnia deterius tua per vestigia peccet,
Corripies nimirum, et castigabis acerbo
Clamore, ac post hæc tabulas mutare parabis.     55
Unde tibi frontem libertatemque parentis,

De quelque hôte marquant attends-tu la visite?
Tout est en mouvement dans ta demeure : « Vite,
» Nettoyez le parvis et les planchers à fond,
» Frottez cette colonne, enlevez du plafond
» Les toiles d'araignée, essuyez, à la hâte,
» Toi, ces vases sculptés, toi, la vaisselle plate! »
Ainsi, la verge en main et d'un ton menaçant,
Tu donnes aux valets l'ordre le plus pressant.
Misérable! Tu crains de déplaire à ton hôte,
Si l'ordure d'un chien ou bien un peu de crotte
Salit ton atrium, quand, pour le nettoyer,
Il suffit d'un gamin et d'un sac de poussier;
Mais il t'importe peu que, chez toi, ton fils puisse
Avoir sous son regard la souillure et le vice!

Sans doute, le pays te doit un citoyen;
Il t'est reconnaissant de cela, c'est fort bien!
Mais encore faut-il que ton fils soit utile
A la patrie; aux champs qu'il se montre homme habile,
Qu'il soit bon pour la guerre, apte aux arts de la paix;

  Quum facias pejora senex, vacuumque cerebro
  Jampridem caput hoc ventosa cucurbita quærat?

  Hospite venturo, cessabit nemo tuorum :
  Verre pavimentum, nitidas ostende columnas,  60
  Arida cum tota descendat aranea tela :
  Hic lavet argentum, vasa aspera tergeat alter :
  Vox domini furit instantis, virgamque tenentis.
  Ergo miser trepidas, ne stercore fœda canino
  Atria displiceant oculis venientis amici,  65
  Ne perfusa luto sit porticus; et tamen uno
  Semodio scobis hæc emundat servulus unus.
  Illud non agitas, ut sanctam filius omni
  Adspiciat sine labe domum, vitioque carentem.

  Gratum est, quod patriæ civem populoque dedisti,  70

Tout dépend des penchants honnêtes ou mauvais
Que laisseront en lui tes leçons et tes œuvres.
La cigogne nourrit ses petits de couleuvres,
De lézards qu'elle prend dans les sentiers déserts ;
Quand, la plume poussée, ils iront par les airs,
Eux-mêmes chercheront la même nourriture.
Le vautour à son nid porte, comme pâture,
Des lambeaux de charogne ou de chair des gibets ;
Lorsque, grands, mangeant seuls, plus tard, dans les forêts,
Les petits vont nicher, leur pâture est la même.
L'oiseau que Jupiter a choisi comme emblème,
Celui dont il a fait son messager, aux bois,
Dans les ravins, poursuit le lièvre et le chamois,
Et son aire reçoit le produit de sa chasse ;
Affamé, quand l'aiglon peut planer dans l'espace,
Des mêmes animaux on le voit se nourrir.
Cétronius avait la rage de bâtir :
Ses villas fièrement dans l'air dressaient leur faîte,
Tantôt dans les replis du golfe de Gaëte,
Tantôt sur les hauteurs que couronne Tibur.

Si facis ut patriæ sit idoneus, utilis agris,
Utilis et bellorum, et pacis rebus agendis.
Plurimum enim intererit quibus artibus et quibus hunc tu
Moribus instituas. Serpente ciconia pullos
Nutrit, et inventa per devia rura lacerta ;　　　　　　　　75
Illi eadem sumptis quærunt animalia pennis.
Vultur jumento et canibus crucibusque relictis,
Ad fetus properat, partemque cadaveris affert :
Hic est ergo cibus magni quoque vulturis, et se
Pascentis, propria quum jam facit arbore nidos.　　　　80
Sed leporem aut capream famulæ Jovis et generosæ
In saltu venantur aves ; hinc præda cubili
Ponitur : inde autem, quum se matura levarit
Progenies, stimulante fame, festinat ad illam
Quam primum prædam rupto gustaverat ovo.　　　　85

Ædificator erat Cetronius ; et modo curvo

Et tantôt à Preneste, où le ciel est si pur;
Les marbres grecs et ceux de régions lointaines,
Servaient à décorer ces demeures hautaines;
Les temples de nos dieux ne brillaient pas auprès.
Ainsi l'on vit, jadis, l'eunuque Posidès
Par son faste éclipser même le Capitole.
Cétronius, cédant à sa passion folle,
Mangea ses revenus et fit brèche à son fonds.
Il laissa cependant des trésors assez ronds;
Héritier de ses goûts, son fils, dans sa démence,
Voulut pour ses villas plus de magnificence,
Et dévora son bien jusques au dernier liard.

Il en est qui sont nés (caprice du hasard)!
D'un père observateur du sabbat; leurs hommages
N'honorent que le Dieu du ciel et les nuages;
Ainsi que leurs aïeux, ils ont, dès le berceau,
Autant d'aversion pour la chair de pourceau
Que pour la chair humaine; ils se font circoncire.
Professant le mépris pour les lois de l'Empire,

 Littore Caietæ, summa nunc Tiburis arce,
 Nunc Prænestinis in montibus, alta parabat
 Culmina villarum, Græcis longeque petitis
 Marmoribus, vincens Fortunæ atque Herculis ædem,  90
 Ut spado vincebat Capitolia nostra Posides.
 Dum sic ergo habitat Cetronius, imminuit rem,
 Fregit opes : nec parva tamen mensura relictæ
 Partis erat : totam hanc turbavit filius amens,
 Dum meliore novas attollit marmore villas.  95

 Quidam sortiti metuentem sabbata patrem,
 Nil præter nubes et cœli numen adorant,
 Nec distare putant humana carne suillam,
 Qua pater abstinuit; mox et præputia ponunt;
 Romanas autem soliti contemnere leges  100
 Judaicum ediscunt, et servant ac metuunt jus,
 Tradidit arcano quodcumque volumine Moses.

Ils n'ont crainte et respects que pour celles des juifs,
Et sont observateurs rigides, exclusifs,
Des préceptes secrets des livres de Moïse,
Si vous n'êtes des leurs, nul danger qu'on vous dise
Où vous pourrez trouver la source ou le chemin.
Ces superstitions leur viennent, c'est certain,
De ce qu'un jour sur sept, leur père à l'indolence
Se livra, négligeant ce jour-là l'existence.

Les jeunes gens en tout imitent leurs parents;
A l'avarice seule ils sont récalcitrants.
Ils finissent, pourtant, par tomber dans ce vice
Qui prend de la vertu la dignité factice :
L'avare a l'air sévère et le front sérieux,
Aussi n'a-t-on pour lui que mots élogieux :
C'est un être frugal, sagement économe,
Capable de veiller sur la plus grosse somme,
Bien mieux que le dragon des filles d'Hespérus;
Ajoutez à cela ce mérite de plus,
C'est que le peuple croit qu'il connaît la recette
De faire prospérer l'argent dans sa cassette.

Non mostrare vias, eadem nisi sacra colenti;
Quæsitum ad fontem solos deducere verpos.
Sed pater in causa, cui septima quæque fuit lux          105
Ignava, et partem vitæ non attigit ullam.

Sponte tamen juvenes imitantur cetera : solam
Inviti quoque avaritiam exercere jubentur.
Fallit enim vitium specie virtutis et umbra,
Quum sit triste habitu vultuque et veste severum.          110
Nec dubie, tanquam frugi, laudatur avarus,
Tanquam parcus homo, et rerum tutela suarum
Certa magis, quam si fortunas servet easdem
Hesperidum serpens aut Ponticus. Adde quod hunc, de
Quo loquor, egregium populus putat atque verendum          115
Artificem; quippe his crescunt patrimonia fabris :

Oui, son avoir grossit, mais par tous les moyens,
Et, rude forgeron, pour créer tous ces biens,
Il manœuvre toujours le soufflet et l'enclume.
« Seul, l'avare du sort ignore l'amertume, »
Dit un père ébloui par les trésors, qui croit
Que de la pauvreté le bonheur fuit le toit;
Il pousse vers ce but ses fils et les entraîne
A se faire enrôler dans la secte malsaine.

L'avarice a les lois, les préceptes d'un art;
Ce père à ses enfants les transmet sans retard,
Les dressant aux détails de la lésinerie;
De bonne heure il fait naître en leur âme flétrie
L'insatiable soif de l'or. Ne va-t-il pas,
Sans motifs, de l'esclave écourter le repas?
Lui-même, à jeun, hésite à faire une morsure
Aux restes d'un pain dur et bleu de moisissure.
Au milieu de septembre, en dépit des temps chauds,
D'un hâchis de volaille il garde les morceaux,
Met les fèves sous clef, soigneusement conserve
Les débris d'un poisson pourri, met en réserve

Sed crescunt quocumque modo, majoraque fiunt
Incude assidua, semperque ardente camino.
Et pater ergo animi felices credit avaros,
Qui miratur opes, qui nulla exempla beati                    120
Pauperis esse putat: juvenes hortatur, ut illam
Ire viam pergant, et eidem incumbere sectæ.

Sunt quædam vitiorum elementa : his protinus illos
Imbuit, et cogit minimas ediscere sordes:
Mox acquirendi docet insatiabile votum.                      125
Servorum ventres modio castigat iniquo,
Ipse quoque esuriens; neque enim omnia sustinet unquam
Mucida cœrulei panis consumere frusta,
Hesternum solitus medio servare minutal
Septembri, nec non differre in tempora cœnæ                   130

Un poireau dont il a compté tous les filets;
Un mendiant des ponts refuserait ces mets.
A quoi bon s'enrichir au prix de la souffrance?
Pour mourir opulent, vivre dans l'indigence!..
O caprice de fou! frénétiques transports!
En attendant, le sac, se gonflant à pleins bords,
Plus l'avare a d'argent, plus il devient cupide;
Un pauvre, sans le sou, se montre moins avide.
Allons, à ton domaine ajoute d'autres biens,
Ceux du voisin, s'ils sont plus féconds que les tiens,
Et ces bois verdoyants et ce coteau qu'ombrage
Un bosquet d'oliviers avec son blanc feuillage.
Si le maître du champ repousse le marché,
Malheur à lui! Notre homme a bien vite lâché
Dans la verte moisson, la nuit, ses bœufs étiques,
Ses chevaux harassés, épuisés, faméliques;
Ils ne retourneront au logis que repus,
Comme avec une faulx laissant les champs tondus.
Que de gens ont gémi sur semblable ravage!
Combien, de force, ont dû vendre leur héritage!
Mais qu'on en jase, aussi, partout à haute voix!
— Qu'importe? Je préfère une cosse de pois

Alterius conchem æstivam cum parte lacerti
Signatam, vel dimidio putrique siluro,
Filaque sectivi numerata includere porri.
Invitatus ad hæc aliquis de ponte, negabit.
Sed quo divitias hæc per tormenta coactas,              135
Quum furor haud dubius, quum sit manifesta phrenesis,
Ut locuples moriaris, egenti vivere fato?
Interea pleno quum turget sacculus ore,
Crescit amor nummi, quantum ipsa pecunia crescit;
Et minus hanc optat, qui non habet. Ergo paratur        140
Altera villa tibi, quum rus non sufficit unum,
Et proferre libet fines, majorque videtur
Et melior vicina seges; mercaris et hanc, et
Arbusta, et densa montem qui canet oliva.

Aux éloges pompeux de tout le voisinage,
Si je ne dois avoir qu'un blé maigre en partage.
— Sans doute tu seras à l'abri des malheurs,
Des maux du corps, des deuils, des soucis, des douleurs;
Chéri par le destin, tes jours seront prospères,
Si tu peux, à toi seul, avoir autant de terres
Qu'en travaillait jadis, avec le soc en main,
Sous le roi Tatius, tout le peuple romain.
Plus tard, nos vétérans, brisés par les années,
Illustres survivants de guerres acharnées,
Après avoir défait et soumis à nos lois
Le Molosse Pyrrhus et les Carthaginois,
Recevaient deux arpents pour prix de leurs blessures;
Ce loyer de leur sang, de fatigues si dures,
Ne leur parut jamais un injuste contrat:
Aucun d'eux n'accusa son pays d'être ingrat :
Le petit champ nourrit le père et sa famille;
Près du lit de l'épouse en mal d'enfant, sautille
Un essaim de bambins folâtres, tracassiers;
Trois d'entre eux, fils du maître, en sont les héritiers,
L'autre est fils d'une esclave; et puis, quand les grands frères
Reviennent de la vigne ou du labour des terres,

  Quorum si pretio dominus non vincitur ullo,   145
  Nocte boves macri, lassoque famelica collo
  Jumenta, ad virides hujus mittentur aristas;
  Nec prius inde domum, quam tota novalia sævos
  In ventres abeant, ut credas falcibus actum.
  Dicere vix possis, quam multi talia plorent,   150
  Et quot venales injuria fecerit agros.
  Sed qui sermones! quam fœdæ buccina famæ!
  Quid nocet hoc? inquit. Tunicam mihi malo lupini,
  Quam si me toto laudet vicinia pago,
  Exigui ruris paucissima farra secantem.   155
  Scilicet et morbis et debilitate carebis,
  Et luctum et curam effugies, et tempora vitæ
  Longa tibi post hæc fato meliore dabuntur,

La soupe bout pour eux dans de vastes bassins.
Aujourd'hui, ces champs-là, pour de simples jardins
Seraient insuffisants. De là viennent les crimes;
Aucun vice ici-bas n'a fait plus de victimes,
Aucun n'a fait verser plus souvent le poison,
Aucun n'a répandu plus de sang, à foison,
Que ce fiévreux désir d'entasser l'or sans cesse.
On veut, en un seul jour, acquérir la richesse,
Et le respect des lois, dans aucun cas, ne put
Arrêter un avare allant droit à son but.

Jadis chez les Vestins, les Marses, les Herniques,
Les vieillards à leurs fils disaient, en gens pratiques :
« Enfants, n'enviez pas des horizons plus beaux
» Que votre toit de chaume et vos humbles coteaux;
» Ne demandez au sol que du pain pour vos tables,
» Ainsi les dieux des champs vous seront favorables;
» C'est grâce à leur bonté qu'un blé délicieux
» A remplacé le gland qui nourrit nos aïeux.
» Quiconque ose porter, pour braver les gelées,

Si tantum culti solus possederis agri,
Quantum sub Tatio populus Romanus arabat.                    160
Mox etiam fractis ætate, ac Punica passis
Prælia, vel Pyrrhum immanem gladiosque Molossos,
Tandem pro multis vix jugera bina dabantur
Vulneribus. Merces ea sanguinis atque laboris
Nullis visa unquam meritis minor, aut ingratæ                    165
Curta fides patriæ. Saturabat glebula talis
Patrem ipsum, turbamque casæ, qua feta jacebat
Uxor, et infantes ludebant quatuor, unus
Vernula, tres domini; sed magnis fratribus horum
A scrobe, vel sulco redeuntibus, altera cœna                    170
Amplior, et grandes fumabant pultibus ollæ.
Nunc modus hic agri nostro non sufficit horto.
Inde fere scelerum causæ, nec plura venena
Miscuit, aut ferro grassatur sæpius ullum
Humanæ mentis vitium, quam sæva cupido                    175

» Pour se mettre à l'abri des froides giboulées,
» Des brodequins grossiers et des peaux à l'envers,
» N'a jamais dans le cœur de sentiments pervers;
» Étrangère chez nous, la pourpre mène aux crimes. »


Nos aïeux à leurs fils inculquaient ces maximes;
Aujourd'hui, dès l'hiver, au milieu de la nuit,
Un père fait lever son enfant, à grand bruit :
« Debout! mon fils, debout! écris, prends tes tablettes,
» Consulte de nos lois les plus vieux interprètes,
» Prépare un plaidoyer, ou, du centurion,
» Dans un savant placet, réclame le bâton.
» Signale à Lœlius tes aisselles poilues,
» Tes cheveux non peignés et tes lèvres velues;
» Cours renverser, vengeant de trop nombreux affronts,
» La cabane du Maure et les châteaux bretons,
» Afin qu'à soixante ans, tu puisses (bonne aubaine!)
» Devant nos légions porter l'aigle romaine.
» Ou, si ton goût répugne aux fatigues des camps,
» Si la trompette, avec ses appels éclatants,

  Indomiti census. Nam dives qui fieri vult,
  Et cito vult fieri. Sed quæ reverentia legum,
  Quis metus, aut pudor est unquam properantis avari?

  Vivite contenti casulis et collibus istis,
  O pueri, Marsus dicebat, et Hernicus olim,   180
  Vestinusque senex : panem quæramus aratro,
  Qui satis est mensis. Laudant hoc numina ruris,
  Quorum ope et auxilio, gratæ post munus aristæ,
  Contingunt homini veteris fastidia quercus.
  Nil vetitum fecisse volet, quem non pudet alto   185
  Per glaciem perone tegi, qui summovet Euros
  Pellibus inversis. Peregrina ignotaque nobis
  Ad scelus atque nefas, quodcumque est, purpura ducit.

  Hæc illi veteres præcepta minoribus. At nunc
  Post finem autumni media de nocte supinum   190

» Si le clairon donnant le signal des batailles,
» Font frémir ton oreille et troublent tes entrailles,
» Fais le commerce, achète et vends moitié plus cher;
» Ne te refuse pas, délicat ou trop fier,
» A faire le trafic même au delà du Tibre;
» De tout scrupule vain que ton esprit soit libre :
» Cuirs ou parfums, vends tout, l'argent sent toujours bon!
» D'un poëte fameux médite ce dicton
» Qu'approuveraient les dieux et Jupiter lui-même :
» D'OU VIENT L'OR?... NUL NE SONGE A CREUSER CE PROBLÈME,
» LE TOUT EST D'EN AVOIR! » Voilà donc les leçons
Que chaque vieille donne à nos petits garçons,
Et qu'avant l'alphabet, sait la petite fille!

Lorsqu'à de tels conseils un père s'égosille,
Je voudrais lui crier : Quelle hâte! insensé,
Par l'élève on verra le maître dépassé;
Sur toi, ton fils autant l'emportera, d'emblée,
Qu'Ajax sur Télamon, Achille sur Pélée.
Sois sans crainte! Pourtant, épargne sa candeur,

Clamosus juvenem pater excitat : Accipe ceras;
Scribe, puer, vigila, causas age, perlege rubras
Majorum leges, aut vitem posce libello.
Sed caput intactum buxo, naresque pilosas
Adnotet, et grandes miretur Lælius alas.                    195
Dirue Maurorum attegias, castella Brigantum,
Ut locupletem aquilam tibi sexagesimus annus
Afferat : aut, longos castrorum ferre labores
Si piget, et trepidum solvunt tibi cornua ventrem
Cum lituis audita, pares quod vendere possis           200
Pluris dimidio, nec te fastidia mercis
Ullius subeant ablegandæ Tiberim ultra;
Neu credas ponendum aliquid discriminis inter
Unguenta et corium. Lucri bonus est odor ex re
Qualibet. Illa tuo sententia semper in ore                205
Versetur, Dìs atque ipso Jove digna, poetæ :
UNDE HABEAS QUÆRIT NEMO; SED OPORTET HABERE.

Le mal n'a pas encor pénétré dans son cœur,
Mais, qu'il ait de la barbe au menton, qu'il atteigne
L'âge de se servir du rasoir ou du peigne,
Sur l'autel de Cérès levant la main, ton fils
Se fera faux témoin et parjure, à vil prix.
La femme qu'il épouse est-elle bien dotée?
Dès qu'elle entre chez vous sa mort est arrêtée;
Comme, dans son sommeil, il lui tordra le cou!
C'est plus court que d'aller courir je ne sais où,
Sur la terre et les mers, pour trouver le bien-être;
Le crime le plus grand est facile à commettre.
Tu diras, quelque jour : « A mon fils je n'ai pas
» Inspiré, conseillé de pareils attentats. »
— Erreur! c'est bien de toi qu'il tient l'âme si vile;
Conseiller d'avoir l'or pour unique mobile,
Faire de l'avarice une règle, un devoir,
Autoriser le vol pour doubler son avoir,
C'est aux fougueux coursiers abandonner les rênes;
Pour calmer leurs élans tes paroles sont vaines,
Ils ne s'arrêtent plus, tu n'es plus écouté,

Hoc monstrant vetulæ pueris poscentibus assem;
Hoc discunt omnes ante alpha et beta puellæ.

Talibus instantem monitis quemcumque parentem          210
Sic possem affari : Dic, o vanissime! quis te
Festinare jubet? meliorem præsto magistro
Discipulum  Securus abi : vinceris, ut Ajax
Præteriit Telamonem, ut Pelea vicit Achilles.
Parcendum est teneris : nondum implevere medullas     215
Nativæ mala nequitiæ; quum pectere barbam
Cœperit, et longi mucronem admittere cultri,
Falsus erit testis, vendet perjuria summa
Exigua, Cereris tangens aramque pedemque.
Elatam jam crede nurum, si limina vestra               220
Mortifera cum dote subit. Quibus illa premetur
Per somnum digitis! Nam quæ terraque marique
Acquirenda putas, brevior via conferet illi :

Et loin du bon chemin le char vole emporté.
Qui donc s'est contenté des libertés permises?
On veut toujours plus loin porter ses entreprises.

Quand tu dis à ton fils : Va, sois indifférent;
Obliger un ami, secourir un parent,
C'est être fou! Du coup, tu verses dans son âme
De la fraude et du vol l'enseignement infâme;
Tu lui montres, qu'au prix des plus noirs attentats,
On doit se procurer les trésors qu'on n'a pas.
La richesse, en effet, est par toi plus chérie
Que par les Decius ne l'était la patrie,
Que Thèbes ne l'était (si le Grec ne ment pas),
Par le roi Ménécée, illustre en son trépas,
Thèbes, dont le sol vit des légions armées,
De la dent du dragon sortir toutes formées
Et livrer, sur le champ, un combat infernal,
Comme si le clairon en donnait le signal.
Donc, ce feu, qui te doit sa première étincelle,
Va grandir; tu verras la flamme qui ruisselle,

Nullus enim magni sceleris labor. Hæc ego nunquam
Mandavi, dices olim, nec talia suasi.                          225
Mentis causa malæ tamen est et origo penes te.
Nam quisquis magni census præcepit amorem,
Et lævo monitu pueros producit avaros,
Et qui per fraudes patrimonia conduplicare
Dat libertatem, totas effundit habenas                         230
Curriculo; quem si revoces, subsistere nescit,
Et, te contempto, rapitur, metisque relictis.
Nemo satis credit tantum delinquere, quantum
Permittas; adeo indulgent sibi latius ipsi!

Quum dicis juveni, stultum, qui donet amico,                   235
Qui paupertatem levet attollatque propinqui,
Et spoliare doces, et circumscribere, et omni
Crimine divitias acquirere, quarum amor in te,
Quantus erat patriæ Deciorum in pectore, quantum

Toucher tout sur sa route et tout anéantir.
Toi-même, ne crois pas pouvoir te garantir :
Ce lion élevé par toi, malheureux père,
Te traînera tremblant, un jour, dans sa tanière.
L'astrologue a compté le nombre de tes jours,
Mais si la Parque tarde à supprimer leur cours,
Tu mourras, sans qu'elle ait tranché ton existence ;
Car ton fils voit ses vœux trompés par ta présence,
Ta vieillesse de cerf est son constant ennui.
Va trouver Archigène, et, vite, achète-lui
Ces sucs qu'un roi de Pont prit pour sauver sa vie,
Si tu veux voir la figue, à l'automne, servie,
Des roses, au printemps, respirer le parfum.
Les pères et les rois devraient avoir chacun
Un antidote à prendre en se mettant à table.
Je t'indique un plaisir plus vrai, plus délectable,
Que les chants du théâtre ou les jeux du préteur :
Vois quels dangers de mort court le spéculateur
Qui veut grossir son bien, remplir d'or sa cassette,
Entasser des écus que sa main inquiète

    Dilexit Thebas, si Græcia vera, Menœceus,     240
In quarum sulcis legiones dentibus anguis
Cum clypeis nascuntur, et horrida bella capessunt
Continuo, tanquam et tubicen surrexerit una.
Ergo ignem, cujus scintillas ipse dedisti,
Flagrantem late et rapientem cuncta videbis.     245
Nec tibi parcetur misero, trepidumque magistrum
In cavea magno fremitu leo tollet alumnus.
Nota mathematicis genesis tua ; sed grave tardas
Exspectare colos ; morieris stamine nondum
Abrupto. Jam nunc obstas et vota moraris ;     250
Jam torquet juvenem longa et cervina senectus.
Ocius Archigenem quære, atque eme, quod Mithridates
Composuit, si vis aliam decerpere ficum,
Atque alias tractare rosas. Medicamen habendum est,
Sorbere ante cibum quod debeat et pater et rex.     255

Au Castor vigilant doit aller confier,
Depuis qu'à Mars vengeur on n'ose se fier,
Car les voleurs ont pris son casque, en sa chapelle;
Fuis les jeux de Cérès, de Flore et de Cybèle,
La comédie humaine a plus d'attraits encor!

Voir un sauteur dans l'air prendre un rapide essor,
Un danseur sur un fil descendre en équilibre,
Est-ce plus curieux que de voir l'homme libre
Aller s'emprisonner dans un vaisseau crétois
A la merci des flots qui battent ses parois,
Pour courir en Sicile aller faire l'emplette
De produits odorants, ou, dans l'antique Crète,
Chercher un vin épais contenu dans des pots
Datant de Jupiter? Celui qui fait des sauts,
Ou d'un pas inquiet parcourt la corde raide,
Cherche contre la faim et le froid un remède,
Il gagne ainsi son pain; mais toi, pour quel motif
Vas-tu risquer tes jours sur un fragile esquif?
Pour entasser de l'or, acquérir des domaines.
De vaisseaux par milliers, voyez, les mers sont pleines.

Monstro voluptatem egregiam, cui nulla theatra,
Nulla æquare queas prætoris pulpita lauti,
Si spectes, quanto capitis discrimine constent
Incrementa domus, ærata multus in arca
Fiscus, et ad vigilem ponendi Castora nummi,          260
Ex quo Mars ultor galeam quoque perdidit, et res
Non potuit servare suas. Ergo omnia Floræ,
Et Cereris licet, et Cybeles aulæa relinquas;
Tanto majores humana negotia ludi!

An magis oblectant animum jactata petauro          265
Corpora, quique solent rectum descendere funem,
Quam tu, Corycia semper qui puppe moraris,
Atque habitas, Coro semper tollendus et Austro,
Perditus, ac vilis sacci mercator olentis;

Nos quais sont envahis, nos ports en sont comblés;
Les océans sont plus que la terre peuplés.
Où luit l'appât du lucre, une flotte trafique :
La mer de Carpathie et celle de l'Afrique
Ne lui suffisent plus; laissant Calpé bien loin,
Du sifflement des flots elle sera témoin,
Quand le soleil s'éteint dans le gouffre d'Hercule.
Revenir, un beau jour, avec un gros pécule,
Montrer avec orgueil des sacs gonflés d'écus,
Est le prix des labeurs et des dangers vaincus,
Et ce qui fait braver tous les monstres de l'onde.

La folie en aspects variés est féconde :
Dans les bras de sa sœur, l'un croit, devant ses yeux,
Voir des Filles d'Enfer les serpents et les feux;
L'autre entend, quand d'un bœuf il fait le sacrifice,
Les cris d'Agamemnon ou les plaintes d'Ulysse.
Bien qu'il n'arrache pas sa toge et son manteau,
L'avare est aussi fou, lorsque, sur un vaisseau
Surchargé de produits lointains, il se retranche,
Entre l'abîme et lui ne mettant qu'une planche.

Qui gaudes pingue antiquæ de littore Cretæ          270
Passum, et municipes Jovis advexisse lagenas!
Hic tamen ancipiti figens vestigia planta,
Victum illa mercede parat, brumamque famemque
Illa reste cavet : tu propter mille talenta
Et centum villas temerarius. Aspice portus,          275
Et plenum magnis trabibus mare : plus hominum est jam
In pelago. Veniet classis, quocumque vocarit
Spes lucri; nec Carpathium Gætulaque tantum
Æquora transiliet; sed, longe Calpe relicta,
Audiet Herculeo stridentem gurgite solem.           280
Grande operæ pretium est, ut tenso folle reverti
Inde domum possis, tumidaque superbus aluta,
Oceani monstra et juvenes vidisse marinos.

Ne mérite-t-il pas qu'on lui donne un tuteur,
Celui qui de la mer affronte la fureur
Pour quelques morceaux d'or entourés d'un exergue?
Le ciel noircit, l'éclair illumine la vergue :
« Levez le câble! » dit notre spéculateur
De poivre et de froment trop heureux acheteur,
« Ce sont là des éclairs de chaleur; la tempête
» Qui point à l'horizon n'a rien qui m'inquiète. »
Malheureux! cette nuit peut-être, son vaisseau
Va sombrer; il ira lui-même au fond de l'eau
Serrant entre ses dents sa pesante sacoche,
Et tentant d'alléger son poids de la main gauche;
Et lui, qui méprisait ce matin même encor
Le Tage et le Pactole avec leurs sables d'or,
Devra se contenter d'une maigre pitance
Et de haillons sauvant tout juste la décence;
Il ira mendier, promenant l'écriteau
Sur lequel du naufrage on a peint le tableau.

Pour conserver ces biens nés de tant de souffrances,

Non unus mentes agitat furor : ille sororis
In manibus vultu Eumenidum terretur et igni;          285
Hic, bove percusso, mugire Agamemnona credit,
Aut Ithacum. Parcat tunicis licet atque lacernis,
Curatoris eget, qui navem mercibus implet
Ad summum latus, et tabula distinguitur unda,
Quum sit causa mali tanti et discriminis hujus          290
Concisum argentum in titulos faciesque minutas.
Occurrunt nubes et fulgura : Solvite funem,
Frumenti dominus clamat piperisque coemptor :
Nil color hic cœli, nil fascia nigra minatur;
Æstivum tonat. Infelix hac forsitan ipsa              295
Nocte cadet, fractis trabibus, fluctuque premetur
Obrutus, et zonam læva morsuque tenebit.
Sed cujus votis modo non suffecerat aurum
Quod Tagus, et rutila volvit Pactolus arena,
Frigida sufficient velantes inguina panni,            300

Quels soucis incessants, quelles cruelles transes !
Garder une fortune est un métier malsain.
L'opulent Licinus, tremblant pour son succin,
Son ivoire, ses fûts de marbre, son écaille,
Met, la nuit, ses valets en ordre de bataille ;
Il a contre le feu des réservoirs pleins d'eau.
Diogène, logeant tout nu dans son tonneau,
Ne craint pas l'incendie ; on brise sa demeure ?...
Il se procurera la semblable sur l'heure,
Ou bien avec du plomb soudera les débris.
Par Alexandre, un jour, ce sage fut compris ;
Le héros se sentit en face d'un grand homme
Et vit que l'on était bien plus heureux, en somme,
En ne désirant rien qu'en voulant l'univers
Et payant ses succès de dangers si divers.

Fortune, tu n'es rien lorsque nous sommes sages,
Et tu ne dois qu'à nous l'encens et les hommages.
— Mais de quels revenus doit-on se contenter ?
Me direz-vous. — De ceux qui peuvent écarter

Exiguusque cibus, mersa rate naufragus assem
Dum rogat, et picta se tempestate tuetur.

Tantis parta malis, cura majore metuque
Servantur : misera est magni custodia census.
Dispositis prædives hamis vigilare cohortem                305
Servorum noctu Licinus jubet, attonitus pro
Electro signisque suis, Phrygiaque columna,
Atque ebore et lata testudine. Dolia nudi
Non ardent Cynici : si fregeris, altera fiet
Cras domus, aut eadem plumbo commissa manebit.           310
Sensit Alexander, testa quum vidit in illa
Magnum habitatorem, quanto felicior hic, qui
Nil cuperet, quam qui totum sibi posceret orbem.
Passurus gestis æquanda pericula rebus.
Nullum numen habes, si sit prudentia ; nos te,          315
Nos facimus, Fortuna, Deam. Mensura tamen quæ

La soif, le froid, la faim. C'était, sage Épicure,
Ce que te procurait ta modeste culture;
C'était ce que Socrate avait en sa maison;
La nature toujours s'allie à la raison.
— Mes conseils, me dis-tu, te paraissent austères?
— Par égard pour nos mœurs je les rends moins sévères:
Amasse assez d'argent, j'y consens volontiers,
Pour siéger, au théâtre, au rang des chevaliers...
Tu fronces le sourcil et tu fais la grimace?
Que le double ou le triple enfin te satisfasse;
Si tu n'es pas content, si tu veux plus encor,
Ni tous les biens des rois de Perse, ni tout l'or
De Crésus, ne pourront suffire à ton caprice,
Pas même la fortune immense de Narcisse;
Claude, qui le comblait, un beau jour, n'a-t-il pas
De sa femme à cet homme accordé le trépas?

Sufficiat census, si quis me consulat, edam:
In quantum sitis atque fames et frigora poscunt,
Quantum, Epicure, tibi parvis suffecit in hortis,
Quantum Socratici ceperunt ante penates.          320
Nunquam aliud natura, aliud sapientia dicit.
Acribus exemplis videor te claudere: misce
Ergo aliquid nostris de moribus: effice summam,
Bis septem ordinibus quam lex dignatur Othonis.
Hæc quoque si rugam trahit, extenditque labellum,   325
Sume duos equites, fac tertia quadringenta.
Si nondum implevi gremium, si panditur ultra,
Nec Crœsi fortuna unquam, nec Persica regna
Sufficient animo, nec divitiæ Narcissi,
Indulsit Cæsar cui Claudius omnia, cujus            330
Paruit imperiis, uxorem occidere jussus.

Ette Satyre, qui ne cede en rien à la précedente par la grandeur de son sujet, et par la délicatesse de ses pensées, est toute remplie de préceptes, qui apprennent aux peres à donner à leurs enfans, et l'éducation, et le bon exemple. Il y a aussi de grandes invectives contre ceux qui leur en donnent de méchans.

V. 5. *Hæres Bullatus*. Nous avons déja dit dans les précedentes Satyres, que les enfans de qualité portoient la robe *prætexta*, et l'enseigne faite en cœur qu'on appelloit *Bulla*, penduë à leur col jusqu'à l'âge de quatorze ans, et que ceux des Affranchis ne portoient qu'une ceinture de cuir, pour les distinguer. Voyez Macrobe au livre premier des Saturnales.

V. 5. *Parvaque eadem movet arma fritillo*. *Fritillus* est le cornet avec lequel on jouë aux dez. Il dérive de l'ancien mot *fritinnus*, qui signifie un mouvement fait avec bruit, d'où est venu le verbe *fritinnire*, pour marquer certain trepignement avec bruit, suivant le sentiment de Hondus et de Salmasius.

V. 6. *Nec melius de se cuiquam sperare propinquo juvenis*. Cette maniere de parler est assez embarrassée, et signifie que ce jeune homme gâté par le mauvais exemple de son pere, ne fait pas esperer à ses parens qu'il doive estre meilleur que luy.

V. 9. *Eadem jure natantes mergere ficedulas*. Nous apprenons de Martial et de Gellius, livre 14. aussi bien que de nostre Poëte, que les Romains mettoient les Becfigues dans le rang des mets les plus délicats, et qu'ils les apprestoient avec la truffe et le champignon.

V. 9. *Nebulone parente*. Il employe ce mot pour signifier un pere qui n'a que des applications basses, *quasi non pluris sit quam nebula*, un homme de rien.

V. 19. *Et nullam Sirena flagellis comparat*. C'est-à-dire, que le chant des Syrenes ne sçauroit estre si agreable au pere cruel, que l'est le son des coups qu'il fait donner à ses valets.

V. 20. *Antiphates trepidi Laris*. Antiphates fut le Roy des Lestrigons, qui ne vivoient que de chair humaine. Il faisoit son sejour, au rapport de Pline, dans la ville de Fermies, que son pere Lamias avoit fait bastir, d'où Politianus luy a donné le surnom de *Lamius*. Homere, dans son Odyssée, fait arriver Ulysse dans ses Etats, d'où il ne se seroit point échapé, ny ses compagnons, sans le secours de la femme de ce Tyran. Thucydide, livre 6. traite cette Histoire de Fable, et il a raison.

*Ac Polyphemus.* Nous avons déja parlé du Cyclope Polypheme, qui n'avoit qu'un œil, qu'Ulysse lui creva pour se tirer de ses mains. Thucydide dit que les Cyclopes furent les premiers qui cultiverent l'Isle de Sicile, d'où ils furent appellez *Ætnæi fratres*, c'est-à-dire grands, comme Cœlius le remarque, livre 23. chap. 23. les habitans leur ayant donné ce surnom d'honneur, du Mont Ætna qui est en Sicile, dont la hauteur est excessive. Juvenal applique par exageration à ces Peres dont il parle, la cruauté d'Antiphates et de Polypheme, qui faisoient trembler par leur rigueur tous leurs valets, ce qu'il exprime par *trepidi Laris*, du nom de leurs Dieux domestiques.

V. 24. *Quem mire afficiunt inscripta ergastula.* Ce mot *ergastula*, a esté déja expliqué dans la Satyre sixiéme. Il est pris icy pour signifier les Esclaves que l'on tenoit enfermez. *Inscripta*, c'est-à-dire marquez au front suivant la coustume.

V. 25. *Carcer Rusticus.* C'est encore une epithete que le Poëte donne à ces miserables Esclaves, que l'on faisoit travailler dans les champs tout enchaînez. Pline nous le confirme, lors qu'il dit : *Vincti pedes, damnati manus, inscripti vultus, rura exercent.* Les pieds enchainez, le front marqué, leurs mains sont condamnées au travail des champs.

V. 29. *Ceras pusillas implet.* Cela s'entend des billets doux. Les Anciens, avant l'usage du papier, écrivoient sur des tablettes de bois délié et ciré, d'où vient que l'on trouve souvent chez les Auteurs le mot de *ceræ* employé pour signifier les tablettes, ou les actes mêmes que l'on écrivoit. Suetone dans la vie de Neron, *primæ duæ ceræ in Testamentis vacuæ signatis.* Il fut ordonné que les premieres pages des Testamens estant seulement signées du Testateur, seroient montrées vuides à ceux qui seroient apellez pour les signer, c'est-à-dire aux Témoins. Et Plaute dans son Curculion, *isto nomine dum scribo explevi totas ceras quatuor,* quand j'écris ce nom, j'en remplis quatre pages.

V. 37. *Et monstrata diu veteris trahit orbita culpæ.* Orbita signifie proprement les vestiges ou l'orniere que laisse une rouë roulante, et l'application en est icy faite metaphoriquement aux exemples vicieux qui entraînent l'esprit des jeunes gens.

V. 41. *Catilinam quocumque in populo videas, sed nec Brutus erit.* Il employe Catilina pour signifier qu'en tous les climats on trouve de méchans hommes, et peu de semblables au vertueux Brutus, qui fut l'un des assassins de Jules Cesar, dans la vûë de procurer la liberté à sa patrie. Il en dit de même de son oncle Caton d'Utique, frère de Servilie, mere de Brutus. Seneque l'avoit dit auparavant dans son Epistre 98 : *Omne tempus Clodios non omne Catones.* Tous les temps produisent des infames Claudes, mais peu nous donnent des Catons.

V. 46. *Cantus pernoctantis Parasiti.* Les Parasites, pour se rendre agreables à la table des gens chez qui ils alloient souper, y chantoient mille chansons lascives, ce qui a fait dire à Quintillien dans ses Institutions : *Omne convivium obscœnis cantibus strepit, pudenda dictu spectantur.* Tous les repas retentissent de chants impudiques, et l'on voit des choses que l'on n'oseroit nommer.

V. 49. *Sed peccaturo obsistat tibi filius infans.* Plutarque remarque à ce sujet, que Caton estoit aussi reservé sur ses paroles devant son fils, que s'il eust parlé devant les Vestales, et qu'il n'avoit jamais permis qu'il vinst aux bains avec luy.

V. 67. *Uno semodio scobis hæc emendat servulus unus.* Cela signifie qu'il ne faut que le moindre valet pour oster d'une maison un demy muid de poudre.

V. 77. *Crucibusque relictis.* Ce sont les cadavres qui pendent aux gibets, qui sont mangez par les Oiseaux de proye.

V. 81. *Famulæ Jovis.* Les Aigles ont esté ainsi appellées par les Poëtes, parce qu'ils ont feint, que quand les Geans faisoient la guerre à Jupiter, elles luy portoient les foudres que Vulcain luy forgeoit; mais Pline, livre 2. chap. 55. nous dit plus naturellement, que c'est parce qu'elles ne sont jamais frapées de la foudre, et que par leur vol elles percent les nuës.

V. 86. *Curvo littore Cajetæ.* Strabon dit que la ville de Cajette dans la Campanie, a esté ainsi nommée à cause que son Port est courbe, et que les Grecs Laconiques donnent le nom de *Cajetta* à tout ce qui porte cette figure. D'autres disent qu'elle a pris ce nom de Cajetta, Nourrice d'Enée, qui y fut enterrée.

V. 87. *Tiburis arce.* C'est la ville de Tibur ou Tivoli, située dans une colline à seize milles de Rome, qui fut bastie et nommée par trois freres Grecs : Catillus, Corax et Tiburtus. Ces trois freres ayant abandonné l'Arcadie, chasserent les Sicaniens de ce lieu-là pour y faire leur sejour.

V. 88. *Prænestinis in montibus.* La ville de Præneste, autrement Palestrine, estoit située dans la campagne de Rome en un lieu eminent, d'où Festus croit qu'elle a tiré son nom, *quod montibus præstet,* parce qu'elle surpassoit les autres collines. Virgile, livre 7. de l'Eneide :

    *Quique altum Præneste colunt.*

Le même Virgile veut que Læculus, fils de Vulcain, en ait esté Fondateur. Plusieurs autres asseurent que ce fut Prænestus, neveu d'Ulysse, et fils du Roy Latinus. Strabon l'appelle Polystephanos. Elle estoit renommée par le Temple de la Fortune. Boniface VIII la fit détruire, et rebastir au pied de la même colline.

V. 90. *Vincens Fortunæ atque Herculis ædem.* Il y avoit deux Temples à Rome consacrez à ces deux Divinitez. Le premier fut basty tout de marbre par Neron, et le second par Martius Philippus, beau-pere d'Auguste; mais nostre Poëte n'entend parler icy que de ceux qui estoient à Præneste et à Tibur. Strabon, livre 5. et Suetone dans la Vie de Tibere, nous apprennent que celuy de Præneste dédié à la Fortune, estoit fameux par les Oracles qui s'y rendoient; et le même Strabon, aussi-bien que Gellius, livre 18. chap. 5. parlent de celuy d'Hercule à Tibur, qui fut appellé par cette raison: *Tibur Herculeum.*

V. 91. *Ut spado Posides.* Il compare Centronius, qui vouloit surpasser dans ses edifices la magnificence de ceux de la Fortune et d'Hercule, à l'Eunuque Posidés, Affranchy de l'Empereur Claude, et qui fut par luy élevé à un si haut point de richesses et d'honneur, qu'il luy donna le commandement des cohortes et des Provinces de Judée, et luy permit de se faire porter en littiere à Rome, et d'y donner des spectacles. Ce même Empereur dans son triomphe des Anglois, l'honora d'une javeline, qui n'estoit dûë qu'aux Soldats nez libres, ainsi que Suetone le rapporte dans la Vie de Claude, chap. 28. ce qui enfla tellement l'orgueil de ce Favory, qu'il entreprit des edifices plus superbes que le Capitole, et fit construire des bains à Bayes, au rapport de Pline, qui furent nommez *Posidiana.*

V. 91. *Capitolia nostra.* Il est bon d'observer qu'il veut parler du Capitole de Rome, qui aprés son embrasement fut magnifiquement rétably par Domitien, parce qu'il y a eu des Capitoles à Capoüe et à Benevent, au rapport de Suetone dans la Vie de Caligula.

V. 96. *Quidam sortiti.* Il raille en passant dans les quatre vers suivans, des trois principales observances des Juifs, qui estoient la cessation de toute œuvre le jour du Sabbath, leur Circoncision, et leur abstinence de la chair de pourceau.

V. 97. *Nil præter nubes.* Il dit que les Juifs adoroient les nuées, parce qu'il avoit appris dans les Livres de Moyse, que Dieu ne luy parloit que dans les nuages.

V. 103. *Non monstrare vias.* Il fait reproche aux Juifs, de ce que Moyse leur avoit si fort défendu tout cômerce avec ceux qui n'étoient point de leur Religion, qu'il ne leur permettoit pas même de montrer le chemin aux gens qui le demandoient; ce qui paroissoit un tres-grand crime chez les Atheniens, en sorte que dans leurs sacrez Mysteres, ils prononçoient des anathêmes contre ceux qui refusoient de rendre cet office, ainsi que Ciceron nous le confirme au livre 3. de ses Offices.

V. 104. *Verpos.* Il donne ce nom aux Juifs, *à versa pellicula*, à cause du renversement de la peau dans la Circoncision. On les a aussi nommez *Apellæ* par la même raison. Horace :

> *Credat Judæus Apella.*

ou *Recutiti, à recutita pelle*, après la Circoncision. Perse :

> *Recutitaque Sabatha Palles.*

Voyez Turnebe, livre 28. chap. 21. et Scaliger, livre premier des Causes.

V. 106. *Lux Ignava.* C'est le jour du Sabbath des Juifs, où toute œuvre cessoit, en sorte qu'il ne leur estoit pas même permis de rien faire manuellement pour leurs propres necessitez. C'est ce que le Poëte signifie par la fin du vers : *et partem vitæ non attigit ullam.* Le Juif ne fait pas la moindre chose pour la necessité de sa propre vie.

V. 114. *Hesperidum serpens.* On a fait une Fable des trois Sœurs Hespérides, Ægle, Heretusa et Hesperetusa, filles d'Hesperus, frere d'Atlas. On dit qu'elles avoient un jardin prés de Lixe, ville de Mauritanie, où croissoient les pommes d'or gardées par un Dragon, qu'Hercule tua pour en emporter les fruits. Virgile en parle au quatriéme de l'Eneïde.

V. 114. *Aut Ponticus.* Il veut parler de cet autre Dragon qui gardoit la Toison d'or dans la Colchide, Region de l'Asie prés du Royaume de Pont, où regnoit Æta pere de Medée, par les charmes de laquelle Jason enleva ce tresor. Cœlius, livre 18. chap. 30. dit que les habitans de ce pays-là estoient de grands empoisonneurs, et que c'est ce qui a donné lieu à la Fable des charmes de Medée.

V. 116. *His crescunt patrimonia fabris.* L'épargne et l'avarice sont de grandes ouvrieres pour acquerir des richesses. La metaphore en est fine, et regne elegamment dans les deux vers suivans.

V. 120. *Medio servare minutal Septembri. Minutal* estoit une espece de ragoust composé de differentes sortes de viandes hachées. On les assaisonnoit, au rapport d'Apicius, avec le poisson de mer, la graisse fondue, l'huile, le vin, le lard et la coriandre, et quelquefois avec le foye et les poumons d'un Lievre. Martial, livre 11 :

> *Hinc exit varium coquo minutal.*

> Le Cuisinier assaisonne le tout,
> Et d'un juste meslange il flatte nostre goust.

*Medio Septembri.* Il prend le milieu du mois de Septembre pour le temps auquel les viandes se corrompent le plus, à cause que c'est le commencement de l'Automne, où le vent du Midy regne plus frequemment dans les pays chauds, comme à Rome.

V. 131. *Conchem æstivi cum parte lacerti signatam.* Quelques-uns lisent *concham*, qui signifie une espece de coquillage, pour le joindre à *lacertus*, qui estoit un petit poisson de mer de vil prix qu'on trouvoit parmy les pierres et les rochers, dont il tiroit le surnom de *Saxetanus*. Martial, livre 7 :

> *Cum faxetani ponatur cauda lacerti,*
> *Et bene si cœnas conchis inuncta tibi est.*
>
> Les plus friands repas sont de féves huilées,
> De quelques vils poissons souvent entremêlées.

Ce qui a fait dire à plusieurs Interpretes, qu'il falloit lire *conchem*, pour marquer encore mieux l'avarice de celuy dont le Poëte parle, qui fermoit à clef ou à cachet, exprimé par *signatam*, des féves vertes boüillies, appellées en Latin *conchis*, avec ce petit poisson, que l'on peut comparer à des Sardines.

V. 132. *Putrique siluro.* Theodore croit que Silurus est un poisson d'une excessive grandeur qui vient de la mer, et qui se jette dans le Nil et le Gange. Paul Jove, au livre des Poissons Romains, pretend que ce soit l'Esturgeon. D'autres l'appellent Attilus ou Esturgeon, nourry dans le fleuve du Po, où il se fait si gras, que Pline, liv. 9. chap. 15. dit qu'on ne le peut tirer qu'avec un joug de bœuf, et qu'il s'en trouve qui pesent jusqu'à un milier. Cette explication ne convient pas à la pensée du Poëte, qui ne marqueroit pas assez l'esprit sordide de cet avare, puisque ce ne seroit pas une grande marque d'avarice, que de partager un poisson d'un si grand poids. Il vaut donc mieux croire, que Silurus en estoit un fort vulgaire, et de mediocre prix.

V. 148. *Tota novalia. Novalis ager*, au sentiment de Festus, de Varron et de Pline, est un champ qui se seme de deux ans l'un, ainsi nommé, *quod intermittitur ad novandum*, parce qu'il se repose pour estre renouvellé. Virgile, au premier des Eclogues, le prend pour une terre qu'on seme tous les ans ; et Quintilien, pour celle qu'on défriche pour la faire porter, que nous appellons en France *novale*. Homere en parle en ce sens au cinquiéme de l'Iliade, et c'est sans doute le meilleur ; mais il ne l'est pas pour ce passage, où le Poëte veut parler d'une moisson que l'on fait manger par le bestail qu'on y envoye, de sorte qu'il faut l'interpreter selon les premiers sens.

V. 153. *Tunicam mihi malo Lupini.* J'aime mieux, dit cet avare, l'écorce du Lupin au poix chiche, c'est-à-dire le plus vil legume, que toutes les loüanges de mon voisinage.

V. 160. *Quantum sub Tatio populus Romanus arabat.* Pline,

livre 8. chap. 2. dit que du temps de Titus Tatius, General des Sabins, qui fit alliance avec Romulus, on vivoit si frugalement, que deux arpens de terre suffisoient pour chaque Romain, et que les Empereurs faisoient consister leurs plus grands bienfaits à donner à chacun de ceux qui les avoient meritez, autant d'arpens de terre qu'un homme en pouvoit labourer en un jour. L'Histoire nous apprend que Caius Fabricius ayant chassé Pyrrhus d'Italie, et partagé les terres conquises, n'en reserva que sept arpens pour luy, qu'il voulut cultiver de ses propres mains, aussi-bien que Curius Dentatus, qui n'en eut que quatre après avoir vaincu les Sabins.

V. 161. *Punica prælia*. Les Romains eurent trois fois la guerre contre les Carthaginois, et Carthage leur capitale fut entierement détruite dans la derniere. Cette ville avoit été bastie soixante et douze ans avant la fondation de Rome, par les Tyriens, peuples de la Phœnicie, sous la conduite d'Elise, autrement Didon, qui fuyant la tyrannie de Pygmalion, son frere, se refugia en Afrique, et fit bastir Carthage, dont les habitans prirent le nom de *Pœni, quasi Phœni*, des Phœniciens leurs Fondateurs, au rapport de Servius sur le premier livre de l'Eneïde, d'où vint qu'on donna le nom de *Punique* à la guerre que les Romains eurent contre eux. L'infidelité de ces peuples fit passer en proverbe, de dire : *la foy Punique*, pour signifier la mauvaise foy, ainsi que Tite-Live en parle, livre 2. de cette même Guerre, Orose, livre 4. et Strabon, en ont amplement écrit.

V. 162. *Pirrhum immanem*. C'estoit un Roy des Epirotes tres vaillant, qui avoit eu de tres-grands avantages sur les Romains, et principalement dans la bataille qu'il leur donna sous la conduite de leur Consul Curius Dentatus, auprés de la ville d'Asculum dans la Marche d'Ancone, où en deux diverses fois il fit perir soixante mille Romains. Mais ayant voulu reprendre les armes contre eux pour secourir les Tarentins, il fut entierement défait, et chassé d'Italie par le même Curius et par Fabricius son Collegue, d'où s'estant refugié en Argos, il fut tué d'une tuile qui luy tomba sur la teste.

V. 162. *Gladiosque Molossos*. Scaliger veut qu'on lise *gelidos*, parce que le climat des Molosses, qui sont pareillement Epirotes, est fort froid. On les appelle aussi *Chaones à canibus*, à cause que ce pays est fertile en grands et genereux chiens.

V. 171. *Pultibus*. Nous avons dit ailleurs, que *puls* estoit une espece de gâteau fait avec la farine, l'eau, le miel, le fromage et les œufs, dont les Anciens se sont servis pendant trois cens ans avant l'usage du pain, d'où est venu le mot *pulmentarium*, pour signifier tout ce qu'on sert à manger. Festus en donne l'etimologie, que nous avons rapportée ailleurs.

V. 180. *Marsus, Hernicus et Vestinus*. Ils sont ici employez pour tous les anciens peuples d'Italie. Les premiers estoient voisins des Sabins, les seconds des Albins, et les troisiémes des Marses et des Sabins.

V. 182. *Numina ruris.* L'on comptoit anciennement douze Dieux pour les Villageois, sçavoir Jupiter et la Terre, le Soleil et la Lune, Cerés et Bacchus Robigus, Flore, Minerve, Venus, l'Eau et la Bonne Recolte. Ils employoient Robigus pour empescher la nielle sur les bleds, appellée *Robiginem,* ou plus vulgairement *Rubigmen,* et on avoit institué en son honneur une Feste au septiéme des Calendes de May, à cause que c'est en ce temps-là que les nielles sont à craindre. Ces Festes s'appelloient *Robigalia,* au rapport de Festus, comme celles de Flore avoient le nom de *Floralia.* Ces douze Dieux présidoient aux champs; mais depuis on se contenta d'honorer Cerés et Bacchus, par lesquels on pretendoit que l'usage du pain et du vin avoit esté donné aux hommes, au lieu de celuy des glands et des fruits dont ils se nourrissoient, ainsi que les vers suivans le signifient.

V. 183-184. *Gratæ post munus aristæ, contingunt homini veteris fastidia quercus. Aristæ* sont proprement les extremitez de l'épy du blé qui piquent et défendent le grain, ainsi nommées, *ab ariditate,* de leur sicoité. Les Poëtes l'employent souvent, comme Juvenal, pour signifier la moisson. Virgile au premier des Georgiques:

> *Chaoniam pingui glandem mutavit arista.*
>
> Le gland de Chaonie en froment fut changé.

Le Poëte veut dire, que les hommes ayant reçu par le secours des Divinitez des champs, c'est-à-dire de Bacchus et de Cerés, le froment pour leur nourriture, quitterent sans regret le fruit de chêne, qui est le gland.

V. 186. *Alta per glaciem perone tegi. Pero* signifie les guestres ou gamaches dont les gens de la campagne ont accoustumé de se servir. Elles estoient anciennement de cuir, et les Soldats même en usoient pour se garantir du froid, d'où vient que Perse dans sa Satyre deuxiéme, appelle un Villageois ainsi chaussé, *peronatus arator.*

V. 186. *Qui summovet Euros pellibus inversis.* Pour dire, qu'il se garantit du froid par un simple habit de peau de monton renversée, c'est-à-dire dont la laine estoit en dedans. *Eurus* est le vent rigoureux de l'Hyver.

V. 193. *Aut vitem posce libello.* Cela signifie par une requeste à son Empereur, demander le Centurionat désigné par la vigne, dont le bois estoit uniquement porté en baston ou en houssine par les Centurions, pour châtier les Soldats qui manquoient à leur devoir, ainsi que nous l'avons déja remarqué sur la Satyre huitième.

V. 195. *Et grandes miretur Lælius alas*. Par ce vers, et par le precedent, il veut qu'un General d'armée, exprimé par Lælius, prenne plaisir à voir cet homme mal peigné, avec de grandes moustaches, et tout velu, qu'on appelle ailleurs *Hircosus*, dont il a le poil et l'odeur.

V. 197. *Ut locupletem Aquilam tibi sexagesimus annus afferat*. C'est-à-dire, qu'aprés avoir atteint l'âge de soixante ans, avant lequel on ne donnoit point congé aux Soldats, tu puisses avoir acquis quelque bien au métier de la guerre, exprimé par l'Aigle, qui en étoit l'Etendart. Voyez Martial, livre 6. Epitre 58.

V. 214. *Ut Ajax præteriit Telamonem*. Il fait allusion à Ajax et à Achille, qui surpasserent Telamon et Pelée leurs peres, en valeur et en vertus; et il veut dire, que le fils surpassera bien-tost le pere au penchant de l'avarice.

V. 219. *Et Cereris tangens aramque pedemque*. Il rappelle icy la coustume du serment qu'on faisoit en touchant l'Autel de Cerés, dont il n'y avoit que les mains pures qui pussent approcher. ainsi qu'il a déja dit dans la Satyre sixiéme :

> *Paucæ adeo Cereris vittas contingere dignæ.*

V. 221. *Quibus illa premetur per noctem digitis*. Cela s'entend des mains frottées d'aconit, par lesquelles on tuë les gens dont on touche les parties. Pline, livre 17. chap. 2. dit que Marsus Cæcilius accusa Calphurnius Bestia, Noble Romain, d'avoir fait mourir de nuit ses femmes par ce venefice.

V. 239. *Quantus erat patriæ Deciorum in pectore*. Nous avons amplement parlé dans la Satyre huitiéme, des Decius pere et fils, qui se dévoüerent pour leur patrie. Il veut que cet avare ait autant d'amour pour les richesses, que les Decius en avoient pour le salut de leur patrie. La comparaison est outrée, aussi bien que celle qui suit.

V. 240. *Quantum dilexit Thebas Menœceus*. Papinius Statius, livre 10. de la Thebaïde, raconte que Menœcée, fils de Creon, ayant appris par Tiresias le Devin, que Thebes sa patrie seroit imprenable, si luy qui estoit le dernier de la race de Cadmus, Fondateur de cette ville, vouloit se faire mourir dans la même caverne où Cadmus avoit tué le Dragon qui desoloit cette Province, il alla s'y percer de son épée à l'insceu de son pere. Ciceron, au premier des Tusculanes, en fait mention.

V. 241. *In quorum sulcis*. Ce vers, et les trois vers suivans, se doivent entendre de ce même Dragon, dont les dents ayant esté semées par Cadmus, firent naistre deux armées, qui se défirent d'elles mêmes. Ovide en parle au troisiéme des Metamorphoses ; et Fulgence pretend que cette Fable doit estre prise pour l'invention des lettres de l'Alphabet, que Cadmus reçut des Phœniciens, dont Agenor, son pere, estoit Roy, pour les porter en Grece, où il fut envoyé inutilement pour y chercher Europe sa sœur, que Jupiter avoit enlevée, et menée dans l'Isle de Crete. Suidas toutefois asseure que Cadmus n'y porta que les seize premieres lettres Grecques, Palamede y porta les quatre suivantes, et Simonides Melicus les quatre dernieres. L'observation est curieuse, mais le rapport de la Fable ne satisfait pas. Voyez Fulgence.

*Sed grave tardas expectare colos.* Il fait allusion aux Parques, qui selon les Poëtes, filent le cours de la vie des hommes, et veut que ce fils attende avec impatience la mort de son pere.

V. 251. *Cervina senectus.* On lit aussi *Corvina*, parce que les Cerfs et les Corbeaux vivent fort long-temps. Pline raconte que l'on prit un Cerf dans la Forest de Grece, à qui on trouva un colier d'or, que la peau avoit couvert, et qui luy avoit esté mis par l'ordre d'Alexandre le Grand cent ans auparavant, ainsi que la datte qui estoit gravée le fit connoistre.

V. 252. *Quod Mitridates composuit.* Nous avons déja parlé sur la fin de la sixiéme Satyre, de l'antidote que Mitridate, Roy de Pont, inventa contre le poison, que Pline, livre 23. chap. 9. compose de deux noix, de deux figues seches, de vingt feüilles de l'herbe de Ruë, le tout mis en poudre, et meslé avec quelques grains de sel, dont il pretend que Pompée trouva le secret dans les Manuscrits de ce Roy.

V. 253. *Si vis aliam decerpere ficum, atque alias tractare rosas.* Si tu veux manger d'autres figues, et cueillir d'autres roses, c'est-à-dire, si tu veux vivre plus long-temps.

V. 255. *Et pater et Rex.* Ce sont deux synonimes, qui signifient un pere qui est ou doit estre le maistre souverain de sa maison.

V. 257. *Prætoris pulpita lauti.* Il parle des sieges élevez dans les Jeux Sceniques, que le Préteur, *lautus,* c'est-à-dire habillé superbement et en Triomphateur, comme il a dit ailleurs, donnoit au peuple.

V. 260. *Et ad vigilem ponendi Castora nummi.* En ce temps-là les gens riches avoient accoûtumé de déposer des coffres forts remplis de grandes sommes d'argent, et de ce qu'ils avoient de plus précieux, dans le Temple de Castor et de Pollux, qui estoit au marché sous une bonne garde, dans la creance qu'on avoit que les Dieux y veilloient, au lieu de les déposer dans celuy de Mars le Vangeur, qu'Auguste avoit fait bastir, où l'on vola les dépôts que l'on y mettoit auparavant, ainsi qu'il exprime par les vers suivans. Voyez Brodœus, livre 4. de ses Meslanges, chap. 17. et Lipse, sur les Annales de Tacite, et Martial, livre 6. Epig. 72.

V. 262. *Ergo omnia Floræ, et Cereris, et Cibeles aulæa relin-*

*quas.* Il veut qu'on abandonne les Jeux appellez *Ludi Florales*, *Cereales*, *et Megalenses*, instituez en l'honneur de ces trois Déesses, pour le plaisir de voir l'agitation d'un avare. Nous avons parlé ailleurs des Jeux fondez par l'impudique Flora, qu'on appelloit *Floralia*, et qui estoient celebrez avec toute sorte de lasciveté au jour de sa naissance. Perse en parle dans sa cinquiéme Satyre, et Lactance a fait une grande invective contre ce Jeu. *Cerealia* estoient ceux de Cerès, où l'on faisoit valoir la course des chevaux. Ils avoient esté inventez par Caius Memmius Ædile Curule. Quant à ceux qu'on appelloit *Ludi Megalenses*, Junius Brutus les avoit fait representer à l'honneur de Cybele, grand-mere des Dieux. Le Poëte exprime ces Jeux par *aulæa*, c'est-à-dire par les tapisseries, les voiles, et les autres ornemens des Theatres où ils estoient representez, employant à son ordinaire la partie pour le tout.

V. 264. *Tanto majores humana negotia ludi.* Tant il est vray que les divers mouvemens que les affaires humaines donnent, sont encore de plus grands Jeux que ceux dont il vient de parler. Il ne pouvoit mieux finir son exageration, que par cette belle sentence.

V. 265. *Jactata petauro corpora. Petaurum* est un Jeu d'agilité, où des Sauteurs passent habilement dans des cerceaux élevez, et se trouvent sur leurs pieds. Varron dit qu'on nommoit les Gaulois et les Allemans *Petauristæ*, parce qu'ils estoient habiles à faire ces sortes de sauts. Ce nom a esté tiré des deux mots Grecs πέτθω, qui signifie voler, et ἄορα, air, parce qu'en effet il semble qu'ils volent. Turnebe, livre 8, chap. 4.

V. 267. *Corycia puppe. Corycium* est un Port d'Ethiopie au Promontoire de Crete, où l'on envoyoit des Navires pour y charger du safran, qui y est abondant. Il prend son nom de *Coricum*, ville de Cilicie, qui en est voisine. Strabon dit qu'il y a aussi dans le Mont Parnasse un Antre celebre où habitoient les Nymphes, qu'on appelle aussi *Corycum*, dont il est bon de se ressouvenir pour ne se pas méprendre.

V. 268. *Coro tollendus et Austro. Corus*, selon Pline livre 2. chap. 49. est un vent de l'Occident Solstitial, que les Grecs appellent *Argestes*. Il est icy employé, aussi bien qu'*Auster*, qui est le vent du Midy, pour tous les vents qui agitent un vaisseau.

V. 270. *Pingue passum et municipes Jovis lagenas. Passum*, au rapport de Columelle et de Varron, estoit une espece de vin qu'on faisoit dans l'Isle de Crete avec le raisin de Malvoisie, qu'on laissoit secher au Soleil, ainsi nommé, à *patiendo sole.* Nous avons assez parlé ailleurs de l'ancienne Isle de Crete, patrie de Jupiter, d'où vient qu'il appelle, *Municipes Jovis lagenas.* le vin qui croist au même pays, suivant l'opinion d'Ulpien, livre premier du Digeste, où il dit, que *Municipes* sont les Citoyens d'une même ville.

V. 272. *Hic tamen ancipiti figens vestigia planta.* Dans ce vers, et dans les trois vers suivans, le Poëte fait le paralelle de ce Sauteur de corde ou sauteur, dont il a parlé, qui gagne sa vie par son adresse, sans courre la fortune des orages et des mers, avec ce Marchand, qui hazarde tout pour acquerir plus de bien qu'il ne luy en faut.

V. 274. *Tu propter mille talenta.* Un talent Attique valoit soixante mines Attiques, une mine cent drachmes, une drachme six nobles, et environ six cens écus de nostre monnoye.

V. 278. *Nec Carpathium.* La mer de ce nom est entre l'Isle de Rhodes et l'Egypte, ainsi nommée de l'Isle Carpatho, qui est l'une des Sporades.

V. 278. *Getulaque æquora.* C'est la mer de Lybie, car la Getulie est une partie de l'Afrique, frontiere de la Mauritanie, ainsi nommée de Getulie, fille de Vulcain.

V. 279. *Calpe relicta.* Ce sont les Colomnes d'Hercule, qu'on nomme *Calpe* ou *Calpes*, et *Abila*. La premiere est une montagne d'Espagne, au bas de laquelle est une ville appellée Calpe, que l'on dit avoir esté bastie par Hercule, et nommée anciennement Heraclée. *Abila* est une montagne de Mauritanie.

V. 280. *Gurgite Herculeo.* C'est l'Ocean Atlantique au-deçà des Colomnes d'Hercule, dans lequel les Poëtes ont feint que le Soleil faisoit grand bruit en se couchant.

V. 281-282. *Tenso folle et tumida aluta.* Plusieurs Interpretes font ces deux mots synonimes, et les expliquent d'une bourse bien remplie, prenant le mot *aluta* pour toute sorte de peau molle, qui s'estend facilement. Quelques autres expliquent *tumida aluta* à pleines voiles, fondez sur ce que Cesar a dit dans ses Commentaires, que les Gaulois avant l'usage des voiles, se servoient de peaux estenduës pour donner le vent à leurs vaisseaux, d'où vient qu'on nomme *Alutarius* celuy qui appreste les peaux legeres, au lieu que l'ouvrier des plus grossieres s'appelle *Coriarius*.

V. 283. *Juvenes Marinos.* Ce sont les Tritons que l'on dépeint avec le visage d'homme.

V. 285. *Sororis in manibus vultu Eumenidum terretur et igni.* Les Interpretes disent que les Furies sont nommées *Eumenides* par une antiphrase et une énonciation opposée à leurs caractéres; car εὐμενής en Grec signifie bien-faisant. Cependant on les figure toûjours comme tres-malignes. Les Poëtes en ont fait trois, Alecto, Megere et Tisiphone, filles du Fleuve Acheron et de la Nuit, et nées par un même accouchement. On les appelle *Canes* dans les Enfers, Lucain: *Stigiasque Canes.* Sur la terre on les appelle *Furiæ.* Ciceron, au deuxiéme des Loix, *Agitant et insectantur impios Furiæ.* et parmy les Dieux, *Diræ.* Virgile, livre 12. de l'Eneide, *at procul ut Diræ.* Le Poëte rappelle icy l'histoire d'Oreste, aprés avoir tué Clytemnestre sa mere, fut agité si cruellement par le remords de son crime, qu'il croyoit que les Furies le poursuivoient par tout avec leurs torches ardentes, ce qui obligea sa sœur Electra de ne le plus abandonner, jusqu'à ce qu'il eust esté purifié par Iphigenie, Prestresse de Diane.

V. 286. *Hic bove percusso.* Autre histoire d'Ajax, qui ayant esté condamné au procés qu'il eut contre Ulysse pour les armes d'Achille, en devint si furieux, que frappant le foüet en main sur une troupe de bœufs, il les prenoit tantost pour Ulysse, exprimé icy par *Ithacus,* à cause d'Ithaque sa patrie, et tantost pour Agamemnon, qui avoit esté son Juge.

V. 287. *Parcat tunicis licet atque lacernis.* Il veut dire par les vers suivans, qu'un Marchand qui s'expose à la Mer pour acquerir du bien, ne laisse pas d'estre aussi insensé que les gens dont il vient de parler, quoyque sa fureur ne le porte pas jusqu'à déchirer ses habits, comme font les autres fous.

V. 291. *Concisum argentum in titulos, faciesque minutas.* C'est une periphrase qui signifie l'espece fabriquée aux coins et armes des Princes souverains.

V. 297. *Et zonam læva, morsuque tenebit.* C'est un homme, qui s'échapant d'un naufrage tient en ses mains ou entre ses dents, la ceinture dans laquelle il a cousu son argent.

V. 299. *Tagus et Pactolus* sont deux fleuves, le premier en Portugal, et l'autre en Lydie. Si l'on en croit Pline, liv. 5. chap. 29. ces Fleuves roulent du sablon d'or.

V. 302. *Picta tempestate.* Nous avons déjà dit ailleurs, que ceux qui estoient ruinez par quelque naufrage, avoient accoustumé d'en porter la peinture penduë à leur col, afin d'exciter les gens à les assister dans leur misere.

V. 304. *Misera est magni custodia census.* C'est une belle sentence, qui nous apprend la peine et le trouble que l'on souffre à acquerir et à conserver de grandes richesses.

V. 305. *Dispositis prædivis hamis.* Quelques Interpretes veulent que le Poëte applique à son Avare l'exemple de Licinius, Affranchy de l'Empereur Claude, dont parle Perse dans sa Satyre deuxième. Ce Licinius ne se contentoit pas d'un grand nombre d'Esclaves pour garder ses tresors, mais il avoit fait encore appliquer autour de sa maison divers barreaux de fer pour se défendre des voleurs. D'autres lisent *armis,* voulant donner des armes à ses Esclaves qui faisoient la garde; mais Turnebe l'explique par *hamis,* venant du nom *Hama,* qui signifie, selon luy, un vaisseau fort ample, que l'on tenoit toûjours remply d'eau pour s'en servir en cas d'incendie. Caton, au livre de la Maison Rustique chap. 135. en fait mention.

V. 307. *Pro electro signisque suis.* Il entend parler des vases faits d'un meslange d'or, et d'une cinquiéme partie d'argent, appellé *electrum*. D'autres l'expliquent des vases d'ambre, ce qui s'exprime en Latin par ce même nom. Il entend par *signa* ses Statuës et ses meubles précieux.

*Phrygiaque columna.* C'estoit du marbre de Phrygie, le plus rare et le plus beau de tous, au dire de Strabon.

V. 308. *Atque ebore.* Nous avons dit ailleurs, que les Romains de ce temps-là estimoient plus l'yvoire que l'argent, et que leurs tables en estoient soûtenuës.

V. 308. *Lata testudine.* Il le faut expliquer des lits où ils prenoient leurs repas, qui estoient ornez d'écailles de Tortuë.

*Dolia nudi non ardent Cynici.* Il rappelle l'exemple de Diogene le Cynique, qui n'avoit pour toute habitation qu'un tonneau, qui en ce temps-là estoit fait de terre jointe avec quelques lames de plomb, ainsi que nostre Poëte le dit incontinent aprés, *atque eadem plombo commissa.* Ce philosophe dans l'entretien qu'il eut avec Alexandre le Grand, luy fit si bien connoistre, que vivant sans ambition il estoit plus heureux que luy, que ce Prince en se retirant fut contraint de dire, que s'il n'avoit point esté Alexandre, il auroit souhaité estre Diogene. Voyez Laertius.

V. 315. *Nullum numen habes, si sit prudentia.* Si on le lit de la sorte, cela veut dire que la Fortune n'a aucune puissance là où est la sagesse, prenant le mot de *numen*, qui est Dieu, pour sa puissance; mais ceux qui lisent *nullum numen abest,* y donnent, ce me semble un sens plus naturel, lors qu'ils disent que les Dieux ne manquent jamais à l'homme sage.

V. 319. *Quantum Epicure.* Nous apprenons de Laertius, qu'Epicure vivoit si sobrement, que le pain, l'eau et les herbes suffisoient pour sa nourriture.

V. 320. *Quantum Socratici ceperunt ante Penates.* Les Penates sont les Dieux domestiques des Anciens, et ils sont icy employez pour signifier la famille et les disciples de Socrate, à qui ce Philosophe, qui vivoit avant Epicure, avoit donné pour regle de se contenter uniquement du necessaire.

V. 324. *Effice summam bis septem ordinibus.* Cela se doit entendre de la valeur de quatre cens gros sesterces, qu'un Chevalier Romain devoit avoir, suivant la loy de Roscius Otho, pour estre placé dans les quatorze bancs matelassez, que l'on destinoit aux gens de qualité dans les Amphitheatres pour y voir les Spectacles publics. Cette severe loy contre les pauvres Chevaliers avoit esté abolie, mais Domitien la renouvella. Nous en avons déjà parlé, aussi bien que de la difference et de la valeur des grands et des petits sesterces, sur la troisième Satyre.

V. 328. *Nec Crœsi fortuna.* Crœsus, Roy de Lydie, estoit estimé l'un des plus riches Princes du monde. On en a parlé dans la dixiéme Satyre.

*Nec Persica regna.* Il veut exagerer les immenses richesses de Cyrus, et de Xerxés Rois de Perse.

V. 329. *Nec divitiæ Narcissi.* Suetone et Tacite ont écrit que Narcisse et Pallas, Affranchis de l'Empereur Claude, arriverent à un si haut degré de fortune, qu'ils voulurent même que le Senat leur conferast les ornements des premieres Magistratures de Questeur et de Preteur. Nous en avons déja fait quelques remarques ailleurs.

V. 331. *Cujus paruit imperiis.* Il veut signifier le pouvoir qu'eut Narcisse sur son Maistre, lors qu'il le fit consentir à faire mourir l'impudique Messaline sa femme, dans les jardins de Luculle, à cause de son adultere public avec Silius. Nous en avons parlé dans la sixiéme Satyre.

# SATIRE QUINZIÈME

## LA SUPERSTITION

On sait, Volusius, que l'Égypte crédule
A pour d'absurdes dieux un culte ridicule :
Ici, le crocodile est en honneur; ailleurs,
Tout un peuple ressent de pieuses frayeurs
Devant l'ibis qui fait des serpents sa pâture.
D'un singe à longue queue on peut voir la figure
Dans ces lieux où Memnon, qui n'est plus qu'un débris,
Fait retentir encor ses accords attendris,
Où Thèbes dort parmi ses portes ruinées.
On voit devant un chien des villes prosternées,
Les poissons sont l'objet d'un culte solennel...,
Mais Diane n'a pas le plus modeste autel.
On adore l'oignon et c'est un sacrilège
Que de mordre un poireau; précieux privilège,
De voir ainsi les dieux pousser dans les jardins!
L'animal à toison est proscrit des festins,

## SATIRA QUINTA DECIMA

### SUPERSTITIO

Quis nescit, Volusi Bithynice, qualia demens
Ægyptus portenta colat? Crocodilon adorat
Pars hæc; illa pavet saturam serpentibus ibin.
Effigies sacri nitet aurea cercopitheci,
Dimidio magicæ resonant ubi Memnone chordæ.      5
Atque vetus Thebe centum jacet obruta portis,
Illic cœruleos, hic piscem fluminis, illic
Oppida tota canem venerantur; nemo Dianam.
Porrum et cæpe nefas violare et frangere morsu.
O sanctas gentes, quibus hæc nascuntur in hortis      10
Numina! Lanatis animalibus abstinet omnis

D'abattre une brebis il faut que l'on s'abstienne,
Mais, sans scrupule, on peut vivre de chair humaine.
Quand, chez Alcinoüs, Ulysse racontait,
A la fin du repas, un semblable forfait,
On vit ses auditeurs se révolter ou rire ;
Ulysse fut traité de hâbleur en délire :
— « On ne jette donc pas cet imposteur à l'eau !
» Charybde n'a-t-il pas englouti le vaisseau
» De celui qui nous peint, en récits infidèles,
» Cyclopes, Lestrygons, sous couleurs si cruelles ?
» Mieux vaut croire à Scylla qui hurle dans les rocs,
» Aux outres renfermant les orages, aux chocs
» Des sonores récifs des îles Cyanées
» Se heurtant dans les flots, aux tristes destinées
» Du pilote Elpénor et de ses compagnons
» Qui furent transformés en animaux grognons,
» Dès que Circé les eut touchés de sa baguette ;
» Prend-il chacun de nous pour une triple bête ? »
De la sorte parlait, et non pas sans motif,
De tous les invités le plus inoffensif,
Dont la raison encor n'était pas en délire,

Mensa : nefas illic fetum jugulare capellæ ;
Carnibus humanis vesci licet. Attonito quum
Tale super cœnam facinus narraret Ulysses
Alcinoo, bilem aut risum fortasse quibusdam          15
Moverat ut mendax aretalogus. In mare nemo
Hunc abicit, sæva dignum veraque Charybdi,
Fingentem immanes Læstrygonas atque Cyclopas ?
Nam citius Scyllam, vel concurrentia saxa
Cyaneas, plenos et tempestatibus utres               20
Crediderim, aut tenui percussum verbere Circes,
Et cum remigibus grunnisse Elpenora porcis.
Tam vacui capitis populum Phæaca putavit ?
Sic aliquis merito nondum ebrius, et minimum qui
De Corcyræa temetum deduxerat urna :                 25
Solus enim hoc Ithacus nullo sub teste canebat.

N'ayant pas abusé de l'urne de Corcyre.
Ulysse racontait sans citer de témoins!

Ce sont là des récits monstrueux; néanmoins,
Je vais en narrer un à frémir d'épouvante,
Attentat sans exemple, et de date récente.
Sous Junius consul, Coptos, chaude cité,
Naguère en fut victime; il passe en cruauté
Toutes les fictions des œuvres dramatiques.
Relis, depuis Pyrrha, les légendes tragiques,
Tu ne trouveras pas que l'on ait inventé
Un crime égal commis par un peuple irrité.
Voici ce que notre âge a produit d'exécrable :

Il règne, même encore, une haine incurable,
Blessure que le temps jamais ne fermera,
Entre les deux cités, Coptos et Tentyra;
Leur mutuelle rage a la même origine :
C'est que chacune hait les dieux de sa voisine,
Et croit, qu'en fait d'autels, les seuls bons sont les siens.

Nos miranda quidem, sed nuper consule Junio
Gesta super calidæ referemus mœnia Copti;
Nos vulgi scelus, et cunctis graviora cothurnis.
Nam scelus, a Pyrrha quanquam omnia syrmata volvas,     3o
Nullus apud tragicos populus facit. Accipe, nostro
Dira quod exemplum feritas produxerit ævo.

Inter finitimos vetus atque antiqua simultas,
Immortale odium, et nunquam sanabile vulnus :
Ardet adhuc Coptos et Tentyra. Summus utrinque     35
Inde furor vulgo, quod numina vicinorum
Odit uterque locus, quum solos credat habendos
Esse Deos, quos ipse colit. Sed, tempore festo
Alterius populi, rapienda occasio cunctis
Visa inimicorum primoribus ac ducibus, ne     40
Lætum hilaremque diem, ne magnæ gaudia cœnæ

Coptos était en fête; aux premiers citoyens,
Aux chefs qui gouvernaient Tentyra sa rivale,
L'occasion parut propice et sans égale,
Pour venir molester leurs tranquilles voisins,
Et troubler les plaisirs de plantureux festins :
Temples et carrefours voient les tables dressées,
Et sur leurs lits, témoins de veilles insensées,
Le septième soleil éclaire leurs excès.
Ce canton de l'Égypte est grossier, je le sais,
Mais je puis témoigner que ce peuple sauvage
Sur la molle Canope, en luxe, a l'avantage.
Vaincre des ennemis dont les vapeurs du vin
Rendaient la langue épaisse et le pas incertain,
Pour les Tentyriens était chose facile.
Là, les danses aux sons de la flûte docile,
Les parfums énervants, les fronts de fleurs chargés,
Ici, la haine à jeun. De gros mots échangés,
Dans les esprits, d'abord, excitent la colère;
C'est le clairon donnant le signal de la guerre.
Puis, dans un même cri l'on s'aborde; aussitôt

Sentirent, positis ad templa et compita mensis
Pervigilique toro, quem nocte ac luce jacentem
Septimus interdum sol invenit. Horrida sane
Ægyptus : sed luxuria, quantum ipse notavi,            45
Barbara famoso non cedit turba Canopo.
Adde quod et facilis victoria de madidis et
Blæsis, atque mero titubantibus. Inde virorum
Saltatus nigro tibicine, qualiacumque
Unguenta et flores, multæque in fronte coronæ;        50
Hinc jejunum odium. Sed jurgia prima sonare
Incipiunt animis ardentibus : hæc tuba rixæ.
Dein clamore pari concurritur, et vice teli
Sævit nuda manus. Paucæ sine vulnere malæ :
Vix cuiquam, aut nulli, toto certamine nasus           55
Integer. Adspiceres jam cuncta per agmina vultus
Dimidios, alias facies, et hiantia ruptis

Chacun de son bras nu se fait un javelot :
Partout des nez sanglants, des mâchoires cassées ;
Ce ne sont, dans Coptos, que figures blessées,
Visages mutilés et crânes entr'ouverts,
Partout, des yeux crevés, des poings de sang couverts.
Mais ce n'est là, pour eux, qu'une petite guerre,
Un simple jeu d'enfants, puisque encore, par terre,
Dans la mêlée aucun cadavre n'est foulé.
A quoi bon ces combats, si nul n'est immolé ?
L'acharnement redouble, on ramasse des pierres,
A la sédition armes familières ;
Ces pierres ne sont pas ces lourds quartiers de roc
Dont Ajax et Turnus font redouter le choc,
Dont Diomède, un jour, blesse, à la cuisse, Énée ;
L'époque où nous vivons est trop efféminée,
Et de simples cailloux suffisent à leurs bras.
Sous Homère, déjà, ne faiblissait-on pas ?
Le sol ne nourrit plus qu'une race malsaine
Et les dieux n'ont pour nous que mépris et que haine.

Reprenons notre histoire : arrive du renfort,

 

Ossa genis, plenos oculorum sanguine pugnos.
Ludere se credunt ipsi tamen, et pueriles
Exercere acies, quod nulla cadavera calcent.             60
Et sane quo tot rixantis millia turbæ,
Si vivunt omnes ? Ergo acrior impetus, et jam
Saxa inclinatis per humum quæsita lacertis
Incipiunt torquere, domestica seditioni
Tela : nec hunc lapidem, quales et Turnus et Ajax,       65
Vel quo Tydides percussit pondere coxam
Æneæ ; sed quem valeant emittere dextræ
Illis dissimiles, et nostro tempore natæ.
Nam genus hoc vivo jam decrescebat Homero.
Terra malos homines nunc educat atque pusillos :         70
Ergo Deus, quicumque adspexit, ridet et odit.

Qui des gens de Coptos vient soutenir l'effort ;
Mais les Tentyriens s'arment alors du glaive,
Et c'est à coups de traits que le combat s'achève.
Tous les gens de Coptos décampent, poursuivis
Par les Tentyriens, ardents, inassouvis.
Tout à coup un fuyard, qu'affole l'épouvante,
Tombe à terre ; il est pris, et, séance tenante,
On le coupe, on le hache en assez de morceaux
Pour que chacun y goûte ; on ronge jusqu'aux os.
Le cuire en un chaudron ou le mettre à la broche,
C'est trop long..., les vainqueurs s'en feraient un reproche ;
On le mange tout cru. Remercions les dieux
De n'avoir pas laissé, dans cet acte odieux,
Souiller le feu qu'au ciel a ravi Prométhée
Et dont, par lui, jadis, la terre fut dotée ;
O divin élément, honneur te soit rendu !
Mais, ceux qui les premiers au cadavre ont mordu,
Trouvent ce mets suave, et ces hommes barbares
Goûtent, à ce festin, des voluptés si rares,
Que, tout étant mangé, le dernier, se baissant,
Gratte le sol du doigt pour y sucer du sang.

A diverticulo repetatur fabula. Postquam
Subsidiis aucti, pars altera promere ferrum
Audet, et infestis pugnam instaurare sagittis,
Terga fugæ celeri præstantibus omnibus, instant          75
Qui vicina colunt umbrosæ Tentyra palmæ.
Labitur hinc quidam, nimia formidine cursum
Præcipitans, capiturque ; ast illum in plurima sectum
Frusta et particulas, ut multis mortuus unus
Sufficeret, totum corrosis ossibus edit                  80
Victrix turba, nec ardenti decoxit aheno,
Aut verubus ; longum usque adeo tardumque putavit
Exspectare focos, contenta cadavere crudo.
Hinc gaudere libet, quod non violaverit ignem,
Quem summa cæli raptum de parte Prometheus             85
Donavit terris. Elemento gratulor, et te

Autrefois les Vascons, à ce que l'on rapporte,
Prolongèrent leurs jours en vivant de la sorte;
Mais le cas est tout autre : ils avaient supporté
Les rigueurs de la guerre et de l'adversité,
Et les privations d'un siège interminable;
S'ils commirent alors cet acte abominable,
N'ont-ils pas quelque droit à nos ménagements?
Herbes, plantes, troupeaux et tous les aliments
Que peut imaginer une faim furieuse,
Tout était épuisé; leur face hâve et creuse
Inspirait la pitié même à leurs ennemis.
Alors ces affamés, aux visages blêmis,
Prêts, dans leur propre corps, à chercher leur pâture,
De cadavres humains firent leur nourriture.
Homme ou dieu, qui pourrait refuser le pardon
Aux malheureux livrés à pareil abandon?
O mânes de ces morts transformés en victimes,
Vous avez dû jeter un voile sur ces crimes!
Zénon donne, il est vrai, de plus sages leçons;
Il n'admet nullement que, de toutes façons,

Exsultare reor. Sed qui mordere cadaver
Sustinuit, nil unquam hac carne libentius edit.
Nam scelere in tanto ne quæras et dubites, an
Prima voluptatem gula senserit; ultimus autem　　90
Qui stetit absumpto jam toto corpore, ductis
Per terram digitis, aliquid de sanguine gustat.

Vascones, fama est, alimentis talibus usi
Produxere animas : sed res diversa, sed illic
Fortunæ invidia est, bellorumque ultima, casus　　95
Extremi, longæ dira obsidionis egestas.
Hujus enim, quod nunc agitur, miserabile debet
Exemplum esse cibi. Sicut modo dicta mihi gens
Post omnes herbas, post cuncta animalia, quidquid
Cogebat vacui ventris furor, hostibus ipsis　　100
Pallorem ac maciem, et tenues miserantibus artus,

On puisse s'arranger pour conserver sa vie.
Mais, comment un Cantabre eût-il pu, je vous prie,
Au temps de Métellus, être stoïcien ?
Athènes est partout, de nos jours, aussi bien
Chez nous que chez les Grecs; l'éloquence des Gaules
Jusque chez les Bretons a créé des écoles,
Et l'on parle, à Thulé, de gager un rhéteur.

Ces Vascons, dont je parle en simple narrateur,
Doivent être excusés, comme le fut Sagonte,
Qu'illustra le malheur que l'histoire raconte;
Ils ont eu sa valeur et sa fidélité,
Ils sont même plus grands, car ils ont résisté.
Mais les Égyptiens, dans leur rage homicide,
Laissent loin les horreurs du Palus-Méotide;
La Tauride inventa le sacrifice humain
(Ainsi que, dans ses vers, le dit maint écrivain),
Mais ne fit qu'immoler; après ces sacrifices,
Les morts n'eurent jamais à subir de sévices.
Mais les Tentyriens!... Quelles calamités

Membra aliena fame lacerabant, esse parati
Et sua. Quisnam hominum veniam dare, quisve Deorum
Viribus abnuerit dira atque immania passis,
Et quibus illorum poterant ignoscere manes          105
Quorum corporibus vescebantur? Melius nos
Zenonis præcepta monent : nec enim omnia, quædam
Pro vita facienda putat. Sed Cantaber unde
Stoicus, antiqui præsertim ætate Metelli ?
Nunc totus Graias nostrasque habet orbis Athenas.   110
Gallia causidicos docuit facunda Britannos :
De conducendo loquitur jam rhetore Thule.

Nobilis ille tamen populus quem diximus, et par
Virtute atque fide, sed major clade Saguntus
Tale quid excusat. Mæotide sævior ara              115
Ægyptus; quippe illa nefandi Taurica sacri

Ont servi de motif à leurs atrocités?
Était-ce la famine ou le sort des batailles,
L'ennemi de leur ville assiégeant les murailles?
Pour se venger du Nil qu'auraient-ils fait de pis»
Si, par hasard, ce fleuve, à l'aride Memphis
Eût refusé ses eaux? O Cimbres implacables,
Agathyrses, Bretons, Sarmates redoutables,
Qui donc a dépassé votre aveugle fureur?
Un peuple paresseux, sans force et sans valeur,
Qui ne sait qu'accrocher une voile légère
A des bâtons plantés dans des vases de terre
Et ne peut manœuvrer que de courts avirons.

Malgré tout, non, jamais, nous n'imaginerons
D'assez dur châtiment, ni de peine assez forte
Pour un peuple qui fut sauvage de la sorte,
Et dont la haine prit les fureurs de la faim.
La Pitié! voilà bien le fond du cœur humain;
La nature le prouve en nous donnant les larmes,
Précieux privilège et présent plein de charmes!
La nature le veut: Qui ne pleure, en voyant

Inventrix, homines (ut jam quæ carmina tradunt
Digna fide credas) tantum immolat, ulterius nil
Aut gravius cultro timet hostia. Quis modo casus
Impulit hos? Quæ tanta fames infestaque vallo          120
Arma coegerunt tam detestabile monstrum
Audere? Anne aliam, terra Memphitide sicca,
Invidiam facerent nolenti surgere Nilo?
Qua nec terribiles Cimbri, nec Britones unquam,
Sauromatæque truces aut immanes Agathyrsi,          125
Hæc sævit rabie imbelle et inutile vulgus,
Parvula fictilibus solitum dare vela phaselis,
Et brevibus pictæ remis incumbere testæ.

Nec pœnam sceleri invenies, nec digna parabis
Supplicia his populis, in quorum mente pares sunt          130

L'ami que l'on accuse, éperdu, suppliant,
Devant les tribunaux plaider son innocence?
L'enfant, contre un tuteur, réclamer assistance,
Enfant si jeune encor, qu'avec ses longs cheveux
Et les ruisseaux de pleurs inondant ses doux yeux,
On pourrait sur son sexe élever quelque doute?
Qui de nous ne gémit en croisant sur sa route
Le convoi d'une vierge enlevée en sa fleur,
Ou celui d'un enfant (ô poignante douleur!)
Trop petit pour le feu du bûcher funéraire,
Et qu'on va déposer dans le sein de la terre?
Quel est l'homme de bien, de ceux qui sont choisis
Pour porter les flambeaux aux fêtes d'Éleusis,
Qui des peines d'autrui ne fasse sa souffrance?
Entre la brute et nous voilà la différence.
C'est nous seuls, en effet, que les dieux ont doté
D'un esprit, qui par nous doit être respecté,
D'une raison qui voit dans les choses divines,
Qui fait germer les arts, sonde leurs origines,
D'un instinct, vers le ciel dirigeant notre vol,
Que n'a pas l'animal qui regarde le sol.

Et similes ira atque fames. Mollissima corda
Humano generi dare se natura fatetur,
Quæ lacrymas dedit; hæc nostri pars optima sensus.
Plorare ergo jubet causam dicentis amici
Squaloremque rei, pupillum ad jura vocantem          135
Circumscriptorem, cujus manantia fletu
Ora puellares faciunt incerta capilli.
Naturæ imperio gemimus, quum funus adultæ
Virginis occurrit, vel terra clauditur infans,
Et minor igne regi. Quis enim bonus, et face dignus  140
Arcana, qualem Cereris vult esse sacerdos,
Ulla aliena sibi credat mala? Separat hoc nos
A grege mutorum; atque ideo venerabile soli
Sortiti ingenium, divinorumque capaces,
Atque exercendis capiendisque artibus apti,          145

Celui qui fit la terre à ses lois asservie,
A tous les animaux ne donna que la vie;
A l'homme il donna l'âme, afin que les mortels
Entre eux ayant noué des rapports fraternels,
Se pussent demander et prêter assistance;
Qu'ils voulussent mener la commune existence;
Loin des antiques bois par nos pères hantés,
Rapprocher leurs maisons et bâtir des cités
Où l'on pût sommeiller sans crainte et sans alarmes;
Qu'ils n'hésitassent pas à couvrir de leurs armes
Le citoyen blessé dont chancellent les pas,
Aux sons d'un seul clairon à voler aux combats,
Dans les mêmes remparts à chercher un asile,
A n'avoir qu'une clef pour une même ville.

Les serpents, plus que nous, s'entendent, aujourd'hui;
Le fauve à ses pareils, du moins, n'a jamais nui :
Un lion, d'un lion moins fort fait-il sa proie?
Est-ce qu'un sanglier contre un des siens guerroie,
Au coin d'une forêt l'immolant sans pitié?
Le tigre, inassouvi, vit en bonne amitié

Sensum a cœlesti demissum traximus arce,
Cujus egent prona et terram spectantia. Mundi
Principio indulsit communis conditor illis
Tantum animas, nobis animum quoque; mutuus ut nos
Affectus petere auxilium et præstare juberet,　　　　150
Dispersos trahere in populum, migrare vetusto
De nemore, et proavis habitatas linquere silvas;
Ædificare domos, laribus conjungere nostris
Tectum aliud, tutos vicino limine somnos
Ut collata daret fiducia; protegere armis　　　　155
Lapsum, aut ingenti nutantem vulnere civem;
Communi dare signa tuba, defendier isdem
Turribus, atque una portarum clave teneri.

Sed jam serpentum major concordia. Parcit

Avec tous ses pareils; tous les ours de la terre,
Malgré leur cruauté, ne se font pas la guerre.
Mais pour l'homme, c'est peu, sous le marteau fatal,
D'avoir forgé le fer homicide et brutal,
Ce fer dont, autrefois (époque disparue!),
Nos pères ne faisaient que des socs de charrue;
C'est peu d'avoir forgé le glaive meurtrier,
Nous devions voir encore un peuple tout entier,
Auquel n'ont pas suffi les horreurs du carnage!
Il fallait que ces bras, ce cœur et ce visage
Pussent, pour l'assouvir, lui servir d'aliment.
Si Pythagore eût vu semblable acharnement :
« Fuyons! » aurait-il dit, — lui qui vivait, sans peine,
En s'abstenant toujours, comme de chair humaine,
De la chair d'animal, et même, à ses repas,
De tous les végétaux ne se nourrissait pas.

Cognatis maculis similis fera. Quando leoni        160
Fortior eripuit vitam leo? quo nemore unquam
Exspiravit aper majoris dentibus apri?
Indica tigris agit rabida cum tigride pacem
Perpetuam : sævis inter se convenit ursis.
Ast homini ferrum letale incude nefanda        165
Procudisse parum est, quum rastra et sarcula tantum
Assueti coquere, et marris ac vomere lassi
Nescierint primi gladios excudere fabri.
Adspicimus populos, quorum non sufficit iræ
Occidisse aliquem; sed pectora, brachia vultum        170
Crediderint genus esse cibi. Quid diceret ergo,
Vel quo non fugeret, si nunc hæc monstra, videret
Pythagoras, cunctis animalibus abstinuit qui
Tanquam homine, et ventri indulsit non omne legumen?

FIN DES *SATIRES DE JUVÉNAL*

# REMARQUES



## LA QUINZIÈME SATYRE

Uvénal écrivit cette Satyre estant en Egypte, où il fut envoyé sous un pretexte honorable, par la haine que luy portoit Pâris, Favory de Domitien, ainsi que nous l'avons dit dans l'argument de la premiere Satyre, et dans la septiéme. Il l'adresse à Volusius Pitynicus, son amy ; et d'abord il invective sur les ridicules superstitions de cette Nation barbare, et sur la cruauté avec laquelle on y mange les Hommes, pendant qu'on y adore les Chiens et les Oignons ; et sur la fin, il prend occasion de faire une elegante leçon de morale sur les secours que les hommes se doivent mutuellement.

V. 2. *Qualia demens Ægyptus portenta colat.* L'Egypte est une des principales Regions de l'Asie, confinée à l'Orient par la Mer Rouge et l'Assyrie ; à l'Occident, par Cyrene, autrement Corena, fameuse ville de Lybie, et patrie d'Aristippe, disciple de Socrate, qui donna le nom à la Philosophie Cyreniaque, et par le reste de l'Afrique ; au Midy, par l'Ethiopie ; et au Septentrion, par la Mer d'Egypte. Ses principales villes sont Thebes, Abydos, Alexandrie, Babylone et Memphis.

V. 2. *Crocodilon adorat.* C'est une beste feroce qui se nourrit sur la terre et dans l'eau, dont il y a grand nombre en Egypte. Pomponius Mela, livre premier, nous apprend que cet animal a les yeux fort pénétrans dans l'eau, et fort foibles dehors, qu'il n'a point de langue, et qu'un petit animal nommé Ichneumon a l'instinct d'entrer par sa bouche, qu'il tient ouverte en dormant, pour aller manger ses intestins, et de sortir par son ventre quand il est mort.

Il n'y a point eu de peuple dans le monde plus infecté de superstitions, que les Egyptiens. Ils adoroient parmy les animaux terrestres, le Crocodile, le Bœuf, le Chien sous le nom d'Anubis, le Chat, la Chèvre, le Boue, le Rat, et une espèce de Singe à grande queuë et à poil noir, que l'on appelle *Cercopithecus*, dont il parle dans la suite, ainsi nommé des deux mots Grecs : κέρκος queuë, et πίθηκος, Singe, dont les rivages du Nil, au rapport de Solin, sont fort abondans. Parmy les volatiles, ils adoroient l'Oiseau de Proye, et l'Ibis, qui est un oiseau qu'on ne voit qu'en Egypte, qui ne se

nourrissant que des œufs de Serpens, et des Serpens mêmes, est en
veneration parmy ces peuples, qui le considerent comme le destructeur de ces animaux venimeux ; et parmy les aquatiques, les
Poissons appellez *Lepidotus* et *Exyrinchus*, qui se peschent, au
dire de Strabon, dans la Mer Rouge, et le *Latum*, qui est un poisson
particulier du Nil. Ciceron, au cinquiéme des Tusculanes, en fait
une agreable raillerie. Gellius et Pline, livre 8. chap. 20. rapportent
aussi qu'on y adoroit l'Ail et l'Oignon, ainsi que nostre Poëte le
remarque dans la suite. Voyez ce que nous avons dit du Dieu
Anubis sur la sixiéme Satyre, et ce qu'en ont dit Lactance dans son
premier livre de la fausse Sagesse, chap. 20. Diodore de Sicile,
livre 6. et plusieurs autres. A quoy j'ajoûteray, que cet Anubis
estoit representé avec une teste de Chien, tenant un cistre Égyptien
ou une palme d'une main, et un Caducée de l'autre. C'est ce que
l'on voit sur quelques anciennes Medailles, et entre autres sur une
de Marc Aurele Antonin et de Faustine, laquelle y est representée
sous la forme d'Isis, et l'Empereur sous celle d'Anubis.

V. 9. *Magicæ resonant ubi Memnone chordæ*, et le vers suivant.
Strabon, livre 7. dit que dans la ville de Thebes en Egypte, qui a
esté aussi nommée Diospolis, et qui avoit cent portes, à cause de
son grand commerce, principalement avec les Arabes, il y avoit
dans le Temple dédié à Serapis, un Colosse de pierre, qui n'estoit
plus qu'à moitié, qui representoit Memnon, duquel sortoit tous les
jours au lever du Soleil, un son comme d'une corde d'instrument,
sans qu'on en pûst deviner la cause, ce qu'il assûre pour l'avoir oüy
luy-même avec Ælius Gallus, avec qui il eut la curiosité d'y aller.
Callistratus ajoûte que ce son s'entendoit deux fois le jour, fort
aigu au lever du Soleil, et fort bas à son couchant. Pausanias dit
que le Roy Cambyses ayant détruit la ville de Thebes, fit rompre
cette Statuë pour sçavoir s'il n'y avoit point quelque ressort dedans
qui rendist ce son, et qu'il n'y trouva rien, ce qui fit croire que cela
ne se faisoit que par art Magique ; mais la plûpart croyent que ce
bruit n'estoit causé que par les rayons ardens du Soleil, et par la
situation de cette Statuë. Voyez Cœlius Rhodiginus, liv. 22. chap. 5.

V. 14. *Cum tale facinus narraret Ulysses alcinoo*. Homere, au
neuviéme de l'Odyssée, raconte qu'Ulysse, au retour de la guerre
de Troye, après sept années de navigation, ayant fait naufrage au
Port de l'Isle de Corcyre, qui fut autrefois la Pheacie, et qui est
aujourd'huy celle qu'on appelle Corfou, fut rencontré tout nud
couvert de feüilles, par Nausica, fille d'Alcinoüs, Roy de cette Isle,
qui luy donna un habit, et le mena à son pere, à qui il raconta,
entr'autres choses, les cruautez d'Antiphates et de Polypheme, qui
dévoroient les hommes en Sicile et à Formies, dont nous avons
parlé dans la precedente Satyre.

V. 16. *Aretalogus.* C'est un homme qui s'étudie à plaire par des discours agreables et qui divertissent. Ce nom est composé de deux mots Grecs, dont l'un signifie plaisant, et l'autre, parole. Voyez Turnebe, livre 10. chapitre 12. et Joseph Scaliger sur Ausone, livre 2. chapitre 5.

V. 17. *Dignum sæva Charybdi.* L'Ecueil de Scylla et de Charybde est dans le Détroit de la Mer de Sicile, tres dangereux à ceux qui y navigent, soit par les rochers de Scylla, soit à cause des vents contraires qui agitent le Gouffre de Charybde. Les Poëtes en ont fait un Monstre, et disent que c'estoit auparavant une femme, nommée Charybde, qui fut foudroyée par Jupiter, et convertie en Monstre, pour avoir dérobé les Vaches d'Hercule. Ovide en a parlé au cinquiéme des Tristes. A l'égard de Scylla, ils disent que c'estoit une Nymphe, fille de Phorcus, l'un des Dieux Marins, et de Chreteïde, et qu'elle fut changée en Chien de Mer par les enchantemens de Circé, qui estant jalouse de ce que Glaucus l'aimoit plus qu'elle, luy en voulut faire porter la peine. Mais la verité est que le bruit des flots contre les rochers de Scylla est si grand, qu'il imite l'aboyement de plusieurs Chiens, et que ces mêmes lieux sont remplis de Monstres marins.

V. 18. *Immanes Lestrigonas.* Pline, livre 7. dit que les Lestrigons, habitans des Formies dans la Campanie, estoient si barbares et si cruels, qu'ils ne se nourrissoient que de chair humaine, de même que les Cyclopes en Sicile. Surquoy Gellius, livre 15. chapitre 21. dit que l'on a donné Jupiter pour pere aux hommes vertueux, et Neptune aux plus feroces, tels que ceux dont nous parlons.

V. 20. *Vel concurrentia saxa Cyanes.* Il y a deux Isles, ou plûtost deux Ecueils au Bosphore de Thrace, appellées Cyanées, que les Poëtes ont feint estre flotantes, et se joindre souvent ensemble, d'où elles ont aussi esté nommées Symplegades, *quasi concurrentes.* Voyez Pline, livre 4. chapitre 13.

V. 20. *Plenos et tempestatibus utres.* Homere dit qu'Eole, Roy des Vents, les donna tous à Ulysse enfermez dans un outre ou sac de cuir, pour s'en servir dans sa navigation, afin de haster son retour à Ithaque; mais que ses compagnons ayant crû que c'estoit un tresor, ouvrirent le sac pendant qu'il dormoit, et donnerent moyen aux Vents de sortir impetueusement, et d'exciter des tempestes qui les mirent dans un fort grand danger de perir.

V. 21. *Aut tenui percussum verbere Circes.* Homere, dans l'Odyssée, et Ovide, au livre 14. des Metamorphoses, racontent l'avanture d'Elpenor et des autres compagnons d'Ulysse, exprimée icy par *remigibus porcis*, qui furent changez en pourceaux par la vertu magique des breuvages que Circé leur fit boire, et de la baguette dont elle les toucha, et remis ensuite dans leur premiere forme à la priere d'Ulysse; mais Elpenor bien-tost aprés descendant trop viste des degrez pour suivre Ulysse, se rompit le cou, ce qui a donné occasion à Martial de dire en se raillant de la chûte de Philostrate :

*Pene imitatus obit sævis Elpenora fatis*
*Præceps per longos dum ruit usque gradus.*

D'Elpenor le destin il a presque imité,
Quand par de longs degrez il s'est précipité.

V. 23. *Populum Phæaca.* Les Phéaciens habitoient l'Isle de Corcyre, ou Corfou, dans la Mer Ionie, qui fut ainsi nommée de Corcyria, que Neptune enleva, et de laquelle il eut Phæax, dont ils prirent leur nom. Il fut le pere d'Alcinoüs, leur Roy, à qui Ulysse faisoit tous ces contes fabuleux.

V. 25. *Temetum.* Les Anciens, au rapport de Pline et de Gellius, appelloient le vin *temetum, quasi tentet mentem,* d'où est venu le mot *temulentia,* pour signifier l'yvrognerie. Plaute, dans le Pseudolus, Acte cinquiéme, Scene premiere, *pene inquinavi pallium temeto,* j'ay presque taché tout mon manteau de vin. Tite-Live, livre 10. se sert du même mot.

V. 27. *Consule Junio.* On pretend que ce fut sous le Consulat de Quintus Junius Rusticus, Collegue d'Adrien à la troisiéme année de son regne l'an 872. de la fondation de Rome, et non pas de Vincus ou Juncus, comme quelques-uns l'ont voulu dire.

V. 28. *Copti. Coptus* est une ville d'Egypte, voisine de l'Arabie, dont le climat est fort chaud, et qui estoit le Marché universel du commerce de l'Arabie et de l'Ethiopie, au rapport de Strabon.

V. 29. *Cunctis graviora cothurnis.* Nous avons dit ailleurs, que *cothurni* estoient les brodequins destinez pour les Acteurs des Tragedies, comme *socci* pour ceux des Comedies. Le Poëte l'employe dans ce vers, aussi-bien que *syrmata* dans le suivant (qui estoit de même une espece de veste qui servoit uniquement aux Tragedies), pour faire entendre qu'il ne s'en estoit jamais representé depuis le renouvellement du monde par Deucalion et par Pyrrha, dont nous avons parlé dans la premiere Satyre, où l'on eust vû une cruauté pareille à celle dont il veut faire la description.

V. 35. *Ombos et Tentyra. Ombos,* ou comme quelques-uns veulent, *Combos et Tentyrum,* estoient deux villes d'Egypte, que Pline appelle Isles, parce qu'elles le sont presque toutes dans le temps de l'inondation du Nil. On pretend qu'un Roy fort sage avoit voulu donner de differens Dieux à ces deux villes, à cause de la diversité de leurs penchans et de leur genie. La premiere estoit située dans la partie superieure de l'Egypte, et avoit une grande veneration pour le Crocodile, par la crainte de cet animal feroce, au dire d'Æliar; et la seconde, qui estoit dans l'inferieure, faisoit une guerre perpetuelle à ce même animal, et adoroit les Oiseaux de Proye, ainsi que Strabon, livre 17. et Pline, l'ont écrit; et comme ces peuples se railloient de leurs Dieux de part et d'autre, il en arriva entre eux une haine irréconciliable.

V. 46. *Famoso Canopo. Canopus* estoit une ville distante d'Alexandrie de cent vingt stades, où les hommes et les femmes alloient jour et nuit par un canal pour y visiter le Temple de Serapis, et commettoient pendant leur voyage toute sorte de dissolutions. Nous en avons déja parlé dans la sixiéme Satyre.

V. 63. *Quales et Turnus.* Il fait allusion à cette grosse pierre que Virgile, au douzième de l'Eneïde, fait jetter par Turnus à la teste d'Enée dans leur combat singulier.

V. 65. *Et Ajax.* Homere, au septiéme de l'Iliade, en fait lancer une semblable par Ajax contre Hector.

V. 66. *Vel quo Tidydes.* Le même Poëte, au sixiéme de l'Iliade, raconte que Diomede, fils de Tydée, renversa Enée du coup d'une pierre si grosse, que sept hommes auroient eu peine à la lever, et que sans le secours de Venus, qui cacha Enée dans un nuage, il n'en seroit pas échapé. Nostre Poëte represente la force de ces grands Hommes, pour marquer la foiblesse où commençoient de tomber ceux de son siecle.

V. 76. *Umbrosæ Tentyra palmæ.* Cela se rapporte à ce que Pline dit de l'abondance de palmiers qui se trouvent dans la Syrie et dans l'Egypte.

V. 84. *Quod non violaverit ignem.* Il pretend que le crime de ces Antropophages, qui mangerent ce corps humain sans le faire cuire, fut moins odieux, en ce qu'ils ne profanerent pas le feu sacré que Promethée avoit volé à Jupiter pour le rendre aux hommes, à qui ce Dieu irrité contre eux l'avoit osté. Voyez Hesiode, livre premier.

V. 108. *Sed Cantaber unde Stoïcus. Cantabri* sont les peuples de Biscaye, autrement Gascons. Comment, dit-il, pourroient-ils estre devenus Stoïciens?

*Antiqui ætate Metelli.* Il y a eu plusieurs grands hommes de ce nom. Celuy-cy est l'ancien, Quintus Metellus, qui au rapport d'Appian, declara la guerre à Sertorius dans le temps qu'il assiegeoit les Gascons alliez des Romains. C'est dans ce Siege que nostre Poëte nous apprend qu'ils furent contraints par la famine, de manger de la chair humaine; mais il dit que le desespoir des Saguntins, peuples d'Espagne, fut encore plus grand, lors qu'estant assiegez et pressez par Annibal, ils se brûlerent eux-mêmes avec toute leur ville, plûtost que de tomber entre les mains de leur ennemy; ce qui luy fait dire plus bas: *sed major clade Saguntus.* Voyez Florus, livre 3. chapitre 22.

V. 110. *Nostrasque habet orbis Athenas*. Il veut dire que toutes les sciences et les disciplines que les Romains avoient apprises des Grecs, dont Athenes estoit la grande Ecole, estoient pour lors répanduës dans tout le monde. Ciceron avoit déja rendu cet honneur aux Atheniens dans son Oraison pour Lucius Flaccus : *Adsum Athenienses unde humanitas, doctrina, Religio, fruges, jura, leges ortæ, atque in omnes terras distributæ putantur*. Nous voyons icy des Atheniens par qui nous avons esté civilisez, et de qui nous tenons la science, la Religion, les fruits, les grains, et les loix qui ont esté depuis reçuës dans tout l'Univers.

V. 111. *Gallia causidicos docuit facunda Britannos*. Nous avons remarqué sur la premiere et septiéme Satyre, que la Gaule du temps des premiers Empereurs Romains, estoit deja florissante par ses bons Orateurs, et qu'il y avoit une grande Academie d'éloquence establie par Caligula dans l'Athenée de Lyon. Nostre Poëte le confirme icy, et pretend que la Gaule en ait instruit les Anglois.

V. 112. *Thule*, ou *Thyle*, est l'Isle de l'Islande, ou de Norvege, dépendante du Royaume de Dannemarc. Elle est située au fond du Septentrion, au-delà des Orcades, où dans le Solstice d'Esté il y a peu de nuit, et dans celuy d'Hyver peu de jour, le Soleil roulant autour du Tropique du Capricorne. Du temps des Romains, c'estoit la derniere Region de la Terre qui fust connuë. Virgile l'a dit au premier des Georgiques. *Tibi serviat ultima Thule*.

V. 115. *Mæotide sævior ara*. Il met *Mæotide* au lieu de *Mæotica*, à cause de la mesure du vers. Mæotis est un Lac de Scythie qui vient du Fleuve Tanaïs, par lequel l'Europe est separée de l'Asie. Ce Lac limite à son embouchure la Chersonese Taurique, située entre ce Marais et le Pont Euxin, dans laquelle il y avoit autrefois un Temple dédié à Diane, qu'on appelloit Taurique. Les étrangers estoient immolez sur l'Autel de cette Déesse. Dequoy Iphigenie, qui en estoit la Prestresse, ayant horreur, elle en enleva le Simulachre, qu'elle porta dans la ville d'Aricie.

Il est à propos de remarquer, que Chersonese, ou Cherronese, comme veulent quelques-uns, est une Peninsule, c'est-à-dire une terre qui ne touche le Continent que par un petit espace, et dont tout le reste est entouré de mer. On en compte cinq qui sont celebres. La principale est le Peloponese, qui est adherente à l'Achaïe, et dont la ville capitale est Corynthe. La seconde est proche de la Thrace, et en tire son nom ; elle a à son Orient la Mer Propontide, c'est-à-dire celle qui s'estend depuis l'extremité de l'Hellespont jusqu'au Bosphore de Thrace, et à l'Occident le Golfe des Melanes, ou des Montagnes noires, prés du Desert d'Arabie, qu'on nomme aujourd'huy le Mont Sinaï, ou de sainte Catherine, selon Ptolomée. La troisiéme touche la Saxe, et on l'appelle Cimbrique, du nom des Cimbres qui l'ont occupée, c'est ce qu'on appelle aujourd'huy le Royaume de Dannemarc en François, et *Dania* en Latin. La quatrième est la Taurique dont nous venons de parler, qui a pris ce nom des Tauriens, peuples de la Scythie Européenne, qu'on appelle par cette raison *Tauro Scythæa*. Et la cinquiéme est la Dorée, située aux Indes, sur le Fleuve du Gange, qui a pris son nom du sablon d'or que produit ce Fleuve.

V. 122. *Anne aliam terra Memphitide sicca invidiam facerent nolenti surgere Nilo.* Voilà une construction assez particuliere, pour dire que le Nil ne pourroit pas avoir un sujet plus grand que celuy dont il parle, pour refuser à l'Egypte, exprimée par Memphis, qui est la principale ville après Alexandrie, la fertilité qu'il a accoustumé d'y donner par l'épanchement de ses eaux. Quelques-uns l'expliquent autrement, et disent : si le Nil ne vouloit plus fertiliser leurs terres, et que la sterilité y fust universelle, pourroient-ils faire pis? Mais la premiere interpretation est la plus universellement reçue.

V. 124. *Terribiles Cymbri.* Ce sont les peuples dont nous venons de parler, qui habitoient le Dannemarc, et dont la valeur avoit fait beaucoup de peine aux Romains, qu'ils avoient vaincus trois fois jusqu'à Marius, qui les défit entierement en Italie, où ils estoient entrez.

V. 124. *Britones.* Ce sont les Bretons, peuples de la Gaule Celtique ou Armorique, confinez d'un costé par l'Ocean, et de l'autre par la Normandie et par le Poitou. On dit qu'ils occupoient autrefois l'Isle de la Grand-Bretagne, que nous appellons Angleterre, d'où les Anglois, peuples Saxons, les ayant chassez, et ayant donné leur nom à cette Isle, ils furent contraints de se retirer dans le pays de Terre ferme qui est à l'opposite, qu'ils appellerent depuis Bretagne, environ l'an 442. par la permission qu'ils en eurent des Romains. Bede n'est pas de cet avis, et pretend que les Bretons Gaulois, qui avoient déja ce nom du temps de Pline, donnerent celuy de Bretagne à l'Isle d'Albion, bien loin de l'avoir reçu d'eux. C'est une des plus vastes Provinces du Royaume, ayant soixante et dix lieues de long, et trente-cinq à quarante de large. Elle a esté unie à la Couronne de France en l'an 1491. par le mariage d'Anne, fille unique de François II, dernier Duc, avec Charles VIII et depuis avec Louis XII.

V. 125. *Sauromatæ truces.* Ce sont les peuples barbares de Scythie qui habitent prés du Palus Mæotide, dont il a esté parlé dans la seconde Satyre.

V. 125. *Immanes Agathyrsi.* Pline, livre 4. chapitre 22 dit que ces peuples sont voisins des Scythes, qu'ils ont beaucoup de mines d'or qu'ils negligent, qu'ils peignent leurs visages et leurs cheveux, et s'habillent de diverses couleurs; ce qui a fait dire à Virgile: *pictique Agathyrsi*. Ils ont esté ainsi nommez par Agathyrsus, fils d'Hercule et d'Echidna, au rapport d'Herodote.

V. 127. *Fictilibus dare vela phaselis. Phaselus*, selon Strabon, livre 17, estoit une espece de petit vaisseau à voile et à rame, fait avec le coquillage ou la terre cuite, dont les Egyptiens de l'Isle Delta se servoient dans les bras du Nil et de la Mer.

V. 132. *Mollissima corda humano generi dare se natura fatetur*. Tout le reste de cette Satyre est plein d'une moralité admirable, et merite d'estre lû avec attention.

V. 140. *Et minor igne rogi*. Pline, livre 7, nous apprend que les Anciens ne brûloient jamais les corps des enfans morts, qu'ils n'eussent jetté des dents, c'est-à-dire au septième mois, autrement on les enterroit.

V. 140. *Et face dignus arcana, etc*. On dit que Cerés cherchant par tout Proserpine, sa fille, que Pluton, Roy des Enfers, avoit enlevée, fut si bien reçuë par Eleusinus, Roy d'Eleusis, ville de la Region Attique, que par reconnoissance elle lui enseigna l'art de l'Agriculture, ainsi qu'elle fit depuis à toute la terre, où elle se fit porter dans un Chariot traîné par des Serpens aîlez. Ce fut en memoire de ce bienfait qu'on institua des Festes et des sacrifices à l'honneur de Cerés Eleusine, qu'on appelloit *Tesmophoria*. Ces sacrifices se faisoient de nuit dans un grand silence et avec nombre de torches ardentes, par des femmes d'une vertu confirmée. On défendoit aux hommes d'en approcher, même aux Prêtres qui y estoient destinez, à moins que leur probité ne fust parfaitement connuë. *Face dignus arcana*, c'est-à-dire digne d'entrer dans ce secret mystere, exprimé par les torches qui l'accompagnoient, prenant la partie pour le tout. Claudien l'a imité, quand il a dit:

> *Sanctasque faces extollit Eleusis*.

> On éleve à Cerés des torches consacrées.

V. 174. *Et ventri indulsit non omne legumen*. Il veut faire valoir la sobrieté de Pythagore, qui ne mangeoit d'aucune sorte d'animal, et défendoit même à sa table l'usage des féves, comme un legume trop pesant.

# TABLE DES MATIÈRES

# PUBLICATIONS



# LIBRAIRIE ACADÉMIQUE

---

**BARTHÉLEMY SAINT-HILAIRE.** — L'Iliade d'Homère, traduite en vers français. 2 vol. in-8°........................ 16 fr.

**CHASSANG.** — *Le Merveilleux dans l'antiquité :* Apollonius de Tyane, sa vie, ses voyages, ses prodiges, par PHILOSTRATE, et ses Lettres ; ouvrages traduits du grec, avec introduction, notes et éclaircissements. 1 vol. in-8°.................. 6 fr.

**COURDAVEAUX.** — Caractères et Talents. Études de littérature ancienne et moderne. 1 vol. in-8°............. 6 fr.
— Eschyle, Xénophon et Virgile. In-8°................... 5 fr.
— Étude sur Simart à propos du livre de **M. Eyriés.** Brochure in-8°................................................ 2 fr.

**CURÉ (J.-H.).** — Les Satires de Juvénal, traduites en vers français. 1 vol. in-8°.................................. 3 fr.

**DELAUNAY (Ferd.).** — Moines et Sibylles dans l'antiquité judéo-grecque. *(Ouvrage couronné par l'Académie française.)* 1 vol. in-8°.......................................... 7 fr.
— Philon d'Alexandrie. *Écrits historiques.* Influence, luttes et persécutions des Juifs dans le monde romain, traduits et précédés d'une introduction. 1 vol. in-8°................. 7 fr.

**DELORME (S.).** — Les Hommes d'Homère. Essai sur les mœurs de la Grèce aux temps héroïques. 1 vol. in-8°... 6 fr.

**GUIZOT (M. et Mme).** — Abailard et Héloïse. Essai historique, suivi des *Lettres d'Abailard et d'Héloïse,* traduites sur les manuscrits de la Bibliothèque nationale, par M. ODDOUL. Nouv. édit. 1 vol. in-8°............................................. 6 fr.

**NOURRISSON.** — *De la Liberté et du Hasard.* Essai sur Alexandre d'Aphrodisias, suivi du traité *du Destin et du Libre pouvoir aux Empereurs,* traduit en français pour la première fois. 1 vol. in-8°.............................. 6 fr.

**VILLEMAIN.** — La République de Cicéron, traduite d'après le texte découvert par M. MAI, avec un discours préliminaire et des suppléments historiques. 1 vol. in-8°............. 6 fr.

**WIDAL.** — Juvénal et ses Satires. Études littéraires et morales. 1 vol. in-8°......................................... 7 fr.

---

Bordeaux. — Imprimerie G. GOUNOUILHOU, rue Guiraude, 11